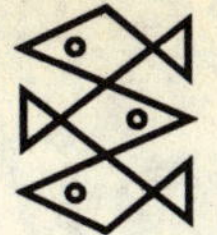

W0095275

Über dieses Buch Sylvia Plath, geb. 1932 in Boston, nahm sich im Alter von dreißig Jahren in ihrer Londoner Wohnung das Leben. Mit ihren Gedichten, in denen sie den selbstzerstörerischen Kräften ihrer Psyche Ausdruck gab, traf sie den Nerv der desillusionierten Generation der sechziger und siebziger Jahre. Sie wurde zum Mythos, und ihr früher Tod schien vielen eine »tragische Notwendigkeit« zu sein. Ihre Hinterlassenschaft war ein großes literarisches Werk – zwei Romane, über 70 Erzählungen, 300 Gedichte, Essays, Berichte und Interviews sowie ein umfangreiches Tagebuch –, von dem ein wesentlicher Teil noch über 20 Jahre nach ihrem Tod der Öffentlichkeit verborgen blieb, begründet durch den verständlichen Wunsch des Ehemanns Ted Hughes und aller noch lebenden Freunde und Verwandten, ihre Privatsphäre zu wahren.
Anne Stevenson, die erstmals auch Zugang zum Nachlaß der Familie hatte, zeichnet ein differenziertes Bild der Dichterin, die sich nach außen hin den Anschein gab, eine zwar talentierte, aber »normale«, den Konventionen angepaßte Frau zu sein. Gleichzeitig liefert sie eine scharfsinnige Analyse ihres Werks, in dem die innere Zerrissenheit dieser Schriftstellerin auf geradezu beklemmende Weise zum Ausdruck kommt. Die beigefügten Zeugnisse ihrer Zeitgenossen runden dieses bewegende Porträt ab.

Die Autorin Anne Stevenson, geb. 1933, wuchs wie Sylvia Plath in Amerika auf und lebte mehrere Jahre in England. Bisher hat sie sieben Gedichtbände veröffentlicht.

Anne Stevenson

SYLVIA PLATH

Eine Biographie

Aus dem Englischen von Manfred Ohl und Hans Sartorius
Die Gedichte übertrug Friederike Roth

Fischer Taschenbuch Verlag

Ungekürzte Ausgabe
Veröffentlicht im Fischer Taschenbuch Verlag GmbH,
Frankfurt am Main, Juni 1992

Lizenzausgabe mit freundlicher Genehmigung der
Frankfurter Verlagsanstalt GmbH, Frankfurt am Main
Originaltitel der bei Houghton Mifflin Company, Boston, erschienenen
Ausgabe: ›Bitter Fame. A Life of Sylvia Plath‹

Umschlaggestaltung: Buchholz / Hinsch / Hensinger
Druck und Bindung: Clausen & Bosse, Leck
Printed in Germany
ISBN 3-596-10780-6

Inhalt

Du gabst Liebe und Ruhe mir nicht;
Mögest bitteren Ruhm du mir schenken.

Anna Achmatowa

Vorbemerkung der Autorin

In dem feurigen Blicke ihrer schwarzen Augen kam eine starke Macht zum Ausdruck; sie erschien »als Siegerin und mit dem Zweck zu siegen«. Sie schien stolz, mitunter sogar dreist; ich weiß nicht, ob es ihr gelang, gut zu sein; aber ich weiß, daß sie es sehnlich wünschte und sich quälte, um sich dahinzubringen, daß sie einigermaßen gut sei. In dieser Natur lagen sicherlich viele schöne Triebe, und es waren die besten Ansätze vorhanden; aber alles in ihr suchte fortwährend gewissermaßen ins Gleichgewicht zu kommen, ohne daß dies doch gelang; alles befand sich in Unordnung, in Aufregung, in Unruhe. Vielleicht stellte sie auch gar zu strenge Anforderungen an sich und fand in sich nicht die Kraft, diesen Anforderungen zu genügen.

F. M. Dostojewski
Die Teufel

Oh, wie werde ich mich als Dichterin,
zurückgeworfen auf mich selbst, schinden.

Sylvia Plath, 11. Mai 1958
Journals

Das Zustandekommen dieser Biographie verdanke ich der großzügigen Unterstützung von Olwyn Hughes, der Nachlaßbevollmächtigten des Werkes von Sylvia Plath. Ihr Anteil an diesem Text ist so beträchtlich, daß man durchaus von einer gemeinsamen Arbeit sprechen kann. Insbesondere danke ich ihr für die Mitarbeit an den letzten vier Kapiteln dieses Buches und an dem Zyklus der Ariel-Gedichte.

Anne Stevenson

Vorwort

Sterben
Ist eine Kunst, wie alles.
Ich kann es besonders schön.
Ich kann es so, daß es die Hölle ist, es zu sehn.
Ich kann es so, daß man wirklich fühlt, es ist echt.
Sie können, glaube ich, sagen, ich bin berufen
zu diesem Ziele.

Madame Lazarus

Am 11. Februar 1963 setzte die amerikanische Dichterin Sylvia Plath, die mit ihren beiden kleinen Kindern in London wohnte, im Alter von dreißig Jahren ihrem Leben ein Ende. Durch ihren Selbstmord entstand ein weit verbreiteter, sehr populärer Mythos. Die Veröffentlichung von *Ariel** nach ihrem Tod im Jahr 1965 bedeutete für viele, besonders für Frauen, die erschreckende Enthüllung extremer Elemente der eigenen Psyche. Sylvia Plath wurde zur Sprecherin der zornigen, der desillusionierten, der ratlosen Generation der sechziger und siebziger Jahre. Die Tragödie ihres Selbstmordes und die Kraft ihrer letzten Gedichte schienen die Polaritäten von Leben und Kunst (T.S. Eliot und die neuen Kritiker achteten sorgsam auf die Trennung) in eine unwiderlegbare dramatische Geste weiblichen Trotzes zusammenzuführen.

Der Blutstrom ist ein Gedicht,
Stillen kann man ihn nicht.

Diese Biographie wurde in der Absicht geschrieben, einigen Mißverständnissen entgegenzutreten, die durch Sylvia Plaths kometenhaften Aufstieg zum Ruhm entstanden sind, und sie, soweit als möglich, durch eine objektive Darstellung zu ersetzen. Sie soll zeigen, wie dieses außergewöhnlich begabte junge Mädchen durch eine Kombination biographischer Zufälle, unerschütterlicher Ideale und Ambitionen zur Dichtung getrieben wurde. Die Menschen, die Sylvia Plath kannten, reagierten unterschiedlich auf die Intensität und Sprunghaftigkeit ihres Charakters, aber ihre Gedichte zogen alle in ihren Bann. Viele erinnern sich an die lebhafte und inspirierende junge Frau, deren Intelligenz ebenso einmalig und aufregend war wie ihr »scharfer Geist«. Manche ihrer

* *Ariel.* Gedichte. Englisch und deutsch. Deutsch von Erich Fried. Frankfurt am Main 1974.

Freunde heben ihren Charme, ihren Humor, ihre großen Begabungen und ihre enorme Fähigkeit zu lieben hervor. Andere erinnern sich an eine komplizierte, völlig ichbezogene, verbissen ehrgeizige Amerikanerin, unter deren äußerer Schale von glänzender Begabung sich ein brodelnder Kern unerklärlichen Zorns verbarg. Jede Biographie Sylvia Plaths, die zu Lebzeiten ihrer Familie und ihrer Freunde geschrieben wird, muß deren Verwundbarkeit berücksichtigen, selbst wenn die Vollständigkeit darunter leidet. Bis vor kurzem wurde ein Aspekt ihres Lebens – der ihrer Ehe – unzulänglich und verfälscht dargestellt. Dies ist insbesondere darauf zurückzuführen, daß Ted Hughes verständlicherweise auf seiner Privatsphäre und der seiner Kinder bestand; aber auch viele, die Sylvia Plath und Hughes gut gekannt haben, wollten ihre Erinnerungen nicht veröffentlichen, bevor die Kinder erwachsen waren.

Zu den neuen Zeugen, die großzügig Material zu diesem Buch beigesteuert haben, gehören vor allem Lucas Myers, der Sylvia in Cambridge kennenlernte, Dido Merwin, die Sylvia in Boston, London und Frankreich traf, sowie Richard Murphy, Sylvias Gastgeber anläßlich eines Besuchs in Irland gegen Ende ihres Lebens. Ich habe Sylvia Plath nicht kennengelernt, und da alle drei mir unschätzbar wertvolle schriftliche Erinnerungen aus erster Hand überließen, die Sylvia Plaths reifere Jahre erhellen, habe ich sie vollständig in den Anhang des Buchs aufgenommen und mich direkt oder indirekt im Text auf sie bezogen. Ein großer Teil dieses Materials wird diejenigen überraschen, die das gewohnte Bild von Sylvia Plath übernommen haben. Auf die Bitte, seine Eindrücke zu schildern, schrieb W.S. Merwin von seiner Bestürzung über das Bild, »[...] zum großen Teil von Leuten gezeichnet, die sie nicht kannten, [...] von Sylvia als bedauernswertem Opfer der herzlosen Mißhandlung [durch Ted Hughes]«. Merwin hatte, wie so viele andere, »zuerst die fröhliche, lächelnde Maske gesehen, die sie allen zeigte, und dann dahinter die entschlossene, hartnäckige, obsessive, ungeduldige Frau, die wütend wurde, wenn etwas nicht nach ihrem Kopf ging, und plötzliche Zornesausbrüche hatte [...] Ich hatte das Gefühl, daß Sylvia in mancher Hinsicht einer Katze glich, die über dem Wasser hängt. Aber Ted hatte sie weder in diese Lage gebracht, noch hielt er sie dort fest.«

Natürlich muß man einige »Fakten« berücksichtigen, wenn man überlegt, welche Wirkung ihr Leben auf ihre Dichtungen hatte: Sylvia Plath war von ihrer deutsch-amerikanischen Herkunft und vom gesellschaftlichen und kulturellen Klima ihrer Zeit geprägt; sie war eine ehrgeizige Frau und Mutter in einem Jahrzehnt, das der feministischen Revolution Ende der sechziger Jahre vorausging; sie mußte ihre Identität bis in die letzten Jahre ihres Lebens immer unter Beweis stellen, und der Tod des Vaters bedeutete für die Achtjährige eine psychische Störung. Was aber zählt, ist ihre Bedeutung als Dichterin, und als Dichterin wollte sie auch in Erinnerung bleiben. Dieses Buch versucht, dem Leser Sylvia Plaths mutigen Kampf mit sich selbst vor Augen zu führen, indem es die widersprüchlichen Zeugnisse ihrer Werke miteinander in Einklang bringt. Ich habe versucht, mich dieser ungewöhnlichen Künstlerin so zu nähern, wie sie es meiner Meinung nach gefordert hätte – als Dichterin.

Nach der Veröffentlichung von *Ariel* versuchte Sylvias Mutter, Aurelia Schober Plath, der leidenschaftlichen Gewalt im Werk ihrer Tochter den sprudelnden Optimismus der 1975 veröffentlichten *Briefe nach Hause** gegenüberzustellen. Das Erscheinen der Briefe war als eine Geste des Protests zwar verständlich – »Was immer sie in ihrer Kunst gesagt hat, mir hat sie *das* geschrieben« –, aber die Aussage der Briefe löste in der Öffentlichkeit nur Verwirrung aus. Wie konnte die Autorin der *Glasglocke*** und von *Ariel* diese überschwenglichen, geschwät-

* *Briefe nach Hause*. 1950-1963. Ausgewählt und herausgegeben von Aurelia Schober Plath. Aus dem Englischen von Iris Wagner. München, 1979.

** *Die Glasglocke*. Aus dem Englischen von Christian Grote. Frankfurt am Main, 1968.

zigen und sichtlich naiven Briefe geschrieben haben? Die Verwirrung wurde 1982 durch das Erscheinen der *Journals**, einer Auswahl aus ihren Tagebüchern, in den USA noch gesteigert. Sie zeigen eine Sylvia Plath, die von der von Neuigkeiten übersprudelnden Briefeschreiberin noch weiter entfernt ist, obgleich man die Tagebücher kaum mit der vollendeten Kunst der Gedichte in Einklang bringen kann.

In vieler Hinsicht schufen die extremen Widersprüche in Sylvia Plaths Charakter die Spannungen, aus denen ihr Genie erwuchs. Sie war vor allem eine besessene, eine getriebene Künstlerin. Der Versuch, ihr Leben als das Leben einer ungewöhnlich talentierten, ansonsten jedoch durchschnittlichen Frau zu rekonstruieren oder ihren Beitrag zur Frauenbewegung als politisch auf derselben Ebene wie der von z.B. Adrienne Rich** einzuordnen, hieße, Sylvia Plath so eigensinnig mißzuverstehen, wie sie selbst es tat. Den größten Teil ihres Lebens wollte sie in erster Linie als »normal« akzeptiert werden, aber gleichzeitig stellte sie sich das Normale in Begriffen unerreichbarer Vollkommenheit vor. Sie war in einer privilegierten Gesellschaft aufgewachsen, von einer eng verbundenen Familie beschützt worden, die sie (wie Familien es tun) nach dem Tod des Vaters vereinnahmte; sie wurde von ihren Lehrern verwöhnt, mit Stipendien und Ehrungen überhäuft. Aber tief im Innern rebellierte sie gegen das Wunschbild, das zu erschaffen sie sich so sehr bemühte.

Früh im Leben – möglicherweise schon vor Otto Plaths Tod – lernte sie, die Aufmerksamkeit und das Lob von Erwachsenen auf sich zu ziehen, indem sie Arbeiten für die Erwachsenen produzierte. Ihr Konkurrenzdenken und die

* *The Journals of Sylvia Plath*. Ed. Frances McCullough; consulting ed. Ted Hughes. New York, 1962.

** Adrienne Rich, geb. 1929 in Baltimore, veröffentlichte 1951 ihren ersten Gedichtband. Seit Ende der sechziger Jahre setzte sie ihr Engagement in der Frauenbewegung, gegen den Vietnam-Krieg, gegen Rassismus ein. Sie veröffentlichte zwölf Gedichtbände. [Anm. d. Red.].

extreme Intoleranz gegenüber Rivalen/Rivalinnen entsprangen offenbar einem ungeheuren Hunger nach Liebe, die sie mit *uneingeschränkter* Anerkennung gleichsetzte – in erster Linie durch die Mutter. In einem brillanten Prosatext über ihre frühe Kindheit, den sie kurz vor ihrem Tod für den Rundfunk geschrieben hatte (zu einer Zeit, in der sie in trotzig guter Laune war), beschreibt sie die verletzten Gefühle des kleinen Mädchens, als man ihm sagt, daß es in Kürze einen Bruder oder eine Schwester bekommen wird:

»Ein Baby.
Ich haßte Babys. Zweieinhalb Jahre lang war ich der Mittelpunkt einer zärtlichen Welt gewesen, und plötzlich drehte sich die Erdachse mit einem Ruck, und ein eisiger Frost ließ mich bis in die Knochen erstarren. Ich würde nur noch Zuschauer sein, ein Riese aus dem Museum. Babys.«

Sie lehnt die Vorschläge des Großvaters ab, auf der Veranda zu spielen, und läuft beleidigt zum Strand:

»Zäh hielt ich an meinem Groll fest, der häßlich und stachlig war, wie ein trauriger Seeigel [...] wie von einem Stern sah ich, kalt und nüchtern, daß jedes und alles für sich *allein* stand. Ich spürte meine Haut wie eine Mauer: Ich bin ich. Der Stein da ist der Stein. Meine schöne Verschmelzung mit den Dingen dieser Welt war vorbei.«

Sylvia Plath erzählt uns damit, daß ihre Entdeckung »etwas Besonderes zu sein«, von Anfang an mit Eifersucht und Angst gepaart war. »Etwas Besonderes zu sein« oder Einsamkeit waren tatsächlich die ständige Quelle ihrer inneren Qual – um so mehr, als »anders« sein – ein weiteres Lieblingswort von ihr – auch bedeutete, daß sie als Künstlerin herausgehoben war, und deshalb nicht wirklich »auf ewig verstoßen«, sondern auserwählt und wie der Fund eines »heiligen Pavians«

am Strand in der Geschichte zu beweisen schien, etwas Besonderes. Lange nach Sylvias Tod schrieb ihre Mutter, in Wirklichkeit habe nicht Sylvia den holzgeschnitzten Pavian gefunden, sondern der Vater einer Freundin. Liegt es nicht auf der Hand, daß Sylvias metaphysische Konfrontation mit der Einsamkeit im Alter von zwei Jahren ebenfalls eine zu schöne Erfindung war, um sie aus der Geschichte herauszulassen?

Welche »Tatsachen« sie jedoch auch erfand, Sylvias fiktive Isolation ist nicht zu leugnen. Sie hörte zwar nie das Stampfen von SS-Stiefeln vor ihrem Versteck, sie erlebte nie Gefängnis, Kälte, Hunger, Heimatlosigkeit oder physischen Mangel, doch war sie ebenso in Trotz und Qual gefangen wie ein politischer Gefangener; und nachdem sie sich entdeckt hatte, schlug ihr Herz: »Ich bin ich.«

Sylvia Plath durchlebte eine innere Hölle (natürlich hatte sie auch einen persönlichen Himmel); aber diese Hölle war Realität, und sie glich all den Höllen, die die Menschheit zu allen Zeiten für sich ersonnen hat. Das ist die Ursache ihrer universellen Anziehungskraft und ihrer schrecklichen Gefährdung. Möglicherweise rührte die psychische Wunde, von der sich Sylvia nie erholte, nicht von einem bestimmten Kindheitsereignis her, sondern stammte aus der immer wiederkehrenden Erkenntnis ihrer Machtlosigkeit, die Welt nach ihren Vorstellungen neu zu erschaffen. Ihr kreativer Drang war sehr stark, und zwar so stark, daß die bloße Wirklichkeit kaum eine Chance hatte. Sylvia mußte alle beeindrucken und seltsamerweise Besitz von all den Menschen ergreifen, auf deren Liebe sie angewiesen war. Sie projizierte auf ihre Freunde und Liebhaber eine strahlende Vollkommenheit, bis sie sich schließlich als unwürdig erwiesen – zum einen, weil sie darauf bestanden, ihr eigenes Leben zu leben, zum anderen, weil sie ihres scharf beurteilten – und Sylvia »verrieten«, wie sie es nannte. Wenn sie ihre verletzte Empfindlichkeit nicht mehr kontrollieren konnte (und sie war schrecklich verletzlich), entfaltete sich ihre tobende Rachsucht wie eine atemberaubende, gefährliche Blüte. Aber – so berichten uns die Tagebücher und Gedichte – sie war sich des erschreckenden Mißverhältnisses nicht bewußt. Carolyn Kizer schreibt: »Das letzte, was wir über uns selbst erfahren, ist unsere Wirkung.«

Sylvia Plath wußte lange Zeit nicht, warum sie eine Schriftstellerin *sein* oder was sie ausdrücken mußte. Erst gegen Ende des Jahres 1959, als Sylvia, praktisch ohne recht zu wissen, wie, *Poem for a Birthday* schrieb, erkannte sie, wie sie ihrer »Merkwürdigkeit« gerecht werden konnte. Es gab offenbar etwas, das sie aus sich herausprügeln mußte: »Oh, wie werde ich mich als Dichterin, zurückgeworfen auf mich selbst, schinden«, schrieb sie am 11. Mai 1958 in ihr Notizbuch. Anscheinend vermochte sie sich erst nach solchen Geißelungen, nachdem sich ihr großer Zorn durch Schreiben gelegt hatte, dem zu nähern, was schließlich die wahre Welt zu sein schien – leider nur eine Projektion des tödlichen Kreislaufs, den sie im Leben und in ihren Gedichten immer wieder durchgespielt hatte:

Die Welt ist blutheiß und ist persönlich,

Sagt die Morgendämmerung
mit ihrem aufgehenden Blut.
Es gibt keine Endstation, nur Kleiderkoffer,

Aus denen dasselbe Selbst sich wie ein Anzug entfaltet,
Abgeschabt, glänzend, mit Taschen von Wünschen,

Einfällen, Fahrscheinen, Kurzschlüssen
und Taschenspiegeln.
Ich bin verrückt, ruft die Spinne
und schwenkt ihre vielen Arme.

Und wirklich, sie ist furchtbar, multipliziert
In den Augen der Fliegen.

Die summen wie blaue Kinder
In Netzen aus Endlosigkeit,

Die endlich eingezogen werden vom einen Tod
Mit seinen vielen Stöcken.

Auf der Suche nach der Autorin von *Ariel* und *Winter Trees* haben mir viele geholfen, die Sylvia Plath aus Amerika und England kannten. Ich habe keine Gespräche mit ihrer amerikanischen Familie und mit Schriftstellern geführt, deren Memoiren veröffentlicht sind. In Paul Alexanders Buch *Ariel Ascending* gibt Aurelia Schober Plath höflich zu erkennen, daß sie schriftlich alles gesagt hat, was sie über ihre Tochter sagen möchte. Deshalb habe ich ihren Frieden nicht gestört, ebensowenig wie den von Warren Plath und seiner Familie.

Ted Hughes hat mir freundlicherweise einen Abriß der Reise durch die USA und des Urlaubs, den er und Sylvia in Cape Cod verbrachten, gegeben. Darüber hinaus schreibt er, daß »ich den Text gelesen habe, um ihn zu prüfen und gegebenenfalls die begrenzte Zahl der faktischen Hinweise zu korrigieren, die ich mit einiger Gewißheit beurteilen kann. Dem Hauptteil des Buchs liegen folglich Berichte, Meinungen und Interpretationen anderer Personen zugrunde, für die ich die Verantwortung nicht übernehme.« Durch Olwyn Hughes konnte ich mit vielen Kontakt aufnehmen, die bisher geschwiegen hatten und wertvolle Beiträge zu diesem Buch geleistet haben: W.S. Merwin in Hawaii, Lucas Myers in Kalifornien, Dido Merwin in Frankreich, Richard Murphy in Irland und in London Jillian Becker, Nest Cleverdon, Suzette Macedo und Nicola Tyrer. Auch Ruth Fainlight, Dr. John Horder, Michael Horovitz, Daniel und Helga Huws; Gordon Lameyer für seine unveröffentlichten Erinnerungen, James Michie, Clarissa Roche, Paul Roche, Elizabeth Sigmund, Marcia Brown Stern, May Swenson, David Wevill und anderen bin ich zu Dank verpflichtet. Ich habe auch einige früher erschienene Porträts verwendet, unter anderem die von A. Alvarez, Elizabeth Compton, Jane Davison, Peter Davison, Jane Baltzell Kopp, Dorothea Krook, Gordon Lameyer, Clarissa Roche und Nancy Hunter Steiner. Ich habe vergeblich versucht, Richard Sassoon zu erreichen, auf dessen Briefe, die in der Lilly Library der Indiana University aufbewahrt werden, ich mich ohne seine Erlaubnis beziehe.

Ohne den Beistand und die Geduld meiner Lektorinnen und Lektoren gäbe es dieses Buch nicht, das ursprünglich von Emma Tennant für die Penguin-Reihe *Lives of Women* in Auftrag gegeben wurde. Peter Davison bei Houghton Mifflin steuerte nicht nur seine eigenen Erinnerungen an Sylvia Plath bei, wodurch er mein Verständnis ihres Wesens erweiterte und mein Wissen über das literarische Boston der fünfziger Jahre ergänzte, sondern er las auch drei Manuskriptversionen, machte wichtige Kürzungen und gab wertvolle Anregungen. Bei Penguin arbeitete Judith Flanders Tag und Nacht an einer früheren Fassung. Ich danke Tony Lacey für seine Mitarbeit bei der Fertigstellung des Buches.

Schließlich danke ich Ruth Mortimer und ihren Kollegen im Rare Book Room der Neilson Library am Smith College und in der Lilly Library der Indiana University für die freundliche Hilfsbereitschaft beim Auffinden von Manuskripten und anderem Quellenmaterial. Herzlichen Dank auch an Cynthis Lewis und Dorothy Winstanley, die mir halfen, ein chamäleonartiges Manuskript zu tippen, und an Katarina Rice, die das endgültige Konzept sehr genau prüfte und bearbeitete. Peter Lucas, der mit mir reiste, mit mir litt, mich heiratete und einfühlsam zu Exposition und Stil des Buches beitrug, möchte ich allen Dank sagen, der mit Worten ausgedrückt werden kann – und ohne sie.

A. S.

David Hume Tower
University of Edinburgh
Februar 1989

Das Mädchen, das Gott sein wollte
1932-1949

Sobald meine Kinder alt genug waren, das zu begreifen, erzählte ich ihnen, wie wichtig es meiner und meines Mannes Überzeugung nach war, sich zum Zwecke der Entfaltung eines starken inneren Lebens ein idealistisches Ziel zu setzen und sein Leben danach auszurichten.

Aurelia Schober Plath
Briefe nach Hause

Geht meine Mutter weg von mir
tut mir das mehr als alles weh
und wenn ich weg von Mutter geh
machts Schmerz dem Bruder und auch ihr.

Sylvia Plath,
sieben Jahre alt

I

Die noch nicht fünfzehnjährige Sylvia Plath setzte ihren High-School-Lehrer Wilbury Crockett mit einer Reihe von Gedichten in Erstaunen. Er las einige davon der zehnten Klasse in Wellesley, Massachusetts, vor. Sylvia hielt das Ereignis in ihrem Tagebuch fest: »Heute brachte ich Mr. Crockett eine Reihe eigener Gedichte [...] Vier las er im Unterricht laut vor und kommentierte sie im wesentlichen positiv. *Ich dachte, daß ich unverletzbar sei* mochte er besonders gern, er bestärkte mich sehr durch seine Bemerkung, daß ich eine außergewöhnliche lyrische Begabung hätte.« Mr. Crockett zeigte das von ihm bevorzugte Gedicht einem Kollegen, der erklärte, es »kaum zu fassen, daß jemand, der so jung ist, etwas so Vernichtendes erlebt haben kann«. Dabei war der Anstoß zu diesem Gedicht ein höchst unbedeutendes Mißgeschick. Die Großmutter der jungen Lyrikerin hatte versehentlich ein Pastellbild verschmiert, auf das Sylvia besonders stolz war.

Ich dachte, daß ich unverletzbar sei;
dacht, ich sei ein für allemal
unerreichbar für das Leid –
gefeit vor innerm Schmerz,
und Qual.

Die Welt war warm von Märzensonne,
mein Denken grün- und golddurchwirkt,
mein Herz voll Freude, doch vertraut
dem scharfen, süßen Schmerz, den nur die
Freude birgt.

Und meine Welt war plötzlich grau,
das Dunkel schob die Freude fort.
Und Leere dumpf und schmerzhaft blieb,
wo achtlos Hände hingefaßt.
Zerstört

war da mein Silbernetz aus Glück.

Schon damals war Schreiben ein Bedürfnis für sie und das Leben eine komplizierte Notwendigkeit, die das Schreiben bewältigen mußte. »Ich war überglücklich«, schrieb Sylvia nach dem Lob ihres Lehrers, »obwohl ich nicht weiß, ob das Dichten nicht eine ungünstige Auswirkung auf die kleine ›Popularitätsstrategie‹ hat, die ich mir gerade mühsam aufbaue [...]« Lob zu Hause und Auszeichnungen in der Schule waren die Fäden, die sie bereits geschickt zu einem »Silbernetz aus Glück« wob, von dem sie instinktiv wußte, daß es bedroht war.

Die Schülerin fühlte sich in ihrem Innern durch Ahnungen von Dualität und Zerbrechlichkeit gefährdet. »Wie schwach das Menschenherz sein muß – ein Spiegelteich des Denkens«, schrieb sie und griff dabei bereits nach den Bildern Teich, Spiegel und pochendes Herz, die sich später in ihren reifen Gedichten finden. Sie spürte, daß die Welt sie schwer verwunden konnte, wenn sie ihre wahren Gefühle nicht sorgsam verbarg, und wenn es ihr nicht gelang, durch völlige Anpassung an die Forderungen dieser Welt Bewunderung zu verdienen.

Sylvias Taktik war es, immer *besser* als verlangt zu sein. Da sie »anders« war, mußte sie unbedingt noch normaler erscheinen als die anderen. Noch 1962 erinnerte sie sich an die Schwierigkeiten, sich den Gepflogenheiten der High School anzupassen; in ihrem knappen, spöttischen Stil machte sie diese Vergangenheit wieder lebendig:

»Der Studienberater für Mädchen diagnostizierte mein Problem sofort. Ich war einfach auf gefährliche Weise zu kopfbetont. Meine vornehme reine Kette glatter A's könne mich durchaus, ohne ausreichende außerschulische Ergänzung, ins Nichts schleudern. Die Colleges zögen zunehmend vielseitige Studenten vor. Da ich mich im Fach Zeitgeschichte gerade mit Machiavelli beschäftigt hatte, nahm ich das Stichwort auf.

›Der Zweck heiligt die Mittel‹, hätte ich vielleicht vor mich hinsagen können, während ich die Söckchen auf die gleiche Höhe wie die meiner Mitschülerinnen zog.«

Der Ton ist verächtlich, aber spannungsgeladen. Jeder heftige, bissige Satz zeigt, wieviel harte Arbeit es sie kostete, A's zu sammeln, ihren Pagenschnitt »tiptop« zu halten und die exakte Rock-Pullover-Mokassins-Uniform der Zeit zu tragen.

Zu Sylvias Zeit gab es an der Gamaliel Bradford Senior High School, der heutigen Wellesley High School, zwei Verbindungen. Schülerinnen, die beliebt sein wollten, mußten einer dieser Verbindungen angehören und zum Beitritt aufgefordert werden. Sylvia gelang es, als Debütantin gewählt zu werden, und bevor sie aufgenommen wurde, ließ sie eine demütigende Einweihungswoche über sich ergehen, in der es verboten war, sich zu waschen, zu kämmen, die Kleider zu wechseln oder zu lächeln. Sklavischer Gehorsam gegenüber einer Großen Schwester erinnerte fast an Sadismus. Aber war das Okay-Image wirklich den Preis wert? Vielleicht war sie »eben einfach zu seltsam«. Im selben Essay bemerkt sie säuerlich am Schluß: »Was taten diese auserwählten Knospen amerikanischer Weiblichkeit bei ihren Verbindungstreffen? Sie aßen Kuchen und zerrissen sich die Mäuler über ihre Samstagsverabredungen.«

Es überrascht nicht, daß Sylvia Plath diese Mädchen verachtete; es ist aber auch charakteristisch, daß ihr *so viel* daran lag.

Beim Schreiben nutzte Sylvia auch die kleinste persönliche Erfahrung, von der sie glaubte, sie sei als literarisches Material brauchbar. Diese High-School-Einweihung fand später ihren Niederschlag in einer Erzählung mit dem Titel *Einführung* (bedeutsam verändert: ihre Heldin will nicht der Verbindung angehören), die ihr einen mit zweihundert Dollar dotierten Preis und im Januar 1953 die Veröffentlichung – sie war damals im ersten Semester am College – in der Zeitschrift *Seventeen* einbrachten. Eine gerechte Belohnung ihrer Qualen? Oder ein Weg, sich mit einem Dasein abzufinden, das sie beinahe nicht ertragen konnte? In der Abschlußklasse der High School hing für Sylvia das gesellschaftliche Überleben bereits vom Schreiben und vom Erfolg des Veröffentlichten ab. Sie litt nicht an zu großem Selbstwertgefühl, sondern an einem zu kleinen. Wo immer sie sich befand, das Wörtchen »Ich« begleitete sie und mußte ständig von gesellschaftlicher Anerkennung gestützt und hochgehalten werden; sonst wurde sie, in ihren eigenen extremen Worten, eine »Null«, ein »hohles Nichts«. Die Angst vor Zerstörung verfolgte sie, und um diese zu verhindern, charakterisierte sie sich selbst und schrieb ausschließlich über sich, damit jeder sehen konnte, wie siegreich sie gegen die Welt draußen kämpfte, die unablässig ihr zerbrechliches Inneres bedrohte.

II

Es bleibt unklar, wieviel von Sylvia Plaths Existenzangst sich auf ihre soziale Isolation als Mädchen und wieviel sich auf den Tod des Vaters zurückführen läßt, der starb, als sie acht war. Als Familie waren die Plaths kulturell aufstrebend und ehrgeizig, unerschütterlich liberal in ihren Ansichten und durchdrungen von Emersons Idealen von Treue, harter Arbeit, Selbstvertrauen und puritanischem Optimismus. Und doch waren sie auch klassische amerikanische Einwanderer.

Otto Plath war 1901 als Sechzehnjähriger aus Grabow, einer preußischen Stadt im polnischen Korridor, ausgewandert. Die Großeltern in Wisconsin bezahlten seine Überfahrt.

Sein Vater, der mit dem Rest der Familie sehr viel später nach Oregon auswanderte, war Mechaniker oder Ingenieur und hatte in Deutschland als Schmied gearbeitet. Otto, offenbar ein aufgeweckter Junge, hatte sich schon in Deutschland für Hummeln interessiert und ihre Lebensweise studiert. Nach seiner Ankunft in New York arbeitete er ein Jahr im Delikatessen- und Spirituosengeschäft seines Onkels. In den *Briefen nach Hause* berichtet Aurelia Plath, daß er in diesem Jahr in einer nahegelegenen Grundschule geduldig die letzte Bank drückte, bis er die Fremdsprache soweit beherrschte, daß er in der achten Klasse die Schule mit guten Englischkenntnissen verließ. Die Großeltern erklärten sich bereit, ihm das Studium am Northwestern College in Wisconsin zu finanzieren, allerdings unter der Bedingung, daß er sich nach einem Examen in klassischen Sprachen am Lutheranischen Seminar, der Missouri-Synode, als Geistlicher ausbilden lassen solle. Die liberale Bildung am Northwestern College bekehrte ihn jedoch zum Darwinismus, und als er 1910 in das Seminar eintrat, stellte er fest, daß Darwins Werke verboten waren. Otto sah keine Möglichkeit, sein Gewissen als Wissenschaftler mit einer Laufbahn als lutheranischer Theologe zu vereinbaren, und erklärte, er wolle Lehrer werden. Seine deutsche Familie war entsetzt über diesen Verrat am Glauben. Sie mißbilligte seine Entscheidung mit solchem Nachdruck, daß Ottos Name aus der Familienbibel gestrichen wurde, als er sich nicht umstimmen ließ.

Die amerikanische Tradition des europäischen Einwanderers mit Unternehmungsgeist, der sich aus eigener Kraft nach oben arbeitet, könnte nach dem Vorbild von Sylvias Vater entstanden sein. Zuerst studierte er an der University of Washington in Seattle, wo er 1912 sein Examen als Magister der Geisteswissenschaften ablegte. Danach unterrichtete er an der University of California Sprachen – er beherrschte fünf –, wo er anscheinend zwischen 1912 und 1914 Biologie studierte und dieses Studium von 1918 bis 1920 wiederaufnahm, nachdem er in Columbia studiert und am Massachusetts Institute of Technology gelehrt hatte. 1920 wurde er Assistent am Zoologischen Institut der John Hopkins University, 1925 am Institut für Entomologie in Harvard. Erst 1928, achtzehn Jahre nach seinem ersten Examen am Northwestern College, promovierte er in Harvard. Er schrieb seine Doktorarbeit für die Veröffentlichung um, während er an der Boston University einen Deutschkurs für Fortgeschrittene hielt. Dort lernte er 1929 seine spätere Frau Aurelia Schober kennen. Er war dreiundvierzig, sie, seine Studentin, die ihn bewunderte und verehrte, zweiundzwanzig.

Auch Aurelia war deutscher Herkunft. Obwohl sie eine in zweiter Generation Eingewanderte war, wurde bei ihr zu Hause nur deutsch gesprochen, bis Schikanen in der Grundschule (patriotische Amerikaner behandelten deutsche Immigranten während des Ersten Weltkriegs häufig schlecht) ihre Eltern davon überzeugten, daß sie sich den amerikanischen Sitten anpassen mußten, wenn ihre Kinder einen Platz in den oberen Rängen der Gesellschaft finden sollten. In ihrem Vorwort zu *Briefe nach Hause* entwirft Aurelia Plath rührende kleine Skizzen ihrer Kindheit in Winthrop vor den Toren Bostons. Geschichten ihrer Isolierung in der Schule, der Bestrafung, nachdem sie ihren Vater einmal mit *shut up* begrüßte (die einzigen englischen Worte, die sie auf dem Schulhof gelernt hatte), und dem daraus resultierenden Rückzug aus dem rauhen Leben der Schule in Winthrop in eine Traumwelt der Gedichte und Romane wurden bei der Weitergabe an ihre Kinder zu bedeutsamen Mythen.

Aurelias Vater, Sylvias »Grampy«, kam in der Absicht, an der Börse ein Vermögen zu machen, von Wien nach Amerika. Nach der finanziellen Katastrophe in den zwanziger Jahren überließ er seine Familie – Aurelia, ihre jüngere Schwester Dorothy (Sylvias Tante »Dot«) und den sehr viel jüngeren Bruder Frank – mehr oder weniger seiner tüchtigen Frau und beruhigte sein Gewissen mit einer Stelle als bescheidener

Lohnbuchhalter in Boston. Aurelia war sensibel, tüchtig und geschickt und wünschte sich nach der High School nichts sehnlicher, als an einem kleinen College Geisteswissenschaften zu studieren. Ihr Vater war jedoch zu arm, um an eine nicht berufsbezogene Ausbildung für seine Tochter zu denken, und schickte sie statt dessen zum College for Practical Arts and Letters an der Boston University.

Nach zwei Jahren überredete Aurelia die Eltern jedoch, ihr zu erlauben, Englisch und Deutsch zu studieren. Sie wollte High-School-Lehrerin werden – ein Beruf, für den sie sich wesensmäßig geradezu ideal eignete. Auf dem Weg zu diesem Ziel suchte sie sich Teilzeitarbeiten, um die chronische, zermürbende Geldknappheit auszugleichen. Sie arbeitete in einer öffentlichen Bibliothek und tippte einen Sommer lang für eine Versicherungsgesellschaft langweilige Briefe. Im Sommer ihres ersten Jahres am College fand sie Arbeit als Sekretariatsassistentin eines kultivierten Professors deutscher Herkunft am Massachusetts Institute of Technology. Wenn sie spätabends von den Arbeitsessen mit dem Professor nach Hause zurückkehrte, waren ihre Notizbücher voll von aufregenden Vorschlägen für die Lektüre griechischer Dramen, russischer Literatur, der großen Philosophen und der Gedichte von Rilke und Hesse in deutscher Sprache. Doch in einem Alter, in dem ihre Tochter mit drei Stipendien und großen Hoffnungen auf eine glänzende Laufbahn ein ausgezeichnetes Frauencollege besuchen sollte, kämpfte Aurelia Schober um eine Ausbildung, die ihr Weltbild erweitern würde. Sie träumte davon, das Ideal der Selbstbildung als ein »lebenslanges Abenteuer« zu verwirklichen; ihr Respekt vor der Bildung war das einzige Erbe, das sie später ihren Kindern weitergeben würde.

Als Aurelia Schober 1929 Professor Plaths Kurs in Mittelhochdeutsch belegte, hatte sie bereits ein Jahr an der Melrose High School in Massachusetts unterrichtet. Dr. Otto Plath sah gut aus, war gelehrt und eine Autorität. Sie fühlte sich geehrt, zu seinen auserwählten Studenten zu gehören, und noch geehrter, als er sie bat, seine Vertraute und später seine Frau zu werden.

Am vierten Januar 1932 – nachdem sie eineinhalb Jahre Deutsch und Englisch an der Brookline High School unterrichtet hatte – heiratete Aurelia Frances Schober in Carson City, Nevada, Dr. Otto Emil Plath; Otto mußte sich erst in Reno von seiner ersten Frau scheiden lassen, die er seit fünfzehn Jahren nicht mehr gesehen hatte. Auf Verlangen ihres Mannes gab Aurelia ihre Stelle als Lehrerin auf, um voll und ganz Hausfrau und schon bald Mutter zu sein. Das Ehepaar bezog eine Wohnung in der Prince Street in Jamaica Plain, in der Nähe von Boston. Kurze Zeit später war Aurelia schwanger und warf sich auf die Lektüre von Büchern über Kindererziehung, zu der ihr Mann liberale, für die damalige Zeit radikale Ansichten hatte. Beide Eltern erzogen ihre Kinder auf natürliche Weise; in den dreißiger Jahren galt als unkonventionell, was Psychologen und Kinderärzte heutzutage befürworten. Sylvia und ihr Bruder Warren wurden auf den Arm genommen, herumgetragen und gewiegt, und es wurde ihnen vorgesungen. Sylvia wurde am siebenundzwanzigsten Oktober 1932 im Boston Memorial Hospital geboren; ein »gesundes, beinahe acht Pfund schweres Baby«, verkündete Otto stolz an diesem Tag beim Mittagessen seinen Kollegen und fügte hinzu, er wünsche sich noch ein Kind – »einen Sohn, und zwar in zweieinhalb Jahren«. Warren kam am siebenundzwanzigsten April 1935 zur Welt: genau zweieinhalb Jahre später.

In Aurelia Plaths Vorwort zu *Briefe nach Hause* vertritt sie die Ansicht, ihre Ehe habe im wesentlichen deshalb funktioniert, weil sie sich mit der untergeordneten Hausfrauenrolle abgefunden habe. Aurelia erkannte, daß sie sich um des lieben Friedens willen ihrem Mann unterordnen mußte, obwohl sie gesteht, daß sie von Natur aus keine unterwürfige Frau war. Sie und Otto stellten die Arbeit über alles; ihr mußte beinahe jedes persönliche Vergnügen geopfert werden. Außerhalb des Hauses suchten sie kaum Abwechslung, und ein gesellschaftliches Leben gab es für sie nicht. Aurelias Traum, ihr Heim Studenten zu öffnen, verblaßte unter der Notwendigkeit, Ottos Manuskript *Bumblebees and Their Ways* für die Veröffentlichung 1933 vorzubereiten. Danach wurde sie Ottos Assistentin bei der Ausarbeitung eines Kapitels über Insektenstaaten für ein Handbuch der Sozialpsychologie, das 1935 erschien. In diesen Jahren hielten sie nur Schwangerschaft und Mutterpflichten von der Arbeit als Sekretärin und Schreibkraft ihres Mannes ab.

Obwohl die Ehe offenbar stabil war, kann das Leben für Aurelia kaum eine Freude gewesen sein. Otto entwickelte bald eine Abneigung gegen sein Arbeitszimmer und belegte das Eßzimmer mit seinen Unterlagen. Kein Buch, kein Blatt Papier durfte beiseite geräumt werden, um Platz für Gäste zu schaffen – höchstens heimlich, wenn Otto außer Haus und an der Universität war. Aurelias Eltern waren jedoch jederzeit willkommen. Ihre Mutter, Sylvias »Grammy«, half bereitwillig, die beiden kleinen Kinder zu versorgen. Otto war uneingeschränkt der *Paterfamilias*, er verwaltete Einnahmen und Ausgaben und überwachte die Einkäufe in den billigsten Geschäften. Seine Macht nahm er als natürliches Recht.

In früher Kindheit stand Sylvia im Mittelpunkt der Aufmerksamkeit ihres Vaters. Warren dagegen, ein kränkliches Baby, das oft unter Asthma und Bronchitis litt, nahm die meiste Zeit seiner Mutter in Anspruch.* Sylvia genoß es offenbar,

* In ihrem Vorwort zu *Briefe nach Hause* beschreibt Mrs. Plath, mit welchen Tricks sie Sylvia ablenkte, die immer dann am meisten Aufmerksamkeit forderte, wenn sie sich Warren zuwandte. Anscheinend konnte Sylvia bereits die Großbuchstaben auf Werbeanzeigen lesen. Immer, wenn Mrs. Plath sich zu Warren setzte, sollte Sylvia die Buchstaben in einer Zeitung »lesen«, die neben ihr auf dem Boden lag. Bald »las« sie das STOP-Schild an der nahegelegenen Straßenkreuzung als POTS. Aurelia Plath erwähnt nicht – sicherlich ein Grund dafür, daß Sylvia in schwierigen Zeiten Zuflucht zur Sprache nimmt –, daß ihre Tochter bereits mit zweieinhalb Jahren negativen Gefühlen (Eifersucht auf den Bruder) mit Worten begegnen mußte.

der Liebling der Familie zu sein, und sie sonnte sich besonders darin, von Grammy, Grampy und Onkel Frank, Aurelias Bruder, der nur dreizehn Jahre älter war als seine Nichte, verwöhnt zu werden. In der Lilly Library der Indiana University befinden sich einige Mappen mit Sylvias frühen Werken und andere Andenken. Hier sind ihre ersten Briefe aufbewahrt, Tagebücher, Schulhefte, Gedichte (eines wurde im *Boston Herald* veröffentlicht, als sie acht Jahre alt war), Ansichtskarten, Ausschneidepuppen, Haarlocken und zahllose Briefe, die sie aus den Pfadfinderinnenlagern an ihre Mutter schrieb. Alles bestätigt – als brauchten wir das nach den übersteigerten Ergüssen der *Briefe nach Hause* noch –, daß die Beziehung zwischen Sylvia und ihrer Mutter, selbst für Deutsch-Amerikaner mit ausgeprägtem Familiensinn, anormal klaustrophobisch war.

Beinahe alles, was Sylvia in ihrer Kindheit geschrieben hat, reflektiert die Horatio-Alger-Ethik* dieser Zeit: Jeder hat das Recht auf Glück, das durch harte Arbeit erworben wird; Erfolg ist der Lohn der Arbeit; Ruhm und Geld sind der Maßstab des Erfolgs. Diese Philosophie wurde Sylvia in der Schule und auch zu Hause vermittelt. 1963, wenige Wochen vor ihrem Tod in London, verhöhnt sie in *America, America!*, einer Arbeit für *Punch*, witzig die konformistische Ideologie ihrer Erziehung. Aber in den Kinderbriefen ist nicht die leiseste Spur von Ironie zu entdecken. Sie sind durchgehend fromm, gelegentlich rührend, meist jedoch selbstgefällig und von einer Prüderie, die ahnen läßt, daß Glück eine hart erkämpfte Kostbarkeit unter ihren »ungesitteten« Altersgenossen in Winthrop (wohin die Plaths im Herbst 1936 zogen) gewesen sein mag. In einem Brief aus dem Pfadfinderlager schreibt sie, daß einige schlecht erzogenen Kinder »nee« und »he«

* Horatio Alger (1832-1899), amerikanischer Schriftsteller. In seinen fast 135 Romanen für Jungen beschreibt er strebsame Jugendliche, die sich durch Ehrlichkeit, tugendhaftes Leben und harte Arbeit bewähren und dafür belohnt werden. [Anm. d. Red.]

sagen. »Das tut mir in den Ohren weh«, klagt sie. »Ich sehne mich nach den leisen, angenehmen Gesprächen meiner Familie.«

Das »neue« altmodische Holzhaus in der Johnson Avenue befand sich nahe der Stadtmitte von Winthrop, an der zur Bucht gewandten Seite des Bostoner Hafens. Die Schobers wohnten nur drei Meilen entfernt in Point Shirley, einem Ort, in dessen Nähe sich das Deer-Island-Gefängnis an der vom Meer zerfressenen Küste befand. Beide Häuser rückten in den Mittelpunkt der Phantasie der Dichterin. Briefe der Tochter an die Mutter aus dem Jahr 1939, als der Vater krank war, zeigen, daß Sylvia immer wieder längere Zeit bei den Großeltern lebte. Ein wehmütiges Gedicht – *Missing Mother* (am Anfang dieses Kapitels zu lesen) – steht in ordentlicher Handschrift auf einer kleinen Karte, die betont niedlich mit der Bildunterschrift »Home Sweet Home« geschmückt ist. Aus der Johnson Avenue 92 gratuliert Aurelia (am achten April) ihrer Tochter zu einem Schulzeugnis, das nur A's enthält; sie verspricht ihr dafür beim nächsten Wiedersehen eine besonders liebevolle Umarmung. In allen Briefen Aurelia Plaths spürt man neben der Mutter die besorgte Lehrerin; sie erläutert der klugen Tochter zum Beispiel das Prinzip der Kurven, ermuntert sie, den Sprachschatz zu erweitern, und ermahnt sie, Klavier zu üben. Sylvia muß die Mutter wirklich vermißt und bald begriffen haben, daß gute Leistungen ihr Umarmungen und Lob einbrachten. »Ordentlich essen« wurde ebenfalls mit Umarmungen bedacht, weshalb man auch in der Sommerkorrespondenz immer wieder die Beschreibungen großer Mahlzeiten findet und peinlich genaue Angaben über ihr Taschengeld, das für kleine Freuden, wie Süßigkeiten und Briefpapier, ausgegeben wurde. Sylvia hatte in frühem Alter begriffen, daß sie von den Erwachsenen rückhaltloses Lob bekam, wenn sie *hundertprozentig* alles tat, was man von ihr verlangte, und wenn sie sich genau so verhielt – oder so tat –, wie es der Mutter ihrer Vorstellung nach am besten gefallen würde.

Die Plaths bewohnten seit einem Jahr das bequeme, wenn auch altmodische Haus in Winthrop, als eine Familie namens Freeman in die Nachbarschaft zog. Die Kinder David, sechs Monate älter als Sylvia, und Ruth, ein Jahr jünger, wurden tägliche Spielgefährten. Warren bemühte sich, mit den drei Älteren Schritt zu halten. Mit Marion Freeman schloß Aurelia eine lebenslange Freundschaft – denn inzwischen brauchte sie eine Freundin, da sich bald nach dem Einzug in Winthrop Ottos Gesundheitszustand zu verschlechtern begann.

Dr. Plath fuhr von Winthrop mit der Bahn, der Fähre und der U-Bahn zu seinen Seminaren und Vorlesungen an der Boston University. Er verlor an Gewicht und litt unter Schlaflosigkeit. Er wurde reizbar, herrschsüchtig und fühlte sich immer erschöpfter, weigerte sich jedoch, einen Arzt aufzusuchen. Später wurde deutlich, daß er vermutete, Krebs zu haben. Das hielt er für eine Schwäche, für einen Charakterfehler sozusagen, den er sich und anderen nicht eingestehen konnte. Zu Hause verkroch er sich in seinem Arbeitszimmer, an der Universität schleppte er sich mühsam durch den Unterricht, und ihm blieb kaum noch die Kraft, abends nach Winthrop zurückzufahren.

Auch Aurelia magerte vor Anspannung und Sorgen ab. Um ihren Mann vor den lauten Kindern zu schützen und die Kinder vor ihm, dachte sie sich ein »Oben-unten«-Leben aus, wie sie es nannte. Sie funktionierte das größte Schlafzimmer in ein Spielzimmer um; dort bekamen die Kinder ihre Mahlzeiten, dort las sie ihnen vor und erzählte selbsterfundene Geschichten, wie *Die Abenteuer von Mixie Blackshort*, »die sich«, nach Aurelias Worten, »über mehrere Jahre zu einer abendlichen Fortsetzungsserie entwickelten«. Durch Aurelia lernten Sylvia und Warren auch Lyrik kennen. Sylvia erinnerte sich, daß sie, als sie zum erstenmal *Der verlassene Wassergeist* von Matthew Arnold hörte, eine Gänsehaut bekam. Das war für sie eine »neue Art Glück«. »Unten« pflegte Aurelia ihren Mann und erlaubte den beiden Kindern, nach dem Abendessen eine halbe Stunde mit ihm zu spielen. Sylvia tanzte für ihren Vater oder spielte Klavier, und beide zeigten ihm ihre Gedichte oder Zeichnungen.

Aurelia war unentwegt erschöpft, aber es gelang ihr für einige Zeit erfolgreich, die Sorgen der Familie allein zu tragen. Sie scheint sich nie beklagt zu haben. Im Winter 1938-39, Sylvia besuchte die zweite Klasse, bekam Warren, der ständig an Allergien litt, Bronchopneumonie und Sylvia Sinusitis. Während dieser Zeit schickte Aurelia ihre Tochter zu Grammy und Grampy an die Küste. Da der Vater und der kleine Bruder die Aufmerksamkeit der Mutter völlig in Anspruch nahmen, wäre es überraschand gewesen, wenn Sylvia *keine* klassische Geschwistereifersucht entwickelt hätte. Sie übertrumpfte Warren, wenn sie getrennt waren; und wenn sie gemeinsam um die elterliche Aufmerksamkeit wetteiferten, übertraf sie ihn im Reden und Buchstabieren. Aus Sylvias Geschichten und Tagebüchern geht hervor, daß ihr Bruder als Kind manchmal unter ihr zu leiden hatte. Etwa ab 1950 vollzog sich in ihrer Beziehung ein Wandel. Als Sylvia das Smith College besuchte und Warren zunächst in Exeter und später in Harvard studierte, wurden beide zu treuen Verbündeten und Partnern.

Im Sommer 1940 war der Gesundheitszustand beider Kinder so gut, daß sie mit David und Ruth Freeman lange Tage am Strand verbringen konnten. Mit Dr. Plath ging es dagegen gesundheitlich ständig bergab. Als er sich eines Tages im August anzog, um nach Boston zu fahren, stieß er sich die kleine Zehe an einer Kommode. Abends hatte sich der Fuß schwarz verfärbt, und am Bein zeigten sich Streifen einer gefährlichen Blutvergiftung. Diesmal erhob Otto keinen Einspruch, als Aurelia den Arzt rief, und stimmte einer Untersuchung zu. Der Arzt konnte es nicht fassen: Otto Plath litt nicht an Krebs, sondern an Diabetes mellitus, der, rechtzeitig erkannt, heilbar gewesen wäre. In diesem fortgeschrittenen Stadium war das allerdings fraglich.

Der Sommer zog sich dahin, doch bei Otto zeigten sich keine Anzeichen einer Besserung. Sylvia lief in einer auf ihre Größe abgeänderten Krankenschwesterntracht hin und her, um ihrem Vater Fruchtsäfte zu bringen. Eines Tages war Aurelia mit Sylvia am Strand, und Otto schien zu glauben, er könne seine Krankheit durch reine Willenskraft besiegen. Er verließ das Bett, um nach unten zu gehen. Bei ihrer Rückkehr fand Aurelia ihn zusammengebrochen auf der Treppe, und es gelang ihr irgendwie, ihn ins Bett zurückzubringen. Während der Nacht bekam er heftigen Schüttelfrost. Am nächsten Tag riet ein Spezialist zur Amputation des Beines. Beim Verlassen des Hauses flüsterte der Arzt Aurelia zu: »Wie konnte ein so intelligenter Mann nur so dumm sein?«

Die Operation fand am 12. Oktober 1940, zwei Wochen vor Sylvias achtem Geburtstag, im New England Deaconess Hospital statt. Zunächst sah es so aus, als erhole sich der Patient. Studenten und Kollegen der Universität überschütteten ihn mit Hilfsangeboten. Der Präsident der Universität schrieb ihm: »Wir möchten lieber Sie mit einem Bein an Ihrem Platz sehen als einen anderen mit zwei Beinen.« Aber vielleicht widersetzte sich etwas in Otto Plaths Wesen einer Heilung. Er beging nicht Selbstmord, wie einige von Sylvias Gedichten andeuten, aber er kämpfte auch nicht um sein Leben. Er unternahm keinen Versuch, die Prothese auszuprobieren, die man ihm im Krankenhaus gab, und er machte auch mit Aurelia keine Pläne über die Rückkehr nach Hause. Am Abend des fünften November, kurz nach einem Krankenbesuch, rief Ottos Chirurg Aurelia an. Otto war im Schlaf an einer Lungenembolie gestorben.

Aurelia war natürlich wie gelähmt, aber nicht völlig unvorbereitet. Sie entschied, bis zum nächsten Morgen zu warten, ehe sie die Kinder vom Tod ihres Vater in Kenntnis setzte. Unter Aufbietung aller Kräfte ihres stoischen Innenlebens, in das sie und Otto soviel Vertrauen gesetzt hatten, unterdrückte sie die Tränen, als sie in das Zimmer des erst fünfeinhalbjährigen Warren ging und danach zu Sylvia, die lesend im Bett saß. Sylvia reagierte zunächst mit Schweigen. Dann gab sie typischerweise eine extreme Äußerung von sich: »Ich werde nie wieder mit dem lieben Gott sprechen«, und zog wütend die Bettdecke über den Kopf. Ihr ganzes Leben lang neigte Sylvia in Situationen, die sie als unerträglich empfand, zu der Redewendung »Nie wieder«.

Einen Tag nach dem Tod des Vaters kam Sylvia mit einem anderen Kummer von der Schule nach Hause. Klassenkameradinnen hatten vage die schreckliche Möglichkeit eines Stiefvaters angedeutet. Sylvia streckte ihrer Mutter ein Blatt Papier zur Unterschrift entgegen, auf dem in zittrigen Großbuchstaben stand: *ICH VERSPRECHE, DASS ICH NIE MEHR HEIRATEN WERDE*. Aurelia unterschrieb und befreite Sylvia damit von ihrer großen Sorge; Sylvia lief danach sofort hinaus, um zu spielen. Sehr wahrscheinlich hatte Aurelia nicht die Absicht, noch einmal zu heiraten, aber sie wollte auf jeden Fall wieder unterrichten, um die Familie ernähren zu können.

Es bestanden bereits Pläne, das Haus der Schobers in Point Shirley zu vermieten. Aurelias Eltern sollten in die Johnson Avenue ziehen, falls Otto nicht wieder gesund werden würde. Bald nach dem Begräbnis, das Aurelia fürsorglich den beiden Kindern ersparte, rückte die Familie eng zusammen: Es war wichtig, sich und der Welt zu beweisen, daß alles gutgehen würde. Aber zunächst ging nichts gut. Zwei Wochen nach Ottos Beerdigung bekamen beide Kinder die Masern, bei Warren mit Komplikationen durch das Wiederauftreten der Bronchopneumonie; Sylvia litt außerdem wieder unter Sinusitis. Es sollte noch schlimmer kommen. Nach Weihnachten 1940 verlor Grampy seine Stelle, als die Geschäftsleitung seiner Bostoner Firma wechselte. Entmutigt begann er, wie Aurelia, Arbeit zu suchen – für einen älteren Mann, dessen Augenlicht sich verschlechterte, eine demütigende Situation. Am bedrückendsten aber war die Geldknappheit. Dr. Plaths

Lebensversicherung reichte gerade, um die Arzt- und Begräbniskosten zu bezahlen. Die Boston University gewährte der Witwe keine Pension.

Im Januar 1941 fand Aurelia vorübergehend Arbeit als Lehrerin für Deutsch und Spanisch an einer High School in der Nähe der ehemaligen Wohnung in Jamaica Plain, was bedeutete, daß sie Winthrop jeden Morgen um halb sechs verlassen mußte. Außerdem nahm sie an drei Nachmittagen in der Woche Privatstunden in Spanisch. Im Frühjahr bot sich eine angenehmere Stellung in einer nahegelegenen Junior High School, die sie im September antreten konnte. Aber inzwischen ging es ihr nicht gut. Die Spannungen des vergangenen Jahres hatten dazu geführt, daß sie an einem Zwölffingerdarmgeschwür erkrankt war. Trotz großer Schmerzen kämpfte sie weiter darum, daß ihr Leben nicht aus den Fugen geriet, und brachte es fertig, bis zum Ende des Schuljahres zu unterrichten.

Im Sommer 1942 kam endlich die Rettung: Durch den Krieg gab es freie Stellen für Zivilisten. Grampy Schober fand unerwartet eine Stellung als *Maître d'Hotel* im Brookline Country Club in einem reichen Vorort von Boston. Aurelia wurde eine Stelle angeboten, die ihr ermöglichte, aus Winthrop wegzuziehen, dessen Klima ihrer Ansicht nach der Gesundheit der Kinder schadete.

Der Dekan des Boston University College of Practical Arts and Letters – dort hatte Aurelia vor Jahren ihr erstes Diplom gemacht – suchte jemanden, der einen Stenographie-Lehrgang für Arzthelferinnen ausarbeiten sollte. Aurelia Plath schien mit ihren kaufmännischen Qualifikationen und der Beherrschung wissenschaftlicher Methoden, die sie sich während der Zusammenarbeit mit Otto erworben hatte, die ideale Person zu sein. Die Stelle kam wie eine göttliche Fügung. Aurelia hatte freie Hand, den Lehrgang zu gestalten – eine Herausforderung an ihren Einfallsreichtum. Das Anfangsgehalt war zwar niedrig, aber Aurelia betrachtete es als angemessen. Es ermöglichte ihr den Umzug in eine andere, gutbürgerliche Gegend, wo es bessere Schulen gab und wo die Luft trockener war. Bis zum Herbst hatte sie das Haus in Winthrop – mit Verlust – verkauft. Mit ihren beiden Kindern und Grammy (während der Woche wohnte Grampy im Country Club) zog sie in ein gepflegtes weißes Holzhaus in einer bescheidenen, aber angenehmen Gegend von Wellesley, mehrere Meilen westlich von Boston.

III

Sylvia feierte ihren zehnten Geburtstag am 27. Oktober 1942; einen Tag zuvor war die Familie landeinwärts gezogen und hatte das Meer mit den schäumenden Stränden und das große schäbige Holzhaus in der »brodelnden Stadt am Meer« verlassen, wo sie abends von ihrem Zimmer aus die startenden und landenden Flugzeuge auf dem Logan-Flughafen, auf der anderen Seite der Bucht, beobachtet hatte. Zurück blieb auch eine verworrene Erinnerung an den Vater, der im Laufe der Jahre in Sylvias persönlicher Mythologie durch seine Abwesenheit weit stärker werden sollte als jeder andere Mensch außer der Mutter.

Otto war zwar bereits zwei Jahre tot, doch der Umzug der Familie und der Abschied vom Meer verbannte ihn dramatisch in ein gläsernes Wahngebilde ihrer Phantasie. Dort, fern jeder Realität, wurde er zu einer gottähnlichen, teufelsähnlichen Offenbarung – der angsteinflößende Geist eines Vaters, den sie kaum als gesunden Mann erlebt hatte. Später gehörte Otto für sie zu einem Zeitabschnitt, den sie in ein Niemandsland der Kindheit verbannte. Die Dichterin in ihr reduzierte ihn auf die Gestalt eines fein konstruierten Kunstwerks – das Schiff in der Flasche, das sie 1962 am Ende von *Ocean 1212-W*, gesendet im dritten Programm der BBC, beschreibt: »schön, unerreichbar, vergangen, eine feine, weiße, flüchtige Mythe«.

Doch in ihren Träumen und ihrer eigenartig halluzinatorischen Phantasie war es nicht so leicht, Otto unter Glas zu begraben. Unerbittlich tauchte er aus der Schattenseite von Sylvias Geschichten und Gedichten als der Proteus ihrer herkulischen Bemühungen auf, sich von seinem Bild zu befreien. Drohend, unwiderstehlich kehrte er in ihrem Werk wieder als ein Koloß, als Meeresgott und Muse, als ertrunkener Selbstmörder, als archetypischer griechischer König, als Bienenzüchter (der tapfere Herr eines gefährlichen Volkes) und sogar als fiktive brutale Kombination aus Ehemann und Luftwaffennazi, wie in dem berühmten Gedicht *Papi*. Dieses Phantasiegespinst – unlogisch, surreal, den Tatsachen gegenüber unwahr, jedoch untrennbar von Sylvias hysterischer psychischer Realität – hat zumindest teilweise seinen Ursprung in den zwei Jahren, die zwischen Otto Plaths Tod und dem Wegzug seiner Tochter von Winthrop und dem Meer liegen.

Otto war Pazifist gewesen. Im Dezember 1941 trat Amerika in den Zweiten Weltkrieg ein, und die Welt wurde zum Alptraum eines Pazifisten. Für die amerikanische Bevölkerung war der Krieg keine direkte Bedrohung, dennoch gab es Luftangriffsübungen, Verdunklungen, Lebensmittelknappheit, und Familien mit jungen Söhnen und Brüdern drohte der Wehrdienst. Deutschstämmige Amerikaner hatten es in dieser Zeit doppelt schwer. Es scheint unwahrscheinlich, daß Sylvia in der Schule Schikanen ausgesetzt war, wie die Schobers sie während des Ersten Weltkriegs erlebt hatten. Trotzdem wird an den Geschichten, die Sylvia in Winthrop angesiedelt hat (*Superman und Paula Browns neuer Schneeanzug*, *Der Schatten*, *Der grüne Felsen*, *Unter den Hummeln*) erkennbar, daß ihr schwaches Gefühl der nationalen Zugehörigkeit ernsthaft erschüttert wurde. In ihrem unveröffentlichten Tagebuch schreibt Sylvia Jahre später über »das komplizierte Schuldsystem, durch das Deutsche in einer jüdischen und katholischen Umgebung dazu gebracht werden, nach Art von Sündenböcken, psychisch den Schmerz zu spüren, den Juden spürten, wenn sie sich als Deutsche ohne Religion empfanden«.

Superman und Paula Browns neuer Schneeanzug, in Sylvias Abschlußjahr am Smith College entstanden, ist eine Kriegsgeschichte. Sie handelt von Angst, Macht, Argwohn, Neid, Verfolgung und Desillusionierung. Eine Erzählerin, die für Sylvia steht, beginnt als phantasievolles Kind, in ihrer Nachbarschaft Superman-Spiele zu organisieren, und bekommt Auszeichnungen bei der Zivilverteidigung. Ihre Sensibilität, oder vielleicht ihre ausgeprägt defensive Befangenheit, löst Ablehnung bei den Mitschülern aus, die sie heimlich beneidet und verachtet.

Alles, was die Erzählerin zum Beispiel über Paula Brown zu sagen hat, riecht nach der Erbitterung der gesellschaftlich Zurückgewiesenen. Paulas »blasse Haut«, die »langen roten Zöpfe« und die »wäßrig blauen Augen« sind körperliche Anzeichen unverdienter gesellschaftlicher Privilegiertheit. Die Geschichte enthält dieselbe Botschaft wie die Gedichte der Vierzehnjährigen: Ihr Silbernetz aus Glück wird zerstört, wenn die Realität mit der Phantasie in Konflikt gerät. Das Heranwachsen bedeutet den »Unterschied« (ein zentrales Wort) zwischen dem Glauben-machen und der Erkenntnis, daß Menschen tatsächlich *Glauben machen.* Nachdem alle in der Gegend glauben, daß die Erzählerin Paula Brown in eine Ölpfütze gestoßen hat, kann nichts, was sie sagt, auch nur einen einzigen Menschen von ihrer Unschuld überzeugen, nicht einmal die eigene Familie.

Superman und Paula Browns neuer Schneeanzug ist vielleicht Sylvias überzeugendste Kindheitsgeschichte, aber ihre glaubhafteste Prosa ist der bereits zitierte autobiographische Text *Ocean 1212-W*, in dem sie aus mehreren einfallsreichen Interpretationen ein lebendiges Bild von sich und dem sie beschützenden Meer erschafft:

»Als ich zu krabbeln begann, setzte mich meine Mutter an

den Strand, um zu sehen, welchen Eindruck die See auf mich machte. Ich kroch direkt auf die ankommende Welle zu und hatte eben die grüne Wand durchbrochen, als sie mich an den Fersen festhielt.«

Sylvias Fähigkeit, sich an alles zu erinnern, bedeutete eine wertvolle Hilfe für ihr Schreiben, aber sie verstrickte sich auch darin. Immer wieder bezog sie sich auf ihr Leben, durchpflügte den Boden ihrer Vergangenheit und erntete dabei ähnliche, immer sie selbst rechtfertigende Interpretationen. Nach Aurelia Plaths Darstellung krabbelte nicht die kleine Sylvia, sondern Warren als kleines Kind in die Wellen, so wie nicht Sylvia, sondern ein Freund der Familie den heiligen Pavian am Strand fand, den Sylvia später im Text als »Zeichen der Auserwählten« interpretiert. Mit anderen Worten, Sylvias Erinnerung steht im Dienst ihres Kunst-Mythos. Sie veränderte dauernd ihr Leben, um es der Kunst anzupassen. In *Ocean 1212-W* brauchte sie das Meer in einer aktiven Rolle; in väterlicher Manier mußte die Natur beweisen, daß Sylvia dem Geschlecht der Meeresgottähnlichen entstammte, daß der Koloß ihr Vater und sie deshalb »nicht für immer verstoßen« war.

IV

Möglicherweise beunruhigte Sylvias sonderbares Wesen die Mutter, als die Familie von Winthrop in das gutbürgerliche Wellesley zog. Sylvia verließ die Annie F. Warren-Grundschule in Winthrop mit einer sehr guten Durchschnittsnote. Trotzdem hielt Aurelia es für klug, sie beim Eintritt in die Marshall Livingston Perrin School ein Jahr zurückstufen zu lassen. Sylvia wäre jünger gewesen als die meisten Kinder der sechsten Klasse, aber trotzdem größer. Auch schulisch hätte sie mit der älteren Gruppe mithalten können, aber vielleicht spürte Mrs. Plath, daß Sylvia Schwierigkeiten hatte, Freunde zu finden. Durch das leichtere Pensum der fünften Klasse würde ihr hellwaches Konkurrenzdenken nachlassen. Sie konnte mühelos Klassenbeste werden und hätte Zeit, ihre Interessen zu erweitern, um auf allen Gebieten beschlagen zu sein, wie Universitäten und Colleges es nachdrücklich forderten.

Aurelias Plan funktionierte offenbar, und Sylvia, die mit fünfzehn bereits ihre endgültige Größe von ein Meter fünfundsiebzig erreicht hatte, gab sich bald als ganz normaler amerikanischer Teenager. Die Mitgliedschaften bei den Pfadfinderinnen, bei Basketballmannschaften, dem Schulorchester (sie spielte Bratsche), bei den United World Federalists und Gruppen der Unitarischen Kirche sprachen alle zu ihren Gunsten – zunächst in der Perrin-Grundschule und danach in der Philip Junior High School, wo Englisch und Kunsterziehung ihre besten Fächer wurden. In sechs aufeinanderfolgenden Jahren verbrachte sie je zwei Wochen im Pfadfinderinnenlager. Sie hatte eine »beste Freundin«, Betsy Powley, die sie in ihr Vertrauen zog und mit der sie zum Zelten fuhr. Sylvia schrieb Verse und illustrierte sie als Überraschungsgeschenke für Grampy, der an den Wochenenden vom Country Club nach Wellesley kam. Ihrer Mutter legte sie vor dem Abendessen kleine lustige Reime unter die Serviette. Während dieser Zeit führte sie in ihrer sauberen, runden Schulmädchenschrift ein Tagebuch: Schreiben wurde für sie bald so selbstverständlich wie essen. In der Junior High School schrieb sie ständig für die Schülerzeitung und dachte über mögliche Berufe nach. Sollte sie Modeschöpferin werden (sie entwarf für ihre Papierpuppen elegante Kleider) oder Illustratorin? Oder sollte sie Schriftstellerin werden und sich mit Veröffentlichungen in *The Ladies Home Journal* oder *The Saturday Evening Post* Geld und Ruhm erwerben?

1949 war Sylvia siebzehn und besuchte die Oberstufe der High School. Inzwischen beherrschte sie die Kunst des Erfolgs so gut, daß sie sich selbst täuschen ließ und glaubte, sie sei supernormal. Ihre Mutter freute sich natürlich über Sylvias gesellschaftliche und literarische Erfolge. In ihrem Vorwort zu *Briefe nach Hause* erklärt sie wehmütig:

»Die High-School-Jahre brachten viel Freude. Das Teilnehmenkönnen bedeutete mir so viel, da Warren nach Exeter gegangen war und ich ihn schrecklich vermißte. Wenn Sylvia vom Tanzen nach Hause kam, konnte ich an der Art, wie sie Treppen hochkam, ablesen, wie der Abend verlaufen war. Kam sie langsam herauf und traf Anstalten, ins Bett zu gehen, dann war er nicht ›besonders‹ gewesen, war ihr Schritt aber eilig und kam sie zu mir ins Schlafzimmer gestürmt, wobei sie aufgeregt flüsterte, ›Mami, bist du wach?‹ – ah, dann schilderte sie den Abend für mich, und ich kostete ihre Freude, als wäre es meine eigene gewesen.«

Aurelia hatte in ihrer Jugend hart gearbeitet und selbst auf einfachste Vergnügungen verzichten müssen. Sie identifizierte sich tatsächlich mit Sylvia und bürdete ihrer Tochter unwissentlich die schwere Verantwortung auf, sie beide glücklich zu machen. Sylvia besaß die seltene, ansteckende Fähigkeit zur Begeisterung – eine ebenso große Begabung zur Euphorie wie zum Unglücklichsein. Sie »rikoschettierte«, ein Lieblingswort, mit alarmierender Geschwindigkeit von einem Extrem ins andere und hielt ihre Stimmungen zusammen mit den genauen Einzelheiten jedes »großen Augenblicks« auf den ständig wachsenden Seiten ihrer Notiz- und Tagebücher fest. In *Briefe nach Hause* zitiert Aurelia eine längere Passage aus dem Anhang eines Tagebuchs mit dem Datum 13. November 1949 – vermutlich will sie damit beweisen, daß Sylvia wesensmäßig keine potentielle Selbstmörderin war. Die Geständnisse der Siebzehnjährigen sind erwartungsgemäß romantisch, aber sie zeigen auch eine außergewöhnliche Einsicht. Ihre Selbstanalyse ist scharfsinnig und so distanziert, daß man in ihren Worten leider tatsächlich eine Blaupause dessen sieht, was die Zukunft bringen sollte.

»Jeder Tag ist so kostbar, daß ich unendlich traurig werde bei dem Gedanken, daß mir diese Zeit mehr und mehr entschwindet, je älter ich werde. Jetzt, jetzt ist die ideale Zeit meines Lebens.

Manchmal versuche ich, mich an die Stelle eines anderen zu versetzen und bin erschrocken, wenn ich merke, daß mir das fast gelingt. Wie fürchterlich, jemand anderes als ich zu sein. Mein Egoismus ist schrecklich. Ich liebe mein Fleisch, mein Gesicht, meine Glieder mit überwältigender Hingabe. Ich weiß, daß ich ›zu groß‹ bin und eine zu dicke Nase habe, trotzdem putze ich mich auf, posiere vor dem Spiegel und finde mich von Tag zu Tag hübscher.«

War der Glaube an sich selbst nicht wirklich eine Frage an das eigene Idealbild? Und war dieses Idealbild nicht ihr *wahres* Ich? War es also falsch, wenn sie sich idealisierte, obwohl ihr der Spiegel unbarmherzig die nüchterne Wahrheit zeigte? Sylvia hatte mit dem Idealismus der Mutter auch ihre aphoristischen Neigungen und den Emersonschen Glauben verinnerlicht. Mit siebzehn war sie bereits gefangen in dem unseligen Dualismus der Romantiker. Sie wußte schon, daß sie »nie, nie, nie« die Vollkommenheit erreichen würde, nach der »[ich mich] in meinen Bildern, meinen Gedichten, meinen Geschichten sehne«. Es waren alles kümmerliche Spiegelbilder.

»Ich glaube, ich möchte allwissend sein [...] Ich glaube, ich würde mich gern ›das Mädchen, das Gott sein wollte‹ nennen. Doch wäre ich nicht in diesem Körper, wo *wäre* ich dann? [...] Nein, dagegen wehre ich mich. Ich bin ich – ich bin mächtig – aber in welchem Maße? Ich bin ich.«

War der Glaube an sich selbst nicht wirklich eine Frage [illegible] eigenen Identität und [illegible] Spiegel [illegible] Sylvia hatte mit dem Realismus der Mutter [illegible] Neigungen und den [illegible] vermutlich [illegible] in dem [illegible] schon, daß sie [illegible] in ihren Büchern, meinen Gedichten, [illegible] Spiegel [illegible]

Eine Studentin am Smith College 1950-1952

Heute morgen hatten wir unsere Versammlung im College. Seit ich hier bin, fühlte ich mich noch nie den Tränen so nahe wie in dem Augenblick, als ich die mit Abzeichen, Medaillen und Ehrennadeln verzierten Lehrer auf der Bühne vorbeimarschieren sah und die anregende Ansprache des bewunderungswürdigen Herrn Wright hörte. Ich kann es nicht fassen, daß ich ein SMITH GIRL bin!

Letters Home
28. September 1950

Mein Gott, wer bin ich? Ich sitze heute abend in der Bibliothek; die Lampen über mir brennen grell, der Ventilator summt laut. Überall Mädchen, Mädchen, die Bücher lesen. Angespannte Gesichter, fleischrosa, weiß, gelb. Und ich sitze hier ohne Identität, gesichtslos. Mein Kopf schmerzt [...] Ich bin verloren [...]

Journals
September 1950

I

Als Sylvia die Bradford Senior High School in Wellesley verließ, war sie für ihre Kreativität bekannt, aber keineswegs für künstlerische Überspanntheit. Offenbar kultivierte sie in den letzten beiden Jahren an der Schule das Image der »allgemein Begabten«. An den Colleges war das erwünscht, und die Jungen in ihrer Klasse bewunderten sie sicher dafür. Im letzten Jahr, von 1949-1950, war sie Mitherausgeberin der Schülerzeitung *The Bradford*, in der sie ohne Namensnennung Gedichte und Artikel veröffentlichte. Sie gehörte auch zur Redaktion »Kunst und Veranstaltungen« des Jahrbuchs der Bradford High School: des *Wellesleyan*. Durch ihre Jahre als »Crockettanierin«, das heißt als Mitglied einer kleinen Gruppe von Schülern, die Wilbury Crockett für einen besonderen Dreijahreskurs in Englisch (und offenbar auch in »Lebensphilosophie«) auswählte, hatte sie wohl in der zehnten Klasse einen Überblick über die amerikanische Literatur, in der elften über die englische und in der zwölften über die Weltliteratur erhalten. In einer Schulaufführung von *Zurück zur Natur* spielte sie die Rolle der Lady Agatha und zeichnete für den Ball ihrer Verbindung große Bilder von Li'l Abner und Daisy Mae. Ihre Notizbücher verraten, daß sie eine genaue Liste der Jungen führte, die sie um eine Verabredung baten (neunzehn), und auch über die, die sie selbst aufforderte (vier). Allerdings scheint ihr nur an einem oder zwei wirklich etwas gelegen zu haben: ein Erstsemester am Williams College namens John Hall und Bob Riedeman, ein Student der Universität in New Hampshire. Sylvia schrieb in dieser Zeit immer neue Geschichten und Gedichte und versuchte beinahe fünfzigmal den Einstieg in »Eure Rubrik« der Zeitschrift *Seventeen*, ehe schließlich eine ihrer Geschichten angenommen wurde: *And Summer Will Not Come Again*. Sie erschien im August 1950, im Sommer vor dem Studienbeginn am Smith College.

Im Abschlußjahr an der High School bot man Sylvia ein Vollstipendium für Wellesley an, ein angesehenes Frauen-College in ihrer Stadt. Ihrer Mutter wäre es lieb gewesen, wenn Sylvia es angenommen hätte, denn dann wäre sie in der Nähe geblieben und hätte jederzeit mit dem Fahrrad nach Hause kommen können, selbst wenn sie beschließen sollte (oder es sich hätte leisten können), im College zu wohnen. Doch Sylvia entschied sich nachdrücklich für drei Teilstipendien am Smith College, und Aurelia gab nach. Die inzwischen manchmal gespannte Beziehung zwischen Mutter und heranwachsender Tochter ließ sich besser durch Korrespondenz aufrechterhalten. Zwar rebellierte Sylvia in dieser Zeit nach außen hin nie, aber mit siebzehn empfand sie die Atmosphäre in der Elmwood Road Nr. 26 eindeutig als erstickend. Es war leichter, der Mutter mit ihrer Aura besorgter Selbstaufopferung zu schreiben, als damit zu leben. Außerdem begann Sylvia natürlich, sich auch für Sex zu interessieren.

Im Sommer 1950, nach Sylvias Schulabschluß und nachdem Warren von seinem ersten Jahr an der Phillips Exeter Academy zurückgekommen war (zu Sylvias großer Freude überragte er sie inzwischen), suchten Bruder und Schwester einen Job für den Sommer. Sie arbeiteten zusammen auf einer Farm in Dover, Massachusetts, nicht weit von Wellesley entfernt. Sylvia sollte diese Zeit wie ihre Kindheit am Meer in der Glasflasche einschließen, in der sie idealisierte Erinnerungen aufbewahrte. Eines Abends nach der Arbeit auf der Farm lockte sie ein junger Este namens Ilo in sein Zimmer in der Scheune und küßte sie leidenschaftlich. Mit einem anderen Jungen, dem erotischen Emile, machte sie erste sexuelle Erfahrungen, die sie, wie sie feststellte, ebenso genoß wie gutes Essen, Graben in der Erde, Zeichnen oder das Eintauchen in Bücher und Ideen. Jede Erfahrung, so fand sie, war Wasser auf die Mühle der Schriftstellerin. Während sie an ihrer erwachenden Sinnlichkeit Geschmack fand, schreckte sie gleichzeitig auch davor zurück. Was später ein festes sexuelles Verhaltensmuster wurde, war bereits im Ansatz ein Dilemma. Bisher hatte Sylvia die Rolle des »normalen« Teenagers gespielt und ihre ungewöhnlichen Talente für sich behalten. Nun wurde ihr deutlich, daß es Seiten in ihrem Leben gab, die sie nicht kontrollieren konnte. Abschlußbälle ja, »unsinnige tierische Reinheit« nein.

Amerikanische Teenager der Mittelklasse unterwarfen sich in den fünfziger Jahren einem erstaunlichen Kodex sexueller Enthaltsamkeit. »Petting« war erlaubt, alles andere war tabu.

Die Verliebtheit mochte noch so heftig sein, aber von »sauberen« Jungen wurde erwartet, daß sie mit »netten« Mädchen nicht ins Bett gingen, auch wenn man voraussetzte, daß die Jungen sich irgendwo die Hörner abstoßen mußten. Deshalb übersah man im allgemeinen, was sie außerhalb der eigenen Schicht oder des eigenen Viertels taten. Für Mädchen galt natürlich ein anderer Maßstab. Das Schreckgespenst der Schwangerschaft erhob sich in Artikeln wie *In Defence of Chastity*. In Sylvia Plaths Roman *Die Glasglocke* erhält Esther Greenwood diesen Artikel mit vielsagendem Nachdruck von ihrer Mutter überreicht. Im wirklichen Leben war die junge Sylvia ebenso konformistisch wie ängstlich. Sie war entsetzt, als in ihrem ersten Jahr am College im Verlauf eines Rendezvous mit einem unbekannten ehemaligen Matrosen der Mann ihr einen ungehörigen Antrag machte.

Hinterher schrieb sie nicht ganz so ausführlich darüber an ihre Mutter, aber sie hielt den Vorfall umfassend in ihrem Tagebuch fest. Sie schwankte zwischen Faszination und Schaudern, als sie sich daran erinnerte, wie das »zuckende Glied« in ihrer Hand wuchs.

Vieles von dem, was in diesem Sommer geschah, ging ebenfalls in Sylvias Tagebuch ein. Sie verzeichnete Ilos Kuß – »Ich stand von Verlangen überflutet, elektrisiert und bebend da« – und den ersten wirklichen Vorgeschmack auf literarischen Ruhm. Im August nahm der *Christian Science Monitor* – Sylvia veröffentlichte in dieser Zeitung ihr ganzes Leben lang – *Bit-*

ter Strawberries, ein bissiges politisches Gedicht, an und im September eine nostalgische Reminiszenz über die Lookout Farm: *Rewards of a New England Summer.*

»Siehst du mich innehalten und ein bißchen wehmütig vor mich hinstarren, dann weißt du, daß ich tief unten an den Wurzeln der Erinnerung bin, zurück auf der Farm, wo ich noch einmal das träge, schläfrige Brummen der Bienen in den orangefarbenen Kürbisblüten höre, die heißen, goldenen Finger der Sonne auf meiner Haut spüre und den unvergeßlichen würzigen Geruch der Äpfel rieche, der für mich für immer Neu-England ist.«

Sylvia war eindeutig bereits den zuckrigen Adjektiven der Werbung verfallen, wo Kalenderblattprosa eine Voraussetzung für Erfolg ist. Sie war bereit, jede Ablehnung hinzunehmen und so viele Stunden wie nötig an einer Geschichte oder an einem Gedicht zu arbeiten, wenn sie es nur bei einem der großen Magazine unterbringen konnte – Magazine, die für Sylvia die Mode diktierten. Als *Seventeen* ihre sentimentale Geschichte *And Summer Will Not Come Again* (sie handelt von einem Mädchen, das sich in seinen Tennislehrer verliebt) druckte, löste das bei ihr großen Jubel aus. »Studieren Sie Ihren Markt«, hatte der Redakteur geraten. Sylvia hatte es getan und benutzte ihr Talent zur Nachahmung, um eine leicht pathetische Problemgeschichte zu schreiben, die genau darauf berechnet war, das bequeme Gewissen der bürgerlichen Leserschaft von *Seventeen* zu beeindrucken.

And Summer Will Not Come Again brachte Sylvia – außer fünfzehn Dollar – brieflich die Aufmerksamkeit eines intelligenten älteren Englischstudenten am Roosevelt College in Chicago namens Eddie Cohen ein. Cohen erklärte in seinem ersten Brief vom 3. August 1950, er habe zufällig eine Nummer von *Seventeen* zur Hand genommen, die seiner Schwester gehörte, und eine Geschichte gelesen, die zu seinem Erstaunen

Gefühle »viel subtiler zum Ausdruck brachte als in der üblichen Holzhammertechnik von *Seventeen*«. Er blätterte in den letzten Seiten, um etwas über die Autorin zu erfahren. War sie erst siebzehn? Würde sie unter dem »Schutz« von über tausend Meilen, die zwischen ihnen lagen, eine Korrespondenz mit ihm vielleicht lohnend finden?

Entzückt über ihren ersten Fan-Brief, antwortete Sylvia am 6. August. Sie nahm die Herausforderung eher kokett an und berichtete über die Arbeit auf der Farm. Sie gestand auch wehmütig, daß sie nie so richtig in das High-School-Milieu passen würde, sie sei einfach zu individualistisch. Danach verzichteten beide darauf, sich zu verstellen. Im Verlauf mehrerer Jahre entwickelte Eddie sich zu Sylvias Brieffreund und Gewissen, zu einem vertrauenswürdigen männlichen Alterego, dem sie die Alpträume ihres inneren Lebens beichtete, während sie ihrer Mutter die Freuden ihrer Apotheose als Studentin am Smith College vorführte. Sylvia hatte noch andere platonische Freunde. Philip McCurdy zum Beispiel, ihr Nachbar in Wellesley (der Tennislehrer und Held ihrer veröffentlichten Geschichte), war auch jemand, dem sie sich während ihrer College-Zeit anvertraute. Cohen repräsentierte nicht nur das andere Geschlecht, sondern eine andere, freiere, wildere Welt. Sylvia konnte seine Erfahrungen sozusagen »abrufen«, ohne vorgeben zu müssen, über alles Bescheid zu wissen.

Am 11. August schrieb sie Eddie: »Ich bin sarkastisch, skeptisch und manchmal gefühllos, weil ich mich tief im Innern immer noch davor fürchte, verwundet zu werden. Ich habe einen verletzlichen Kern wie jeder Egoist [...] Die anderen sehen mich an und glauben, meinen kleinen Kopf habe noch nie ein ernster Gedanke beunruhigt.« Eddie ging auf Sylvias Egoismus wie auf ihre Verletzlichkeit ein und reagierte damit rasch auf die Stärke und Schwäche ihres Charakters. Im Dezember warf er ihr vor, die Einstellung ihren Bewunderern gegenüber sei zu leichtfertig, besonders in Hinblick auf Sex.

Im Vergleich zu ihm und seinen Freunden habe sie »es sehr leicht gehabt [...] Keine wirklich ernst zu nehmenden Elternkonflikte.« (In diesem Punkt irrte er sich, aber Sylvia hatte ihm damals zugestimmt.) Eddie kritisierte außerdem Sylvias Neigung, die Jungen, mit denen sie ausging, zu Helden zu stilisieren und anzubeten. Bewunderung, so erklärte er, sei nicht die beste Grundlage für Freundschaft oder Liebe und ganz sicher kein Ersatz für gemeinsame Interessen und Ideale.

Sylvia ihrerseits idealisierte Eddies Nonkonformismus und machte viel Aufhebens um seine mutmaßlichen sexuellen Erfahrungen. Er war einundzwanzig und kannte die rauheren Seiten des Nachtlebens von Chicago. Er hatte sich in denselben Bars herumgetrieben wie Nelson Algren und andere Intellektuelle der Unterwelt und war gerade mit einer neuen Frau befreundet, über deren Sexualität er sich freimütig äußerte. Eddie war also genau der Richtige, um Sylvia das Wesen des Orgasmus und die Benutzung empfängnisverhütender Mittel zu erklären. Außerdem konnte sie ihm ihre romantischen Sehnsüchte anvertrauen, ihm von ihren starken Gefühlen großer Erwartungen und Verzweiflung berichten, von ihrem körperlichen Begehren, das sie bedrängte, schreiben und von ihrer Sorge, daß die animalische Sinnlichkeit ihr als Schriftstellerin zum Verhängnis werden würde.

Tatsächlich beunruhigten Sylvia all diese Dinge: ihr sexuelles Verlangen, ihr heftiger Überlebensdrang und ihre Gier, jeden Moment des Jetzt, Jetzt, Jetzt zu erleben, ehe es zu spät war. Sie machte sich Sorgen über die Übel menschlichen Leidens, über den atomaren Krieg und das Überleben der Welt. Aber die meisten Sorgen machte sie sich über das Wesen des Seins – hauptsächlich darüber, eine Sylvia zu sein, die so ganz anders war als alles sonst auf der Welt und gleichzeitig von allen anderen nicht zu unterscheiden war:

»Ich kann mich nicht über die nüchterne, nackte Erkenntnis hinwegtäuschen, daß nichts wirklich ist, weder Vergangenheit noch Zukunft, gleichgültig, wie begeistert man ist, wie sicher, daß der eigene Charakter Schicksal ist, wenn man allein im Zimmer sitzt und die Uhr laut im falschen fröhlichen Leuchten des elektrischen Lichts tickt. Wenn man also keine Vergangenheit oder Zukunft hat, die schließlich alles ist, aus der die Gegenwart besteht, dann kann man die leere Hülle der Gegenwart ebensogut abwerfen und Selbstmord begehen [...]«

Sylvias Erwähnung des Selbstmords an dieser Stelle bedeutet lediglich eine Art philosophischer Schlußfolgerung. Trotzdem weisen ihre Tagebücher und ihre Briefe an Eddie Cohen auf eine Verwirrung hin, die ihrem Entsetzen zugrunde liegt. Das Paradox des Seins in der Zeit beschäftigte sie, was dazu hätte führen können, daß sie Philosophie studierte, wenn sie nicht versessen darauf gewesen wäre, eine erfolgreiche Schriftstellerin zu werden. Sylvia interessierte sich nicht für Theorie, sondern für ihre eigene persönliche Rettung. Sie umgab ihre beunruhigte Psyche mit einer für die Öffentlichkeit sorgfältig konstruierten makellosen Schale. Die Sylvia Plath, die sie ihren Freunden zeigte, war eine junge Frau mit lebensfrohen Ambitionen. Ihre Stimmungen waren extrem, ihre Begeisterung ansteckend, und ihre Talente schrien nach Anerkennung. In das Dasein und in das »Ich« hatte sie wenig Vertrauen, und deshalb sehnte sich ihr Ego um so mehr nach Bestätigung. Sie spielte weniger für die Welt als für ihr Spiegelbild, ein silbrig schimmerndes Wunschbild, in dem erstklassige Noten und eine Sammlung literarischer Preise ihr Sicherheit vor der dunklen Realität des Nicht-Seins garantierten.

In erster Linie lieferte die Mutter den Spiegel für Sylvias Bild, obwohl ihr bereits 1950 klargeworden war, daß diese Beziehung sie erstickte. »Aber nachdem dein Vater tot war«, schrieb sie in einem der vielen selbstanalytischen Essays, »hast du dich unnormal stark zur ›humanistischen‹ Persönlichkeit deiner Mutter hingewendet. Und du bist erschrocken, wenn du zu reden aufhörtest und das Echo ihrer Stimme in dir weiterhallte, als habe sie aus dir gesprochen [...], als ob ihr Gesichtsausdruck sich in deinem spiegelte.«

Die Briefe, die Sylvia aus dem College (und ihr ganzes Leben lang) an die Mutter schrieb – die vielen hundert Briefe, die beginnen mit: »Liebe Mum« oder »Liebste Vorfahrin« oder »Liebste, teuerste, schöne, heilige Mutter!«, und enden mit: »Deine glückliche Sivvy« –, waren Bitten um Selbstbestätigung einer ängstlichen Tochter an die Mutter, die immer Zeit zu einer Antwort fand (*das* war das Wichtigste). Sie antwortete mit ermutigenden Worten und klaren moralischen Ratschlägen. Es wäre falsch, voreilig und geringschätzig, zu dem Schluß zu kommen, daß Sylvia nicht meinte, was sie in den Briefen nach Hause schrieb. Zumindest anfänglich stand sie zu jedem Wort. Sie waren ein Rettungsanker. Sylvia idealisierte das College, aber oft fiel es ihr schwer, Smith zu mögen. Sie fühlte sich unwohl unter intelligenten oder reichen Mädchen ihres Alters, und sie empfand es als qualvoll, sich einer Gruppe anschließen zu müssen. Deshalb fühlte sie sich wohl zu Männern wie Eddie Cohen, Richard Sassoon und Ted Hughes hingezogen – Individualisten, die alle frei von Sylvias Bedürfnis waren, sich ständig anzupassen. Auch Sylvia sehnte sich danach, den Konventionen zu trotzen, aber gleichzeitig brauchte sie eine Mutter, die ihr half, daran zu glauben, sie sei völlig angepaßt, sie verdiene die Aufmerksamkeit, die sie auf sich lenkte, und sie sei in der Lage, ihren gütigen Mäzenen – meist handelte es sich um ältere Frauen – das Vertrauen zurückzuzahlen, indem sie außergewöhnlichen Erfolg hatte.

Also zeichnen Sylvias Briefe aus dem College ihr Leben so, wie es hätte sein sollen: »Nach dem Abendessen versammelten wir uns ums Klavier und sangen eine gute Stunde lang [...] Kein Familienleben könnte einem dieses kameradschaftliche Miteinander einer Mädchengruppe ersetzen. Ich habe sie alle gern.« Diesen Sonnenscheinbriefen müssen wir die Mondseite von Sylvias Wesen gegenüberstellen – die Seite, die in ihre Tagebücher einfloß.

»Ich glaube, jetzt weiß ich, was Einsamkeit ist [...] Sie kommt aus dem unbestimmten Kern des Ich – wie eine Blutkrankheit, die sich im ganzen Körper verbreitet, so daß man den Ursprung, den Punkt der Ansteckung nicht lokalisieren kann [...] Heimweh nennt man dieses schreckliche Gefühl, das mich jetzt beherrscht. Allein in meinem Zimmer, befinde ich mich zwischen zwei Welten [...] In diesem Augenblick gibt es außer mir kein anderes Lebewesen auf der Erde. Ich könnte durch die Gänge gehen, und leere Zimmer würden mir höhnisch von allen Seiten entgegengähnen. Mein Gott, aber Leben ist Einsamkeit, trotz aller Rauschmittel, trotz der schrillen falschen Fröhlichkeit der sinnlosen ›Partys‹, trotz der falsch lächelnden Gesichter, die wir alle zur Schau tragen.«

Man kann leicht erkennen, weshalb die Sonne und ihr Spiegel, der Mond, für Sylvia zu beherrschenden Symbolen wurden. Reflektierende Spiegelungen in Glasteichen und das Verschleiern lebenswichtiger, aber unzugänglicher Wahrheiten tauchen immer wieder in ihrer Lyrik auf. Die fröhlich-optimistische Rolle, die Sylvia oft spielte, schien eine gewollte Haltung, um das innere Ich zu verbergen – dieser beunruhigte, lebenswichtige, unzugängliche Teil ihres Wesens, den sie in ihren besten Gedichten berührt und in den Tagebüchern undeutlich zum Ausdruck bringt. Sylvia Plaths wahres Thema war dieses innere Ich, nicht ihre äußeren Erfahrungen und Leistungen. Schließlich sollte sie sich danach sehnen, dieses falsche Ich zu töten, damit das wahre Ich sich davon befreien konnte. Das scheint die Logik zu sein, die hinter ihrer lebenslangen Zwangsvorstellung, Selbstmord begehen zu müssen, lag.

Mit siebzehn fand Sylvia Symbole für Sehnsucht, noch ehe

sie wußte, wonach sie sich sehnte. Die folgende kleine Fluchtparabel ist Ausdruck ihres psychischen Gefangenseins. Die potentielle Smith-Studentin, mit Lockenwicklern in den Haaren, ist in diesem wichtigen Sommer 1950 vor dem College im sicheren Haus der Mutter gefangen und wird vom Mond gerufen. Der unendliche Nachthimmel ist nur durch die kleine Glasscheibe sichtbar, die sie ein- und den Mond ausschließt.

»Heute abend wollte ich vor dem Einschlafen noch kurz hinausgehen; im Haus war alles so ordentlich und abgestanden. Ich war im Schlafanzug und hatte Lockenwickler in den frischgewaschenen Haaren. Also versuchte ich, die Haustür zu öffnen. Das Schloß schnappte beim Drehen zu; ich drückte auf den Knopf. Die Tür ließ sich nicht öffnen. Verärgert drehte ich den Knopf in die andere Richtung. Nichts rührte sich. Ich drehte am Schloß; es gab nur vier mögliche Kombinationen von Knopf und Schloß, aber trotzdem blieb die Tür weiß, leer und rätselhaft geschlossen. Ich hob den Kopf. Durch das gläserne Viereck oben in der Tür sah ich ein Stück Himmel, in das sich die schwarzen Spitzen der Kiefern von der anderen Straßenseite bohrten. Und hinter den Bäumen stand der beinahe volle Mond und leuchtete gelb. Plötzlich rang ich erstickt nach Luft. Mit diesem quälenden kleinen Rechteck Nacht über mir, war ich gefangen in der üppigen, fedrigen, erdrückenden Umarmung der warmen weiblichen Atmosphäre des Hauses.«

II

Sylvia war nicht nur im Haus ihrer Mutter gefangen, ihr Gefängnis war auch die Gesellschaft an sich, die zu beeindrukken sie sich jahrelang bemühte: die Gesellschaft, die das Smith College repräsentierte. Smith war 1871 von einer philanthropischen Dame auf den Rat ihres Geistlichen hin gegründet worden. Das College hatte sich dem Ziel verschrieben, eine moralische, aber unrevolutionäre gesellschaftliche Verpflichtung gegenüber den amerikanischen Frauen zu erfüllen. Sophia Smith wollte mit ihrer Stiftung von vierhunderttausend Dollar »meinem Geschlecht die Mittel und Möglichkeiten für eine ebenso gute Bildung geben, wie sie jungen Männern in unseren Colleges angeboten wird«. Das College sollte liberale, damenhafte Grundsätze in einer Zeit verwirklichen, als Frauen zwar die Bürgerrechte erhielten, man aber von ihnen noch nicht erwartete, daß sie eine »unfrauliche« Rolle in der Regierung, in der Geschäftswelt, in Kunst und Wissenschaften übernahmen. Erst ein Jahrhundert nach der Gründung ernannte man 1975 mit Jill Ker Conway eine Frau zur Präsidentin.

In Sylvias ersten Studienjahren beherrschten Männer die Fakultät. Smith-Studentinnen wurden für Berufe ausgebildet, aber auf die Ehe vorbereitet und waren ohne Zweifel auf dem Heiratsmarkt gefragt, denn sie hatten gelernt, ihre Ehemänner durch genau die Dienste zu unterstützen, die Aurelia Plath ihrem Mann nach der Hochzeit 1932 erwiesen hatte. Die Alternative zur Ehe bestand darin, Lehrerin zu werden oder einen der typischen Berufe zu ergreifen, in denen ehemalige Smith-Studentinnen der Gemeinschaft auf bemerkenswerte Weise dienten. Die Fakultätsmitglieder Mary Ellen Chase und Elizabeth Drew – eindrucksvolle Damen von großem Einfluß – verkörperten für Sylvia die Höhen, die eine herausragende Frau mit den Vorteilen einer guten Bildung anstreben konnte.

Jahre nach dem Examen erinnerte sich Sylvias Zimmergenossin der letzten Jahre, Nancy Hunter Steiner, an die Festrede von Gouverneur Adlai Stevenson im Mai 1955:

»Gouverneur Stevenson sah unsere Berufung uneingeschränkt darin, Ehefrauen und Mütter zu sein – besonnene, umsichtige Ehefrauen und Mütter, die das, was sie in Politik-,

Geschichts- und Soziologieseminaren gelernt hatten, benutzen würden, um ihre Ehemänner und Kinder auf dem Weg zur Rationalität zu bestärken. Männer, so behauptete er, stünden unter dem ungeheuren Druck, den engen Blickwinkel anzunehmen. Wir würden ihnen helfen, sich dem zu widersetzen, und wir würden unsere Kinder zu vernünftigen, unabhängigen und mutigen Menschen erziehen«.

Nancy Hunter Steiner fügt hinzu: »Die Rede war überzeugend und beeindruckend. Sie gefiel uns, selbst wenn sie uns in die Satellitenrolle zurückzuwerfen schien, der wir vier Jahre entflohen waren – das heißt Bürger zweiter Klasse in einer Männerwelt, in der Erfolg höchstens die Stellvertreterrolle bedeutete.«

Nancy Hunter Steiners Erinnerungen *A Closer Look at Ariel* erschienen 1973 in den USA, in einer Zeit des revolutionären Feminismus, die Sylvia nicht mehr erlebte. Sylvia verfolgte von 1950 bis 1953 und auch nach ihrem Zusammenbruch im Januar 1954 bis zur Abschlußfeier 1955 unter den gönnerhaften Blicken von Gouverneur Stevenson nach außen einen Kurs, den ihre Zimmergenossin bereits damals als lähmenden Konformismus durchschaute.

Im September 1950 machte sich Sylvia im eleganten Kostüm mit Hut, brandneuem Gepäck und einem Achthundertfünfzig-Dollar-Stipendium von Olive Higgins Prouty, der romantischen Romanschriftstellerin und Autorin der Radioserie *Stella Dallas*, auf den Weg zum Smith College. In ihrer ersten Woche fern von zu Hause schrieb Sylvia der Mutter: »Nie war ich so glücklich wie da!« Um die Mitte des ersten Semesters, in dem sie Englisch, Kunst, Botanik, Geschichte und Französisch belegt hatte, sinnierte sie in einem Dankesbrief an Olive Higgins Prouty: »Hier gibt es so viel, und es liegt an mir, mich zu finden und mich zu dem Menschen zu machen, der ich sein werde [...] Ich glaube, ich war mir noch nie der Würde und der Fähigkeiten von Frauen so sehr bewußt [...], jede ist auf ihre Art faszinierend. Ich genieße es, Menschen gut zu kennen und etwas über ihre Gedanken und ihre Herkunft zu erfahren.« Sylvia hätte auch an Sophia Smith schreiben können. Mrs. Prouty gefiel der Brief so gut, daß sie ihn an den *Smith Alumnae Quarterly* schickte, in dem er im Februar 1951 veröffentlicht wurde.

Aber Sylvia fiel es schwer, am College Freunde zu finden. Nach dem ersten einsamen Semester, in dem sie eine Reihe gräßlicher Verabredungen mit jungen Männern durchlitt oder sich angesichts des pointierten Sarkasmus anderer Studentinnen, die ihr verübelten, daß sie an Wochenenden im College blieb und arbeitete, in sich selbst zurückzog, begann sie schließlich, sich einen Ruf als Autorin zu erwerben, deren Arbeiten veröffentlicht wurden. Zuverlässige Freundinnen fand sie in zwei Mitbewohnerinnen in Haven House. Ann Davidow fühlte sich am Smith College unglücklich; sie fand das wissenschaftliche Niveau zermürbend hoch und wechselte im Januar zu Sylvias großem Leidwesen an die University of Chicago über. Marcia Brown war eine sympathische Soziologiestudentin, die mit beiden Beinen auf der Erde stand und mit der Sylvia in ihrem zweiten Jahr sehr zufrieden das Zimmer teilte. Beide blieben bis zu Sylvias Tod gute Freundinnen und Briefpartnerinnen.

In den Weihnachtsferien ihres ersten Jahres überraschte es Sylvia, als einer ihrer ehemaligen High-School-Freunde, der einige Jahre älter war als sie, einen Trainingslauf unterbrach, ins Haus kam und sie zu einer Tanzveranstaltung am Wochenende in Yale einlud, wo er sich auf das Medizinstudium vorbereitete. Dick Norton, sein Bruder Perry, der so alt wie Sylvia war, und David, der jüngere Bruder, waren sozusagen die berühmten Jungens von nebenan. Mildred Norton, ihre Mutter, war Aurelias Freundin, der Vater Geschichtsprofessor an der Boston University. Die Norton-Söhne nannten Mrs. Plath »Tante Aurelia«, und deshalb waren sie für Sylvia »Cousins«. Sie zog Perry seinem Bruder Dick vor.

Jetzt brachte Dicks schmeichelhafte Aufmerksamkeit sie in Verlegenheit. Nach mehreren Wochenendbesuchen in Yale während des Frühjahrssemesters, zu denen eine leichte Eifersucht auf Jane Anderson hinzukam, eine rivalisierende Absolventin der Bradford High School (und bereits ein Jahr länger am Smith College als Sylvia), begann Sylvia allmählich, Dick als »Zukünftigen« in Betracht zu ziehen. Es war nach einem »aufregenden« Besuch bei Dick in Yale, als sie in ihr Tagebuch schrieb: »Seziere deine Sätze, Herr Professor! Erläutere das Verb, das Substantiv und die partizipale Wendung. Trocken, trocken die Worte; knochentrocken, knirschend trocken und läppisch gewöhnlich« – und dann folgt die spöttische Analyse eines Kusses.

In ihr Tagebuch schrieb Sylvia – wie in den Briefen an Eddie Cohen – oft lange Abhandlungen, in denen sie für und gegen die Ehe argumentierte, sie in Frage stellte oder überlegte, ob der Versuch ratsam sei, gleichzeitig Schriftstellerin und Ehefrau zu sein. Welche schreckliche Tragödie hatte sie zur Frau, noch dazu zu einer leidenschaftlichen Frau gemacht? Aber war ihre Leidenschaft für Dick (in den Briefen an Eddie gab sie ihm den Namen Allan) nicht nur eine Form verfeinerten Hedonismus, die ebensogut in einer Reihe zufälliger Beziehungen ihren Lauf nehmen konnte? (Eddie Cohen schlug »Hedonismus« im Lexikon nach, wandte das Wort auf Sylvia an und kam zu dem Schluß: »Niemals!« Und er sprach sich auch heftig gegen Promiskuität aus.) Aber weshalb, fragte Sylvia, standen Männern auf sexuellem Gebiet Freiheiten zu und Frauen nicht? Da es für Frauen keinen Weg gab, sexuelle Bedürfnisse ohne Ehe zu befriedigen, kam Sylvia zu dem Schluß, daß sie irgendwann würde heiraten müssen. Aber Dick?

Als Reaktion auf die Flut von Briefen nach einer dramatischen Trennung von seiner Freundin beschloß Eddie zu handeln. Während der Semesterferien im Frühling lieh er sich im März unter dem Vorwand, Verwandte in Detroit besuchen zu wollen, den Wagen seiner Eltern. Nach einem kurzen Abstecher in Michigan fuhr er geradewegs nach Massachusetts, legte die eintausendfünfhundert Meilen bei scheußlichem Wetter in dreißig Stunden zurück und erreichte Northampton, als Sylvia gerade mit einem anderen Freund nach Wellesley aufbrechen wollte. Sylvia staunte, freute sich jedoch nicht. Der unerwartete Besuch brachte sie aus dem Gleichgewicht; offensichtlich ähnelte der Eddie Cohen ihrer Phantasie nicht dem übermüdeten, unrasierten, von der Fahrt mitgenommenen Eddie Cohen, der plötzlich leibhaftig vor ihr stand. In angespanntem Schweigen fuhren sie zur Elmwood Road Nr. 26 in Wellesley. Dort stellte Sylvia ihn kurz ihrer Mutter vor und verabschiedete ihn dann ebenso knapp. Eddie war fassungslos und fuhr wütend ziellos durch Boston, bis er nicht mehr am Steuer sitzen konnte. Er schlief zwölf Stunden in einem Motel und fuhr nach New York, wo er ein Mädchen kennenlernte, das gastfreundlicher war als Sylvia und bei dem er die Nacht verbrachte. Als er am nächsten Tag, immer noch zutiefst verletzt, nach Chicago zurückfuhr, stieß er in Ohio frontal mit einem anderen Wagen zusammen.

Aurelia reagierte entsetzt, als sie erfuhr, daß der schroff abgewiesene junge Mann »dieser Eddie« gewesen war. Weshalb hatte Sylvia ihn nicht zum Essen eingeladen und ihm ein Bett für die Nacht angeboten? Der junge Mann war doch offensichtlich völlig erschöpft gewesen. Sylvia äußerte sich nicht. Sie hatte das Recht, Unterschiede zwischen den Männern zu machen, die sie als Heiratskandidaten in Betracht zog, und anderen, mit denen sie korrespondierte oder sich unterhielt. Eddie gehörte zur zweiten Kategorie und hätte seinen Platz kennen müssen.

Nach einem Brief vom 4. April, der noch unter der Einwirkung des Schocks geschrieben wurde, und einem weiteren voller Zorn vom 11. April nahm Eddie erstaunlicherweise die Korrespondenz wieder auf. Er äußerte sich nun kritisch über Sylvias Herablassung und ihre schlechten Manieren, aber klarsichtig stellt er (wie viele ihrer Freunde) auch fest, daß mit Sylvia etwas nicht »stimmt«. Eddie erklärte schon bald, er werde zum Psychiater gehen. Sein exzentrisches emotionales und sexuelles Verhalten begann ihn zu beunruhigen. Sylvia antwortete mit langen Briefen, aber Vorschläge, selbst eine psychiatrische Behandlung in Betracht zu ziehen, scheint sie nie aufgegriffen zu haben.

Sylvia machte am Ende des ersten Studienjahres gute Examen, obwohl es ihr nicht wie üblich gelang, nur mit A's abzuschneiden. Über ein hartnäckiges B in Leibeserziehung ärgerte sie sich lediglich, aber ein B+ ausgerechnet in Englisch brachte sie dazu, noch einmal über ihren künftigen Beruf nachzudenken. Sollte sie vielleicht Kunst oder Kunstgeschichte als Hauptfach wählen? In diesen beiden Fächern hatte sie sehr gut abgeschnitten. Sie beschloß, in ihren Junior- und Seniorjahren auf eine »Auszeichnung« hinzuarbeiten. Ein Examen mit Auszeichnung machen zu wollen bedeutete, weniger, aber gezieltere Vorlesungen zu belegen. Sylvia hoffte, dadurch einigen Konflikten zu entgehen, unter denen sie im ersten Jahr gelitten hatte.

Im Juni fanden sie und Marcia Brown Arbeit als Haushaltshilfen bei benachbarten, reichen Familien in Swampscott, Massachusetts. Die beiden fühlten sich die meiste Zeit des Sommers sehr unglücklich. Sylvia mußte die drei Kinder der Mayos beaufsichtigen; das waren keine sehr anstrengenden, aber ständige Pflichten. Man behandelte sie auch nicht ganz als Erwachsene. Sie beneidete die Gäste der Cocktailpartys auf dem gepflegten Rasen über dem Meer, von denen man sie grausam ausschloß.

In der Familie Norton galt Sylvia inzwischen als Dicks Freundin. In diesem Sommer (Dick arbeitete in Brewster, Massachusetts, wo seine Eltern ein kleines Ferienhaus besaßen) trafen sie sich so oft wie möglich zum Schwimmen und zum Reden. Bei einem solchen Treffen kam heraus, daß Dick, der sich als »sauberen« Jungen bezeichnete, sich mit einer

Kellnerin in dem Hotel eingelassen hatte, wo er als Piccolo arbeitete, und nicht mehr »unberührt« war. Halb eifersüchtig auf die andere Frau, halb wütend, weil Dick sie im Wettstreit um sexuelle Überlegenheit geschlagen hatte, dachte Sylvia an Rache. Sie rächte sich erst 1961, und zwar schriftlich, als Dick Norton in *Die Glasglocke* zu Buddy Willard wurde; nun kam die ungeheure Feindseligkeit, die sie so viele Jahre sorgsam unterdrückt hatte, ans Licht.

Ein langer Eintrag in das Swampscott-Tagebuch zeigt, daß sie sich nach Dicks Beichte einem Prozeß der Selbstreinigung unterzog, als müsse sie sich über die menschliche Schwäche erheben, indem sie die Dichterin und Heldin ihres eigenen Mythos wird. Das Opferbild ist ganz und gar Sylvia Plath:

»Ich lag ausgestreckt auf dem Felsen, spannte und entspannte den Körper auf dem Altar und spürte, wie die Sonne mich wundervoll schändete, mich mit der Glut des unpersönlichen und riesenhaften Gottes der Natur erfüllte. Der Leib meines Geliebten lag warm und pervers unter mir, und das Gefühl seines gemeißelten Körpers war unvergleichlich – nicht weich, nicht nachgiebig, nicht feucht von Schweiß, sondern trocken, hart, glatt, sauber und rein.«

Sylvia erhob sich von ihrem »orgiastischen Opfer auf dem Steinaltar [...] strahlend von den Jahrhunderten der Liebe, sauber und befriedigt vom verzehrenden Feuer seines unpersönlichen und zeitlosen Verlangens«. Aber im September kehrte sie zum College zurück, entschlossen, ihre Attraktivität bei anderen Männern als Dick Norton auszuprobieren.

Nach wenigen Wochen schrieb sie glühend vor Begeisterung an ihre Mutter, daß sie gemeinsam mit allen anderen Bewohnerinnen von Haven House zu Maureen Buckleys gesellschaftlichem Debüt in Sharon, Connecticut, eingeladen worden sei. Die Buckleys gehörten zu den reichsten und vornehmsten katholischen Familien in New England. Maureens

Bruder, William F. Buckley jr., hatte *God and Man at Yale* geschrieben, ein Buch, das bald berühmt werden sollte. Das Haus in Sharon war ein Palast.

»Male dir aus«, schrieb sie, »wie ich dann in marineblauem Bolerokostüm und braunem Wendemantel, in den Rücksitz eines offenen Wagens geschmiegt, zwei sonnenbunte Stunden lang durch das hügelige Tal von Connecticut sause! [...] Etwa gegen fünf fuhren wir die lange Auffahrt nach ›The Elms‹ hinauf. Mein Gott! [...] Große Rasenflächen und riesige Bäume auf einem Hügel mit Blick ins Tal, [...] Auf der Rückseite wurde aus dem Lastwagen eines Lebensmittellieferanten Champagner ausgeladen.«

Die Zurschaustellung von Reichtum beeindruckte Sylvia immer, und sie wußte, daß eine solche Umgebung auch ihrer Mutter besonders gefallen würde, der sie den wunderbaren Abend in aller Ausführlichkeit beschrieb. Die schwarzen Cadillacs, der philippinische Hausdiener, der Chauffeur, die weißen Säulen des Hauses im Kolonialstil, die jungen Mädchen in ihren schönen Kleidern, die sich um die geschwungene Treppe drängten – ein Märchen schien Wirklichkeit geworden zu sein, einschließlich Sylvia-Aschenputtel, die die Geschichte in ihrem Brief noch einmal aufleben ließ: »Ich stand da mit offenem Mund, schwindlig übersprudelnd, von dem Wunsch beseelt, Dir alles zu zeigen. Ich bin sicher, Du wärest über die Maßen glücklich gewesen, wenn Du mich hättest sehen können. Ich weiß, daß ich schön war. Selbst Millionärstöchter machten mir Komplimente über mein Kleid.«

An einem so bezaubernden Abend erschienen mehrere bezaubernde Prinzen, darunter ein kaukasischer Russe aus Princeton namens Konstantin – Sylvia entlieh sich den Namen für den charmanten Simultanübersetzer der *Glasglocke*. Aber als Konstantin Sylvia für das Wochenende am dritten November nach Princeton einlud, lehnte sie nach quälender Selbstbefragung ab. Am 6. November hatte sie eine Prüfung in Englisch und am 7. eine in Politik. Wenn sie Junior Phi Beta

Kappa schaffen wollte, eine Auszeichnung, die ihr sehr am Herzen lag, brauchte sie in beiden Fächern ein A. Wie üblich opferte sie die Freuden der Gegenwart künftigen Zielen und bekam tatsächlich ihre A's. Sylvia war völlig davon in Anspruch genommen, ihr Studium erfolgreich zu absolvieren, und sie sagte sich, sie sei noch nicht soweit, sich zu verlieben. Am Anfang des Semesters hatte sie in ihrem Tagebuch kühl gestanden: »Ich liebe nicht; ich liebe niemanden außer mir selbst.«

Im zweiten Jahr gelang es Dick Norton, der inzwischen im ersten Jahr an der Harvard Medical School studierte, Sylvia in das Boston-Lying-in-Hospital zu schmuggeln, wo er ein Praktikum machte. Offenbar wollte er Sylvia als künftige Frau eines Arztes auf die Probe stellen. Als Lernschwester verkleidet, sah Sylvia einen Filmvortrag über Sichelzellenanämie, beobachtete eine Sektion und wurde Zeugin einer Geburt. Sylvia überlebte die Prüfung, indem sie nach außen hin kühle Tapferkeit spielte, aber in Wirklichkeit war es ein traumatisches Erlebnis. Die Szene im Krankenhaus steht, mit alptraumartiger Genauigkeit erinnert, im Mittelpunkt der Buddy-Willard-Episoden in der *Glasglocke*; und Bilder von Föten in Gläsern und das »Zeichen des Todes« auf dem lächelnden Gesicht eines Mädchens in dem medizinischen Film tauchen immer wieder in ihren Gedichten auf.

Sylvias zweites Jahr am Smith College war in vieler Hinsicht ihr glücklichstes, auch wenn es von Höhen und Tiefen, Krisen, Triumphen, Katharsen und Geständnissen gezeichnet war. Sie war mit ihrer Zimmergenossin Marcia zufrieden, wurde als Schriftstellerin gefeiert, war eine gesuchte Partnerin für das Wochenende, hatte im Studium Erfolg und sammelte Auszeichnungen und Preise als Rechtfertigung ihrer harten Arbeit. Als eine von zwei Studentinnen ihrer Klasse entschied sie sich für Alpha Phi Kappa Psi (eine akademische Gesellschaft für Kunst), wurde in die Redaktion der *Smith Review* berufen, arbeitete in der Presseabteilung bei Smith und schrieb für die Lokalzeitungen Artikel über das Smith College. Außerdem wählte man sie in den Ehrenausschuß, eine studentische Schiedsinstanz. Geschäftigkeit galt am College als Zeichen von Vielseitigkeit, und so war Sylvia ständig beschäftigt. Trotzdem fand sie noch Zeit, ihre Geschichten zu schreiben und zu veröffentlichen. Im ersten Jahr hatte sie für *Den of Lions* den dritten Preis von *Seventeen* gewonnen. Nun schrieb sie für den *Christian Science Monitor* über ihre Sommererlebnisse *(As a Baby-Sitter Sees it*, im November 1951 mit drei Zeichnungen von Sylvia veröffentlicht) und fand daneben Zeit, die sechzehn Seiten lange Geschichte *Sonntag bei den Mintons* für einen von *Mademoiselle* ausgeschriebenen Wettbewerb zu verfassen. Marcia Brown erinnert sich, daß Sylvia gewissenhaft Karteikarten mit Wörtern aus dem Wörterbuch anlegte und Gedichte Wort für Wort zu neuen, komplizierten Gebilden zusammenfügte.

Das Leben am College schloß viele Gastvorträge ein. Im April beklatschte Sylvia an einem Abend die Gedichte von Robert Frost und zischte am nächsten bei einer Rede von Senator McCarthy. Als sie erfuhr, daß im folgenden Jahr W.H. Auden ans College kommen würde, schrieb sie ihrer Mutter: »Stell Dir bloß vor, man kann von sich behaupten: ›Oh ja, Schreiben habe ich bei Auden gelernt!‹ [...] Ehrlich, Mama, ich könnte weinen vor Glück. Ich bin so gerne hier, und man kann auf so vielen Gebieten kreativ sein [...] Die Welt platzt auf zu meinen Füßen wie eine saftige, reife Wassermelone. Ich will nur eins: arbeiten. Arbeiten und nochmals arbeiten, um alle Chancen zu nutzen.«

Nach den Abschlußprüfungen nahm Sylvia für den Sommer eine Stelle im Belmont Hotel in Cape Cod an. Dick freute sich, denn er würde wieder im nahegelegenen Brewster arbeiten. Anfangs gefiel es Sylvia nicht, Kellnerin zu sein; man verbannte sie in den »Nebenraum«, wo das Hotelpersonal aß, und das kam einem Exil gleich. Aber ihre Enttäuschung und ihre üblichen Bedenken, nicht brillieren zu können, schwanden durch ein Telegramm ihrer Mutter mit der Nachricht, daß ihre Geschichte *Sonntag bei den Mintons* einen der beiden ersten Preise des *Mademoiselle*-Wettbewerbs gewonnen hatte und im August veröffentlicht werden würde. Überglücklich umarmte Sylvia die verblüffte Oberkellnerin. Im Antwortbrief nach Hause wimmelt es von Ausrufezeichen. Noch mehr als über den Ruhm freute sie sich über das Geld. Jetzt brauchte sie sich wegen zusätzlicher Trinkgelder keine Gedanken mehr zu machen. »Mein erster Gedanke war: Jetzt kann Mutter ihr Urlaubsgeld behalten und sich ein paar hübsche Kleider oder eine Extrareise oder sonstwas leisten! Und für mich springt durch die Mintons auf jeden Fall ein Wintermantel und ein ganz tolles Kostüm heraus. Ich *glaube*, der Preis bringt **$** 500!!!!!!!!!«

Ironischerweise war die Hauptgestalt von *Sonntag bei den Mintons* als Karikatur gedacht: ein langweiliger, diktatorischer Dick Norton in mittleren Jahren. Es war Sylvias Art, mit Dick »abzurechnen«, ohne mit ihm brechen zu müssen. In ihrem Tagebuch vermerkt sie die Namen von sechs oder sieben »süßen« Jungen, mit denen sie in diesem Sommer flirtete, und die ganze Zeit über ärgert sie sich, daß sie sich mit den anderen Kellnerinnen nicht so richtig »anfreunden« kann, obwohl die meisten »wirklich erfahrene Flittchen [sind] und trinken«, wie sie ihrer Mutter prüde berichtet.

In Wirklichkeit waren die Sommerhotels für arbeitende Teenager kaum mehr als kurzzeitige Partnervermittlungen, und davon hatte Sylvia bald genug. Mitte Juni bekam sie eine fieberhafte Sinusitis. Sie nahm das Angebot ihres alten Freundes Phil McCurdy, eines Princeton-Studenten aus Wellesley, an, sie im Wagen mitzunehmen, kehrte nach Hause zurück, um sich auszukurieren, und beschloß, nicht mehr in das Hotel zurückzugehen. Vierundzwanzig Stunden später wurde sie mit freundlichen Briefen aus dem Hotel überschüttet, und sie begann, ihre Entscheidung zu bedauern. Auch von Harold Strauss, dem Cheflektor bei Alfred Knopf, traf ein

Brief ein. Er hatte voll Bewunderung Fahnen von *Sonntag bei den Mintons* gelesen und erklärte, er werde jeden Roman, den Sylvia in Zukunft schreiben würde, für eine Veröffentlichung in Betracht ziehen. Diese Ermutigung trieb sie an, wieder zu arbeiten. Weshalb war sie vor dem »magnetischen Strudel schlanker, hübscher junger Teufel« im Hotel – wie sie es jetzt sah – davongelaufen? Sie rätselte wieder einmal über das Geheimnis ihres Charakters. Ständig standen sich in ihr Leben, Vitalität und tödliche Depression unversöhnlich gegenüber. Das Leben glich dem verrückten Rennen im Laufrad der Aktivitäten: »Arbeiten, leben, tanzen, träumen, reden, küssen, singen, lachen, lernen.« Doch ohne eine von außen aufgezwungene Routine konnte sie nicht leben. Die Verantwortung dafür, ihre »aufregende, ungestaltete Freizeit« zum Schreiben zu benutzen, erschöpfte sie und stürzte sie in Melancholie. Die Analyse ihres Dilemmas war scharfsinniger, als sie das beim Schreiben erkannte.

»Es ist, als hebe man eine Glasglocke von einer zuverlässig wie ein Uhrwerk funktionierenden Gemeinschaft und erlebe, wie all die kleinen geschäftigen Menschen innehalten, erschrekken, sich aufblähen und in der ein- (vielmehr aus)strömenden dünnen, ihnen zugeteilten Atmosphäre schweben – arme kleine erschrockene Menschen, die in der richtungslosen Luft hilflos mit den Armen schlagen. Dieses Gefühl entsteht, wenn man von einer Routine befreit wird. Auch wenn man sich ungeheuer gegen sie aufgelehnt hat, ist es unangenehm, aus den gewohnten Gleisen herausgeworfen zu werden. So geht es mir. Was tun? Wohin sich wenden? Welche Bindungen, welche Wurzeln? Während ich in der seltsam dünnen Luft des Wieder-zu-Hause-Seins schwebe.«

Schließlich nahm Sylvia in diesem Sommer 1952 eine andere Arbeit auf Cape Cod an. Sie betreute die Kinder einer Familie, Anhänger der Christian Science, die in Chatham Ferien machte. Mrs. Cantor, die Sylvia wie eine Tochter behandelte, war von ihrem Schreiben sehr beeindruckt. Eines Tages fuhr sie Sylvia zu der exzentrischen Leiterin des lokalen Bücherbusses, die populäre Romane schrieb. Sylvia war von dem Bohèmeleben Val Gendrons höchst fasziniert. Der »Schuppen«, die rote Haushälfte mit der schmutzigen Wäsche im Waschbecken und unabgewaschenem Geschirr auf dem Fußboden, fand ebenso Eingang in Sylvias ständig umfangreicher werdendes Notizbuch wie Vals Katzen, Zigaretten, Tapeten, Kaffee und Gespräche.

Und was konnte Sylvia Plath von Val Gendron lernen? Im wesentlichen die Disziplin, jeden Tag tausend Worte zu Papier zu bringen. Val erklärte ihr, Schreiben habe wenig mit Inspiration, sondern ausschließlich etwas mit harter Arbeit zu tun. Sie zeigte Sylvia ihren letzten Westernroman und einen Stapel eindrucksvoller Briefe von anderen Schriftstellern, Agenten und Verlegern. Nachdem Val sie in ihrer »alten Kiste« zu den Cantors zurückgebracht hatte, sah Sylvia eine andere, aufregende Zukunft vor sich.

Vor Beginn ihres Junior-Jahres am Smith College machte Sylvia, inzwischen wieder in Wellesley, sich Gedanken über die verschiedenen Richtungen, die ihr Leben vielleicht nehmen würde. Wie Esther Greenwood in der *Glasglocke* sah sie ihre Zukunft wie einen mythischen Feigenbaum vor sich. »Am Ende jedes Zweigs winkte und blinzelte wunderbare Zukunft, wie eine fette purpurfarbene Feige. Die eine Feige war ein Mann und ein glückliches Heim und Kinder, und die andere Feige war eine berühmte Dichterin und die nächste Feige war eine brillante Professorin.« Mr. Crockett, Sylvias Englischlehrer an der High School, hatte ihr geraten, sie solle sich nach dem Collegeabschluß um ein Auslandsstipendium bewerben. Das war eine besonders verlockende Feige. Dann gab es attraktive Feigen, zu denen Häuser wie das der Buckleys in Sharon gehörten oder Männer, die romantische, fremdländische Namen wie Konstantin und Attila trugen. Schließlich gab es die

Feige der professionellen Bohème, die von Val Gendron in ihrem Schuppen repräsentiert wurde. Was würde Sylvia aus ihrem Leben machen, ihrem einen kurzen und kostbaren Leben? Wie Esther sah Sylvia sich in der Astgabelung des Baums sitzen und verhungern, weil sie sich nicht für eine Feige entscheiden konnte.

Während sie lauschte, wie ihr Herz schlug: »Ich bin, ich bin, ich bin«, fürchtete sie, alle Feigen seien Illusionen. Die wuchernde Phantasie führte ihr so viele sich widersprechende Rollen vor, daß sie an sich zu zweifeln begann. Ein Eintrag in das Tagebuch vom Sommer 1951 läßt eine unersättliche Gier erkennen, die zwanghafte Vorstellung, sich selbst zu entfliehen, indem sie andere Menschen »auffrißt«. Eines Abends geht sie durch die Straßen von Wellesley und betrachtet die erleuchteten Fenster der Häuser. Voll Entsetzen denkt sie daran, daß es hinter jedem Fenster ein Leben gibt. Wenn sie doch nur in diese Leben hineinschlüpfen könnte, anstatt zu dem eigenen verurteilt zu sein.

»Ich konnte nicht einfach zur Tür gehen, anklopfen und sagen: ›Laß mich ein und dein Leben und deine Kümmernisse aufsaugen, wie ein Egel Blut saugt.‹ Ich konnte nicht sagen: ›Laß mich deine Gefühle, Ideale und Träume verschlingen. Laß mich in deine Eingeweide kriechen und in deinen Kopf und dort eine Weile wie ein Bandwurm leben und deine Lebenskraft in mich aufnehmen.‹ Nein, über den Gesichtern der Häuser liegen seltsame Blätterschatten, sie ziehen die Baumblätter wie Schleier über ihre Gesichter [...]«

Die Rückkehr nach Hause und zu ihrem Ich brachte kaum Trost.

»Also drücke ich mit dem Daumen das Schloß auf und trete in das Licht, in das Morgen, zu Menschen, die ich vom Sehen, vom Hören, Berühren, Riechen, vom Schmecken kenne [...]

und hinter mir schließt sich die Tür, und ich lasse das Schloß mit einem Klicken einrasten, das die beunruhigende Einöde schlafender Straßen und nichtumzäunter Felder der Nacht aussperrt [...]«

Zur Intensität dieser egoistischen Phantasien war nur eine bestimmte Art von Dichter in der Lage. Sylvia besaß die Gabe der romantischen Selbstüberhöhung, und obwohl sie ihr in einem Großteil ihrer Prosa und sogar in einigen Gedichten widerstand, mußte das barbarische Wesen ihres Genies einen Ausweg finden. Wie Coleridges *Alter Matrose* war Sylvia in ihrer Geschichte gefangen und dazu verdammt, sie jedem, der zuhörte, immer und immer wieder zu erzählen. Sie war wahrhaft verdammt. Verzweifelt kämpfte sie gegen die Fesseln ihrer Selbstsucht. Durch ihr Schreiben mußte sie einen Ausweg finden! Doch jedesmal, wenn sie zum Füllhalter griff, begann sie, ihre seltsame mißliche Lage zu analysieren, und schloß sich nur noch hermetischer in ihre Frustration ein. Vielleicht gab es nur im Tod einen Ausweg, dachte sie. Der Gedanke an Selbstmord – wie die letzte unwiderrufliche Feige, die wie ein grünes Versprechen an der Spitze des höchsten Zweiges hing –, nahm Gestalt an.

Die Stadt der Ersatzteile
1952 - 1955

Die Lager sind voller Herzen.
Das ist die Stadt der Ersatzteile.

The Stones
1959

I

Als Sylvia im Herbst 1952 zur Beendigung ihres Junior-Jahres an das Smith College zurückkehrte, zog sie in das Lawrence House, ein Studentenheim für Stipendiaten. Hier arbeiteten alle auf gute Noten hin, da sie die Voraussetzung für die Verlängerung des Stipendiums bedeuteten. Einige wenige lehnten es ab, sich den geltenden Normen anzupassen – was Sylvia mißbilligte –, aber niemand mokierte sich darüber, daß sie Verabredungen absagte, um zu lernen (obwohl Sylvia inzwischen in ihrer Freizeit oft Verabredungen hatte). Wie die anderen Bewohnerinnen im Lawrence House hatte auch sie häusliche Aufgaben: Sie mußte das Mittagessen auftragen und verschiedene Aufsichtspflichten übernehmen – aber nichts davon war so anstrengend, daß es ihr Studium beeinträchtigt hätte. Am meisten bedauerte sie die erzwungene Trennung von Marcia Brown, deren geschiedene, manchmal schwierige Mutter nach Northampton gezogen war und wünschte, daß ihre Tochter bei ihr wohnte.

Sylvia hatte sich dafür entschieden, in Englisch auf eine Auszeichnung hinzuarbeiten; sie belegte weniger Vorlesungen und bereitete sich darauf vor, einen Senior-Aufsatz zu schreiben. Es gab jedoch die Vorschrift, daß eine Studentin, die ihr Examen mit Auszeichnung ablegen wollte, ein naturwissenschaftliches Fach belegen mußte, ehe sie die ganze Zeit ihrem »Hauptfach« widmen konnte. Sylvia entschied sich, nichts Gutes ahnend, für Physik; außerdem belegte sie bei dem »freundlichen, strengen, liebenswerten Mr. Patch« Literatur des Mittelalters – ein schwieriges Fach, kreatives Schreiben bei einem bewunderten Robert Gorham Davis und Kunstvorlesungen, die sie beinahe sofort wieder aufgab, um ihr Arbeitspensum zu verringern.

Zunächst ging alles gut. Ihr blieb Zeit, sich auf das Schreiben und auf Chaucer zu konzentrieren und auf die zeitintensiven Smith-Aktivitäten, wie Presseabteilungen und die *Smith*

Review. Anfang Oktober gewann sie den zweiten Preis bei einem Kurzgeschichtenwettbewerb von *Seventeen* für *Einführung* – das brachte ihr zweihundert Dollar und die Zusage einer Veröffentlichung im Januar ein. Aber das Physikseminar machte ihr weiterhin Kummer. Als der Winter herannahte, spürte Sylvia, daß ihr die Arbeit allmählich über den Kopf wuchs. Alte Zweifel an ihrem »Wert« meldeten sich, dazu kam die wachsende Angst zu versagen.

Ebenso entmutigend war Eisenhowers Sieg über den Demokraten Adlai Stevenson bei den Präsidentschaftswahlen. Sylvia, eine leidenschaftliche Demokratin, verzweifelte wieder einmal bei dem Gedanken an einen möglichen Weltuntergang. Ängste lähmten sie, auch während sie sich die Leiter des Erfolgs hinaufpeitschte. *Mademoiselle* wählte wie in jedem Jahr eine Gruppe Collegestudentinnen, die die Augustnummer 1953 herausgeben sollte. Die Konkurrenz würde groß sein, aber Sylvia war entschlossen, sich einen Platz zu erobern. Deshalb widmete sie Physik und Chaucer weniger Zeit und konzentrierte sich auf die von *Mademoiselle* geforderten Arbeiten; und dann fehlte ihr der Schlaf, weil sie das Pensum nacharbeiten mußte. Ihr Mangel an naturwissenschaftlicher Begabung beunruhigte sie sehr. Im Gegensatz zu ihr war Warren, ebenso wie Dick Norton, ein guter Naturwissenschaftler. Besonders Dick hatte sie gedrängt, sich mit den unpersönlichen Gesetzen des Universums vertraut zu machen, an die sie nach eigenen Worten glaubte »wie an Gott oder so etwas«. Und dann gab Dick Anlaß zu Sorgen. Im zweiten Jahr seines Medizinstudiums stellte sich heraus, daß er Tuberkulose hatte, und man schickte ihn auf Kosten der Harvard University in ein berühmtes Sanatorium am Saranac Lake in den Adirondack Mountains. Sylvia blieb allein zurück und konnte ihn nur bedauern, aber die Zweifel an ihren Gefühlen für ihn wuchsen. Das schreckliche Physikseminar drohte noch immer ihre Durchschnittsnote A zu gefährden, und ihr Tagebuch vom November 1952 verzeichnet ein neues Tief:

»Mein Gott, wenn ich je den Wunsch gehabt habe, Selbstmord zu begehen, dann jetzt, während das erschöpfte, schlaflose Blut schwer durch meine Adern rinnt, die Luft dick und grau vom Regen ist, diese verdammten kleinen Männer auf der anderen Straßenseite mit Pickeln, Äxten und Meißeln auf das Dach einhämmern, und das alles bei dem beißenden, teuflischen Teergestank. Heute morgen fiel ich wieder ins Bett, flehte um Schlaf, rettete mich in die dunkle, warme, muffige Flucht vor der Arbeit, vor der Verantwortung [...] Ich dachte an die zahllosen Pflichten, die auf mich warteten: Prouty schreiben, *Life* zu Cal zurückbringen, Pressebericht schreiben, Marcia anrufen. Auf der Liste türmte sich ein feindseliges Hindernis nach dem anderen; sie stritten, sie höhnten, sie lösten sich in Chaos auf [...]«

Sylvias Depression förderte ihre extreme Selbstkritik, die durch die Angewohnheit verstärkt wurde, ihre Stimmungen – gleichgültig, worum es sich auch handelte – sofort in Worte zu fassen und für alle Ewigkeit festzuhalten. Nur eine geborene Schriftstellerin konnte sich in einem solchen Augenblick »diese verdammten kleinen Männer auf der anderen Straßenseite [, die] mit Pickeln, Äxten und Meißeln auf das Dach einhämmern«, einfallen lassen. Die schmerzenden Details trugen dazu bei, der Hölle Züge der Wirklichkeit zu verleihen.

Sylvias Tagebücher zeigen, daß sie sich daran erinnerte, als Achtjährige gewünscht zu haben, sie könne beschreiben, wie es war, acht zu sein; als sie schreiben konnte, glaubte sie, sich nicht mehr daran erinnern zu können. Nun wurde das Schreiben darüber, »wie es war«, eine Besessenheit. Sie vertraute ihre Qualen dem Tagebuch an, während sie litt. Nur im Rückblick konnte das Leiden in Zynismus verwandelt werden, wie es in *Die Glasglocke* geschah. Im Herbst 1952 hielt sich Sylvia in ihrem Tagebuch ständig selbst Vorträge und ermahnte sich zur Rationalität. Aber Rationalität half selten. Sie brauchte menschliche Unterstützung und die körperliche

Katharsis tränenreicher Selbsterniedrigung. Kurz vor dem Erntedankfest erhielt sie die spontane liebevolle Unterstützung von ihrer ehemaligen Zimmergenossin Marcia Brown, und während der Ferientage lernte Sylvia bei den Nortons in Wellesley einen Mann kennen, für den sie sich sofort interessierte.

Myron Lotz, mit dem Perry Norton in Yale das Zimmer teilte, war auf den ersten Blick der Traum jeder Smith-Studentin – über ein Meter achtzig groß, kräftig und sportlich; er sah gut aus und war Sylvia auf all den Gebieten überlegen, auf denen sie sich gerne weiblich unterlegen fühlte. Vielseitige, erfolgreiche Frauen lösten bei ihr heftige Eifersucht aus, aber zu starken, durch und durch amerikanischen Männern fühlte sie sich hingezogen. Wieder im College, schrieb sie einen begeisterten Brief an Warren in Exeter:

»Rat mal, was er im Sommer macht! Er spielt bei den Detroit Tigers als Werfer und hat im letzten Sommer $ 10000 verdient. Ist das nicht phantastisch? Aber das ist noch nicht alles. Er stammt von österreichisch-ungarischen Eltern ab, die nach Amerika eingewandert sind, in den Stahlminen arbeiten und kaum ein Wort Englisch sprechen. Er macht Yale in drei Jahren fertig und fängt im nächsten Herbst an der Medizinischen Fakultät dort an. Hast Du je von so einem phänomenalen Typ gehört?«*

Noch ehe Sylvia Weihnachten nach Hause fuhr, hatte sie ihr Selbstbewußtsein »rikoschettiert« und plante Wochenenden mit Myron Lotz in Yale, während Dick in Saranac schmachtete. Aber als die Nortons nach Weihnachten davon ausgingen, Sylvia werde Dick besuchen wollen, meldeten sich gleichzeitig Schuldbewußtsein und Widerwillen, daß ein schwerer Rückfall drohte. In der langen, erzwungenen Ruhepause

* Offenbar spielte Myron Lotz nur halbprofessionell Baseball.

hatte Dick gefühlvoll an Sylvia gedacht. Auch Sylvia hatte an Dick gedacht und war zu dem Schluß gekommen, Myron Lotz sei ihr lieber.

Eine Version der Reise nach Ray Brook (Saranac) findet sich in der Kurzgeschichte *In den Bergen*, eine andere in der *Glasglocke*. In Wahrheit schrak Sylvia beim Zusammentreffen mit Dick in den »leberfarbenen« Besuchsräumen des Sanatoriums wie Esther Greenwood voll Ekel vor ihm zurück. Er war nicht mehr sportlich muskulös, sondern dick, und von seinem guten Aussehen war nichts geblieben. Wie bei Esther führte der Ekel zu heftigen Schuldgefühlen, die dadurch verstärkt wurden, daß Dick sie mit einer Art herablassender Bescheidenheit als seine zukünftige Frau behandelte.

Am nächsten Tag raste Sylvia auf geliehenen Skiern die Hänge des Mount Pisgah hinunter und brach sich dabei, wie Esther im Roman, ein Bein. Immer, wenn in Sylvias Leben etwas schiefging (wie die Beziehung zu Dick in jenem Winter), fühlte sie sich getrieben, sich wie von einer Sünde zu reinigen, was im allgemeinen dazu führte, daß sie ein großes Risiko einging. Nachdem sie es bewältigt hatte, war das Gleichgewicht wiederhergestellt, die Schuldgefühle waren verbannt und der Grund dafür nicht mehr wichtig.* Esthers Verfassung in der *Glasglocke*, als sie vor der Abfahrt zögert und der »Gedanke an Selbstmord kühl wie ein Baum oder eine Blume« in ihr entstand, entspricht Sylvias Verfassung:

»Ich fuhr geradewegs hinab.

Ein scharfer Wind, der sich versteckt hatte, traf mich voll in den Mund und fegte mir das Haar waagrecht vom Kopf zurück. Ich sank hinab, aber die weiße Sonne stieg nicht

* Auch Nancy Hunter Steiner registrierte dieses Verhaltensmuster und vermutete, Sylvia habe »immer wieder eine Art symbolische Rettung inszeniert, bei der sie das leidende Opfer war [...], beinahe, als könne sie ihren Wert nur dadurch unter Beweis stellen, daß sie in letzter Minute an der Schwelle des Todes ins Leben zurückgerissen wurde«.

höher. Sie hing über den schwebenden Wellen der Hügel, ein empfindungsloser Angelpunkt, ohne den die Welt nicht bestand.

Ein kleiner, antwortender Punkt in meinem Körper flog ihr entgegen. Ich fühlte, wie sich meine Lungen mit der Flut der Landschaft füllten – Luft, Berge, Bäume, Menschen. Ich dachte: ›So ist es, wenn man glücklich ist.‹

Ich sank hinab, vorbei an denen, die Bogen fuhren, an den Schülern, den Könnern, durch die Jahre von Unentschlossenheit und Lächeln und Kompromiß hindurch, in meine eigene Vergangenheit.

Auf beiden Seiten wichen Menschen und Bäume zurück wie die dunklen Wände eines Tunnels, während ich weiter auf den stillen, leuchtenden Punkt am Ende zustürzte, auf den Kiesel am Grund der Quelle, das weiße süße Kind bewahrt im Bauch der Mutter.«

In der *Glasglocke* erklärt Esther Greenwood, sie habe sich das Bein bewußt gebrochen, um sich für ihren Verrat zu bestrafen, das heißt dafür, daß sie Buddy Willard im Stich ließ, als er krank war und sie brauchte. Aber Sylvia Plath, die in diesem Augenblick an Esthers Stelle tritt, erkannte, daß sie sich das Bein auch gebrochen hat, um durch den Tunnel von Geburt und Vergangenheit zurückzukehren und wieder zu dem süßen, unschuldigen Baby im Leib der Mutter zu werden. Die ersehnte Rückentwicklung zu diesem Baby war offenbar die einzige Flucht vor der Verantwortung, die Sylvia sich vorstellen konnte. Und wie sah diese Verantwortung aus? Sie mußte die Mutter für die Opfer belohnen (indem sie jemanden wie Dick heiratete), die sie für die Tochter auf sich genommen hatte.

Sylvia blieb als Gast von Dicks Arzt und dessen Frau in »Ray Brook« (Dr. Lynn war so hingerissen, daß er ihr eifrig das umfangreiche Manuskript seines surrealistischen Romans aufdrängte), bis der Bruch soweit verheilt war, daß sie mit Krükken ans College zurückkehren konnte.

Sylvia schickte ihrer Mutter ein witziges Telegramm, als wolle sie ihre Befreiung von Dick feiern und gleichzeitig allen Entschuldigungen vorbeugen, die in Wellesley vielleicht notwendig sein würden: »Bruch Bruch Bruch auf den kalten weißen Hängen oh Knie ankomme Dienstag abend 7:41 Framingham. Bringe phantastisch gebrochenes Wadenbein mit. Kein Schmerz nur Komplikationen beim Charleston. Eure zänkische zerfallende zerbrechliche Sivvy«.

Am 9. Januar schrieb sie ihrer Mutter, das gebrochene Bein sei ein wahres Geschenk gewesen:

»[...] Alles in allem habe ich es meinem Bein zu verdanken, daß ich jetzt weiß, wie albern es von mir war, mir einzubilden, daß ich vor unüberwindlichen Schwierigkeiten stehe. Es ist so etwas wie ein konkretes Symbol für Hemmnisse, die vorwiegend geistiger Natur sind, vielmehr waren. Jetzt, wo ich erkenne, wie dumm es war, mich von diesen vermeintlichen geistigen Hindernissen unterkriegen zu lassen, bin ich entschlossen, meinen geistigen Problemen gegenüber dieselbe heitere, konstruktive Haltung einzunehmen wie diesem meinem physischen.«

Im Februar war sie weniger optimistisch. Es dauerte lange, bis der Bruch heilte, und als am neunzehnten der Gips abgenommen wurde und sie »[den] behaarten, gelblichen, geschrumpften Leichnam meines Beines« darunter sah, war der seelische Schock groß.

Während ihr Bein noch in Gips lag, verabredete sich Gordon Lameyer, ein Englischstudent im höheren Semester in Amherst, der über seine Mutter in Wellesley von Sylvia gehört hatte, mit ihr in einem Café in Northampton. Er war »leicht bestürzt, als ein großes, blondes Mädchen an Krücken die Stufen herunterhumpelte [...] mit der ganzen Begeisterung einer Studentin bei ihrer ersten Verabredung«. Gordon fand, sie spreche etwas zu eifrig, sogar etwas zu naiv von ihrer »wahnsinnigen« Leidenschaft für Dylan Thomas, ihrer Bewunderung für Auden – der zu dieser Zeit am Smith College lehrte – und der geplanten Abschlußarbeit über James Joyce.

Ihrer Mutter schrieb Sylvia fröhlich: »Gordon ist unglaublich aufregend [...] Ich habe den leisen Verdacht, daß die Zeichen für den kommenden Frühling mehr als günstig stehen!« Gordon war wie Myron ein idealer Mann, und obwohl Dick sie nach wie vor in Briefen, gespickt mit Zitaten aus den *Buddenbrooks* und dem *Zauberberg*, bestürmte (inzwischen hatte er literarischen Geschmack entwickelt), war Sylvia immer mehr ernüchtert.

Die Noten ihres ersten Semesters spiegelten quecksilberhafte Hochgefühle wider: ein A in Naturwissenschaft, A in kreativem Schreiben und von Mr. Patch das einzige A in Literatur des Mittelalters. Zum ersten Mal in ihrer Collegezeit befleckte kein B ihre akademische Bilanz. Im zweiten Semester, nach guten Leistungen in Physik, beantragte sie erfolgreich, nur noch Chemie zu hören, während sie, »um Punkte zu sammeln«, ein Seminar über Milton belegte. Ansonsten konnte sie sich ungehindert mit »Leib und Seele« auf Moderne Dichtung bei Elizabeth Drew konzentrieren (gelegentlich kam Auden, ein inspirierender und ehrfurchteinflößender Besucher). Sylvia belegte nur noch Fächer, in denen sie mühelos brillieren konnte, und beste Noten während des ganzen Semesters brachten ihr am Ende die gewohnten Triumphe: Ernennung zum Junior für Phi Beta Kappa und für das folgende Jahr die Redaktion der *Smith Review.* Außerhalb des College triumphierte sie mit drei Gedichten, die *Harper's* annahm, und zwei weiteren, die ihr »unbezwungener Annapurna« *The New Yorker* lobte (wenn auch nicht annahm), und die begehrte Rolle einer Gastredakteurin bei *Mademoiselle*.

Trotz des gebrochenen Beins war sie das ganze Frühjahr hindurch mit Besuchen in Yale und mit Myron Lotz beschäftigt. Im Mai begegnete ihr Gordon Lameyer nach einer von Audens Dichterlesungen wieder. Da sie beide in Wellesley wohnten, schlug er ein Treffen nach den Prüfungen vor.

Nach dem Examen wollte Gordon zwei Jahre zur Marine gehen, aber er hoffte, Sylvia vorher noch oft zu sehen. Überglücklich berichtete ihm Sylvia von ihrem Erfolg bei *Mademoiselle*, der bedeutete, daß sie den ganzen Juni in New York arbeiten könnte. Ob sie sich vielleicht Anfang Juli treffen könnten, wenn sei beide für zwei Wochen wieder zu Hause wären?

In seinen Erinnerungen schreibt Lameyer, daß Sylvia ihn als den »wichtigsten Mann in ihrem Leben« vom Frühling 1953 bis zum April 1956 bezeichnet hat. Seine langen literarischen Briefe an sie und die leidenschaftliche Korrespondenz anderer junger Männer (die ebenfalls glaubten, der »Wichtigste« zu sein) werden in der Lilly Library in Bloomington, Indiana, aufbewahrt. Sie deuten darauf hin, daß Sylvia in ihren letzten Jahren als Smith-Studentin geschickt verschiedene Rollen mit mindestens zwei »wichtigsten« Männern in ihrem Leben spielte. Allen ihren männlichen Verehrern schrieb sie lange, liebevolle Briefe und warb um ihr Vertrauen. Im allgemeinen verliebten sich Männer in sie, die ihre Kraft faszinierte und ihre Intelligenz blendete. Aber schließlich schreckten sie vor ihrer Intensität oder vor ihrer Unbeständigkeit zurück – oder ihnen wurde pauschal der Laufpaß gegeben.

Im Frühjahr 1953 wurde Sylvia hauptsächlich von Myron (Mike) Lotz in Anspruch genommen. In Briefen nach Hause erging sie sich in boshaften Vergleichen: »Dick ist kaum eins achtzig und wiegt fünfundachtzigeinhalb Kilo; Myron ist eins neunzig und wiegt dreiundachtzig Kilo.« In ihrem Tagebuch vom Januar 1953 verabschiedet sie einen anderen potentiellen »Freund«. »[Er] stößt mich körperlich ab. Ich müßte mich übergeben, wenn er versuchen sollte, mich zu küssen, aber dieser Myron vereint in sich die Züge, die ich an Perry so mag, mit einer gewissen klugen, wachen Weltgewandtheit [...] Will ich mich in die gigantischen väterlichen Arme eines geistigen Riesen legen? Ein bißchen vielleicht. Ich bin nicht ganz sicher.«

Trotzdem schrieb Sylvia weiterhin Dick nach Saranac und beantwortete seine sorgenvollen Briefe bis zu ihrem Zusammenbruch im August. Auch die Korrespondenz mit Eddie Cohen hielt sie aufrecht, und wie Dick zeigte Eddie sich besorgt über den hektischen Ton in ihren Briefen, aus dem »große Unrast« sprach. Sie scheint ständig zwei Arten von Männern gebraucht zu haben: einen braven, ungefährlichen, hausbakkenen Jungen wie den sportlichen, aber nicht begriffsstutzigen Dick (oder für das kommende Jahr Gordon Lameyer), der ihrer Mutter gefiel, und gleichzeitig einen radikalen, exzentrischen, nonkonformistischen Seelenpartner, mit dem sie entweder in Briefen oder körperlich ihr ganzes sinnliches und intellektuelles Wesen auslebte.

Bis zum April 1954, als sie Richard Sassoon kennenlernte, scheint Eddie Cohen ein unattraktives Alterego gewesen zu sein, das sie Dick, Gordon, Myron und ihrer gutbürgerlichen Wellesley-Smith-Fassade entgegensetzte. In einem Brief an Eddie vom Mai 1951 – sechs Wochen, nachdem sie ihn vor die Tür gesetzt hatte – versuchte sie ihn als »nett, unmoralisch und radikal« darzustellen. In seiner Antwort räumte Eddie ironisch ein, er sei »nett«, definierte seine Unmoral als die eines altmodischen Liberalen (leben und leben lassen) und verteidigte seinen Radikalismus als Überzeugung, daß der Zustand der Dinge nicht immer der beste sei. Eddie war in vieler Hinsicht der reifste, ausgeglichenste und intelligenteste ihrer Briefpartner. Er durchschaute am schnellsten ihre Selbsttäuschungen und äußerte seine Kritik offener als die anderen.

II

Gegen Ende des zweiten Semesters ihres Junior-Jahres war Sylvia so sehr davon in Anspruch genommen, zwischen Arbeiten für *Mademoiselle* Klausuren zu schreiben, Prüfungen abzulegen, Myron an den Wochenenden in Yale zu besuchen und sich über Warrens Vollstipendium für Harvard zu freuen, daß ihr ihre Erschöpfung nicht bewußt wurde. Nach zwei kurzen Tagen zu Hause in Wellesley, in denen sie für die Zeitschrift Interviews mit fünf jungen Lyrikern über amerikanische Universitäten redigierte, kam sie zusammen mit neunzehn anderen ehrgeizigen Redakteurinnen und Modedesignerinnen in die »luxuriösen vollklimatisierten Büros« von *Mademoiselle*. Sie wohnte im Barbizon Hotel for Women in der Lexington Avenue (in der *Glasglocke*: Amazone) und gedachte, sich in der nächsten Zeit glänzend zu amüsieren.

Abgesehen von einem bedeutsamen Eintrag zur Hinrichtung der Rosenbergs auf dem elektrischen Stuhl, die während ihres New Yorker Aufenthalts stattfand und pointiert im allerersten Satz der *Glasglocke* erwähnt wird, scheint Sylvia im Juni 1953 kein Tagebuch geführt zu haben. Aber das Thema der ersten Kapitel des Romans wird durch die Korrespondenz bestätigt. Ein unveröffentlichter Brief an die Mutter vom 13. Juni zeigt, daß die Tatsachen in etwa der Fiktion entsprechen:

»Am Donnerstagabend auf dem Weg zum New York City Centre Ballet blieb unser Taxi im Verkehr stecken. Ein sehr freundlicher, großer Mann kam herüber, beugte sich durch das Fenster, bezahlte das Taxi und sagte zu uns vieren: ›Viel zu viele hübsche Mädchen für ein Taxi. Ich bin Art Ford, der Discjockey. Kommt mit. Wir setzen uns zusammen.‹ Also stiegen wir aus, gingen in ein Café, und Art Ford (den *Mademoiselle* als einen der vielversprechenden jungen Männer von New York bezeichnet) führte uns durch Greenwich Village, als seine Nightshow um drei Uhr morgens zu Ende war.«

Entweder bereinigte Sylvia die wahre Geschichte in diesem Brief, oder die entsprechende Szene mit Lennie und Doreen im Roman ist eine brillante Erfindung. In den Briefen und in der *Glasglocke* spiegeln sich zweifellos Sylvias große Stimmungsschwankungen. Fieberhaft trieb sie in einer verwirrenden und unnatürlichen Welt; sie machte so schnell neue Erfahrungen, daß ihr weder Zeit noch Energie blieben, sie niederzuschreiben – für Sylvia ein gefährlicher Zustand. Aurelia schickte sie atemlose Berichte über ihre Arbeit, in denen sie ihre Zeit als Gastredakteurin unter der Chefredakteurin Cyrilly Abels (Jay Cee in der *Glasglocke*) als »wertvoll« und »allumfassend« bezeichnete und in denen sie über Begegnungen mit berühmten »intellektuell stimulierenden Schriftstellerinnen« wie Vance Bourjaily und Santha Rama Rau frohlockte. Schließlich entschied sie sich für ein Interview mit Elizabeth Bowen, mit der sie sich gut verstand. An Warren, der gerade sein Examen in Exeter hinter sich hatte, schrieb sie offen über den Schock, unter dem sie stand:

»[...] ich habe hier erstaunlich viel erlebt: Die Welt ist aufgeplatzt vor meinen gaffenden Augen und hat ihre Eingeweide verspritzt wie eine geborstene Wassermelone. Ich glaube, ich muß erst einmal in Ruhe darüber meditieren, was ich da alles gesehen und erlebt habe, bevor ich überhaupt begreife, was los war in diesem letzten Monat [...] ich weiß nur, daß die letzten Collegewochen ein einziges hektisches Gerenne nach Bussen, Zügen, Prüfungen und Verabredungen waren, und daß der Wechsel nach NYC so rapide war, daß ich immer noch nicht imstande bin, vernünftig darüber nachzudenken, wer ich bin oder wohin ich gehe. Ich war sehr ekstatisch, schrecklich deprimiert, geschockt, verzückt, abgeklärt und enerviert – und alles zusammen macht das Leben neu und sehr intensiv für mich.«

Im weiteren Verlauf des Briefes berichtet sie von ihren Erfahrungen, von denen viele den Lesern der *Glasglocke* bekannt sind. In sechs Tagen hatte sie Werbeagenturen besucht, Fernsehküchen gesehen, Reden angehört, sich mit Krabbensalat vergiftet, mit einem Simultandolmetscher einen Abend in

Greenwich Village verbracht (im Roman Mrs. Willards Bekannter Constantine), sich beim Tanzen in einem Tennisclub gegen einen »reichen, skrupellosen« Peruaner zur Wehr gesetzt (in der *Glasglocke* vergewaltigt er sie beinahe), sich in der U-Bahn verirrt und dort voll Faszination und Entsetzen »mißgestaltete Männer mit kurzen Armen« beobachtet, »die sich wie rosafarbene, knochenlose Schlangen um eine Bettelschale ringelten«.

Kurz gesagt, New York traf Sylvia unvorbereitet und erschütterte das Vertrauen in ihre Collegefassade. Als Cyrilly Abels, die Sylvia bewunderte, sehr viel später danach gefragt wurde, welchen Eindruck man in der Redaktion von *Mademoiselle* in jenem Sommer von Sylvia gehabt habe, erwiderte sie angeblich, sie habe nie jemanden getroffen, der weniger spontan gewesen sei und weniger in der Lage, sich von einem unflexiblen Maßstab höflichen Verhaltens zu lösen. In Sylvias Version einer Begegnung mit Mrs. Abels, die im Roman kaum fiktionalisiert ist, bekommt Esther Greenwood von Jay Cee »furchtbare Sachen« zu hören und kann das kaum verkraften.

In Wahrheit gefiel Sylvia die Rolle als Gastredakteurin bei *Mademoiselle* nicht. Die Arbeit wirkte nach außen glamourös, aber sie war entwürdigend und verlangte Unterwürfigkeit. Ihre puritanische Empfindlichkeit war dafür verantwortlich, daß sie die »Doreens« und »Lennies« ebenso anziehend wie abstoßend fand, ja sogar die selbstsichere »Jay Cee«, die um so bedrohlicher war, weil sie die Autorität repräsentierte – wie die Mutter – und Sylvia/Esther eine großartige Karriere anbot, die sie unhöflich und ratlos ablehnte. Die gesamte New Yorker Zeit glich ihrer Einführung in die High-School-Verbindung – allerdings hundertmal schlimmer. Sylvia hätte sich nie erlaubt, diesen Trendmachern den Rücken zu kehren. Aber sie wollte auch nicht Kuchen mit ihnen essen und über die Verabredung vom Samstagabend reden. Der vergiftete Krabbensalat beim *Mademoiselle*-Bankett, mit dem sie auch den ganzen korrupten Kuchen der Modewelt schluckte, machte sie psychisch und physisch krank.

Trotz ihrer Abscheu ging Sylvia aus dieser Erfahrung triumphierend hervor. Als im August 1953 die College-Nummer erschien, stand sie an der Spitze des Sterns, der eine ganze Seite füllte: Zwanzig in weiße Blusen und Schottenröcke gekleidete, typisch amerikanische Studentinnen hielten sich an der Hand, um auf dem Gipfel ihrer Collegelaufbahn fotografiert zu werden. Ihr identisches zuckersüßes Lächeln war die Zustimmung zu einer glücklichen Gegenwart und einer immer glücklichen Zukunft. Das letzte Wort hatte die Gastredakteurin Sylvia Plath, Smith-Examenskandidatin 1954:

»Wir sind die Sternengucker dieser Saison und lassen uns von einer abendblauen Atmosphäre verzaubern. Ganz vorne in der Modekonstellation entdecken wir *Mademoiselles* Schottenrock, die astronomische Vielseitigkeit der Pullis und Männer, Männer, Männer – wir haben ihnen sogar die Hemden ausgezogen! Wir richten unser Teleskop auf Hochschulneuigkeiten in aller Welt, denken und diskutieren. Die Themen: akademische Freiheit, Verbindungskontroverse, unsere so sehr gezeichnete (und geschmähte) Generation. Von unseren Lieblingsgebieten werfen Sterne erster Größe helle Strahlen und beeinflussen unsere Pläne für Berufe und Zukunft. Horoskope für die endgültigen Laufbahnen liegen noch nicht vor, aber wir Gastredakteurinnen rechnen dank *Mademoiselle*, dem Stern des Campus, mit einer günstigen Vorhersage.«

III

Während Sylvia in New York das »Leben« kennenlernte und ablehnte, saß Aurelia zu Hause in Wellesley und tippte die Geschichten ihrer Tochter ab, um sie für Frank O'Connors Sommerseminar in Harvard einzureichen, an dem teilzunehmen

Sylvia sich in den Kopf gesetzt hatte. Als sie erschöpft und mißmutig nach Wellesley zurückkam, hatte die Mutter schlechte Nachrichten für sie. Sylvia hatte zwar das preisgekrönte *Sonntag bei den Mintons* eingereicht, war jedoch von Frank O'Connor nicht angenommen worden. Als sie vom Bahnhof nach Hause fuhren, beobachtete Aurelia im Rückspiegel, wie Sylvia blaß wurde. All ihre Auszeichnungen, die hervorragenden Noten, ihr Selbstvertrauen als Schriftstellerin waren im Handumdrehen bedeutungslos. Der große W.H. Auden hatte in diesem Frühjahr am College ihre Gedichte als zu seicht abgetan. Sylvia war bereit gewesen zu glauben, daß das Schicksal sie schließlich doch nicht dazu ausersehen hatte, Schriftstellerin zu werden. Desillusioniert war sie aus einer Traumwelt nach Hause gekommen, um von einer weiteren besiegt zu werden.

In der Elmwood Road Nr. 26 versuchte Sylvia die Dinge selbst in die Hand zu nehmen. Sollte sie den geringen Stipendiumbetrag für andere Kurse von zweifelhaftem Wert in Harvard ausgeben? Oder sollte sie vernünftigerweise zu Hause bleiben, der Mutter helfen, Stenographie lernen und James Joyce lesen, um sich auf ihre Abschlußarbeit vorzubereiten, die sie mit Auszeichnung bestehen wollte? »Ich muß klare, ehrliche Entscheidungen treffen, ohne so krank zu werden, daß ich nicht essen kann, denn das ist bereits ein Verteidigungsmechanismus, der mich auf Kindheitspraktiken zurückwerfen will, um Mitgefühl zu ernten und Verantwortung zu vermeiden [...]«, schrieb sie sehr vernünftig in ihr Tagebuch und versank dabei in einen völlig irrationalen Sumpf.

Die Geschichte von Sylvias erstem Selbstmordversuch und den alptraumartigen Ereignissen, die dazu führten, findet sich in der kaum verschleierten Autobiographie *Die Glasglocke*. Die kürzere, freundlichere Version dieser schmerzlichen Wochen kann man in den *Briefen nach Hause* nachlesen. Nach Sylvias Rückkehr aus New York bemerkte ihre Mutter »daß sie sich sehr verändert hatte; keine Spur von ihrer früheren joie de vivre.« Sie hätte sich ausruhen sollen, aber wie in der *Glasglocke* endeten Versuche, zu lesen oder Sonnenbäder zu genießen, in selbstanklägerischer Stumpfheit. Zehn, zwanzig, beinahe dreißig schlaflose Nächte – und Sylvia glaubte allmählich, verrückt zu werden. In diesem traumähnlichen Zustand des Losgelöstseins, in den Menschen bei Sauerstoffmangel im Gehirn geraten, begann sie, Prosa zu schreiben. Anfangs sensibilisierte sie der neue Zustand des Schwebens und der Regression. Aber als ein Tag nach dem anderen verging, ohne daß sie etwas zuwege brachte, beobachtete sie mit panischer Angst, wie die Worte sich verselbständigten. Wenn Lesen und Schreiben nicht möglich waren, dann würde sie eben Stenographie lernen, um wenigstens auf praktisches Wissen zurückgreifen zu können, wenn sie im College versagen sollte. Ein paar Unterrichtsstunden genügten, um sie davon zu überzeugen, daß sie »diese sinnlosen Schnörkel« nie beherrschen würde. Da sie wieder einmal versagt hatte, richtete sie ihren Selbsthaß in Form übertriebenen Grolls gegen die Mutter.

Nach Mrs. Plaths Darstellung erschien Sylvia eines Morgens mit blutigen Schnittwunden an den Beinen. Auf Aurelias Frage erwiderte sie: »Ich wollte nur mal sehen, ob ich den Mumm dazu habe!« Dann rief sie heftig: »Oh Mutter, die Welt ist so verdorben! Ich will sterben! *Laß uns gemeinsam sterben!*« Mrs. Plath hielt es für notwendig, die Hausärztin Dr. Francesca Racioppi anzurufen. Diese zeigte sich besorgt, verschrieb Schlaftabletten und empfahl einen Psychiater, gegen dessen eingebildetes, gelacktes Benehmen Sylvia unglücklicherweise sofort eine Abneigung entwickelte. Der Alptraum ihres Zusammenbruchs, den sie Jahre später wieder lückenlos erinnern und in der *Glasglocke* erzählen sollte, hatte begonnen.

So unglaublich das auch erscheinen mag, Sylvia hat offenbar nach außen weiter am geselligen Leben teilgenommen. Gordon Lameyer behauptet, er sei im Juli mit Sylvia täglich von morgens bis abends zusammengewesen, bis er Wellesley verließ, um seine Ausbildung als Marineoffizier zu beginnen. Sie hörten Schallplatten: Symphonien von Beethoven und Brahms, Gedichte von Dylan Thomas, die er selbst gesprochen hatte, James Joyce, der aus *Finnegans Wake* las, und Edith Sitwells *Façade*. Sylvia erzählte Gordon, sie werde ihre Abschlußarbeit über den *Ulysses* schreiben; und wie Lameyer in seinen Erinnerungen berichtet, lasen sie sich gegenseitig Joyce vor. Selbst als sie sich an zwei Wochenenden im August trafen, fiel ihm nicht auf, daß etwas nicht in Ordnung war, und er wußte nicht einmal, daß Sylvia sich inzwischen als ambulante Patientin bei einem eitlen, in der *Glasglocke* boshaft »Dr. Gordon« genannten Arzt einer Elektroschocktherapie (ECT) unterzog.

Elektroschockbehandlungen können, wenn sie so unsensibel angewandt werden, wie sie in Sylvias Roman beschrieben sind, durchaus wesentlich zu ihrer kühlen, logischen Schlußfolgerung beigetragen haben, sich das Leben zu nehmen. In einem Brief an Eddie Cohen, der nie abgeschickt wurde, erklärte sie später:

»Bald schon hatte ich nur noch eine Frage im Kopf: wann genau und wie ich Selbstmord machen sollte. Die einzige Alternative, die ich sehen konnte, war die Irrenanstalt – unendliche Hölle für den Rest meines Lebens –, und so wollte ich von dem letzten Stückchen meines freien Willens Gebrauch machen und ein schnelles, sauberes Ende wählen. Auf die Dauer gesehen, fand ich, war das für meine Familie gnädiger und billiger; statt ihnen die unabsehbar lange, teure Einkerkerung der Lieblingstochter in die Zelle eines staatlichen Irrenhauses zuzumuten, mitsamt dem Elend und der Ernüchterung, die so ein geistiges Vakuum, so eine physische Verwahrlosung von etwa sechzig Jahren mit sich bringt, wollte ich ihnen all das ersparen und Schluß machen auf der Höhe meiner sogenannten Karriere, als es noch Illusionen bei meinen Professoren gab, noch Gedichte, die in *Harper's* publiziert werden sollten, zumindest noch eine Erinnerung, die sich lohnte.«

Vielleicht bewahrte Sylvia den Brief als Dokument darüber auf, wie es war, in der »Schlangengrube« zu leben.* Der beinahe frohlockende Ton läßt bereits *Die Glasglocke* ahnen. Eddie erklärte Sylvia, sie habe versucht zu ertrinken; sie war wie Esther im Roman hinausgeschwommen, während ihr Herz schlug: »Ich bin, ich bin«, und der Körper sich weigerte, unter Wasser zu bleiben. Zwischen Briefen an Gordon, in denen es von Joyceschen Wortspielen nur so wimmelte (*God on la mer.* Die Tochter belohnt die Mutter: z.B. *Guerdon la mère*), kaufte die verzweifelte Sylvia Taschenbücher über Psychopathologie, redete auf dem Boston Common ungestüm auf Matrosen ein, versuchte sich zu erhängen, sich die Pulsadern zu öffnen, immer auf der Suche nach einem Weg, sich das Leben zu nehmen, um der Familie die Kosten lebenslanger Hospitalisierung zu ersparen, wie sie Eddie Cohen erzählte.

In dem nie abgeschickten Brief beschreibt Sylvia, was sie tat. Am 24. August, einem drückend heißen Tag, brach sie den kleinen Safe ihrer Mutter auf, wo Aurelia Sylvias Schlaftabletten aufbewahrte und damit stillschweigend den Ernst der Lage eingestand. Aurelia sah bei einer Freundin im Fernsehen die Krönung von Königin Elizabeth II., und die Schobers saßen im Garten. Sylvia schlich sich mit den Tabletten und einem Glas Wasser in den Keller. Wie sie wußte, gab es unter der Veranda einen schmalen Stauraum, in den man gerade hineinkriechen konnte. Verstohlen setzte sie das Brennholz vor dem Einstieg beiseite, schob sich mit dem Tablettenröhrchen und dem Wasser in die Höhlung, die wie ein Mutterleib war, verschloß die Öffnung wieder mit Brennholz

* *The Snake Pit* von Mary Jock Ward war damals ein Bestseller. Dieses Vorbild sollte Sylvias frühe Arbeiten an der *Glasglocke* bestimmen.

und schluckte so viele Tabletten wie möglich. *Die Glasglocke* schildert das so liebevoll, daß der Leser beinahe davon überzeugt ist, es handle sich um etwas Erfreuliches.

»Spinnweben berührten mein Gesicht, weich wie Motten. Nachdem ich den schwarzen Mantel wie meinen eigenen süßen Schatten um mich geschlungen hatte, schraubte ich die Flasche auf und nahm eine Pille nach der anderen mit Schlukken von Wasser dazwischen.

Zuerst geschah nichts, aber als ich langsam zum Boden der Flasche kam, begannen mir rote und blaue Lichter vor den Augen aufzublitzen. Die Flasche glitt mir aus den Fingern, und ich legte mich hin. Die Stille zog fort und deckte die Kiesel und Muscheln und alle die billigen Trümmer meines Lebens auf. Dann sammelte sie sich am Rande der Vision, und in einer heranstürzenden Welle trieb sie mich in Schlaf.«

Sylvia wollte die Niederlage nicht und war nun doch »ertrunken«.

Aurelia erzählt die Geschichte ohne Ausschmückungen: Während sie den Filmbericht über die Krönung sah – daran muß sie sich sehr viel später erinnert haben, als Sylvia ihr aus England über einen Besuch der Königin in Cambridge schrieb –, überkam sie plötzlich eine schreckliche Vorahnung. Sobald der Film zu Ende war, bat sie darum, nach Hause gefahren zu werden. Im Eßzimmer fand sie an eine Blumenvase gelehnt einen Zettel: »Mache einen langen Spaziergang. Bin morgen wieder zu Hause.« Aurelia informierte die Polizei. Der damals achtzehnjährige Warren und eine Gruppe besorgter Nachbarn durchkämmten mit den Beamten den Wald in der Nähe von Wellesley. In den Zeitungen von Boston erschienen die Schlagzeilen: HÜBSCHE SMITHSTUDENTIN AUS WELLESLEY VERMISST – HOCHBEGABTE STUDENTIN DES SMITH COLLEGES AUS DEM ELTERNHAUS IN WELLESLEY VERSCHWUNDEN. Im *Boston Herald* erschien ein Bericht mit einem Foto von

Sylvia, auf dem sie wie ein erfolgreicher Tennisstar aussah. Und in einem Artikel hieß es, sie sei »nervös« und in ärztlicher Behandlung. Andere Berichte zitierten Mrs. Plath, die erklärte, ihre Tochter habe die zwanghafte Vorstellung, sich in ihrem Studium beinahe unerreichbare Leistungen abzuverlangen, weil sie glaubte, das sei sie ihren Mäzenen schuldig. Als der aufgebrochene Safe, in dem das Röhrchen mit den Schlaftabletten fehlte, entdeckt wurde, erschienen weitere Schlagzeilen und ein Familienfoto. Das Drama dauerte insgesamt zwei Tage.

Die Familie saß beim Mittagessen (man kann sich die Stimmung vorstellen), als plötzlich ein Stöhnen zu hören war. Warren eilte in den Keller und entdeckte seine Schwester, die gerade mühsam versuchte, sich in dem engen Stauraum aufzurichten. Sie hatte zu viele Tabletten geschluckt und sich übergeben, als sie schon bewußtlos war. Innerhalb von wenigen Minuten war ein Krankenwagen angefordert, und man brachte Sylvia in das Newton-Wellesley-Hospital, wo sie das Bewußtsein wiedererlangte. Aurelia beschrieb Sylvias Aufwachen und ihre ersten Worte so: »›Oh, nein!‹ Als ich sie bei der Hand nahm und ihr sagte, wie lieb wir sie hätten, kam es matt von ihren Lippen: ›Das war *meine* letzte Liebestat.‹ Dann sagte sie: ›Ach, könnte ich bloß noch mal *freshman* sein. Ich wollte so gerne eine *Smith*-Frau werden.‹« Später in diesem Sommer nutzte Sylvia ihr Talent, das Leben umzuschreiben, um dem Publikum zu gefallen, und berichtete Gordon Lameyer, ihre ersten Worte seien gewesen: »Gehört uns das Haus noch?«

Abgesehen von einer unschönen Schürfwunde unter dem rechten Auge war Sylvia körperlich unverletzt. Zwei Wochen später wurde sie in die Psychiatrische Abteilung des Massachusetts-Hospital verlegt. Dort verheilte die Wunde, aber ihr Lebenswille kehrte nicht zurück. Im Gegenteil: Die Umstände ihres Krankenhausaufenthaltes ließen ihre latente Paranoia zum Vorschein kommen. Sie weigerte sich entschieden, bei der Behandlung mitzuwirken oder sich mit den Besuchen der Mutter abzufinden. Von Smith und anderswo trafen viele Briefe ein. »Sie sind bei weitem die beste Englischstudentin am College«, schrieb Elizabeth Drew, »und das fällt Ihnen ohne große Mühe zu.« Ihre Tutorin, Evelyn Page, versicherte ihr: »Wir sind sehr stolz auf Sie, und zwar ohne daß unser Stolz Forderungen an Sie stellt.« Gordon Lameyer schickte aus der Offiziersanwärterschule von Rhode Island besorgte, liebevolle Briefe.

Als die Nachricht von Sylvias Zusammenbruch und Selbstmordversuch Mrs. Prouty erreichte, die in Maine Ferien machte, schickte sie ein Telegramm und erklärte, sie wolle gerne helfen. Bald darauf schrieb sie und machte das Angebot, eine Behandlung im McLean-Hospital in Belmont zu finanzieren. Mrs. Prouty hatte vor vielen Jahren selbst einen Nervenzusammenbruch gehabt, und das, so sagte sie, habe sie gelehrt, das Leben zu schätzen. Sie würde dafür sorgen, daß Sylvia in der besten psychiatrischen Klinik des Landes wiederhergestellt werde.

McLean war in Massachusetts tatsächlich eine berühmte Klinik, die zum Massachusetts General Hospital gehörte. Dorthin zog sich Robert Lowell bei manischen Anfällen zurück, und auch Anne Sexton war dort regelmäßig Patientin. Sylvia verbrachte beinahe fünf Monate dort, ehe sie »geheilt« war. Ihre Psychiaterin Dr. Ruth Beuscher (Dr. Nolan in der *Glasglocke*) war eine junge Frau, und zu ihr entwickelte Sylvia für den Rest des Lebens eine vertrauensvolle Beziehung. Unter ihrer Aufsicht unterzog sie sich einer zweiten, weniger schrecklichen Elektroschocktherapie und erhielt Insulininjektionen, durch die sie an Gewicht zunahm, die aber sonst offenbar keinen bleibenden Schaden anrichteten.

Die psychiatrischen Methoden, mit denen Sylvia Plath in den fünfziger Jahren behandelt wurde, erscheinen heute ebenso barbarisch wie die Rituale der Irrenhäuser im achtzehnten Jahrhundert. Die Elektroschocktherapie während des langen Zusammenbruchs im Sommer und später noch einmal während des »Fegefeuers ihrer Heilung« hatte mit Sicherheit stärkere Auswirkungen auf Sylvia, als man damals erkennen konnte. Es ist möglich, daß sie sich nie wirklich davon erholt hat und die Therapie zu einer permanenten Veränderung ihrer Persönlichkeit führte; möglich ist auch, daß sie so etwas wie eine psychologische »Haut« verlor, deren Verlust sie kaum verkraften konnte. Der Elektroschocktherapie ist diese unsichtbare Bedrohung zuzuschreiben, die beinahe in allem, was sie geschrieben hat, auftaucht. Dazu gehört ihre Überzeugung, daß die Welt – wie wohlwollend sie auch erscheinen mag – eine gefährliche Feindseligkeit in sich birgt, die sich besonders gegen sie richtet. Sylvias Psychotherapie zeigte wahrscheinlich auch die Dimensionen ihres Freudschen Psychodramas auf und enthüllte die Gestalt des verlorenen, »ertrunkenen« Vaters: der Herr der Bienen. Seinen Tod konnte sie nie verzeihen, und sie konnte sich nie erlauben, ihn zu vergessen. Die Psychotherapie intensivierte auch die Präsenz ihrer geliebten, im Grunde jedoch gehaßten Mutter; Schuldgefühle oder Ego-Schwäche zwangen sie, ihr Doppel zu sein, da sie mit ihr durch eine psychische Nabelschnur verbunden war, die sie zu sehr nährte, um durchtrennt werden zu können.

Über die verschlungenen Varianten ihres persönlichen Mythos hinaus wußte Sylvia kaum, worüber sie schreiben sollte. Natürlich gab es die äußere Welt. Sylvia sah sie und wollte unbedingt darüber schreiben. Doch offenbar blieb diese Welt vor und nach dem Selbstmordversuch unerreichbar auf der anderen Seite einer transparenten, aber verzerrenden Glaswand – die Glasglocke, die sie selbst als das Gefängnis ihres Wahnsinns identifizierte und beschrieb. Wenn die Glasglocke sich hob, konnte Sylvia glücklich und optimistisch sein und die Strahlen der Sonne genießen, die sie liebte. Aber das kleinste Unglück ließ die Glasglocke wieder herab: die Ablehnung einer Geschichte, eine schlechte Rezension, die eingebildete Kränkung durch eine Rivalin oder andere Frauen, die ihr ihren »Mann« oder den verdienten Ruhm streitig machten. Und wenn die Glasglocke sich einmal geschlossen hatte, schien eine Flucht unmöglich zu sein, auch wenn sie noch so tapfer um die Freiheit des Geistes und der Phantasie kämpfte. Ihre poetische Kraft entwickelte sich, während ihr Wille, ihr Intellekt, ihr Scharfsinn, ihre großen Talente darum rangen, das Rätsel ihrer Misere zu lösen, es immer wieder auf demselben einengenden Schauplatz definierten und neu definierten. Als ihre späten Gedichte schließlich entstanden, beflügelte sie glühender Haß, und sie waren gehärtet wie Edelstahl. Da, wo sie am stärksten sind, hätten sie die Glasglocke ein für allemal zertrümmern sollen, wie Sylvia wohl gehofft haben wird. Es ist eines der verwirrenden Dinge in Sylvias Geschichte, daß sie es nicht taten.

Sylvia blieb auf Mrs. Proutys Kosten und unter Aufsicht des bedeutenden Psychoanalytikers Dr. Eric Lindemann von Mitte Oktober bis Anfang Februar in der Klinik. Sie hatte ein Einzelzimmer und genoß alle Vorteile, die eine der besten psychiatrischen Kliniken des Landes bot. Viele Besucher kamen regelmäßig, Mrs. Prouty besuchte sie beinahe jede Woche und beklagte das Fehlen eines disziplinierten Programms, ohne das Sylvia kaum Fortschritte machte. Unter den Getreuen aus Wellesley war Wilbury Crockett, ihr ehemaliger Englischlehrer. Mrs. Cantor, Sylvias gütige Arbeitgeberin im letzten Sommer, fuhr Mrs. Plath jeden Samstag zur Klinik. Sylvia haßte diese Besuche mit unversöhnlicher Entschlossenheit.

Als Esther Greenwood in der *Glasglocke* die Rosen in den Papierkorb wirft, die ihre Mutter ihr zum einundzwanzigsten Geburtstag gebracht hat, verbietet Dr. Nolan alle Besuche: eine Szene, die sich tatsächlich ereignet hat.*

* Mrs. Plath berichtet später über den Vorfall: »Ich brachte Sylvia ihre Lieblingsblumen: gelbe Rosen [...] Ich wußte instinktiv, sie würde in ihrer negativen, depressiven Stimmung sein und etwas daran auszusetzen haben; aber ich wußte auch, wenn ich den Tag überging, würde sie schreiben: ›Mutter hat es für richtig gehalten, meinen 21. Geburtstag zu übergehen‹, und eine große Sache daraus machen. Also tat ich das, wozu *mein* Herz mich trieb.«

Im Dezember reagierte Sylvia schließlich positiv auf die Insulinbehandlung und danach auf eine kurze Elektroschocktherapie. Als sie am 28. Januar Eddie schrieb, hoffte sie schon, bald entlassen zu werden. Der Klinikdirektor hatte etwas früher Mrs. Prouty geschrieben und angeboten, die Kosten für Sylvias Behandlung zu übernehmen, falls sie bis zum Jahresende nicht wiederhergestellt sei. Sylvia verbrachte an Weihnachten einen Tag zu Hause, blieb aber noch einen Monat in der Klinik. Anfang Februar fuhr Warren sie im schlimmsten Schneesturm des Winters zum College zurück. In der Nähe des Paradise Pond auf dem Campus geriet der Wagen ins Schleudern und drehte sich um 180 Grad. Sylvia machte daraus einen symbolischen »Tod«; ihre Wiedergeburt war jetzt unvermeidlich.

IV

In Lawrence House feierte man Sylvia als Heldin. Obwohl sie ihr Arbeitspensum verringert hatte, ist die Liste der belegten Kurse in ihrem dritten Semester als Junior immer noch beeindruckend anspruchsvoll: Amerikanische Literatur, Europäische Geistesgeschichte und ein Seminar in Russischer Literatur bei George Gibian, dem Professor ihrer Diplomarbeit im nächsten Jahr. Anscheinend besuchte sie auch eine Vorlesung über Kunst des Mittelalters. Da Sylvia mit der Klasse von 1955 das Examen machen wollte, also ein Jahr später als ihre Freundinnen Marcia Brown, Enid Epstein und andere, befand sie sich im Abseits. Als erstes brauchte sie eine andere *belle amie*, denn Marcia war mit dem Examen und der bevorstehenden Heirat beschäftigt. Und als zweites suchte sie sexuelle Abenteuer.

Ein Mädchen, Nancy Hunter, das vom Wooster College in Ohio zu Smith übergewechselt war, durfte einige Wochen die erste Rolle übernehmen. Nancy Hunter Steiners lebendige

Erinnerung an Sylvia stellt sie in den Kontext ihrer Zeit und zeigt, wie sehr ihr verletzliches Ego davon abhängig war, sich den Sitten am College anzupassen. Nancy staunte zunächst wie andere über Sylvias scheinbare Normalität. Es *gab* einige Nonkonformisten am College; eine kleine Gruppe in Lawrence House, angeführt von »Gloria Brown«, lehnte die Sommeruniform der Studentinnen ab, die aus Bermudashorts, Blusen mit geknöpften Kragen und Mokassins bestand. Sie erschienen barfuß und in zerschlissenen Jeans. Sylvia kritisierte dieses Verhalten scharf und führte, wie Nancy sagte, eine Art Dauerkrieg gegen sie, indem sie nach Möglichkeiten suchte, sie wegen Verletzung der Regeln vor den Ehrenausschuß zu bringen. Gloria Brown und ihre Freundinnen setzten alles daran, sie zu ärgern, stöberten in ihren ordentlich eingeräumten Schubladen herum oder verletzten anderweitig ihr geheiligtes Reich.

Nancy erzählt, sie und Sylvia seien noch vor Ende des Semesters wie »siamesische Zwillinge« gewesen, »die das Ego miteinander verband«. Nancy bewohnte mit einer anderen Studentin die Räume, die Sylvia als Senior zugestanden hätten, während Sylvia ein Zimmer für sich hatte. Allerdings benutzte sie den kleinen Vorraum vor Nancys Zimmer, und deshalb sahen sie sich oft – die blonde, deutsche Sylvia und die irische Nancy, die ebensogroß war wie sie, aber schwarze Haare hatte. Gemeinsame Interessen und die Lust auf Abenteuer verbanden sie, so daß die Freundschaft einige Monate sehr eng war.

Sylvia lernte im April 1954 teils durch Nancy, teils durch Marcia Brown Richard Sassoon kennen. Er war Junior in Yale und wohnte im Calhoun College mit Marcias Freund, Melvin Woody, und Dick Wertz, einer ehemaligen Flamme von Nancy, zusammen. Mel hatte Sylvia während ihrer Zeit als Gastredakteurin von *Mademoiselle* kennengelernt und sich für sie interessiert. Entweder sein oder Dicks begeisterter Bericht über diese ungewöhnliche Lyrikerin am Smith College reizte den

Zimmergenossen Sassoon so sehr, daß er Wertz überredete, mit ihm im April nach Northampton zu fahren. Das Zusammentreffen von Sylvia und Richard war auf der Stelle ein Erfolg. Um Mitternacht gingen sie zusammen im Mount-Tom-Naturpark »unter einem Sternenmeer« spazieren. Sie stiegen »in Hegelschen, dialektischen Spiralen« die Stufen des Feuerwachturms »hinauf in das dunkle Unbekannte« – so Sylvia in ihrem ersten Brief vom 20. April an Sassoon. Er schrieb an Sylvia noch leidenschaftlicher (manchmal trank er dabei), in einer hektischen, steilen Handschrift, die in Englisch ebenso unleserlich ist wie in Französisch.

Offenbar stimmten sie darin überein, daß sie in Sachen Natur nicht übereinstimmten. Sylvia beharrte auf ihrer romantischen Wordsworthschen Ader, Sassoon bestand darauf, daß Natur ohne Kunst widerwärtig und abscheulich sei. »Ich bin Gott. Ich verurteile dich dazu, mein Vergnügen zu sein«, begann Richard seinen ersten Brief und schrieb in Französisch weiter: »*Voila! C'est l'amour.* (*On va a l'esprit – après*)«, und befahl dann: »*Amour!* Ursprünglich-selbstsüchtiger Kampf!« Dieser Briefschreiber war noch »radikaler« und weit »unmoralischer« als Eddie Cohen. Außerdem fand sie Richards schlanken, sehnigen Körper und die Augen mit den dunklen Ringen (wie ein Absinthsäufer, berichtete sie unklugerweise ihrer Mutter) unwiderstehlich. Zu seinen Ungunsten sprach nur, daß er ebensoviel wog wie Sylvia und auch gleich groß war, so daß sie keine Schuhe mit hohen Absätzen tragen konnte, wenn sie mit ihm ausging.

Richard war entfernt mit dem englischen Dichter Siegfried Sassoon verwandt und in Europa aufgewachsen. Er war zwar erst neunzehn, besaß aber einen europäischen Geschmack, der sehr viel kultivierter war als der seiner amerikanischen Freunde. Er studierte in Yale Geschichte und Philosophie, gab sich die Haltung zynischer Dekadenz und Nietzschescher Arroganz und gab vor, die Intelligenz seiner Professoren und die exklusiven Clubs seiner Kommilitonen gleichermaßen zu verachten – aber in Wirklichkeit fühlte er sich wahrscheinlich einsam. Sein exotischer Geschmack bei Sex, Wein, Essen und Philosophie war genau berechnet, um Sylvia zu beeindrukken, die immer noch ängstlich ihre Jungfräulichkeit hütete und deren Romanzen mit dem baseballspielenden Myron und dem aufrechten, Schallplatten abspielenden Gordon sie wohl kaum auf die Sexualität eines französischen, wenn auch sehr jungen Existentialisten vorbereitet hatten.

Richards Briefe an Sylvia aus den Jahren 1954 und 1955 – von denen in der Lilly Library einige hundert aufbewahrt werden – vermitteln den Eindruck eines intelligenten, stolzen und mit Sicherheit leidenschaftlichen jungen Mannes, der sich aber in einer fremden Welt hilflos fühlt. Wenn er sich durch eine Beziehung bedroht fühlte, die er nicht immer unter Kontrolle hatte, flüchtete er sich in die Pose. Seine frühen Briefe sind meist bombastisch und prahlerisch, lassen aber später Anzeichen von Sensibilität und beachtlichen Einsichten erkennen. Wahrscheinlich war Sylvia die erste Frau, die er wirklich liebte. Nachdem seine Barrikaden erst einmal gefallen waren, verletzte ihn Sylvias verwirrende Unbeständigkeit deshalb zutiefst.

Sie genoß es zweifellos, von Sassoon geliebt zu werden, war aber 1954 noch nicht bereit, unter ihren vielen Bewunderern zu wählen. Sie glaubte immer noch, eine Verpflichtung gegenüber Gordon zu haben, der das ganze Frühjahr über lange Briefe aus Europa schrieb. Er, inzwischen Leutnant zur See, fuhr über die Meere und genoß seine Rolle als kleiner Ulysses. Aus Yale überschüttete sie Mel Woody ebenfalls mit Liebesbriefen, die oft gleichzeitig mit Sassoons Briefen ankamen. Noch näher war George Gebauer, ein Wissenschaftler aus Amherst, mit dem sie im März ein paar wundervolle Tage in New York verbrachte. Schließlich gab es noch Myron Lotz, inzwischen mehr Freund als Liebhaber, der mit Sylvia in Kontakt blieb und sich hin und wieder in Northampton mit ihr traf, um über seine »Probleme« zu sprechen.

Ende April, rechtzeitig vor Aurelias Geburtstag, erfuhr Sylvia, daß Smith ihr das höchste Stipendium zugesprochen hatte, das je an eine Studentin vergeben worden war: $ 1250. Damit mußte sie im nächsten Jahr nur dreihundert Dollar bezahlen. Im Mai veröffentlichte *Harper's* das Gedicht *Doomsday*, das ein staunender Richard Sassoon überschwenglich pries (»Das ist Kunst! [...] Ich wußte nicht, daß du dazu fähig bist oder daß du eine so harte Faust hast. Du wirst noch die arme Natur knacken!«), aber ihr auch Glückwünsche von einer verwirrten Mrs. Prouty einbrachte. Die Noten am Ende des Semesters waren alle A's oder B's, und Sylvia bereitete sich darauf vor, das Examen als beste Studentin des Jahres zu machen.

Der einzige Mißklang kam von Eddie Cohen, der inzwischen eine geschiedene Frau geheiratet hatte und Stiefvater eines neunjährigen Kindes war. Nachdem Sylvia ihre Briefe zurückverlangt hatte, zeigte Eddie sich zwar erstaunt über ihre plötzliche Woge von Freude und Energie, aber er geißelte auch unerbittlich ihren Egoismus. Klarsichtig erkannte er – nicht zum ersten Mal – den Kern der Sache. »Hast Du eigentlich nie daran gedacht, Kopien Deiner Briefe zu machen?« schnaubte er, »im Grunde läuft es auf dasselbe hinaus und bedeutet nichts anderes, als daß Du sie einzig Deinem eigenen Ego zuliebe geschrieben hast und nicht zur Bereicherung des Adressaten oder um mit ihm in Kontakt zu bleiben. Was Du verlangst, ist in Wirklichkeit das Vorgehen einer Frau, die sehr viel Vergnügen daran findet, in einen Spiegel zu blicken. Übrigens in einen sehr schmeichelhaften Spiegel.«

Sylvia mußte Eddie klargemacht haben, daß sie sich nicht mehr für ihn interessierte, denn aus seinen Briefen vom April und Mai spricht schmerzlicher Zorn. Er warnt vor zu vielen Idealen, denn »wenn die Realität hereinbricht, was schließlich geschehen muß, wirst Du lediglich dorthin zurückgeworfen werden, von wo Du erst vor kurzem gekommen bist«. Er deutet an, daß er selbst den Zustand einer »vernünftigen Anpassung« erreicht habe, und bemerkt (am 6. Mai) außerdem: »Wenn ein Mensch sich nicht an die Wirklichkeit anpassen kann, liegt es daran, daß er sich bereits zu leidenschaftlich einer anderen Realität verschrieben hat. Er sieht sich in einem anderen Licht. Wenn das nicht möglich ist, *kann er sich nur in eine selbstgeschaffene Welt zurückziehen* (Hervorhebung der Autorin) – und das ist nicht die Welt, in der der Rest der Menschheit lebt!« Man fragt sich, was Sylvia wohl Eddie geschrieben hat, um die klarsichtigste Einschätzung ihrer psychischen Verblendung auszulösen, die erst jetzt in ihrem Nachlaß ans Licht gekommen ist.

V

Am Ende dieses triumphalen Semesters 1954 lud Sylvia ihre Freundin Nancy Hunter nach Wellesley ein, um sie ihrer Mutter vorzustellen und Mrs. Prouty in ihrem prächtigen Kolonialhaus in Brookline zu besuchen. Die beiden fuhren zu Sylvias geliebtem Nauset Beach auf Cape Cod, genossen in Boston ein paar zauberhafte »Doppel-Rendezvous« und beschlossen schließlich, zusammen die Harvard Summer School zu besuchen. Mrs. Plath, die von den Anstrengungen des letzten Sommers noch immer sehr mitgenommen war, war froh, den Sommer für sich planen zu können.

Zusammen mit zwei anderen Smith-Studentinnen mieteten Sylvia und Nancy eine Studentenwohnung am weniger bevorzugten Ende der Massachusetts Avenue. Sie wollten das Leben genießen und das Studium nicht allzu ernst nehmen. Gordon Lameyer war wieder zurück, aber immer noch bei der Marine, Sassoon in Europa und Nancys Freund David Furner in Ohio. Sie beschlossen, jede Einladung anzunehmen, wenn damit ein Abendessen oder ein Theaterbesuch verbunden war. Sylvia hatte sich die Haare gebleicht und gab sich als eine aufregende Blondine. Sie geriet in ein gefährliches »Hoch« und prahlte mit einer glühenden Beziehung zu einem Harvard-Professor, von dessen Frau sie das »blonde Gift« genannt wurde.

In seinen Erinnerungen gibt Gordon Lameyer Nancy Hunter die Schuld an Sylvias Ausschweifungen. Wahrscheinlicher ist jedoch, daß Sylvia mit ihren Verabredungen einen bestimmten Plan verfolgte. Als sie Richard Sassoon im Mai nach New York begleitete, hatte er sie wie eine Geliebte ausgeführt; was sie wohl nicht war. Aber der große Moment konnte im Herbst kommen, weshalb es für Sylvia typisch gewesen wäre, wenn sie beschlossen hätte, die Sache in Cambridge einmal auszuprobieren, um Richard an sexueller Erfahrung nicht nachzustehen.

Gordon war natürlich nicht der Richtige dafür; er war viel zu anständig. Einen Mann wie Gordon bewunderte Sylvia wegen seines guten Aussehens, aber begehren konnte sie ihn nicht. Nein, sie mußte einen erfahrenen Mann finden, an den sie sich emotional nicht gebunden fühlte. Und Nancy wäre als Zeugin des großen Ereignisses nicht schockiert, da sie schließlich die erwählte Busenfreundin und das Doppel war.

Nancy und Sylvia kamen überein, sich beim Kochen abzuwechseln, da die beiden anderen Studentinnen ganztags arbeiteten. Sylvia bereitete vom Haushaltsgeld Gourmetmahlzeiten zu, vergaß aber, wie Nancy berichtet, geflissentlich so uninteressante, aber notwendige Dinge wie Waschpulver und Toilettenpapier. Ihre Sachen hingegen bewachte sie streng. Nach einer Party zum Beispiel, zu der sie die Snacks beigesteuert hatte, versah sie die übriggebliebenen Packungen sorgfältig mit ihrem Namen und stellte sie zum persönlichen Gebrauch in einen besonderen Schrank. Mit Befremdung stellte Nancy fest, daß Sylvia auch eine Flasche Nagellack auf diese Art markierte, nachdem sie beide den gleichen gekauft hatten, damit Nancy nicht zufällig ihren benutzte. »Ihre Ausschließlichkeit«, schreibt Nancy, »war bald ein vertrautes Symptom.« Bei einer früheren Gelegenheit in Havard war Nancy einmal auf eine wutschnaubende Sylvia getroffen: »›Guck dir die an‹, forderte sie ›dieses unverschämte freche Ding [...] Kommt einfach zu mir und sagt, ach, du hast ja dieselbe Frisur wie ich. Stell dir das vor! Die glaubt, ich hätte ihre Frisur!‹«

Das waren zwar unbedeutende Vorfälle, aber für Nancy gehören sie zu der Krise am Ende des Sommers. Sie und Sylvia waren auf der Treppe der Widener Library einem großen, kurzsichtigen Mann mit schütterem Haar begegnet; Nancy Steiner nennt ihn in ihren Erinnerungen »Irwin«, ebenso wie Sylvia in der *Glasglocke*. Irwin unterrichtete Biologie an einer Universität im Mittelwesten und sah wie ein Genie aus, aber welche geistigen Fähigkeiten er auch gehabt haben mag, seine Absichten wurden bald deutlich.

Zuerst versuchte er, Nancy zu verführen. Als sie ihm einen Korb gab, interessierte er sich für Sylvia, die weniger abweisend reagierte. Hier war vielleicht der Wissenschaftler-Vater, der klug ihre Initiation als Frau in die Hand nehmen würde. Sylvia traf sich einige Male »platonisch« mit ihm, ließ sich dann eines Abends in Irwins Wohnung zum Essen einladen und blieb die ganze Nacht. Irwin rief Nancy am nächsten Tag an und erklärte, Sylvia habe sich nicht wohl gefühlt und sie habe einen Blutsturz gehabt, aber ein Arzt habe sie untersucht, und es gehe ihr wieder besser. Sylvia kam am späten Nachmittag zurück und sah »furchtbar« aus. Sehr bald setzten die Vaginalblutungen wieder sturzähnlich ein. Nancy rief den Arzt an, der sie am Vorabend behandelt hatte, nachdem Sylvia vergeblich versucht hatte, sich an den falschen Namen zu erinnern, den sie ihm genannt hatte, und der Arzt gab ihr Anweisungen, wie sie die Blutungen stoppen könne. Als das nicht gelang, holte Nancy Irwin, der sie beide in die Ambulanz des Krankenhauses fuhr, wo man die Blutungen schließlich zum Stillstand brachte.

Obwohl Nancy selbst völlig durcheinander war, überraschte sie doch die Intensität der Angst, die Sylvia verbreitete. Sie lag in einer Blutlache auf dem Fußboden des Badezimmers, und die Angst war im Raum spürbar wie »eine dritte Person«. Als die selbstsichere Fassade zusammenfiel, »brachen die ganze aufgestaute Angst und Verletzlichkeit in einem konfusen Durcheinander von Worten und Schluchzern hervor«.

Gegen Ende des Sommers traf sich Sylvia erstaunlicherweise immer noch mit Irwin, und Nancy zog sich von ihr zurück. Sylvia verlangte zuviel. Es war zum Beispiel unvorstellbar, daß sie ohne ihre Freundin zur Nachuntersuchung ins Krankenhaus ging oder auch nur allein mit Kopfschmerzen fertig wurde. Nancy begriff allmählich, daß Sylvia zwar das Image der Smith-Studentin verkörpern, gleichzeitig aber das Leben voll genießen wollte. Daraus entstand ein ständiger qualvoller, unbarmherziger Konflikt, der natürlich auch nicht dadurch gelöst wurde, daß Sylvia Gordon erzählte, sie habe einen »Vaginalriß« gehabt, und sich weiter mit ihm traf, als sei nichts geschehen. Nancy weigerte sich schließlich, die Rolle der Retterin und Erlöserin zu spielen, und obwohl Sylvia und sie im Jahr darauf zusammenwohnten, waren sie nie wieder ein »Doppel«.

VI

Sylvia begann mit ihrer Abschlußarbeit kurz nach ihrer Rückkehr ans College im September. Das Thema: Der Doppelgänger bei Dostojewski. *The Magic Mirror* – ein passender Titel – ist eine kühle, kompetente Untersuchung der Identitätskrise in der romantischen Literatur des neunzehnten Jahrhunderts, die in vieler Hinsicht die psychoanalytischen Diagnosen der Schizophrenie im zwanzigsten Jahrhundert vorwegnahm. Leider schrieb Sylvia ihre Arbeit in dem hölzernen akademischen Stil, den ihr Tutor gut fand; und niemand würde aus der Lektüre schließen, daß die Autorin dieser braven, gut recherchierten wissenschaftlichen Studie auch nur das geringste emotionale Engagement damit verband. An den Schlußfolgerungen ist nichts auszusetzen, die Anmerkungen sind eindrucksvoll, und der Text ist wissenschaftlich fundiert.

Während Sylvia an ihrer Diplomarbeit saß, legte sie auch die Prüfungen für Oxford und Cambridge in England ab – die Universitäten ihrer Wahl für ein Hochschulstudium, wenn sie ein Fulbright-Stipendium bekommen würde, was sie kaum zu hoffen wagte. Mary Ellen Chase unterstützte energisch und tatkräftig Sylvias Plan, nach Cambridge zu gehen, (beide Universitäten waren bereit, sie aufzunehmen), sowie ihre Bewerbungen um das Fulbright-Stipendium und ein Woodrow-Wilson-Stipendium*, trotzdem machte Sylvia vorsichtshalber Pläne für ein Studium an der Radcliff University und an der Columbia University. Einige Zeit erwog sie sogar ernsthaft, mit Sue Weller, ihrer neuesten Busenfreundin, eine Stelle als Lehrerin in Marokko anzunehmen.

Im Oktober lud man Sylvia ein, an einem kleinen Schreibkursus unter Alfred Kazin teilzunehmen. Da er sich für ihre Bemühungen viel aufgeschlossener zeigte als W.H. Auden, schrieb sie eine Reihe lebendiger Kurzgeschichten, darunter *Superman und Paula Browns neuer Schneeanzug* und *Der Tag, an dem Mr. Prescott starb* – außerdem *Zungen aus Stein*, die erste Prosa, in der sie die langen Monate geistiger Leblosigkeit in der McLean-Klinik als Material benutzte. Bezeichnenderweise produzierte sie auch einige sentimentale Stücke, die sie für einen Christopher-Preis** einreichte und für den *Vogue Prix de Paris*, einen Wettbewerb für College Seniors.

* In einer ihrer mündlichen Prüfungen wurde Sylvia nach zeitgenössischen englischen Autoren gefragt, unter anderem nach C.P. Snow. Sylvia hatte noch nie von Snow gehört und, wie Nancy Hunter Steiner berichtet, konnte es kaum glauben, daß es einen wichtigen Schriftsteller gab, von dem sie noch nie gehört hatte. Sie ging sofort in die Bibliothek, um etwas über ihn zu finden.

** In *Briefe nach Hause* erklärt Aurelia Plath, daß die 1945 gegründete Christopher-Bewegung »mit Nachdruck auf die Bedeutung hinwies, die die persönliche Verantwortung und die private Initiative bei der Hebung des Niveaus von Regierung, Erziehungswesen, Literatur und Arbeitsverhältnissen haben«.

Im zweiten Semester ihres Senior-Jahres war Sylvia die einzige Studentin von Alfred Fisher – »ein sehr strenger Mann und ein glänzender Professor« – in einem besonderen Lyrikseminar, das sie selbst gestalten durfte. Der Studienplan war genau auf sie abgestimmt, und so konnte sie auch Kazins Seminar über moderne amerikanische Literatur und ein Shakespeare-Seminar belegen. Deutsch war schon immer ihr dunkler Punkt gewesen, der ihr dauernd mit B's bescheinigt wurde, so daß sie es schließlich zugunsten kreativer Arbeit aufgab. Jede Woche tippte sie neue Gedichte, die Alfred Fisher, »gutaussehend und in den besten Jahren«, in seiner winzigen, unleserlichen Handschrift kommentierte. Offenbar billigte er Sylvias knappen, eklektischen Stil – die ausgeklügelten Verse, die an Dylan Thomas erinnernden Wendungen, die endlosen Villanellen. Für Fisher schrieb sie Dutzende von Gedichten, insgesamt eine bemerkenswert umfassende und reichhaltige Sammlung. Viele dieser Gedichte waren nur Fingerübungen, aber noch Jahre später war Sylvia stolz auf *Mad Girl's Love Song* (1953 für Myron Lotz geschrieben), *Go Get the Goodly Squab*, *Doomsday*, *Circus in Three Rings* und *Two Lovers and a Beachcomber by the Real Sea*. Sie erschienen außer in der *Smith Review* in *Mademoiselle*, in *Harper's* und *Atlantic Monthly*, aber viele sind bis heute nicht veröffentlicht.

Circus in Three Rings beschreibt Sylvias stürmisches Senior-Jahr mit wunderbarer Genauigkeit. Sie schien nicht mehr zu stoppen gewesen zu sein. Während sie arbeitete, Preise gewann, sich in manischem Aufschwung höher und höher schraubte – der nur im Januar durch die Ablehnung des Woodrow-Wilson-Stipendiums unterbrochen wurde –, hatte sie auch noch eine stürmische Affäre mit Richard Sassoon.

Offenbar trafen sie sich ab Dezember an mehreren Wochenenden in New Yorker Hotels, während Sylvia ihrer Mutter weismachte, sie besuche ihre frischverheiratete Kommilitonin Clairborne Handleman. Anfang Februar wurde an einem dieser hektischen Wochenenden Sylvias Koffer, der all ihre Lieblingskleider enthielt, aus Richards Volkswagen gestohlen. Sylvia bekam einen hysterischen Anfall, den Richard mit einer Ohrfeigenserie beendete. Glücklich schrieb Sylvia ein Gedicht über den Vorfall. Für ihre Mutter erfand sie die Geschichte, daß sie ihre Kleider verkaufen mußte, um die Ausgaben bei Smith bezahlen zu können. Das Ergebnis? Mrs. Plath bot ihr bis Ende des Jahres einen Kredit an.

Richard versuchte, Sylvia beizubringen, wie man liebt, sich der Autorität widersetzt, Wein genießt, und er forderte sie auf, rückhaltlos auf die Künstlerin in ihrem gespalteten Wesen zu hören. Mit Richard besuchte Sylvia Ende Februar 1955 das Museum of Modern Art und sah dort den französischen Stummfilm *Die Versuchung der heiligen Johanna*. Der Film hinterließ bei ihr einen unauslöschlichen Eindruck.

»Der Tod auf dem Scheiterhaufen war unerhört großartig und künstlerisch gemacht. Ohne jede Effekthascherei, mit rein realistischen Mitteln – Feuer, das an Holzstäben hochzüngelt, Soldaten, die Holz bringen, Bauerngesichter, die alles beobachten –, die enorm sparsam eingesetzt waren, wurde die ganze Qual der Heiligen zum Ausdruck gebracht.

Als alles vorüber war, konnte ich keinen mehr anschauen. Ich mußte weinen, weil das wie eine Katharsis war: erst der Aufbau einer unglaublichen Spannung, dann die Erlösung, wie die der Seele Johannas auf dem Scheiterhaufen.«

Diese Szene sollte, wie Sylvias Besuch im Krankenhaus mit Dick Norton, in ihren späten Gedichten wieder auftauchen. Sylvia sah sich in einer ihrer Inkarnationen *als* Johanna.

Im November 1954, nachdem Sylvias Beziehung zu Richard sich vertieft hatte, erzählte sie Gordon Lameyer, der inzwischen in Virginia stationiert war, ihre Wochenenden seien völlig von Dostojewski in Anspruch genommen. Nachdem die Arbeit im Januar abgeschlossen war (am Ende des Jahres erhielt sie dafür höchstes Lob und einen geteilten Marjorie-

Hope-Nicholson-Preis), behauptete sie, Kurzgeschichten und Gedichte zu schreiben – was stimmte. Erst Ende Mai brachte sie den Mut auf, ihre Quasi-Verlobung aufzulösen. Nichts war offiziell gewesen, aber im Herbst davor hatte Gordon sich eine Zukunft »für immer, wie wir sagen« mit Sylvia vorgestellt, und auch Sylvia hatte von ihrer gemeinsamen Zukunft als Ehepaar gesprochen. Sassoon wußte zwar alles über Gordon (ein Rivale, der ihn manchmal beunruhigte), Gordon jedoch wußte offenbar weder damals noch später viel über Sassoon. Wie sollte er ahnen, daß die Sylvia, die *er* kannte, sich für Sex mit einem »komischen, kleinen kränklichen Typ« entschieden hatte, der sich darüber hinaus auch noch arrogant als Sadomasochist bezeichnete. »Ich mache Mädchen zu Frauen«, schrieb Richard, »und ich zeige ihnen, wie sie mich quälen sollen [...] Ich möchte befriedigen und bestrafen.«

Obwohl er zwei Jahre jünger als Sylvia war, faszinierte er sie mehr als alle anderen zuvor. Offenbar durchlebten sie in aller Unschuld ein für beide aufregendes Melodram der Liebe und Kunst. Mit ihrem Leben am Smith College hatte diese Beziehung nichts zu tun. Nach jedem »sündigen« Wochenende in New York schaltete Sylvia wieder auf die »brave« Studentin um und sah sich als Nonne, die ins Kloster zurückkehrte. Ehe sie in den Ferien im März 1955 wieder nach New York fuhr, schrieb Sylvia der Mutter, sie brauche »eine Unterbrechung des Alltags als Studentin und Kellnerin«. Sie erklärte, sie freue sich auf ein paar friedliche Tage zu Hause. »Es gibt einfach nichts, das so frisch und wohlgemut macht wie der Ausgleich von Arbeit und Bewegung. Ich stelle gerade eine Liste von Ablenkungen und Betätigungen für meine wiederkehrenden Trägheitsphasen zusammen. Im Sommer spiele ich Tennis, schwimme, liege in der Sonne und segele. Im Winter hilft mir New York, und hoffentlich kann ich nächstes Jahr außerdem noch in den Alpen Ski fahren!«

So brachte die »strahlende Sivvy« sportliche Aktivitäten mit viel Sex in Einklang, ohne ihrer Mutter große Erklärungen abgeben zu müssen. Richards Briefe mögen prahlerisch klingen, aber aus Sylvias Briefen geht hervor, daß für sie nur die Arbeit zählte. Alles andere, einschließlich romantischer Treffen in New York, waren nur »Ablenkungen« und »Betätigungen« für »Trägheitsphasen«.

Das Konzept funktionierte natürlich nicht immer, und oft muß sie zwischen den unvereinbaren Aspekten ihrer Persönlichkeit hin- und hergerissen gewesen sein.*

Das Frühjahr 1955 brachte Sylvia den Lohn, nach dem sie strebte. Im Mai erfuhr sie, daß man ihr ein Fulbright-Stipendium gewährt hatte und daß sie sich mit Unterstützung von Mary Ellen Chase, Alfred Kazin und Elizabeth Drew als Auslandsstudentin in Cambridge immatrikulieren würde. Sie rief ihre Mutter im Newton-Wellesley-Krankenhaus an, die sich dort einer Magenresektion unterziehen mußte. Aurelia hatte nach Sylvias Zusammenbruch 1953 so viele aufgebrochene Magengeschwüre gehabt, daß ihr der Arzt empfahl, den größten Teil des Magens zu entfernen. Als Sylvia anrief, um ihren neuesten Sieg zu verkünden, erklärte die Schwester, ihrer Mutter gehe es nicht gut genug, um mit ihr zu sprechen. »Sagen Sie meiner Mutter«, rief Sylvia, »meine Nachricht wird ihr mehr als alles andere helfen!« Wie Aurelia berichtet, rollte man sie ans Telefon, damit sie »aus Sivvys Mund hörte, daß sie ein Fulbright-Stipendium bekommen hatte, um in Cambridge zu studieren«.

Das Fulbright-Stipendium war der größte Sieg, aber in diesem Frühjahr fielen Sylvia noch andere Preise in den Schoß. Beim Glascock-Lyrik-Wettbewerb am Mt. Holyoke College – es lag nur wenige Meilen von Smith und Amherst ent-

* Viele Frauen, die wie ich in den fünfziger Jahren in den USA studiert haben, werden sich an ein ähnliches Spiel erinnern. Sylvias doppelte Moral war damals durchaus üblich, ebenso wie ihre Briefe, die der Mutter nur die Schokoladenseite zeigten. Meine Briefe nach Hause klangen damals ähnlich. [Anm. d. Autorin]

entfernt – befand sich Sylvia mit fünf anderen angehenden jungen Dichtern aus New England in der Endausscheidung. Alle sechs lasen ihre Gedichte vor einem Gremium, das sich aus Marianne Moore, John Ciardi und Wallace Fowlie zusammensetzte. Sylvia erhielt zusammen mit einem Studenten vom Wellesley College den ersten Preis. Nach der Preisverleihung unterhielt sie sich beim Scotch mit John Ciardi und wurde zusammen mit Marianne Moore für den *Christian Science Monitor* fotografiert. Die Teilnehmer verbrachten die Nacht in Mt. Holyoke; dort lernte sie Lynne Lawner kennen, die im zweiten Jahr am Wellesley College war und der Sylvia später aus England und Boston wie eine ältere Schwester eine Reihe ermutigender Briefe schrieb. Am 21. Mai schrieb Sylvia ihrer Mutter von der Sonnenterrasse des Alumnae Gym des Smith College. Es gab noch *mehr* gute Nachrichten. Edward Weeks, der Redakteur von *The Atlantic Monthly*, hatte *Circus in Three Rings* angenommen; es sollte im August veröffentlicht werden. Weeks war auch von ihrer dreiseitigen Kurzgeschichte *The Princess and the Goblins* »bezaubert«; leider war die Geschichte zu lang, um sie in *The Atlantic* zu bringen. Um Aurelia noch mehr aufzumuntern, stellte Sylvia eine Liste aller Preise des Jahres zusammen:

$	30	Dylan Thomas Ehrenvolle Erwähnung für »Parallax«, *Mlle*
$	30	für Deckblatt eines Romansymposions, *Mlle*
$	5	*Alumnae Quarterly*-Artikel über Alfred Kazin
$	100	Preis der Academy of American Poets (10 Gedichte)
$	50	Glascock-Preis (geteilt)
$	40	Ethel Olin Corbin-Preis (Sonett)
$	50	Marjorie Hope Nicholson-Preis (geteilt) für die Abschlußarbeit
$	25	*Vogue* Prix de Paris (eine von zwölf Preisträgerinnen)
$	25	*Atlantic* für »Circus in Three Rings«
$	100	Christophers (eine von 34 Preisträgerinnen)
$	15	*Mlle* für »Two Lovers and a Beachcomber by Real Sea«
$	470	GESAMTSUMME und viel Freude!

Aurelia Plath durfte das Krankenhaus verlassen und liegend zum Smith College reisen, um an Sylvias Abschlußfeierlichkeiten teilzunehmen. Sie erlebte, wie Alfred Kazin ihrer Tochter zuwinkte, als sie mit ihrem *summa cum laude* das Podium verließ, und nickte erleichtert und zustimmend, als Sylvia ihr ins Ohr flüsterte: »Mein Kelch fließt über.« Die Smith-Studentin hatte das Examen abgelegt; Cambridge stand vor der Tür. Aber unter der glitzernden Hülle der Ehren verbarg sich das verängstigte Kind, das Nancy Hunter erlebt hatte, als es in der Sommerwohnung blutüberströmt auf dem Fußboden des Badezimmers lag.

Verfolgung
1955 - 1956

Vom Kopf her weiß ich, es ist zu einfach, sich Krieg, den offenen Kampf zu wünschen, aber man kann nicht anders, als sich nach Situationen zu sehnen, die uns zu Helden machen. Wenn ich mir vorstelle, das Ende der Welt ist gekommen, und so viele zerbrochene Schalen umgeben unsere Entwicklung, dann schöpfen wir unsere Mittel voll aus und leben in unseren kosmischen Höhenflügen.

Journals, Auszug aus einem Brief an Richard Sassoon
15. Januar 1956

Ein Panther stellt mir lauernd nach:
Nicht lang, dann bringt er mir den Tod.

Verfolgung
1956

I

Nach dem Examen wäre Sylvia vielleicht mit einem weiteren unverplanten Sommer vor sich vom Gipfel in den Abgrund gestürzt, wenn sie sich nicht auf England und Cambridge im Herbst gefreut hätte. Sie hatte inzwischen gelernt, das Auf und Ab ihrer Stimmungen zu handhaben, sich so vorzubereiten, daß sie jede Persönlichkeit verkörpern konnte, die der gerade anstehenden Aufgabe angemessen zu sein schien. Am College hatte sie die Haare wieder in dem natürlichen Braun nachwachsen lassen, und am Anfang des letzten Studienjahres schrieb sie Gordon Lameyer:

»Ich bin ziemlich sicher, daß sich in diesem Jahr meine braunhaarige Persönlichkeit durchsetzen wird [...] dahin ist das unbesonnene, unbeständige blondierte Wesen, das am Steuer eines gelben Cabrios um die Ecken brauste und bis sechs Uhr morgens aufblieb, weil die Unterhaltung und der Bourbon mit Wasser zu gut waren, um aufzuhören [...] hier ist nun ein ernsthaftes, fleißiges, unerschütterlich am Lehrplan festhaltendes Wesen, das beim näheren Hinsehen vielleicht zugeben würde, ich zu sein!«

Im Sommer 1955 war die wieder blondierte Sylvia die einzige Hauptdarstellerin einer beachtlichen Besetzung von ergebenen und oft verwirrten Bewunderern. Der wichtigste unter ihnen war noch immer Richard Sassoon, der sein Examen in Yale mit »ein oder zwei kleinen Auszeichnungen« gemacht hatte und in New Haven als Heizkesselverkäufer arbeitete, ehe er im Herbst nach Europa fahren sollte. Richard war wie alle von Sylvias Leistungen geblendet, und seine Briefe klangen zwar nach wie vor ungeheuer gönnerhaft, aber inzwischen verzichtete er auf den prahlenden Ton seiner ersten Ergüsse. Wie Gordon Lameyer, von dem ebenfalls eine Flut von

Briefen eintraf, stand auch Richard an der Wegscheide zwischen Jugend und Erwachsensein, traf wichtige Entscheidungen für die Zukunft und bat Sylvia um Verständnis.

Je ernsthafter Richard wurde, desto mehr wuchs Sylvias Befürchtung, daß er nur einen Teil ihrer vielschichtigen Persönlichkeit zufriedenstellte. Ihre Freundinnen heirateten mit alarmierender Geschwindigkeit. Im Jahr davor war sie Brautjungfer bei der Hochzeit von Marcia Brown gewesen und hysterisch geworden, nachdem sie zuviel Champagner getrunken hatte. Nun, im Juni 1955, war sie Brautführerin ihrer Kindheitsfreundin Ruth Freeman. Richard schrieb in entschlossenen und um Verständnis bittenden Worten von »vielen möglichen Wegen in der Zukunft«, und Sylvia zog sich zurück. Ihr Konkurrenzdenken ließ nicht zu, daß ihre Freundinnen sie übertrafen, deshalb wollte sie heiraten. Andererseits war sie nicht sicher, ob Richard körperlich und intellektuell dem Riesen entsprach, den sie forderte. Aus Sassoons Briefen wird deutlich, daß ihn die Wechselbäder verwirrten und quälten.

Ein Problem war ohne Zweifel ihre Mutter, die nach mehreren Wochen auf Cape Cod, wo sie sich von der Magenoperation erholte hatte, wieder nach Wellesley zurückkehrte. Mrs. Plath konnte von Richard keine so gute Meinung haben wie von Gordon, obwohl Sylvia nach Sassoons Besuch am Wochenende des 4. Juli Warren schrieb: »Mutters Bild von ihm hat sich verändert, und ich glaube, sie findet ihn jetzt in Ordnung. Jedenfalls habe ich wie verrückt gekocht [...]«

Es ist zwar unmöglich, an den Briefen der beiden den genauen Stand ihrer Beziehung abzulesen, doch es ist sicher, daß es im August zu einer Krise kam. Sylvia beschuldigte Richard »schamloser Untreue« und provozierte zwei sehr ernste Briefe, in denen er sie mahnte, vorsichtig zu sein. An einer Stelle, die sich möglicherweise auf Sylvias Sorglosigkeit bei der Empfängnisverhütung bezieht, schrieb Richard: »Ich kann nichts anderes sagen, als daß Du eines der dümmsten und verantwortungslosesten Mädchen bist, das auf die Menschheit losgelassen worden ist [...] allen Ernstes, Deine Verantwortungslosigkeit darf nicht so weit gehen, daß Du alles dem Zufall überläßt. Entweder Du akzeptierst es, oder Du überläßt es mir [...] Sylvia, Du bist eine erwachsene, gesunde, starke Frau!« Das klingt nach einem Mann, der an der Grenze seiner Geduld angelangt ist.

In diesem Brief zeigt er sich auch besorgt über das Ausmaß von »Haß und Frustration«, die in der Elmwood Road Nr. 26 in der Luft lagen. Er rät Sylvia, sich »wenigstens nach außen hin« wieder mit ihrer Mutter zu versöhnen. »Glaub mir, es ist nicht gut, ein Zuhause mit Stunk zurückzulassen.« Richard Sassoons Worte klangen allmählich wie die von Eddie Cohen – er stellte sich der Wirklichkeit und forderte Sylvia auf, es ebenfalls zu tun. Ohne Zweifel fand sie seine Briefe weniger aufregend, wenn er ihr riet, zu »lächeln und sich zu beruhigen« und aufzuhören, »so stolz, stoisch und geladen« zu sein, als wenn er ihr drohte, sie wegen Ungehorsams zu schlagen.

Obwohl Sylvia Richard Sassoon Untreue vorwarf, ließ sie sich vorübergehend durch eine neue Affäre mit einem jungen Mann von Richard ablenken, der gerade Assistent des Leiters der *Harvard University Press* geworden war. Peter Davison hatte Sylvia während ihrer letzten Monate am Smith College durch Alfred Kazin kennengelernt, der glaubte, die beiden hätten gemeinsame Interessen. Davison übersiedelte im Juni von New York nach Cambridge und besuchte Sylvia danach in Wellesley. In seiner Autobiographie *Half Remembered* schildert er seine Eindrücke auf mehreren Seiten.

Offenbar interessierte sich Sylvia für Peter hauptsächlich, weil sie sich Vorteile von ihm versprach. Er hatte vor einigen Jahren mit einem Fulbright-Stipendium in Cambridge studiert und konnte ihr alles über das »Ausland« erzählen. Noch attraktiver machte ihn seine Karriere in der Verlagsbranche. Als Sohn eines englischen Dichters war er unter Schriftstellern und Literaten aufgewachsen, die Sylvia für einflußreich hielt, wie z.B. Robert Frost. Deshalb war Davison genau der Richtige, um sie auf Cambridge und ihre strahlende Zukunft als Schriftstellerin vorzubereiten. Zu ihrem ersten Abendessen in Peters Wohnung kam sie »tiefbraun, in einem weißen Kleid und dicken, von der Sonne gebleichten Haaren«, erinnert sich Davison. »Sie stellte Fragen über Fragen; sie wirkte seltsam euphorisch und wartete meine Frage, ob sie mein neues Bett mit mir teilen wolle, nicht einmal ab.«

Zwischen dem 24. Juli und dem 23. August, an dem Sylvia die Affäre beendete, traf er sie zehnmal. Sie las ihm ihre Gedichte vor und nahm ihn mit nach Hause, um ihn ihrer Mutter vorzustellen (die sich Mühe gab, ihn zu beeindrucken). Aber meist holte er sie zum Abendessen ab und brachte sie noch nachts nach Wellesley zurück. »Ihre Wissensgier war unersättlich«, schreibt er, »ich fühlte mich wie in einem Kreuzverhör, ausgepreßt und aufgefressen; doch als sie mir von ihrem Leben erzählte, von ihren Affären und ihren Erfolgen am College, schien sie jemanden zu beschreiben, den sie selbst nicht kannte – ein gut trainiertes Zirkuspferd.« Die Gedichte, die sie ihm zeigte, waren lautmalerisch und vielversprechend gekonnt; vor den Kopf stieß ihn in erster Linie der forcierte Übereifer und ihr »unpersönlicher Hunger nach Erfahrung [...] was sie sagte, was sie beteuerte, ihre Art zu lieben – allem mangelte es an Glaubwürdigkeit. Sie war zu anspruchsvoll für mich. Ich schien mich ihr gegenüber nicht behaupten zu können, obwohl ich älter und vermutlich erfahrener war.« Davison fügt hinzu: »Sie war für ihre Freunde wie für mich ein Rätsel, und dennoch waren wir von ihr fasziniert.«

Nur einmal hatte Davison das Gefühl, so etwas wie die echte Sylvia zu erleben, als sie gegen Ende des Sommers »starr dalag [...] als treibe sie etwas von innen« und die Geschichte ihres Zusammenbruchs und des Selbstmordversuchs erzählte. Davison hörte eine »schlichtere, rührendere, weniger glatte Geschichte« als die halb fiktive Version der *Glasglocke*. »Im nachhinein schien diese Episode die einzige Zeit ihres Lebens zu sein, in die sie echtes Gefühl legen konnte.« Danach verbrachten sie zwar auf Martha's Vineyard noch ein Wochenende zusammen, aber sie schien ihn loswerden zu wollen. Als sie sich gegen Ende August trennten, hatte Davison das Gefühl, »benutzt« worden zu sein und sogar »verachtet« zu werden.*

Den ganzen Sommer des Jahres 1955 gelang Sylvia das Kunststück, einen beachtlichen »Zirkus mit drei Manegen« in Gang zu halten. Bei ihrer Abreise nach England war die Liste ihrer erhörten oder abgewiesenen Verehrer beachtlich: Gordon Lameyer, Richard Sassoon, Peter Davison, George Gebauer (»ein sehr konservativer und konventioneller Wissenschaftler«, berichtete sie ihrem Bruder, »dem es offenbar Spaß macht, mit mir auszugehen«) und daneben eine Reihe anderer, weniger ernster Beziehungen. Ehe Sylvia nach Cambridge aufbrach, besuchte sie das Fred Astaire Dance Studio in Boston; sie wollte sich auf die Ballsaal-Erwartungen der Passagiere an Bord vorbereiten, die sich möglicherweise intellektuell als potentielle »Partner« eignen würden. (Leider sollte Cambridge trotz seiner mittelalterlichen Pracht im Hinblick auf tangotanzende Intellektuelle nur wenig bieten.)

Nach einem kurzen Besuch bei Sue Weller in Washington (Gordon Lameyer fuhr sie zuvorkommend nach Hause zurück) verabschiedete sich Sylvia Mitte September tränenreich von ihrer Familie, von Mrs. Prouty, Mary Ellen Chase und all den »wunderbaren« Nachbarn in Wellesley und ging an Bord der *Queen Elizabeth*. Während der Überfahrt nach Europa lernte sie einen »netten, vielseitigen jüdischen Physikstuden-

* Im März 1959 heiratete Peter Davison Sylvias Klassenkameradin Jane Truslow. In Truslows Buch *The Fall of a Doll's House* (New York: Holt, Rinehart and Winston, 1980), einer Arbeit über amerikanische Frauen und deren Erwartungen auf ein Hausfrauendasein, beschreibt sie auch »Sylvias ungeheuren Ehrgeiz am College«, der das übermächtige Verlangen einschloß, »eine der besten Hausfrauen und Mütter zu werden«. Die beiden Frauen hatten sich nie sonderlich gemocht.

ten aus New York« kennen (der auf dem Weg zur University of Manchester war), mit dem sie tanzte, »über Gott und die Welt redete« und vermutlich auch schlief. »Carl« war ein geeigneter Partner, um »den zauberhaftesten Nachmittag meines Lebens« zu verbringen, als das Schiff einen Tag in Cherbourg anlegte; danach erwies er sich in London als nützlicher Begleiter, wo die beiden in fünf Tagen nicht weniger als viermal ins Theater gingen und unter anderem *Warten auf Godot* sahen.

An einem weiteren Abend gehörte sie zu den Gästen des amerikanischen Botschafters in Barbara Huttons ehemaligem Palais am Regents Park; bei einem anderen Empfang – im Bedford College – ärgerte sich Sylvia, weil Berühmtheiten anwesend waren, denen sie jedoch nicht vorgestellt wurde. »Ich habe nur David Daiches kennengelernt, der in Cambridge lesen wird«, schrieb sie ihrer Mutter. »Stell Dir meine Verzweiflung vor, als ich herausfand, daß Stephen Spender (der Dichter), John Lehmann (der brillante Leiter der BBC [sic] und Herausgeber der Literaturzeitschrift *London Magazine*) und sogar C. P. Snow höchstselbst (!) dabeigewesen waren [...] selbst T.S. Eliot war eingeladen, nur konnte er im letzten Moment nicht kommen [...]«

Am 2. Oktober schrieb Sylvia ihrer Mutter aus Cambridge, einer klösterlichen Stadt, die sich anmutig an den sumpfigen Ufern des Cam entlangzieht. Cambridge war in den fünfziger Jahren kaum die blühende Geschäftsstadt von heute. Sylvia war verzaubert von den gepflegten Höfen und gewundenen Straßen. Als ausländische graduierte Studentin am Newnham College wohnte mit anderen externen und älteren Studenten in Whitstead, einem kleinen Gebäude, das vom College getrennt in der Barton Road lag. Bald nach ihrer Ankunft empfahl ihr ihre Tutorin Miss Burton, sich auf Teil II des Englisch-Tripos* vorzubereiten. Das Examen würde je-

* Die letzte Honors-Prüfung für den B.A.-Grad an der Universität Cambridge, ursprünglich nur im Fach Mathematik. [Anm. d. Übers.]

doch erst in zwei Jahren sein. Zunächst staunte Sylvia über die Freiheit beim Studium, denn sie war nicht verpflichtet, bestimmte Seminare zu belegen. Sie mußte für ihre Tutorin nur zwei Arbeiten in der Woche schreiben, sonst gab es keine akademischen Hürden zu nehmen. Sylvia erkannte sehr bald, daß sie in vieler Hinsicht schlecht vorbereitet war. Am Smith College hatte sie nur allzu leicht den mühsamen Fächern Sprachen und Geschichte entfliehen und statt dessen Kunst und kreatives Schreiben belegen können. In Cambridge interessierte sich kein Professor dafür, ob sie »kreativ« war oder nicht. Die englischen Studentinnen in ihrer Tutorengruppe waren mindestens drei Jahre jünger als sie, und sie ärgerte sich darüber, daß ihre Kommilitoninnen Passagen aus Gedichten und Prosa datieren konnten, die Sylvia noch nie in einem historischen Kontext gesehen hatte.

Sie stellte sich ein Studienprogramm zusammen, das »nach und nach Wege und Brücken über die gähnende Leere meiner Unwissenheit schlagen müßte«, wie sie ihrer Mutter schrieb, und wählte ihre Vorlesungen aus »einem wundervollen Professoren-Buffet«. Sie belegte bei F.R. Leavis Kritik (»ein prachtvoller, scharfzüngiger kleiner Mann mit bösem Humor, der aufs Haar einem krummbeinigen Gnom gleicht«), bei Basil Willey Ethik, bei David Daiches den modernen englischen Roman und einen Kursus bei Dorothea Krook (in Cambridge als Doris bekannt), die später Sylvias Lieblingsdozentin wurde.

Mrs. Krook erinnert sich an ihre erste Begegnung mit Sylvia im Mill-Lane-Vorlesungssaal. »In einem der Gänge stand ein ungewöhnlich großes Mädchen und [...] sah mich durchdringend an.« Verblüfft über die Konzentriertheit und Intensität dieses prüfenden Blicks, fragte sich Dorothea Krook, ob Sylvia Jüdin sei. Und obwohl sie diesen besonderen Ausdruck an Sylvia nie mehr entdeckte, erkannte sie etwas davon in Sylvias Gedichten wieder, die sie nach ihrem Tod las.

Sylvia war in Cambridge tatsächlich eine auffällige Erscheinung. Sie trug die klassische amerikanische College-Kleidung – weite Pullover, Jacken, Röcke und Mokassins. Sie schien nicht zu bemerken, daß sie sich dadurch deutlich von dem im allgemeinen unauffälligen, um nicht zu sagen nachlässigen Stil ihrer Kommilitoninnen abhob. Groß, schlank, wenn auch nicht mager, eher gutaussehend als schön, betonte sie ihr lebhaftes Gesicht mit der marmeladenartigen Schmiere, die damals als Lippenstift modern war. Ein breites Band oder *Bandeau* hielt das schulterlange braune Haar mit gebleichten blonden Strähnen ordentlich zurück. Sie war mit einem neuen weiß-goldenen Samsonite-Gepäck nach Cambridge gekommen, und man sah sie oft inmitten ihrer Taschen am Bahnhof stehen, oder sie trat wie wild in die Pedale ihres Fahrrads, das sie aus den USA mitgebracht hatte (befürchtete sie, in Cambridge gäbe es keine Räder?), wobei ihr schwarzer Talar wie ein undisziplinierter Schatten hinter ihr im Wind flatterte.

Jane Baltzell, eine andere Amerikanerin, die mit einem Marshall-Stipendium in Cambridge studierte, wunderte sich über Sylvias wichtigtuerische Unsensibilität, die auf Engländer wirkte, als ob sie verspottet würden.

Jane vermied es sorgsam, sich den Anschein von Naivität oder übersprudelnder Lebhaftigkeit zu geben, und es war ihr peinlich, als Sylvia zu einem Bobby fuhr und ihn in ihrem breiten amerikanischen Akzent nach einem »wirklich malerischen und studentischen« Restaurant fragte. Wie Nancy Hunter am Smith College bewunderte Jane anfänglich Sylvias Einfallsreichtum, Professionalismus und ihre Fähigkeit, jedem Zimmer, das sie bewohnte, ihre persönliche Note zu verleihen. Später verblüffte es sie, mit welcher Entschlossenheit Sylvia ihre Sachen verteidigte, worunter am Ende auch ihre Freundschaft litt. Niemand in Whitstead wußte etwas von Sylvias Zusammenbruch 1953, und deshalb betrachtete man ihre Eigenarten – körperliche Unruhe, die Gewohnheit, beim Sitzen ein Bein über das andere zu schlagen und ungeduldig mit dem Fuß zu wippen, während sich die Hände in ihrem

Schoß falteten und lösten und die »Nägel der beiden Daumen aneinanderstießen« – schlicht als die Manieriertheit einer überehrgeizigen Streberin.

Das gesellschaftliche Leben war sehr viel einfacher als am Smith College. Im Durchschnitt kam eine Frau auf zehn oder noch mehr Männer, und das bedeutete, daß Sylvia mehr als genug Kavaliere zu Diensten waren, die sie zu Teegesellschaften und Weinpartys begleiteten, bis sie genug davon hatte. Ihr Debüt gab sie, nachdem sie Mitglied einer Laienspielgruppe geworden war. Sie spielte in einem Schwank aus dem achtzehnten Jahrhundert über einen Hahnrei mit und später in einer großen Inszenierung von *Bartholomäusmarkt**, in der sie die kleine Rolle einer Hure in einem gelben Satinkleid hatte. In Briefen an ihre Mutter und an Mrs. Prouty sprach sie von ihrem großen Interesse am Theaterspielen; in Wirklichkeit war es damit vorbei, nachdem sie eine Woche lang eine kleine Rolle in einer großen Produktion gespielt hatte. In ihrem Tagebuch war sie unerbittlich ehrlich. Sie hatte Sinusitis, aber darüber hinaus »wußte ich, die Hauptrolle konnte ich nicht und eine kleine Rolle wollte ich nicht spielen, also zog ich mich in meine Arbeit zurück«.

Die Briefe aus den ersten Wochen in Cambridge sind geprägt von Begeisterung; in ihnen beschrieb Sylvia in ihrem charakteristischen Überschwang die Männer, die sie kennenlernte (die »hellhäutigen, ziemlich hysterischen, abgehetzten englischen Mädchen, wie ich sie bisher getroffen habe«, mochte Sylvia von Anfang an nicht), Partys, die sie besuchte, die »Unternehmungen«, die sie »in Angriff nahm«, und ihre Erfolge auf der Bühne. Am 14. Oktober, nachdem sie einen »großen, ziemlich hübschen dunkelhaarigen Kerl namens Mallory Wober« kennengelernt hatte, »[...] ein hervorragender Pianist«, der Naturwissenschaften studierte**, beschloß

* Komödie von Ben Johnson

** Rund zwanzig Briefe von Sylvia Plath an Mallory Wober kamen kürzlich durch eine Schenkung in den Besitz der Kings College Library in Cambridge.

sie, »systematisch gewisse Gruppen abzuklappern«, durch die sie einflußreiche Leute kennenlernen würde – Theatergruppen, Zeitungen, politische Clubs. Am 24. Oktober besuchten die Königin und der Herzog von Edinburgh Cambridge. Das Königspaar unterbrach die Fahrt in Newnham, um ein veterinärmedizinisches Forschungsinstitut einzuweihen. Sylvia beschrieb den Einzug in den Eßsaal mit typisch amerikanischem Überschwang. Gegen Abend fuhr sie zu einer Theaterprobe und radelte in ihrem roten Regenmantel ganz allein vor dem königlichen Wagen her, was bei der wartenden Menge Gelächter auslöste. Diese und andere amüsanten Einzelheiten und die Namen »brillanter« neuer Männer – der Amerikaner Nathaniel La Mar, »ein netter, hellhäutiger Schwarzer«, der Schauspieler David Buck, Mallory Wober (der eine Hammondorgel in ihr Zimmer schob, damit er ihr darauf vorspielen konnte), John Lythgoe, Dick Gilling und alte Freunde wie Dick Wertz von Yale – weisen darauf hin, daß sie wieder im Mittelpunkt männlicher Aufmerksamkeit stand und sich darin sonnte.

»Gestern ist etwas sehr Merkwürdiges passiert. Ich war, wie gesagt, eigentlich mit John verabredet, und wir wollten nach Ely gehen, aber da Mallory mich zum Mittagessen eingeladen hatte und das Wetter schlecht war, hängte ich einen Zettel an meine Tür, auf dem stand, daß, wer immer das las, zum Tee kommen solle. Mallory hinterließ John eine Nachricht, die besagte, daß [*mein*] Treffen mit ihm verschoben sei. Mallory führte mich und ein paar jüdische Freunde aus Israel im King's und in der Kapelle herum, was in der Dämmerung besonders schön war, mit all den farbigen Glasfenstern (Mallory erzählte uns die Legenden, die es darüber gibt, und etwas über die Geschichte und Architektur), den Myriaden von Kerzen und der spitzenartigen Fächergewölbedecke. Als wir mit Sandwiches für ein Tee-Mittagessen zu mir nach Hause radelten, holte uns plötzlich John auf seinem Motorrad ein [...]

Was sollte ich machen, ich mußte sie beide zum Tee einladen, [...] Du wirst es nicht für möglich halten, aber sie blieben beide von 4 bis 10 Uhr abends und redeten über Gott und die Welt, angefangen von ›Hat das Universum einen Sinn?‹ bis zum Belgisch-Kongo – von Abendessen keine Rede! [...] Mein erster ›Salon‹, enorm anregend.«

So wie damals in der High School, wenn Sylvia von Tanzveranstaltungen nach Hause gekommen war, glaubte Sylvia, sie müsse diese »großen Momente« mit ihrer Mutter teilen. Aber an all dem war etwas Hektisches, als müsse sie sich damit vollstopfen, ehe es ihr jemand wegnehmen konnte. Am 5. Dezember berichtete sie über einen Besuch von Richard Sassoon. Er war mit dem Flugzeug aus Paris gekommen, um Verwandte in England zu besuchen. Richard lud sie zum Mittagessen in der Stadt ein, und anschließend tranken sie, er und Dick Wertz Tee in ihrem Zimmer in Whitstead. Sie und Richard müssen bei dieser Gelegenheit geplant haben, sich an Weihnachen in Paris zu treffen. Am 12. Dezember ging sie mit Dick Wertz in Cambridge reiten. Sam, das alte und angeblich sanfte Pferd, kam plötzlich die Lust an, mit der unerfahrenen Sylvia durchzugehen, die sich krampfhaft festhielt, als wollte sie sich von einer unaussprechlichen Sünde reinigen.*

Gegen Ende des Herbstsemesters ging es mit Sylvia bergab. Die »wunderbaren Jungs«, die ihr am Anfang so gut »gefallen« hatten, waren viel zu jung für sie und kaum die sexuell erfahrenen Intellektuellen, die sie erwartet hatte. Beim Lernen saß sie zusammengekauert vor einem beklagenswert unzulänglichen Gasofen, den sie mit Schillingen fütterte und der dafür spärliche, ungleichmäßige Wärme lieferte. Das Badezimmer war so eisig, daß sie beim Baden ihren Atem in Wolken in der kalten Luft sah. Das langweilige pappige Essen kam ihr beinahe wieder hoch, und die unattraktiven Tutorinnen

* Möglicherweise ist diesem Erlebnis *Ariel* zu verdanken.

mochten zwar sehr intelligent sein, aber ihr kamen sie wie »Karikaturen aus Dickens« vor. War das der Lohn, wenn man sich weigerte zu heiraten und das Leben der Wissenschaft weihte? Die Frage, ob Ehe oder nicht, stand wieder einmal belastend im Vordergrund ihrer Überlegungen, und obwohl sie an Mrs. Prouty über Mallory Wober schrieb: »Mein Favorit ist ein großer, gutaussehender junger Mann mit rabenschwarzen Haaren und roten Wangen [...] er sieht aus wie ein junger Herkules [...] ein Riese und stark wie der Fels von Gibraltar«, schnitten die jungen Männer ihrer Umgebung gegen Richard ungünstig ab. Die Tagebücher während der ersten beiden Semester in Cambridge zeigen deutlich, daß sie in Richard vernarrt war. Briefe oder Entwürfe, die sie vielleicht, vielleicht aber auch nicht abgeschickt hat, während Richard an der Sorbonne studierte, sind voll von den Übertreibungen, die für sie typisch waren, wenn sie an oder über künftige »Ehepartner« schrieb:

»Am Anfang war das Wort, und das Wort war Sassoon, und es war ein schreckliches Wort, denn es erschuf das Paradies und das Goldene Zeitalter, zu dem die verstoßene Eva zurückblickt und dabei ihre kristallenen Tränen mit den gelben Dahlien mischt, die den Lippen ihres gelbsüchtigen Adam entsprießen.

Sei Christus! ruft sie, und erhebe dich vor meinen Augen, während die blaue Maria uns mit Gesang segnet. Und wann, fragt sie (denn sogar Eva ist praktisch), wird diese Auferstehung stattfinden?«

Diese Briefe (einige müssen abgeschickt worden sein) waren verlockende und surrealistische Köder, mit denen sie Richard – der möglicherweise in der gleichen Art antwortete – auf ihren Besuch an Weihnachten vorbereitete.

II

Jane Baltzell Kopp beschreibt amüsant die Überfahrt mit Sylvia am 20. Dezember nach Frankreich. Sie hatten sich auf dem Flughafen zufällig am Schalter einer »dubiosen« Fluggesellschaft getroffen, mit der sie nach Paris fliegen wollten. Der Flug mußte wegen schlechten Wetters gestrichen werden, und die beiden entschlossen sich statt dessen zu einer traumatischen Fahrt mit dem Schiff (das Thema von *Channel Crossing*, ein ziemlich übertriebenes Gedicht, das Sylvia später die Schamröte ins Gesicht getrieben haben muß). Beinahe alle Passagiere wurden seekrank. Sylvia und Jane hockten aneinandergedrängt unter einem Regenmantel an Deck, in der Hoffnung, daß die Übelkeit sie dort nicht überfallen würde, »ungeachtet der Tatsache, daß Schalen mit Erbrochenem, die der Wind seinen Benutzern aus der Hand gerissen hatte, neben uns auf die Planken knallten und ihren Inhalt dort ergossen«.

Gegen zehn oder elf Uhr abends erreichten sie Paris. Nathaniel La Mar oder Richard Sassoon hatte für Sylvia ein Zimmer bestellt, aber Jane hatte nicht daran gedacht, eins reservieren zu lassen, weil sie erwartet hatte, nachmittags anzukommen. Sylvia schlug ihr vor, das Zimmer (und die Kosten) zu teilen; Jane nahm erleichtert an.

Die beiden waren jung und schrecklich aufgeregt. Mit vielen »Ohs« und »Ahs« bejubelten sie ihre erste Ankunft in Paris, ehe Jane völlig erschöpft ins Bett sank. Sylvia erklärte, sie wolle auf der Stelle ausgehen und die Stadt erkunden. Um ein Uhr morgens übergab sie Jane den einzigen Schlüssel und verschwand. Jane verschloß die Tür und ließ den Schlüssel im Schloß stecken. Sie schlief so tief, daß sie Sylvias Klopfen eine Stunde später nicht hörte. Am nächsten Morgen stand Sylvia glühend vor Zorn vor ihr. Sie hatte die Nacht im Büro der Concierge verbracht* und war so außer sich, daß Jane wie vor

* Ihrer Mutter berichtete Sylvia, sie habe bei »zwei sehr lebenslustigen, freundlichen Schweizerinnen« übernachtet.

den Kopf geschlagen war, denn Sylvia stellte es so hin, als habe Jane sie vorsätzlich ausgesperrt.

Sylvia hatte ihrer Mutter geschrieben, sie werde Weihnachten »mit John, Nat, Sassoon und Mallory in London und Paris in Jubel, Trubel, Heiterkeit« verbringen, aber in Paris traf sie sich hauptsächlich mit Sassoon. Er führte sie zur Notre-Dame, zeigte ihr Sacre Cœeur und den Montmartre, die »geschminkten Huren« am Place Pigalle – Sylvia war von ihnen sehr fasziniert – und besuchte mit ihr in der Comédie Française eine Aufführung der *Jeanne d'Arc* von Charles Peguy. Im Louvre mag Sylvia das Vorbild für die »weiße Nike« und andere Steinstatuen, die in ihren späten Gedichten auftauchen, in der geflügelten Siegesgöttin gefunden haben.

An Sylvester rasten sie im Nachtexpreß durch Frankreich. In einem ihrer ekstatischen Hochs schrieb Sylvia in ihr Notizbuch, während Richard »unruhig« an ihrer Brust schlief. Die Dalí-Landschaft versetzte sie in einen Taumel, und sie beschreibt sie in einer Sprache, die den besessenen Surrealismus der *Ariel*-Gedichte vorwegnimmt. Allerdings bewegte sie damals übertriebene und übersteigerte Freude.

»Im Zug: Starre hypnotisiert in die Schwärze vor dem Fenster, spüre die unvergleichlich rhythmische Sprache der Räder; sie schlagen Kinderreime, fassen die Momente des Bewußtseins zusammen wie das Lied einer beschädigten Schallplatte, wiederholen immer und immer wieder: Gott ist tot, Gott ist tot, weiter, weiter, weiter: Und dieser Segen, das erotische Schaukeln des Wagens. Frankreich platzt in meinem Kopf wie eine reife Feige auf; wir vergewaltigen das Land, wir halten nicht an.«

Man vergleiche dies mit dem Alptraum von *Hinkommen*, das beinahe sieben Jahre später entstand:

Der Zug schleppt sich weiter, er kreischt –

Ein Tier,
Toll nach dem Ziel,
Dem Blutfleck,
Dem Gesicht am Ende des Feuersignals [...]
Die Waggons schaukeln hin und her, sie sind Wiegen [...]

Als der Zug im Morgengrauen des Neujahrstages das Mittelmeer erreichte, muß Sylvia eine kathartische Krise erlebt haben, einen Punkt, an dem für sie der Tod sich wieder in Leben verwandelte – das spätere Leitmotiv ihrer Gedichte. So wie Bilder der aufgehenden Sonne eine zentrale Bedeutung für *Ariel* haben, so schreibt sie am ersten Januar 1956 in ihr Notizbuch: »Rote Erde, orange gedeckte Villen in Gelb, Pfirsich und Blaugrün, und der Schock, der blaue Schock des Meeres zur Rechten. Die Côte d'Azur. Ein neues Land, ein neues Jahr: gespickt mit grünen Explosionen von Palmen, wuchernden Kakteen, Gemüsekraken mit stachligen Tentakeln, und die rote Sonne taucht wie das Auge Gottes aus einem schreiendblauen Meer auf.« Das manisch Gewalttätige dieses Ausschnitts mit den starken Verben und den lebendigen Farben nimmt ebenfalls Sylvias reife Werke vorweg.

Von Nizza fuhren Sassoon und Sylvia mit dem Motorroller nach Venedig, wo sie unbedingt die »Matisse-Kathedrale« (in Wirklichkeit eine Kapelle) besichtigen wollte. Auf einer Postkarte zusammengedrängt, schildert sie der Mutter ihre Eindrücke. Es fällt auf, daß sie Sassoon mit keinem Wort erwähnt, aber ihre Begeisterung war groß und der Tag »beinahe der schönste meines Lebens«. Sie fand die Kapelle »klein, keusch, schön proportioniert. Weiß mit einem blauen Ziegeldach, das in der Sonne funkelte. Aber geschlossen!« Dann geschah ein Wunder. Täglich wurden reiche Leute abgewiesen, doch sie war auserwählt, berichtete sie Aurelia. Während sie weinend das Gesicht an das geschlossene Portal preßte, hörte sie eine Stimme: *»Ne pleurez plus, entrez.«* Die Oberin ließ sie ein, »nachdem sie all die wohlhabenden Leute in ihren Autos abgewiesen hatte. Ich kniete einfach nieder im Herzen der Sonne und den Farben von Himmel, Meer und Sonne, kniete im reinen, weißen Herzen der Kirche.« In vielen Briefen nach Hause übertrieb (oder unterdrückte) Sylvia ihre wahren Gefühle, aber das Erlebnis im »reinen, weißen Herz« der Matisse-Kapelle muß so gewesen sein, wie sie es beschrieb – etwas Heiliges, die radikale Reinheit, der sie für ihr ganzes Leben Dauer verleihen wollte.

Die strahlende Zuversicht, die sie mit Richard in Frankreich gefunden hatte, trug sie noch eine Weile, nachdem sie am 10. Januar wieder zurück in Cambridge war. Ihr nächster Brief an die Mutter klingt äußerst moralisch:

»Meine Neujahrsstimmung ist so anders als mein Zustand vor nur drei Wochen, als ich Cambridge verließ und ziemlich einsam, erschöpft, deprimiert und ein wenig angstvoll war. Zum ersten Mal hierher ›zurück‹zukommen, ließ mich *diesen Ort* als wahres Zuhause empfinden, und meine Ferien haben mir für mein Leben, meine Arbeit und den Zweck meines Hierseins den richtigen Blick gegeben, den ich wegen der Reizüberflutung im ersten Semester verloren hatte. Jetzt fühle ich mich stark und sicher [...]«

Doch trotz ihrer Entschlossenheit, wieder mit dem Schreiben anzufangen, das Studententheater und Partys aufzugeben und sich der reinen Erinnerung an »ihren« Richard hinzugeben, sank ihre Stimmung unvermeidlich, als der Winter kälter wurde und die entzündeten Nebenhöhlen sie quälten. Sie hatte zwar Christopher Levenson kennengelernt, den Herausgeber der in Cambridge erscheinenden Zeitschrift *Delta*, und durch ihn Stephen Spender (endlich hatte sie Zugang gefunden zu den literarischen und weniger den Theaterkreisen von Cambridge), doch ihre englischen Affären waren alles »totgeborene Kinder«. Mit Richard konnte es keiner aufnehmen.

Ende Januar wachte sie eines Montagnachts mit »qualvollen Schmerzen« auf, mußte sich heftig übergeben und wurde ohnmächtig. Ein vom College gerufener Arzt schickte sie zur Beobachtung ins Krankenhaus. Sie wurde wieder entlassen, nachdem man ihre »Blinddarmentzündung« als »Kolik« diagnostiziert hatte. Wieder in Whitstead, las sie bestürzt die spöttische Kritik eines gewissen Daniel Huws zu zwei Gedichten, die sie in *Chequer*, einer Studentenzeitschrift, veröffentlicht hatte.*

Wahrscheinlich hätte ihr das *weniger* zu schaffen gemacht, wenn Sassoon sie nicht auf Distanz gehalten hätte. Entweder während der gemeinsamen Zeit in Frankreich oder danach in einem Brief (der verlorengegangen ist) hatte er ihr mitgeteilt, daß sie keinen Kontakt zu ihm aufnehmen durfte, solange er es nicht wollte. Er scheint sehr offen über andere Frauen in seinem Leben gesprochen zu haben. In einem gefühlvollen Brief vom 28. Januar wiederholt Sylvia ihre Liebe zu ihm, fügt jedoch hinzu: »Inzwischen liegst Du vermutlich glücklich und erschöpft in den Armen einer genialen Hure oder vielleicht sogar bei der Schweizerin, die Dich heiraten will.« Sie fragt sich: »Wird Richard mich je wieder brauchen? Teil der Abmachung ist, daß ich schweige, bis er [...] wenn überhaupt, sich in den nächsten fünf Jahren wieder meldet.«

In den langen Briefen an Sassoon, von denen die meisten nie abgeschickt wurden, will Sylvia offenbar hartnäckig nicht an das Ende der Beziehung glauben. Versuchte sie nur, sich selbst zu täuschen? Briefe an die Mutter deuten noch einige Monate an, daß zwischen ihnen alles in Ordnung sei:

* Es handelte sich um *Epitaph in Three Parts* und *Three Caryatids without a Portico By Hugh Robus. A Study in Sculptural Dimensions*. Beide sind in *Collected Poems* nicht aufgenommen. Sie sind typisch für ihren damaligen verschlungenen, hyperästhetischen Stil, und man versteht, weshalb sie bei ihren Kritikern Heiterkeit hervorriefen. Christopher Levenson, der nur eines von Sylvias Gedichten in *Delta* veröffentlichte (*Winter Words*), hielt die Gedichte, die sie ihm vorlegte, für »zu hübsch und zu bewußt clever«, obwohl er sie persönlich mochte und bewunderte.

»Wie du vermutlich weißt, ist Richard Sassoon in der Tat der einzige Junge, den ich bisher geliebt habe; er ist bei weitem der geistreichste, intuitivste, lebendigste Mensch, den ich kenne. Doch er zahlt dafür mit Phasen tiefster Depression und schwacher Gesundheit, was tägliche Ungewißheit bedeutet und schwer zu ertragen wäre, wenn es länger dauert. Dennoch ist er der aufrichtigste, heiligste Mensch, den ich kenne. In gewisser Hinsicht werde ich ihn immer lieben, glaube ich, zusammen mit seinen Fehlern. Es klingt paradox, aber er ›ähnelt‹ in keiner Weise dem Typ von Mann, in den ich mich verlieben könnte; aber er ist es, und damit hat sich's.«

Trotz des entschiedenen Tons muß Sylvia selbst daran gezweifelt haben, denn das Pendel ihrer Hochs und Tiefs setzte sich wieder in Bewegung. Es ist sicher, daß Sylvia im Februar in eine tiefe Depression fiel. Am 19. und 20. vertraute sie ihren Kummer dem Tagebuch an: »Wen immer es angeht: Hin und wieder kommen Zeiten, in denen die gleichgültigen und unpersönlichen Mächte der Welt sich wenden und in einem Donnerwetter von Gericht vereinigen. Für den plötzlichen Schrekken, das Gefühl von Verdammnis gibt es keinen Grund, außer daß die Umstände alle den inneren Zweifel, die innere Furcht spiegeln.« Am Tag zuvor (am 19. Februar) war sie über die Mill Lane Bridge gegangen mit »diesem Lächeln, das die schaudernde Angst vor den Blicken Fremder mit einem wohlwollenden Lack überzieht«, und zur Zielscheibe der Schneebälle einiger kleiner Jungen geworden. Die Jungen – plötzlich die Gehilfen »gegnerischer Kräfte« – schienen sie der Krankheit, des Andersseins anzuklagen, das sie vom normalen Leben ausschloß. Inzwischen tat es ihr leid, daß sie ihren Verehrern in Cambridge von Richard in Frankreich erzählt hatte, denn Chris, Nat, John und Mallory suchten andere Gesellschaft. Die Mädchen in Whitstead tuschelten hinter ihrem Rücken über ihren Wahnsinn – sie wußte das. Sie kannte diese »krankhafte Angst«. Wie kam es, daß »alle Kanten, Formen und Farben der wirklichen Welt [...] so mühsam, mit solch wirklicher Liebe wieder zusammengefügt, in einem Moment des Zweifels dahinschwinden und ›plötzlich verlöschen‹ [konnten]?« Sie beschloß, den Universitätspsychiater aufzusuchen, »nur, um ihn kennenzulernen und zu wissen, daß er da ist [...] Ich spüre, ich brauche ihn. Ich brauche einen Vater. Ich brauche eine Mutter. Ich brauche einen älteren, klügeren Menschen, bei dem ich weinen kann.« Der Eintrag geht weiter: »Ich fühle mich wie Lazarus: Die Geschichte fesselt mich so. Im Tode bin ich wiederauferstanden und finde sogar Zuflucht in dem reinen Sensationswert, selbstmörderisch zu sein, dem Grab so nah, und wieder herauszukommen mit den Narben und dem störenden Zeichen auf meiner Wange (bilde ich mir das ein?), das zunehmend hervortritt.«*

Immer, wenn Sylvia in diesem Winter zutiefst verzweifelt war, machte sie ein Ritual daraus, im Mondlicht die Statue eines Knaben mit einem Delphin im Park von Newnham aufzusuchen. Sie sprach mit den »gesegnet unbeteiligten« dunklen Bäumen, vor denen es »so viel leichter ist, als Menschen vors Antlitz zu treten, als glücklich aussehen zu müssen, unverletzlich, schlau«. Sie redete zum Mond, »dieser gleichgültigen, unpersönlichen Macht«, die sie nicht »niederstreckte«. Der »Bronzeknabe« verkörperte ihren romantischen Traum von Richard Sassoon, als sie »einen Klumpen Schnee aus seinem empfindlichen, lächelnden Gesicht fegt«.

Doch Sylvia wollte auch Macht. »Da ist aber auch der Vampir. Der alte, ursprüngliche Haß. Der Wunsch, die Runde zu machen und die Arroganten zu kastrieren, die in den Momenten der Leidenschaft zu solchen Kindern werden.« In solchen Stimmungen stellte sie Haß und Zorn positiv vor das Negative ihrer Einsamkeit. »Ich bekämpfe für meine Männer alle Frauen. Meine Männer. Ich bin eine Frau, und es gibt da

* Das bezieht sich auf die deutlich sichtbare Narbe auf Sylvias linker Wange – eine Erinnerung an den ersten Selbstmordversuch.

keine Loyalität, selbst zwischen Mutter und Tochter nicht. Beide kämpfen für den Vater, für den Sohn, fürs Bett, für Leib und Seele.« Zwischen Verachtung der Männer und Eifersucht auf Frauen hört sie hinter ihrem Rücken das spottende Ticken der Uhr, die das Herannahen des Gerichts verkündet: »Ein Leben geht vorbei. Mein Leben.«

Umkreist von einer Welt, die sie als lieblos empfand, schrieb sie am 24. Februar an ihre Mutter und beklagte sich, daß niemand da sei, »der mir heiße Brühe bringt und mir sagt, daß er mich liebt«. In ihrem Tagebuch beschwert sie sich:

»Eine lausige Nebenhöhlenerkältung, die alle meine Sinne abstumpfte [...] Und obendrein, während einer höllisch schlaflosen Nacht fiebrigen Schnüffelns und Herumwälzens, die schrecklichen Krämpfe meiner Periode (ja, Fluch) und der nasse, schmutzige Strahl des Blutes. [...] Das war Freitag, das Schlimmste, das Allerschlimmste; konnte nicht einmal lesen, voller Tabletten, die in meinen Adern kämpften und klopften. Überall hörte ich Klingeln, Anrufe, die nicht für mich waren, Türklingeln mit Rosen für alle anderen Mädchen der Welt. Reine Verzweiflung.«

Am nächsten Morgen, am Samstag, 25. Februar, ging Sylvia zum Universitätspsychiater. Zu ihrer Erleichterung war er väterlich und mitfühlend. Während sie mit ihm sprach, wurde ihr klar, wie sehr sie intelligente, gleichaltrige Freunde vermißte. Die jungen Männer in Cambridge, die sie kannte, waren ebenso wie Jane Baltzell mindestens drei Jahre jünger als sie. Die Engländerinnen interessierten sie nicht, obwohl zu Sylvias Zeit Hilary Bailey (die sie kennenlernte), Margaret Drabble, A.S. Byatt und Joan Bakewell in Cambridge waren und die spätere Cambridge-Wissenschaftlerin Isobel Murray, eine gute Freundin Janes, in Whitstead wohnte.

Danach fühlte Sylvia sich sehr viel besser. Sie schrieb ihrer Mutter einen zweiten, positiveren Brief und erwähnte, sie werde abends zu einer Party gehen, mit der das Erscheinen einer neuen Literaturzeitschrift, der *Saint Botolph's Review*, gefeiert werde. Am Morgen hatte sie Bert Wyatt-Brown, einem Amerikaner (inzwischen ein bedeutender Historiker), ein Exemplar abgekauft und Gedichte von Ted Hughes und E. Lucas Myers gelesen, die sie stärker als alles beeindruckten, was sie bisher in Cambridge gesehen hatte. Sie ging zu Bert zurück und erkundigte sich, wo sie die beiden Dichter treffen könne, und er sagte ihr, sie würden am Abend auf der Party in der Women's Union im damaligen Falcon Yard sein. Offenbar hatte ein Kanadier namens Hamish sie bereits dazu eingeladen, oder sie hatte verabredet, daß er sie mitnehmen würde*, denn am Nachmittag war sie »gereinigt und einmal wieder gelassen, humorvoll«. Diese Party sollte ein Wendepunkt in Sylvias Leben und so etwas wie ein Markstein in Cambridges literarischer Geschichte sein. Deshalb lohnt es, die bemerkenswerten Umstände, die dazu führten, näher zu betrachten.

III

Im Herbst 1954, ein Jahr vor Sylvias Ankunft, war ein junger Mann aus Tennessee namens E. Lucas Myers, ein Vetter des amerikanischen Dichters Allen Tate, nach Cambridge gekommen, um bei F. R. Leavis Englisch zu studieren.** Als Matrose bei der Handelsmarine hatte er zwei Seefahrergedichte geschrieben, die nach seinem Studienbeginn in Cambridge zusammen mit Gedichten von Ted Hughes und Daniel Huws, zwei anderen jungen Dichtern, in *Chequer* veröffentlicht wurden. Luke Myers dachte, er werde sich vielleicht weniger ein-

* In ihr Tagebuch schrieb Sylvia: »Dann lud mich ein junger Mann namens Hamish [...] für nächste Woche ein und sagte so ganz nebenbei, daß er mich zur *Botolph's* Party heute abend mitnimmt [...]«

** Wie Ted Hughes legte er sein Examen schließlich in Sozialanthropologie ab.

sam fühlen, wenn er die beiden Männer kennenlernen konnte. Als er eines Abends im Herbst in Peterhouse in der Schlange vor der Teeausgabe stand, stellte sich Daniel Huws bei ihm vor. Im Januar brachte einer der Redakteure von *Chequer* Ted Hughes mit zu Luke in dessen Zimmer in Downing.

Hughes hatte sein Examen bereits gemacht und verdiente sich mit allen möglichen Gelegenheitsjobs genug Geld, um von Zeit zu Zeit nach Cambridge zurückzukommen. Dort wohnte er bei Freunden und ging in die Bibliothek, um zu lesen. Hughes, so erinnert sich Luke, war ein paar Zentimeter größer als der ein Meter fünfundachtzig große Huws und trug immer einen braunen Lederüberzieher, den sein Onkel im Ersten Weltkrieg beim Militär getragen hatte. »Die braunen Haare fielen ihm rechts in die Stirn, und beim Sprechen veränderte er eigentümlich die Stimmlage, um Akzente zu setzen. Mund und Augen waren sehr ausdrucksvoll.«

Im Januar oder Februar 1955 – als Sylvia noch am Smith College Auszeichnungen sammelte – hatte Luke Myers keine Lust mehr, im College zu wohnen, und als es ihm, wie er sagt, »leider nicht gelang, einen alten Wasserturm zu mieten, hatte ich in der Studentenzeitung *Varsity* eine Anzeige aufgegeben, in der ich einen ›Stall oder Schuppen‹ suchte«. Auf die Anzeige erhielt er »auf blauem Papier den höflichen Brief einer Mrs. Helen R. Hitchcock, die im Pfarrhaus der St. Botolph's-Kirche wohnte«. Mrs. Hitchcock war die Witwe eines Pfarrers und vermietete Zimmer an Studenten. Luke erklärte sich fröhlich damit einverstanden, in einem leerstehenden Hühnerhaus in ihrem Garten zu wohnen; als Gegenleistung heizte er ihren Aga-Boiler in der Küche.*

* Ich kannte Mrs. Hitchcocks Haus in Cambridge gut, denn sie war sieben Jahre meine Schwiegermutter. Ganz sicher gab es dort einige der unklerikalsten »Studentenbuden« von Cambridge. Sie war launisch, hatte jedoch eine robuste Natur und war in ihrer Jugend eine der Schönheiten Neuseelands gewesen. Bei den Trink- und sonstigen Gelagen ihrer Studenten, die sie sehr mochte, drückte sie gerne ein Auge zu. Das Pfarrhaus war ein anarchistisches, vorurteilsfreies Refu-

Zu Lukes ersten Gästen im Hühnerstall (es gab dort nur ein Bett, einen Tisch und einen Stuhl, und die Tür ließ sich nur einen Spalt öffnen) gehörte Ted Hughes. Myers berichtet:

»Als Ted zum ersten Mal dort übernachtete, wollte ich, daß er im Bett schlief und ich darunter, denn er war der Gast. Aber er lehnte das entschieden ab. Jahre später, als er mir ein paar Tips zu einer Geschichte gab, in der ich den Helden im Zoo in Kot fallen ließ, behauptete er, sein grüner Pullover rieche noch immer nach Hühnermist, aber damals beschwerte er sich nicht. Wie auch immer, er kaufte bald ein Zelt und schlug es neben der Hütte auf.«

Nach einem Studentenstreich, den Luke Myers in seinen Erinnerungen ausführlich beschreibt, beschloß er, zusammen mit Ted Hughes, David Ross, Daniel Huws, Danny und George Weissbort und Than Minton eine Zeitschrift herauszubringen, die sie nach ihrer »geistigen Heimat«, dem St. Bolph-Garten, nennen wollten.

Die *Saint Botolph's Review* erschien im Februar 1955 und war eher ein Pamphlet als eine Zeitschrift. Der leuchtendrote Pappeinband wirkte unter der schlichten elfenbeinfarbigen Schutzhülle wie ein kostbares Futter. Im Inhaltsverzeichnis wurden fünf Dichter genannt: David Ross, E. Lucas Myers, Daniel Huws, Dick Weissbort und Ted Hughes. Die strenge Würde der Aufmachung erlaubte nicht, einen Preis aufzudrucken; die einzige Anzeige, wenn man es so nennen kann, war der knappe Aufdruck auf der Rückseite: »Diese Zeit-

gium für Dichter. Helen Hitchcock übte ihre Vorrechte als Vermieterin aus, indem sie jeden Morgen zwei Stunden das Bad belegte (bis sie im Fahrradschuppen eine Badewanne aufstellen ließ) und vom Mittagessen bis zum Abendessen die Küche, das heißt, in den Stunden, nachdem die Spätaufsteher gefrühstückt hatten, bis zum abendlichen Schließen der Pubs. Helen Hitchcock starb zweiundneunzigjährig in London, während dieses Buch geschrieben wurde. [Anm. der Autorin.]

schrift erscheint unregelmäßig. Zuschriften und Beiträge sind an den Herausgeber zu richten [...]«

An dem Morgen, als Sylvia Plath zum ersten Mal den Universitätspsychiater aufsuchte, verkauften Freunde der Gruppe um die *Saint Botholph's Review*, darunter Lukes Cousin Bert Wyatt-Brown, in ganz Cambridge die Zeitschrift. Begeistert und voller Bewunderung las Sylvia einige Gedichte von Ted Hughes und E. Lucas Myers, lernte sie anscheinend sogar auswendig und nahm sich vor, diese Autoren am Abend auf der Party zu treffen und sie dazu zu bringen, von ihr Notiz zu nehmen. Froh über Hamishs Begleitung, machte sie sich auf den Weg, in Rot und Schwarz, ihren Lieblingsfarben für sexuelle Eroberungen, und in der Absicht, einen größeren Fisch zu angeln.

»Ich sehne mich so nach jemandem, der Richard hinwegfegt, verdiene ich das etwa nicht? Eine Art glühender Liebe, mit der ich leben kann. Mein Gott, ich würde so gern kochen und haushalten, Kraft in die Träume eines Mannes fluten lassen und schreiben, wenn er reden, gehen und arbeiten könnte und leidenschaftlich seine Laufbahn verfolgen wollte. Ich ertrage es nicht, daran zu denken, daß diese Fähigkeit, zu lieben und zu geben, in mir braun und welk wird. Dabei ist die Wahl so wichtig, daß es mir ein wenig angst macht. Ein wenig viel.«

Sylvias Bericht über die Begegnung mit Ted Hughes auf der St. Botolph-Party in Falcon Yard ist in einem langen Tagebucheintrag des nächsten Tages (mit einem gewaltigen Kater geschrieben) in glühenden Farben geschildert. Wie zu erwarten, schöpfte sie das dramatische Potential voll aus und berichtet, wie sie sich in Miller's Bar mit Whisky und Ginger Ale Mut antrank und sich das langweilige Geschwätz eines »häßlichen, zahnlückigen, breit grinsenden Typs« anhörte, ehe sie mit Hamish sehr spät auf der Party erschien. Daniel Huws bestätigt, daß sie als erstes »energisch« auf ihn zustürmte und kokett ihre Gedichte verteidigte, die er in seiner Besprechung so unfreundlich kritisiert hatte. (Er wußte nicht genau, ob sie ihm das je verziehen hatte.) Dann tanzte sie mit dem völlig betrunkenen Luke Myers einen »verrückten englischen Swing« und zitierte dabei ohne größere Wirkung – höchstens zum Ärger seiner Freundin – aus seinen Gedichten.

Niemand der St. Botolph's-Gruppe kannte Sylvia, aber sie hatten ihre Gedichte in Universitätszeitschriften gelesen und hielten im wesentlichen nichts davon. Sylvia formalisierte ihre Verse, was Sassoons Zustimmung gefunden hatte, der ihr einmal schrieb, er ziehe »les pyramids du mal« den »les fleurs du mal« vor, denn sie seien Menschenwerk. Luke Myers war romantischer und schrieb: Gedichte »sollten einem Dichter von irgendwoher zufließen«. Als einziger hatte Ted sich nicht dazu geäußert.

Sylvia verfolgte auf der St. Botolph-Party nur ein Ziel: Sie wollte Ted Hughes treffen, um von Angesicht zu Angesicht die Mauern zwischen ihnen »einzureißen«. Nachdem sie mit Luke »herumgequatscht« hatte, dem sie seine »geschwollenen Reden«* verzieh, da er die Zeilen seiner Sestine bewußt »vergewaltigt« hatte, schob sie sich weiter durch den überfüllten Raum. Am nächsten Tag schrieb sie:

»Dann geschah das Schlimmste. Dieser große, dunkle, tolle Junge, der einzige, der groß genug für mich war, der sich bei den Frauen herumgedrückt hatte und nach dessen Namen ich mich sofort erkundigte, als ich den Raum betrat, ohne daß mir jemand eine Antwort gegeben hätte, kam herüber, sah mir durchdringend in die Augen, und es war Ted Hughes. Ich schrie wieder etwas über seine Gedichte und zitierte ›teuerster unzerkratzbarer Diamant‹, und er schrie gewaltig zurück, mit einer Stimme, die einem Polen hätte gehören

* Aus einem Gedicht von Myers: »Mit geschwollenen Reden zogen die Narren hinterdrein.«

können: ›Gefällt's dir?‹, und fragte mich, ob ich einen Brandy will, und ich schrie: ›Ja!‹, und weiche in das nächste Zimmer aus, vorbei an dem zufrieden strahlenden [...] Gesicht des lieben Bert, der aussah, als hätte er mindestens neun oder zehn Babys zur Welt gebracht, und peng, fiel die Tür ins Schloß, und er schüttete Brandy in ein Glas, und ich schüttete ihn dorthin, wo mein Mund zuletzt gewesen war.

Wir unterhielten uns brüllend wie bei einem Sturm über die Kritik, und er sagte, Dan habe gewußt, daß ich schön bin, denn über einen Krüppel hätte er das nicht geschrieben, und ich protestierte laut, wobei die Worte ›mit dem Redakteur schlafen‹ verwirrend oft vorkamen. Und dann war es soweit, ich war ganz und gar da, ich stampfte mit den Füßen und schrie ja, und er hatte Verpflichtungen im anderen Zimmer und arbeitet in London und verdient zehn Pfund in der Woche, damit er später einmal zwölf Pfund verdienen kann, und ich stampfte, und er stampfte, und dann küßte er mich peng, knall auf den Mund und reißt mir das Haarband vom Kopf, mein schönes rotes Haarband, das die Sonne und viel Liebe überlebt hatte, so eins, wie ich es wohl nie wiederfinden werde, und meine silbernen Lieblingsohrringe. ›Ha, die werd ich behalten!‹ brüllte er. Und als er mich auf den Hals küßte, biß ich ihm lange und fest in die Wange, und als er das Zimmer verließ, lief ihm Blut über das Gesicht.«

Die Geschichte entspricht im großen und ganzen der Wahrheit, obwohl Sylvia später zugab, daß der größte Teil des Brüllens und Stampfens ein Drama war, das sich im Plathschen Innenleben abspielte. Es war ihre Vorstellung davon, wie sie sich »berstend und kämpfend« dem idealen Liebhaber hingab. Hughes hat immer gesagt, daß dieser Bericht über ihr Zusammentreffen lächerlich übertrieben sei. Ganz sicher war er verblüfft, als er dieser leidenschaftlichen, furchtbar aufgeregten, sehr betrunkenen Amerikanerin gegenüberstand, die seine Gedichte auswendig konnte. Sie sprachen über die Zeitschrift, und er erzählte ihr von seinem Job in London. Er hatte eine Freundin, Shirley, und Sylvia glaubte, er habe ihr gegenüber »Verpflichtungen« – vielleicht bezogen sich diese Verpflichtungen jedoch lediglich auf seine Aufgaben als Gastgeber. Er küßte sie, und sie biß ihn, aber auf einer solchen Party erregte dieser Vorfall wenig Aufmerksamkeit. Ted staunte und fand Sylvia attraktiv genug, um sie wiedersehen zu wollen. Für Sylvia war der Symbolismus des »geraubten« Haarbandes und die blutige Wange eine Bestätigung dafür, daß das Melodram in der Sassoonschen Art stattgefunden hatte. Als Sklavin der Leidenschaft ihres Baudelaireschen Rituals muß sie gewußt haben, daß sie Ted die Rolle des dämonischen Liebhabers zuwies. Es lag an ihm, ihr das erotische Martyrium zu liefern, das Sassoon ihr entzogen hatte. »Welche Gewalt«, schrieb sie am nächsten Tag, »und ich verstehe jetzt, weshalb Frauen sich für Künstler hinlegen. Der einzige Mann im Raum, der so groß wie seine Gedichte war, von gewaltigem Umfang und dynamischen Wortbrocken; seine Gedichte sind stark und fahren wie der Sturm durch Stahlmasten. Und in mir schrie es, und ich dachte: ›Oh, dir möchte ich mich berstend und kämpfend hingeben. Dem einzigen Mann in meinem Leben, der über Richard triumphieren kann.‹«

Das war Sylvias Ted. Der Ted, den seine Freunde in Cambridge kannten, war ganz anders. Alle bestätigen, daß er im Grunde ruhig und ausgeglichen war – wozu seine Schüchternheit nicht unerheblich beitrug –, obwohl seine Skepsis gegenüber dem Cambridge-Establishment Ted zu einer Art Legende gemacht hatte, besonders bei Frauen wie Sylvia, die auf seine sexuelle Anziehungskraft reagierten. In einem Brief widerspricht Luke Myers Sylvias Version mit einigen vielsagenden Sätzen:

»Ich will Ihnen sagen, wie ich und alle, die Ted gut kannten, ihn sahen. Ted gab im Anchor immer als erster eine Runde aus. Er trank selten übermäßig; er erlaubte sich tatsächlich nie, in irgendeiner Form die Kontrolle über sich zu verlieren. Außerdem kam nie ein unehrliches Wort über seine Lippen, selbst wenn er dadurch in unangenehme Situationen geriet [...] Ted war ein äußerst rücksichtsvoller Gast. Er wohnte wochenlang bei mir in einem kleinen Zimmer. Er war der bedeutendste Kopf in unserem Kreis und tat vor meinen Augen nie etwas Gewalttätiges. Er machte nicht einmal eine drohende Geste. Gewalt gibt es in seinen Gedichten – als Ausdruck der Gewalt des Universums.«*

Als Ted Hughes 1956 Sylvia Plath kennenlernte, wußte er mit Bestimmtheit, daß er sein Leben der Dichtung widmen wollte; andere Dinge wie Arbeit, Geld, Freundinnen waren zweitrangig. 1954 legte er sein Examen in Cambridge ab und arbeitete danach als Nachtwächter, Rosengärtner und zum Zeitpunkt der St. Botolph's-Party für J. Arthur Rank, obwohl mit seiner Stellung kaum das Ansehen verbunden war, von dem Sylvia ihrer Mutter gegenüber sprach. Er hatte die Aufgabe, Romane oder andere fiktionale Texte zu suchen, aus denen man Filmdrehbücher machen konnte.

Hughes hat wenig über sich geschrieben, obwohl er aus einer interessanten Familie kommt. Er wurde 1930 als jüngstes von drei Kindern geboren. Der zehn Jahre ältere Gerald emigrierte nach Australien. Seine Schwester Olwyn legte an der University of London ein Examen in Geisteswissenschaft ab, arbeitete danach für verschiedene Organisationen in Paris und ging dort schließlich zu einer ungarischen Theater- und Filmagentur.

Die Familie kam aus dem oberen Calder Valley in West Yorkshire. Die Mutter war eine geborene Farrar, einer Familie aus Ewood (Mytholmroyd). Im sechzehnten Jahrhundert hatte sie den Vater von Nicholas Farrar hervorgebracht, dem

* Jane Baltzell Kopp beschreibt in ihren Erinnerungen an Sylvia das heftige Temperament von Ted Hughes; ganz offensichtlich hat sie Sylvias Sichtweise übernommen, da sie Ted in Cambridge kaum kannte.

Gründer von Little Gidding, der religiösen Gemeinschaft, die T.S. Eliot in *Vier Quartette* ehrt. Spätere Farrars heirateten in die Familien von Farmern in Norfolk und Yorkshire und nahmen eine bescheidenere Stellung im Leben ein.

Die Hughes-Seite der Familie liegt mehr im dunkeln. Die Großmutter war halb Spanierin oder Maurin; Teds halbirischer Vater, William Henry Hughes, diente im Ersten Weltkrieg bei den Lancashire-Füsilieren. Seine Frau erbte etwas Geld, und nach dem Krieg kauften und renovierten die beiden ein großes Zeitungs- und Tabakgeschäft in der Bergwerksstadt Mexborough in South Yorkshire und zogen von der einzigartigen Landschaft des Calder Valley dorthin. Ted war damals acht Jahre alt. An der Schule in Mexborough hatte er zwei bemerkenswerte Englischlehrer, die seine Begabung erkannten und förderten. Sie wurden sowohl Freunde der Familie als auch Mentoren des Jungen. Als Ted nach Cambridge kam, war er belesener als Sylvia trotz all ihrer Smith-Bildung und mit der Literatur vertrauter als sie.

Als Ted und Sylvia sich begegneten, baute die Leidenschaft für Dichtung eine Brücke zwischen zwei sehr verschiedenen Welten. Luke Myers sagt sehr richtig: »Ted und Sylvia teilten eine unübertroffene Zielstrebigkeit im Hinblick auf ihre Kunst. Sie waren entschlossen, das Beste in ihnen in Worte zu fassen, aber, wie ich fand, auf etwas unterschiedliche Weise. Sylvia wollte unbedingt, daß es gelesen wurde; Ted wollte unbedingt, daß es existierte.«

Nach der Begegnung auf der Party wußte Sylvia nicht, ob sie Hughes wiedersehen würde. Sie hatte sich um drei Uhr morgens nach weiteren Abenteuern – unter anderem war sie mit Hamish über das Tor des Queen's College geklettert und hatte in seinem Zimmer mit ihm geschlafen – nach Whitstead zurückgeschlichen. Als sie am nächsten Morgen die ganze Geschichte in ihr Tagebuch geschrieben hatte, schreckte sie zurück: »Irgendwie lösen diese liederlichen Nächte in mir eine nonnenhafte Leidenschaft aus, zu schreiben und mich zurückzuziehen.« Die Reaktion war voraussehbar. Für Hughes schrieb sie sofort (am 27. Februar) ein ganzseitiges Gedicht über »die dunklen Mächte der Lust«, dem sie den Titel *Verfolgung* gab. In Wahrheit beschwor es weniger die Lust als libidinöses Doppel, sondern ihr inneres Ich voller Gewalt und Zorn, das sie unter ihrer scheinbaren Ausgeglichenheit und Effizienz verbarg. Wie bei einem Vulkan hatte sich der innere Druck seit einiger Zeit aufgestaut, und ohne es zu ahnen, hatte Ted Hughes den Ausbruch verursacht. Danach war an der Oberfläche alles wieder ruhig, und nur fünf oder sechs Seiten im Tagebuch und ein Gedicht lieferten den Beweis für das Geschehene. Ein Brief vom 3. März an die Mutter war ein offenes Schuldbekenntnis, das sie dem »guten« Doppel auf der anderen Seite des Atlantiks darbrachte. Solange Mrs. Plath in Amerika blieb, konnten die Briefe nach Hause die »Wahrheit« berichten, die Mutter und Tochter hören wollten.

»Ich möchte Dir heute sagen, wie viel mir Deine Briefe bedeuten. [...] Ist es nicht erstaunlich, was Worte für eine Kraft haben? [...] Ich weiß nicht, ob Du gespürt hast, wieviel reifer und geläuterter ich in diesem letzten halben Jahr geworden bin; jedenfalls habe ich das Stadium, in dem ich nicht auf Ratschläge ›hören‹ wollte, hinter mir und glaube, daß ich durch die Briefe mehr Vertrauen zu Dir habe als je zuvor; alles, was Du mir zu sagen für klug hältst, nehme ich freudig in mich auf. Vielleicht ist Dir immer noch nicht bewußt [...] wie sehr ich Dich bewundert habe: für Deine Arbeit, Deinen Unterricht, Deine Stärke, dafür, daß Du uns in Wellesley ein herrliches Zuhause geschaffen hast, und dafür, daß Du Warren und mich auf die besten Colleges in den Vereinigten Staaten geschickt hast.«

Eigenartig an Sylvias Wechsel vom gewalttätigen Vampir zur tugendhaften Nonne erscheint, daß ihr »schlechtes« Verhalten zum größten Teil recht unschuldig war. Als Dreiundzwanzigjährige war sie zu einer Party gegangen, hatte zuviel getrunken und sich einen Mann geschnappt, den sie attraktiv fand. Niemand in Cambridge – nicht einmal die viktorianischen Tutorinnen, die sie so erschreckten – hätte das überrascht. Man hatte Schlimmeres erlebt. Wenn über die Bißepisode gesprochen worden wäre, hätte man sie als einen Scherz betrachtet. Aber Sylvia fürchtete, die Menschen könnten sie verurteilen, weil sie dahintergekommen waren, daß sie eigentlich eine Hure, ein Vampir, eine Nymphomanin war – all das, was sie in ihrer *Vorstellung* so gerne war, während sie die nette, aufgeweckte, adrette und überschwengliche amerikanische Studentin spielte.

Sylvia fühlte sich zwar heftig zu Ted hingezogen, aber das ganze Erlebnis war zu traumähnlich gewesen, um Hoffnungen daran knüpfen zu können. Außerdem sehnte sie sich immer noch nach Richard Sassoon. Seit Januar, seit der Rückkehr von ihrer Idylle mit Sassoon in Frankreich, hatte sie die Tage bis zu den Semesterferien im Frühjahr gezählt, denn obwohl Sassoon die Kontaktaufnahme von ihrer Seite verboten hatte, wollte sie ihn in Paris aufsuchen. Am 6. März steht in ihrem Tagebuch: »Heute nachmittag erhielt ich einen Brief von meinem Richard, der alles über den Haufen wirft.« Plötzlich begriff sie, wie sehr sie ihn liebte: »Zur Hölle und zurück und zum Himmel und zurück, das habe ich, das tue ich, das will ich.« Sie tippte einen langen Jammerbrief, erinnerte sich an die Momente, in denen sie sich am verzweifeltsten und am lebendigsten gefühlt hatte: auf der Skipiste in Adironack mit Dick Norton, in Cambridge, als Sam, das gemietete Pferd, mit ihr durchgegangen war, die »Zorn- und Todesekstasen«, wenn Sassoon sie geliebt hatte. Gegen Ende faßte sie erstaunlich enthüllend zusammen, was sie für den Sinn ihres Lebens hielt:

»Ich habe eine Neigung zu Kindern, dem Bett und tollen Freunden und einem großartigen, anregenden Zuhause, wo

Genies nach einem köstlichen Essen in der Küche Gin trinken, ihre Romane vorlesen und berichten, warum die Börse so ist, wie sie sein wird, und über wissenschaftlichen Mystizismus diskutieren (der übrigens faszinierend ist – in allen Formen: Einige unglaublich bedeutende Männer hier aus Botanik, Chemie, Mathematik, Physik usw. sind auf unterschiedliche Weise Mystiker) – nun ja, das ist es jedenfalls, was ich für einen Mann zu tun bestimmt bin; außerdem will ich ihm dieses ungeheure Reservoir von Vertrauen und Liebe schaffen, in dem er täglich schwimmen kann, und ihm Kinder schenken, viele Kinder, mit großen Schmerzen und großem Stolz.«

Dies ist nur ein Ausschnitt dessen, was sie Sassoon schrieb (vermutlich jedoch nicht abschickte). Für Hughes hatte sie bereits *Verfolgung* geschrieben. Ihrer Mutter schickte sie am 13. März einen überaus erstaunlichen Bericht, in dem sie das längst nicht mehr aktuelle Dilemma der Wahl zwischen Gordon Lameyer, der in Kürze nach Paris kommen würde, und Richard Sassoon erörterte. Sylvia liebte Sassoon, aber würde unsere »Kleine-Stadt«-Gemeinschaft in Wellesley ihn je akzeptieren? Gordon dagegen war »gut gebaut und vom Äußeren her [jemand] der wirklich zu mir paßt«. Gordon hatte den Körper, Richard hatte die Seele. Wie sollte sie die beiden Welten miteinander in Einklang bringen.

IV

Sylvias Gedanken kreisten in diesem bedrohlichen März hauptsächlich um die Liebe und das Leiden an der Liebe, aber auch andere Dinge bekümmerten sie. Aus Wellesley waren schlechte Nachrichten gekommen. Grammy war seit einiger Zeit krank, und man hatte geglaubt, sie habe Gastritis. Inzwischen wußte man, daß sie Krebs hatte und im Sterben lag, Sylvia war am Boden zerstört, nicht zuletzt deshalb weil Mrs. Plath ihre geplante Reise nach England im Sommer möglicherweise verschieben mußte. Und in unmittelbarer Nähe zog Jane Baltzell den Zorn des Racheengels auf sich, weil sie in Sylvias Büchern einige Stellen mit Bleistift unterstrichen hatte. Sylvias Tagebuch (am Tag, an dem sie Sassoons Brief erhielt) atmet die Erleichterung, die üblicherweise einer Explosion folgte:

»6. März [...] hatte am Sonntag einen phantastischen kathartischen Zusammenstoß mit Jane (4. März). Sie hatte in fünf meiner neuen Bücher Stellen mit Bleistift unterstrichen und Anmerkungen gemacht; da ich bereits Stellen in Schwarz unterstrichen hatte, glaubte sie offenbar, es könne nicht mehr schaden. Ich war wütend und hatte das Gefühl, meine Kinder seien von einem Fremden vergewaltigt oder geschlagen worden [...] Und es ging weiter mit anderen Dingen: mit Frankreich (ich sehe ein, daß ich mich Richard in die Arme geworfen habe und ihr dadurch das Gefühl gab, überflüssig zu sein. Ich war damals so verzweifelt!) [...] Mit der *St. Botolph's Review* und dem Beweis, daß [sie sich überhaupt nicht mit] den beiden, die ich bewundere, Luke und Ted, verbündet [hat] [...] Außerdem kommt [sie] sich in meiner Gegenwart unbeholfen vor, so wie ich mich in ihrer Gegenwart beschränkt fühle.

Es stellt sich heraus, daß wir uns zu sehr gleichen, uns ironischerweise zu ähnlich sind, um hier gute Freundinnen zu sein. Eine lustige, relativ anziehende und attraktive Amerikanerin, die schreibt, ist in einer Gruppe von Engländern genug [...] wenn wir zusammen sind, versucht jede, die andere auszustechen [...] wir überschneiden uns in zu vielen Dingen [...] So, das ist zumindest das. Und die Hydra ist erschlagen. Gott sei Dank.«

Ted Hughes war inzwischen nach Cambridge zurückgekehrt und hatte sich zusammen mit Luke bei Bert Wyatt-Brown nach der Lage von Sylvias Zimmer in Whitstead erkundigt. In der Nacht versuchten sie, Sylvia zu wecken, indem sie Steinchen gegen das Fenster warfen. Aber sie irrten sich im Fenster, und außerdem war Sylvia nicht zu Hause, sondern saß mit Hamish zusammen und trank. Am nächsten Tag (10. März) traf sie auf dem Nachhauseweg vom zweiten Besuch beim Psychiater zufällig Bert. »ER« war wieder in Cambridge. »Eine riesige Freude überflutete mich; sie haben sich an meinen Namen erinnert [...] Bitte laß ihn kommen«, betete sie in ihrem Tagebuch,

»laß ihn mich für diesen englischen Frühling haben. Bitte, bitte [...] und gib mir die Beweglichkeit und den Mumm, ihm Achtung vor mir einzuflößen, sein Interesse zu wecken, damit ich mich nicht mit lautem oder hysterischem Geschrei auf ihn werfe; ruhig, sanft, locker, Baby, locker [...] Oh, er ist hier; mein schwarzer Schänder: oh hungrig, hungrig. Ich hungere so sehr nach einer großen, vernichtenden, erschaffenden, erblühenden, lastenden Liebe. Ich bin hier; ich warte, und er spielt wie ein müßiger Faun am Ufer des Cam.«

Ted fuhr nach London zurück, ohne Sylvia gesehen zu haben. Aber bald darauf lud Luke Myers sie zum Essen in seine neue Bude in der Barton Road ein. Er erinnert sich an ihre glatte Haut »wie Zellophan«, ihren dauernden Überschwang und ihre Art, in einem Atemzug von Wallace Stevens und von *Mademoiselle* zu sprechen. Sylvia ahnte absolut nichts von seinen Zweifeln, sie saß auf einem Polsterkissen auf dem Boden und unterhielt ihn, während er auf einem Gaskocher das Essen zubereitete. Beim Essen erzählte Luke, er beabsichtige, einige Tage in einer Wohnung in der Rugby Street, nahe am Queen Square in Bloomsbury, zu verbringen, die Daniel Huws Vater gehörte. Er erkundigte sich, ob Sylvia sich mit ihm und Ted zu einem Drink im »The Lamb« treffen wolle, ehe sie für die Osterferien nach Frankreich fuhr. Sylvia die »unter Höllenqualen« auf Teds schicksalhafte Schritte auf den Stufen von Whitstead gewartet hatte, sagte eifrig zu.

Trotz all dieser erotischen Turbulenzen hatte Sylvia ihr Bedürfnis nach einem sicheren, braven Durchschnittsamerikaner, der ihr die Hand hielt, wenn die Welt um sie herum auseinanderbrach, nicht aufgegeben. Sie hatte versprochen, Gordon in Paris zu treffen, aber in Cambridge war sie oft mit Gary Haupt zusammen, einem »süßen, aber leider pedantischen Fulbright-Studenten von Yale«. Als sie in ihrem Tagebuch über ihn schreibt, gibt sie zu, daß ihre »emotionale, unverantwortliche Schwärmerei« ihn anfangs vielleicht abschreckte.*

In der letzten Woche des Semesters flog Sylvia ein Sandkorn ins Auge und verursachte heftige Schmerzen. Glücklicherweise war Haupt zur Stelle, um in der Ambulanz des Addenbrooks-Hospital neben ihr zu sitzen, während der Arzt nach einer örtlichen Betäubung das Sandkorn entfernte. Wieder rief dies relativ kleine Ereignis große Emotionen hervor. Ihrer Mutter schrieb sie: »Schreie drangen in mein Ohr, und ich sah, wie blutbespritzte Leute auf Krankenbahren hereingerollt wurden.« Während der kleinen Operation sprach sie davon, »daß Oedipus und Gloucester in *König Lear* durch liebende Augen eine neue Sicht bekamen, aber [sie] würde ebenso gerne [ihr] Augenlicht behalten und eine neue Sicht bekommen«. Danach erwies sich Gary als großer Trost. Er verwöhnte sie mit Wein und las ihr laut Thurber vor, während sie sich in ihrem Zimmer in Whitstead erholte. Das Erlebnis war die Quelle für ihr Gedicht *The Eye-mote*, das zwei Jahre später entstand.

Am Freitag, dem 23. März, fuhr Sylvia mit der Bahn nach London, um Ted und Luke zu treffen. Sie verbrachte »den Holocaust einer Nacht«, wie sie es in ihrem Tagebuch nennt,

* An anderer Stelle spricht sie von »meinem absurden, überschäumenden Enthusiasmus. Er *ist* absurd, und ich *spiele* – denn ich komme mir komisch vor ...«

mit Ted in der Rugby Street in einer Wohnung ohne fließend Wasser und der Toilette drei Treppen tiefer.

Es sagt viel über den Eindruck aus, den Ted auf sie machte, daß Sylvia diese Zustände ohne Murren hinnahm.* Am nächsten Tag machte sie sich erschöpft in Begleitung eines Fulbright-Studenten und seiner Freundin auf die mühsame Fahrt mit dem Wagen und der Fähre nach Paris, wo sie am Abend im Hotel Bearn in der Nähe von Les Invalides ein Zimmer fand. Trotz ihrer Müdigkeit machte sie noch am selben Abend einen Spaziergang und bemerkte aufgeregt, daß ihr jemand folgte. In ihrer naiven amerikanischen Art fragte sie den Mann nach einem Stadtplan und nahm seine Einladung in eine kleine *Brasserie* an, wo sie »Steak tartar, Wein und Baiser« zu sich nahmen. Ihr »Verfolger« war ein italienischer Journalist, der Giovanni Perego hieß; sie unterhielten sich auf französisch, worüber Sylvia sich freute. Ein paar Tage später schrieb sie in ihr Tagebuch: »Es stellte sich heraus, daß der Typ – sehr interessant – Pariser Korrespondent der [...] *Paesa Sera* [...] war: nichts Geringeres als ein italienischer kommunistischer Journalist. Daher auch die Olivetti, die er mir für heute ausgeliehen hat.«

Am Sonntag, dem 25. März, stand Sylvia immer noch müde auf und machte sich auf den Weg zu Richard Sassoon in die Rue Duvivier. In der Nr. 4, wo er wohnte, wurde sie von »der dunklen und mißtrauischen Concierge« eingelassen, die ihr berichtete, Sassoon sei nicht zu Hause (wie er angekündigt hatte) und würde erst nach Ostern zurückkommen. Als sie am nächsten Tag über ihre Verwirrung und Enttäuschung schrieb, war sie ebenso erstaunt wie unglücklich.

* Aber sehr wohl machte es ihr etwas aus, als Michael Boddy, der einhundertfünfundzwanzig Kilo schwere ehemalige Marlborough-Schüler und damalige Posaunist der Studentenjazzband vom Anchor, die beiden störte. Sylvia erwähnt im Tagebuch diese Episode später als einen der Gründe dafür, daß sie nicht früher aus Paris floh und in die Rugby Street zurückkehrte.

»Ich war bereit gewesen, ein oder zwei Tage allein durchzustehen, aber diese Nachricht traf mich bis ins Mark. Ich setzte mich in ihr Wohnzimmer und schrieb einen zusammenhanglosen Brief, während meine heißen, salzigen Tränen auf das Papier tropften, ihr schwarzer Pudel mir immer wieder die Pfote gab und das Radio plärrte: ›Lache, auch wenn das Herz dir bricht.‹ Ich schrieb und schrieb und glaubte, er werde durch ein Wunder vielleicht durch die Tür kommen und mein Brief, in dem ich ihn bat, zurückzukommen, würde blau und ungelesen liegenbleiben. Ich staunte über meine Lage. Noch nie hatte mich ein Mann verlassen, und ich weinte ihm nach [...]«

Es ereignete sich kein Wunder, und Sylvia begriff, daß sie allein war. Einen Teil ihrer Zeit in Paris verbrachte sie mit romantischen Pilgertouren zu den Plätzen, an denen sie mit Richard gewesen war. Sie konnte nur hoffen, daß Gary Haupt, Gordon Lameyer oder *irgend jemand* auftauchen würde, um sie zu retten. Am 26. März heftete sich auf dem Weg zum American Express »ein gut aussehender Mann [...] mit slawischen Wangenknochen und diabolischen grünen Augen« an ihre Fersen. Sylvia überlegte, ob er ein Gigolo sei. »Spielte mit der Idee, mit jedem zu schlafen, der mir gefiel«, schrieb sie ins Tagebuch, »sozusagen auf ästhetische Weise: Es gab viele hübsche, kraftvolle Gesichter, einige vermutlich mit einem starken Geist.« Offenbar befand sie sich in einer sehr schwachen Verfassung, als sie mit Tony Gray, einem Studenten aus Oxford, und seiner Schwester Sally am Eiffelturm zu Mittag aß und Richards Börse ebenso vermißte wie seine Anwesenheit. Paris ohne männliche Begleitung war teuer.

Nach ein paar Tagen erschien Gary Haupt, und sie gingen zusammen zum Pont Royal, wo sie ihn offenbar gegen Tony austauschte, dessen Schwester nach England zurückgefahren war. Bei sonnigem und frühlingshaftem Wetter schlenderten sie und Tony durch Montmartre, aßen in einem abseits liegenden Bistro zu Mittag, wo Tony »sich zunehmend [um sie] bemühte« und Sylvia »weich und zärtlich« wurde. Am späten Nachmittag lagen sie im Hotel Bearn im Bett. Tony überlegte sich das Ganze anscheinend noch einmal, und plötzlich »zog er sich an und legte mit den Kleidern wieder sein gutes Benehmen an«.

Sylvia überlegte, was sie tun sollte: mit Tony, mit Männern, mit sich. Sie wollte zu Ted nach London zurück, entschied sich aber dagegen. Sie fürchtete den Klatsch in Cambridge, und er hatte nicht geschrieben. »Er kann zu mir kommen und mich Sylvia nennen, nicht Shirley [der Name seiner ehemaligen Freundin].« Sie war entschlossen, im nächsten Semester »anständig und zurückhaltender« zu sein »und die Klatschmäuler durch Arbeit und Ernsthaftigkeit [zu] verblüffen!« Am ersten April stellte sie eine Liste von Geboten auf:

»*Trink nicht zuviel* – (denk an das Unglück mit Iko nach der St. John's-Party, an Hamish – zweimal: *St. Botolph's*-Party und die Nacht in London); bleib nüchtern.

Sei anständig und wirf dich den Leuten nicht an den Hals (siehe David Buck, Mallory, Iko, Hamish, Ted, Tony) [...]

Sei freundlich und zurückhaltend – wenn nötig, gebe dich als ›geheimnisvolle Frau‹, ruhig, nett, leicht bestürzt über wilde Skandale. Lehne die leichte Sally-Bowles-Rolle ab.

Arbeite an der Bereicherung des inneren Lebens – konzentriere dich auf die Arbeit für Krook [Doris Krook sollte im nächsten Semester ihre Tutorin sein] – schreibe (Geschichten, Gedichte, Artikel für *Monitor* – Skizzen) – täglich französisch.

Rede nicht zuviel – hör mehr zu; zeige Mitgefühl und Verständnis für andere.

Behalte Schwierigkeiten für dich. Ertrage gemeinen Klatsch und Überheblichkeit; setze dich darüber hinweg – sei nett und positiv zu allen.

Kritisiere niemanden andern gegenüber – falsches Zitieren ist wie ein Telefonspiel.

Geh nicht mit Gary oder Hamish aus – sei Keith etc. gegenüber nett, aber *nicht zu enthusiastisch*. Sei, wenn nötig, unerschütterlich und *schreibe* – du hast viel gesehen, tief empfunden und deine Probleme sind universell genug, um bedeutsam zu sein – SCHREIBE.«

Ihr Über-Ich hatte wieder einmal Auftrieb, und Sylvia war erleichtert, als sie am nächsten Abend beim American Express zufällig Gordon Lameyer begegnete. Sie hatte von den »kleinen, dunklen, schmächtigen Männern« genug, die sich an sie hängten, wenn sie durch die Stadt ging, und lehnte seine »Orangensaft-und-Brathähnchen-Körperlichkeit« nicht ab. Bei Rührei mit Schinken planten sie eine einwöchige Reise: München, Venedig und Rom. Sylvia machte sich widerstrebend klar, daß ihr jetzt nur noch die Wahl blieb, mit Gordon »wie Bruder und Schwester« durch Europa zu reisen. Richard hatte sie »verlassen«, Whitstead war geschlossen, und sie wagte nicht, Ted zu überfallen. Ihr Tagebucheintrag vom 5. April stellt die Frage: »Kann ich eine Woche lang gut sein? Mit Gordon? Keine Bosheit, keine saure Miene [...] oh, mein Gott, was ist es? Was ist es? Weshalb lernt man nicht das [...] tägliche Brot, das gut für einen ist, das bequem, angenehm und vorhanden ist, zu lieben und damit zu leben?«

Die Alternativen umkreisten sie »in einem gefährlichen Tanz«. Auf einer Postkarte informierte sie ihre Mutter über die Reise mit Gordon nach Rom und schickte Ted in London eine zweite, Rousseaus *Schlangenbeschwörerin*. Ted hatte kurz geschrieben. Die Erinnerung an sie wärme ihn wie Cognac. »Wenn Du nicht zu mir nach London kommst, werde ich zu Dir nach Cambridge kommen. Bis zum 14. werde ich hier in London sein. Genieße Paris und bring Cognac mit. (Zwei Flaschen – brich dem Zoll zuliebe eine an.)«

Am 6. April verließ der Zug mit Sylvia und Gordon den Gare de Lyon, während die beiden sich erbittert darüber stritten, ob Malcolm Brinnin vorzuwerfen war, daß er Dylan Thomas in New York nicht das Leben gerettet hatte. Sie stritten sich die ganzen fünf Tage über nichts und wieder nichts.

In Rom angekommen, trennten sie sich, aber nach einem zufälligen Treffen im Vatikan-Museum am Freitag, dem 13., bezahlte Gordon ihr ein Flugticket und brachte sie zur Maschine nach London. Das Flugzeug trug sie für immer aus Gordons Leben, brachte sie geradewegs nach Heathrow, in die Rugby Street und zu Ted Hughes.

Feuer und Blume
1956 - 1957

Liebe Sylvia,

Die aufregenden Dinge nehmen kein Ende. Das macht mir ein wenig angst. Ich bin sehr stolz auf Sie, Sylvia, und es ist mir eine Freude, Ihre Geschichte zu erzählen. Jemand hat in *Atlantic* Ihr Gedicht *Verfolgung* gelesen und sagte zu mir: »Welche Intensität.« Schreiben Sie doch irgendwann einmal für mich ein kleines Gedicht, das nicht so intensiv ist. Wenn man eine Petroleumlampe zu hoch stellt, zerspringt möglicherweise der Glaszylinder. Bitte leuchten Sie manchmal nur *gedämpft*...

Brief von Olive Higgins Prouty
im März 1957

Feuer und Blume

1956–1957

Liebe [illegible]

[illegible]

I

Sylvia war nur drei Wochen von Cambridge weggewesen, als sie Mitte April nach Whitstead zurückkehrte. Nach allem, was man hört, war sie ein neuer Mensch, wie sie später auch selbst erklärte. »Ich flog von Rom durch den nebelverhangenen Himmel Europas nach London – entsagte Gordon, Sassoon – meinem alten Leben – und begann mit Ted.« Es war kein Platz für einen anderen. Nathaniel LaMar, einer von Sylvias liebsten Freunden in Cambridge, erinnert sich, daß »die Tür unserer Freundschaft sich schloß«, als Ted in ihr Leben trat. Als Nathaniel sie kennenlernte, hatte sie viele Liebhaber. Mit Ted waren alle Freundschaften zu Ende.* Ted war nicht mehr ihr »schwarzer Schänder«, sondern der »stärkste Mann der Welt, ein Ex-Cambridger, ein großartiger Dichter, dessen Werk ich schon verehrte, bevor ich ihn traf, ein breiter ungeschlachter, robuster Adam [...] mit einer Stimme wie der Donner Gottes – ein Sänger, Geschichtenerzähler, Löwe und Welten-Bummler, ein ruheloser Vagabund.«

Nachdem Sylvia angefangen hatte, ihrer Mutter Ted mit solchen Worten zu beschreiben, wie sie es am 17. April tat, muß ihr der Gedanke gekommen sein, daß die Mutter sich bestimmt fragte, was aus ihrer »großen Liebe« Sassoon geworden war, die sie erst vor einem Monat als solche dargestellt hatte. Sie berichtete: »Richard war für einen Monat nach Spanien gefahren, war mutterseelenallein und hatte mir lange Briefe geschrieben, die ich erst bei meiner Rückkehr vorfand, zu spät, nachdem ich mich diese letzte Woche in Paris so schrecklich verlassen gefühlt hatte.«

Aber solche Briefe von Richard liegen nicht vor. Am 18. April entwarf sie im Tagebuch einen rätselhaften Brief, den sie möglicherweise auch abschickte:

* LaMar berichtet, daß Sylvia allen gegenüber, denen sie vertraute, »mit leidenschaftlich klinischer Objektivität« über sich sprach »wie ein Schmetterlingsforscher, der einen aufgespießten Falter analysiert«.

»Auch ich habe etwas sehr Erschreckendes erlebt, das vor zwei Monaten begann und das nicht hätte geschehen müssen, so wie es nicht hätte sein müssen, daß Du schriebst, Du wolltest mich nicht in Paris sehen [...] Als ich nach London zurückkam, schien nur das geschehen zu können, und ich lebe jetzt in einer Art Hölle, und nur Gott weiß, welche Rituale des Lebens oder der Liebe den verheerenden Schaden wiedergutmachen können.«

Im weiteren Verlauf des Briefes beschuldigt Sylvia ihn, sie rücksichtslos und brutal verlassen zu haben. Jetzt waren die Ferien »grausam verbracht, und ich bin verausgabt, habe täglich mit beiden Händen gegeben, um nun die Wahl zwischen Vernichtung und Angst zu haben und der überflüssigen, unnötigen und schaurigen Leere Deiner langen Abwesenheit.«

Nachdem Richard ihren tränenreichen Brief in seiner Pariser Wohnung gefunden hatte, antwortete er ihr kurz. Möglicherweise war Sylvias Brief die Antwort darauf, denn er hatte ihr wahrscheinlich mitgeteilt, daß er ihr bereits »grausam« beigebracht hätte, wie er seine Ferien zu »verbringen« wünsche. Aber ob die »langen traurigen Briefe aus Spanien« überhaupt existierten, weiß man nicht, denn nur ein Brief aus dem Jahr 1956 (so sieht es zumindest aus, da seine Briefe alle nicht datiert sind), befindet sich in Sylvias Nachlaß. Er scheint eine verzweifelte Antwort auf Sylvias Brief vom 18. April zu sein, und er deutet das Ende an: »Es war nicht der Brief einer glücklichen Frau [...] Ich werde mit dem Gespenst des Verlusts voll Bedauern und sogar voll Scham leben müssen. Denn der Engel ist tot, der rote Gott ist tot, und ich bin der Kadaver, dem das Innere genommen wurde.«

Aber es war zu spät. Richard hatte sie mit ihrem Brief entlassen, und sie hatte nicht mehr das Bedürfnis, um ihn zu trauern.

Am 19. April schrieb sie:

»Es geht um diesen Mann, diesen Dichter, diesen Ted Hughes. So etwas habe ich noch nie erlebt. Zum ersten Mal in meinem Leben kann ich ohne jede Einschränkung Gebrauch machen von *all* meinem Wissen und Lachen und Starksein und Schreiben, von allem [...] Ich bin so voller Gedichte, Tag für Tag; meine Freude redet mit tausend Zungen [...] Ich fühle, wie meine Stärke wächst. Ich verehre ihn nicht bloß abgöttisch, ich sehe ihm mitten ins Herz [...] Ich kenne mich selbst, meine Vitalität, meine Blüte, meine Entfaltung, und ich weiß, daß ich stark genug bin, heil zu bleiben, komme, was da wolle [...] Ich habe nie so frohlockt [...] Was für einen immensen Humor wir haben, was für eine Kraft zu laufen!«

Verblüfft stellten Teds Freunde fest, daß er aus seiner Verliebtheit keinen Hehl mehr machte. »In unserem Kreis«, schreibt Lucas Myers, »drehte sich alles nur um Dichtung, und jede Form anhaltender Bindung an Fleisch und Blut galt als Untreue, als Fahnenflucht. Sylvia liebte Ted, wollte ihn unbedingt heiraten, wollte unbedingt Kinder haben und jede Erfahrung machen, die sich ihr bot [...] Sie schrieben beide sehr viel.« Aber Luke machte sich auch Sorgen: »Ich fürchtete, Sylvia würde ihn in den Kampf um Geld, Schuhe, Geschirr, funktionierende Haushaltsgeräte hineinziehen, vielleicht sogar in das seichte amerikanisch-englische Literatur-Establishment, das seinem Glück abträglich wäre.« Das geschah jedoch nicht. Ted überzeugt Sylvia davon, daß sie ihrer Begabung treu sein und weniger ihrem Ehrgeiz nachgeben sollte.

Myers berichtet weiter, daß Ted im Mai seine Arbeit in London aufgab und bei ihm in der Tenison Road in Cambridge wohnte. Er und Sylvia trafen sich täglich – manchmal mit Luke, dem es wie ihnen Spaß machte, Gedichte zu rezitieren, wobei einer der drei mit ein paar Zeilen begann und erwartete, daß die anderen das Gedicht beendeten. Sylvia war mit Leib und Seele verliebt, und das gab ihr die Kraft für andere

Dinge. Sie arbeitete für *Varsity* und fuhr nach London, um über einen Empfang für Bulganin und Chruschtschow im Claridge zu berichten. In der Maiwoche führte sie Badeanzüge und Ballkleider vor, und mit Ted machte sie lange Spaziergänge durch die Wiesen. Nur ein Schatten verdunkelte ihren Freudentaumel: Grammys bevorstehender Tod in Wellesley.

Grammy starb am 29. April, drei Tage nach Aurelia Plaths fünfzigstem Geburtstag. Am selben Tag schrieb Sylvia euphorisch über ihr neu gefundendes Glück.

»Du kannst beruhigt sein und brauchst Dir hinsichtlich meines Höhenfluges keine Sorgen zu machen, denn ich habe gelernt, daß ich daran wachse, daß ich Konflikte, Kummer und Schmerz ertrage. Ich fürchte nichts desgleichen und begegne jeder Heimsuchung mit dem unerschütterlichen Glauben, daß das Leben gut ist und mit einem Lied der Freude auf den Lippen. Ich fühle mich wie Hiob und freue mich an den tödlichen Stürmen dessen, was kommt. Ich liebe andere, die Mädchen im Haus, die Jungen von der Zeitung, und habe Scharen um mich, die sich in meinem Lichte sonnen. Ich gebe und gebe; mein ganzes Leben werde ich Gedichte dichten und Menschen lieben und ihnen das Beste geben, das ich habe.

Dieser Glaube stammt von der Erde und der Sonne; auf eine gewisse Weise ist er heidnisch; er kommt aus dem Herzen des Menschen nach dem Sündenfall.«

Die Liebe zu Ted machte es ihr leicht, die Welt zu lieben, ohne ihren Ehrgeiz auch nur einen Augenblick lang aufzugeben. In dem Brief heißt es weiter:

»Ich weiß, daß ich innerhalb eines Jahres einen Band mit 33 Gedichten veröffentlichen werde, der die Kritiker heftig treffen wird [...] Meine Stimme gewinnt Kontur, wird stark. Ted sagt, daß er von einer Frau nie zuvor solche Gedichte gelesen hat; sie sind stark und voll und reich – nicht zaghaft und weinerlich wie die der Teasdale oder simpel-lyrisch wie die der Millay*; es sind arbeitende, schwitzende, keuchende Gedichte, aus der Art und Weise erwachsen, wie Worte gesagt werden sollten [...]«

Ihrem Brief legte Sylvia drei Gedichte bei: *Firesong*, *Strumpet Song* und *Complaint of the Crazed Queen*.

Trotz des Todes der Großmutter verlieren Sylvias Briefe an die Mutter im April und Mai nicht ein einziges Mal das leidenschaftliche, ekstatische Crescendo. Außenstehende, die sie damals kannten, berichten von ihrem unverkennbaren Glück – in geistiger und persönlicher Hinsicht. Im Mai besuchte Mary Ellen Chase mit ihrer Begleiterin Eleanor Shipley Duckett Cambridge – »beide«, versicherte Sylvia ihrer Mutter, »machen unglaublich viel Geld mit neuen Büchern, Artikeln und Rundfunksendungen!« Sylvia traf sich zum Kaffee mit ihnen, und bei dem Gespräch bekam sie den Eindruck, daß man ihr wohl einen Lehrauftrag am Smith College anbieten würde, wenn sie ihr Examen abgelegt hätte – eine erfreuliche Aussicht. Dorothea Krook erinnert sich, kurz darauf mit Miss Chase über Sylvia gesprochen zu haben, wobei diese überaus aufgebracht war. »›Plato und Mrs. Krook, Mrs. Krook und Plato, Mrs. Krook über Plato, Plato über Mrs. Krook [...] Man weiß kaum, über *wen* sie redet und ob sie Plato oder Mrs. Krook am meisten bewundert.‹«

Sylvia hatte das Gespräch natürlich nicht auf Ted Hughes gebracht. Aber Smith hin, Smith her, sie wollte ihn heiraten. Ted hatte geplant, im folgenden Jahr zu seinem Bruder nach Australien zu gehen. Jetzt, so berichtete Sylvia ihrer Mutter, war er bereit, mit ihr eine Überfahrt nach Amerika zu bu-

* Sara Teasdale (1884-1933) und Edna St. Vincent Millay (1892-1950): amerikanische Dichterinnen. [Anm. d. Red.]

chen, wenn er ein Jahr in Spanien unterrichtet hätte. »Wenn wir heiraten [...]«, schrieb Sylvia am 10. Mai, »glaubst Du, es wäre uns beiden möglich, Halbtags- oder Ganztags-Jobs für den Sommer zu bekommen und ein Cottage auf dem Cape [...], dann könnten wir im nächsten Jahr durch ganz Amerika fahren und schreiben? Das ist nur einer von vielen Plänen, die mir im Kopf herumspuken. Aber vielleicht sprichst Du mit den Cantors oder irgend jemand, der ›Beziehungen‹ zu den großen Hotels hat [...]«

Am 18. Mai schickte Sylvia Teds Gedichte stapelweise an amerikanische Zeitschriften, damit die amerikanischen Redakteure sich bei seiner Ankunft »um ihn reißen« sollten. Sie überredete Ted, sie zu einer »Fulbright-Gala« in London zu begleiten, wo sie ihn dem amerikanischen Botschafter vorstellte. Der Herzog von Edinburgh hielt die Festrede; anschließend unterhielt er sich mit Sylvia, erkundigte sich nach ihrem Studium und wandte sich dann fragend an Ted. Ted in seinem acht Jahre alten Anzug grinste und sagte, er »begleite Sylvia«. »Aha, der reiche Müßiggänger«, erwiderte der Herzog spöttisch.

Teds Freundeskreis beobachtete inzwischen besorgt den Gang der Dinge. Luke kommentierte die Heirat, zu der Sylvia Ted drängte, daß nach seinen Beobachtungen Ted hauptsächlich von Sylvias mitreißender Vitalität gefesselt war. In seinen Erinnerungen heißt es:

»Ted und Sylvia waren ein unzertrennliches Paar, und sie ergänzten sich gegenseitig. Ohne Sylvia hätte Ted vielleicht noch eine Reihe von Jahren in Rosengärten oder Lagerhäusern arbeiten müssen. Sylvia war in hohem Maß auf die amerikanische, genauer gesagt auf die Ostküsten-Art tüchtig und effizient. Sie schickte Teds Gedichte, wie ihre eigenen fehlerfrei getippt, ständig an englische und amerikanische Zeitschriften. Eine Reihe seiner und ihrer wurden veröffentlicht. Alle, die nicht angenommen worden waren, wurden sofort wieder verschickt. Sylvia reichte Teds erstes Buch *The Hawk in the Rain* beim Harper-Wettbewerb ein. Er gewann den ersten Preis, und damit war sein Name gemacht. Ich glaube nicht, daß Ted ohne Sylvia überhaupt etwas von dem Harper-Wettbewerb gewußt hätte.«

Myers fährt klarsichtig fort:

»Ted war für Sylvias Vitalität und Lebenslust empfänglich; so etwas brauchte er bei seiner Frau und seinen Freunden. Ihn störte die unbefangene Zurschaustellung von Eigenschaften nicht, die ihre wohlmeinenden englischen Freunde mit Unbehagen betrachteten, und die denjenigen, die sie ablehnten, Anlaß war, sie herablassend zu behandeln. Damals in den fünfziger Jahren waren die Amerikaner noch nicht derart vom Fernsehen geprägt oder hatten sich dessen Weltoffenheit aus zweiter Hand angeeignet. Amerikaner waren reich; während die Erben der langen europäischen Tradition und des verlorenen Reichtums mitansehen mußten, wie Scharen ungebildeter, aber selbstbewußter Yanks in den besten Restaurants aßen, durch ihre Museen trabten und lächerliche Äußerungen von sich gaben. Die meisten amerikanischen Universitäten waren zumindest in den englischen Fächern Kindergärten im Vergleich zu Cambridge. Sylvias Überschwenglichkeit, die ihre Intelligenz verschleierte, und ihre offenbar kommerzielle Einstellung zur Literatur [...] machte sie in Cambridge zum Gespött [...] Ich war überzeugt davon, daß der Herausgeber [von *Varsity*] ihr eine Falle gestellt hatte. Er ließ sie einen Artikel [über Paris] schreiben, bei dem die Leser sich über die Amerikaner lustig machen konnten. Ted teilte diese Ansicht; seine rührende Art, in der er sie verteidigte, war für mich das erste sichere Zeichen dafür, wie sehr sie ihm am Herzen lag. Der Herausgeber gab ihr später ein paar gute Aufträge; vielleicht war also mein Verdacht ungerechtfertigt gewesen. Es hätte Ted nicht ähnlich gesehen zu sagen: ›Sie halten dich zum Narren.‹ Er hielt sich bei seinen Freunden und zweifellos auch bei Sylvia zurück und wartete, daß ihnen selbst die Erleuchtung kam.«

Als Lucas Myers diese Beobachtungen machte, war bereits eine Entscheidung gefallen, die im Rückblick seltsam unvermittelt erscheint. Bald nachdem Mrs. Plath in Waterloo Station angekommen war, schloß sie sich offenbar Teds und Sylvias Entscheidung an, daß die Hochzeit stattfinden sollte, ehe sie alle drei am 22. Juni nach Paris aufbrachen. Vermutlich war es Sylvias Idee, deren Verwirklichung durch Aurelias Besuch in England und die Tatsache, daß sie keine Einwände gegen Ted hatte, beschleunigt wurde. Da das Paar plante, den Sommer in Spanien zu verbringen, würde die Heirat das Reisen erleichtern. Sie liebten sich, wußten, daß sie es beide mit dem Schreiben ernst meinten, und Sylvia sah vermutlich in einer romantischen Hochzeit die einzige Möglichkeit, ihre Partnerschaft für die Zukunft zu sichern. Allerdings war sie davon überzeugt, daß das College eine Heirat nicht billigen würde. Unter keinen Umständen durfte ihre Tutorin in Newnham davon erfahren oder die Fulbright-Kommission, die, wie sie fürchtete, auf der Stelle das Stipendium streichen könnte. Deshalb blieb die Hochzeit ein Geheimnis, in das nur Sylvias Mutter und Bruder eingeweiht waren. Ted Hughes' Eltern wurden von dem Ereignis nicht einmal in Kenntnis gesetzt, obwohl Ted am Tag nach der Hochzeit nach Yorkshire fuhr, um seine Sachen in Heptonstall einzulagern.

Die Zeremonie fand, mit Hilfe einer besonderen Erlaubnis des Erzbischofs von Canterbury*, am 16. Juni um 13.30 Uhr in St. George the Martyr, einer Kirche aus dem achtzehnten

* Das Recht des Erzbischofs von Canterbury, durch eine besondere Erlaubnis eine Trauung jederzeit zu vollziehen, geht auf die Zeit Henrys VIII. zurück. Man kann vermuten, daß diese Erlaubnis für die Trauung der Hughes' unbedingt notwendig war, denn sie machte weder den Nachweis eines festen Wohnsitzes noch eine Wartezeit erforderlich.

Jahrhundert, in Bloomsbury statt. In einem Brief an Warren nach Österreich (er nahm an einem amerikanischen Nachbarschafts-Projekt, dem *Experiment in International Living*, teil) beschreibt Sylvia die Umstände, ohne genau zu sagen, weshalb die Hochzeit so überstürzt stattfinden mußte, und wie es kam, daß Mrs. Plath in diesen Plan einwilligte. »Wenn Ted und ich Dich diesen Sommer in Europa sehen, erzählen wir Dir die ganzen phantastischen Details von unserem Kampf um die Heiratserlaubnis (von keinem Geringeren als dem Erzbischof von Canterbury natürlich), davon, wie wir bei der Suche nach der Pfarrkirche, der Ted angehört und in der auch von Rechts wegen getraut werden mußte, plötzlich auf der Straße einen Priester entdeckten, wie Ted mit den Worten ›Das ist er!‹ auf ihn zeigte und wir ihm bis nach Hause folgten, um dort festzustellen, daß es wirklich der richtige war.«

Der Küster wollte gerade mit einem Bus voller Kinder den Zoo besuchen, als sie ihn überredeten, ihr Trauzeuge zu sein. Bis die Trauung vorüber war, blieb der Bus mit all den wartenden Kindern auf der Straße stehen. Die weitere Beschreibung leitet Sylvia mit der hektischen Begründung ihrer Hochzeit ein:

»Warum zwei Hochzeiten? Warum eine geheime Hochzeit? Warum überhaupt? Also, ich habe endlich den Mann meines Lebens gefunden, was Mutter auf der Stelle kapiert hat (Ted und sie kommen großartig miteinander aus, er verehrt sie und kümmert sich liebevoll um sie), und nachdem wir uns drei Monate lang täglich gesehen und alles gemeinsam gemacht hatten, angefangen vom Schreiben bis zum Vorlesen, Wandern und Kochen, gab es auch nicht mehr den Schatten eines Zweifels in unserer Seele. Im Moment sind wir arm wie die Kirchenmäuse, ohne einen Pfennig Geld, und unsere Lage ist so, daß die Leute nicht wissen dürfen, daß wir verheiratet sind. In Newnham, wo ich bin, würden es die viktorianischen Jungfern einfach nicht begreifen, wie man sich auf seine Studien konzentrieren kann, wenn man mit so einem gutaussehenden, virilen Mann verheiratet ist; genausowenig die Fulbright-Leute etc., etc. Dazu kommt, daß er sich nächstes Jahr mit einem Job als Englischlehrer in Spanien das Geld für die Amerikareise mit mir im nächsten Juni verdienen will, d. h., wir müssen für drei lange Perioden von jeweils 8 Wochen getrennt leben, während ich meinen Abschluß mache (ich muß meine Examina mit sehr guten Noten machen). Ich werde mich auf das bißchen Zusammensein mit ihm stürzen, das uns noch bleibt, das sind die fünf Wochen Weihnachts- und Osterferien. Du siehst also, diese Ehe entspricht unserer Lage: Sie ist geheim, privat, legal, wahr, aber auf ihre Weise limitiert. Keiner von uns wird je auf den Gedanken kommen, die große Feier aufzugeben, die eine Art Volksfest in Wellesley wird.«

Ganz eindeutig wollte Sylvia sich Ted sichern, ehe er allein nach Spanien ging, um dort zu unterrichten – ein Plan, der nicht realisiert wurde. In ihrem Brief an Warren folgt der Bericht über die atemlosen Tage vor der Hochzeit:

»Wir rasten kreuz und quer durch London, kauften Schuhe und Hosen für Ted und mit unserem letzten Geld die goldenen Trauringe (einen Verlobungsring wollte ich nie haben), Mami steuerte ein bildhübsches zweiteiliges rosa Strickkleid bei, das sie im Koffer hatte (und intuitiv nie getragen hatte), ich schlüpfe hinein, schmücke mich mit einem rosa Haarband und einer rosa Rose von Ted, stehe in der dämmrigen kleinen Kirche [in Wirklichkeit eine eher große, gut beleuchtete Kirche], während draußen der Regen rauscht, und spreche das Gelübde mit den schönsten Worten auf der Welt; der Vikar ist der zweite Trauzeuge, und der reizende Pastor, ein alter Mann mit leuchtenden Augen (der direkt gegenüber von Charles Dickens' Haus wohnt!), küßt mich auf die Wange, die Tränen fallen wie Regen aus meinen Augen nieder – ich war so glücklich mit meinem lieben, herrlichen Ted.«

Nach der Hochzeit an James Joyces' »Bloomsday« – der 16. Juni war bewußt als literarische Assoziation gewählt – verbrachte das jungverheiratete Paar die Hochzeitsnacht in der Rugby Street, einem »Slum«, wie Sylvia fand, den sie für immer hinter sich zu lassen hoffte. Danach brachte Ted seine Habe nach Yorkshire, während Sylvia ihrer Mutter Cambridge zeigte. Am 21. trafen sie sich noch einmal für eine Nacht in London, ehe sie am nächsten Morgen nach Paris flogen. Für Mrs. Plath begann eine einwöchige anstrengende Besichtigungstour durch Europa, während Ted und Sylvia in Paris blieben. Dort trafen sie Lucas Myers, auf den die beiden »glücklich« wirkten, »glücklicher, als ich sie je erlebt hatte«. Sie schrieben jeden Tag – »für unsere Selbstachtung eine Notwendigkeit« – und machten sich dann mit Rucksack, einer klapprigen Reiseschreibmaschine und fest entschlossen, Erfolg zu haben, auf den Weg nach Spanien.

II

Mitte Juli erreichten sie Benidorm, damals noch ein einfaches Fischerdorf an der Mittelmeerküste. Nach einer Woche in der Villa der »Witwe Mangada« am Meer, deren unzulängliche sanitären Verhältnisse (Erinnerungen an Rugby Street) und unliebsame Störungen später Thema einer Geschichte wurden, hatten sie genug und zogen in ein hübsches, billiges kleines Haus in einiger Entfernung vom Strand. Trotz der übertriebenen Hymnen an die Mutter fühlte sich Sylvia in Spanien nicht wohl. Die große Hitze, die verbrannten Hügel, die Atmosphäre unterdrückter Leidenschaft, die unberechenbare Gewalttätigkeit, die in den Straßen der Städte in der Luft lag, glichen zu sehr ihren Alpträumen. Ted Hughes erinnert sich viele Jahre später an Sylvias panische Angst in seinem Gedicht *You Hated Spain*:

Goyas Leichengrinsen hast du genau gesehen
Erkanntest es und schrecktest zurück
Wie deine Gedichte, die zu Kälte schrumpften
Wie deine Angst, die sich
An das amerikanische College klammerte [...]
Spanien
War das Land deiner Träume: bei den staubroten Kadavern
Wagtest du nicht zu wachen
Faltige Verstümmelungen
Kein Literaturkurs hatte sie je verherrlicht.

In Madrid besuchten sie einen schlechten Stierkampf. Sylvia reagierte mit Entsetzen und Abscheu und voller Mitgefühl für den Stier. An ihre Mutter schrieb sie darüber:

»Ich hatte mir vorgestellt, daß der Matador eine Weile mit dem gefährlichen Stier herumtanzt und ihn dann auf saubere Art tötet. Von wegen. Der Stier ist vollkommen unschuldig und friedfertig, er wird von den zahlreichen Cape-Schwenkern gereizt, damit er herumrennt. Dann sticht ein furchtbarer Picador auf einem Pferd, das mit Strohmatten geschützt ist, mit einem Spieß ein riesiges Loch in den Nacken des Stieres, Blut spritzt heraus, und Männer kommen gelaufen und stecken kleine farbige Piken hinein. Das Töten ist nicht einmal sauber [...] Einen Augenblick lang waren wir höchst zufrieden, als nämlich einer der sechs todgeweihten Stiere es schaffte, einen fetten, grausamen Picador vom Pferd zu stoßen und aufzuspießen; [...] als er herausgetragen wurde, strömte Blut aus seinem Schenkel.«

Die grausame Szene gab ihr den Stoff für das Gedicht *The Goring*: »Schon rostet im Staub der Arena / das Blut von vier Stieren zu Röte / Schlimmer noch wird der Nachmittag enden / durch der Menge Grausamkeit [...]«

Obwohl Sylvia sich in Spanien nicht wohl fühlte, faszinierte das Land sie trotzdem. Im Tagebuch staunt sie über den Reichtum der Farben, den Überfluß an Früchten auf dem Markt, das intensive Blau des Mittelmeeres und beklagt sich gleichzeitig bitter über »das schmutzige Bad« der Witwe Mangada, »über die ameisenverseuchte Küche, die sie gemeinsam mit dreckigen Spaniern benutzen mußte« und über die Aussicht von der Terrasse auf »die schreiende, gaffende Menschenmenge auf dem Boulevard«. Olwyn Hughes erinnert sich, daß Sylvia mit besonderem Entsetzen die verstümmelten Bettler beschrieb, die ihr in den schmutzigen Gassen den Weg verstellten, den Staub, den Schmutz, den schrecklichen Gestank und die häßliche Armut, »als habe sie in Wirklichkeit alles abscheulich und ekelhaft empfunden«. In Benidorm bekam Sylvia eine Magen-Darm-Infektion, lag mit hohem Fieber im Bett und erklärte immer wieder, nur unten in der Zisterne des Hauses könne sie sich abkühlen.

Die Lage besserte sich erst, als sie von der Küste aus tiefer ins Land zogen. Trotzdem wechselten Sylvias Stimmungen mit alarmierender Schnelligkeit. In ihrem Tagebuch schreibt sie von launischen und heftigen Reaktionen auf einen nicht näher beschriebenen Vorfall. Entweder waren sie die Folgen eines Streits zwischen Ted und ihr, der ihre Erbitterung, mit der sie ständig mit dem Hausbesitzer wegen seiner Mieterhöhungen stritt, nicht verstand – oder sie wurden dadurch ausgelöst, daß Sylvia sich über ein paar Engländer ärgerte, mit denen sie einen Abend verbracht hatten. Aber im allgemeinen, wie Ted herausfand, ließen sich Sylvias Launen nicht erklären: Sie zogen wie ein Sturmgewitter auf und waren ebensoschnell vorbei. Ted fand sich schließlich darein, sie zu akzeptieren, während Sylvia die tragische Königin im Mittelpunkt eines Melodrams spielte:

»Allein, alles verstärkt sich. Spüre, wie die Empfindungen sich durch den Geranienkasten, den Vollmond und das Abklingen des Schmerzes verstärken; das tiefe Einwachsen von

Schmerz, zu weit entfernt von den kleinlichen Streitigkeiten der Stürme an der Oberfläche. Der Schmerz dringt ein, sauber wie ein Rasiermesser, und das dunkle Blut quillt hervor. Nur das ekelhafte Wissen, daß das Unrecht im Vollmond gewachsen ist. Höre, wie er sich das Kinn reibt, das leise Kratzen des Bartes. Er schläft nicht. Er muß herauskommen, sonst gibt es kein Hineingehen. [...] Es ist sehr ruhig. Vielleicht schläft er. Oder er ist tot. Wie kann man wissen, wieviel Zeit bis zum Tod bleibt? Vielleicht war der Fisch vergiftet, und das Gift tut sein Werk. Und zwei sind durch Unrecht getrennt.

Was ist los? fragte er, als der Pullover, die wollene Hose und der Regenmantel herausgezerrt werden. Ich geh' raus. Willst du mitkommen? Das Alleinsein wäre zuviel; tollkühn und dumm auf den einsamen Straßen. Die Herausforderung des Unheils. Er zieht Hose, Hemd und schwarze Jacke an. Wir lassen das Licht im Haus brennen und gehen hinaus in den grellen Vollmond. Wir sitzen weit auseinander auf Steinen und stachligem, trockenem Gras. Das Licht ist kalt, grausam und still. Alles könnte geschehen. Das vorsätzliche Ertrinken, der Mord, die tötenden Worte. Die Steine sind rauh und deutlich zu sehen; das Mondlicht zeichnet erbarmungslos ihre Umrisse. Wolken ziehen über den Himmel; die Felder werden dunkel, und ein Hund in der Nähe bellt die beiden Fremden an. Zwei stumme Fremde. Beim Zurückgehen wächst die Übelkeit, das getrennte Schlafen und das bittere Erwachen. Die ganze Zeit wächst das Unrecht, kriecht durch das Haus, erstickt es, umschlingt Tische und Stühle, vergiftet Messer und Gabeln und trübt das Trinkwasser mit dem tödlichen Verderben. Sonne fällt schräg auf mißtrauische Augen, und die Welt ist über Nacht verdorben, sauer wie eine Zitrone.«

Um schreiben zu können, schlug Sylvia aus allem Kapital. Sie verdrängte die alptraumartigen, bizarren Aspekte Spaniens und fing die pittoreske Küste und das Städtchen in mehreren Federzeichnungen ein, die der *Christian Science Monitor* zusammen mit einem Artikel im Herbst veröffentlichte. Fast den ganzen Juli und August arbeiteten beide kontinuierlich. Ted schrieb ein Buch mit Tierfabeln (viele Jahre später überarbeitet und als *How The Whale Became* veröffentlicht), und Sylvia arbeitete an Geschichten, die sie an *McCall's* oder *The Ladies' Home Journal* verkaufen wollte. Am Ende des Sommers hatte Sylvias Verkaufskampagne nur zwei Erfolge in Amerika aufzuweisen: Teds *Bawdry Embraced* wurde von *Poetry* (Chicago) und *Hag* von *The Nation* angenommen. Mit eiserner Disziplin hielten sie sich an einen Tagesablauf, den Sylvia brauchte, um arbeiten zu können. In einem Brief an Aurelia vom 25. Juli beschreibt sie »einen Tag im Leben der schreibenden Hughes'«:

»Wir wachen gegen sieben Uhr morgens auf, wenn eine kühle Brise im Weinlaub draußen vor unserem Fenster weht. Ich stehe auf, hole die Kanne mit den zwei Litern Milch herein, die täglich auf unserer Türstufe abgestellt wird, und mache sie für meinen café con leche und Teds Brandy-Milch heiß [...] [dazu gibt's] köstliche wilde Bananen und Zucker. Danach gehen wir frühzeitig auf den Markt, zuerst zu den Fischen [...] das ist faszinierend, denn jeder Tag bringt einen anderen Fang. Es gibt Muscheln, Krebse, Garnelen, winzige Oktopusse und manchmal auch einen riesigen Fisch, den sie als Filets verkaufen. [...] Nach den Fischen gehen wir zum Gemüse, fragen nach dem Preis und kaufen unsere Grundnahrungsmittel wie Eier, Kartoffeln, Tomaten und Zwiebeln. [...] Wenn Du bloß sehen könntest, wie phantastisch wir haushalten. Wir kaufen bei dem einzigen Kartoffelstand, der das Kilo zu 1,50 statt zu 1,75 Peseten anbietet, und haben einen entdeckt, wo die Butter eine Pesete (rund 2½ Cents) weniger kostet. Ich hoffe, daß ich nie wieder in meinem Leben so auf den Pfennig schauen muß. Ich bin fest davon überzeugt, daß wir eines Tages viel Geld haben werden [...] Ted und ich schreiben von 8 Uhr 30 bis 12 – er am großen Eichentisch, ich am

Schreibmaschinentisch am Fenster im Eßzimmer [...] Dann koche ich Mittagessen, und anschließend gehen wir für zwei Stunden an den Strand, halten Siesta, schwimmen, wenn die Leute alle nach Hause gegangen sind, und haben alles ganz für uns allein. Danach wieder zwei Stunden Schreiben, von 4-6, und anschließend Abendessen. Von 8-10 Uhr abends studieren wir Sprachen, d.h., ich übersetze *Le Rouge et Le Noir* und habe vor, das ganze Französisch durchzuarbeiten, das ich für meine Prüfungen im Sommer brauche; Ted macht Spanisch.«

Wie immer, wenn Sylvia ihrer Mutter schrieb, übertrieb sie ihr Glück und idealisierte die äußeren Umstände, während in ihren Tagebüchern beide Seiten zur Sprache kommen. Die eine in ihr sehnte sich nach einem harmonischen häuslichen Leben und kommerziellem Erfolg; die andere überließ sich verrückten Phantasien, schwarzem, stummem Zorn oder imaginären Gewaltszenen.

Gegen Ende August erreichten sie nach einer sechzehnstündigen Bahnfahrt Paris. Dort stellte Sylvia Ted ihrem Bruder Warren vor, der nach einem Sommer in Österreich zu seinem letzten Jahr in Harvard und nach Hause, nach Wellesley, zurückkehrte. Ted hatte aus Benidorm seiner Familie geschrieben und sie von der Hochzeit in Kenntnis gesetzt. Sobald sie wieder in England waren, fuhren sie nach Heptonstall, zum »Beacon«, dem Haus von Teds Familie am Rande des Dorfes.

Schwarz, alt und sehr pittoresk schmiegt Heptonstall sich an einen steilen Abhang. Die verwitterten, schiefergedeckten Steinhäuser sehen aus, als wollten sie sich über die enge Hauptstraße neigen – Sylvia sah sie noch mit Kopfsteinpflaster –, die sich durch das Dorf hinunter zur Hebden-Brücke schlängelt. Ein wenig abseits der Straße steht eine hübsche Kirche, Seite an Seite mit den Ruinen einer sehr viel älteren. Die Familie Hughes empfing Sylvia herzlich. Edith, Teds Mutter, sprach zwar nie darüber, war jedoch verletzt, weil man ihnen nichts von der Hochzeit gesagt oder sie dazu eingeladen hatte – besonders deshalb, weil Mrs. Plath dabeigewesen war. Da Ted und Sylvia sich in Spanien gänzlich verausgabt hatten, nahmen Teds Eltern sie auf, bis Sylvia nach Cambridge zurückkehrte.

Von Spanien nach Yorkshire – einen größeren Gegensatz konnte man sich kaum vorstellen. (Unvermeidlich) schreibt Sylvia am 2. September an ihre Mutter und schwärmt über »eine herrliche, wilde, grüne Landschaft mit kahlen Hügeln, kreuz und quer durchzogen von zahllosen schwarzen Steinmauern wie ein Spinnennetz, in dem graue, wollige Schafe weiden, begleitet von Hühnern und braun-weiß gesprenkelten Kühen. Ein böser Nordwind peitscht stürmischen Regen gegen das kleine Haus, und Kohlenfeuer glühen.«

Für Sylvia war dieses das Brontë-Land und damit eindeutig romantisch. Von Teds Eltern spricht sie ziemlich herablassend als »liebe, einfache Yorkshire-Leute«; seine Mutter sei »rundlich und humorvoll«, und sein Onkel Walter (ein wohlhabender Besitzer einer kleinen Fabrik) wird zum »Millionär«. Hingebungsvoll ging sie in Mrs. Hughes' kleiner Küche ihrer Lust am Kochen nach und malte sich aus, eines Tages in einer eigenen, amerikanisch eingerichteten Küche mit »Orangensaft, Schneebesen und all meinen köstlichen Zutaten für leichte Kekse und Kuchen« zu werkeln. Mit Ted und dessen Onkel wanderte sie über das Moor nach »Top Withins«, dem angeblichen Schauplatz von Emily Brontës *Sturmhöhe*, den Sylvia zeichnete.

In Heptonstall erhielt Sylvia einen Brief von Edward Weeks, dem Redakteur von *Atlantic Monthly* in Boston. Er hatte ihr Gedicht *Verfolgung* angenommen – »gelungen und schön« – und legte einen Scheck über fünfzig Dollar bei. Das war Sylvias erste professionelle Anerkennung in diesem Jahr, und sie sah es als gutes Omen. Elly Friedman, eine Freundin vom Smith College, mit der sie zusammen reisen wollte, ehe sie Ted kennenlernte, kam zu Besuch und brachte aus Northampton schmeichelhafte Gerüchte mit. Es galt beinahe als sicher, daß man Sylvia im folgenden Jahr einen Lehrauftrag am Smith College anbieten würde. Was sie anbetraf, war Sylvia hocherfreut, aber offenbar zog sie in vorweggenommener Eifersucht sofort ihre Fäden, um zu verhindern, daß Ted ebenfalls an dem Frauencollege unterrichtete. Gegen Ende ihrer Ferien in Heptonstall fuhren Ted und Sylvia mit dem Bus nach London, wo Ted bei der BBC eine Sprechprobe für eine Lyriksendung absolvierte – in der Hoffnung auf einen Teilzeitjob. Für ein paar ruhige, glückliche Tage kehrten sie nach Heptonstall zurück, bis Sylvias Semester in Cambridge anfing. Am 30. September war sie wieder in Whitstead und fand dort einen Brief von Peter Davison vor, der inzwischen bei der *Atlantic Monthly Press* arbeitete.

Sylvia konnte ihr Glück nicht fassen. Peter Davison bedeutete eine private Verbindung zu einer Zeitschrift und einem sehr wichtigen Verlag. In ihrer vierseitigen Antwort schilderte sie Hughes als ihre Entdeckung des Jahres (und erwähnte erst ganz am Ende, daß sie ihn heiraten werde). Sie bat Peter, ihnen Agenten und Verlage in den USA zu empfehlen. Bei wem konnte Ted seine Tiergeschichten veröffentlichen? Wer konnte ihren Roman, ihre Gedichte veröffentlichen? England, so fügte sie hinzu, war hoffnungslos (verhaßt nach einem Sommer der Ablehnungen), seine altmodischen Werte waren »krank, krank, krank. Mich hat nie etwas mehr enttäuscht und angewidert als die Londoner Literaten mit ihren Vorposten in Oxford und Cambridge.« Die jungen englischen Dichter wären ausnahmslos »unglaublich boshaft, eitel, ohne Gefühl für Musikalität und Lesbarkeit oder auch für tiefe ehrliche Inhalte«.

Mit Davisons Brief war auch eine Zusage von *Poetry* (Chicago) eingetroffen. Die Zeitschrift hatte sage und schreibe sechs ihrer neuen Gedichte angenommen: *Two Sisters of Persephone*, *Metamorphosis* (veröffentlicht als *Faun*), *Wreath for a Bridal*,

Strumpet Song, *Dream with Clam-Diggers* und ein Liebesgedicht, *Epitaph für Feuer und Blume*, das sie am Strand von Benidorm begonnen hatte. Die Gedichte sollten in der Nummer veröffentlicht werden, in der auch Teds *Bawdry Embraced* erschien. Ein solcher Coup tröstete sie in ihrem Kummer, von Ted getrennt sein zu müssen, und sie ging mit erneuter Entschlossenheit an einen Roman über Cambridge und an einen Gedichtband.

Kurz nach Semesterbeginn erfuhr Ted von der BBC, daß er für eine Sendung im Herbst einige späte Yeats-Gedichte sprechen sollte. Das bedeutete, er würde für die Aufnahme von Heptonstall nach London kommen. In einem Drama verpaßter Verabredungen trafen sie sich nur kurz und diskutierten darüber, ob es klug sei, getrennt zu leben. In Teds Abwesenheit litt Sylvia unter einer »hektischen, heftigen, würgenden Depression«, wie sie ihrer Mutter schrieb. In Cambridge ging sie soweit, die Liste der Fulbright-Stipendiatinnen durchzugehen, und entdeckte dabei, daß drei verheiratet waren. Wenn es ihr gelang, Dorothea Krooks Verständnis zu gewinnen, könnte man die Collegeleitung überreden, für sie eine Ausnahme von den Regeln zu machen. Sylvia beschloß, das Risiko einzugehen und die Heirat bekanntzugeben. Am letzten Tag im Oktober fuhr sie nach London, um ihren Fall der Fulbright-Kommission zu unterbreiten. Zu ihrer Verblüffung wurde sie nicht von älteren Herren empfangen, die mißbilligend die würdigen grauen Köpfe schüttelten, sondern von einem jungen Mann, der sie dazu beglückwünschte, die englisch-amerikanischen Beziehungen erfolgreich gefestigt zu haben.

Nach ihrer Rückkehr fanden sie und Ted beinahe sofort eine Wohnung im Erdgeschoß der Eltisley Avenue 55, einem heruntergekommenen, aber hübsch gelegenen Haus in der Nähe von Grantchester Meadows.* Ted würde sofort einzie-

* Seltsamerweise wohnte in der Eltisley Avenue Nr. 55 über ihnen George Sassoon, Sohn von Siegfried Sassoon und seiner schottischen Frau. George Sassoon erinnert sich an das Ehepaar Hughes, sagt aber, Sylvia habe ihm gegenüber Richard nie erwähnt.

hen können, sobald sie die »schauerlichen gelben« Wände sanftgrau gestrichen und die Bücher in Regale geräumt hätten, aber Sylvia mußte zuerst die Leitung des Newnham College informieren.

Dorothea Krook erinnert sich, daß Sylvia eines Tages übermäßig erregt zu einer Sitzung kam; die ältere Frau bekam zum ersten Mal eine Ahnung von »dem leidenschaftlichen Zorn, den man inzwischen als beherrschendes Gefühl ihrer Lyrik erkannt hat«. In diesem Fall schien der Zorn nicht angebracht. I.V. Morris, Sylvias Tutorin (in Cambridge ist ein Tutor auch für das Wohl des Studenten verantwortlich), erinnert sich, daß Sylvia anrief und erklärte, sie müsse etwas Schreckliches gestehen. Miss Morris erwartete das Schlimmste und stellte erleichtert fest, daß es bei dem »Geständnis« nur um die legale und verständliche Heirat ging. Miss Morris zweifelte nicht daran, daß der College-Rat seine Einwilligung geben werde. Sylvias einzige »Fehlleistung« bestand darin, dem Senior Member in Whitstead die Heirat verheimlicht zu haben, der wissen mußte, daß Sylvias Zimmer nun für eine andere Studentin zur Verfügung stand. Miss Morris schreibt, daß Sylvia ihr um den Hals fiel und beteuerte, sie sei »die liebenwürdigste, verständnisvollste Tutorin«. In ihren Briefen an die *Newnham College Roll* (vom Januar 1957) fährt Miss Morris fort: »Ich muß nicht erwähnen, daß ich ein so überschwengliches Verhalten nicht gewöhnt war.« Am Ende des Gesprächs lud sie Sylvia und Ted zum Sherry ein.

Die »viktorianischen Jungfern« entpuppten sich glücklicherweise als eine Ausgeburt von Sylvias lebhafter Phantasie. Offiziell mußte Sylvia mit ihrem Umzug in die Eltisley Avenue bis zum 7. Dezember warten. Sie zog jedoch zusammen mit Ted bereits Mitte November dort ein und behielt ihre Mansarde in Whitstead bei. Das Schreckgespenst des ungarischen Aufstands und die Suezkrise überschatteten das Leben in ihrem ersten gemeinsamen Heim. Im Herbst 1956 schien die Welt wirklich aus den Angeln geraten zu sein. Sylvia beschreibt ihrer Mutter, wie sie »benommen und krank« am Cam entlanglief und düster über »Englands kraß materialistische Motive bei diesem Überfall auf Suez« sprach, der eine verheerende Wirkung auf die russische Propaganda in Budapest gehabt hatte. Ihr Brief spiegelt die heftige persönliche Reaktion auf das Unrecht in der Welt wider – eine Sorge um die Moral, die später in ihre Gedichte einfließen sollte, als gefährde das Böse unmittelbar eine großartige Vision von richtig und gut. 1956 rechnete sie zuversichtlich damit, ihre und Teds Stellungen in Amerika würden genug Geld einbringen, um den Rückzug in die Natur zu ermöglichen.

»Eine Insel oder so etwas [...] und versuchen, kreativ und ehrlich zu leben. Wenn jeder Soldat sich weigern würde, zu den Waffen zu greifen [...] gäbe es keine Kriege mehr; aber keiner hat den Mut, der erste zu sein, der gemäß den Lehren von Christus und Sokrates lebt, weil er in einer Welt aus lauter Opportunisten zum Märtyrer werden müßte. Ja, wir leiden beide furchtbar. Die schöpferischen Kräfte der Natur sind die einzigen Kräfte, die mir jetzt ein wenig Frieden geben, und wir wollen ein Teil von ihnen werden; nach diesen wahnsinnigen Ereignissen ist jeder Krieg für uns vollkommen sinnlos geworden. Ich denke einzig und allein an die Mütter und Kinder in Rußland, in Ägypten, ich weiß, sie wollen nicht, daß Menschen getötet werden [...]«

Die Wohnung in Cambridge war nicht ideal. Sie mußten das Bad mit einem Ehepaar teilen, das über ihnen wohnte, aber sie hatten ein Schlafzimmer, ein Wohnzimmer, ein Eßzimmer und eine höhlenartige Küche; außerdem betrug die Miete nur vier Pfund in der Woche. Mit dem englischen Winter stellte sich auch Sylvias Sinusitis wieder ein. *The New Yorker* hatte alle Geschichten und Gedichte abgelehnt, die sie aus Yorkshire geschickt hatte, auch *The Atlantic* schickte, trotz Peter Davison, höflich formulierte Ablehnungen und akzeptierte nur *The Hawk in the Storm*, ein starkes Gedicht von Ted. Die Feuchtigkeit in Cambridge verschlimmerte die Nebenhöhlenentzündung; Sorgen über Krieg, Geld und Absagen ließen Sylvias Stimmungen wie üblich schwanken.

Bald nachdem Ted in die Eltisley Avenue gezogen war, kam seine Schwester Olwyn, die auf dem Rückweg von Yorkshire nach Paris war, zu Besuch, um ihre Schwägerin kennenzulernen. Im Sommer hatten sie sich in Paris verpaßt, da sie gerade auf einer Konferenz in Cannes war, und bei ihrer Rückkehr aus Spanien machte sie Urlaub in Ravenna. Wie Nancy Hunter am Smith College war auch Olwyn über Sylvias Normalität verblüfft.

Flüchtig besehen, wirkte sie wie der Inbegriff der wohlerzogenen, bürgerlichen Amerikanerin, wie man sie in den fünfziger Jahren in Europa oft erlebte. Olwyn erinnert sich:

»Ihre Kleidung war von klassischem amerikanischen Stil, sportlich und sehr gepflegt, mit klaren, fließenden Linien. Die damals blondierten Haare und ihr heller Teint betonten die braunen – tiefen, wachsamen, intelligenten – Augen, die zusammen mit den anmutigen Bewegungen zu ihren attraktivsten Merkmalen gehörten. Sie hatte eine tiefe, einnehmende Stimme, die noch tiefer wurde, wenn sie sich amüsierte. Sie schien beherrscht und ausgeglichen zu sein, aber ein bißchen zu steif und reserviert.«

An diesem Abend kochte Sylvia in der »etwas finsteren Küche, über die sie klagte«, ein ausgezeichnetes Essen mit drei Gängen. Sie aßen im Wohnzimmer, in dem ein abgeschabtes Samtsofa stand, auf dem Olwyn später schlief. Sylvia sprach mit Begeisterungsausbrüchen über Schriftsteller, Maler, Orte, flocht in das Gespräch beinahe triumphierend Angriffe gegen mehrere Bekannte ein und urteilte bissig über die nonnenhafte Scheinheiligkeit der Tutorinnen. Olwyn dachte insgeheim, das sei zu verallgemeinernd abwertend und fand

»die Primärfarben« mancher ihrer Ansichten verwirrend. »Vermutlich teilte ich mit den englischen Studentinnen, mit denen sie wenig Gemeinsamkeiten entdeckt zu haben schien, eine ironischere, philosophischere Einstellung zum Leben.«

Am nächsten Tag schlenderten sie zu dritt durch Cambridge, und Sylvia kaufte von ihrem großzügigen Fulbright-Etat bei Heffers einen eindrucksvollen Stapel Bücher. Olwyn schreibt:

»Sie wählte unter den dicken Bänden und tätigte ihren Einkauf mit bemerkenswerter Konzentration. Das war das erste Mal, daß ich sie derart engagiert erlebte, sie war von beeindruckender Spannung, als ob sie in eine persönliche, höchst effiziente Gangart umgeschaltet hätte. Ich folgerte aus dieser Beobachtung, daß sie bisher offenbar *nicht* engagiert gewesen war [...] Sie setzte gewaltige Prioritäten und wurde rasch ungeduldig, wenn es um Dinge ging, die damit nichts zu tun hatten oder ihr einfach zu lange dauerten und damit ihr Programm störten – wie es, glaube ich, am zweiten Tag meines Besuchs der Fall war. Wir tranken Tee in Newnham, wo sie immer noch ein Zimmer hatte. Ich erinnere mich, wie sie zusammengekauert am Fenster saß – in einer Hose mit Schottenkaros, einem marineblauen Rollkragenpullover und ›Mokassins‹ – die Nachmittagssonne fiel auf ihr helles Gesicht und die blonden Haare.«

Diese programmierte Konzentration und die Ungeduld gegenüber allem, was sie störte, war zweifellos ein Grund dafür, daß Teds Freunde Sylvia schwierig fanden. Danny Weissbort sagt in einem Brief, er habe den Verdacht gehabt, Sylvia habe ihn nie interessant genug gefunden, um sich mit ihm zu unterhalten. Nicht-Schriftsteller aus dem Rugby-Street-Kreis wie Michael Boddy und Joe Lyde wurden kurz abgefertigt.

In einem Brief an die Mutter, der am 21. November geschrieben wurde, verbindet Sylvia in ihrer Beurteilung von

Olwyn in seltsam forcierter Art Begeisterung und Gehässigkeit:

»Am Wochenende war Olwyn, die Schwester von Ted, hier. Sie hat Zwischenstation gemacht auf ihrer Reise von zu Hause nach Paris, wo sie arbeitet. Sie ist 28 und beängstigend schön mit ihren bernsteingoldenen Haaren und Augen. Ich habe für uns ein großartiges Essen gemacht, es gab Roastbeef, Rotwein und Erdbeeren mit Sahne. Irgendwie erinnert sie mich an einen Wechselbalg, der niemals alt wird. Sie ist aber ziemlich egoistisch und gibt das Geld mit vollen Händen für extravagante Kleider und Zigaretten aus, obwohl sie Ted immer noch 50 Pfund schuldet. Trotzdem mag ich sie.«

Da Sylvia, wenn es ums Geld ging, immer wachsam war, konnte sie eine kleine Familienschuld nicht verzeihen (obwohl Olwyn Ted im Sommer zuvor zwanzig Pfund zusammen mit dem Schlüssel ihrer kleinen Wohnung in Paris übergeben hatte). Die übertriebene Beschreibung Olwyns – »beängstigend schön mit ihren bernsteingoldenen Haaren und Augen« – glaubte sie ihr als Teds Schwester schuldig zu sein; die Vorbehalte entsprachen denen, die sie immer wieder gegen beinahe alle Freunde und Verwandte von Ted hegte.

Als sie sich kennenlernten, hatte Sylvia Ted versprochen, sie werde erreichen, daß mindestens fünfzehn seiner Gedichte innerhalb eines Jahres veröffentlicht sein würden. Aus Yorkshire hatte sie seine Manuskripte stapelweise verschickt; jetzt kamen sie entmutigenderweise zu ihr nach Cambridge zurück. Trotzdem ließ Sylvia sich davon nicht beeindrucken, sondern tippte sie neu, stellte sie anders zusammen, verpackte sie und verschickte sie wieder. Während der acht Monate in der Eltisley Avenue sorgte sie dafür, daß etwa zwanzig Manuskripte von ihr und von ihm ständig zirkulierten – sie war stolz darauf, diese postalische Akrobatik aufrechterhalten zu können, während sie sich auf ihr Examen vorbereitete und auf dem uralten Herd ohne Temperaturregler, den sie mit der Wohnung übernommen hatten, ihre Kochkünste erprobte. Sie besuchte regelmäßig Vorlesungen und Seminare, schrieb und machte erste Aufzeichnungen für einen Roman.

Dorothea Krook, die eine kurze, sehr zutreffende Erinnerung an Sylvia geschrieben hat, wohnte damals in der Nähe der Hughes' in Grantchester Meadows. Nachdem das Problem mit der »unerlaubten Heirat« gelöst war, lud Sylvia sie zum Abendessen in die Eltisley Avenue ein. Mrs. Krook mußte die Einladung ausschlagen, denn ihre Pflichten als Lehrerin ließen ihr nur wenig Zeit für Geselligkeit. Sylvias Augen leuchteten vor Bewunderung und Verständnis. Wenig Zeit für Geselligkeit bedeutete völlige Hingabe an die Arbeit – das fand ihre ganze Zustimmung.

Dorothea Krook hatte es ermöglicht, daß eine südafrikanische Freundin, Wendy Christie (jetzt Campbell), eine Witwe, die mit ihren beiden Kindern in Cambridge lebte, an Sylvias Sitzungen teilnehmen konnte. Mrs. Christie war eine freundliche, ältere Frau, die interessante Partys gab; sie paßte in Sylvias Kategorie mütterlicher Freundinnen, die Kameradschaft und Unterstützung boten, ohne Eifersucht zu erwecken. Diese Mrs. Christie kam am 17. März mit einer *Sunday Times* in die Eltisley Avenue: Harold Hobson hatte Sylvias Gedicht *Spinster* besprochen, das in der Oxford-Cambridge-Studentenzeitschrift *Gemini* erschienen war. Sie und Dorothea Krook waren offenbar die einzigen Frauen, die Sylvia dort wirklich mochte; aber beide kannten Sylvia nicht sehr gut. Sie bewunderten die ernsthafte Studentin und die strahlende junge Ehefrau, die die meisten Menschen durch ihre königlich strengen Maßstäbe von sich fernhielt – beinahe wie die Jungfer in ihrem Gedicht. Sylvia Hughes unterschied sich tatsächlich sehr von der auffallenden, sexuell unersättlich männerjagenden Studentin der ersten Semester. Sie hatte sich der Liebe geöffnet und schloß sich jetzt darin ein.

[...] nur Idioten
taumeln töricht in den tollen Frühling
Sie aber zog sich rein und fein zurück.

Sylvia erzählte Wendy Christie, *Spinster* beziehe sich auf eine Studentin in Newnham, die nicht in der Lage zu sein schien, das Gefühls- und das Geistesleben auf gesunde Weise miteinander zu verschmelzen. In vieler Hinsicht spiegelt das Gedicht jedoch Sylvias zwanghafte Ordentlichkeit wider, ihre tiefsitzende Angst vor dem inneren Chaos, das sie ständig zurückdrängte. In den Gedichten aus der Zeit in Cambridge ist das Haus ihrer Jungfer das beste Beispiel dafür.

Und zog sich um ihr Haus
den Wall aus Widerhaken Widerständen
gegen Einbrüche von schlechtem Wetter
gegen jegliche Freibeuterhoffnung
gegen Besiegtsein, sei's durch Flüche
Fäuste, Drohungen
oder Liebe gar.

Keiner von denen, die Sylvia in Cambridge gekannt haben, konnte sich vorstellen, wie es mit ihr einmal weitergehen würde. Am ehesten hatte wohl Mrs. Krook, die Sylvias Freude über die Ehe miterlebte, eine angstvolle Vorahnung:

»Was würde geschehen (fragte ich mich einmal, so halb und halb), wenn in der Ehe dieser ehrlichen Menschen je etwas *schiefgehen* sollte? Natürlich würde nichts, *konnte* nichts schiefgehen; daran zweifelte ich nicht im geringsten. Wenn es aber unvorstellbarerweise doch der Fall sein sollte, würde sie schrecklich darunter leiden. Wenn ich nur daran dachte, wie sehr sie leiden würde, nahm es mir den Atem. Soweit reichte in meiner momentanen Angst meine Phantasie, weiter konnte sie auch nicht reichen angesichts ihrer Gelassenheit, ihrer Ausgeglichenheit, ihrer Zuversicht und (vor allem) ihrer bewundernswerten Vitalität, die eine Garantie für ihre grenzenlose Widerstandsfähigkeit zu sein schien.«

Obwohl Sylvia nie zugelassen hätte, daß Ehrgeiz einen Schatten auf das Bild der Zuversichtlichkeit warf, das sie ihrer Tutorin präsentierte, hatte sie natürlich für sich und ihren Mann sehr ehrgeizige Pläne. Im November erfuhr sie, daß der Verlag Harper Brothers in New York über das New York Poetry Center einen Wettbewerb für einen ersten Gedichtband ausschrieb. Nach Sylvias Ansicht war ihr eigenes Buch noch nicht fertig; also tippte sie vierzig von Teds Gedichten ab und reichte sie unter dem Titel *The Hawk in the Rain* ein. Marianne Moore, Stephen Spender und W.H. Auden waren die Juroren, drei große Dichter, wie sie Aurelia schrieb, die Teds Buch einfach anerkennen mußten, »das farbigste, kraftvollste Werk seit Yeats und Dylan Thomas«. Sie fügte hinzu, mit ihrem Buch *Two Lovers and a Beachcomber* gehe es vorwärts, und sie hoffe, bis Ende Februar 1957 fünfzig Gedichte für die Yale-*Series of Younger Poets* einreichen zu können.

Die Weihnachtsferien verbrachten sie in Yorkshire. Während ihres Aufenthalts kam Olwyn aus Frankreich, um ein paar Tage Urlaub zu machen. Sie begriff jedoch rasch, daß es für Sylvia und Ted Arbeitsferien waren. Sylvia lernte für ihr Examen und schrieb Gedichte. Auch Ted war sehr beschäftigt. Sylvia liebt die Gegend und war sichtlich locker, fühlte sich bei Edith Hughes »zu Hause« und unterhielt sich immer munter und freundlich mit Bill. Sie verlebten ein paar schöne Abende zusammen und machten angenehme Besuche bei Verwandten. Tante Hilda, Ediths Schwester, mochte Sylvia besonders.

Bei diesem Besuch bemerkte Olwyn zum ersten Mal die Narbe auf Sylvias Wange und fragte sie danach. Sylvia stand sofort unter Spannung und erzählte erregt von ihrem Selbstmordversuch in Wellesley und der darauffolgenden Elektroschocktherapie. Olwyn schreibt:

»Sylvia sprach darüber, als sei das eine unglaublich erstaunliche Tat gewesen – als habe man den Mount Everest erstiegen und frage sich hinterher, warum und weshalb man so etwas Verrücktes getan habe. Ihre Erzählungen hinterließen bei mir den Eindruck, als habe das Ganze, von der Tat bis zur Entdeckung, eine knappe Woche gedauert, und ich nahm an, es müsse mit einem Mann zu tun gehabt haben. Ich hielt Sylvia damals für so gefestigt und konnte mir nur vorstellen, daß es sich um eine Jugendtorheit gehandelt hatte. Ich ahnte nicht das geringste von ihrer schweren Krankheit und auch nicht, daß sie Monate darunter gelitten hatte, bis ich schließlich die *Glasglocke* las. Ted ergänzte Sylvias Bericht, und ich glaube, er wußte damals nicht mehr darüber als ich.«

Nach ihrer Rückkehr nach Cambridge litt Sylvia wieder unter dem englischen Wetter. (In England gibt es im Winter keinen kälteren Ort als Cambridge. Als Dorothea Krook erfuhr, wie sehr Sylvia von der beißenden Feuchtigkeit im Haus angegriffen war, lieh sie ihr einen Petroleumofen.) Einige Zeit vor Weihnachten fand Ted eine Stelle als Lehrer an einer modernen Mittelschule mit einem progressiven Direktor, der ihn ermunterte, jede Unterrichtsmethode anzuwenden, die den Schülern etwas von seiner Energie und seiner Begeisterung vermitteln würde. Obwohl Ted die Schüler nur in Englisch unterrichten sollte (und er den Job sowieso nur wegen des Geldes angenommen hatte), fand er Gefallen an den Jungen und richtete seinen Unterricht nach ihren Interessen aus. Er suchte Bücher heraus über den Nationalsozialismus, über russische Geschichte und über die Geschichte des jüdischen Volkes. Ihrer Mutter schrieb Sylvia mit liebevollem Enthusiasmus: »Wir verbringen so herrliche Stunden miteinander [...] Wir lesen, diskutieren über Gedichte, die wir entdeckt haben, reden, analysieren – wir faszinieren einander ständig. Es ist himmlisch, einen Menschen wie Ted zu haben, der so gut, so aufrecht, so klug ist – und mich dauernd zum Studieren,

Denken, Zeichnen und Schreiben anregt. Er ist besser als jeder Lehrer, *füllt sogar irgendwie das riesengroße, traurige Loch aus, das ich, die ich keinen Vater hatte, immer gespürt habe.*« [Hervorhebung d. Autorin]

Sylvia wollte unter anderem aus finanziellen Gründen die erste Fassung eines Romans oder zumindest einen Teil davon fertig haben, ehe sie Cambridge verließ. Sie scheint mit Unterbrechungen daran gearbeitet zu haben, seit sie Ted kannte. Die Heldin, Dody Ventura (der Name einer Freundin an der High School – möglicherweise die unterpriviligierte »Tracy« ihrer Erzählung *Einführung* aus dem Jahr 1952 –), sollte eine amerikanische *Naive* wie sie selbst sein, deren Abenteuer mit den Literaten von Cambridge Schwung in eine leichte, satirische (zweifellos autobiographische) Gesellschaftskomödie bringen, die trotzdem Tiefgang hatte. Es stellte sich jedoch heraus, daß ihr das Prosaschreiben schwerfiel; erst im folgenden Jahr, nachdem sie am Smith College unterrichtet hatte, beendete sie den einzigen Teil des Romans, den sie aufbewahrte. Wie immer bestand ihr Problem darin, sich selbst zu entfliehen. Trotz all ihrer Willenskraft, ihrer unglaublichen Vitalität, ihrer Intelligenz und Leidenschaft, dem Leben durch die Kunst eine Ordnung zu geben, war sie hilflos an Ereignisse gebunden, die sich ihrer begrenzten Erfahrung aufdrängten. Sie konnte übertreiben, entstellen, karikieren, umformen und interpretieren, aber es fiel ihr nicht leicht zu erfinden.

Schon die Wahl des Titels, *Steinknabe mit Delphin*, zeigt, daß ihre Phantasie, wie bei einem Maler, immer um ein vorgegebenes Bild kreiste, das sie mit symbolischer Bedeutung ausstattete, wobei sie aber das Objekt nie aus dem Auge verlor. Schon 1951 hatte sie in einem Gedicht einen Bronzeknaben besungen, mit dem sie damals Constantine, ihren exotischen Tanzpartner bei Maureen Buckleys Debut, assoziierte:

Der Bronzeknabe steht in den Jahrhunderten
knietief und trauert nicht,
er weiß die tausend Herbste noch [...]

1955 schickte sie Peter Davison eine Postkarte mit der Statue eines Fauns aus dem Victoria and Albert Museum. Und in Whitstead 1956 galt, wie bereits beschrieben, ihre Hingabe der kleinen barocken Statue eines geflügelten Knaben mit Delphin, den sie als Symbol ihrer Leidenschaft für Richard Sassoon sah. Die Statue steht noch heute auf einem Sockel im Garten von Newnham, im Rosengarten vor dem Speisesaal. Sie ist allerdings weder aus Bronze noch aus Stein, sondern, irgendwie passend, aus Statuenmörtel.

An Sassoon schrieb sie noch nach der Begegnung mit Hughes Liebesbriefe in ihr Tagebuch: »Ich fand, mehr als Deinen Brief konnte man sich nicht wünschen. Du hast mir Dein Bild geschenkt, und ich habe daraus Geschichten und Gedichte gemacht. Eine Zeitlang habe ich mit jedem darüber gesprochen und gesagt, es sei eine Bronzestatue, ein bronzener Knabe mit einem Delphin, der den ganzen Winter in unserem Park steht und dem ich jeden Abend, wenn ich ihn besuche, den Schnee aus dem Gesicht wische.« Um dem Pathos ihrer Leidenschaft Ausdruck zu verleihen, mußte sie etwas finden, das greifbarer war. »Zerstöre Dein Bild und entreiße es mir«, flehte sie später den Geliebten an, und ihr erster Gedanke, als sie Hughes kennenlernte, war: »Der einzige Mann in meinem Leben, der über Richard triumphieren könnte.« Über Richard zu triumphieren hieß, sein Bild auszulöschen. Sie mußte den Mann von ihrem Idol trennen und es durch ein anderes ersetzen.

Ohne Zweifel war das wirkliche Idol der »Koloß«, ihr toter Vater, und jeder Mann, den sie sich zum Geliebten nahm, mußte irgendwie seinem Bild gleichen.

Steinknabe mit Delphin wurde in dem Erzählungsband *Johnny*

*Panic and the Bible of Dreams** veröffentlicht; es ist die kaum fiktionalisierte Schilderung von Sylvias Begegnung mit Hughes und sollte das zentrale Kapitel ihres Romans werden. Nach diesem letzten Auftritt verschwindet der Bronze-Steinknabe aus der Plathschen Mythologie und wird von der Gestalt des ertrunkenen Meergottes, dem Mann in Schwarz, dem Koloß, ersetzt und schließlich von dem schwarzen Papier-Nazi in *Papi*. Er ist Verfolger und Symbol in einem, den sie mit der wachsenden Autorität ihrer gekränkten und verbitterten Stimme zurückweisen kann.

Ende Februar 1957, beinahe auf den Tag genau ein Jahr nach der dramatischen Begegnung in Falcon Yard, traf ein Telegramm von Harper mit der Nachricht ein, daß *The Hawk in the Rain* den New York Poetry-Preis gewonnen hatte und im Sommer veröffentlicht werden würde. Obwohl es früh am Morgen und ein unmöglicher Zeitpunkt war, um in New England anzurufen, stürzte Sylvia ans Telefon, um Aurelia die wunderbare Nachricht mitzuteilen; dann nahmen sie sich den Tag frei, um zu feiern. (Hat es Ted eigentlich nicht seltsam berührt, daß für Sylvia nichts real sein konnte, ehe sie es nicht ihrer Mutter mitgeteilt hatte?) Als Sylvia am nächsten Tag Aurelia schrieb, freute sie sich darüber, daß Ted sich zuerst einen Namen machen würde. »Das wird es mir so viel leichter machen, wenn meins angenommen wird«, jubelte sie, »wenn nicht von der *Yale Series*, dann woanders. Ich kann mich dann viel mehr darüber freuen, weil ich weiß, daß Ted mir voraus ist.«**

Im März erhielt Sylvia die offizielle Bestätigung des Lehrauftrags am Smith College, den Mary Ellen Chase für sie aus-

* Deutsche Ausgabe: S.P., *Zungen aus Stein*.

** Aurelia Plath schrieb in den *Briefen nach Hause*: »Als sie in der neunten Klasse war, schrieb sie in ihr Tagebuch, daß sie die Zweitbeste der Junior High School im Diktatwettbewerb geworden war – ein Junge wurde Bester. ›Ich bin so froh, daß Don gewonnen hat, es ist immer schön, wenn ein Junge der *erste* ist. Und ich bin im Diktat die Zweitbeste der ganzen Junior High!‹«

gehandelt hatte. Ab September sollte sie bei einem Jahresgehalt von $4.200 als volle Lehrkraft am College eingestellt werden – für Sylvia sehr viel Geld – und in drei Klassen jeweils drei Stunden Unterricht in der Woche geben. Freunde der Familie auf Cap Cod boten ihnen für sieben Wochen im Sommer ihr Cottage an. Sylvia wartete schon ungeduldig darauf, nach Amerika zurückkehren zu können; das rauhe Klima in Cambridge, die ungepflegte Wohnung, die konservative Politik und das antiquierte Klassensystem brachten sie zur Verzweiflung (so schrieb sie ihrer Mutter). Zwar veröffentlichte sie in diesem Jahr sehr viel in den Zeitschriften von Cambridge, aber die einst so bewunderte englische Literaturszene erfüllte sie inzwischen mit Abscheu. Wie bei jeder großen Veränderung hatte Sylvia viele Gründe, das Alte zu verwerfen, und war geblendet vom Versprechen des Neuen.

Von Weihnachten bis Anfang Februar hatte Sylvia eine ganze Reihe von Gedichten geschrieben: *Sow, Hard-castle Crags*, *The Thin People*, *On the Difficulty of Conjuring Up a Dryad*, *The Other Two* und Ende Januar *Die Dame und der Lehmkopf*. Der »Lehmkopf« war Gegenstand eines typisch Plathschen Aberglaubens. Eine Zimmergenossin am Smith College hatte Sylvias Kopf in rotem Ton modelliert, und wie ein Wilder, der seine Seele bewacht, hatte die abergläubische Sylvia panische Angst davor, ihn wegzuwerfen; er war eine Art Doppel. Schließlich schlug Ted vor, ihn hinaus in die Grantchester Meadows zu tragen, wo sie täglich spazierengingen, und ihn in einer Weide unterzubringen. Das taten sie, und bis sie Cambridge verließen (und vermutlich auch noch lange danach), lag Sylvias »blutbraunes Abbild grünüberdacht von Blattwerk [in einer] gegabelten Weide«. Hier war es sicher vor diebischen Jungen und gefährlichem Unkraut. Es scheint für Sylvia außerordentlich wichtig gewesen zu sein, daß der Kopf nicht in einem See versenkt wurde. Sie hatte offenbar mehrmals von einem ertrunkenen Totenkopf geträumt, denn in ihrem nächsten Gedicht *All the Dead Dears*, das sie im April schrieb, taucht das Bild, diesmal in Verbindung mit ihrem Vater, wieder auf. Sehr viel später wurde es zu einem eindringlichen Bild in *Worte*. Verse aller drei Gedichte wiederholen sich wie ein geisterhaftes Echo: Der Teich und der Totenkopf im Wasser sind schon 1957 sichtbare Symbole.

Als der Frühling herannahte, wurde Grantchester Meadows für Sylvia beinahe heilig. Am 8. Februar schildert sie ihrer Mutter poetisch einen Spaziergang am frühen Morgen: »Der Himmel ein Aufruhr von grauen Wolken und porzellanblauen Flecken, die dunklen, kahlen Bäume am Fluß umrahmen schillernd grüne Wiesen.« In ihrer ungekünstelten Prosa fing Sylvia die Farben und Stimmungen von Cambridge besser ein als in allen ihren Gedichten aus dieser Zeit. Als sie zwei Jahre später in Boston war, hatte sie ihren gespreizten Ton abgelegt und schrieb das schöne Gedicht *Watercolour of Grantchester Meadows*.

Der üppige, lockende Frühling kam, aber vor Sylvia lagen die Examen; am 28. April berichtete sie: »Ich lebe von morgens bis abends in der Universitätsbibliothek.« Sie büffelte für die Prüfungen. Für die meisten Studenten war die Voraussetzung für das Englisch-Examen zum Magister (Tripos) ein dreijähriges Studium, von denen zwei Jahre auf Teil I entfielen und ein Jahr auf Teil II. Für Gaststudenten wie Sylvia, die bereits ein Examen hatten, dauerte das Studium zwei Jahre und beschränkte sich auf Teil II. Drei von sechs Fächern waren Pflicht: Essay; Interpretation und Komposition (englische Prosa und Gedichte wurden interpretiert, Übungen in Stil, Übersetzung etc.) und Tragödie. »Interpretation und Stil« war für Sylvia entsetzlich. Im Gegensatz dazu war »Tragödie« »animierend und fair«, denn während der zwei Jahre hatte sie die Klassiker bis hin zu den modernen europäischen Dramatikern wie Pirandello und Cocteau gelesen. Sylvia lernte für diese drei Examen und für drei weitere in den Fächern »Die Englischen Moralisten« (Dorothea Krooks Spezialgebiet – dazu gehörte die Beschäftigung mit Plato), Geschichte der englischen Literaturkritik und (als Spezialthema) Chaucer. Sie hatte sich auch dafür entschieden, der Englischen Fakultät ein Typoskript ihrer Gedichte unter dem Titel *Two Lovers and a Beachcomber* einzureichen.

In einem Brief vom März an Lucas Myers, der sich in diesem Jahr mit Daniel und Helga Huws in Rom aufhielt, gestand Sylvia, sie sei »recht niedergeschlagen wegen meiner schrecklichen Unkenntnis der traditionellen Literatur [...] ich habe alles außer acht gelassen bis auf Dichter und Romanschriftsteller, die für mein Schreiben nützlich waren; und jetzt sieht es so aus, als ob ich mir die ganze englische Literatur einverleiben muß – vor Ende Mai.« Einen Monat später schrieb sie ihrer Mutter, sie »genieße [ihre] Arbeit wirklich, [ich] lese jetzt regelmäßig Tragödien und Dramen, die Griechen und dann die zweitausend Jahre bis zu Eliot; konzentriere mich auf mehrere wichtige: Corneille, Racine, Ibsen, Strindberg, Webster, Marlowe, Tourneur, Yeats, Eliot.«

Bei schönem Wetter gingen sie und Ted morgens spazieren; sie standen noch vor dem Morgengrauen auf, um den Sonnenaufgang zu beobachten. Einmal stellte Sylvia sich auf einen Zauntritt und deklamierte vor einem Kreis staunender Kühe alles aus den *Canterbury Tales*, was sie auswendig wußte. Die Examen dauerten für sie vom 27. bis zum 31. Mai. Sie berichtete Aurelia über die Tortur:

»Um mir für mein Tragödie-Examen heute nachmittag meine steifen Finger geschmeidig zu machen, nutze ich diese sonnige frühe Morgenstunde und schreibe Dir [...] Wirklich, ich habe nie solche physischen Qualen gelitten wie jetzt, wo ich wie eine Rasende 6 bis 7 Stunden pro Tag mit meiner ungeübten Schreibhand schreiben muß. Jeden Abend, wenn ich nach Hause komme, nehme ich ein heißes Bad und massiere sie, bis sie wieder funktioniert. Ted sagt, ich bin ein Opfer der Evolution, ich habe mich an die höhere Stufe des Tippens angepaßt und bin im Hintertreffen, wenn ich gezwungen bin, auf der niedrigsten Stufe des Mit-der-Hand-Schreibens zu konkurrieren!«

Die »Essay«-Klausur war soweit gutgegangen, aber als sie »Literatur datieren sollte, das schwarze Schreckgespenst der Amerikaner, die keinen Sinn für die Geschichte der Sprache haben«, brauchte sie »eine halbe Stunde für das bloße Durchlesen der Prüfungsfragen«. Im Moralisten-Examen steckte hinter der Aufgabenstellung »ein kleiner, unklarer, pedantischer Geist«, aber sie rächte sich, indem sie über eine Geschichte von D. H. Lawrence schrieb, die ihr viel bedeutete – *Der Mann, der gestorben war.**

Sylvia hatte bei ihrem Examen glänzen wollen, aber sie bestand es mit einer respektablen, nicht überragenden II-1, dem Äquivalent eines amerikanischen B oder B-plus. Sie hatte bereits beschlossen, auf keinen Fall weiterzustudieren, sondern sich auf das Schreiben zu konzentrieren, auch wenn sie am

* Bereits im März 1956 schrieb Sylvia in ihr Tagebuch: »Rannte, um [noch rechtzeitig] zur Krook zu kommen [...], die mit D. H. Lawrence & einer unglaublichen Geschichte weitermachte: *Der Mann, der gestorben war.* Sie las Abschnitte vor; es überlief mich kalt wie beim letzten Absatz von *Die Toten* [James Joyce], als hätte der Engel mich an den Haaren gepackt, ich bekam eine Gänsehaut: wie beim Tempel der beraubten Isis, Isis auf der Suche. Lawrence starb in Vence, wo ich mit Sassoon meine mystische Vision hatte; ich war die Frau, die starb [August 1953], und durch Sassoon kam ich in jenem Frühling [mit] dem lodernden Leben in Berührung, mit dieser unbeirrbaren Raserei des Daseins. Erschauernd schien mir alles bedeutsam: Ich las viel hinein; ich habe viel davon durchlebt. Es ist wichtig.« Als Kind bekam Sylvia eine ähnliche Gänsehaut, als ihre Mutter aus Arnolds *Der verlassene Wassergeist* vorlas – einer viktorianischen Geschichte über die großen Tiefen des Meeres. Die Geschichte von Isis, die den zerstückelten ägyptischen Gott Osiris sucht, wirkte ähnlich auf sie. Mit Sassoon hatte sie sich als eine Art Christus-Frau gesehen, die durch die Macht der sexuellen Liebe von den Toten auferstand – wie Jesus in der Geschichte von Lawrence. Als Heldin der Geschichte identifizierte Sylvia sich auch mit der beraubten Göttin, die geduldig auf den verlorenen Vater/Geliebten wartet. Isis wurde in der späteren griechischen Mythologie zu einer Göttin, die Ceres und Proserpina, Venus und Hekate in sich vereinigte. Als Sylvia und Ted 1960 nach London zogen, hing in einer Nische im Wohnzimmer ein großer Druck der Isis des Apulejus, »Magnae Deorum Matris« – die große Mutter der Götter, eine polymorphe Gottheit.

Smith College unterrichtete. Im Juni 1957 war Sylvia als Cambridge-Schriftstellerin bekannt. In ihrem letzten Jahr dort veröffentlichte sie in *Granta* zwei Geschichten (*Der Tag, an dem Mr. Prescott starb* und *Das Wunschkästchen*) sowie zahlreiche Gedichte, darunter *Ella Mason and her Eleven Cats*, *Two Lovers and a Beachcomber by the Real Sea*, *Dream with Clam-Diggers*, *Mad Girl's Love Song* und *Black Rook in Rainy Weather.* In der Oxford-Cambridge-Zeitung *Gemini* erschienen *Spinster*, *Vanity-Fair* und *All The Dead Dears*. Die meisten dieser Gedichte aus der Cambridge-Zeit erschienen auch in *Poetry*, *Mademoiselle* und anderen Zeitschriften in den USA. Ihr letzter Brief aus Cambridge nach Hause endet typischerweise mit der Bitte, die Daumen zu drücken für Gedichte, die sie an die Yale-*Series of Younger Poets* geschickt hatte:

»[...] Ich [...] habe einen kurzen Brief von der Yale Press bekommen, in dem steht, daß mein Buch in die Schlußauswahl für den Publikationspreis gekommen sei, daß Auden sie [es] aber erst irgendwann im Frühsommer endgültig beurteilt haben würde. Ich war ganz entmutigt, weil ich mich an sein Urteil über meine frühen Smith-Gedichte erinnerte [Auden nannte sie gefällig], aber ich hoffe, daß mein Buch ›Two Lovers and a Beachcomber‹ zeigt, daß ich mich entwickelt habe. Ich würde alles dafür geben, damit es den Preis bekommt; Auden müßte dann ein Vorwort dazu schreiben [...]«

Beunruhigende Musen
1957-1958

Mutter, Mutter, welch böswillige Tante
oder was für eine verkrüppelte und unansehnliche
Verwandte hast du so töricht
und so ungebeten zu meiner Taufe geladen,
daß sie diese Frauen nun statt des Üblichen sandten
Die mit Stopfeiköpfen nicken
und nicken und nicken zu meinen Füßen,
meinem Haupte
und zur Linken an meiner Wiege mir?

Die beunruhigenden Musen
1957

Stand ich nicht mein ganzes Leben lang draußen?
Entfernt von meinen wohlmeinenden Feinden?

Journals
22. Januar 1958

Ich selbst bin das Werkzeug tragischer Erfahrungen.

Journals
20. Februar 1958

I

Unmittelbar nach Sylvias Examen verließ das Ehepaar Hughes Cambridge und fuhr nach Yorkshire. Am 16. Juni, ihrem ersten Hochzeitstag, machten sie eine große Wanderung über die Moore. Nach sieben Jahren akademischer Bildung (die ganze Zeit ihres Erwachsenenlebens) fühlte Sylvia sich endlich stark genug, um sich von der Routine des Studiums zu lösen.

Am Smith College und sogar in Cambridge brauchten ihre angespannten empfindlichen Nerven einen äußeren Halt, der ihr das Arbeiten und Schreiben ermöglichte. Jetzt konnte Ted, der als Schriftsteller sehr diszipliniert, aber ruhiger und beherrschter war als Sylvia, ihr diesen Halt von innen und außen geben. Wie in Spanien schufen die beiden sich eine eigene Welt, lasen zusammen, machten gemeinsame Spaziergänge, korrigierten die amerikanischen Fahnen von *The Hawk in the Rain* und aßen mit Genuß große, nahrhafte Mahlzeiten. Olwyn Hughes, die für einen kurzen Urlaub aus Paris gekommen war, erinnert sich an Sylvias Fischsuppe und andere köstliche Gerichte und an Sylvias unverhüllte Freude am Kochen und Essen. Ted und Sylvia, so berichtet sie, waren in dieser Zeit rührend, aber tagsüber manchmal enervierend mit sich selbst beschäftigt. Morgens arbeiteten sie, nachmittags machten sie lange Spaziergänge, und erst abends gesellten sie sich zu den anderen. Wenn Sylvia nicht gerade arbeitete, mußte sie offenbar immer bei ihm sein, wie ein schüchternes Kind, das unter Fremden die Mutter braucht. Ted konnte nicht einmal eine Flasche Milch vom Bauern nebenan holen, ohne daß Sylvia sich den Mantel überwarf und ihm nachlief.

Kurz vor Olwyns Rückkehr nach Paris brachte ein merkwürdiger Vorfall die Familie Hughes in Verlegenheit. In Olwyns Worten:

»John und Nance Fisher (John war in der Volksschule Teds Englischlehrer gewesen, und die beiden waren Freunde der Familie) fuhren eines Nachmittags die vierzig Meilen von Mexborough herauf, um uns alle zu besuchen – das erste Mal seit der Schulzeit. Sylvia war bei ihrer Ankunft mehr als überschwenglich, worauf die Fishers eher verwirrt reagierten, was Sylvia wiederum kränkte. Der Nachmittag schritt voran, und wir schwelgten verständlicherweise in alten Erinnerungen. Plötzlich stand Sylvia auf und verließ den Raum. Wir hörten, wie die Haustür geöffnet und heftig wieder zugeschlagen wurde. Ted, der zunehmend schweigsam geworden war, stand nach zehn Minuten auf und sagte, er wolle lieber nachsehen, wo sie sei. Ein wenig später kamen beide zurück, und Sylvia stürmte geradewegs nach oben. Keiner von uns wußte, wie er darauf reagieren sollte [...] und für den Rest des Tages war die Stimmung gedämpft. Sylvia tat nichts, um sich zu entschuldigen.«

In dem offensichtlichen Versuch, Sylvias Verhalten zu erklären, schrieb Ted von Bord der *Queen Elizabeth* an Olwyn:

»Ich nehme an, daß sie nach dem Examen und allem, was damit zusammenhing, einfach überdreht war [...] Wenn Sylvia jemand Neuen kennenlernt, geht sie spontan *zu* offen und *zu* nett auf ihn zu, eine typisch amerikanische Schablone, an der sie sich festhalten muß, wenn sie in Wirklichkeit Angst hat. Oder anders gesagt – was vielleicht noch mehr zutrifft –, Ausgeglichenheit und Intelligenz setzen aus und machen einer Art geistesabwesender Aufnahmefähigkeit Platz – und nur die amerikanische Schablone hält sie aufrecht. In solchen Situationen gibt sie stupide Dinge von sich, die sie hinterher gleich quälen. Wenn sie selbst Rückschau hält, ist sie scharfsinnig, skeptisch und subtil. Aber sie schafft es nie, den zweiten Schritt vor dem ersten zu tun, es sei denn, sie kennt die Menschen, um die es geht, länger.«

Die Wochen bei den Hughes' gingen jedoch im großen und ganzen angenehm und wie im Flug vorüber. Sylvia, die Yorkshire keinesfalls ablehnte, sondern damals sehr liebte, wartete dennoch ungeduldig darauf, Ted ihrem starken Familienverband in Wellesley einzugliedern. Sie rechnete fest damit, daß sie beide in New England College-Jobs finden würden. Zwei Gehälter würden es ihnen ermöglichen, die Sommerferien immer wieder in Heptonstall zu verbringen.

Kurz nach ihrem Hochzeitstag fuhren Ted und Sylvia mit ihrem ganzen Gepäck per Bahn nach Southampton. Am 20. Juni gingen sie an Bord der *Queen Elizabeth*, und nach einer Woche liefen sie im Hafen von New York ein. Am Tag zuvor wurde Sylvia schrecklich seekrank, so daß sich Ted darum kümmerte, daß ihre großen Kisten, die meist voller Bücher waren, vom Schiff zum Zoll gebracht wurden. Zu Sylvias Leidwesen befahl ihnen ein »dicker, schwitzender, mißtrauischer Zollbeamter«, eine Kiste zu öffnen. Er griff sich ihren D. H. Lawrence, holte *Lady Chatterley* heraus und fuchtelte damit vor ihrem Gesicht herum. Als Reaktion auf die sarkastischen Fragen nach ihrem Lehrauftrag »zerfloß [Sylvia] in salzige Tränen«, wie sie Lynne Lawner schrieb. Aber schließlich waren sie abgefertigt, und sie konnte Ellie Friedman und mehreren Bekannten aus Amherst in die Arme sinken. Lynne – der jungen Dichterin, die sie zwei Jahre zuvor beim Glascock-Wettbewerb als Studentin im zweiten Semester kennengelernt hatte und die sich nun ihrerseits darum bemühte, in Cambridge Fuß zu fassen – schrieb Sylvia, alles sei »unglaublich sauber & glänzend & schnell & laut nach meinem bukolischen Leben in den Backs* und auf der Brontë-Heide.«

Am 29. Juni waren sie in Wellesley, wo Aurelia ein großes Gartenfest anstelle einer überflüssigen zweiten Hochzeitsfeier arrangiert hatte. Eine strahlende Sylvia stellte ihren

* The Backs: die hinter den Colleges von Cambridge liegenden schönen Gärten und Spielplätze. [Anm. d. Red.]

Ehemann aus Yorkshire über siebzig Verwandten und Freunden vor. Einige Tage später fuhr Warren mit zwei Fahrrädern auf dem Wagendach das Paar nach Eastham, Cape Cod. Im Cottage der Spauldings, das Mrs. Plath sieben Wochen gemietet hatte (ihr Hochzeitsgeschenk), konnten Ted und Sylvia endlich wieder ihr diszipliniertes Schriftstellerleben aufnehmen.

In Eastham verbrachten die beiden einen wundervollen, entspannenden Sommer. Sie sonnten sich, schwammen, angelten und genossen das Leben. An den meisten Tagen stand Sylvia bei Sonnenaufgang auf und lief zum Strand. Ein Tag endete beinahe mit einer Katastrophe. Sie hatten zum Angeln ein Ruderboot gemietet. Die See war rauher als üblich, und die Fische bissen nicht. Mit Entsetzen bemerkten sie plötzlich, daß sie auf das offene Meer hinaustrieben. Mit viel Manövrieren und Glück gelang es ihnen, ein langes, der Fahrrinne vorgelagertes Riff zu erreichen. Dort warteten sie hilflos, bis ein Motorboot auf dem Rückweg zur Anlegestelle ihre mißliche Lage erkannte, ihr Boot ins Schlepptau nahm und sie in Sicherheit brachte. Als sie von der Anlegestelle durch einen Seitenarm zum Strand zurückruderten, stießen sie auf einen Fischschwarm und kamen mit einem guten Fang nach Hause.

Sylvia nahm nur wenige dieser Abenteuer und Freuden ins Tagebuch auf. Obwohl sie den Sommer hindurch nur selten länger als ein oder zwei Stunden schrieb, strengte sie sich offenbar über Gebühr an, um verkäufliche Geschichten zu produzieren. Der Gedanke an ihr Werk muß sie tatsächlich bedrückt haben. Sie hatte geplant, ihren Cambridge-Roman weiterzuschreiben, und wollte sich mit Kurzgeschichten für *Saturday Evening Post* und *Ladies' Home Journal* in Schwung bringen.* Als die Redaktion die Manuskripte kommentarlos zurückschickte, fiel sie in eine Depression. Die Arbeit am Roman ging nicht voran. Ihre interessanteste Arbeit war ein langes Gedicht, das sie möglicherweise zu einem späteren Zeitpunkt fertiggestellt hat: *Dialogue Over a Quija Board*.**

An einem drückendheißen Augusttag kam Sylvias Manuskript *Two Lovers and a Beachcomber* zurück. Die Yale-*Series of Younger Poets* hatte es abgelehnt. Das traf sie um so mehr, weil sie bereits »zwei schwarze, tödliche Wochen« hinter sich hatte, in denen sie gefürchtet hatte, schwanger zu sein. Geplant waren zwar drei oder vier Kinder, aber erst, wenn sie und Ted sich einen Namen gemacht hätten. »Ich werde schreiben, bis mein tiefes Inneres zu sprechen beginnt, dann Kinder haben und noch tiefer aus dem Innern sprechen. Zuerst kommt das Leben des kreativen Geistes, dann der kreative Körper.« Die ausgefallene Periode stellte sich als Fehlalarm heraus, aber durch Sylvias Ängste, »allen glänzenden und erwarteten Wirklichkeiten« mit einem Schlag adieu sagen zu müssen, war sie auf die Absage schlecht vorbereitet.

Trübsinnig blätterte sie durch das Manuskript, nahm schwache Gedichte heraus und grübelte über dem Titel. Der früher gefaßte Entschluß, »stärker« zu sein als Virginia Woolf und »nicht für das Leben an sich zu leben, sondern für die

* Sylvias Tagebuch verrät am 18. Juli 1957 die Begeisterung, mit der sie *The Trouble-Making Mother* begann, eine Geschichte über eine Mutter-Tochter-Beziehung. Am 9. August kam die Ablehnung von der *Saturday Evening Post*, und sie rechnete täglich damit, daß *Ladies' Home Journal* »eine saloppe leichte [Geschichte] über eine Haushaltshilfe, die ich für gekünstelt halte, und bei der sich ein Umschreiben nicht lohnt« und eine Skizze *Laundromat Affair* zurückschicken würde. Angesichts dieser Mißerfolge machte sich Sylvia den Vorwurf, überhaupt nicht gearbeitet zu haben.

** In der *Rainbow Press* 1981 zum ersten Mal veröffentlicht und danach in den Anmerkungen zu den *Collected Poems*. In dem gemeinsamen Jahr in Cambridge hatten Sylvia und Ted angefangen, sich für Astrologie und das Übernatürliche zu interessieren. Ted schenkte Sylvia zu ihrem vierundzwanzigsten Geburtstag Tarock-Karten. Sie hielt sich inzwischen bereits für ein »Medium« und durch ihre Träume für eine Seherin. Gelegentlich spielten die beiden mit einem selbstgemachten Quijabrett – ein Weinglas stand auf dem Kopf auf einem Tisch, und rundherum lagen ausgeschnittene Buchstaben. Sie berührten mit den Fingern leicht den Boden des Glases und beschworen einen Geist namens Pan, der beim ersten Mal die Gewinnzahlen im Fußballtoto voraussagen sollte. Pan tat es, und seine Voraussage stimmte, aber leider gab er bei jedem Versuch nur über ein Spiel Auskunft.

Worte, die den Fluß aufhalten«, begann angesichts der wachsenden Panik über das magere Ergebnis des Sommers und den mangelnden Erfolg zu verblassen.

Es verbesserte die Lage auch nicht, als zwei junge Schriftstellerinnen, die Mrs. Cantor geschickt hatte, Salz in Sylvias Wunde streuten. Beide hatten gerade je 350 Seiten lange Erstlingsromane geschrieben. Im Tagebuch schwor Sylvia, im nächsten Sommer würde es keine teuren, unproduktiven Ferien geben »mit Strand und Sonne, die immer locken«, statt dessen wollte sie zu Hause schwitzen, um anschließend einen Roman vorzeigen zu können. Sie rang mit ihrem verzweifelten Bedürfnis, veröffentlichen zu wollen, aber nur wenn ihre Stimmung gelassen war, erkannte sie, daß sie »jede Geschichte schreiben sollte, aber nicht um sie zu veröffentlichen, sondern um eine bessere Schriftstellerin zu werden – und dadurch einer Veröffentlichung näherzukommen [...] Und Ted wird stolz auf mich sein. Das möchte ich. Ihm liegt nichts am blendenden Erfolg, aber ihm liegt etwas an mir & meinem Schreiben. Das wird mir helfen, durchzuhalten.«

Ehe sie Cape Cod verließen, verzeichnete Sylvia im Notizbuch einen Vorfall, der sie einige Monate später zu einem ungewöhnlichen Gedicht inspirierte – dem ersten, das im *New Yorker* veröffentlicht wurde. Sie war eines Morgens mit Ted zu den Sandbänken vor Rock Harbor gegangen, um Muscheln als Fischköder zu sammeln. Dort beobachtete sie schaudernd und fasziniert »das unheimliche Schauspiel der Winkerkrabben [...] wie eine teuflische Kreuzung zwischen Spinnen, Hummern und Grillen«, die sich seitwärts bewegen und dabei ihre große grüne Schere schwingen. Die Absonderlichkeiten der Natur reizten sie schon immer, und so schrieb sie *Mussel Hunter at Rock Harbor* in den Lautmalereien, die sie von Marianne Moore gelernt hatte. Das Gedicht ist eine geschickte Imitation, beschreibt aber trotzdem wirkungsvoll eine ihr völlig fremde Welt.

Am Anfang spürt man Neugier, die nicht mit Gefühlen befrachtet ist. Erst am Ende schildert die Dichterin die grausame Tapferkeit eines möglichen »Einsiedler- oder Selbstmord«-Krebses und läßt eine innere Beteiligung erkennen. Im »dichten Gras« lag eine getrocknete Schale:

> Das Krabbengesicht, hineingefressen und eingefaßt
> Grimassierte wie ein Totenschädel:
> Es sah fernöstlich aus,
> Eine Samurai-Totenmaske
> Auf einem Tigerzahn, weniger um
> der Kunst willen als Gott zuliebe [...]

In dieser Schlußstrophe ist Plath wieder in ihre eigenen Gefilde zurückgekehrt; der »gerettete Zeuge« aus dem Massengrab des Wassers, dem »freundlichen Element«, ist der Held und Märtyrer, der »der weiß-gesichtigen Sonne« entgegensieht, der Stellvertreter unter den, nicht ohne Humor, geschilderten Krabben.*

II

Ende August bezogen Sylvia und Ted die oberste Wohnung auf der Rückseite eines weißen Holzhauses in der Elm Street Nr. 337 in Northampton. Sylvia hatte sich das Unterrichten am College als »Segen« nach einem frustrierenden, unproduktiven Sommer vorgestellt. Aber die Arbeit begann mit einer Krise ihres Selbstvertrauens, einer düsteren selbstquälerischen Stimmung, die den ganzen Herbst anhielt. Zum erstenmal bekam sie vor dem Unterrichten Angst. Dazu kam, daß man sie an der Englischen Fakultät des Smith College kühl und zurückhaltend aufnahm. Sylvia mochte die Studen-

* Eine eingehende Interpretation dieses Gedichts findet man bei Seamus Heaney in »The Indefatigable Hoof-taps«, in The Government of the Tongue (London: Faber, 1988; New York: Farrar, Straus & Giroux, 1989).

tinnen, aber bei Fakultätsversammlungen fühlte sie sich unbehaglich und glaubte sich beobachtet. Die Götter ihres ehemaligen Pantheons – besonders Mary Ellen Chase (inzwischen im Ruhestand) und Elizabeth Drew – wirkten kleiner oder entrückter. Welche Gründe für ihre Paranoia es auch gab, ihre Phantasie vergrößerte natürlich alles, und bald schrieb sie fieberhaft in ihr Tagebuch:

»Gestern abend hatte ich das gleiche Gefühl wie nach der Lektüre von James, nur damals konnte ich es noch nicht einordnen: ein würgender, seelenauslöschender Strom der Angst in meinem Blut, der sich in trotzige Kampfhaltung verwandelte. Ich konnte nicht schlafen, obwohl ich müde war; ich fühlte, wie meine Nerven sich wundrieben und eine innere Stimme stöhnte: Du kannst nicht unterrichten, du kannst gar nichts. Nicht schreiben. Nicht denken. Ich lag in der eisigen Flut der Verweigerung und dachte, diese Stimme ist deine Stimme, ein Teil von dir, sie will dich irgendwie beherrschen und mit deinen schlimmsten Visionen allein lassen: Ich hatte die Chance gehabt, dagegen zu kämpfen & einen Tag nach dem anderen zu gewinnen, aber ich hatte versagt.«

Niemals hat Sylvia aufrichtiger den Kampf beschrieben, den sie ständig gegen ihr dunkles Ich führte. Der Tagebucheintrag vom 1. Oktober 1957 mit dem langen »Brief an einen Dämon« zeigt, wie ihre große Intelligenz rational mit den starken Kräften des Irrationalen umgeht, die sie Tag und Nacht hartnäckig verfolgen. Die ganze Passage ist in vieler Hinsicht ein Schlüssel, um sie zu verstehen, und soll deshalb ganz zitiert werden:

»Ich kann dieses mörderische Ich nicht ignorieren: Es ist da. Ich rieche es und fühle es, aber ich werde ihm nicht meinen Namen geben. Ich werde es besiegen. Wenn es sagt: Du wirst nicht schlafen, du kannst nicht unterrichten, werde ich unbeeindruckt weitermachen und ihm die Nase blutig schlagen. Seine stärkste Waffe ist und war mein Image: die Erfolgreiche. Beim Schreiben, beim Unterrichten und im Leben. Sobald ich Mißerfolg in Form von Ablehnung wittere, verwirrte Gesichter beim Unterricht, wenn ich etwas unklar ausdrücke, oder nacktes Entsetzen in persönlichen Beziehungen, werfe ich mir vor, verlogen zu sein und vorzugeben, ich sei besser, als ich bin, und im Grunde nichts zu taugen.

Ich bin leidlich gut. Und ich kann damit leben, leidlich gut zu sein. Ich habe keine höheren akademischen Grade; ich habe keine Bücher veröffentlicht; ich habe keine Lehrerfahrung. Ich habe einen Lehrauftrag. Ich kann Rechtens von mir nicht verlangen, eine bessere Lehrerin zu sein als die anderen um mich herum mit akademischen Graden, veröffentlichten Büchern und Erfahrung. Ich kann nur Tag für Tag darum kämpfen, eine bessere Lehrerin zu sein, als ich am Tag zuvor war. Wenn ich am Ende eines Jahres voll harter Arbeit, teilweisen Versagens, teilweise mühsamer Verbreitung eines Gedichts oder einer Geschichte sagen kann, ich bin unbeschwerter, selbstbewußter und eine bessere Lehrerin als am ersten Tag, habe ich genug getan. Ich muß dieses Bild von mir als gut für mich hinnehmen und nicht mit einem flauen Gefühl im Magen herumlaufen, weil ich nicht Mr. Fisher bin oder Miss Dunn oder einer der anderen.

Ich habe ein gutes Ich, das den Himmel liebt, Hügel, Ideen, gutes Essen, leuchtende Farben. Mein Dämon möchte dieses Ich umbringen, indem er verlangt, daß dieses Ich ein Vorbild ist [...] Ich kann lernen, eine bessere Lehrerin zu sein, aber nur durch schmerzliches Ausprobieren. Das Leben ist ein schmerzliches Ausprobieren. Ich habe mir instinktiv diese Stellung verschafft, weil ich wußte, ich brauchte das Selbstvertrauen, das ich durch sie bekommen würde, so wie ich Nahrung brauche: Zum ersten Mal würde ich mich aktiv dem Leben & der Verantwortung stellen: etwas, dem sich Tausende täglich stellen, vielleicht stöhnend oder mit hartnäckiger Entschlossenheit oder durch Arbeit. Aber sie stellen sich. Ich habe diesen Dämon, der möchte, daß ich schreiend davonlaufe, wenn ich fehlerhaft und fehlbar sein sollte. Er möchte, daß ich denke, ich bin so gut, daß ich vollkommen sein muß. Oder nichts. Im Gegenteil, ich bin etwas: ein Mensch, der müde wird, dem es schwerfällt zu kämpfen, der mehr Schwierigkeiten hat als die meisten, sich den anderen zu stellen. Wenn ich dieses Jahr durchstehe und meinem Dämon einen Tritt gebe, wenn er hochkommt, indem ich begreife, daß ich nach einem Tag Arbeit müde sein werde und müde, nachdem ich Arbeiten korrigiert habe, und daß es eine natürliche Müdigkeit ist und nicht etwas, über das ich vor Entsetzen schreie, dann wird es mir Stück für Stück gelingen, mich dem Kampf des Lebens zu stellen, anstatt davonzulaufen, sobald es weh tut.

Der Dämon möchte mich demütigen: Er möchte, daß ich mich dem Rektor, meinem Fachbereichsleiter, daß ich mich allen weinend vor die Füße werfe: Seht mich erbärmliches Wesen an, ich schaffe es nicht! Wenn ich mit anderen über meine Ängste spreche, füttere ich ihn. Ich werde nach außen hin ruhig bleiben & ihn in mir bekämpfen, ihm aber nie die gesellschaftliche Ehre eines öffentlichen Auftritts zugestehen, indem ich davonlaufe und ihm nachgebe. Ich werde ungefähr von neun bis fünf in meinem Arbeitszimmer hart arbeiten, bis ich feststelle, daß ich im Unterricht besser bin [...] ich werde außerhalb dieser Jobs und bei dieser Arbeit darauf achten, daß mit mir alles in Ordnung ist. Sie können nicht mehr von mir verlangen, als daß ich mein Bestes gebe [...]«

Wäre Sylvia weinend zum Fachbereichsleiter gelaufen oder hätte sie sich Rektor Wright vor die Füße geworfen, hätten ihre Kollegen vielleicht die Fassade durchschaut und sich Mühe gegeben, Sylvia zu beruhigen. Aber anscheinend hatte keiner ihrer Kollegen, ob jung, ob alt, die geringste Ahnung von ihrer inneren Not. Sie zeigte ihre ruhige Maske und ließ außer Ted niemanden dahinterschauen. Natürlich litt sie und kämpfte weiter gegen die »nackte Hölle« ihrer Depression und den Dämon ihres perfektionistischen Stolzes. Niemand hatte ihr gesagt, daß das Unterrichten schwierig ist und der Anfang das Schwierigste überhaupt. Sie unterrichtete dreimal in der Woche drei Anfangssemester in Englisch und war für etwa siebzig Studentinnen verantwortlich.* Sie mußte ihre Studentinnen mit einer ganzen Reihe Schriftsteller bekanntmachen – von Hawthorne und Henry James bis zu D. H. Lawrence und Virginia Woolf. Die Studentinnen mußten angeleitet werden, fundierte Aufsätze zu schreiben (die wöchentlich benotet wurden), und sie mußte von Zeit zu Zeit mit ihnen sprechen. Als die zu korrigierenden Arbeiten sich stapelten und damit die Vorbereitungszeit knapper wurde, begann Sylvia zu fürchten, sie werde nie mehr Zeit oder Energie zum Schreiben haben. Ihre Angst färbte unvermeidlich auf Ted ab und muß eine starke Wirkung auf ihn gehabt haben, obwohl er sein Bestes tat, um sie zu ermutigen. Ihr gesellschaftliches Leben beschränkte sich auf die Angehörigen der Fakultät, und deshalb war es schwierig, selbst abends oder an den Wochenenden das College zu vergessen. Kurz gesagt, Northampton wurde für Sylvia zu einem bürgerlichen, seelentötenden Gefängnis, in dem sie weder etwas Kreatives schaffen konnte noch die Rechtfertigung fand, nichts Kreatives zu schaffen.

Im November schrieb Sylvia ihrer Mutter: »Natürlich kann ich nicht wirklich aufrichtig mit ihnen [den anderen Lehrern] sein und sagen, wie es mich ärgert, daß ich nicht meinen wahren Beruf, das Schreiben, ausüben kann, welches sich mit Sicherheit rapide verbessern würde, wenn ich ihm dieselbe nervöse Energie zukommen ließe, die ich jetzt an meinen Unterricht verschwende [...]« Warren gegenüber, der mit einem

* In Briefen an seine Schwester schreibt Ted, Sylvia arbeite zwölf Stunden am Tag und »bricht unter der Anstrengung [oft] zusammen«.

Fulbright-Stipendium in Österreich studierte, äußerte sie sich offener:

»Mein Ideal, eine gute Lehrerin zu sein, nebenbei ein Buch zu schreiben und obendrein eine unterhaltsame Hausfrau, Köchin und Ehefrau zu sein, schwindet rapide. Zuerst einmal will ich schreiben, und vom Schreiben abgehalten zu werden, nicht die Möglichkeit zu haben, mich voll meiner Aufgabe zu widmen und jenes ›große Versprechen‹ einzulösen, von dem die Feuilletonredakteure schreiben, wenn sie meine Erzählungen ablehnen, das ist wirklich sehr hart.«

Tatsächlich hatten Sylvia und Ted bereits im November beschlossen, sich im nächsten Jahr vom College zu lösen und das Leben als freie Schriftsteller in Boston zu wagen.

Ende des Jahres 1957 lernte das Ehepaar Hughes durch John L. Sweeney, den damaligen Direktor des Poetry Room in der Lamont Library von Harvard, den amerikanischen Dichter W.S. Merwin und seine englische Ehefrau Dido kennen. Wie Dido Merwin schreibt*, tat Jack nichts lieber, als in seinem Haus in der Beacon Street, in Boston, Dichter zusammenzubringen. Merwin, der vorübergehend in Boston lebte, hatte in der *New York Times Book Review* am 6. Oktober 1957 *The Hawk in the Rain* enthusiastisch besprochen, und er wollte Hughes natürlich kennenlernen. Dido Merwin erinnert sich an das Abendessen bei den Sweeneys. Ted hatte sich am rechten Fuß einen Knochen gebrochen (er war aus einem Sessel aufgesprungen, als ihm der Fuß eingeschlafen war) und kam mit einem Gipsverband angehumpelt. »Er sprach wenig, lächelte kaum und wirkte wie ein aufmerksamer Zuschauer«, schreibt Dido Merwin, »Sylvia andererseits war ganz extrovertierte Geselligkeit.« Ted schilderte in einem Brief an Olwyn seine Eindrücke und beschrieb Merwin als

* Siehe Dido Merwins Bericht S. 535

»gesetzt« und Dido als »sehr amüsant, eine Art junge Lady Bracknell*«.

Bald darauf trafen sie sich alle wieder in der Wohnung der Merwins im fünften Stock eines Hauses ohne Fahrstuhl in der West Cedar Street in der Nähe von Beacon Hill, wo die Sweeneys wohnten. »In der hochliegenden Wohnung der Merwins mit den Fenstern, durch die man einen weiten Blick hat, fühlt man sich wie an Deck eines Schiffes«, schrieb Sylvia.

Dido fährt in ihrem Bericht fort:

»Für Ted war es sehr mühsam, die Treppen hinaufzusteigen, aber als er durch die Tür humpelte, ging er aus sich heraus. Gesprochen wurde über vieles, aber das alles beherrschende Thema war die Vierundsechzigtausend-Dollar-Frage, wie man überlebt, ohne unterrichten zu müssen. Bill hatte unter Beweis gestellt, daß es möglich war. Er war damals tatsächlich der einzige, der es geschafft hatte, und als solcher ein authentischer und erfahrener Verweigerer – nicht nur wegen all dessen, was er bislang hatte vermeiden können (unter anderem den begehrenswerten Posten eines Lyrikberaters für die Library of Congress), sondern auch getan hatte, was Sylvia und Ted behaupteten, tun zu wollen. Er war ungebunden und unbeschwert unter rigorosem Verzicht auf alles Unwesentliche mehrere Jahre lang neben England durch nicht weniger als drei europäische Länder gereist [...] und hatte jede Arbeit, die sich bot, angenommen, um sich den Lebensunterhalt zu verdienen.«

Merwin war der Sohn eines presbyterianischen Geistlichen in Scranton, Pennsylvania, und hatte sich mit beneidenswerter Zielstrebigkeit durch Schreiben aus dem Käfig der unteren Mittelklasse befreit. Er war ein paar Jahre älter als Ted und

* Lady Bracknell: Die komische Alte in Oscar Wildes Komödie *Bunbury oder Die Bedeutung ernst zu sein.* [Anm. d. Red.]

wußte, welche literarische Fäden man ziehen mußte, um als selbständiger Schriftsteller zu überleben. Bill empfahl ihnen zum Beispiel die BBC in England; sein Rat bedeutete viel, als Ted und Sylvia daran dachten, dorthin zurückzukehren. Im November 1957 war Merwins Beispiel Manna für die Hungrigen. Sylvia und Ted beschlossen sofort, in diesem Jahr durch Unterrichten so viel Geld wie möglich zu verdienen, um im nächsten die Unabhängigkeit zu haben, in Boston zu schreiben. Sylvia vertritt in ihren Briefen an Warren und die Mutter in dieser Zeit denselben Standpunkt wie Merwin und Ted. »Jedesmal, wenn man eine Wahl trifft, muß man ein Opfer bringen«, schrieb sie Warren am 5. November.

»[...] ich opfere meine Energie, mein Schreiben und mein vielseitiges intellektuelles Leben dafür, daß ich mich jede Woche mit 66 Hawthorne-Aufsätzen herumplage und versuche, mich vor einer Klasse vorlauter, verwöhnter Fratzen zu artikulieren. [...] Wenn ich einen Professor sagen höre: ›Ja, der Wald ist schattig, aber es ist ein *grüner* Schatten – ein Beiklang von Krankheit, Tod etc.‹, dann habe ich Lust, meine Bücher hinzuwerfen und meine eigenen schlechten Gedichte und schlechten Geschichten zu schreiben und jenseits der keimfreien, grauen, sekundären Luft der Universität zu leben. Ich will nicht *über* D. H. Lawrence reden und über die Ansichten der Kritiker über ihn. Ich will ihn selbstsüchtig lesen, er soll mein eigenes Leben und Schreiben beeinflussen.«

Der Standpunkt des Schriftstellers im Unterschied zu dem des Anglisten ist nie besser ausgedrückt worden. Nachdem sich Sylvia entschieden hatte, die Arbeit am College aufzugeben, kehrte sie mit frischer Kraft zu ihren Studentinnen zurück. In einem Brief vom 8. Dezember berichtet sie ihrer Mutter:

»Obwohl es ungeheuer qualvoll für mich ist, nicht zu schreiben, und sogar, wie ich weiß, noch qualvoller wird, wenn ich im Juni wieder anfange zu schreiben, habe ich mich entschlossen, das Beste aus einem miesen Job zu machen und zu erreichen, daß man mir nachtrauert. Einige Lehrer sagten zu mir, sie hätten von Studenten und Lehrern, die in meinem Unterricht waren, ›gehört‹, daß ich eine ›brillante Lehrerin‹ sei, ich kann also trotz meiner offenkundigen Mängel so schlecht nicht sein. Vor allem bin ich fast nie langweilig, und da es mein erstes Jahr ist, glaube ich, ich tue so ziemlich alles, was ich aus meiner unwissenden Person herauszuholen vermag.«

Sylvia *war* eine ausgezeichnete Lehrerin, und nachdem sie realistischere Forderungen an sich stellte, wurde sie im Unterricht sehr viel lockerer.

Fünf Tage, ehe man sie zu Weihnachten in Wellesley erwartete, erschienen Ted und Sylvia in der Elmwood Avenue. Sylvias Gesicht glühte, als sei sie durch einen scharfen Wind gegangen, aber tatsächlich hatte sie hohes Fieber. Der hinzugezogene Arzt diagnostizierte eine durch einen Virus hervorgerufene Lungenentzündung, die sich infolge von Sylvias körperlicher Erschöpfung noch verschlimmerte. Über Weihnachten wurde sie mit Antibiotika behandelt, und Anfang Januar ging es ihr wieder so gut, daß sie zum College zurückkehren konnte. Von dort schrieb sie der Mutter, daß sie zu den meisten ihrer Studentinnen nun eine »recht gute Beziehung« entwickle.

Zu Beginn des Jahres empfand sie nur Erleichterung. »Die Luft wird leichter und klarer«, schrieb sie am 4. Januar. »Der schwarz-gelb gestreifte Qualm von Oktober, November, Dezember ist verschwunden, und die klare Luft des neuen Jahres ist da – so kalt, daß sie die ungeschützten Beine, Ohren und Wangen zu Eis erstarren läßt [...]«

Wie üblich, hoben Kleinigkeiten ihre Stimmung: eine rote chinesische Bluse vor hellblauen Wänden zu tragen, das Sonnenlicht auf der frischen weißen Farbe einer Tür; und wichtiger: Ted bot sich die Möglichkeit, im Frühjahr an der University of Massachusetts in Amherst zu unterrichten und damit tausend bis zweitausend Dollar »Rücklagen für Europa« zu verdienen (denn inzwischen hatten sie beschlossen, nach dem Jahr in Boston nach England zurückzukehren).

Bis zum 7. Januar hatte sich der schwarze Deckel jedoch wieder herabgesenkt. Im Tagebuch vermerkte Sylvia, daß es schneite, ein »verheißungsvoller« Semesterbeginn nach einer sonnigen Woche. »Und wie üblich muß ich meine Vorlesungen morgen früh vorbereiten – war und bin wütend und verdrießlich wie eine Giftspritze – huste immer noch und kann nicht schlafen [...] fühle mich bis mittags schwach und wie betäubt.«

Am Tag zuvor hatte sie Charles Hill, den Fachbereichsleiter, von ihrem Entschluß in Kenntnis gesetzt, Smith am Ende des akademischen Jahres zu verlassen. Normalerweise erwartete man von einer neuen Lehrkraft, daß sie zwei Jahre unterrichtete, ehe sie sich um einen neuen Vertrag bemühte. Hill, »bläulich und mit vorstehenden Zähnen«, war in Sylvias Worten »ganz der Eisige«. Immerhin hatte ihr ehemaliger Poetry-Tutor Alfred Fisher an diesem Morgen versucht, mit ihr zu sprechen. Aber wie immer, wenn Sylvia angegriffen wurde (oder sich angegriffen fühlte), wehrte sie sich mit Klauen und Zähnen.

»Ein Anruf von Mr. Fisher und meine alberne Diskussion heute morgen in dem hohen, weißen, speicherähnlichen Arbeitszimmer, vollgerammt mit Büchern und seinem siebenbändigen Roman im schwarzen Dissertationseinband mit weißer Aufschrift, von dem ich weiß, daß er schrecklich sein soll. Der Klatsch. Es wird einem ganz übel bei dem Versuch, ihn zu erraten. Die Elf-Uhr-Kaffeepause und der Klatsch. All diese Mutmaßungen: Die Institution wird Sie für verantwortungslos halten. Zwei-Jahres-Regel. Quatsch. Ich bin in Watte gepackt. Bei mir ist alles vergeblich – alles doppeldeutig. ›Meine Loyalität ist geteilt‹, sagte ich. ›Ich bin Ihr Freund‹, sagte er, [...] ›Sie bilden sich das alles nur ein‹, sagte er, ›das mit der Angst. Ich habe es aus mehreren Quellen.‹ Ich bin es leid, daß sie mit Anspielungen, Andeutungen, Drohungen, Doppeldeutigkeiten und Klatsch kommen. Unbestimmt meinen sie es irgendwie gut. Aber sie haben keine Ahnung, was für mich gut ist, sondern nur für sie. ›Warum müssen Sie schreiben?‹ fragt Gibian beim Tee. Muß ich schreiben? Oder brauche ich Zeit und Blut?«

Sylvia ärgerte sich besonders über die wohlmeinenden Absichten ihrer Vorgesetzten, da sie zu jener Zeit *wirklich* nicht wußte, warum sie schreiben mußte. Sie wußte nur, daß sie irgendwie zu sich selbst finden mußte. Der Eintrag geht bedeutsamerweise so weiter:

»Zuerst mich selbst kennen, tief, alles, was ich an Anderssein in Zeit und Raum in mir gesammelt habe. Einst war Whitstead real, mein Zimmer mit dem grünen Teppich, gelben Wänden und dem Fenster zum Orion, der grüne Garten und die blühenden Bäume, dann das rauchige blaue Pariser Zimmer, das wie das Innere eines Delphinariums war, mit dem dünnen nervösen Jungen [Sassoon], Feigen und Orangen und Bettlern auf den Straßen, die sich um zwei Uhr morgens die Köpfe einschlugen, dann der Balkon in Nizza über der Autoreparaturwerkstatt, der Staub, der Schmutz und die Karottenabfälle in meiner Hochzeitsnacht in der Rugby Street, Eltisley Avenue mit dem düsteren Flur, dem Gewicht von Mänteln, dem Kohlestaub. Jetzt dieses rosarot tapezierte Zimmer. Auch das wird vergehen und den Keim für bessere Tage legen. Ich trage die Samen des Lebens in mir.«

Dies ist so hervorragend geschrieben, daß ein faszinierter Leser leicht die Prämisse übersieht. Sylvia impliziert hier den unvermeidlichen Aufstieg von der abgelegten Vergangenheit zu den »besseren Tagen« der Zukunft. Die Philosophie ist kindlich und durch und durch amerikanisch. Smith College war einmal der Inbegriff ihrer Wünsche gewesen. Jetzt verachtete sie es und sehnte sich nach den höheren Regionen der Freiheit. Es scheint ihr nie in den Sinn gekommen zu sein, daß die Samen des Lebens, die ihr teuer waren, nicht unbedingt üppiger sprießen würden, wenn sie erst einmal frei war. In der Vergangenheit hatte sie stets gewußt, was sie tun und wem sie gefallen mußte, um Erfolg zu haben. Die Zukunft würde unklarer aussehen. Doch Sylvia griff danach und war sicher, daß etwas in ihr durch die Kunst einen Weg finden mußte. Sie hatte sich mutig dafür entschieden, den schwierigsten Weg zu gehen.

Sylvia hatte Smith College innerlich an Weihnachten verlassen, aber das akademische Jahr ging weiter, und sie unterrichtete bis Mai. Unter ihren Kollegen fühlte sie sich wie eine Ausgestoßene. Der Zorn, der im Januar in das Tagebuch floß, nahm eine übersteigerte Intensität an, wie damals in Yorkshire beim Tee mit John Fisher. Sie kämpfte nicht mehr mit ihrem »dämonischen« Ich und richtete ihre Kraft darauf, ihren Stolz gegen (meist imaginäre) Angriffe zu verteidigen. Innerlich tobend vor Demütigung, läßt sie am 12. Januar eine im Grunde unbedeutene Szene in einem Café wiedererstehen und wird mit der Wut auf die einzige ihr mögliche Weise fertig, indem sie »Kiesel in Perlen« verwandelt, »Kiesel in Kunst«. Sylvias weißglühendes Tagebuch läßt eher als die mühsam erkämpften Gedichte dieser Zeit schon die leidenschaftliche Gewalt von *Ariel* ahnen:

»Stolpere gestiefelt zu dem Tisch im kleinen Café, an Stühlen vorbei, die von darübergelegten Mänteln verhüllt sind. Die intime Dreiergruppe, James, mit schwarzen Haaren und zusammengekniffenen Augen, geht ohne ein Wort; durch die Luft zischen unausgesprochene Bemerkungen: ›Findest du es hier wirklich so schrecklich?‹ Die blasse britische Joan, grünumrandete Brille, grünlackierte Fingernägel, im Pelz, mit großen, baumelnden, goldenen aztekischen Ohrringen, die aussehen wie kubistische Engel, zweideutige Bemerkungen und zweideutige Blicke – Sallys große, breite, blasse Hände wie fliegende, weißbäuchige Flundern, sommersprossige Handrükken, gestikuliert, kurze Nägel golden lackiert. Überlegen. Herablassend. Der unhöfliche rosa [Alfred] Fisher mit weißem Schnurrbart: ›Schämen Sie sich‹, grinst albern, deutet auf den roten Lippenstiftabdruck auf einer Kaffeetasse – ›Das Zeichen der Bestie.‹ All die Anspielungen auf gemeinsam Erlebtes [...] Partys, Dinners. Dame mit ausdruckslosen Augen. ›Es ist alles in deinem Sinne‹, sagte Fisher. ›Ich weiß es aus verschiedenen Quellen‹. In guter Gesellschaft schlägt oder spuckt eine Dame nicht. Also wende ich mich meiner Arbeit zu. Vom Prüfungsausschuß ohne ein Wort ausgeschlossen, höre, wie Sally mir arrogant rät, meinen Studentinnen keine Fragen zu verraten, und bin empört. Bosheit, Gemeinheit. Was sonst. Wie vertreibe ich sie aus meinem Organismus? Wie Galle [...] Samstag erschöpft, fertig mit den Nerven. Schlaflos. Habe dich, Buch, hingeworfen, mit der Faust geschlagen. Getreten, geschlagen. Brodelnde Gewalt. Lust, jemanden zu ermorden, nur als Sündenbock. *Aber die Notwendigkeit zu arbeiten beruhigt mich. Arbeit erlöst.*« [Hervorhebung der Autorin]

Den ganzen Januar und Februar hindurch schäumte oder jammerte Sylvia abwechselnd unter dem Druck der Arbeit am College. Aber am meisten bekümmerte sie, daß sie sich nicht in der Lage fühlte zu schreiben. Wie sehr sehnte sie sich nach dem sprudelnden Fluß der Teenagerzeit, als ihr die Worte durch den Kopf wirbelten. Am 14. Januar kam das Manuskript ihres Gedichtbandes von einem Tausend-Dollar-Wettbewerb zurück – die zweite Niederlage. Sie befreite sich aus dem Tief, indem sie Teds neue Gedichte tippte, in ihm lebte, bis sie bereit war, selbst zu leben. Sie verzweifelte an der Lyrik, griff wieder nach ihrem Cambridge-Roman und arbeitete das »Kernkapitel« über die Begegnung mit Ted auf der St. Botolph-Party zu einer Geschichte um. Ihre Zusammenfassung im Tagebuch zeigt, wie wenig sie sich von ihren romantischen Sehnsüchten gelöst hatte. »Ein Mädchen an die Statue eines Traums gekettet, Aschenputtel im Flammenring, im unbezwingbaren Stachelpanzer, trifft einen Mann, der mit einem Kuß ihre Statue zertrümmert, der Schlafen mit Männern weniger als Küsse werden läßt und für immer den Lauf ihres Lebens ändert.«

Die Geschichte *Steinknabe mit Delphin* weckte erneut ihren Ehrgeiz zu veröffentlichen. In den Semesterferien hatte sie die Erzählungen der *Saturday Evening Post* gelesen, bis ihr die Augen weh taten. Aber sie las auch Gedichte und brütete mit dem Neid der Übergangenen »grün und giftig« über einer neu erschienenen Anthologie: *New Poets of England and America*, herausgegeben von Donald Hall, Robert Pack und Louis Simpson. Sie stellte fest, daß von den sechs Lyrikerinnen »ausgenommen May Swenson und Adrienne Rich, keine besser oder mehr veröffentlicht ist als ich«. Getrieben von Eifersucht und »gerechtem Groll«, peitschte sie sich wieder zum Angriff. »Warte bis Juni«, schwor sie dem Tagebuch, »um Gedichte zu schreiben, muß ich irgendwie alle Zeit vor mir haben, kein Essen kochen, keinen Unterricht vorbereiten [müssen]. Ich mache Pläne und kalkuliere: Zwanzig Gedichte sind mein Grundstock. Dazu dreißig andere in einer kraftvolleren, freieren, härteren Sprache: arbeite vor allem an Rhythmen [...] Keine Geziertheit, keine uralten, raffinierten Tricks. Überfalle sie mit einem Band mit vierzig oder fünfzig – alle zehn Tage ein Gedicht.«*

* Wenn Sylvia sich in die Enge getrieben fühlte, wie in diesem Jahr am College, kreiste ihre Phantasie um persönliche Schreckensbilder. Ihre Themenliste für neue Gedichte zu diesem Zeitpunkt: »Kliniken und verrückte Frauen. Elektroschocktherapie und Insulintrancen. Mandeln und Zähne herausgenommen. Petting, parken, eine mißglückte Entjungferung und die Notaufnahme, mehrere vergebliche Lieben in New York, Paris und Nizza. Ich erfinde vergessene Einzelheiten. Gesichter und Gewalt. Bisse und verdrehte Worte. Versuche es damit.«

Zwischen heftigen Ausbrüchen, bitterem Zorn und Frustration gab Sylvia weiterhin Unterricht und lernte, damit fertig zu werden. Sie sparte Geld für das freie Jahr in Boston. Gegen Bezahlung machte sie Englisch-Korrekturen für Newton Arvin und fand noch Zeit, ein Kunstseminar zu besuchen, das eine Mrs. Van der Poel hielt. Ihre ehemaligen Helden Alfred Fisher und George Gibian waren inzwischen zwar Feinde, doch sie und Ted fanden neue Freunde, darunter den Dichter Anthony Hecht von der Smith-Fakultät und den englischen Dichter Paul Roche mit seiner amerikanischen Frau Clarissa, die in diesem Jahr am College arbeiteten. Paul machte sich in akademischen Kreisen mit seinen Versübertragungen griechischer Dramen einen Namen; als Ehepaar waren sie Bohèmiens, soweit das im biederen Northampton überhaupt möglich war. Sylvia beschrieb sie entzückt in ihrem anschwellenden Notizbuch: Paul, goldhaarig und blauäugig, mit »künstlich [...] gelockten blonden Haaren auf dem aufrecht, elegant-gelangweilten Aristokratenkopf sieht aus, als sei er auf eine griechische Münze geprägt worden, die inzwischen von zuviel Schachern und Befingern dünn und abgegriffen ist«, und die »blonde, behexende [...] Clarissa, deren rote Lippen sich öffnen und wölben wie Blütenblätter oder eine fleischige Seeanemone«.* Sylvias Schilderung war scharfsinnig,

* Sylvia schrieb (und sprach offenbar) wirklich sehr gehässig über Paul Roche. Sie mochte Clarissa, verhielt sich ihr gegenüber zunächst jedoch recht abweisend. Sie spürte, Paul war gefährlich – er zog sie gleichzeitig an und stieß sie ab. Sylvia war ein wenig puritanisch, und Paul war sowohl anspruchsvoll wie anrüchig.
Paul Roche äußert sich zu Sylvias veröffentlichten *Journals*:
»Sylvias Bemerkungen über mich und Clarissa muß man im Kontext sehen. Wir waren alle jung. Wir waren alle ehrgeizig: Sylvia für Ted, Clarissa für mich. Sylvia rieb sich daran, daß ihr Mann wenig Anerkennung fand, besonders vom Smith College, deren Starstudentin sie gewesen war. Sie rieb sich noch mehr daran, wenn ein anderer volle Anerkennung fand. Natürlich stürzte sie sich auf alles, was sie bei diesem anderen als Fehler entdeckte. Aber selbst das muß man im Zusammenhang sehen. Wie Virginia Woolf (die ebenfalls schreckliche Dinge über ihre Freunde sagen konnte) und wie jeder wahre Dichter konnte auch Sylvia der

[Fortsetzung der Anmerkung auf Seite 222 unten]

aber problematisch mit ihren verschwommenen Gefühlen. Sie konnte gnadenlos sein, wenn sie ein bedauernswertes Mitglied der Englischen Fakultät als »bleich, mit einem Mund wie [eine] Schnecke, die sich ausstreckt, um zu kriechen – ein Mann, der seinen Gesichtsausdruck immer eine Spur zu lang beibehält«, beschrieb.

Im Mai lernten Sylvia und Ted den Maler und Bildhauer Leonard Baskin, seine durch multiple Sklerose behinderte Frau Esther und deren kleinen Sohn Tobias kennen. Im Verlauf des nächsten Jahres entwickelte sich eine enge Freundschaft, die zur Zusammenarbeit von Hughes und Baskin führte, die bis zum heutigen Tag andauert. Sylvias Gedicht *Sculptor*, das im darauffolgenden Sommer entstand und das sie Baskin widmete, geht auf angenehme Tage zurück, an denen sie die Baskins besuchten, durch Leonards Studio wanderten und mit Esther und dem Baby im Garten Tee tranken. Ein halbes Jahr später schrieb Sylvia *Goatsucker* für eine Anthologie, die Esther herausgab. Die Baskins hatten sich ihrer Kunst, ihrem Heim, der Familie verschrieben; für Sylvia mit ihrer nicht allzu großen Sympathie für geringere Sterbliche verkörperten sie ein Ideal. »Wie ich die Baskins liebe. Meiner Meinung nach die einzigen Menschen, die ein Wunder an Menschlichkeit und Integrität sind, ohne sentimental zu sein.«

Gegen Ende Januar erhielt Sylvia einen Brief der Zeitschrift *ARTnews* mit der Bitte, ein Gedicht über einen Aspekt der bildenden Kunst zu schreiben. Man bot ihr ein »Hono-

[Fortsetzung der Anmerkung von Seite 221 unten]

Versuchung nicht widerstehen, eine Erkenntnis bis zum Extrem zu treiben – sie versuchte, nicht nur selbst verschiedene Masken zu tragen, sondern wollte auch herausfinden, ob diese Maske anderen paßte. [...] In ihrem Verhalten uns gegenüber zeigte Sylvia, sowohl damals als auch später in England, immer, daß sie uns mochte, uns gern hatte und, wie ich glaubte, uns liebte – wie wir sie. Würde sie heute ihr Tagebuch noch einmal lesen, ich glaube, sie würde meiner Ansicht nach gewisse Stellen streichen [...] nachdem sie herzhaft darüber gelacht hätte.«

rar« zwischen fünfzig bis fünfundsiebzig Dollar an. Sylvia ergriff die Chance. Mrs. Van der Poels Kunstseminar war bereits eine Quelle der Inspiration. Sylvia ging in die Kunstbibliothek und kam mit dicken Bänden voller Reproduktionen der Werke von Paul Klee, Henri Rousseau und (am faszinierendsten) dem frühen Surrealisten Giorgio de Chirico zurück. Während einer Vorlesung über afrikanische Köpfe – inspirierend für Klee – erkannte sie, daß der »richtige Titel, der einzige Titel« für ihren Gedichtband *The Earthenware Head* war.

Erst in den Frühjahrsferien wichen Sylvias Grübeleien und die vergeblichen Anfänge einer Raserei des Schreibens. Vom 20. bis zum 28. März – der Dauer der Ferien – entstanden nicht nur ein, sondern acht Gedichte, die auf Bilder zurückgingen. Der Mutter schrieb sie am 22. März: »Ich habe die tiefste Quelle meiner Inspiration entdeckt: die bildende Kunst. Die Kunst der Primitiven wie Henri Rousseau, Gauguin, Paul Klee und de Chirico. Ich habe mir Stöße von herrlichen Büchern aus der Kunstbibliothek geholt [...] und ich ströme über vor lauter Ideen und Inspirationen, als hätte ich ein Jahr lang einen Geysir unter Verschluß gehalten.«

Am 28. März jubelt sie im Tagebuch:

»Donnerstag vor einer Woche erfaßte mich die Raserei, es war mein erster richtiger Ferientag, und die Raserei hat bis jetzt angehalten: schreiben und schreiben. Ich habe in den letzten acht Tagen acht Gedichte geschrieben, lange Gedichte, lyrische Gedichte und donnernde Gedichte: Gedichte, die meine wahre Lebenserfahrung der letzten fünf Jahre aufbrechen: ein Leben, das verschlossen, unberührbar in einem Rokokokäfig aus Kristall verlief, der nicht berührt werden durfte; ich spüre, es sind die besten Gedichte, die ich je geschrieben habe.«

Das Schreiben vergrößerte nicht nur ihren Hunger nach Kunst, sondern nach etwas Realem, das ihren Erlebnishunger stillen würde. Ein Buschbrand in der Nähe bewirkte, daß es im Tagebuch plötzlich aus ihr herausbrach: »Ich sehnte mich nach einem Zwischenfall, einem Unfall. Welch ungebändigtes Verlangen nach einem allgemeinen Blutbad liegt in uns. Ich gehe durch die Straßen, gewappnet und beinahe bereit, mir zu wünschen, mein Auge und meine Stärke an einer Tragödie zu erproben – ein Kind, das von einem Wagen überfahren wird, ein brennendes Haus, jemand, der von einem Pferd an einen Baum geschleudert wird. Nichts geschieht: Ich gehe am Abgrund der Gefahr [...]«

Sylvias acht Gedichte über Kunst setzen sich aus zwei zu Gemälden von Rousseau, vier zu Zeichnungen von Paul Klee und zwei zu surrealistischen Gemälden von de Chirico zusammen, die, wie sie feststellt, »die einmalige Macht haben, mich zu berühren«. Die beiden Chirico-Gedichte stehen in Beziehung zu ihren Eltern. *On the Decline of Oracles* war das erste ihrer Gedichte über den »verlorenen Vater«. Es bringt den toten Otto Plath mit dem Meer in Zusammenhang; *Die beunruhigenden Musen* erforschte als erstes ganz speziell ihre Beziehung zu ihrer Mutter. Das Epigraph zu *On the Decline of Oracles* – nach de Chiricos frühem Gemälde *Das Rätsel des Orakels* – stammt von Chirico selbst; Sätze, die Sylvia ins Tagebuch übertrug.

»1. ›Im Innern eines zerfallenen Tempels sprach die geborstene Statue eines Gottes eine geheimnisvolle Sprache.‹

2. ›Ferrara: das alte Ghetto, wo man Bonbons und Plätzchen in höchst merkwürdigen und metaphysischen Formen finden konnte.‹

3. ›Tagesanbruch. Das ist die Stunde des Rätsels. Es ist auch die Stunde der Vorgeschichte. Das geliebte Lied, das enthüllende Lied des letzten morgendlichen Traums des Propheten, der am Fuß der heiligen Säule nahe dem kalten und weißen Bildnis des Gottes schläft.‹

4. ›Was soll ich lieben, wenn nicht das Rätsel?‹«

De Chirico öffnete Sylvia ein ganzes Spektrum von Traumbildern – geborstene Statuen, Gewölbe, Züge und von unsichtbaren Gestalten geworfene Schatten; diese Symbole des Unbewußten glichen den Symbolen ihrer Träume. Obwohl das Gedicht *On the Decline of Oracles* sich stilistisch etwas an Yeats anlehnt, sind die drei finsteren männlichen Gestalten das Gegenstück zu dem weiblichen Trio von *Die beunruhigenden Musen.* Beide Gedichte waren für Sylvia wichtig, weil sie auf de Chiricos Gemälde zurückgingen, aber *Die beunruhigenden Musen* hatten einen besonderen Einfluß auf ihre Entwicklung.

Sylvia stellte das Gedicht 1961 in einer Rundfunksendung vor und machte dabei auf den Bezug zu dem Bild aufmerksam:

»Das ganze Gedicht hindurch denke ich an die rätselhaften Gestalten auf dem Bild *Die beunruhigenden Musen* von de Chirico – drei schreckliche, gesichtslose Gliederpuppen in klassischen Gewändern sitzen und stehen in einem seltsamen klaren Licht, das die langen dunklen Schatten wirft, die für de Chiricos frühes Werk charakteristisch sind. Die Puppen lassen an eine zeitgenössische Version anderer finsterer Frauen-Trios denken – die drei Parzen, die Hexen in *Macbeth*, de Quinceys Schwestern des Wahnsinns.«

Sylvias Gedichte haben jedoch weniger mit der klassischen Mythologie als mit dem Märchen von Dornröschen zu tun. Eine Tochter wird in der Wiege von einer »verkrüppelten und unansehnlichen« Hexe verwünscht, die als ihre Stellvertreterin drei Frauen zur Taufe schickt,

> Die mit Stopfeiköpfen nicken
> und nicken und nicken zu meinen Füßen,
> meinem Haupte
> und zur Linken an meiner Wiege mir.

Das »meiner« verrät die Tochter-Erzählerin; es ist erkennbar Sylvia. Der Rest des Gedichts besteht aus so sorgsam abgewandelten Vignetten aus der Kindheit, daß sie Sylvias Absicht erfüllen. Alle Einzelheiten haben ihre Wurzel in ihrer Familiengeschichte, bestimmte »Mißachtung[en] der tatsächlichen Umstände« (um mit Richard Wilbur zu sprechen) haben die Wahrheit umgeformt. In der vierten Strophe beschreibt die Erzählerin tanzende Schulmädchen mit Taschenlampen, die das Glühwürmchenlied singen; die Szene entstammt nicht Sylvias Kindheit, sondern der Kindheit ihrer Mutter.

> Als die Mädchen in der Schule Spitzen tanzten
> und mit Taschenlampen blinkten wie die Leuchtkäfer
> als sie das Glühwürmchenlied sangen, da konnte ich
> im Schimmerkleid den Fuß nicht heben
> bleifüßig stand ich abseits
> im Schatten meiner mißgestimmten
> Patinnen und du
> hast nur geweint in einem fort:
> so dehnte sich der Schatten
> und es erloschen die Lichter

Das Kind im Gedicht ist in Wahrheit weder Aurelia Schober – die Ballettunterricht nahm und gern tanzte – noch Sylvia, die zwar nie eine »Ballerina« war, aber trotzdem ihr ganzes Leben lang mit Vorliebe die »Primadonna« spielte. Es ist eine pathetische Version von Sylvias zornigem, gekränktem Dämon – die dunkle, unterdrückte und rachsüchtige Quelle ihrer Gedichte. Obwohl der Ton von *Die beunruhigenden Musen* trügerisch leicht ist, nimmt Sylvia damit Abschied von der Illusion. Soweit Aurelia ein Märchenland des Seifenblasenglücks verkörperte, mußte sie lächerlich gemacht und verstoßen werden, während Sylvias Musen-Mütter in »Gewändern aus Stein« Wache hielten.

Leer ihre Gesichter wie am Tage meiner Geburt
Lang ihre Schatten in steil aufgestellter Sonne
Die niemals strahlt noch untergeht.

Die Worte stammen von de Chirico, doch das Ende des Gedichts ist eindeutig Sylvia Plath und nimmt die Form eines Geständnisses an – und der Entschlossenheit zu täuschen.

Und in ein solches Reich hinein hast du mich
geboren, Mutter, Mutter. Aber
kein Wimpernzucken, kein Kräuseln meiner Stirn
wird meine nun ständigen Begleiter verraten.

In der Mitte dieser Woche fiebernder Kreativität berichtet Ted seiner Schwester: »Sie sitzt und schreibt zwölf Stunden ohne Unterbrechung und ist dann zu erregt, um zu schlafen. Was sie tun wird, wenn sie Monat für Monat nur schreibt, weiß ich nicht.« Doch es sollte keine vergleichbare Flut der Inspiration geben bis zum Herbst 1962, als die *Ariel*-Gedichte aus ihr herausbrachen. Trotz des gemessenen Tons sind *Die beunruhigenden Musen* ein aggressives Gedicht, das aus Sylvias brodelndem Unbewußten entstammt.

Neun Monate später, als Sylvia sich in Boston einer Psychotherapie unterzog, konnte sie ihren zwanghaften Ehrgeiz, als Schriftstellerin Erfolg zu haben, analysieren. Es ist »das alte Bedürfnis, Mutter Leistungen vorzuweisen und als Belohnung dafür Liebe zu bekommen«. Sie erkannte, daß ihre Mutter im weitesten Sinn für alle Lektoren, für alle Leser stand, und zu allen Personen wurde, die die Macht hatten, sie anzuerkennen oder abzulehnen. Sie befürchtete auch, daß das, was sie als Schreibhemmung empfand, im Grunde der unbewußte Wunsch war, *nicht* zu schreiben, d.h., der Mutter keine schönen Arbeiten vorlegen zu wollen, um ihre Liebe zu bekommen. Im Tagebucheintrag vom 27. Dezember 1958 bezieht sie sich auf ihren Selbstmordversuch von 1953: »Ich hatte das Gefühl, nicht schreiben zu können, weil sie Besitz davon ergreifen würde. Ist das alles? Ich wußte, wenn ich nicht schrieb, würde mich niemand als Mensch akzeptieren. Schreiben stand stellvertretend für mich: Wenn du mich nicht liebst, dann liebe mein Werk und mich, die es geschaffen hat.«

Mit dem Schreiben der *Beunruhigenden Musen* hat Sylvia offenbar zum ersten Mal einen Weg gefunden, die beiden widerstreitenden, unbewußten Triebe in einem einzigen subversiven Gedicht zu befriedigen. Ihr Groll verhinderte, daß sie mit ihrem Geschenk Liebe bekam, weil er darin enthalten war. In ihrem unerbittlichen Bemühen sowohl um unbedingte Liebe als auch nach absoluter Selbstverwirklichung war Sylvia schließlich auf etwas gestoßen, was zum verborgenen Mechanismus ihrer besten Arbeiten werden sollte: Ihr Geschenk war ein meisterhaft gearbeiteter vergifteter Becher. Es war, als ob ihre einzige Möglichkeit, sich frei zu äußern, darin bestand, mit ihren Gedichten, deren Themen subtile Pfeile des Hasses waren, um Liebe zu betteln. Das Rätsel, das hinter diesem kreativen Ausbruch der *Beunruhigenden Musen* und sieben weiterer Gedichte lag, sollte ihr noch einige Jahre verborgen bleiben. In Yaddo brach es 1959 in den sieben Teilen des *Poem for a Birthday* kurz aus ihr hervor. Und im Herbst 1962 sollte es sich in die wunderbaren, täglichen Gedichte, die später in *Ariel* und *Winter Trees* veröffentlicht wurden, ergießen.

Im Herbst 1958 hatte Sylvia allen Grund, mit diesen acht Gedichten zufrieden zu sein, und vertraute ihrem Tagebuch an:

»Vermessen glaube ich, ich habe Verse geschrieben, die mich als *die* Poetin Amerikas qualifizieren [...] Wer sind die Konkurrentinnen? In der Geschichte Sappho, Elizabeth Barrett Browning, Christina Rossetti, Amy Lowell, Emily Dickinson, Edna St. Vincent Millay – alle tot. Heute: Edith Sitwell und

Marianne Moore, die alten Riesinnen, und mit der poetischen Patin Phyllis McGinley ist es vorbei – leichte Gedichte: Sie hat sich verkauft. Eher: May Swenson, Isabella Gardner und am ehesten Adrienne Cecile Rich – die von diesen acht Gedichten bald in den Schatten gestellt werden wird.«

Vermessenheit oder Hoffnung? Sylvias zerpflücktes Buch bestand inzwischen aus dreißig Gedichten; sie brauchte noch dreißig, wenn sie am Ende des Jahres eine publizierbare Sammlung vorliegen haben wollte. Zwei Gedichte zu Klee-Radierungen (*Virgin in a Tree* und *Perseus*) schickte sie an *ARTnews*, den Rest an den *New Yorker.* Einen Monat später kamen sie vom *New Yorker* zurück.

Man hatte Hughes eingeladen, im April an der Harvard University seine Gedichte zu lesen, und am 11. fuhren er und Sylvia in Warrens Wagen, den sie geliehen hatten, solange er in Österreich studierte, dorthin. An diesem Tag stürmte und hagelte es, und die Straßen von Cambridge verwandelten sich in eisige Bäche. Aber dennoch kamen eine Menge Leute in die Longfellow Hall, die aufmerksam zuhörten. Ted las hauptsächlich für Freunde: Aurelia Plath und Mrs. Prouty (man hörte sie laut und deutlich sagen: »Ist Ted nicht wunderbar?«), Gordon Lameyer, Marcia Brown Plumer, Mrs. Cantor, »die Christian Science-Anhängerin«, deren Kinder Sylvia auf Cape Cod betreut hatte, ihre ehemaligen Vertrauten in Wellesley, Phil McCurdy und Peter Davison. Es waren auch zwei Dichter anwesend, die Ted und Sylvia noch nicht kannten: Philip Booth, der ein Guggenheim-Stipendium hatte, und – endlich – Adrienne Cecile Rich, Sylvias gefürchtete, aber bewunderte Konkurrentin. »Klein, rundlich und untersetzt«, schrieb Sylvia später, »kräftige, kurze, schwarze Haare, große, blitzende, schwarze Augen und ein tulpenroter Regenschirm.«

Nach der Lesung war das Ehepaar Hughes von Jack und Maire Sweeney zu Drinks in das Haus am Beacon Hill eingeladen, auf die das Abendessen im Bostoner Restaurant Felicia folgte. Unter Fremden war Sylvia plötzlich gehemmt. »Aufgeregt« saß sie »in ihrem lavendelfarbenen Tweed« im Wohnzimmer der Sweeneys und fühlte sich ausgeschlossen. Trotzdem entging ihr nicht, daß an den Wänden zwei Picassos, ein Juan Gris und ein Ölbild von Jack Yeats hingen. Das Restaurant erwies sich als Eisbrecher. Sie saß beim Essen neben Alfred Conrad, Adrienne Richs Ehemann, und unterhielt sich ernsthaft mit ihm über »Tuberkulose, mochte ihn mehr und mehr«. Sie und Ted verbrachten die Nacht in der Elmwood Road und fuhren am nächsten Tag ermutigt nach Northampton zurück.

Endlich kam der Mai und mit ihm die Semesterprüfungen, die sie zum letzten Mal vom Schreiben fernhielten. Sylvia machte sich daran, ihre Arbeit abzuschließen, erfüllte letzte, unangenehme Pflichten am College und konnte es kaum erwarten, ihr neues, freies Leben zu beginnen. Noch vor Semesterende war sie mit dem Kapitel *Falcon Yard* (*Steinknabe mit Delphin*) fertig, an dem sie vor den acht Kunst-Gedichten gearbeitet hatte, und schickte es an *New World Writing*. (Es wurde abgelehnt.) Sie schrieb ein neues Gedicht, das ihr gefiel. Am 11. Mai notiert sie im Tagebuch:

»Ein anderer Titel für mein Buch: *Full Fathom Five* [der Titel des neuen Gedichts] [...] Er hat eine stärkere Beziehung zu meinem Leben und meinen Vorstellungen als alles andere, was ich zusammenphantasiert habe: Der Hintergrund ist *Der Sturm**, die Assoziation zum Meer, das eine zentrale Metapher für meine Kindheit, meine Gedichte und das Unterbewußte des Künstlers ist, auch für das Vaterbild – meinen Vater, die begrabene männliche Muse und der Schöpfergott, der in Ted auferstanden ist, um mein Mann zu sein, um Neptun, der Meeresgott, zu sein – und die edle Verfeinerung der Perlen

* Shakespeare, *Der Sturm*: »Fünf Faden tief liegt Vater dein.«

und Korallen in Kunst; Perlen, die das Meer aus den allgegenwärtigen Sandkörnern des Leids und der stumpfsinnigen Routine geschaffen hat.«

Sie erkannte, daß ein gottähnliches Bildnis Otto Plaths (den Ted ersetzt hatte) aus dem Meer aufsteigen mußte, und dichtete *Full Fathom Five* – wie Hughes schrieb –, während sie ein Buch von Jacques-Yves Cousteau über die Welt unter Wasser las und es beim Schreiben aufgeschlagen auf den Knien liegen hatte. Es ist ein Gedicht einer ganzen Folge, mit der sie jahrelang rang und in der sie das Bild eines Ertrunkenen, das Bild Poseidons – des bärtigen Vaters –, mit dem Sog ihres unleugbaren Todeswunsches verband. Denn Sylvia liebte das Leben zwar leidenschaftlich, doch in den Gedichten ist der Tod beherrschend, als könne sie das eine nicht annehmen, ohne die Anziehungskraft des anderen anzuerkennen. Am 11. Mai wiederholt sie im Tagebuch die entsprechende Stelle aus James Joyce' *Finnegans Wake'*:

»›Und alt ist es, und alt ist es, traurig und müde kehre ich zurück zu dir, mein kalter Vater, mein kalter rasender Vater, mein kalter rasender schrecklicher Vater [...]‹«

Die Zeilen von Joyce lesen sich wie ein Motto von *Full Fathom Five*:

> Alter, du tauchst so selten auf.
> Und wenn, dann kommst du mit der Flut
> wenn die See dich kalt wäscht, Schaum –
> Bedeckt das weiße Haar, der weiße Bart, weit hergeweht
> ein Netz, hebend sich senkend
> wie Wellenberg und Tal. Meilenweit [...]

Wie viele Gedichte aus dieser Zeit endet auch *Full Fathom Five* mit einem vollorchestrierten Liebestod, der ihr Dilemma zeigt:

Du dringst auf Fragen;

Du forderst Güte von anderen.
Ausgetrocknet umschritt ich dein Reich
Ich war nichts Gutem ausgesetzt.

Ich kenne dein schneckenhäusiges Bett.
Vater, mörderisch ist diese schwere Luft.
Als atmete ich Wasser.

III

Das Jahr am College endete mit einer Krise und einem weiteren Ausbruch von Paranoia, der in bestürzender Genauigkeit in Sylvias Tagebuch festgehalten ist. Am Ende des Frühjahrsemesters war sie erschöpft und infolge der Überarbeitung mit den Nerven am Ende. Wie immer, wenn sie mit sich und gegen die Welt um sie herum kämpfen mußte, verfiel sie in Depressionen. Ein schmerzhafter, nervöser Juckreiz führte zu Schlaflosigkeit, und über ihr schloß sich »ein transparenter Deckel« des Alleinseins (einer von vielen frühen Hinweisen auf die *Glasglocke*), und sie hatte erneut den immer wiederkehrenden Alptraum: »Das Gesicht der Johanna von Orleans, als sie das Feuer spürt und die Welt dahinter in Rauch entschwindet, in einer Wolke des Entsetzens.«

Zwei Ereignisse ragen im Mai unter den mittelgroßen Ausbrüchen im Tagebuch heraus. Paul Roche inszenierte eine öffentliche Lesung seiner Übersetzung von Sophokles' Oedipus und bat Hughes, den Kreon zu lesen. Widerstrebend erklärte Ted sich dazu bereit und gab Sylvia zu verstehen, es wäre ihm lieber, sie würde nicht zu der Lesung gehen. Gerüchte und boshaftes Geschwätz machten in diesem Frühjahr am College die Runde. Man verdächtigte einige Mitglieder der Englischen Fakultät des Ehebruchs. In ihrem entnervten Zustand fürchtete Sylvia, das schmutzige Treiben könne ansteckend sein und schließlich auch Ted dazu verleiten. »Voll abergläubischer Angst, Ted auch nur für eine Stunde zu entbehren«, korrigierte Sylvia eilig ihre Arbeiten und rannte »durch die von Fliederduft erfüllte dunkle Mainacht« zur Lesung in die Sage Hall. Sie setzte sich in die letzte Reihe und merkte sofort, daß Ted sich auf der Bühne »wegen irgend etwas schämte«. In einem langen Tagebucheintrag vom 22. Mai wiederholt sie, schäumend vor Empörung, ihre Eindrücke, ihre Ernüchterung und ihre quälende Eifersucht. Als sie der *Oedipus*-Lesung gefolgt sei, hätte sie »würgen und spucken können«. Hinter der Bühne fand sie Ted, »er hatte einen gemeinen, falschen Gesichtsausdruck« und hämmerte auf dem Klavier »mit einem Finger eine aufreizende Melodie [...] die ich vorher noch nie gehört hatte«.

Ted ahnte nicht, daß Sylvia seine Laune so interpretierte. Nachdem er der Lesung zugestimmt hatte, dämmerte es ihm, daß es ein Fehler war, dort mitzumachen. Pauls theatralische Annäherung an den Stoff hatte mehr mit persönlicher Zurschaustellung als mit dem griechischen Drama zu tun, während Ted eine einfachere Produktion vorzog. Die ganze Aufführung war ihm peinlich, zumal es auch keine Proben gegeben hatte und er sich als nicht dazugehörig empfand. Sylvia hatte seine Verwirrung konstatiert, aber die Beweggründe radikal mißverstanden.

Am nächsten Tag, dem letzten Vorlesungstag, hatten sie und Ted sich verabredet, um zu feiern. »Ausgerüstet mit Gedichten von Ransom, Cummings und Sitwell«, war Sylvia ins College gegangen und hatte von jeder Gruppe »Beifall genau in dem Maß« erhalten, »in dem sie die Gruppe mochte – spärlich um neun Uhr, donnernd um elf und etwas zwischen beiden Extremen um fünfzehn Uhr.« Als sie danach davoneilte, um Ted verabredungsgemäß zu treffen, sah sie ihn nirgendwo. Ironischerweise hatte sie eine Vorlesung »Über die Freuden der Rache, den gefährlichen Luxus des Hasses und der Bosheit und daß es leider verderblich sein kann, sich diesen Emotionen zu überlassen, selbst wenn Bosheit und Gehässigheit ›reichlich verdient sind‹« gehalten. Auf dem Parkplatz fand sie nur den leeren Wagen, aber keinen Ted, und in der Bibliothek war er auch nicht. Als sie »mit großen Schritten und nackten, kalten Armen aus dem kühlen Schatten der Bibliothek« trat, hatte sie eine ihrer »intuitiven Visionen«:

»Ich wußte, was ich sehen, was ich notwendigerweise erleben würde und was ich seit langer Zeit ahnte, obwohl ich Ort und Zeit der ersten Konfrontation nicht kannte. Ted kam den Weg vom Paradiesteich herauf, wohin die Mädchen am Wochenende mit ihren Freunden zum Knutschen gehen. Er strahlte in die ergeben nach oben gerichteten Kuhaugen eines fremden Mädchens mit bräunlichen Haaren, einem breiten geschminkten Lächeln und dicken nackten Beinen in Khaki-Bermudas. Ich sah das in mehreren Blitzen, die mich wie Schläge trafen. Ich konnte nicht erkennen, welche Farbe die Augen des Mädchens hatten, aber Ted konnte es. Und in diesem Kontext bekam sein Lächeln, obwohl es offen und gewinnend war wie das Lächeln des Mädchens, etwas Häßliches. Sein [...] Lächeln wurde zu glühend, wurde einfältig, Bewunderung heischend. Mit einer Geste beendete er eine Bemerkung, eine Erklärung. Das Mädchen verdrehte vor Begeisterung die Augen. Sie sah mich kommen. Ihr Blick wurde schuldbewußt, und sie lief buchstäblich, ohne sich zu verabschieden, davon. Ted unternahm nichts, um sie mir vorzustellen [...] Sie hat noch nicht gelernt, nach außen hin falsch zu sein, aber sie wird das schnell lernen. Er glaubte, sie heiße Sheila: früher glaubte er einmal, ich heiße Shirley: Oh, all diese Versprecher; das Lächeln.«

Im Tagebuch attackiert sie in ganz ähnlicher Form sexhungrige Angehörige der englischen Abteilung – »Weshalb verachte ich diese Form männlicher Eitelkeit so sehr?« –, ehe sie bitter ihre Unabhängigkeit erklärt:

»Nein, ich werde nicht aus dem Fenster springen oder mit Warrens Wagen gegen einen Baum fahren oder die Garage mit Kohlenmonoxyd füllen und es billig machen oder mir die Pulsadern öffnen und mich in die Badewanne legen. Ich habe allen Glauben verloren und sehe zu klar. Ich kann unterrichten. Ich werde schreiben und gut schreiben. Vielleicht kann ich das ein Jahr tun, ehe andere Entscheidungen folgen. Dann sind da die verschiedenen – nicht viele – Menschen, die ich ein wenig liebe, und mein hartnäckiges, unerklärliches Gefühl von Würde und Integrität, die gewahrt werden müssen. Ich habe zu lange auf Treu und Glauben Kredit gewährt. Ich bin auf diesem Gebiet bankrott.«*

Bemerkenswert an dieser Stelle ist die Schnelligkeit, mit der Sylvia ihre Schlußfolgerungen zog. An einem Tag war Ted der gottgleiche Vater, der wiederauferstanden war, um ihr Mann zu sein, am nächsten war er ein gemeiner Ehebrecher, der sich hinter falschen Entschuldigungen, unbestimmten Geständnissen und Lügen versteckte. Ted war ein gutaussehender Mann, und sicherlich flirteten Studentinnen mit ihm. Sylvias Überreaktion, als sie ihn einmal mit einer Studentin sprechen sah, beruhte zweifellos auf ihrer Erschöpfung, aber wie immer entflammte sie ihrer Furcht, ihrer Paranoia, ihrer leicht entzündbaren Vorstellungskraft. Tatsächlich handelte es sich um eine von Teds Studentinnen an der University of Massachusetts, die zufällig über den Campus des College ging, als Ted auf dem Weg zu Sylvia war. Er hatte sie erst ein paar Minuten, bevor Sylvia zu zusammen sah, getroffen. Nach einer Rauferei, aus der Sylvia mit einem verstauchten Daumen und Ted mit einem zerkratzten Gesicht hervorgingen, begriff sie selbst, daß ihre Reaktion absurd gewesen war. Am 11. Juni berichtet sie im Tagebuch von einer Versöhnung:

* Diese Attacke gegen ihren Mann, die sie auf die meisten Männer ausdehnt, die sie kannte, geht über mehrere Seiten und findet sich in den veröffentlichten *Journals*.

»Die Atmosphäre ist wieder bereinigt. Wir sind intakt. Und nichts – kein Wunsch nach Geld, Kindern, Sicherheit, sogar danach, [ihn] völlig zu besitzen –, nichts ist lohnend genug, um zu gefährden, was ich habe; und das ist so viel, daß die Engel mich beneiden könnten.«

In ihren amerikanischen Tagebüchern greift Sylvia Ted nie wieder wegen Untreue an, obwohl sie ständig in der Furcht lebte, er könne sie wegen einer hübscheren oder verführerischeren Frau verlassen. Nur einmal kam sie noch auf dieses Thema zurück – und zwar im Dezember 1958 während ihrer Therapie bei Dr. Beuscher in Boston. »In gewissen Momenten identifiziere ich ihn [Ted] mit meinem Vater«, schrieb sie nachdenklich,

»und diese Momente gewinnen eine große Bedeutung: d.h., dieser eine Streit am Ende des Semesters, als er an diesem besonderen Tag nicht da war und ich ihn mit einer anderen Frau sah. Ich hatte einen Anfall von wilder Wut. Er wußte, wie sehr ich ihn liebe und wie mir zumute war, und trotzdem war er nicht da. Ist dies nicht ein Spiegelbild dessen, was, wie ich finde, Vater mir antat? Vielleicht ist es so. Ich habe mit Ted nicht darüber gesprochen, weil sich diese Situation nicht wiederholt hat und es nicht typisch für ihn ist. Wenn es so wäre, würde ich mich in meinem Vertrauen zu ihm getäuscht fühlen. *Der Vorfall hat nur Echos ausgelöst. Es war nicht der völlige Rückzug meines Vaters, der mich für immer verließ* [...] *die Vorstellung, daß er mich mit anderen Frauen betrügt, ist ein Echo meiner Angst vor der Beziehung meines Vaters mit meiner Mutter und Lady Tod.*« [Hervorhebung der Autorin]

Elektra auf dem Azaleenpfad 1958-1959

Ich habe in mir die Erinnerung an einen
mißlungenen Selbstmord
Mein stahlblaues Messer rostet mir in der Kehle.
Verzeih der, die nun um Gnade bittet an deiner Tür
Vater – es ist die Hündin, deine Tochter, deine Freundin.
Es war meine Liebe, die uns beiden den Tod gab.

Elektra auf dem Azaleenpfad
1959

I

Das Semester war zu Ende, die letzten Arbeiten waren abgeliefert, und Sylvia und Ted machten eine Woche Ferien in New York. Am 10. Juni schrieb sie ihrer Mutter, sie habe Verleger getroffen, im Biltmore gegessen, sei zu Partys gegangen, auf denen sich die literarischen Auguren trafen, und, am schönsten, sie habe Marianne Moore in Brooklyn besucht. In einem vertraulichen Nachsatz erwähnte sie einen seltsamen Zufall: »Als ich die Treppen hinunterging zur U-Bahn [...] stieß ich beinahe mit Dick Wertz zusammen, Nancy Hunters alter Liebe, der zur gleichen Zeit wie ich in Cambridge war und jetzt ein Smith-Mädchen aus meiner Klasse heiratet [...] Ich wollte ihn gerade ansprechen, weil er mir den Rücken zukehrte, und als ich mit ihm redete, sah ich Richard Sassoon. Ich sagte nichts mehr und ging weiter, und wahrscheinlich wußte nur ich [...] davon. Von allen Menschen in NYC!«

In einem langen Brief an Warren am nächsten Tag überging sie leichthin die qualvollen letzten Wochen am College. Sie erklärt abschätzig: »Im großen und ganzen haben mich meine Kollegen deprimiert. Es ist desillusionierend, wenn man feststellt, daß die Leute, die man als Studentin bewundert hat, menschlich gesehen schwach, eifersüchtig, kleinlich und eitel sind [...] und das sind viele.«

Abgesehen von zwei Wochen Ferien auf Cap Cod verbrachten die beiden den Rest des Sommers in der heißen Wohnung in der Elm Street in Northampton und testeten sich als professionelle Schriftsteller. Sie bezogen zwar immer noch ihre Universitätsgehälter (70 $ pro Woche bis Ende August), aber sie wollten unbedingt Geld verdienen. Teds Bewerbung um ein Saxton-Stipendium war abgelehnt worden – weil sein Verleger zu den Treuhändern der Stiftung gehörte und er deshalb nicht in Frage kam. Sylvia beschloß daraufhin, sich zu bewerben, und Ted wollte sich um ein Guggenheim-Stipendium bemühen. Marianne Moore, mit der sie sich in New York freundlich unterhalten hatten, war für Ted eine Referenz gewesen. Nun schickte Sylvia ihr eine Reihe Gedichte und bat ebenfalls um eine Empfehlung.

Im Juli antwortete Marianne Moore zu Sylvias Überraschung und Ärger mit »einem merkwürdig vieldeutigen, boshaften Brief [...] ›Seien Sie nicht so grimmig. Sie sind zu unerbittlich‹ [...]«, und machte »gewisse spitze Bemerkungen über das ›Schreckgespenst Tippen‹.« Sylvia schloß daraus, Marianne Moore sei verärgert gewesen, weil Sylvia ihr Kopien und keine Originale geschickt hatte. Das ist unwahrscheinlich. Marianne Moore bewunderte Teds Arbeiten, aber sie konnte sich nie für Sylvias Gedichte erwärmen. Ihr gefielen die frühen Spuren der Elemente nicht, die Sylvia später Ruhm bringen sollten: makabre, unheilschwangere Themen, beladen mit beunruhigenden Farben, totemähnliche Bilder von Steinen, Totenschädeln, Ertrinkenden, Schlangen und Embryos in Gläsern – die Kennzeichen von Sylvias Begabung.

Den größten Teil des Sommers biß Sylvia die Zähne zusammen, um nicht in Depressionen zu fallen. »Es ist, als werde mein Leben magisch von zwei elektrischen Strömen bestimmt: einem fröhlichen, positiven, und einem verzweifelten, negativen – und der, der im Augenblick aktiv ist, beherrscht und überflutet mein Leben. Jetzt überflutet mich Verzweiflung, beinahe Hysterie, als erstickte ich. Es ist so, als sitze mir eine große, starke Eule auf der Brust.« Sie arbeitete jedoch weiter, um den Gedichtband fertigzustellen. Am 25. Juni verzeichnet das Tagebuch eine »Sternstunde« – das Datum ist mit Sternchen geschmückt –, als ein Brief eintraf, mit dem der *New Yorker* zum ersten Mal etwas von ihr annahm:

»Ich saß an der Schreibmaschine, sah das hübsche blaue Hemd des Postboten, der den Gartenweg zum Haus der Millionärin nebenan ging, und lief nach unten. Ein Brief ragte aus dem Briefkasten, und ich sah in der linken Ecke in dunklem Druck *The New Yorker.* Ich war wie geblendet. Mir rasten die Möglichkeiten durch den Kopf: Meinen letzten Gedichten hatte ich einen frankierten Umschlag beigelegt, also mußte er verlorengegangen sein, und sie schickten die Absage in einem ihrer Umschläge. Oder es war ein Brief an Ted mit Copyright-Fragen. Ich zog den Brief heftig aus dem Kasten. Er fühlte sich erschreckend hoffnungsvoll dünn an. Ich riß ihn schon auf der Treppe auf, vor der Mammutpraline Mrs. Whalen, die mit ihren beiden blassen, altklugen Jungen im grünen Hof war. Die beiden Jungen hüpften in Badehosen in einem aufblasbaren Schwimmbassin herum und spielten mit einem buntgestreiften Ball.

Der dicke, schwarze Druck auf dem Brief von Howard Moss hämmerte in mein Gehirn. Ich sah ›*Mussel Hunter at Rock Harbor* scheint mir ein wundervolles Gedicht zu sein, und ich bin froh, Ihnen sagen zu können, daß wir es für *The New Yorker* annehmen …‹ Bei diesem glücklichen Ende meines zehnjährigen hoffnungsvollen, sehnsuchtsvollen Wartens (und darauffolgender Ablehnungen) stürmte ich jubelnd hinauf zu Ted und hüpfte wie eine Wilde herum. Erst nachdem ich mich etwas beruhigt hatte, las ich den Satz zu Ende: ›… und auch *Nocturne* [*Hardcastle Crags* in *The Colossus*], das unserer Meinung ebenfalls außergewöhnlich gut ist.‹ Zwei GEDICHTE – und nicht nur das, zwei meiner *längsten* – 91 beziehungsweise 45 Zeilen. Sie werden beide Gedichte vorne bringen müssen und nehmen sie, *obwohl* sie genug Sommergedichte haben, und nicht nur als Füller. Dieser Freudenschuß besiegt einen alten Drachen und müßte mir durch die nächsten Monate des Schreibens auf den Kamm einer kreativen Welle helfen.«

Die Stelle ist charakteristisch. Erfüllt von der Freude über den Erfolg, konnte sich Sylvia eine Bemerkung über Mrs. Whalen und ihre »blassen, altklugen Jungen« nicht verkneifen oder vergessen, daß nebenan eine »Millionärin« wohnte. Sie schrieb sofort ihrer Mutter (auf dem rosa Notizpapier, das zu dieser Zeit ein Fetisch geworden war), um ihr die gute Nachricht mitzuteilen, genug, um für drei Monate die Miete in Boston zu bezahlen. Sie fuhr fort: »Du siehst, was in dem Augenblick geschieht, in dem man den Gott seiner Berufung anbetet, statt ihn zu vernachlässigen, weil man sich abschindet in dem Wahn, man müsse so leben wie jedermann!«

Wie klar und deutlich die Zusage des *New Yorker* die Argumente der Mutter gegen das Risiko eines Lebens als freie Schriftstellerin auch widerlegte, der Gott der Berufung erwies sich bald als unbeständig, und Sylvia fiel bei ihrer Arbeit in diesem Sommer in die Depression zurück. Sie gab für den Augenblick die Suche nach der Lösung des Rätsels auf und bat Ted, ihr Themen für verkäufliche Gedichte zu nennen. Mit seiner Ermutigung beendete sie *Owl*, *Childs Park Stones* und *Fable of the Rhododendron Stealers*. Das letzte kreist um einen Vorfall im Park, der sie in Weißglut versetzt hatte.

Sylvia liebte es, mit Ted abends im nahegelegenen Childs Park spazierenzugehen; sie machte ein Ritual daraus, eine Rose zu pflücken, die dem Wohnzimmer ihren »verschwenderischen Duft« schenkte. Eines Abends hörten sie Geraschel in den Rhododendronbüschen; drei Highschool-Schülerinnen rissen Arme voll blühender Zweige ab. Sie wollten die Blumen für einen Tanzabend, erklärten sie. Sylvia war sprachlos vor Zorn und Empörung und starrte die »freche« Anführerin so lange an, bis sie die Fassung verlor, und dann verfolgten Ted und sie die drei Mädchen durch den abendlichen Nieselregen bis zu einem wartenden Auto. Es war ein unbedeutender Vorfall, aber wie bei allen solchen Anlässen staunte Sylvia über ihre Fähigkeit zu extremen Reaktionen. Sie hatte selbst zwei einzelne Rosenknospen gestohlen, aber sie war der Meinung, es bestehe ein Unterschied zwischen dem ästhetischen Genuß einzelner Rosen und dem Stehlen ganzer Wagenladungen voller Blüten für einen Highschool-Tanzabend. Die Gier und Gefühllosigkeit der Schülerinnen brachte sie in

Rage. »Die Gewalt in mir«, schrieb sie hinterher, »ist ungezügelt wie Totenblut. Ich kann mich umbringen – oder, das weiß ich jetzt – sogar einen anderen töten. Ich könnte eine Frau töten oder einen Mann verletzen. Ich glaube, das könnte ich. Ich biß die Zähne zusammen, um meine Hände unter Kontrolle zu halten, aber durch meinen Kopf schossen blutige Sterne, als ich das freche Mädchen anstarrte, und ich wollte Blut sehen, über sie herfallen und sie in blutige Stücke zerreißen.«

Am 3. Juli riefen Ted und Sylvia zum ersten Mal in Amerika mit dem provisorischen Quija-Brett ihren telepathischen Boten Pan. In einem wichtigen Essay über das Werk seiner Frau schrieb Ted Hughes später über die Bedeutung dieser Sitzungen:

»Sylvia hatte ihren Selbstmordversuch [von 1953] als Möglichkeit angesehen, zu ihrem Vater zurückzukommen. Deshalb war ihr Fall vom psychologischen Standpunkt aus gesehen eine Routinerekonstruktion. Aber für sie war es außerordentlich bedeutsam und spielte für ihre Befreiung und für das, was ihre Dichtung werden sollte, eine zunehmend beherrschende Rolle. Einige Auswirkungen lassen sich wohl auf ihre gelegentliche Beschäftigung mit dem Quija-Brett Ende der fünfziger Jahre zurückverfolgen. Der Name ihres Vaters war Otto, und die ›Geister‹ hatten regelmäßig Anweisungen für sie von einem Prinz Otto, von dem man sagte, er hätte in der Unterwelt eine große Macht. Wenn sie darauf drang, persönlich mit ihm zu reden, bekam sie zur Antwort, daß das nicht möglich sei, da Prinz Otto dem Koloß unterstellt sei. Als sie den dann sprechen wollte, sagten die ›Geister‹, er sei unnahbar. Ihre Bemühungen, den Willen des Kolosses zu akzeptieren, sieht man daran, daß er im Laufe der Jahre immer mehr in den Mittelpunkt ihrer Dichtung rückte.«

Im Tagebuch schreibt Sylvia, sie fühle sich bei diesem Spiel glücklich, und das auf dem Kopf stehende Brandyglas reagiere bewundernswert gut und mit »charmantem Humor«. »Selbst wenn unser glühendes Unterbewußtsein es bewegt (wenn danach gefragt, antwortet er, er sei ›wie wir‹), hatten wir mehr Vergnügen dabei als im Kino. Es gibt so viele Fragen, die man ihm stellen kann. Ich möchte wissen, inwieweit unsere Intuition dabei im Spiel ist, wieviel reiner Zufall ist, und wieviel Anteil der ›Geist meines Vaters‹ hat.« Einige Voraussagen Pans gingen in Erfüllung. Er teilte ihnen mit, Sylvias Buch werde bei Knopf erscheinen (stimmte), prophezeite zwei Söhne, Owen und Gawen (stimmte nicht) und eine Tochter, Rosalie (sie nannten sie Frieda). Er gab auch ein eigenes Gedicht mit dem Titel *Moist* durch und erklärte, *Pike* sei ihm von Teds Gedichten am liebsten und *Mussel Hunter* von Sylvias. Der Tagebucheintrag geht weiter:

»Neben anderen scharfsinnigen Bemerkungen sagte Pan, ich solle ein Gedicht über die ›Lorelei‹ schreiben, weil sie zu ›meiner Familie‹ gehöre. Also tat ich das heute zum Spaß. Ich erinnerte mich an das melancholische deutsche Lied, das Mutter für uns spielte und sang und das beginnt: *Ich weiß nicht, was soll es bedeuten* [...]« Das Thema gefiel mir doppelt (oder dreifach): die deutsche Sage von den Rheinnixen, das Meer-Kindheits-Symbol und der Todeswunsch, alles in einem schönen Lied. Über dem Gedicht verflog der Tag, aber ich spüre, es ist ein Gedicht für das Buch, und ich bin damit zufrieden.«

Lorelei, ein Gegenstück zu *Full Fathom Five*, entstand am Unabhängigkeitstag 1958. Es gehört zu den Gedichten dieses Sommers, die sie gut genug für ihr langsam wachsendes Buch hielt. Insgeheim spürte sie vermutlich, daß viele ihrer »Übungen« Imitationen waren. *I Want, I Want* erinnert an Theodore Roethke, in *Poems, Potatoes* ahmt sie Wallace Stevens nach und in *The Times are Tidy* W.H. Auden. Alles, was sie gerade geschrieben hatte, schickte Sylvia sofort an eine Redaktion.

Kam es zurück, verwarf sie es ungeduldig oder schickte es trotzig an eine andere Adresse.

Währenddessen wurde das Schreiben von Prosa zu einem »Schreckgespenst«. Sie versuchte sich tagelang erfolglos an einer Geschichte über einen verletzten, aus dem Nest gefallenen Vogel, den sie und Ted unter einem Baum im Childs Park gefunden hatten. Nachdem sie ihn eine Woche in einem Schuhkarton gepflegt hatten, mußte Ted ihn schließlich umbringen; Sylvia bestand darauf, ihn zu vergasen; sie konnte den Gedanken nicht ertragen, ihm den Hals zu brechen. Es war ein traumatisches Ereignis für sie. Im Ringen um die Geschichte trieb sie sich in eine Krise und brach schließlich tränenüberströmt zusammen. Nach einem langen Gespräch mit Ted, der ihre Angewohnheit in Frage stellte, Geschichten unmittelbar Erfahrungen entnehmen zu wollen, setzte sie ihrem Ehrgeiz Grenzen, gab vorübergehend die Prosa auf und wandte sich wieder der Lyrik zu. Die Flitterwochen in Benidorm lieferten ihr zwei Gedichte (*Old Ladies' Home* und *The Net-menders*). Ein drittes, *Whiteness I Remember*, ging auf Sam zurück, das Pferd, das in Cambridge mit ihr durchgegangen war. Das Erlebnis sollte später überhöht und verwandelt in *Ariel* noch einmal auftauchen.

Etwa zu dieser Zeit treten symbolische Farben in Sylvias Gedichten auf: Weiß deutet die Reinheit der Auslöschung an; Rot das Blut und die Qual, weiterzuleben. Das makabre *Moonrise*, das auf einem Friedhof spielt, veranlaßte Marianne Moore zu der Bemerkung: »Das tue ich mit einer Handbewegung ab«, aber für Sylvia war es ein Gedicht für ihr Buch.

Es röten sich die Beeren. Ein blasser Körper
fault und Fäulnis riecht
unter dem Grabstein
Obwohl sein Leib vergeht im sauberen Leinen

Ich riech die Blässe hier, unter den Steinen
wo kleine Ameisen ihre Eier rollen

die Maden speckig werden
Der Tod macht alles rein
ob die Sonne nun scheint oder nicht

Sylvias Notizbücher vom Sommer 1958 zeigen, daß ihr psychisches Verhaltensmuster dem des Vorjahres glich: Anfängliche Begeisterung erstarrte zur Schreibblockade, die ihren Höhepunkt in Hysterie fand. Sie konnte nur vorwärtskommen, wenn sie sich während der Anfälle von Paranoia und Selbstzweifel sklavisch an ihren Stundenplan hielt. Am 9. August erschien *Mussel Hunter at Rock Harbor* im *New Yorker*, einen Tag, nachdem Sylvia von der Veröffentlichung geträumt hatte. Aber am 27. August war sie nach einem »giftigen Streit« mit ihrer Vermieterin Mrs. Whalen wieder wütend. Sie hatte den Teppich aus dem Wohnzimmer der Hughes' entfernt, während die beiden Ferien auf Cape Cod machten. Jedes Eindringen in ihr Territorium versetzte Sylvia in Rage, doch sie lernte offenbar, diese Ausbrüche zu nutzen. »Der Zorn schnürt die Kehle zu und verbreitet Gift«, schrieb sie, »aber sobald ich anfange zu schreiben, löst er sich und fließt in die Form von Buchstaben: Schreiben als Therapie?« Sie las Oesterreichs *Possession Demoniacal and Other** und stellte fest, daß Dämonen in primitiven Kulturen oft »die objektiven Gestalten von Zorn, Reue und Angst« sind.

II

Anfang September verließen Sylvia und Ted Mrs. Whalens Haus in Northampton und zogen nach einem Zwischenspiel in Wellesley nach Boston in eine winzige Zweizimmerwohnung in der Willow Street Nr. 9 am Beacon Hill. Ted beschreibt die Wohnung in einem Brief an Olwyn Hughes als

* Traugott Konstantin Oesterreich (1880-1949): *Die Besessenen*, dt. 1921.

»sehr klein. Jedes (der beiden) Zimmer hatte ein kleines Erkerfenster – fünfter Stock – mit Blick über die Dächer (ein Gewirr, alt und interessant) zum Charles River in der einen Richtung und in der anderen [zum] Louisburg Square, wo all die Henry-James-Gestalten lebten [...] und direkt unten, gegenüber der Haustür [...] der Blick die Acorn Street entlang.«

Es war eine anregende Umgebung, und bald durchstreiften sie die Stadt mit Lucas Myers, der sich auf dem Weg von Tennessee zu einem Lehrauftrag in Paris kurz in Boston aufhielt. Sie gingen auf dem Boston Common spazieren, wo Ted ihnen die Namen aller Vögel und Bäume nannte, und hinunter zu den Anlegestellen, wo die Fischerboote Krabben entluden. Ted und Sylvia jubelten über die wenigen, die zurück ins Meer flüchteten. Luke fand, Sylvia habe sich verändert:

»Sie war manchmal sehr ernst, beteiligte sich nur zögernd an den Gesprächen, hielt sich zurück und sah anders aus. Sie war nicht mehr das hübsche amerikanische Mädchen der St. Botolph's Party, dafür interessanter und nachdenklicher.

Mich überraschte die Nüchternheit, die von ihr ausging, aber ich konnte nicht glauben, daß sie damals immer so war. Wahrscheinlich war es nur eine Reaktion auf mich, denn zu der Zeit sah ich die beiden abstrakt als ›Mischung‹, was im Klartext heißt, daß Ted mein Freund war und ich ihr nicht so nahstand – eine Tatsache, die ihr sicher nicht verborgen blieb.«

Sylvias ernste Stimmung hatte möglicherweise auch etwas mit der drohenden Depression zu tun, die später in diesem Monat über sie hereinbrach. Vielleicht empfand sie es ebenso bedrohend wie beflügelnd, daß sich in Boston zu dieser Zeit viele Dichter versammelt hatten. Sie und Ted trafen sich häufig mit Stephen Fasset (er hatte im Vorjahr an Weihnachten Gedichte der beiden für die Harvard-Archive der Lamont-Bibliothek aufgenommen) und seiner ungarischen Frau Agatha (einer Pianistin, die an einer Arbeit über Bela Bartók schrieb) und mit den freundlichen, großzügigen Sweeneys, die in der Nähe in der Beacon Street wohnten. Die Merwins waren vor kurzem nach Europa gereist, aber Robert Lowell hielt Vorlesungen an der Boston University; er und seine Frau Elizabeth Hardwick trafen sich einige Male mit Ted und Sylvia zum Essen.

Im Fünfzehn-Meilen-Umkreis von Boston lebten Archibald MacLeish, der Boylston-Professor in Harvard, und Robert Frost in Cambridge in der Brewster Street, ein paar Häuser von Sylvias Erzrivalin Adrienne Rich entfernt (die sicher nicht ahnte, daß sie eine Rivalin war). Richard Wilbur und Philip Booth hatten in Wellesley unterrichtet; Wilbur hatte Wellesley allerdings 1957 verlassen. George Starbuck wohnte ganz in der Nähe in der Picknes Street und arbeitete bei Houghton Mifflin in der Park Street. Anne Sexton war wie Sylvia in Wellesley aufgewachsen und lebte bei ihrer Familie in einem Vorort von Boston, wo auch Annes gute Freundin Maxine Kumin wohnte. Zu den anderen Zierden der lebendigen Poetenszene gehörten I. A. Richards (Harvard), Dudley Fitts (Andover) und John Holmes (Tufts University). Cambridge war in der Glanzzeit der T. S. Eliot-Stücke für seine Theater bekannt: die Brattle Theatre Repertory Company und das winzige Poets Theatre, das damals von der Rockefeller Foundation subventioniert wurde, die Stipendien an Gastautoren/Stückeschreiber vergab, wie an Frank O'Hara und Merwin. Donald Hall, Richard Eberhart, Kenneth Koch, John Malcolm Brinnin, John Ashbery, V. R. Lang, Alison Lurie, Edward Gorey, William Alfred und Peter Davison arbeiteten zu verschiedenen Zeiten mit diesem Theater zusammen, das in späteren Jahren auch Arbeiten von Sylvia und Ted aufführte.

Sylvias Tagebuch aus dieser Zeit ist erstaunlich wenig informativ über Zusammentreffen mit solchen literarischen Größen, die, wie man weiß, stattgefunden haben. Über ein Abendessen mit Robert Lowell und Elizabeth Hardwick berichtet sie kaum mehr als das, was es zu essen gab. Die Tagebücher liefern eher boshafte Porträts von Menschen, die sie kaum kannte. So etwa die Schilderung einer Frau, die sie auf einer Party erlebte (diese Beschreibungen nehmen die vernichtenden Frauenporträts vorweg, die in den späteren Gedichten eine so große Rolle spielen), die nur »in rauhen und schrillen Tönen sprach, die keine Unterbrechung zuließen: eine Frau, die nie zuhört, eine schreckliche Frau; ihr gedrungener Körper ist in harte, runde Kugelformen gepreßt; sie ist so unsympathisch wie eine vertrocknete Kröte. Schmutzige, faulende Zähne, Hände mit der verbrauchten, glänzenden Haut, wie alte, unverheiratete Frauen sie haben: irgendwo glitzert Straß, eine Brosche oder eine Kette.«

Die Frauen, die Sylvia in Boston mochte, waren im großen und ganzen Freundinnen aus früherer Zeit: Perry Nortons Frau Shirley – von ihr lernte sie, zwischen Ausbrüchen von Schreibangst Teppiche zu knüpfen – und ihre inzwischen verheiratete liebste Zimmergenossin am College, Marcia Brown Plummer, die in Cambridge neben Peter Davison wohnte, der bald Sylvias ehemalige Kommilitonin Jane Truslow heiraten würde. Marcia und Shirley hatten beide Babys.* Sie verkörperten die Welt der jungen Frauen, nach der Sylvia sich beinahe ebenso verzehrte, wie sie sich nach dem Erfolg als Schriftstellerin sehnte. »Wie merkwürdig«, stellt sie am 28. Januar im Tagebuch fest, »Männer interessieren mich zur Zeit überhaupt nicht, sondern nur Frauen und Frauengespräche. Ted scheint mein Repräsentant in der Männerwelt zu sein.«

Wie auch immer, zu den ersten, denen Sylvia in Boston schrieb, gehörte Peter Davison bei *Atlantic Monthly*; er hatte ihre Gedichte über Bilder gelobt, die sie ihm im April schickte. Sie hatte seitdem nichts mehr von ihm gehört. Deshalb war der Brief eine freundliche Erinnerung, und Davison

* Marcia Plumer hatte Zwillinge adoptiert, denen Sylvia ihr *Bett Buch* widmen wollte.

kam zum Tee. Bei *Atlantic* stapelten sich unveröffentlichte Manuskripte, die im Vorjahr zur Jubiläumsnummer zum hundertjährigen Bestehen eingegangen waren. Nach einigem Zögern nahm die Redaktion Teds *Dick Straightup* an. Aber Edward Weeks lehnte Sylvias *Die beunruhigenden Musen* und *Snakecharmer* mit einer kühlen Entschuldigung ab, die Sylvia aufgebracht als »rotzig« bezeichnete. Sie freute sich für Ted und addierte glücklich die $ 150 zu den $ 800 des Guinness Prize, den er für den *Gedankenfuchs* in England bekommen hatte. Aber Sylvia war zutiefst entmutigt.

Die Panik saß ihr im Nacken, und sie begann, all ihre alten vergeblichen Fragen zu stellen. »Wer bin ich? Was soll ich tun?« Sie dachte sogar daran, in Harvard oder Yale zu promovieren, »irgend etwas [tun] – nur damit das Leben nicht mehr in meinen ungeschickten Händen liegt«. Mehrmals widerstand sie dem Drang, zum akademischen Leben zurückzuflüchten, denn sie erkannte, daß Abhängigkeit ein Lockmittel für weitere tödliche Illusionen war. Außerhalb des College sah sie sich als einen »entlassenen Soldaten«. »Ich werde das ganze Jahr hartnäckig in meinem Rhythmus arbeiten«, beschloß sie am 27. September, »werde Zivilist sein, denken, immer intensiver und intensiver und mit immer klarerer Zielsetzung schreiben und nicht nur egoschonend von der großartigen Schriftstellerin träumen, die ich sein könnte.«

Die Zeit lag wie ein Felsbrocken unstrukturierter Tage vor ihr. Sylvia taumelt in den Tagebüchern vom September von Depression zu Selbstprüfung zu Panik und merkwürdigen Freudenausbrüchen. Am 18. September, nachdem sie Tage in dem »tückischen Kreis«, von zuviel Allein- oder mit Ted-zusammen-Sein, vertan hatte, ging es ihr plötzlich besser. Weshalb? Ein Besuch mit Ted im Laden eines Tätowierers am Scollay Square (Bostons Versuch eines Amüsierviertels) legte den Keim zu einer neuen Geschichte. Sie erkannte in dem Tätowierer ein makabres, exzentrisches »Doppel« ihrer selbst. Hier war endlich »Leben«.

»Ich brachte den Mann zum Reden – über Schmetterlingstätowierungen, Rosentätowierungen, Kaninchenjagd-Tätowierungen, Wachstätowierungen – er zeigte uns Bilder von Miss Stella – am ganzen Körper tätowiert – asiatische Brokatmuster. Ich beobachtete, wie er einen Schnitt an seiner Hand tätowierte; einen schwarz, rot, grün und braunen Adler und ›Japan‹ auf den Arm eines Matrosen, ›Ruth‹ auf den Arm eines Schülers – ich wurde beinahe ohnmächtig, bekam Riechsalz. Ein kleiner, blasser, sich dauernd hervortuender, professorenhafter Mann, der neue Federn in dem Gerät ausprobierte, lungerte herum. Tätowierte Rosen, tätowierte Adler schwirren mir durch den Kopf – wir werden wieder hingehen. Das Leben beginnt, sich zu rechtfertigen [...]«

Am nächsten Tag schrieb Sylvia fröhlich *Der Fünfzehn-Dollar-Adler.* Aber innerhalb einer Woche versank sie wieder in Trübsinn, und zwar so sehr, daß sie beschloß, sich eine Stelle zu suchen. Sie fand beinahe sofort eine und begann am 8. Oktober als Sekretärin in der Psychiatrischen Klinik des Massachusetts General Hospital, wo sie Bänder abzutippen hatte, »Telefonate entgegennehmen, für über fünfundzwanzig Ärzte da sein und einen ununterbrochenen Fluß von Patienten in Empfang nehmen und weiterschicken mußte [...]« Sie dachte, die Arbeit werde ihren Tagen eine Ordnung geben und ihr ständig neue Themen bringen. »Paradoxerweise«, erklärt sie viel zu hoffnungsvoll, »objektiviert der tägliche Anblick verstörter Patienten durch die Krankenberichte meinen Blick auf mich selbst. Ich werde versuchen, in den Tagesablauf auch Zeit zum Schreiben einzuschieben – und das auszuweiten. Ich glaube, daß mein ganzes Gefühl für und Verständnis von Menschen dadurch vertieft und bereichert wird: als gehe mein Wunsch in Erfüllung, und ich könne die Seelen der Menschen in Boston öffnen und in ihnen alles lesen.«

Es ist nicht verwunderlich, daß die Heldin von Sylvias nächster Geschichte, *Johnny Panic und die Bibel der Träume*, eine Sekretärin war wie sie, die täglich die Akten der Psychiatrie nach solchen Hinweisen durchsuchte, daß die Angst tatsächlich der oberste Gott der Geistesgestörten war: »Angst vor Fahrstühlen, Schlangen, Einsamkeit« – für Sylvia jedoch hauptsächlich die Angst vor der Elektroschockbehandlung. Um die Geschichte zu schreiben, kehrte sie, wenn auch unabsichtlich, zurück zu ihrem ersten traumatischen, unvergeßlichen Angsterlebnis als ambulante Patientin des Valley Head Hospital vor dem Selbstmordversuch von 1953. Eine Stelle aus Defoes *Die Pest zu London* lieferte ein Initialbild: »Andere waren der Ansicht, daß man sie [die Pest] erkennen könne, indem der Befallene ein Stück Glas anhaucht, so daß unter dem Mikroskop im gedrängten Atem Lebewesen sichtbar würden, fremdartige, ungeheure und grausige Gestalten wie Drachen, Nattern, Giftschlangen und Teufel, schrecklich anzusehen.«

Es war nur ein kleiner Schritt von Defoes Drachen, die dem verpesteten Atem entstiegen, zu den Plathschen Ungeheuern im Tang der Träume der Welt, die die Erzählerin-Sekretärin, die sich als selbsternannte, autodidaktische »Traumkennerin« bezeichnet, beschreibt:

»Ich habe meinen eigenen Traum. Meinen einen Traum. Den Traum aller Träume.

In diesem Traum gibt es einen großen, halbdurchsichtigen See, der sich weit überallhin ausdehnt, zu groß, um seine Ufer sehen zu können, falls es überhaupt Ufer gibt, und ich hänge darüber und sehe aus dem gläsernen Bauch einer Art Hubschrauber hinunter. Auf dem Grund des Sees – der so tief ist, daß ich sich bewegende und hebende schwarze Massen nur vermuten kann – sind die richtigen Drachen. Diejenigen, die es schon gab, bevor die Menschen begannen, in Höhlen zu leben und Fleisch über dem Feuer zu braten [...] In diesen See fließen nachts die Gedanken der Menschen und Bäche und

Abwässer wie in ein uferloses, allgemeines Sammelbecken [...] Es sind die Rieselfelder aller Zeiten.«

Die Erzählerin von *Johnny Panic* führt wie Sylvia ein Doppelleben. Während sie nach außen hin munter und säuerlich-clever Krankenberichte für die Abteilung tippt, hat ihr geheimes Ich sich dem Teufel verschrieben – Johnny Panic, dem Gott der Angst – für ihn arbeitet sie unter dem Deckmantel der Ehrbarkeit. In ihrer öffentlichen Rolle blufft sie, während sie insgeheim ihrer Aufgabe als Spionin und Sammlerin von Traumbeweisen für Johnny Panics wachsende Akten nachgeht. Die Geschichte zeigt, daß sie ihre Falschheit genießt, Geheimnisse anderer kennt, sie täuscht, sie an der Nase herumführt »einer Berufung [folgt], bei der die Ärzte, wenn sie es wüßten, die Ohren anlegen würden«.

Sylvia hatte Grund zu glauben, sie habe mit *Johnny Panic* endlich ihr Leben mit dem Schreiben verschmolzen. Sie hielt die Geschichte für »verrückt und ziemlich *slangy*«, aber nicht für unverkäuflich. Begriff sie, *wie* verrückt sie mit ihrer rigoros traumähnlichen Logik war? Unter der Prämisse, daß die Angst *wirklich* die Welt beherrscht und daß die Ärzte einer falschen Doktrin der Gesundheit anhängen, erscheint der ausgefallene Plan der Erzählerin, die Nacht in der Klinik zu verbringen und in den Unterlagen Träume der Kranken zu lesen und auswendig zu lernen, ganz vernünftig. Als der verbrecherische Klinikdirektor sie ertappt und sie von der vollbusigen Miss Milleravage für eine Elektroschockbehandlung festgeschnallt wird, ist die Botschaft die, daß die Psychiater verrückt sind und die Opfer-Anhänger von Johnny Panic geistig gesund. Der Leser ist halb überzeugt, der Rhetorik der Heldin Glauben zu schenken – *halb* überzeugt, denn am Ende der Geschichte, einer *tour de force* der poetischen Prosa, scheint niemand mehr wirklich zu sein. Alle Figuren sind Träume, und die letzte Szene ist ein reiner Alptraum, aus dem der Leser erwacht und sich fragt, wieviel er davon als symbolisch ansehen soll und wieviel er als Abfall des Unbewußten wegwerfen soll. Nur für Sylvia war der Alptraum Wirklichkeit, da er tatsächlich auf eigenen Erfahrungen basierte. Die Erzählerin sagt:

»Sie legen mich ausgestreckt auf die Liege. Die Drahtkrone wird mir auf den Kopf gesetzt und die Hostie des Vergessens auf die Zunge gelegt. Die vermummten Priester gehen auf ihre Plätze und halten mich fest [...] Aus den engen Nischen entlang der Wand erheben die Jünger protestierend ihre Stimmen. Sie intonieren ihr Lied der Andacht:

> Das Einzige, was es zu lieben gilt, ist die Angst.
> Die Liebe zur Angst ist der Anfang der Weisheit.
> Das Einzige, was es zu lieben gilt, ist die Angst.
> Möge Angst und Angst und Angst überall sein.«

Die »Moral« der Geschichte, ihre didaktische Wirkung ist ganz und gar ironisch. Die Priester – Ärzte, die an der Patientin die »Behandlung« vornehmen – sind nichts anderes als die Werkzeuge von Johnny Panics Willen:

»In dem Augenblick, als ich glaube, völlig verloren zu sein, erscheint Johnny Panics Gesicht in einem Heiligenschein strahlenden Lichts über mir. Ich zittere wie ein Blatt in den Zähnen der Herrlichkeit [...] Sein Wort lädt das Universum auf und füllt es mit Licht.

Die Luft knistert von seinen blauzüngigen, blitzgekrönten Engeln.

Seine Liebe ist der Sprung aus dem zwanzigsten Stock, ist der Strick um den Hals, ist das Messer auf dem Weg zum Herzen.

Er vergißt die Seinen nicht.«

Im Mai 1959 lieferte ihr die inzwischen aufgegebene Arbeit im Krankenhaus eine zweite Geschichte. Ursprünglich trug sie den Titel *This Earth Our Hospital*, den sie später in *Die Töchter der Blossom Street* änderte. Auch hier findet man Sylvias Krankenhauswelt, bevölkert von Menschen, deren Hauptbeschäftigung das Sterben ist. Den frostigen, sarkastisch-komischen Stil perfektioniert sie in späteren Jahren in der *Glasglocke*.

Die namenlose Erzählerin der *Blossom Street* ist eine frühe Version von Esther Greenwood; Dotty ist der Prototyp von Doreen – hart, weichherzig und von einer künstlichen Fröhlichkeit inmitten des ständigen Stroms von Leichen. Die Geschichte beginnt damit, daß die Erzählerin ein Register mit dem Stempel TOT TOT TOT öffnet. TOT TOT. Die Geschichte geht weiter mit dem Todeskampf einer krebskranken alten Jungfer, und dadurch kündigt sich der tödliche Sturz des nekrophilen Büroboten Billy an, der sich in Ausübung seiner Pflicht das Genick bricht. Billy bekommt posthum eine Goldmedaille verliehen, und die Zeitungen sind voll von dem Ereignis. In einer kraftvoll-sarkastischen, mit bitterer Ironie durchsetzten Sprache gelingt es Sylvia, eiskalte Verachtung für ihre Figuren zu vermitteln, und sie erlaubt auch der Erzählerin keinen Anflug von Mitgefühl. Aber auch hier verschleiert die Ironie kaum die eigenartige Philosophie, daß in dieser kranken Welt der Tod ein besserer Weg zu Ruhm und Glück ist.*

Sylvia arbeitete nur zwei Monate in der Psychiatrie. Jobs waren nur solange nützlich, wie sie Schreibblockaden durchbrachen. Später im Jahr nahm sie wieder Stellen an – darunter bei einem Indologen an der Harvard University –, aber sie war schlecht geeignet, für andere und nicht für sich selbst zu arbeiten. Außerdem nahm ihr Interesse an Psychiatrie Mitte

* Erstaunlicherweise fand *Johnny Panic und die Bibel der Träume* zu Sylvias Lebzeiten keinen Verlag. *The Atlantic Monthly* lehnte *Die Töchter der Blossom Street* ab, und die Geschichte wurde erst im Mai 1960, ein Jahr nach ihrer Entstehung, in *The London Magazine* veröffentlicht. *Johnny Panic* erschien schließlich 1968 in *The Atlantic*. Deutsche Übersetzung: S. P., *Die Bibel der Träume*. Frankfurt am Main, 1987.

Dezember eine neue, sie ganz beanspruchende Wendung. Am Mittwoch, den 10. Dezember, besuchte sie Dr. Ruth Beuscher, ihre ehemalige Psychiaterin in der McLean-Klinik, ohne ihrem Mann oder ihrer Mutter etwas davon zu sagen. Am Freitag, den 12. Dezember, war sie entschlossen, »Geld für ihre Zeit & ihr Wissen zu bezahlen, als ginge ich zu einer Tutorin für Leben & Gefühle & was man mit beidem anfängt. Ich werde wie verrückt arbeiten, fragen, prüfen, in Schlamm & Fehlern wühlen & mir zugestehen, herauszuholen, was herauszuholen ist.«

Während der Mittwoch-Sitzung hatte Dr. Beuscher einen Satz gesagt, der sie wärmte »wie ein Schluck Brandy«: »Ich erlaube Ihnen, Ihre Mutter zu hassen.« Sylvia war als »ein neuer Mensch« in die Willow Street zurückgekehrt. Sie reagierte wie eine junge Frau, die das Internat verläßt, wie eine Gefangene, die aus einem unsichtbaren Gefängnis entlassen worden ist. »Also fühle ich mich phantastisch«, schrieb sie. »In einem sentimentalen Matriarchat des Miteinander bekommt man nur schwer die Erlaubnis, die eigene Mutter zu hassen, ganz besonders eine Erlaubnis, die man glaubt.« Sylvia glaubte Dr. Beuscher, weil sie sie, wie sie eingestand, verehrte, weil sie ihr alles erzählen konnte, ohne fürchten zu müssen, von ihr getadelt zu werden, und auch, weil Dr. Beuscher selbst eine »erlaubte Mutterfigur« repräsentierte. Es ging weniger darum, daß sie die Mutter haßte, wichtiger war die *Erlaubnis*. Ein älterer und klügerer Mensch hatte Sylvia kühl erklärt, Haß sei ein erlaubtes Gefühl. Für sie war es so, als hätte man ihr beigebracht, mit beiden Lungenflügeln zu atmen anstatt nur mit einem, als könne sie nun eine bislang dunkle Seite ihres Gehirns benutzen.

Sylvia setzte die wöchentlichen Therapiestunden bei Dr. Beuscher in den sechs oder sieben Monaten fort, die das Ehepaar Hughes noch in Boston lebte. Bald hatte sie die wesentlichen Elemente ihrer Panik-plus-Schreibblockade erkannt und suchte in langen analytischen Passagen im Tagebuch nach Lösungen. Nach der ersten Sitzung bei Dr. Beuscher arbeitete sie sich durch ihren Haß hindurch. Die Gesellschaft, repräsentiert von ihrer Mutter, Mrs. Prouty, Mary Ellen Chase und allen »Hexen-Müttern«, die von ihr Konformität erwarteten und Gegenleistungen für die gebrachten Opfer, preßte sie in eine Form, die sie berechtigterweise »haßte«. Warum? Weil sie mit ihrer Arbeit als Schriftstellerin, die sie teilweise aus Dankbarkeit tat, kollidierte (die Mütter würden sich ihre Geschichten zu eigen machen und darüber urteilen), im wesentlichen aber deshalb, weil das Schreiben für sie und ihren Mann »ein religiöser Akt [war] [...] ein Ordnen, ein Verbessern, ein neues Sehen und neues Lieben der Menschen und der Welt, wie sie sind und wie sie sein könnten«. Andererseits war Sylvia von Schuldgefühlen wie erschlagen. »Mutter«, schrieb sie nachdenklich, »was macht man mit seinem Haß auf alle Mutterfiguren? Was soll man tun, wenn man sich schuldig fühlt, weil man nicht tut, was sie sagen, denn schließlich haben sie alles getan, um einem zu helfen?« Dr. Beuscher konnte das Problem nicht für sie lösen, sondern ihr nur helfen, es zu erkennen. Das galt auch für die Schreibblockade.

»*Schreiben:* Die Kette meiner Angst-Logik verläuft so: Ich will Geschichten, Gedichte und einen Roman schreiben, Teds Frau und Mutter unserer Kinder sein. Ich möchte, daß Ted schreibt, was er will, dort lebt, wo er will, und daß er mein Mann und Vater unserer Kinder ist. Wir können heute und vielleicht nie von unserem Schreiben leben, dem einzigen Beruf, den wir uns wünschen. Was werden wir tun, um Geld zu verdienen, ohne unsere Kraft und Energie und Zeit zu opfern und dadurch unserer Arbeit zu schaden?«

Schuldgefühle in diesem Bereich – kein dauerhafter Beruf, die Weigerung, zu unterrichten und den Lebensunterhalt für eine mögliche Familie zu verdienen – teilte Sylvia mit den meisten Schriftstellern. Doch darunter lag ein noch persönlicherer und unlösbarerer Problembereich; er unterschied sich von der Unzufriedenheit über sich selbst (weil sie nicht genug arbeitete) und dem Zorn, der sich gegen ihre Mutter und gegen alle Mütter richtete, die von ihr erwarteten, etwas zu sein, »was ich nicht glaube zu sein«, das heißt erfolgreich nach dem Maßstab der Gesellschaft.

Auf ihrer Suche nach Gründen, um ihre Mutter zu »hassen«, stellt Sylvia am 12. Dezember die Ursachen der Schuldgefühle zusammen. Ihre Mutter hatte ein »jämmerliches« Leben gehabt, aber alles geopfert, damit ihre Tochter ein ideales Leben haben würde. Ihre Tochter sollte aus »Liebe, Liebe, Liebe« heiraten, beinahe, als sei sie das der Mutter schuldig. Die Tochter war in einer Familie von Frauen aufgewachsen – »so viele Frauen, daß das Haus nach ihnen stank« – und hatte nie einen Vater gekannt. Nachdem der rivalisierende Bruder im Internat war, hatte sie sich Jungen ausgesucht, die sie zu mögen glaubte, in Wahrheit jedoch »haßte«. Nur einen Mann hätte sie vielleicht geliebt, und wenn er nicht gestorben wäre, als sie acht war, hätte er sie »das ganze Leben lang« geliebt. Aber eines Morgens war die Mutter »mit Tränen [...] in den Augen« zu ihr ins Zimmer gekommen und hatte »mir erklärt, er sei für immer gegangen. Dafür hasse ich sie.«

Ihre Mutter hatte immer nur Pech gehabt. Trotz ihrer Treue, ihrer Güte, Liebe und Selbstaufopferung fand sie kein Glück. Ihr Mann starb; ihre Mutter starb an Krebs; ihre Tochter versuchte, sich das Leben zu nehmen. Warum war das Leben so ungerecht gewesen? Lag das nicht zum Teil an ihrer Tochter? Gab diese ideale, gute Mutter in Wirklichkeit nicht der Tochter die Schuld an ihrem schrecklichen Leben? Und wenn es so war, haßte sie im Grunde nicht auch die Tochter – und zwar ebensosehr, wie die Tochter in Wirklichkeit die Mutter haßte? So argumentierte Sylvia, gestützt auf einen Traum (leider undatiert), den sie im Tagebuch Aurelia Plath zuschreibt.

»Ihre Tochter war auffallend angezogen, wollte weggehen und Ballettmädchen werden, vermutlich auch Prostituierte [...] Der Ehemann, im Traum wieder lebendig, um den Fluch seines alten Zorns wieder aufleben zu lassen, stürmte wütend aus dem Haus, weil die Tochter ein Ballettmädchen werden wollte. Die arme Mutter läuft am Strand entlang, ihre Füße versinken im Sand des Lebens, ihre Geldbörse ist offen, Geldscheine und Münzen fallen in den Sand, werden zu Sand. Der Vater war, um sie bloßzustellen, in rasendem Zorn mit dem Wagen von der Brücke gefahren und trieb tot, mit dem Gesicht nach unten und aufgeschwemmt, im schmutzigen Meer vor den Säulen des Country Clubs. Alle blickten vom Landesteg zu ihm hinunter. Alle wußten über alles Bescheid.«

Für Sylvia war die Schuld eindeutig der Fluch der Familie, der auf ihr und ihrer Mutter lastete. Sie haßten sich selbst, und sie haßten sich gegenseitig. Als Dichterin, noch dazu deutscher Abstammung, machte sie mühelos die Schuld zum Angelpunkt ihres sich entwickelnden Psychodramas. Am Ende des langen Eintrags am 12. Dezember stellte sie ihre *Hauptfragen* methodisch zusammen:

»Womit Geld verdienen & wo leben: praktisch.

Was gegen die Angst vor dem Schreiben tun: Warum Angst? Angst, keinen Erfolg zu haben? Angst, die Welt könne leichthin [durch] Absagen erklären, wir irrten uns beide?

Vorstellungen von Männlichkeit: Bewahren kreativer Kraft (Sex und Schreiben).

Warum lasse ich vor Angst meinen Kopf & mein Schreiben erstarren: sage, paß auf: kein Kopf, was kann man von einer Frau ohne Kopf erwarten?

Warum schreibe ich keinen Roman?

Vorstellungen der Gesellschaft: Der Schriftsteller und Dichter ist nur dann entschuldbar, wenn er Erfolg hat. Geld verdient.

Warum glaube ich, einen Dr. haben zu sollen, daß ich ziellos, hirnlos ohne ihn bin, obwohl ich weiß, daß ich in mir das einzige Dokument habe, das für meine Identität erforderlich ist?

NB. Ich schlage nicht oft: ein- oder zweimal.

Wie den Ärger kreativ ausdrücken?

Angst, das männliche Totem zu verlieren: Welche Wurzeln?

R[uth] B[euscher]: Sie haben sich immer vor übereilten Entscheidungen gefürchtet, die andere Entscheidungen ausschließen [...]«

Sylvia stellte sich die meisten dieser und andere damit in Zusammenhang stehende Fragen für den Rest ihres Lebens. Mit Ruth Beuscher hatte sie schließlich den Umkreis ihrer Suche abgesteckt.

Am nächsten Tag, am 13. Dezember, brachte der Postbote »einen charmanten, herzlichen, bewundernden Brief von John Lehmann« von *The London Magazine*. Er nahm *Lorelei*, *Die beunruhigenden Musen* und *The Snakecharmer* an. Die Pechsträhne eines langen Herbstes der Ablehnungen – von *Harper's*, *Encounter*, *The Atlantic Monthly*, World Publishing Company (die ihren Gedichtband nicht publizieren wollten) und dem Saxton-Fellowship-Ausschuß – war durchschnitten. Weihnachten kam und ging zwischen Therapiesitzungen, in denen Sylvia mehr und mehr Einsichten in ihre Ängste und Blockaden gewann.

Eindeutig identifizierte sie in mancher Hinsicht Ted mit ihrem toten Vater – zum Beispiel, als er an ihrem letzten Vorlesungstag am College nicht da war oder wenn sie eifersüchtig auf andere Frauen war –, während sie in anderer Hinsicht von ihm so abhängig war wie früher von ihrer Mutter.* Sie

* Im Tagebuch notiert sie »zwei bittere Auseinandersetzungen« mit ihrem Mann; die eine über das Annähen seiner Knöpfe, die andere über ihren Wunsch, bei einer Lesung von Truman Capote die Sitze zu wechseln. Doch sie begriff, daß die Sorgen, die solche Spannungen zwischen ihnen hervorriefen, in Wirklichkeit mit ihrer finanziellen und beruflichen Unsicherheit zu tun hatten.

fühlte sich mehr und mehr zur Psychologie hingezogen und suchte bei Freud nach Erklärungen für ihr Verhalten. »Las heute morgen Freuds *Trauer und Melancholie*«, notierte sie am 27. Dezember.

»Eine beinahe genaue Beschreibung meiner Gefühle und Gründe für den Selbstmord: ein von meiner Mutter auf mich übertragener todbringender Impuls; die ›Vampir‹-Metapher, die Freud benutzt, ›der das Ego aussaugt‹ entspricht genau dem Gefühl, das sich meinem Schreiben in den Weg stellt: Mutters Würgegriff. Ich verkleide meine Selbstdemütigung (ein von ihr übertragener Haß) und vermische sie mit meiner echten Unzufriedenheit mit mir, bis man nur sehr schwer zwischen unsinniger Kritik und wirklich abstellbaren Fehlern unterscheiden kann.«

Am 28. Dezember notiert sie mit einer Spur Ehrfurcht:

»War gestern nachmittag mit Ted in der Bibliothek. Informierte mich, was für eine Promotion in Psychologie verlangt wird. Es würde ungefähr sechs Jahre dauern. Eine gewaltige Perspektive. Zwei Jahre für die Vorbedingungen, Sprachen für den Magister. Vier Jahre für den Rest [...] Die Arbeit der Bewerbung, des Zusammenstellens von Studienprogrammen, ganz zu schweigen von Geld, eine große Sache. Ehrfurchteinflößend, ein so gewaltiges Studium vor sich zu haben: die ganze menschliche Erfahrung.«

Es war zu spät, um noch einmal anzufangen, und deshalb wandte sie sich mit »einer Art Erleichterung« den Geschichten von Frank O'Connor zu, die sie wegen der Schreibtechnik las, und der Autobiographie der heiligen Theresia, die sie als »reine Seele« bewunderte und nur wegen ihrer »schrecklichen selbstzufriedenen Gier nach Unglück« kritisierte, die sie bei Nonnen und Heiligen ganz allgemein entdeckte. »Die einzige Möglichkeit, andere nicht mehr zu beneiden, liegt darin, ein frohes Ich zu haben«, brach es als plötzliche Erkenntnis aus ihr heraus. »In der egoistischen Seele ist alles Kreative festgefahren.«

Am Samstag, den 3. Januar, schrieb sie nach einer Sitzung bei Dr. Beuscher wieder von dem Gefühl, geläutert und erschöpft zu sein, als habe sie ein griechisches Drama gesehen oder darin mitgewirkt.

»Mein ganzes Leben lang bin ich von den Menschen, die ich am meisten liebte, emotional im Stich gelassen worden. Daddy starb und verließ mich. Mutter war irgendwie nicht da. Deshalb messe ich den kleinsten Vorfällen, zum Beispiel dem Zuspätkommen von Menschen, die ich liebe, die Bedeutung emotionaler Kälte bei, sehe es als Hinweis darauf, daß ich ihnen nicht wichtig bin. Da ich das erkenne, war ich nicht wütend oder beunruhigt, als sie [Dr. Beuscher] sich verspätete. Der Alptraum meines letzten Vorlesungstages im Mai [...] besonders das Gesicht dieses Mädchens. Wenn das öfter vorkäme, würde ich es für einen Charakterfehler halten, aber es scheint nicht so gewesen zu sein.«

Bezeichnenderweise fährt sie fort:

»In der Klinik [McLean] lief die ganze Zeit ein inneres Leben ab, aber ich gab es nicht zu [...] Ich brauchte die Erlaubnis, zugeben zu dürfen, daß ich lebte. Warum?

Weshalb ging es mit mir nach den ›erstaunlich wenigen‹, drei oder vier Schockbehandlungen rapide bergauf? Weshalb hatte ich das Gefühl, ich müsse bestraft werden, ich müsse mich selbst bestrafen? Weshalb habe ich jetzt das Gefühl, ich sollte mich schuldig, unglücklich fühlen, und fühle mich schuldig, wenn ich es nicht bin? [...] Mein Bedürfnis, mich zu bestrafen, könnte entsetzlicherweise so weit gehen, daß ich T[ed] auf die eine oder andere Weise bewußt enttäusche, um mir damit zu schaden. Das wäre die schlimmste Strafe für mich. Das und nicht schreiben.«

Sylvia öffnete die Augen für das »große, starke, mörderische Drama, das immer und immer hinter der sonnigen Fassade unserer täglichen Rituale, Geburt, Ehe, Tod abläuft« und tastete sich an ihr eigentliches Thema heran. Die Schriftstellerin begann, sich mit der Frau zu identifizieren, und die Frau akzeptierte die Schriftstellerin; es konnte keinen Unterschied zwischen beiden geben. Ihre Gestalten waren Archetypen, »die dunklen, grausamen, mörderischen Schatten, die Dämonen-Tiere, die Begierden«, von denen sie bei Oesterreich und in psychologischen Werken gelesen hatte. Am 7. Januar berichtet Sylvia, daß sie Ainu-Geschichten las: »[...] primitiv: alles auf der Ebene des Penisfetischismus, Analfetischismus, Oralfetischismus. Ein wundervoller, naiver Humor, ursprünglich: Peng, peng – du bist tot.«

Aber gleichzeitig sehnte sie sich nach den äußeren Zeichen des Erfolgs. »Ich hätte einen Roman schreiben müssen, einen Gedichtband, eine Geschichte für *Ladies' Home Journal* oder für den *New Yorker.*« Während sie klagte, keine Ideen zu haben, keine Erfahrungen, schrieb sie die Geschichte *Der Schatten,* eine nicht ganz so beeindruckende Beschwörung ihrer Kindheit in Winthrop wie die früher entstandene Geschichte *Superman und Paula Browns neuer Schneeanzug.*

Alpträume quälten sie, die mit dem halb unbewußten Wunsch nach einem Kind zusammenhingen.

»In letzter Zeit sehr schlimme Träume. Einer direkt nach meiner Periode in der letzten Woche – ich verlor mein ein Monat altes Baby: eine durchsichtige Bedeutung. Das Baby sah ganz wie ein Baby aus, war aber so klein wie eine Hand. Es starb in meinem Leib und fiel: Ich blickte auf meinen nackten Bauch hinunter und sah, wie sein runder Kopf auf meiner rechten Seite wie eine Beule hervortrat, als hätte ich einen Blinddarmdurchbruch. Die Totgeburt bereitete mir wenig Schmerzen. Dann sah ich zwei Babys – ein großes Neunmonatskind und ein kleines Einmonatskind mit einem blinden, schweinchenweißen Gesicht, das sich an das andere drückte [...]«

In einem anderen Traum ging sie mit Stephen Fassett über einen Friedhof und zog die Grabsteine mit einem Seil weg. Es erschien

»ein Gang, durch den halbverweste Leichen mit fleckigen, zerfallenden Gesichtern, aber bekleidet, gerollt wurden [...] Der Strom erfaßte uns, und welch Entsetzen: Die Toten bewegten sich! Eine grinsende, schmutzige Leiche wurde aufrechtstehend von einem anderen, beinahe ebenso schrecklichen Mann vorwärtsgestoßen; dann kam ein verkrüppelter, runder Fleischklumpen, in dem überall schwarze Gewürznelken oder Nägel steckten; er hatte nur einen langen, affenartig schwingenden Arm, der sich nach Almosen ausstreckte.«

Sylvia unternahm qualvolle Vorstöße in ihr Unterbewußtsein und verließ Dr. Beuscher jeden Mittwoch gereinigt und tränenüberströmt. Aber gleichzeitig kämpfte sie darum, einen Platz in der Gemeinschaft zu finden.

»Ich habe das Gefühl, ich bin verrückt, wie jeder Schriftsteller es auf eine Art sein muß«, schrieb sie am 8. Januar noch einmal, »weshalb mache ich es nicht wahr? Ich bin der bürgerlichen Vorortgesellschaft zu nah: Menschen zu nah, die ich kenne: Ich muß mich von ihnen lösen oder Teil ihrer Welt werden: Der Kompromiß, das Halb und Halb ist unerträglich. Wenn Ted doch nur etwas tun wollte. Wenn er doch nur einen festen Beruf sähe, der ihm Spaß macht [...]«

Aus dieser Frustration, aber auch aus der praktischen Überlegung heraus, daß sie auf ihre Arbeit eine Reaktion von außen wollte, beschloß Sylvia, dem Beispiel zweier ungefähr gleichaltriger Dichter zu folgen, und nahm an Robert Lowells Schriftstellerseminar an der Boston University teil. Zusammen mit Anne Sexton und George Starbuck saß sie Dienstag nachmittags als »Gasthörerin« in einem Seminar, das sie zunächst enttäuschte. »Ich gab ein paar Platitüden von mir«, notierte sie am 25. Februar,

»ein paar Stunden tönten nichtssagende Dinge, die ich meinen Erstsemestern bei Smith nicht hätte durchgehen lassen. Lowell in seiner leicht femininen, schwachen Art gut. Empfand es als Rückschritt. Das Wichtigste ist, die Gedichte der anderen Studenten zu hören und seine Reaktion auf meine zu erleben. Ich brauche einen Außenstehenden: Komme mir wie der Einsiedler vor, der mit einem lebensrettenden Evangelium in die Welt hinausgeht und feststellt, daß inzwischen alle eine andere Sprache sprechen und kein Wort von dem verstehen, was er sagt.«

In einer kurzen Erinnerung an Sylvia berichtet Anne Sexton ihre Eindrücke von der nicht langen Zeit des Zusammenseins, wenn sie fröhlich, wie »Selbstmörder es manchmal tun«, in der Bar des Ritz zusammensaßen. Nach jedem Lowell-Seminar, schreibt Anne Sexton, drängten sie, George Starbuck und Sylvia sich »auf die Vorderbank [ihres] alten Ford« und fuhren zum Ritz, wo Sylvia unerlaubterweise in einer Ladezone parkte und erklärte: »Das ist schon in Ordnung, denn wir wollen auftanken.« In ihrem Bericht heißt es weiter:

»Oft, sehr oft unterhielten Sylvia und ich uns lange über unsere ersten Selbstmordversuche; das geschah ausführlich, in allen Einzelheiten und gründlich, während wir die kostenlosen Kartoffelchips knabberten. Selbstmord ist schließlich das Gegenstück des Gedichts [...] Wir sprachen über den Tod mit einer zornigen Intensität, der uns beide anzog wie eine Glühbirne die Nachtfalter. Wir saugten uns daran fest! Sie erzählte die Geschichte ihres ersten Selbstmordversuchs in hübschen und liebevollen Einzelheiten. Und ihre Beschreibung in der *Glasglocke* ist genau dieselbe Geschichte [...] Wir sprachen über den Tod, und das war das Leben, das dennoch für uns weiterging [...]«*

Sylvia sah bei Anne Sexton »eine Leichtigkeit des Ausdrucks und eine Ehrlichkeit«, die sie sich zum Vorbild nahm, um selbst lockerer zu werden. In Lowells Seminar waren sie allerdings sowohl Verschworene als auch Konkurentinnen. Vielleicht ähnelten sie sich wesensmäßig zu sehr, um enge Freundinnen zu sein. Anne Sexton erklärt ganz offen:

»Inzwischen habe ich gehört, daß Sylvia seit ihrer Kindheit fest entschlossen war, groß zu sein, mindestens eine große Schriftstellerin. Ich sage Ihnen, damals merkte ich nichts davon. Etwas sagte mir, auf sie zu setzen, aber ich fragte mich nie, weshalb. Ich war viel zu sehr entschlossen, auf mich selbst zu setzen, um wirklich festzustellen, welche Richtung ihre Arbeit nahm. Lowell sagte damals, ihre Sachen gefielen ihm, und ihre Gedichte zielten seiner Meinung nach genau auf das Wesentliche. Ich war anderer Meinung [...] ich sagte ihm, sie gehe am Wesentlichen vorbei, und zwar deshalb, weil die Form sie so sehr beschäftigte. Form war für Sylvia wichtig [...] [aber sie] hatte damals noch keine eigene Form gefunden. Diese frühen Gedichte steckten alle in einem Käfig (und es war noch nicht einmal ihr Käfig).«

Das war gute Kritik, ein Spiegel der »Kritik der Rhetorik«, die Sylvia in Lowells Seminar hörte. Am 20. März notierte sie: »Er stellt mich mit Anne Sexton auf eine Stufe – eine Ehre, nehme ich an. Es war auch Zeit. Sie macht sehr gute Sachen, und sie werden besser, obwohl es viel Ungeformtes bei ihr gibt.«

* Anne Sexton, geb. 1928, nahm sich 1974 das Leben.

Heute ist deutlicher zu sehen als 1959, daß Sylvia Plath und Anne Sexton Dichterinnen unterschiedlicher Art waren. Für Anne Sexton ging es »nur darum«, die ganze Geschichte zu erzählen. Unter Lowells Studenten unterstützte sie am nachdrücklichsten die Idee der Bekenntnisliteratur. Sylvia andererseits war zwar offenkundig eine Dichterin des »Ich«, aber eher eine Surrealistin des Äußeren, die versuchte, die Archetypen und Muster aufzuzeigen, die darin oder dahinter wirkten. Trotzdem erkannte sie die Fallen der Rhetorik und war entschlossen, ihre Fehler zu überwinden. Insgeheim arbeitete sie an einem eigenen Stil und balancierte auf Messers Schneide zwischen Sexton-ähnlicher Aufrichtigkeit und der Lyrik von Adrienne Richs Frühwerk. Ein Absatz im Tagebuch vom 25. Februar macht deutlich, wie sie sich beibrachte, sie selbst zu sein:

»Ted findet die Idee gut. Ich habe fünf Themen zusammengestellt und bin nicht weiter als Egg Rock gekommen. Schrieb ein schreckliches Gedicht in streng variierenden Zeilenlängen ohne das geringste Gefühl darin, obwohl die Szene voller Emotionen war. Dann bearbeitete ich es viel besser: Es kam etwas von dem heraus, was ich wollte. Hingezogen. Zu der hübschen, einfachen A[drienne] – C[ecile] – R[ich]-Lyrik, zu der anschaulichen Beschreibung der Welt. Das Wichtigste ist jetzt, mit realen Dingen anzufangen: mit wirklichen Gefühlen, keine kleinen Götter, alten Männer des Meeres, dünnen Menschen, Ritter, Mond-Mütter, blöden Sentimentalitäten, Lorelei, Einsiedler und statt dessen Ich, Ted, Freunde, Mutter, Bruder, Vater und Familie. Die reale Welt. Wirkliche Situationen, hinter denen die großen Götter das Drama von Blut, Lust und Tod spielen.«

Außer *Suicide of Egg Rock* hat Sylvia nach eigenen Angaben in diesem Winter mit mehr oder weniger Erfolg die folgenden Gedichte geschrieben: *The Ravaged Face* (nach einer tränenreichen Sitzung bei Ruth Beuscher), *Point Shirley*, *Watercolor of Grantchester Meadows* (eigens für *The New Yorker*, wo es am 28. Mai 1960 erschien), *Man in Black* (am 9. April 1960 ebenfalls in *The New Yorker* erschienen), *The Bull of Bendylaw*, *Goatsucker* (für Esther Baskins Anthologie mit dem Thema Nachttiere), *The Hermit at Outermost House* und am wichtigsten zwei Gedichte, die um ihren Vater kreisen: *Electra on Azalea Path* und *The Beekeeper's Daughter*.

Am 8. März besuchte Sylvia zum ersten Mal das Grab ihres Vaters auf dem Friedhof von Winthrop; in der *Glasglocke* findet dieses Ereignis direkt vor Esthers Selbstmordversuch statt. Die Notizen, die Sylvia sich machte, erwiesen sich beim Schreiben des Romans offenbar als nützlich:

»Drei durch Wege getrennte Grabfelder, alle etwa in den letzten fünfzig Jahren entstanden, häßliche, rohe Steinblöcke; Grabstein an Grabstein, als schliefen die Toten Kopf an Kopf in einem Armenhaus. Auf dem dritten Feld, auf einem flachen Rasenstück, hinter dem ein kahles, fahles Gelände liegt, an dessen Ende Wohnhäuser stehen, fand ich den flachen Stein ›Otto E. Plath: 1885-1940‹ so direkt neben dem Pfad, daß man beinahe darüberlief. Fühlte mich betrogen. Die Versuchung, ihn auszugraben. Zu beweisen, daß er existierte und wirklich tot war. Wie weit würde er verwest sein? Keine Bäume, kein Friede, sein Grabstein in den Boden gerammt von der Leiche auf der anderen Seite. Ging bald wieder. Es ist gut, sich an den Ort zu erinnern.«

Die vergleichbare Stelle in der *Glasglocke* entstand im Frühjahr 1961. Es ist eine Wiederholung dieser Situation mit schmerzlicher Voreingenommenheit, aber ohne große Änderungen.

»Ich hatte neuerdings das große Bedürfnis, meinem Vater gegenüber die ganze Schuld für alle Jahre der Vernachlässigung abzutragen, und ich wollte anfangen, sein Grab zu pflegen. Ich war immer das Lieblingskind meines Vaters gewesen, und es schien nur billig, daß ich eine Trauer übernahm, mit der sich meine Mutter nie belastet hatte. [...]

Der Friedhof enttäuschte mich. Er lag am Rand der Stadt, auf tiefgelegenem Grund, wie ein Müllplatz, und als ich die Kieswege auf und ab ging, konnte ich die abgestandenen Salzsümpfe in der Ferne riechen. [...]

In dem neuen Teil waren die Steine roh und billig, und da und dort war ein Grab mit Marmor eingefaßt wie eine längliche, mit Dreck gefüllte Badewanne, und ungefähr da, wo der Nabel der Person sein mußte, waren rostige Metallgefäße mit Plastikblumen eingesteckt. [...]

Da sah ich den Grabstein meines Vaters. Er stand ganz dicht bei einem anderen Grabstein, Kopf an Kopf, so wie Leute bei der Fürsorge zusammengedrängt werden, wenn nicht genügend Platz ist. Der Stein war aus gesprenkeltem rosa Marmor, wie Büchsenlachs, nur der Name meines Vaters stand darauf und darunter zwei durch einen kleinen Strich getrennte Jahreszahlen. Ich legte den Armvoll verregneter Azaleen, den ich von einem Busch am Eingang des Friedhofs gepflückt hatte, an den Fuß des Steins. Dann gaben meine Beine nach, und ich setzte mich in das durchnäßte Gras. Ich verstand nicht, warum ich so sehr weinte.

Dann fiel mir ein, daß ich nie über den Tod meines Vaters geweint hatte.«

Als Sylvia das 1961 schrieb, hatte sie die Handlung im Griff und beherrschte den beiläufigen, beinahe blasierten Ton des Romans. Sie hatte auch gelernt, ihre Begabung zu spöttischem Pathos zu benutzen. Zwei Jahre davor war ihr Stil, besonders in der Lyrik, weniger sicher. Wo, fragte sie sich am 20. März 1959, kurz nach dem Entstehen des Elektra-Gedichts, ist »mein ungezwungener, fröhlicher Schwung? Leider, leider kaue ich an meinem Ärger und an meinen Enttäuschungen...« Auch hier ist die Szene auf dem Friedhof noch einmal in erkennbaren Einzelheiten inmitten des kunstvoll gewirkten Mythos von *Electra on Azalea Path* (nicht nur der Name des Wegs, an dem Otto Plaths Grab liegt, sondern auch ein raffinierter Anklang an Aurelia Plaths Namen).

Am Tag, als ich erwachte, erwachte ich am Friedhofshügel
Gefunden hab ich deinen Namen, deine Knochen und alles
Eingereiht in überfüllter Totenstadt,
Dein Grabstein fleckig, schief an einem Eisenzaun.

In diesem Mitleidsloch in diesem Armenhaus, wo Tote
angehäuft sind Fuß an Fuß, Kopf an Kopf, und keine
Blume aus der Erde bricht. Das ist der Azaleenpfad.
Ein Feld voll Kletten öffnet sich nach Süden.
Sechs Fuß hoch decken gelbe Kiesel dich.
Der künstlich rote Beifuß regt sich nicht.
Im Korb mit Plastik-Immergrün, den man
gestellt hat an den Grabstein neben deinem.
Da fault auch nichts.
Doch haben Regengüsse eine blutige Spur Farbe
weggewaschen.
So tropfen die Ersatzblumen, sie tropfen rot.

Sylvia war mit *Electra on Azalea Path* unzufrieden; nach der Kritik von Lowell und Anne Sexton nahm sie es als zu rhetorisch aus dem Buch. Und doch markiert das Gedicht einen Übergang und entstand interessanterweise am selben Tag, an dem sie das hübsche kleine Schwangerschaftsgedicht *Metaphors* beendete, das trotz seiner bewußt eingesetzten Form (neun Zeilen und in jeder neun Silben) noch immer bemerkenswert ist. Erfolgreicher als *Electra* war *The Beekeeper's Daughter*; hier ersetzt Freudscher Symbolismus die *Krücke* der alten griechischen Tragödie, und Inzest behauptet sich gegen die Rache. Der »Herr der Bienen« mit seinen »vielbrüstigen

Körben« ist unverkennbar Otto, der seinen verbotenen »Garten der Schreie« in einem dem Mutterleib ähnlichen Land des Todes pflegt. Das ganze Frühjahr 1959 bemühte Sylvia sich darum, die Goldkörner, die sie in der Therapie schürfte, in neue Gedichte umzumünzen. Ihr Wachstum als Person und ihre Entwicklung als Schriftstellerin waren wie immer untrennbar miteinander verbunden. In ihr Tagebuch schrieb sie:

»[Was kann ich] tun, um das erwachsene Ich von engen Babygefühlen, wühlenden Eifersüchten zu trennen? [...] Wenn ich glücklich bin, mache ich mir Sorgen, träge zu sein; wenn ich an etwas arbeite, mache ich mir Sorgen, ich könnte mich täuschen. Bin so wenig ich selbst, daß alle anderen Identitäten mich bedrohen. (27. Januar)

Welche innere Entscheidung muß ich treffen, welchen Gefängnisausbruch oder inneren Mord muß ich begehen, wenn ich beim Schreiben mit meiner wahren, inneren Stimme sprechen [...] und nicht dieses Durcheinander der Gefühle hinter der gläsernen Scheinfassade stumpfer, dummer Worte erleben will [...] Ich glaube, Erfolg würde mich jetzt ermutigen. Aber am ermutigendsten wäre das Gefühl, ich würde aus meiner Glashaube ausbrechen [...] (19. Februar)

Was hilft es, über meinen Vater zu sprechen? Es mag eine kleine Katharsis bewirken, die einen oder zwei Tage anhält, aber ich bekomme keine Einsichten, wenn ich mit mir rede. Welche Einsicht versuche ich zu gewinnen, um was freizusetzen? Wenn meine emotionalen Spannungen der Grund für mein Elend sind wie kann ich dann herausfinden, was sie eigentlich sind, und was ich damit tun soll? Sie [Dr. Beuscher] kann mich nicht dazu bringen, daß ich schreibe, oder wenn ich schreibe, gut schreibe. (20. März)«

Als es Sommer wurde und kurz bevor Sylvia Boston verließ, flossen die Lektionen des Konfessionalismus und die psychiatrischen Ratschläge in einer opportunistischen Idee für einen

Roman zusammen: »Und eine Geschichte, sogar ein Roman. Muß die SCHLANGENGRUBE schreiben. Es gibt einen wachsenden Markt für psychiatrische Krankenhausstoffe. Ich bin dumm, wenn ich es nicht wieder lebendig mache, neu erschaffe.«

Die ganze Zeit war natürlich der Alltag in Boston weitergegangen. Genoß Sylvia das Leben zwischen inneren Kämpfen und Depressionen? Peter Davison erinnert sich an ein besonders bemerkenswertes Ereignis vom vorausgegangenen Herbst:

»Am Montag, den 11. November, kamen Ted und Sylvia in meine Dachwohnung in Cambridge, um Robert Frost kennenzulernen. Es war eine seltsame Sache: Ein Fotograf und ein Reporter von *Life* waren da; sie wollten eine Geschichte über mein Leben als Junggeselle machen; niemand ahnte, daß ich noch in derselben Woche Jane Truslow kennenlernen sollte, Sylvias Kommilitonin am Smith College, die ich im März 1959 heiratete. (*Life* brachte die Geschichte nicht.) Das Ehepaar Hughes, ich und meine damalige Freundin saßen zusammen und tranken etwas, während Frost zunächst etwas gehemmt über Dichtung und Erfahrung sprach, allmählich aber die Kamera vergaß. Es wurde ein lockerer Abend, und anschließend begleiteten Ted, Sylvia und ich Frost nach Hause. Wir stapften auf den mitternächtlichen Straßen durch das zusammengewehte Herbstlaub. Frost fand sichtlich Gefallen an Ted, aber Sylvia blieb sehr still, während die beiden über Edward Thomas und die englische Landschaft, von Ezra Pound und T.S.Eliot sprachen.«

In Sylvias Tagebuch stehen häusliche Fragen neben angstvollen Selbstanalysen. An dem Tag, als sie sich in der Bibliothek über die Voraussetzungen für eine Promotion in Psychologie informierte (28. Dezember 1958), notierte sie:

»Ted arbeitete gestern den ganzen Nachmittag und Abend daran, aus Agatha [Fassetts] altem und mürben Seehundpelz eine Wolfsmaske zu machen. Sie ist erstaunlich struppig und wölfisch. Die Party heute abend [offenbar ein Kostümfest]: das Gefühl, nicht gehen zu wollen: das Unbekannte, alle kaufen unglaubliche Kostüme und alles, was dazu gehört. Ich habe nicht einmal eine rote Kappe oder ein Körbchen; mehr würde ich nicht brauchen, aber ich sehe nicht, wie ich auch nur ein paar Dollar ausgeben kann.«

Am 27. Januar 1959 vermerkt sie nach Sorgen über die Arbeit, über »enge Babygefühle« und Schuldgefühle darüber, nicht zu arbeiten, prosaisch, daß »Robert Lowell und seine Frau und die Fassetts diese Woche zum Abendessen kommen. Ich überlege, was ich ihnen vorsetze, nur ein Gang. Zitronenbaiser [...]« Drei Wochen später, am 19. Februar, nachdem sie »ein rein deskriptives Grantchester-Gedicht« geschrieben hat, tadelt sie sich: »Ich muß Philosophie hineinbringen. Solange ich das nicht tue, komme ich an A[drienne] C[ecile] R[ich] nicht heran.« Offenbar machte sie sich Sorgen darüber, daß sie nicht das schreiben konnte, was sie fühlte, da sie »gefühllos für Gefühle« war. Aber im nächsten Satz berichtet sie: »Die ganze Woche Dinners und Partys, auf die ich von jetzt an gern verzichte.«

Die Tagebücher waren ohne Zweifel ein Sammelbecken für ihre Unzufriedenheit; aber man kann deshalb nicht den Schluß ziehen, daß Sylvia den ganzen Winter über unglücklich war.

Ende Januar bekamen die Hughes' ein getigertes Kätzchen, das sie Sappho nannten. Es war »verspielt, unternehmungslustig« und eine Enkeltochter von Thomas Manns Katze. Sie sahen viele Theaterstücke und gingen zu Dichterlesungen. Sylvia berichtet von einer Truman-Capote-Lesung im Dezember 1958, »großer Kopf, wie bei einem zu früh geborenen Baby, große weiße Stirn, kleine dünne Lippen [...]«

Scharfsinnig fügt sie hinzu: »Männer haßten die homosexuelle Seite an ihm mit übertriebener Heftigkeit. Etwas anderes: Eifersucht auf seinen Erfolg? Wäre er nicht erfolgreich, gäbe es nichts an ihm, worüber man sich ärgern könnte.«

Im April, mit Frühlingsanfang, trafen »freudige Nachrichten« ein. Nach ein oder zwei Rückfragen und einem »Feilschen über den Etat« gewährte die Guggenheim-Stiftung Ted am 10. April ein Fünftausend-Dollar-Stipendium. »Für die nächsten Jahre sind wir die finanziellen Sorgen los, also Freude«, schrieb Ted an seine Schwester. »Die Möglichkeit, einfach nach Europa zu gehen – und aller Sorgen ledig zu sein –, überwältigte mich, als ich den Brief erhielt.« Ted und Sylvia hatten Ende Januar beschlossen, nach England zurückkehren, aber sie nahmen eine Einladung an, den Herbst in Yaddo, einer Künstlerkolonie in Saratoga Springs, New York, zu verbringen. In der Übergangsphase zwischen Boston und Yaddo wollten sie in Aurelias Plymouth durch die Vereinigten Staaten fahren. Endlich schien es aufwärts zu gehen.

Sylvia stellte voll Freude über zwei weitere Gedichte, die der *New Yorker* annahm (*Watercolor of Grantchester Meadows* und *Man in Black)* die »40 unangreifbaren Gedichte« zusammen, die sie für ihr Buch geschrieben hatte. Sie zweifelte nicht daran, daß sie diesmal bei der *Yale Series of Younger Poets* mindestens zweite werden würde, obwohl sie wünschte, sie hätte »mehr starke Gedichte« und weniger mit »traurigen Todeswünschen«. Zwischendurch versuchte sie ein Gedicht für Kinder zu schreiben. Am 3. Mai notierte sie im Tagebuch:

»Gestern habe ich ein Buch geschrieben, und vielleicht kann ich über diesen Satz in einem Monat ein P.S. setzen: ›und habe es verkauft‹. Ja, nach einem halben Jahr Gezaudere, Groll und Lähmung war gestern morgen alles klar, ganze Zeilen hatte ich plötzlich im Kopf.«

Das Ergebnis war *Das Bett-Buch*, ein witziges, langes gereimtes

Gedicht, das sie sofort an Emilie McLeod, der Kinderbuchlektorin bei *The Atlantic Monthly Press*, schickte. Die Lektorin schrieb zurück, es gefalle ihr, und sie schlug vor, Sylvia solle die beiden niedlichen Kinder Wide-Awake Will und Stay-Uppity Sue streichen und einfach zehn phantastische Betten beschreiben. Sylvia stimmte zu und strich das Buch auf den gegenwärtigen Umfang.

Meist sind Betten: Betten
Für den Schlaf und für die Ruh
Die *besten* Betten aber sind:
Viel interessanter – hör mal zu!

Nicht nur so'n weißes bißchen
Rundrum gestopftes bißchen
Mitternachtnächtliches bißchen
Machs-Licht-aus-ein-bißchen
Bett –*

Emilie McLeod empfahl es zwar wärmstens, doch die Lektorin bei Little Brown, wo damals die Bücher der *Atlantic Monthly Press* verlegt wurden, schickte es mit einer knappen Absage zurück. Sie erklärte, der Text wirke gekünstelt, und ohne Illustrationen sei eine Veröffentlichung wenig sinnvoll. Teds *Meet My Folks* fand in den USA auch nur eine kühle Aufnahme, nachdem Faber es in England angenommen hatte.

Sylvias Gedichtband mit dem Titel *The Bull of Bendylaw* wurde von der *Yale Series of Younger Poets* schließlich doch nicht angenommen. Dudley Fitts schrieb ihr, das Buch wäre »um ein Haar« genommen worden; ausschlaggebend für die Ablehnung sei schließlich die mangelnde technische Perfektion gewesen. Berechtigterweise war Sylvia wütend. »Meine

* Erstaunlicherweise fand das bezaubernde kleine Buch erst 1976 einen Verlag, als Harper and Row es in New York und Faber in England veröffentlichten. Deutsche Übersetzung von Eva Demski: *Das Bett-Buch*, Frankfurt am Main, 1989.

Hauptschwäche«, klagte sie am 20. Mai, »ist ein [mir wie] mechanisch versetzter Todesstoß. Soll ich immer nur aus den falschen Gründen gemocht werden?« Am selben Tag vermerkt sie wieder »grün vor Neid«, daß Hougthon Mifflin sich für Anne Sextons *To Bedlam and Part Way Back* und nicht für ihr *The Devil of the Stairs* (ein neuer Titel für *The Bull of Bendylaw*) entschieden hatte. »Aber da ist A[nne] S[exton] mir voraus mit ihrem Liebhaber G[eorge] S[tarbuck], der erst allein *New Yorker* Oden an sie schreibt und dann beide gemeinsam: wußte, unsere Nachmittage beim dreifachen Martini im Ritz waren vorbei.« George Starbuck war Sextons Lektor bei Houghton Mifflin. Und das endgültige Ergebnis war, daß er den Yale-Preis gewann. Schlaflos, wütend und eifersüchtig brachte Sylvia nichts mehr zustande und beschloß, in diesem »feindseligen Schweigen«, das sie umgab, Dr. Beuscher aufzusuchen.

»Wohin mit dem Zorn? frage ich sie. Es ist eine Sache zu sagen: Ich will das Lob der Welt, Geld & Liebe, und ich bin wütend auf jeden, besonders auf jeden, den ich kenne oder der ähnliches hinter sich hat und mich überholt. Was soll ich also tun, wenn das immer & immer wieder in mir hochkommt? Gestern abend wußte ich, daß Mutter unwichtig war – sie bedeutet mir alles, aber ich habe ihr Bild zerschlagen, und sie wird zu allen Lektoren, Verlegern, Kritikern und der ganzen Welt, und dort will ich Anerkennung, will ich spüren, daß meine Arbeit gut und freundlich aufgenommen wird. Ironischerweise lähmt mich genau das bei der Arbeit und korrumpiert mein nonnenhaftes Ringen um Arbeit um der Arbeit willen. Bin heute darauf gekommen.«

Trotz Selbstgeißelungen, Selbstbefragungen und Enttäuschungen hatte Sylvia im ersten Jahr der Freiheit viel geleistet. Sie hatte sechs Geschichten vorzuweisen: *Johnny Panic und die Bibel der Träume*, *Der Fünfzehn-Dollar-Adler*, *Der Schatten*,

Sweety Pie und die Dachrinnen-Männer, Über dem Oxbow und *This Earth Our Hospital.* Darüber hinaus hatte sie ein hübsches Kinderbuch geschrieben und eine beachtliche Gedichtsammlung erarbeitet.

Noch viel wichtiger: Sie hatte sich den Dämonen ihrer hilflosen Angst und Selbsterniedrigung gestellt. Ihr Ehrgeiz war ungebrochen, aber sie hatte ein gewisses Verständnis dafür gewonnen, wie die unterdrückten Gefühle ihrer Mutter gegenüber Schreibblockaden verursachten. Und sie begann zu begreifen, daß ihre heftige Eifersucht unvernünftig destruktiv war. Ihr tiefsitzender innerer Zorn konnte, unversöhnlich, wie er war, als treibende Kraft vor den Wagen ihres Talents gespannt werden. Am 31. Mai schrieb sie ins Tagebuch: »Ich spüre, daß es mir in diesem Monat gelungen ist, meinen Vogel Angst zu besiegen. Ich bin eine ruhige, glückliche und gelassene Schriftstellerin [...] Ich habe in diesem Jahr getan, was ich mir vorgenommen hatte: die tagtägliche Angst vor dem leeren Blatt Papier zu überwinden und, komme, was mag, mich mit meinen tiefsten Empfindungen als Schriftstellerin anzuerkennen [...]«

Ehe die Hughes' im Juni die Wohnung in Boston aufgaben, mußte Sylvia einen weiteren Rückschlag hinnehmen, der ihre Ausgeglichenheit gefährdete. Das ganze Jahr hindurch hatten angebliche Schwangerschaften sie in Angst versetzt, und nun erfuhr sie nach einer Untersuchung im Krankenhaus, sie sei vorübergehend unfruchtbar. Alles war plötzlich »unfruchtbar«; sie gehörte zur »Asche der Welt, war etwas, in dem nichts wachsen, blühen und nichts Frucht tragen kann«. Trotz Tränen und Verzweiflung ließ sie sich regelmäßig untersuchen, und man stellte fest, daß es nicht zur Ovulation kam. »Wie kann ich Ted zumuten, mit einer unfruchtbaren Frau verheiratet zu sein?« klagte Sylvia. Aber die Unfruchtbarkeit dauerte nicht lange. Nach einer Behandlung – noch mehr Schrecken, noch mehr Krankenhäuser – brachen sie und Ted in Mrs. Plaths Wagen nach Kalifornien auf – Sylvia wurde schwanger.

[illegible]

[illegible]

[illegible]

Gedicht für einen Geburtstag
1959

Ich werde untergehen,
wenn ich nur über mich schreiben kann.

Journals
4. November 1959

Die IDEEN töten die kleinen grünen Triebe der Arbeit.

Journals
15. November 1959

I

Die ehrgeizige Campingfahrt durch Nordamerika, die Ted und Sylvia im Sommer 1959 unternahmen, führte sie in Neuland – denn selbst Sylvia, die quer durch Europa gereist war, hatte sich nie zuvor aus New England, der traulichen Ecke des Kontinents, herausgewagt. Ihre Route beschrieb einen großen Kreis – zuerst in den Norden nach Ontario, dann in den Westen nach Wisconsin und den Dakota Badlands, durch Montana zum Yellowstone Park, weiter an den Lake Tahoe und nach San Francisco, in den Süden nach Los Angeles, östlich durch die Mojave-Wüste und über den Grand Canyon nach New Orleans, dann nordöstlich nach Tennessee, Washington, DC., Philadelphia und zurück nach Boston.

Am Rock Lake in Ontario blieben sie zwei oder Tage und angelten. *Two Campers in Cloud Country*, eine »Übung«, die Sylvia in London ein Jahr später verfaßte, läßt bereits *Crossing the Water* und andere erstaunliche Leistungen von 1962 erahnen. Das Erlebnis, die riesigen Landflächen Nordamerikas zu sehen, die landschaftlichen und klimatischen Extreme mit dem weiten leuchtenden Himmel kennenzulernen, bereicherte sie, und wie immer speicherte sie die Bilder in ihrem tiefsten Inneren, um sie, wenn die Zeit da war, abzurufen und in ihre Dichtung einfließen zu lassen. *Two Campers in Cloud Country* beschreibt:

[...] eine Wolke zu finden
Für die kein Platz wäre am artigen Himmel über Boston.
Hier an der letzten Grenze des großen, steinigen Geistes.

Sind die Horizonte zu entrückt, sich anzubiedern wie Onkels.
Die Farben behaupten sich, als übten sie Vergeltung.
Jeder Tag mündet in eine riesige Schwemme Zinnober,

Und mit einem einzigen, gewaltigen Schritt tritt die Nacht
auf den Plan.

Vom Rock Lake fuhren sie zur Spitze der Landzunge von Wisconsin, die östlich von Duluth in den Lake Superior ragt, und verlebten dort vier oder fünf wunderbare Tage. Sie freundeten sich mit den *Nozals*, einer polnischen Familie, an (die das nördlichste Telefon von Wisconsin hatten), die Sylvia sofort ins Herz schloß. Mr. Nozal war von Beruf Fischer; *Ted* Hughes erinnert sich, daß sie seine kleine Tochter mitnahmen, wenn sie auf dem See angelten. Sylvia begann wieder zu zeichnen und machte Skizzen von den Booten an der Anlegestelle. Während ihres Aufenthaltes gab es einen dramatischen Moment, als ein Landstreicher eines Nachts ein Haus in der Nachbarschaft in Brand steckte.

Das dramatische Element fehlte auch bei ihrem Besuch im Yellowstone Park nicht. Eines Abends, nachdem Ted und Sylvia den ganzen Tag die Sehenswürdigkeiten besichtigt hatten, fuhren sie auf einem langen Rundweg durch den Wald zu einem Campingplatz. Ihr Tank war beinahe leer, und gerade als Sylvia anfing, in Panik zu geraten, tauchte ein riesiger Elch vor ihnen auf und warf bizarre Schatten zwischen den Bäumen. Sylvia wurde vor Angst übel. Schließlich brachte der dürftige Benzinrest sie doch noch zum Campingplatz, wo sie noch vor Einbruch der Dunkelheit Forellen für das Abendessen angelten. Die Nacht brach gespenstig und spannungsgeladen über sie herein. Um Mitternacht erwachten sie von einem schlurfenden Geräusch.

Ein Bär machte sich an ihrem Wagen zu schaffen, und als sie aus dem Zelt spähten, sahen sie, wie er das Fenster einer hinteren Wagentür einschlug, alles Eßbare herausholte und fraß. Darüber verging beinahe die ganze Nacht, während sie wütend, wenn auch nicht sonderlich alarmiert, zusahen – sie hatten gesehen, wie Touristen die Bären fütterten, und glaubten, nichts befürchten zu müssen. Am nächsten Morgen jedoch kam Sylvia entsetzt vom Waschraum zurückgerannt. Sie hatte eine Frau getroffen, die gerade vom benachbarten Campingplatz herübergekommen war; dort hatte in der Nacht ein

Mann versucht, einen Bär von seinen Vorräten zu vertreiben, und war mit einem Tatzenhieb getötet worden. »Wir müssen sofort hier weg«, rief Sylvia, »die Bären bringen Menschen um!« Sie war so verstört, daß sie noch am selben Morgen weiterfuhren.

Zwei Monate später schrieb Sylvia in Yaddo die Geschichte *Der neunundfünfzigste Bär*, in der beide Ereignisse miteinander verschmelzen. Eine nervöse, neurotische Frau namens Sadie macht sich mit ihrem Mann Norton ein Spiel daraus, im Yellowstone Park Bären zu zählen, und schließlich schickt sie den Mann in den Tod, als ein Bär über ihren Wagen herfällt und er ihn vertreiben will.* Sylvia mochte die Geschichte später nicht mehr, aber nicht, weil sie unverhüllte Feindseligkeit gegen Ted enthielt – seine Familie und Freunde waren entsetzt, als die Geschichte im Februar 1961 im *London Magazine* erschien –, sondern weil »es ein zähes, künstliches Ding ist [...] [in dem] keine tiefen emotionalen Unterströmungen einflossen oder sich entwickelten«. Ihr Ehrgeiz, veröffentlichbare Geschichten oder Gedichte zu schreiben, schien sich über jedes normale Gefühl von Rücksichtnahme auf die Gefühle anderer hinwegzusetzen, ganz gleich, wie nahe ihr die Menschen standen. Sylvia sah das Problem überhaupt nicht, wie man an den manchmal grausamen Karikaturen ihr nahestehender Menschen in der *Glasglocke* oder einiger Gedicht-Porträts aus der *Ariel*-Phase sieht.

Nachdem sie Yellowstone verlassen hatten, fuhren sie weiter zum Pazifik. Sie tobten sich im Wasser aus und schliefen anschließend, in eine Decke gehüllt, am Strand von Stinson Beach unter dem Sternenzelt. Morgens wachten sie, vom Tau durchnäßt, in kalten Nebelschwaden auf. In San Francisco blieben sie ein oder zwei Tage und ließen das Wagenfenster reparieren, ehe sie weiter nach Big Sur fuhren, wo sie zelteten

* Beachtenswert die bedeutsamen Namen: Sadie erinnert an Sadist, und Norton ist der Nachname eines Freundes [Dick Norton], dem sie immer noch grollte.

und angelten. Nach einem Aufenthalt in Los Angeles ruhten sie sich in Pasadena im komfortablen Haus von Tante Frieda, Otto Plaths Schwester, und ihrem Mann, einem pensionierten Chirurgen, aus. (Das Kind, das Sylvia damals im Leib trug, erhielt den Namen nach Frieda Lawrence.) Nach Pasadena durchquerten sie die Mojave-Wüste. *Sleep in the Mojave Desert* gibt Sylvias Eindrücke wieder. Auch an diesem Gedicht sieht man, wie sehr Amerikas riesige, ungemütliche Weiten zu den surrealistischen Landschaftsstimmungen der *Ariel*-Gedichte beitrugen:

... Trocken ist es, trocken.
Und die Luft gefährlich. Der Mittag legt sich lastend
auf des Bewußtseins Auge, läßt so in mittlerer Entfernung
eine Reihe Pappeln erstehen, einziges
Objekt neben der gradlinig verrückten Straße.
Menschen und Häuser prägen sich ein.

Nach dem Panorama des Grand Canyon fuhren sie weiter durch Texas bis nach New Orleans, wo sie sich von der drükkenden Hitze im Lake Pontchartrain abkühlten und die Stadt genossen. Weiter ging es in nördlicher Richtung zu einem Besuch bei Lucas Myers Familie in Tennessee. Nach einer Besichtigungstour durch Washington reisten sie nach Philadelphia, wo sie Sylvias heißgeliebten Onkel Frank besuchten, und am 28. August landeten sie nach zehnwöchiger Reise schließlich wieder in Wellesley.

Vor der Abreise hatte Sylvia ihrer Mutter die Gedichtsammlung und eine lange Liste mit Namen von Zeitschriften und Verlagen übergeben, an die Aurelia das Manuskript schicken sollte. Als Sylvia zurückkam, erwartete sie ein Stapel Absagen. Aber vor ihr lag die Verheißung von zwei Monaten ungestörten Schreibens in Yaddo, in Saragota Springs, im Norden des Staates New York.

II

Yaddo war ursprünglich ein prächtiger Landsitz gewesen. Es bestand aus schönen Gebäuden inmitten eines idyllischen Geländes. 1926 wurde es unter Leitung von Elizabeth Ames in eine Künstlerkolonie umgewandelt. Den eingeladenen Künstlern stellte man (und tut das noch heute) geräumige Wohnräume und ein privates Atelier zur Verfügung, und sie erhielten ausgezeichnete Mahlzeiten. Hier lebten und arbeiteten Ted und Sylvia vom 10. September bis Ende November. Sylvia schrieb in diesen elf Wochen die letzten Gedichte für ihr erstes Buch *The Colossus*; hier fand der Prozeß des inneren Wachsens und der Selbsterforschung als Künstlerin seinen Abschluß, den sie mit solcher Entschlossenheit in Boston begonnen hatte.

Ted erhielt in Yaddo ein wintergartenähnliches Atelier im nahegelegenen Wald, während Sylvias Arbeitszimmer im obersten Stockwerk von West House lag, einem Anbau des großen Herrenhauses; die Einrichtung hier war kaum weniger luxuriös. Die Lyrikerin May Swenson, in jenem Herbst ebenfalls Gast in Yaddo, beschreibt das Atelier als »hoch und sonnig […] mit Blick auf die Kiefern«. Sylvias erste Notizen sprechen von »Luft, klar genug für Engel. Der feuchte Tau schimmert auf den abgefallenen rostbraunen Kiefernnadeln und steht in blassen Tropfen auf den gekrümmten Stengeln der Pflanzen.« Im Park gab es Marmorstatuen, Teiche und Springbrunnen, und an den Seen, wo Ted und Sylvia morgens oft angelten, führten Waldwege entlang. Im Erdgeschoß von West House hatten sie ein riesiges gemeinsames Schlafzimmer, das größer war als ihre gesamte Bostoner Wohnung.

Im Sommer arbeiteten etwa dreißig Künstler in der Kolonie, aber es war Herbst, und nachdem das Haupthaus geschlossen wurde, blieben nur zehn oder zwölf Gäste zurück, hauptsächlich bildende Künstler oder Komponisten. Chou Wen-Chung, ein junger chinesischer Komponist, freundete sich mit Ted in ihren ersten Wochen an, und die beiden entwickelten eine Arbeitsbeziehung. Chou reiste zwar noch vor Ende September ab, aber im folgenden Jahr arbeiteten die beiden zusammen an einem Oratorium nach dem Tibetanischen Totenbuch (*Bardo Thödol*) – ein Projekt, das nie zu Ende geführt wurde.

Zuerst war Sylvia von dem Frieden und der Eleganz von Yaddo hingerissen. Das Essen wurde im Haupthaus in einem beeindruckenden Saal mit Balkendecken serviert, wo sie an riesigen Tischen auf geschnitzten Mahagonistühlen Platz nahmen. Als die Sommergäste abgereist waren, versammelte sich die kleine Gruppe zum Essen in einem intimeren Raum über den Garagen. Täglich wurden gefüllte Thermoskannen und Lunch-Pakete verteilt, damit die Künstler nach ihrem eigenen Stundenplan arbeiten konnten. Sylvia hatte sich vorgenommen, Geschichten wie *Der neunundfünfzigste Bär* zum »Anwärmen« zu schreiben, um dann zu einer verkäuflichen Prosaarbeit überzugehen. Außerdem begann sie zum x-ten Male Deutsch zu lernen – diese Sprache, die so gefährlich an ihre Vergangenheit rührte, daß sie sie nie richtig beherrschen sollte.

Im Herrenhaus gab es eine gut bestückte Bibliothek, in der Sylvia sich häufig einrichtete, bis das Gebäude Ende September geschlossen wurde. In erster Linie las sie jedoch die Bücher, die sie in West House fand: Bücher von hervorragenden, erfolgreichen Schriftstellerinnen, die alle für den *New Yorker* schrieben. Mavis Gallant (die einen »Roman über eine Mutter-Tochter-Beziehung geschrieben hatte, der mit dem Selbstmord der Tochter endet«), Eudora Welty, Jean Stafford, Katherine Anne Porter – alle hatten Romane geschrieben, die Sylvia neidisch studierte, um einen Weg in das »Anderssein« zu finden. Auch May Swensons Gedichte fanden ihr Interesse, deren Virtuosität und Unabhängigkeit sie im Tagebuch wohlwollend kommentierte. Zum ersten Mal las sie auch Elizabeth Bishop mit ungeteilter Aufmerksamkeit und lobte ihre

»hervorragende, immer überraschende, fließende, niemals starre Originalität; sie ist farbiger als Marianne Moore, ihre Patin«.

In Yaddo las Sylvia auch Jungs *Symbole der Wandlung*. Ted Hughes berichtet, daß Paul Radins *African Folktales* sie sehr beeindruckten, und Grace Schulman erzählt, daß sie ebenso wie Theodore Roethkes *The Waking* noch immer in den Regalen stehen. Jung, Radin und Roethke trugen ihren Teil zu den Arbeiten bei, die Sylvia dort schrieb.

Obwohl man letztlich nie mit Bestimmtheit sagen kann, was einen kreativen Schub, wie Sylvia ihn im Oktober in Yaddo erfuhr, auslöst, scheint es doch sicher zu sein, daß er mit ihren inneren Kämpfen im Zusammenhang stand, die sie das ganze Jahr über umgetrieben hatten. Immer wieder kreisten ihre Gedanken um traumatische Kindheitsereignisse, um ihren Zusammenbruch und ihren Selbstmordversuch. Lange hatten sie zwei ganz verschiedene Kämpfe, die sie mit sich selbst focht, aus der Fassung gebracht. Den einen führte sie mit einer künstlichen, nach dem Vorbild der Mutter geformten Sylvia, die von Ambitionen getrieben wurde, die Aurelia, wie Sylvia glaubte, für sie hegte, und mit Idealen, die Aurelia ihrer Meinung nach auf sie projizierte. Dieser Kampf fand auf einer relativ oberflächlichen Ebene statt. Sozusagen darunter tobte ein sehr viel ernsthafterer Krieg; dort kämpfte die »wirkliche« Sylvia – gewalttätig, subversiv, besessen und schrecklich zornig – mit einer netten, intelligenten, begabten jungen Amerikanerin um ihr Leben. Dieses »wahre« Ich scheint um die Zeit geschaffen – und untergetaucht – zu sein, als ihr Vater im November 1940 starb. Im August 1953, also noch vor dem Selbstmordversuch, war es an die Oberfläche gekommen und hatte in den Monaten der langsamen Gesundung in der McLean-Klinik die Oberhand behalten. Es wäre zu einfach zu behaupten, die nette junge Amerikanerin hätte leben und die rachsüchtige, verlassene Tochter hätte sterben wollen. Aber vermutlich war die Raserei von Sylvias kraftvollem begrabenen Ich tödlich in ihrer Entschlossenheit, um jeden Preis zu entkommen.

Sylvia glaubte, mit den »nie zufriedenen Göttern« der mutmaßlichen Erwartungen ihrer Mutter zu ringen – den Idealen des Erfolgs, der Sicherheit und konventioneller Häuslichkeit, die in ihrer Kultur verankert waren und die sie in der *Glasglocke* erbittert attackierte. Aber diese kleinen Götter waren relativ einfach zu identifizieren und zu verhöhnen. Jeder von uns trägt sie in sich und besonders jene, die in den fünfziger Jahren jung waren – sie flüstern uns ihre Drohungen des Versagens ein, werfen uns egoistische Selbstsucht vor und mahnen Besserung an. Wenn Sylvia sie angriff, kämpfte sie gegen vertraute Panikmacher, die viele ihrer Leser nachträglich erkannten und verdammten.

Andere Gedichte jedoch, sogar so frühe wie *Spinster* und *Two Sisters of Persephone*, beweisen, daß ihre gespaltene Persönlichkeit – gutes Mädchen kontra schlechtes Mädchen – so weit ging, daß ihre Zielsetzung sich verwischte. Die Gedichte stellen Frauentypen dar, die sich gegenseitig ausschließen, doch man kann Sylvia mit beiden identifizieren. Sie behauptete zwar, in *Spinster* beabsichtige sie, die unverheirateten, blutleeren Intellektuellen zu kritisieren, die sie in Newnham als Vorbilder abgelehnt hatte, doch das Gedicht charakterisiert auch die »Widerhaken, Widerstände« ihrer eigenen abgesperrten Seele – die nach ihrer Heirat zu der Barrikade wurde, hinter der sie ihre Ehe und sich verteidigte. Die rosige Fruchtbarkeitskönigin und die graue Wissenschaftlerin von *Two Sisters of Persephone* sind ebenfalls Zwillingsaspekte ihres Wesens.

Diese Gedichte bilden Gegensätze, Spiegelbilder der beiden unterschiedlichen Ichs, und sie reflektieren Sylvias seltsame Auffassung von der Welt und erklären einiges von ihrer ständigen Beschäftigung mit dem Doppel oder mit Doppelgängern. Das Leben unter der Glasglocke war ohne die totale Unterstützung eines anderen Menschen unmöglich. Deshalb wählte sie sich immer wieder Menschen, die ihr nahestanden, als »Doppel« oder »Seelenpartner«: Nancy Hunter, Jane Baltzell und in ihrem Roman »Joan Gilling«, die sterben muß, damit »Esther« leben kann. Wenn solche Doppel im Leben ihre Autonomie behaupteten, was unweigerlich geschah, wurden sie verhaßte Rivalinnen und verursachten Angst und Aggressionen, da sie das zerbrechliche Gebäude von Sylvias Ego bedrohten. *Sie* schreckten natürlich vor dem, was monströser Egoismus zu sein schien, zurück – eine Selbstbezogenheit, die die Realität ihres Lebens negierte.

Wie egoistisch sich Sylvia auch immer verhielt, es hatte nichts damit zu tun, daß ihr Ego stark war, sondern mit seiner gefahrvollen Schwäche. Zwischen ihrem unverbrüchlichen »Mutter-muß-geehrt-werden-Verhalten« und den unterdrückten Rachegefühlen medeaischen Ausmaßes wurde ihr Ego zwischen Mühlsteinen zerrieben, die ihr nur zwei Handlungsmöglichkeiten offenließen. Entweder mußte sie ein trauriges Opfer bleiben, ein Homunkulus, der kaum eine Überlebenschance besaß, oder sie konnte sich mit der ganzen Bitterkeit des schmerzlich und qualvoll empfundenen Unrechts wehren – in ihren Werken tat sie das meist. Das ganze Jahr 1959 suchte sie zuerst mit Dr. Beuscher in Boston und dann allein in Yaddo verzweifelt nach einem Weg, der für sie in der Kunst liegen mußte, um ihr Recht auf Leben, ihr Recht auf *Sein* zu behaupten.

Nach den ersten Tagen verrät das Yaddo-Tagebuch, daß Sylvia zunehmend niedergeschlagen und mit ihrer Arbeit unzufrieden war. Die Unfähigkeit, aus dem Glaskäfig oder dem Netz auszubrechen und ihrem Ich Ausdruck zu verleihen, bestürzte sie. Sie rang darum, das Wissen über sich, das sie so qualvoll in der Therapie bei Dr. Beuscher gewonnen hatte, in die Arbeit einzubringen. Mit so vielen Erkenntnissen sollte es doch möglich sein, sich mit der Außenwelt auseinanderzusetzen und so zu schreiben wie die Schriftstellerinnen, die sie bewunderte. Aber jedesmal, wenn sie sich wie Alice durch den Spiegel auf den Weg machte, das Ego-Land zu verlassen, stellte sie fest, daß sie geradewegs an ihrem Ausgangspunkt landete. Innerhalb einer Woche hatte Johnny Panic wieder seine fieberhafte Herrschaft im Zentrum ihres Bewußtseins errichtet. Sogar die Mahlzeiten, die sie charakteristischerweise genoß – »Kalbsbries, Würste, Speck und Pilze, Schinken und mehlige, orangensüße Kartoffeln, Huhn und grüne Bohnen« –, lösten Schuldgefühle bei ihr aus. Was hatte sie erschaffen, um das zu verdienen? Eindeutig gab es einen anderen Bereich der Repression, der tiefer lag und tödlicher war, als sie ahnte. Ihn mußte sie freilegen, und ihm mußte sie sich stellen, ehe sie frei war, über etwas anderes zu schreiben.

Alpträume bedrängten sie. Am 25. September erwachte sie aus einem Traum, in dem sie »mit einer starken Kontraktion ein normal großes Baby« gebar, »allerdings war es nicht einmal ein Fünfmonatskind. Ich fragte die Schwester am Tisch, ob mit dem Kind alles in Ordnung sei [...] und sie antwortete: ›Oh, es hat ein Uterusnest in der Nase, aber mit dem Herzen ist alles in Ordnung.‹« Beim Aufwachen hatte sie eine Vision ihrer Mutter, die tot in der Augenbank lag, wo ihr die Augen herausgeschnitten worden waren. In einem anderen Traum sah sie ihren Vater in der »Statue eines Hirschs aus Eisen, dessen Metallummantelung fehlerhaft war. Der Hirsch wurde lebendig und lag mit gebrochenem Nacken am Boden. Er mußte erschossen werden. Warf Vater vor, durch den Kunstfehler an seinem Tod schuldig zu sein.«

Am 30. September erwachte Sylvia mit dem Gefühl, von einem unnormalen Herzschlag »geheilt« zu sein, der sie seit Tagen quälte, und sie hatte die Idee zu einer Geschichte, die sie schrieb und der sie den Titel *The Mummy* gab.* Sylvia beschreibt sie als »Kampfrede gegen die dunkle Mutter« und als den »Monolog einer Verrückten [...] im Grunde eine schlichte Schilderung symbolischer und gräßlicher Phanta-

* Sie schickte *The Mummy* nach Fertigstellung an *New World Writing*, wo man die Geschichte ablehnte. Inzwischen ist sie verlorengegangen.

sien«. Später las sie »elektrisiert« bei Jung eine Fallgeschichte, in der sie ihre beunruhigenden Bilder wiederentdeckte.

»Das Kind träumte, eine liebevolle, schöne Mutter sei eine Hexe oder ein Tier; die Mutter wurde im Alter wahnsinnig und grunzte wie Schweine, bellte wie Hunde, brummte wie Bären in einem Anfall von Lykanthrophie. Das Wort ›Schachbrett‹ in einer identischen Situation benutzt: eine angeblich liebevolle, aber ehrgeizige Mutter, die das Kind auf dem ›Schachbrett ihres Egoismus‹ hin und her schob. Ich hatte ›Schachbrett ihres Verlangens‹ benutzt. Dann Bilder der essenden Mutter oder Großmutter: alles verschlingend wie bei Rotkäppchen (ich hatte das Bild des Wolfs benutzt).«

Am 6. Oktober kamen Sylvias Gedichte zum fünften Mal zurück; Henry Holt hatte sie abgelehnt. Sie weinte und tobte, schickte das Manuskript jedoch an den nächsten Verlag auf der Liste – Harcourt, Brace. Ted riet ihr, ein neues Buch zu beginnen, und Sylvia griff die Idee als Hoffnungsschimmer auf. Sie schrieb eine »Silbenübung« über Traumbilder mit dem Titel *Polly's Tree* (Polly Hanson, ebenfalls eine Lyrikerin, war die Sekretärin der Leiterin von Yaddo und während Sylvias und Teds Aufenthalt ihre Stellvertreterin); aber Sylvia wollte immer noch unbedingt Geschichten schreiben. »Liegt es daran, daß die Straße der Erinnerung so schmerzlich ist? Gehe ich sie deshalb grau und beladen mit Kummer, entschwundenen Schönheiten und Träumen?« In den Nächten suchten sie zunehmend lebhafte Bilder heim.

»3. Oktober: Gestern nacht lebte ich bei Juden. Gottesdienst, trank Milch aus einem goldenen Kelch und wiederholte einen Namen. Die Gemeinde trank gleichzeitig Milch aus kleinen Bechern. Ich wollte, sie hätten Honig hineingetan. Saß bei drei schwangeren Frauen. Meine Mutter, wütend über meine Schwangerschaft, kam mit einem riesigen Wickelrock heraus, um spöttisch meine Unförmigkeit zu demonstrieren. P.[eter] D.[avison] kam auch vor. Rasierte mir die Beine unter dem Tisch: Vater, jüdisch, am Kopfende: Bring bitte deinen Krummsäbel nicht mit an den Tisch. Sehr merkwürdig [...]«

Es gab ein paar Lichtblicke. *The New Yorker* nahm ein Weihnachtsgedicht an und *The Christian Science Monitor* ihre »Übungen« *Magnolia Shoals* und *Yaddo: The Grand Manor.* Trotzdem erreichte Sylvia am 13. Oktober einen Tiefpunkt. Das Tagebuch aus der Zeit in Yaddo ist ein fortlaufender, langer, gequälter Monolog über ein einziges Thema: ihr Dilemma als Prosaschriftstellerin. Ihre Selbstgespräche haben die gedämpfte Hartnäckigkeit eines Menschen in einem zugebundenen Sack, der geduldig versucht, herauszukommen. Sie bekräftigte das Primat des Schreibens in ihrem Leben: »Schreiben ist meine Gesundheit.« Nur durch Leistung kann sie die »anklagenden, niemals zufriedenen Götter loswerden, die wie eine Dornenkrone auf mir sitzen«. Paradoxerweise steht das verzweifelte Verlangen nach Erfolg dem Erfolg im Weg: Ihr »kommerzielles amerikanisches Super-Ego«, ihr »eifersüchtiges, giftig-rivalisierendes Super-Ego«, ihr »Selbstbewußtsein« verhindert, daß sie sich über Dinge freuen kann – »um ihrer selbst willen, nicht wegen der Geschenke und des Beifalls, die ich vielleicht bekomme«. Sie kann nicht richtig über die Welt, über Menschen schreiben, »weil der Gedanke an einen Roman« ihr wichtiger ist als jede Gruppe von Menschen. Ihr Interesse für andere entsteht nur aus dem Wunsch, zu vergleichen, nie aus der »reinen Faszination des einmaligen Andersseins der Identität«. Sie hat die schreckliche Vorstellung, daß *»ich mich im Grunde für Menschen nicht interessiere«* (Hervorhebung der Autorin). Verzweifelt vermutet sie, daß sie nicht mehr als ein »paar psychologische Phantasien« hervorbringen kann.

Sylvia beklagt ihr Bedürfnis nach einem Rahmen in ihrem Leben, am liebsten wäre sie wieder eine Studentin gewesen, die in ihren Studien gebilligt und geleitet wird. Sie fragt sich, ob sie Französisch oder Deutsch lernen soll, um Selbstachtung zu gewinnen. Warum hat sie keine echte aktive Identität oder eigene Interessen? Weshalb die ständigen »Spuren passiver Abhängigkeit: von Ted, von Menschen in meiner Umgebung«? Sie beneidet Ted, der »unbeschwert von einer falschen Vorstellung über das, was die Welt von ihm erwartet«, arbeitet. Ted, der »so selten, so besonders ist«, ist ihre Rettung. »Wie könnte ein anderer mich ertragen!« Noch in Boston hatte sie festgestellt: »Ich könnte Kinder bekommen bis in die Wechseljahre, wenn das möglich wäre. Ich möchte ein Haus mit unseren Kindern, kleinen Tieren, Blumen, Gemüse, Obst. Ich möchte im tiefsten, vollsten Sinn eine Erdmutter sein.« Aber in Yaddo denkt sie: »Kinder könnten mich menschlicher machen. Aber ich darf mich in nichts auf sie verlassen. Das Märchen, daß Kinder das Leben und den Charakter verändern, ist so absurd wie das Märchen, daß die Ehe das vollbringt. Hier bin ich, dieselbe alte Eigenbrötlerin.«

Bei all diesen Fragen sehnt sich Sylvia danach, »ein Vehikel der Welt [...] ein reines Vehikel der anderen, der äußeren Welt« zu sein. Statt dessen ist sie »[...] ausgesetzt auf einem kalten Stern, unfähig, etwas anderes als diese schreckliche hilflose Benommenheit zu empfinden. Ich blicke hinunter auf die warme, erdhafte Welt. In ein Nest mit Betten von Liebenden, Babygeschrei, gedeckten Tischen, all den handgreiflichen Dingen des Lebens auf dieser Erde, und fühle mich abseits, eingeschlossen von einer Wand aus Glas.«

In Yaddo konnte Sylvia dem Geheimnis nicht auf die Spur kommen, und bis sie das Wesen ihrer schöpferischen Kraft, die sich mühte, ans Licht zu kommen, erkannte, sollte noch einige Zeit vergehen. Erst zu diesem Zeitpunkt war es ihr möglich, die beneideten Vorbilder zu vergessen und ihr eigenes Lied zu singen – allein unter der Glasglocke. Sonderbarerweise war sie wieder nur allein in der Lage, den Fluchtweg einzuschlagen, der ihr half, ihre Persönlichkeit auszudrücken und weltlichen Erfolg zu finden. Erst dann zeigte die Beschreibung anderer in ihrem Werk, was sie künstlerisch wirklich für sie bedeuteten: Übertragung und Spiegelung ihrer starken Subjektivität.

Aber ihre Kämpfe sollten belohnt werden. Ein Durchbruch in das schattenhafte Unbekannte, das die Quelle ihrer Qualen war, stand bevor. Nachdem Ted ihr einige Atem- und Konzentrationsübungen empfohlen hatte, schrieb sie am 19. Oktober zwei Gedichte, die ihr gefielen. Das eine richtete sich an das Kind, das sie im Leib trug; sie nannte es *The Manor Garden*. Das andere kreiste um »das alte Vater-Verehrungs-Thema. Aber anders. Merkwürdiger. Ich sehe ein Bild, einen Wandel in diesen Gedichten [...]«. Dieses zweite Gedicht lieferte ihr den Titel für ihre neue Gedichtsammlung: *The Colossus*.

In *The Manor Garden* wurde die »schwierige Geburt«, die Sylvia in ihrem Werk bevorstand, von dem Embryo in Sylvias Leib dargestellt; das alte Thema »Stirb, um geboren zu werden« deutet in seinem kunstvollen Aufbau das Ende einer Zeit an und birgt den Beginn einer anderen in sich. In *The Colossus* dagegen verwandelte sie kühn die Gestalt ihres Meergott-Vaters, eine »poetisierte«, sehr gotische Figur von *Full Fathom Five*, in einer riesige zerfallende Statue. Sylvias Schwung, ihre alte »Verwegenheit« und »Schamlosigkeit« kamen mit der trocken-komischen Ungeduld der ersten Strophe wieder zum Vorschein:

> Nie werd ich dich ganz zusammenfügen können,
> zerstückt, geflickt und anständig verfugt.
> Ein störrisch abgebrochner Schrei, Schweinegegrunz
> und ungezogenes Geschnatter
> bricht dir aus deinen großen Lippen.
> Gräßlicher noch als auf dem Hühnerhof.

Die Gedichte hatten ihr wieder Mut gemacht, und so konnte sie eine sechste Ablehnung der »alten« Gedichte durch Harcourt, Brace hinnehmen. Bei einem Spaziergang vor dem Frühstück am 22. Oktober auf dem Gelände von Yaddo verfliegt ihre gedrückte Stimmung weiter: »Die reinen Farben der Bäume; gelbe Höhlen, rote Federbüsche. Tiefe Atemzüge in der noch frostigen Luft. Eine Reinigung, eine Taufe. Ich glaube, manchmal ist es möglich, der Welt nahezukommen, sie zu lieben.« Nach dem Spaziergang, als das *Poem for a Birthday* in ihrem Kopf bereits Gestalt annimmt, notiert sie im Tagebuch: »Ehrgeizige Keime eines langen Gedichts mit einzelnen Abschnitten: Gedicht über einen Geburtstag. Soll eine Beschäftigung mit Irrenhaus, Natur sein; Bedeutung von Gartengeräten, Gewächshäusern, Blumenläden, Tunneln lebendig und unverbunden. Ein Abenteuer. Ohne Ende. Entwicklung. Wiedergeburt. Verzweiflung. Alte Frauen. Skizzieren.«

Sobald Sylvia diesen angespannten Zustand erreicht hatte, war alles Material für Gedichte. Am selben Morgen sieht sie auf der Straße zwei tote Maulwürfe; es ist der Anstoß zu *Blue Moles*, das ein paar Tage später entsteht. Plötzlich versank ihr ganzes Wesen im Schreiben, und sie wußte genau, was sie Schritt für Schritt tun mußte. Sie ging in das Gewächshaus und zeichnete »ein klinisch genaues Bild« des Ofens, der Blumentöpfe und der Gartengeräte. »Das Gewächshaus ist eine wahre Fundgrube«, schrieb sie und eiferte damit Theodore Roethke nach. »Muß mich vertrauter damit machen [...] Gießkannen, lange Kürbisse, rote und gelbe runde Kürbisse. Kohlköpfe hängen umgekehrt an den Sparren, angefressene dunkelrote äußere Blätter. Geräte: Rechen, Hacken, Besen, Schaufeln. Herrliche Identität, die Individualität der Dinge [...]«

Am nächsten Tag verwandelt sich eine Übung, die sie »mit Ingrimm begonnen« hatte, in etwas »schönes Neues; das erste einer Reihe von Irrenhaus-Gedichten. Oktober im Geräteschuppen. Roethkes Einfluß – und doch mein.«

III

Sylvia beendete zwischen dem 23. Oktober und Anfang November die sieben Teile des *Poem for a Birthday* – in diese Zeit fiel ihr siebenundzwanzigster Geburtstag am 27. Oktober. Sie freute sich über einen Brief von James Michie, dem Cheflektor von Heinemann in England, der seine Bewunderung für ihre Gedichte zum Ausdruck brachte, die in *The London Magazine* erschienen waren. Am 1. November träumte sie, »einen fünf Monate [...] alten kleinen blonden Jungen namens Dennis zu haben, er saß mir zugewandt auf meiner Hüfte und war ein schweres, süß riechendes Kind. Das große Staunen: Er war so schön, gesund und verursachte keine Schwierigkeiten.« Ted war der Ansicht, der Traum bedeute die Wiedergeburt ihrer inneren Seele. Der Traum zeigte ihr aber auch, daß die Gedichte Sylvia ebenfalls kaum Schwierigkeiten machten, wenn sie natürlich, aus ihrem instinktiven Gefühl heraus schrieb. Doch zunächst wußte sie kaum, was sie von diesen Gedichten halten sollte.

In *Poem for a Birthday* läßt sie noch einmal den versuchten Selbstmord und den Zusammenbruch aufleben. *Who*, der erste Teil, beginnt im Gewächshaus von Yaddo, bereits die Schwelle zu einer Unterwelt:

> Der Blütenmonat ist vorbei. Die Früchte eingeholt,
> gegessen oder auch verfault. Ich allesverschlingend.
> Oktober ist für Vorräte der Monat.

»Allesverschlingend«, ein Begriff, den sie von Jung übernahm, wird im zweiten Teil, *Dark House*, zu »Ganz-Mund«, der in *Mummy's stomach* sitzt und für den vorbewußten, unersättlichen Hunger steht. In *Who* führt die Unterwelt, die Sylvia erforschen will, zu den Gängen eines Irrenhauses: »Diese Gänge sind voller Frauen, die glauben, sie seien Vögel.« Dort ist sie zu »einer Wurzel, einem Stein, einem Häufchen Eulenkot« geworden und sehnt sich nur nach der Umarmung der Großen Mutter – der Mummy der verlorengegangenen Geschichte, der Dunklen Mutter, der Mutter der Schatten, der Lady Tod:

> Mutter, du bist genau der Mund
> dem ich die Zunge wäre. Mutter voll Fremdheit
> verschling mich. Mülleimer gähnen mich an,
> Schatten in Toreinfahrten.

Unvermeidlich wird sie einem Elektroschock unterzogen:

> Man hat mich schließlich angeknipst wie eine Lampe.
> Und wochenlang kann ich nichts mehr erinnern.

Die sieben Teile des *Poem for a Birthday* scheinen beim ersten Lesen zusammenhanglos zu sein, sind jedoch kunstvoll durch den Rahmen des ersten und des letzten Gedichts gefaßt. *Who* führt die Dichterin nach dem Zusammenbruch zum Keller ihrer »mummy«, dem Schauplatz von *Dark House*, *Maenad* und *The Beast.* Es sind Gedichte einer alptraumhaften Regression und mit Roethkes »mad sequences« vergleichbar. Sie versuchen, in infantilen Bildern und infantiler Sprache die stummen Begierden von Babys und Tieren zu reproduzieren. Sylvia schrieb aus eigener Erfahrung und erkannte in *Roethke* einen Gleichgesinnten, der wie sie in der Tiefe schürfte. Aber ihre Gedichte sind mehr als Nachahmung, sie schreibt eher aus einer gemeinsamen Wurzel heraus, einer parallellaufenden Suche. Roethke und Sylvia Plath waren beide auf der Suche nach verlorenen Eltern. Bei Roethke ist der Vater im Gewächshaus seines Mythos gewalttätig und angsteinflößend:

> Angst war mein Vater, Vater Angst
> Unter seinem Blick vertrockneten die Steine […]

In Sylvias Irrenhaus hat der Vater, die einstige Quelle aller Weisheit, sie verraten; er »schrumpfte zu einer Puppe«, während sie »zu groß wurde, um zurückzugehen« in die Kindheit, wo sie »unter dem Bohnenbaum meines Vaters saß und die Finger der Weisheit aß«. In *Maenad* durchlebt die Dichterin eine schamanistische oder tellurische Verwandlung, in deren Verlauf sie die Dunkle Mutter zurückweist:

Mutter, halte dich von meinem Hof fern
Ich werde eine andere.

Von diesem Moment an findet ein Prozeß der Selbst-»Geburt« statt, erst im »Bottich des Mondes« und später (in *The Beast*) in einem Sumpf, wo die inzwischen zerfallende Seele zwischen niedrigen, primitiven Seinsformen ihre Gestalt verändert: Mumblepaws, Fido Littlesoul, Mudsump, Hogwallow. Hier, in einer wimmelnden, an Hieronymus Bosch erinnernden Hölle, wirtschaftet die Dichterin mit [dem] blinden Ende Zeit / Zwischen Ausgestoßenem und Molluskeln / Fürstin des Nichts / Hairtushs Braut / bis sie in *Flute Notes from a Reedy Pond* auf dem Grund eines, wie es jetzt scheint, von Lebewesen wimmelnden Teichs das Gerücht von einer Wiederauferstehung erreicht. Dieser Teich ist ein immer wiederkehrendes Bild für den Tod ihres Vaters und ähnelt dem Tümpel, in dem der verrückte Vater in *All the Dead Dears* versinkt. Er steht für eine höhere Stufe der Evolution als der Sumpf der Würmer und Mollusken, aber er ist immer noch sicherer als die Luft. Unter Fischen und Fröschen verbirgt sich die Seele wie eine Puppe im Kokon.

Dies ist nicht Tod, ist etwas Heilsamres.
Mythen, hochfliegend, bedrängen uns nicht mehr.

Doch die Möglichkeit einer Wiedergeburt, die zungenlose, sich häutende Wesen im Gesang aus dem Schilf erörtern, bewirkt das Auftauchen der Seele in menschlicher Gestalt. Diese erleidet in *Witch Burning* sofort das Martyrium – ein Thema, über dem Sylvia Plath brütete, seit sie Anfang 1955 in New York den Film über Jeanne d'Arc gesehen hatte, zu dem sie aber zweifellos auch das brennendrote Herbstlaub in Yaddo inspirierte. »Im Monat der roten Blätter klettere ich in ein Feuerbett [...]« In diesem Abschnitt geht die Veränderung der Gestalt mit solcher Geschwindigkeit vor sich, daß das Gedicht kaum noch einen Sinn ergibt. Die neugeborene Seele ist gleichzeitig Hexen-Geist und das Wachsbild, das von Hexen verfolgt wird – eine Doppelfrau, von der eine getötet werden muß, damit die andere frei ist. Hier findet sich natürlich Sylvias immer wiederkehrendes Motiv des Doppels, das später in der *Glasglocke* eine zentrale Bedeutung erhalten sollte und das in *Witch Burning* zum Signal wird: »Krankheit beginnt hier.« Eine »schwarz-flügelige Frau« (die Mummy) hält das Kind-Wesen (als die »Vertraute« einer Hexe gesehen) in einem Papageienkäfig bei den Toten, wo sie »mit einem Haar-Geist auf vertrautem Fuß steht«, jedoch als klein und harmlos wie ein Reiskorn gilt. Erst als die Brenner aufgedreht werden – wieder ein Bild des Elektroschocks –, kann das Reiskorn-Mädchen durch Schmerzen zur »Wahrheit« gebracht werden; sehnsüchtig bittet es darum, in eigener Gestalt wiedergeboren zu werden, sogar dann noch, als es schon von den Flammen verzehrt wird: »Ich bin verloren, ich bin verloren, in den Gewändern dieses gleißenden Lichts.«

Witch Burning ist ein schwieriges Gedicht, es nimmt in diesem eigenartigen Opus jedoch eine zentrale Stelle ein. Es ist die Verkörperung ihrer seltsamen Mythen, die in ein Echo erlebter Bilder gepreßt wurden, wie es mehr oder weniger bei allen sieben Teilen des *Poem for a Birthday* der Fall ist. Künstlerisch ist allerdings das letzte Gedicht – *The Stones* – das befriedigendste; es faßt die ganze Folge zusammen und formuliert alle Motive neu.

Schauplatz von *The Stones* ist ein Krankenhaus, »die Stadt, in der Menschen repariert werden«. Dort liegt die Dichterin auf »einem großen Amboß« und läßt die Heilung über sich ergehen. Das Leben ist noch da:

> Nur aus der Mundhöhle zirpte es,
> lästige Grille
>
> In einem Steinbruch voll Stille.
> Die Stadtleute haben's gehört.
> Sie prüften die Steine, drehten und sortierten sie.
>
> Die Mundhöhle bezeichnete den Ort.

Es folgt die Prozedur, mit der sie ins Leben zurückgeholt wird. Zuerst nimmt der Mund-Fötus-Körper Nahrung zu sich:

> Benommen wie ein Fötus
> saugte ich an der Frucht der Dunkelheit.

Daran schließt sich das Auswischen der »steinernen Augen«, das gewaltsame Öffnen der Lippen und Ohren. Da es sich um eine Pseudogeburt handelt, nicht um die Geburt eines Kindes, wird die Welt wahrgenommen, und sie ist unliebsam: »Das Tageslicht wirft sein Bild auf die Wand«; die Folterknechte sind fröhlich bei den Ritualen des Elektroschocks:

> Die Zangen erhitzt, die feinen Hämmerchen erhoben.
> Strom jagt durch die Drähte
> Volt um Volt.

Aber allmählich und qualvoll übt die Krankenhauswelt ihre Macht aus, und das Leben in »der Stadt der Ersatzteile« wird annehmbar, schließlich sogar wünschenswert:

Hier können sie den Kopf behandeln oder
jedes andere Glied.
Freitags kommen dann die kleinen Kinder

und lassen sich die Hände fesseln.
Tote überlassen anderen ihre Augen.
Und meine Krankenschwester trägt als Uniform die Liebe.

Liebe ist für die Behandlung mein Skelett
und meine Nerven.
Die Vase wieder zusammengesetzt, die Häuser
Die trügerische Rose

Das ist die Aussage des Gedichts: Das Wesen der Liebe ist die Vergänglichkeit, so wie es das Wesen der Rose ist zu sterben.

Mich jucken meine Nähte. Es bleibt nichts mehr zu tun.
Ich werd so gut wie neu sein.

Diese letzten Zeilen des *Poem for a Birthday* lassen die traurige Ironie am Ende der *Glasglocke* ahnen: »Ich überlegte, es müßte eine Feier dafür geben, wenn man zweimal geboren wurde – geflickt, runderneuert und für straßentüchtig befunden.« *Poem for a Birthday* ist wie *Die Glasglocke* ein faszinierendes Werk – allerdings nicht ohne Sprünge – einer Schriftstellerin, die gerade anfängt, ihr Thema, das eigene Ich, in den Griff zu bekommen und ihre Stimme zu finden. Beide Werke ringen mit denselben zwanghaften, traumatischen Ereignissen, und beide enden mit einem ungewiß hoffnungsvollen Ton.

IV

Nachdem Sylvia *Poem for a Birthday* geschrieben hatte, empfand sie die abgeschlossene Welt in Yaddo als bedrückend. Anfang November setzte wieder die Lähmung ein, als sie »eine schreckliche Blockade und Kälte [spürte], die mich wie eine Narkose erfaßte«. Würde sie sich je von Johnny Panic befreien können? Zehn Jahre waren vergangen, seit ihr die Geschichten für *Seventeen* so leicht aus der Hand flossen, und was hatte sie erreicht? »Ein oder zwei unerfreuliche psychologische Geschichten« und ein paar Gedichte, die aufzuheben sich lohnte. Ihr »altes« Buch war inzwischen für sie tot; sie schickte das Manuskript am 4. November an den siebenten Verlag. Wenn Dudley Fitts doch nachgab und beschloß, ihr den Yale-Preis zu geben, würde sie versuchen, es in London zu veröffentlichen. Die ständige Nähe zu Ted bedrückte sie allmählich, als habe sie »neben ihm kein eigenes Leben«. Sylvia erwartete ein Kind, hatte ihren Ruf noch nicht gefestigt, und sie erkannte: »Ich werde ein Kind hassen, das an die Stelle meines Ziels tritt: Also muß ich mir ein eigenes Ziel setzen.« Ihre kreative Energie war erschöpft, der kleine Kreis von Leuten in Yaddo ermüdete sie, und sie begann, nach neuen Aufgaben zu suchen. Neidisch beobachtete sie May Swenson: »Meine alte Bewunderung für die starke, wenn auch lesbische Frau. Die Erleichterung der Begrenzung als Preis für Ausgeglichenheit und Sicherheit [...]« Aber auch May beobachtete Sylvia. Am Ende des zweimonatigen Aufenthalts in Yaddo besuchte sie das Ehepaar Hughes und gibt ein anschauliches Bild von Sylvia, die damals gerade wieder an einer ihrer Nebenhöhlenentzündungen litt:

»Sie konnte nicht in das Eßzimmer kommen, und Ted brachte ihr die Mahlzeiten auf einem Tablett. Sie saß zwischen vielen Kissen im Bett in dem dunklen Zimmer im gelben Lichtschein einer abgedunkelten Stehlampe. Die Kiefernzweige vor den Fenstern färbten das Helldunkel lebhaft regnerisch grün. Um sie herum auf den Decken Bücher, Notizblöcke, Blätter, Kugelschreiber, Zeitschriften, eine Schachtel Papiertaschentücher, eine Schale mit Äpfeln und Trauben. Sylvia trug eine Flanellbettjacke [...] Ein Händedruck, ein kurzes Lächeln, dann senkte Sylvia den Kopf, die Lider fielen über die dunklen Augen, und sie blickte in den Schoß.«

Sylvia hatte in Yaddo viel erreicht – die meisten Dichter hätten für einen solchen Zeitraum weniger erwartet. Für ihr neues Buch hatte sie *The Manor Garden*, *The Colossus*, *Blue Moles*, *Medallion* und die sieben Geburtstagsgedichte geschrieben. In der zweiten Novemberwoche schrieb sie *The Burnt-out Spa* und am 13. November als Übung das ausgezeichnete *Mushrooms*. Mit den drei Geschichten war sie zwar unzufrieden und hatte das »schlechte, unmögliche Kinderbuch«, wie sie es nannte, beiseite gelegt, aber sie fühlte sich bereit, einen Roman zu schreiben, wenn sie erst in England wären. Darauf freuten sie sich jetzt beide. Am 11. November schrieb sie: »Wenn ich daran denke, in Amerika zu leben, kann ich mir einfach nicht vorstellen, wo: Vororte hasse ich, das Land ist zu einsam, die Stadt zu teuer und voller Hundehaufen.« In London sah sie sich an einem ruhigen Platz wohnen (ohne Hundehaufen?), wo sie mit den Kindern in den Parks spazierengehen und aufs Land fahren könnte, wann immer sie Lust dazu hätte.

Als Sylvia und Ted Yaddo verließen, sah man ihr die Schwangerschaft deutlich an. Das Erntedankfest verbrachten sie in Wellesley, wo sie zwei Wochen blieben. Ted arbeitete an dem Theaterstück, das er in Yaddo begonnen hatte. Sylvia war erleichtert, von ihren Schreibdämonen befreit zu sein; sie sortierte ihre Kleider und packte. In *Briefe nach Hause* erklärt Mrs. Plath wehmütig: »Jetzt hieß es wirklich Abschiednehmen von zu Hause – Wohnungsuchen in London stand bevor, und für das Baby, das Ende März erwartet wurde, mußten Vorbereitungen getroffen werden.« Sie trug das Haar zu einem Zopf geflochten, der ihr auf den Rücken fiel, und sah sehr jung aus – »wie eine Gymnasiastin«. Am letzten Tag fuhr Mrs. Plath sie zum Bahnhof. Als der Zug abfuhr, rief Ted: »In zwei Jahren sind wir wieder da.«

[illegible]

[illegible]

[illegible]

Ariel im Baum
1959-1960

Eine Frau schleppt ihren Schatten mit im Kreis
wie eine glatte saubere Untertasse
die einem Mond gleicht oder einem blanken Blatt Papier
sieht aus, als führe sie gewissermaßen
einen Blitzkrieg, privat.

A Life
18. November 1960

Wie soll ich irgend etwas sagen
zu diesem Kind, noch im Geburtenschlaf
Heut abend legt sich wie ein Schal
das milde Licht um sie
und Schatten
beugen wie Taufgäste sich nieder.

Candles
17. November 1960

I

Bis zu dem Zeitpunkt, an dem Sylvia Ende November 1959 Yaddo verließ, bietet ihr *Tagebuch* – diese »Litanei der Träume, Anweisungen und Imperative«, wie sie es nannte – der Biographin das umfassende, bewegte Bild vom Innenleben der Dichterin; es ist ein »Sargassomeer« des Inneren, beinahe so verzweifelt, zornig und entschlossen wie die Gedichte* ihrer letzten Jahre. Kaum eine Dichterin von vergleichbarem Format hat eine so detaillierte Dokumentation ihres kreativen Nährbodens hinterlassen. Für die Zeit nach 1959 liegen die Tagebücher jedoch leider nicht mehr vor, obwohl Sylvia ihr »Buch« ständig weitergeführt hat.**

Durch den Verlust der letzten Tagebücher versiegt für die Biographin eine wichtige Quelle. Bis November 1959 konnten wir Sylvias innere Kämpfe verfolgen und bei jedem Eintrag nachvollziehen, wie schwierig es mitunter für sie war, auch nur einen Tag lang ein normales Dasein zu führen. Mit der Rückkehr nach England im Dezember ist das einzige schriftliche Zeugnis ihres Leidens die sich vertiefende und

* Von Olwyn Hughes stammen die Beiträge zu den folgenden Gedichten: *Disquieting Muses, Blackberrying, Kleine Fuge,* Berck-Plage, *Rabbit Catcher.* Einleitendes Material stellte sie für die im 7. Kapitel (Elektra auf dem Azaleenpfad) aufgeführten Gedichte zur Verfügung: *Stiche, Der Bewerber, Papi, 39,5° Fieber, Madame Lazarus, Purdah*; das gesamte Umfeld der letzten Gedichte *Gigolo, Die Münchner Mannequins* und *Milde* ist ihr ebenfalls zu verdanken. [Anm. der Autorin.]

** Ted Hughes erklärt in seinem Vorwort der amerikanischen Auswahl, die 1982 erschien, daß die Notizbücher, die sie bis zum Jahr 1959 führte, in der Neilson Library des Smith College liegen. Er fährt fort: »Zwei weitere Notizbücher überlebten noch einige Zeit; sie waren wie der Band 1957-1959 dunkelbraun gebunden und enthielten die Aufzeichnungen von 1959 bis drei Tage vor ihrem Tod. Der letzte Band umfaßte die Eintragungen mehrerer Monate, und ich habe ihn vernichtet, denn ich wollte nicht, daß ihre Kinder sie lesen müssen (damals hielt ich Vergessen für einen wesentlichen Bestandteil des Überlebens). Der andere Band ist verschwunden.« Tagebuchnotizen, die sie neben dem Hauptbuch schrieb, sind ebenso wie ihre Notizen über die Nachbarn in Devon und ihren Krankenhausaufenthalt 1961 vorhanden; auch sie liegen in der Neilson Library.

beunruhigende Qualität ihrer Gedichte. Die Briefe nach Hause zeichnen auch weiterhin ein äußerlich fröhliches Bild erfüllter Träume und erwarteter Erfolge. Sie können nicht nur vorgetäuscht sein. 1960 wurde Sylvias Tochter Frieda geboren, ihre erste Gedichtsammlung *The Colossus* erschien, und die wachsende Anerkennung von Teds Werk bestätigte das Vertrauen, das sie in ihn setzte. Dies alles trug zu Sylvias Freude und Zufriedenheit bei.

Aber zur gleichen Zeit fanden Außenstehende es offenbar schwer, mit Sylvia zurechtzukommen. Ihre unnatürliche Art, Ted allein für sich zu beanspruchen, artete manchmal in direkte Unverschämtheit aus, die Freunde und Familie empörte. Aus den Briefen an die Mutter spricht andauernde Munterkeit und Lebensfreude, aber man muß wohl annehmen, daß sie sich zunehmend auf sich selbst konzentrierte und daß die Spannung zwischen der Sylvia, die sie nach außen zu sein vorgab, und der Person, die von Ängsten und Aggressionen bedroht war, immer größer wurde und ihre Persönlichkeit in gewisser Weise spaltete.

Einen ersten Blick auf Sylvia in England bekommen wir von Olwyn Hughes, die sich noch lebhaft daran erinnert, wie sie an Weihnachten 1959 nach Heptonstall kam.

»Ted und Sylvia standen in der Wohnzimmertür, um mich zu begrüßen.

Sylvia hatte die Haare nicht mehr blondiert; sie waren mausbraun und ohne die Fülle, die ihnen die Tönung verliehen hatte. Sie war blaß, nicht rosig gebräunt wie beim letzten Mal, als ich sie gesehen hatte. Ich war verblüfft, weil ich gedacht hatte, sie sei von Natur aus blond, und rief taktlos: ›Deine Haare! Du siehst anders aus!‹ Auch Sylvia reagierte unkontrolliert. Sie trat einen Schritt zurück; ihre Augen funkelten erschrocken wie bei einem Tier, dem sich vor Zorn oder Furcht das Fell sträubt. ›Aber es steht dir!‹ fügte ich rasch hinzu, und zu meiner großen Erleichterung beruhigte sie sich. Damals war ich mir nicht sicher, ob es ihr wirklich stand, aber ich gewöhnte mich daran. Es schien ein äußeres Zeichen zunehmender Reife zu sein. Sie war jetzt weniger das gutaussehende Mädchen und mehr eine beherrschte Frau.«

Während Sylvia und Ted von ihren Abenteuern in den USA erzählten, verbrachte die Familie einen schönen Abend am Kamin. Aber einen oder zwei Tage später kam es, Olwyns Bericht zufolge, zu einer grotesken Konfrontation mit Sylvia:

»Ich hatte meine Mutter nach einem Morgenmantel für mich gefragt. Sie lieh mir einen neuen, den sie für sich nach dem Schnitt eines alten abgetragenen blauen Morgenmantels genäht hatte (meine Mutter war eine ausgezeichnete Schneiderin), den Sylvia zwei Jahre vor ihrer Abreise in die Vereinigten Staaten abgelegt hatte. Der Morgenmantel war aus weichem lila Wollstoff und sehr hübsch. Ich trug ihn beim Frühstück. Aber als ich ihn das nächste Mal am Haken meiner Zimmertür suchte, fand ich ihn nicht. Ich suchte ihn überall und entdeckte ihn schließlich zwischen den Kleidern an Sylvias und Teds Zimmertür.

Ich nahm an, ich hätte ihn irgendwo liegengelassen und jemand habe ihn, ohne sich etwas dabei zu denken, dorthin gehängt. Am nächsten Tag wiederholte sich das Spiel. Die Sache wurde allmählich mysteriös. Ich sprach beim morgendlichen Kaffee darüber. Sylvia und Ted hatten bereits gefrühstückt und lasen Zeitung. Meine Mutter befand sich ebenfalls im Zimmer. Zu meiner Verblüffung stand Sylvia unvermittelt auf, richtete sich auf, blickte geradeaus, stürmte aus dem Zimmer und trällerte dabei spöttisch: ›Mein blauer Morgenmantel hat sich in einen lila Morgenmantel verwandelt.‹

Mutter und ich sahen uns bestürzt an. Versuchte Sylvia, sich den neuen Morgenmantel ihrer Gastgeberin anzueignen? Hatte sie die letzten zwei oder drei Tage geschäumt, weil ich ihn trug, und beschlossen, ihn selbst zu benutzen? Es war ungeheuerlich. Meine Mutter nahm sich der Sache ganz ruhig an. Sie erklärte, sie habe immer noch den Schnitt, und wenn Sylvia einen neuen Morgenmantel haben wolle, würde sie ihr einen nähen. Am nächsten Tag kaufte sie Stoff, und als ich nach Paris zurückkehrte, erklärte Sylvia, sie sei nach der ersten Anprobe sehr zufrieden. In einem Brief vom 16. Januar an ihre Mutter spielt sie darauf an: ›Ich sitze in dem großen warmen Morgenmantel, den Mrs. Hughes mir genäht hat.‹ Sie hat sich nie wegen ihres seltsamen Verhaltens entschuldigt oder eine Erklärung dazu abgegeben, und über den Vorfall wurde auch nie mehr gesprochen.«

Wie unbedeutend und sogar komisch diese Episode ist, sie beleuchtet Sylvias merkwürdige Aggressivität, die nicht nur ihre englischen, sondern auch ihre amerikanischen Freunde immer wieder beobachteten. Eddie Cohen, Nancy Steiner, Jane Baltzell Kopp und Gordon Lameyer erwähnen auf ihre unterschiedliche Art ähnliche Vorfälle. Vielleicht waren die Episode mit dem Morgenmantel und einige andere Vorfälle dieser Art ein Rückfall in die Geschwisterrivalität – Sylvia machte sich das im Tagebuch vom Januar 1959 selbst bewußt, als sie notierte: »Muß Dr. B.[euscher] fragen, was ich tun kann, um das erwachsene Ich von geballten Babygefühlen, der heftigen Eifersucht zu trennen.«

Insgesamt war dieses erste Weihnachten in Yorkshire eine glückliche Zeit. Sylvia hatte aus Amerika Tarock-Karten mitgebracht, und abends brachte sie Ted und Olwyn das Spiel, das sie von ihrer Großmutter gelernt hatte, bei. Olwyn erinnert sich, daß ihre Cousine Vicky (damals einundzwanzig), eine Kunstlehrerin, sich an den Spielen beteiligte, »bei denen es viel Aufregungen und Fröhlichkeit gab«. Zunächst fand Sylvia Gefallen am Spiel und gab die übliche Distanziertheit auf. Olwyn erlebte Sylvia zum ersten Mal derart gelöst und mochte sie ohne Vorbehalte. Olwyn berichtet weiter:

»Aber das dauerte nicht sehr lange. Eines Abends wollten Vicky und ich wieder spielen. Sylvia verkündete mit Teds Unterstützung heftig, sie könne nicht mehr um Geld spielen (unsere Einsätze waren Sixpences), da sie das zu sehr aufrege und sie hinterher nicht schlafen könne. Ich fand das ziemlich übertrieben, aber sie war manchmal eben außerordentlich schwierig!

Ich hatte damals keine Ahnung von den schrecklichen Depressionen und den überreizten Zuständen, zu denen sie neigte und über die sie mich nie ins Vertrauen zog. Und da wir nicht mehr spielten, endete auch die neue Vertrautheit [...] In all den Jahren, in denen ich sie kannte und trotz ihrer herzlichen Briefe hatte ich bei unseren Begegnungen immer das Gefühl, als ob die wachsende Freundschaft zwischen uns wie weggewischt sei, als hätte sie nie existiert.«

Als die *Briefe nach Hause* 1975 veröffentlicht wurden, verblüffte Olwyn ein Satz, den Sylvia in einem Brief vom 26. Dezember 1959 über sie geschrieben hatte: »Ich verstehe mich viel besser mit ihr, seit sie mich wirklich als Teds Frau akzeptiert hat, und habe sie ungeheuer gern.«

Für Olwyn traf die Formulierung »als Teds Frau akzeptiert hat« nicht zu.

»Ich wollte *sie* als Person, als Freundin kennenlernen und dachte nie daran, sie als Ehefrau zu billigen oder nicht zu billigen. Ich hatte keine Ahnung, was eine Ehefrau im Idealfall sein sollte – außer vielleicht glücklich. Vielleicht betrachtete sie es in Yorkshire als ihre Rolle, uns allen zu beweisen, was für eine tüchtige Ehefrau sie war, um dadurch unsere Zustimmung und Loyalität zu gewinnen. Vielleicht war das auch Teil des unverständlichen Unbehagens – sie spielte die absurde Rolle einer ›Ehefrau‹ aus, anstatt sich uns gegenüber natürlich zu verhalten.«

Sylvia berichtete ihrer Mutter, daß sie in den zwei Wochen in Yorkshire ohne die Sorgen der Wohnungssuche Zeit fand, das Manuskript der neuen Gedichtsammlung *The Colossus and Other Poems* zu tippen, und James Michie, dem Lektor bei Heinemann, zu schicken, der im Herbst ihre Gedichte im *London Magazine* bewundert hatte. Sie ergänzte die neuen Yaddo-Gedichte durch die besten der alten Sammlung (die bald von Farrar, Straus in New York abgelehnt werden sollte) und gab die Idee auf, die Gedichte in eine chronologische Folge zu stellen. Statt dessen verteilte sie die neuen Arbeiten zwischen den alten und wählte als Rahmen die beiden Yaddo-Gedichte, die sich mit der Geburt beschäftigen. Die Sammlung begann mit *The Manor Garden* und endete mit dem siebenteiligen *Poem for a Birthday*.

II

Anfang Januar kehrten Ted und Sylvia nach London zurück, um eine Wohnung zu suchen. Nach ein paar Tagen in »einem kalten trostlosen Zimmer mit Frühstück für zwei Pfund pro Tag« nahm sie dankbar die Einladung von Daniel und Helga Huws an, ein freies Zimmer in der Rugby Street Nr. 18 zu benutzen – dort hatte Ted gewohnt, als er Sylvia kennenlernte. Der Zustand der Wohnung hatte sich inzwischen gebessert. Daniel Huws berichtet: »Der Vermieter hatte in den winzigen Küchen (die gezwungenermaßen auch als Bad dienten) jeder Wohnung fließendes Wasser und ein Becken installieren lassen. Davor hatten die Mieter Wasser am gemeinsamen Wasserhahn im Treppenhaus holen und das Abwaschwasser in einem Eimer nach unten tragen und ausgießen müssen. Die einzige Toilette im Haus befand sich nach wie vor im Souterrain.« Trotz aller sanitären Mängel hatte die Rugby Street auch Vorteile. Huws schrieb:

»Das Haus Nr. 18 steht noch; die Wohnungen sind in den siebziger Jahren erheblich saniert worden [...] es ist ein kleines frühgeorgianisches Haus, die Ausnahme am Ende einer Zeile größerer Häuser. Auf jedem Stockwerk befand sich ein Wohnzimmer mit zwei Südfenstern, die auf eine belebte Straße hinausgingen, daneben eine winzige Küche und nach hinten ein kleines Schlafzimmer. Die Zimmer hatten unter vielen Farbschichten noch die ursprüngliche Holzvertäfelung. Als Sylvia und Ted dort wohnten, konnten Helga und ich das Schlafzimmer der Wohnung über uns benutzen. Sylvia und Ted schliefen im Schlafzimmer im zweiten Stock in einem durchgelegenen Bett, das jede Beziehung auf die Probe gestellt hätte.«

Daniel Huws erinnert sich deutlich an Sylvias »unermüdliche Wohnungssuche. Nachdem sie einen langen Tag durch die Straßen gelaufen war, kam sie sichtlich erschöpft, aber gut gelaunt zurück.« Helga Huws hat andere Erinnerungen. Schwanger, eifrig und entschlossen, freundete sich Sylvia mit dem Ehepaar Huws an, besonders deshalb, weil Helga bereits eine kleine Tochter hatte und die primitiven Zustände gelassen hinnahm. »Aber im Laufe der Zeit«, schreibt Helga, »wurde sie unübersehbar niedergeschlagen und müde. Sie wirkte oft [so] traurig, daß man sie einfach gern haben mußte. Die Schilderungen ihrer täglichen Wohnungsbesichtigungen klangen sehr nach Dickens.«

Sylvia hatte natürlich amerikanische Vorstellungen, während Helga den Krieg und die Nachkriegszeit in Deutschland erlebt hatte und »die etwas heruntergekommen, jedoch funktionalen Londoner Mietshäuser himmlisch fand«; sie hatte sich inzwischen an die Gleichgültigkeit der Briten »besonders in Hinblick auf die Ästhetik des Wohnens« gewöhnt. Helga fügt hinzu:

»Aber nicht alles war damals für Sylvia düster. Manchmal erzählte sie angeregt von ihren Reisen in Amerika und von ihrer Familie. Die ähnliche Abstammung [Helga war preußisch-polnischer Herkunft] wurde zum unerschöpflichen Thema. [Sylvias] Kochkünste waren erstaunlich, und ich benutze immer noch einige Rezepte von Großmutter Schober. Ich sehe sie noch in meiner großen grauen Küchenschürze vor mir, während sie mir die Geheimnisse der deutschen Fischsuppe erklärt.«

Helga Huws erinnert sich auch daran, daß Sylvia viel schrieb – Briefe und Notizen – und »das schreckliche Bedürfnis« gestand, Kontakt zu ihrer Mutter zu halten, obwohl beide das Zusammensein als unausstehlich und bedrückend empfanden. »Ich hielt das für ganz natürlich zwischen Müttern und Töchtern.« Da die Wohnung in der Rugby Street am Rand von Bloomsbury und daher recht zentral lag, kamen häufig alte Freunde vorbei, von denen Sylvia einige nicht mochte. Gelegentlich gingen die Männer in den Pub, während die Frauen gemeinsam kochten. Nur einmal wiesen sie jemandem die Tür, wie Helga berichtet. Es handelte sich um Joe Lyde, »ein witziger, aber manchmal ungeschliffener Freund von Ted«, mit dem Sylvia sich (wie mit Michael Boddy) nicht anfreunden konnte.

Sylvia konnte es natürlich kaum erwarten, Rugby Street zu verlassen; sie wollte so schnell wie möglich eine Wohnung finden, da es bis zur Geburt des Kindes nur noch drei Monate waren und sie panische Angst davor hatte, bis dahin könne nicht alles perfekt vorbereitet sein.

Zu ihrem großen Glück waren W. S. Merwin und seine Frau Dido aus Boston zurückgekehrt. Sie hatten in St. George's Terrace eine komfortable Wohnung, mit Blick auf Primrose Hill, in der Nähe von Regents Park. Damals war die Regents Park Road eine bevorzugte Adresse, aber das kleine Viertel dahinter, östlich von Primrose Hill, blieb unbeachtet. Die Merwins taten alles, um den Hughes' tatkräftig zu helfen. Nachdem Sylvia und Ted sich eine große unmöblierte Wohnung angesehen hatten (sie lag im Erdgeschoß und war »unglaublich groß und schön«, aber der Vermieter wollte keine Kinder), machte Dido Merwin sie auf eine andere in der Gegend aufmerksam. Sie lag im dritten Stock eines fünfstöckigen Hauses am Chalcot Square, das gerade renoviert wurde.

Die Wohnung war zu klein – es gab nur ein Schlafzimmer und kein Arbeitszimmer –, aber mit einer Miete von sechs Guinees in der Woche relativ billig. Geschäfte lagen in bequemer Nähe, und, was wichtig war, Didos Freund Dr. Horder wohnte in der Gegend. Sylvia und Ted beschlossen, die kleinere Wohnung mit einem Dreijahres-Vertrag zu mieten. Dido machte die inzwischen beinahe im sechsten Monat schwangere Sylvia sofort mit Dr. Horder bekannt, und der Geburtshelfer seiner Gemeinschaftspraxis nahm Sylvia als Patientin an. Erleichtert kehrten die Hughes' am 15. Januar nach Yorkshire zurück, um im *The Beacon* ihre Bücher und Sachen zu holen.

Helga Huws erinnert sich, daß Ted während der »anstrengenden [Wohnungs]suche« Sylvia gegenüber liebevoll und fürsorglich war. »Nachdem sie die Wohnung am Chalcot Square gefunden hatten, war ihre Freude unbeschreiblich«, berichtet Helga, »und in den folgenden Wochen lernte ich, sie zu bewundern (wie übertrieben ich ihren Perfektionismus in allen Dingen insgeheim auch fand), da sie unglaublich schwer arbeitete.« Als sie aus Yorkshire zurückkamen, waren die Handwerker noch in der Wohnung, die Holzböden mußten abgeschliffen und die Wände gestrichen werden, ehe sie am 1. Februar ihre Bücher in die Wohnung bringen konnten. Sie leisteten sich zu Dido Merwins Überraschung ein riesiges neues Doppelbett, einen Kühlschrank und einen Küchenherd; Dido und ihr Mann liehen ihnen vorübergehend Tische und Stühle aus ihrer Dachkammer in St. George's Terrace und empfahlen ihnen Gebrauchtwarenläden, in denen Bettrahmen und Küchenmöbel sehr billig zu kaufen waren. (Dido hatte ihre Bleibe in Boston beinahe ausschließlich mit

Möbeln von der Heilsarmee eingerichtet und war eine Art Expertin in »Trouvailles«.) Aber Sylvia hatte genug von der »durchgelegenen Matratze« in der Rugby Street Nr. 18 und wollte, daß zumindest Bett und Küche den amerikanischen Maßstäben von Bequemlichkeit und Funktionalität entsprachen.

Sylvia war hochschwanger, aber erfüllt von fröhlicher Energie, als sie Anfang Februar 1960 die neu gemachte Wohnung am Chalcot Square Nr. 3 bezogen. Ihrer Mutter berichtete sie, kurz bevor sie Yorkshire verließen, daß sie ausgeruht alles meistern könne, bei Müdigkeit aber »Heimweh hatte und traurig« war. Unabhängig von ihrer Verfassung und ihrem Gemütszustand mußte jedoch »alles, was für den Tag geplant war, durchgeführt werden«, wie Helga Huws sagt.

Drei Monate hatte Sylvia keine Gedichte mehr geschrieben. Abgesehen von dem unbeschwerten kleinen Schwangerschaftsgedicht *You're*, das sie zwischen *Mushrooms* am 13. November 1959 und *Der Erhängte* am 27. Juni 1960 verfaßte, schrieb sie nur Briefe an Aurelia und ihr Tagebuch. Ihre ganze Kreativität richtete sich statt dessen auf das Nest, das sie baute. Die Übergangszeit hatte sie doch sehr belastet: der Abschied von Wellesley; die Schiffsreise über den Atlantik; Fahrten nach Heptonstall und zurück; die Wohnungssuche von der Huws-Bleibe aus und schließlich die Vorbereitungen für den Umzug mit allen notwendigen Vorkehrungen, die noch für die Geburt des Kindes zu treffen waren. Ted half zwar viel, indem er die schweren Arbeiten, das Heben und Schleppen der Möbel übernahm – was zu Lasten seines Schreibens ging –, aber im Februar sehnte sich Sylvia verzweifelt danach, Zeit und Ruhe zu haben. Als Ted das Guggenheim-Stipendium bekommen hatte, hatten sie unbeschwert geplant, durch Italien zu reisen. Jetzt blieben sie erleichtert in London und wollten nur ihre Familie gründen. Sylvia schrieb bald nach dem Umzug an den Chalcot Square an Lynne Lawner in Rom:

»Ich hatte nicht einmal Zeit, mir völlig bewußt zu werden, daß ich schwanger bin, und ich kann nur darüber staunen, daß ich in fünf Wochen ein Kind zur Welt bringen soll. Nachdem ich durch das riesige London getrabt bin und mir schmutzige, trostlose, dunkle, badlose Wohnungen für fünfundzwanzig Dollar die Woche und mehr angesehen habe, fanden der Dichter W.S. Merwin und seine ältere, sehr vitale, sehr britische, sehr glücklich verheiratete Frau eine unmöblierte Wohnung für uns [...] Wir haben ein wunderbares Bett, einen Herd und einen Kühlschrank gekauft, und die Merwins haben uns aus ihrer viktorianischen Dachkammer Tische und Stühle geliehen.«

Wie »bürgerlich und den von ihr selbst gesetzten Prioritäten widersprechend« Dido Merwin Sylvias pragmatische, amerikanisch-hausfraulichen Ziele auch erschienen sein mögen, für Lynne Lawner und natürlich für Mrs. Plath, der sie wöchentlich schrieb, standen sie völlig in Einklang mit Sylvias Ehrgeiz als Autorin. Die Gründung einer Familie in einer kleinen Londoner Wohnung in der Nähe des Zoos war der erste Schritt, um ein Haus in dieser Gegend zu kaufen. Mit diesem Plan im Kopf begann Sylvia, die noch vor ein paar Wochen »alles in London als traurig und düster« verflucht hatte, die Vorzüge zu erkennen, die es mit sich brachte, ein Baby in ihrem neuen Zuhause zu bekommen (sie fürchtete sich immer noch vor Krankenhäusern). Dort würde sie mit etwas Glück in ihrer neuen Rolle als Mutter bald Geschichten und Gedichte schreiben.

London war damals ein guter Ort für Schriftsteller. Für Merwin war die BBC bereits eine zuverlässige Einnahmequelle; und er machte Ted mit Douglas Cleverdon bekannt, dem Produzenten von Dylan Thomas' *Unter dem Milchwald*. Cleverdon sollte für Ted und Sylvia bald von unschätzbarem Wert sein. Dido Merwin spricht in ihren Erinnerungen an Sylvia von »eine[r] Galaxis der Talente«, die die liberale Politik des Dritten Programms in den sechziger Jahren an sich zog. »Die vielfältige exzentrische Mischung aus Dichtern [...] Romanautoren [...] Journalisten, Historikern, Kommunisten, avantgardistischen Einzelgängern und Hörspielproduzenten vom Format eines McWinney und vor allem der unvergleichliche Douglas Cleverdon erzielten ein Sendevolumen, das in der Geschichte des Rundfunks unerreicht geblieben ist.«

Ted stand inzwischen dicht davor, den Ruf, den er sich mit *The Hawk in the Rain* erworben hatte, mit der Veröffentlichung seines zweiten Buches *Lupercal* zu vergrößern. Es sollte »zusammen mit dem Baby« Ende März 1960 erscheinen. Sein Kinderbuch, *Meet My Folks*, das Sylvia sehr liebte, sollte im folgenden Winter veröffentlicht werden, und drei seiner Kurzgeschichten würden bald in einer Anthologie bei Faber erscheinen, nachdem *The Rain Horse* bereits im Januar in *Harper's* abgedruckt worden war. Sylvia war keineswegs eifersüchtig auf den Erfolg ihres Mannes, sondern freute sich sehr darüber, im Vertrauen darauf, daß auch ihre Stunde nahte.

Wesentlicher und bedeutsamer als solche »Erfolge« war für Sylvias Kunst die reiche Quelle fremder Einflüsse, die sich ihr in den späten fünfziger Jahren durch Dichter wie Robert Bly und Merwin in den Vereinigten Staaten und Michael Hamburger in England erschloß. Robert Lowell beschäftigte sich mit Übersetzungen, und die Einflüsse sind in dem 1961 veröffentlichten Band *Imitations* zu sehen. Dieses breite Interesse an der Dichtung anderer Sprachen führte schließlich Ende der sechziger Jahre zu den internationalen Festivals in London und an anderen Plätzen und ermöglichte das Erscheinen von Zeitschriften wie *Modern Poetry in Translation*, herausgegeben von Daniel Weissbort, die er 1965 mit Ted Hughes als Mitherausgeber gründete.* Ted und Sylvia sammelten soviel Material dieser Art, wie sie finden konnten, darunter Bündel

* Inzwischen liegt die Nummer 50 vor. Der Titel der Zeitschrift wurde in *Poetry World* geändert.

von Merwins Übersetzungen; und gelegentlich übersetzten sie selbst aus dem Französischen und Spanischen. A. Alvarez brachte 1962 die ersten Übersetzungen mehrerer osteuropäischer Dichter mit, darunter auch Zbigniew Herbert. Ted Hughes behauptet, daß Sylvia 1962 Rilke und Herbert sehr viel eher als ihre »Landsleute« betrachtete als englischsprachige Dichter. In Rilkes Lyrik war sie geradezu vernarrt und bediente sich seiner Gedichte, um Deutsch zu lernen.

Die Anwesenheit von W.S. Merwin und seiner großen Bibliothek in St. George's Terrace, nur drei Gehminuten vom Chalcot Square entfernt, und ihr Eindruck, daß das literarische Leben Londons nicht nur Ted, sondern auch sie mit offenen Armen aufnahm, nahmen ihr vor der Geburt einige ihrer Ängste. Die Briefe nach Hause zeigen, daß Sylvia sich über das neue Heim freute, mit Vergnügen in ihrer blitzenden Küche Apfelkuchen backte, Hühnerfrikassee kochte und das Wohnzimmer mit dem plakatgroßen Druck einer alten Isisstatue schmückte* (die Muttergottheit der Fruchtbarkeit und der Unterwelt, eine Verbindung von Ceres und Persephone). Dieses Bild, Teds Druck von »Pike« und die Zeichnungen von Leonard Baskin machten es zu ihrer Wohnung.

Am 10. Februar machte sich die hochschwangere Sylvia »todschick in schwarzem Wollkostüm, schwarzem Kaschmirmantel, rehbraunen Ziegenlederhandschuhen aus Paris (Olwyns Weihnachtsgeschenk) und dazu passender Kalbsfellhandtasche (aus Italien)« triumphierend auf den Weg zum York Minster Pub in der Dean Street in Soho. Dort traf sie sich mit James Michie von Heinemann und unterschrieb den Vertrag über *The Colossus*. Ted wartete unterdessen in einem Pub in der Nähe, um zur Feier des Tages mit ihr bei Bianchi's zu

* Der Isis-Druck stammte aus einem kleinen französischen Astrologiebuch über das Sternzeichen Krebs, erschienen bei Le Seuil. Das Original befindet sich in der Bibliotheque Nationale in Paris und trägt die Überschrift »Oedipus Aegyptiacus, Isis« – vermutlich war der Künstler ein gewisser »Oedipus, der Ägypter«.

Mittag zu essen. James Michie erinnert sich an die erste Begegnung:

»Sie wirkte betont freundlich, zurückhaltend, eher schweigsam und war schnell bereit, zuzustimmen – heute erkenne ich darin ein Zeichen der später folgenden Gefährdung. Sie kleidete sich nicht, um aufzufallen, sie wollte nicht ›sexy‹ aussehen und tat es auch nicht. Sie war eine gut erzogene, apfelwangige junge Frau aus New England. Ich glaubte, in einigen ihrer Gedichte fand sie eine neue Form, indem sie jede Form sprengte. Es war kein Erguß wie die meiste neue Dichtung, ihre Arbeiten standen außerhalb des literarischen Augenblicks. Ich konnte sie davon überzeugen, daß ich sie verstand. Möglicherweise habe ich sie überredet, einige schwächere Gedichte wegzulassen. Ich wußte nie genau, ob sie dankbar war, daß ich diese Entscheidungen traf.«

Sylvia schrieb ihrer Familie, mit etwas Glück könne der Band an ihrem Geburtstag, also am 27. Oktober, erschienen sein. »Heinemann bringt nur sehr wenig Lyrik heraus«, fuhr sie fort, »und wird den Band schön machen [...] Ich widme ihn jenem Mann, der mein Vorbild ist und mich gestärkt hat, wann immer ich daran verzweifeln wollte – Ted.« Noch im selben Monat begleitete sie ihren Mann nach Oxford, wo er vor der Oxford Poetry Society las – zum ersten Mal befand sie sich in der »anderen« Universität. Michael Horovitz erinnert sich, daß er und Ian Hamilton – der damalige Leiter der Gesellschaft – und drei oder vier andere hinterher mit dem Ehepaar Hughes zusammensaßen. »[Sylvia] war gelöst und witzig, eine mädchenhafte Gutmütigkeit ging von ihr aus – vielleicht teilten sie und Ted eine gewisse Schlichtheit, er mit seiner leicht brummigen Direktheit und ihre offensichtlich spröde Sensibilität. Sie schienen sich sehr zu lieben.«

Mit der eingerichteten Wohnung und W. S. Merwin im Hintergrund, der sie mit Büchern versorgte, sah Sylvia der Geburt ruhig entgegen, um danach ein »zurückgezogenes Dasein« zu führen, »wo wir in Ruhe schreiben und dann und wann den Londoner Rahm abschöpfen können. [...] Nun sind wir endlich ›daheim‹, London ist eine Lust.«

Sylvia beteuert ihrer Mutter gegenüber zwar, daß alles zum besten stand, aber es gibt Hinweise darauf, daß die Atmosphäre am Chalcot Square etwas gespannt war. Lucas Myers hielt sich auf der Rückreise von Korsika in die USA kurz in London auf und erinnert sich an einen unerfreulichen Besuch bei den Hughes', ehe die St. Botolph-Gruppe am 29. Februar (es war ein Schaltjahr) zusammentraf. »Die Wohnung war so klein«, schreibt Myers, »daß Ted in dem kleinen Flur hinter der Wohnungstür schrieb [...] Sylvia kochte bei meiner Ankunft; Ted und ich gingen in einen Pub, um Bier zu holen. Auf meinen Vorschlag tranken wir dort etwas und ließen die im achten Monat schwangere Sylvia, die das Essen zubereitete, vierzig Minuten allein. Die Zahl vierzig hat sich mir eingeprägt, obwohl diese Genauigkeit nach so langer Zeit verdächtig scheint.« Im Pub erwähnte Ted, es sei schwierig, in der Wohnung zu schreiben, da Sylvia ihn ständig unterbreche. Luke erlebte zum ersten Mal, daß Ted Kritik an Sylvia übte. Er fährt in seinem Bericht fort:

»Ich bezweifle, daß er [Ted] jemals zu ihr gesagt hat: ›Hör zu, so kann ich nicht arbeiten.‹ Ich glaube, so funktionierte die Ehe nicht. Sonst wäre sie möglicherweise sehr schnell zu Ende gewesen. Vielleicht waren das alles auch Auswirkungen der Schwangerschaft, der Rückkehr nach England, der Suche nach einer Wohnung und des Umzugs. Aber instinktiv glaube ich nicht an solche Erklärungen. Damals sah ich die Sache noch unfreundlicher. Ich hielt das für die anspruchsvolle Art mancher Amerikanerinnen dieser Zeit.«

Als Ted und Luke in die Wohnung zurückkamen, stand Sylvia »am Eßplatz auf einer Art Podium. Wir saßen auf dem Sofa, und sie starrte zu uns herunter. Mir ist nicht die große, schwangere Gestalt in Erinnerung geblieben, sondern die Augen, die uns durchbohrten. Das Abendessen bestand aus drei nicht ganz halbvollen Suppenschalen mit dicker Muschelsuppe. Mehr gab es nicht. Ted und ich leerten die Schalen bis auf den letzten Rest und versuchten demonstrativ, Abbitte zu leisten, aber es half nichts.«

Wie viele Frauen ärgerte sich Sylvia wohl darüber, daß die Männer in den Pub gingen und es ihr überließen, das Abendessen zu kochen. Aber Sylvia war extrem unversöhnlich. Zweifellos löste Lukes Besuch eine knappe Bemerkung im Brief an ihre Mutter vom 3. März aus: »Ich bin jetzt entschieden gegen Gäste. Ich werde schnell müde und habe die Wohnung gern für mich, damit ich kochen, lesen, schreiben oder ruhen kann, wann ich will [...] Ich habe keine Sehnsucht nach Leuten, die in meinem Wohnzimmer schlafen oder für die ich extra kochen muß.«

Am folgenden Samstag, am 5. März, kam Olwyn zum Mittagessen. Sie brachte Janet Crosbie-Hill mit, eine Freundin aus Paris, die Olwyn für ein langes Wochenende besuchte. Lucas Myers war beim Eintreffen der beiden, die sich bei der Suche nach dem Haus verlaufen hatten, ebenfalls anwesend. Er hielt sich stumm und mißmutig im Hintergrund, während Ted und Sylvia letzte Hand ans Essen legten. Olwyn erinnert sich »daß Ted eifrig Apfelmus durch ein Sieb passierte, während Sylvia gereizt erklärte, wir seien spät«. Von Anfang an schien Sylvia von einer brodelnden Aggressivität zu sein. Luke und Olwyn entging das nicht; Luke äußerte sich später, er habe Olwyn noch nie so durcheinander gesehen. Die beiden beobachteten mit größter Verlegenheit, daß Sylvia den ganzen Nachmittag hindurch Janet keines Blickes oder Wortes würdigte. Ihre stumme Feindseligkeit war förmlich greifbar, während die anderen vier – Ted um der Gäste willen und sie seinetwegen – versuchten, so zu tun, als sei alles bestens. Sylvia stand immer wieder auf und schob heftig das Fenster hoch, nicht nur einen Spalt, sondern so hoch wie möglich. Die beiden Frauen rauchten ein wenig, aber da Sylvia nicht sagte, es störe sie, brachten sie das nicht mit ihrer Wut in Verbindung. Verwirrt bat früher oder später jemand darum, ob man das Fenster wieder schließen könne – es war ein kalter Tag –, aber es dauerte nicht lange, und Sylvia schob es wieder heftig auf. »Hätte Sylvia gesagt, daß der Rauch sie störte«, schreibt Olwyn, »hätten wir beide aufgehört. (1960 galt die gelegentliche Zigarette keineswegs so als Greuel wie heute.) Hätte sie gesagt, sie sei müde, hätte sie sich ohne weiteres zurückziehen und schlafen oder vorschlagen können, daß die anderen einen Spaziergang machten und sie sich ausruhte. Doch sie wirkte keineswegs müde, sondern sehr munter.«

Mehr als zehn Jahre später erinnert sich Janet Crosbie-Hill in einem Brief an *The New Review* daran, wie schockiert sie damals war. »Olwyn hatte über ihren Bruder und auch über ihre Schwägerin nur mit großer Zuneigung gesprochen. Deshalb war ich nicht im geringsten auf die Verstimmung vorbereitet, die unser Besuch bei Sylvia auszulösen schien.« Sowohl Olwyn als auch Janet berichten, daß bald nach dem Mittagessen W.S. Merwin vorbeikam und Sylvias Verhalten sich schlagartig änderte. Mit großer Herzlichkeit und Wärme unterhielt sie sich beinahe ausschließlich mit ihm. Das Gespräch drehte sich um Träume über das Fliegen; Sylvia erzählte einen herrlichen Flugtraum: Sie schwebte in einem leuchtendbunten tropischen Paradies in völliger Harmonie und Freude zwischen riesigen exotischen Vögeln, Schmetterlingen und Libellen. Offenbar ging es auch darum, ob Merwin, auf Sylvias nachdrücklichen Vorschlag, sie und Ted in seinem Zweisitzer zu einer Spritztour aufs Land mitnehmen würde. »Daraus wurde nichts«, schreibt Janet, »statt dessen machten wir einen gequälten Spaziergang auf Primrose Hill, bei dem ich die unglückliche Zeugin wurde, welches Ausmaß an Qual Sylvia ihren nächsten und liebsten Menschen zufügen konnte. Ihre Aggressivität war unerbittlich und bestimmte die Reaktionen aller Anwesenden.«

Nach der Tortur dieses Besuchs begleitete Ted seine Schwester und Janet zur U-Bahnstation Chalk Farm. Alle drei schwiegen fassungslos. Beim Abschied fragte Olwyn zum ersten Mal vorsichtig ihren Bruder, ob er Sylvia nicht begreiflich machen könne, wie sehr ihr Verhalten andere verletze. »Was ich gerade erlebt hatte, war sehr viel alarmierender und anhaltender als alle kurzen Ausbrüche unerklärlicher Rücksichtslosigkeit in Yorkshire.« Teds Antwort war eine hilflose Geste. Er erklärte, er habe versucht, bei ähnlichen Gelegenheiten vernünftig mit Sylvia zu reden, aber es nütze nichts. Sie wehrte sich heftig gegen alles, was nach Kritik klang, und wurde einfach hysterisch.

Es gab jedoch andere gesellschaftliche Anlässe, die Sylvia viel Spaß machten. Beim Zusammentreffen der St. Botolph-Gruppe, eine Woche zuvor, schien sie völlig locker zu sein und schilderte ihrer Mutter den Abend in glühenden Farben: »Wie amüsant, das väterliche und familiäre Los der vor vier Jahren so überzeugten Junggesellen zu sehen!« Familien entsprachen ihrer Vorstellung von einem ordentlichen Leben. Von ihnen fühlte sie sich nicht bedroht. David Ross und seine Frau Barbara hatten einen kleinen Sohn, Helga und Dan ihre Tochter Magdalene. Sogar Luke, der bald nach New Orleans fahren würde, war verheiratet, und seine Frau erwartete im Mai ein Kind. Solche Paare waren Spiegelbilder ihrer eigenen totalen Konzentration auf die Familie. Es gab ihr Sicherheit, eine fruchtbare, gebärende Ehefrau unter anderen Ehefrauen zu sein, und bestätigte ihre Rolle im schematischen Gefüge ihres Lebens. Dichterin unter Dichtern zu sein war eine andere zufriedenstellende Rolle. Solange das Leben sich wie eine Bildergalerie in einer Reihe sicherer, akzeptierbarer oder wünschenswerter Rahmen präsentierte, konnte Sylvia dieses Leben bewältigen.

Alfred Kazin, einer ihrer Professoren am Smith College, bemerkte einmal, für Sylvia Plath existiere die Welt nur, damit sie über sie schreiben könne. Das mag ungerecht gewesen sein, aber ihre tiefsitzenden Ängste ließen es nicht zu, die Welt, nach der sie strebte, so zu akzeptieren, wie sie war. Zweifellos bildete sie sich – entgegen ihrer gesunden Urteilskraft – ein, in ihren gebilligten und heftig verteidigten Lebensbereichen gefangen zu sein: Ehe, Elternschaft, kreative Arbeit und das überaus wichtige Ideal eines höchst geregelten, perfekt geordneten »Heims«. Weniger gesicherten Welten und Menschen mit anderen Prioritäten konnte sie mit erbitterter Feindschaft begegnen. Es sah beinahe so aus, als fühlte sie sich persönlich von Realitäten angegriffen, die sich den von ihr gewählten Kategorien entzogen. Nicht nur ein Mißverständnis isolierte sie in diesem »Glaskäfig«; es war so etwas wie Blindheit oder unvollkommene Vorstellungskraft. Olwyn Hughes, die der Nachmittag mit Janet Crosbie-Hill entsetzt hatte und die es noch mehr bestürzte, daß die erwartete Entschuldigung ausblieb, sagt dazu:

»Entweder war sie blind für ihre Fehler, und es gelang ihr, durch einen Mechanismus der Selbstrechtfertigung zu glauben, andere und nicht sie seien im Unrecht, oder sie hielt es nicht für nötig, sich zu entschuldigen, oder sie war aus einem tieferliegenden psychologischen Grund einfach unfähig, sich einzugestehen, ihr Verhalten könne in irgendeiner Hinsicht nicht ganz vollkommen sein – das Ergebnis jedenfalls war das gleiche: eine wachsende Entfremdung von allen, die sie vor den Kopf gestoßen hatte.«

In ihrer abgeschlossenen Welt war Sylvia jedoch zu wärmster Zuneigung und Begeisterung fähig. An Olwyns letztem Abend in London hatte Ted sich mit Luke, Dan und Helga in einem Pub in Camden Town verabredet, wo es gute irische Musik live gab. Überrascht registrierte Olwyn, daß Sylvia sich in der verrauchten, lauten Umgebung sehr wohl fühlte. Genauso glücklich war sie auch bei Cocktails oder Dinners in den literarischen Kreisen Londons. Die *Briefe nach Hause* sind mit berühmten Namen gespickt:

»Am Mittwochabend sahen wir John Lehmann, den Herausgeber des *London Magazine*, zum Cocktail. Er schwelgte in Erinnerungen an Virginia Woolf und andere. Ich traf die bekannte englische Dichterin und Oxfordabsolventin Elizabeth Jennings, eine Katholikin, die für einen Londoner Verlag arbeitet und in einem Kloster wohnt, wenn sie hier ist. An den Wochenenden kehrt sie zum Schreiben nach Oxford zurück (sie hat drei Bände herausgebracht). Wir kamen sehr gut miteinander aus. [Traf] einen Rechtsanwalt-Dichter-Schriftsteller, Roy Fuller, und die Schriftstellerin-Kritikerin Christine Brooke-Rose. Ich muß sie alle in meinem Tagebuch festhalten.«

Wie Sylvias Ansichten über Freunde oder Familie auch gewesen sein mögen, Freunde und Familienangehörige begannen sich eine eigene Meinung zu bilden. Olwyn schrieb bald nach dem Mittagessen an Luke Myers:

»Es tut mir leid, daß ich während meines Aufenthalts in London eine so schlechte Gesellschafterin war. Aber wie Du vielleicht bemerkt hast, war der erste Tag so schrecklich, daß ich trotz meiner Freude darüber, Dich und Ted zu sehen und Dan und Helga kennenzulernen, mich in meinem Elend verkroch und wünschte, ich wäre nicht gekommen [...] Ich habe in London mit Dir nicht darüber gesprochen – zum Teil, weil wir nie allein waren, und zum Teil, weil ich einfach nicht den Mut dazu hatte. Allerdings würde ich wirklich gerne wissen, welche Gründe [Sylvia] sich für das alles zurechtgelegt hatte. (Ted rief mich sonntags an und sagte, ich müsse sofort kommen, da Sylvia unter vier Augen mit mir sprechen und alles erklären werde. Aber als wir allein waren, benahm sie sich, als sei überhaupt nichts geschehen.) Ich möchte die Sache Ted gegenüber nicht mehr erwähnen.«

Luke antwortete am 12. März:

»Soweit ich weiß, gab es für Sylvias Verhalten und den plötzlichen Wechsel zwischen Freundlichkeit und Bissigkeit keinen besonderen Grund [...] Meine Verstimmung, als Du mit Janet eintrafst, meine Wortkargheit waren darauf zurückzuführen, daß ich die Atmosphäre in Sylvias Salon angespannt fand und ich mich nicht wohl fühlte [...] Ich habe das Gefühl, man sollte sich Sylvia am besten ungefähr so vorstellen, wie sie an diesem Wochenende war, obwohl natürlich auch die Möglichkeit besteht, daß sie sich durch ein Kind in einem gewissen Maß zum Besseren wandelt. Ted leidet sehr viel mehr, als er je eingestehen würde. Aber er liebt sie auch, und ich glaube, man rechnet am besten damit, daß er bei ihr bleiben wird. Und sie liebt ihn ganz offensichtlich auf ihre selbstsüchtige und besitzergreifende Art sehr.«

Ted Hughes hatte Verständnis für den Ehrgeiz seiner Frau, und bis zu einem gewissen Grad erkannte er, wie mächtig sowohl ihr antisoziales Verhalten als auch ihr Verlangen war, im literarischen London akzeptiert zu werden, weil er wußte, daß ihr Verhalten von innerem Elend und Angst diktiert wurde. Teds Freunde waren oft weniger großzügig. Die Merwins zum Beispiel waren entsetzt, als sie feststellten, daß Sylvia das Wohnzimmer und das Schlafzimmer am Chalcot Square für sich in Beschlag nahm und Ted zum Schreiben in den Flur verbannte. In ihren Erinnerungen – *Ein Gefäß des Zorns* – beschreibt Dido Merwin »Das schwarze Loch von Kalkutta«, wie sie es nennt:

»Einige Wochen nach ihrem Einzug fragte mich Ted, ob er einen wackligen alten Kartentisch leihen könne, den er auf unserem Dachboden entdeckt hatte. Der Tisch war wurmstichig und klapprig, aber Ted versicherte, er sei genau das Richtige für ihn. Wie sich herausstellte, richtete er sich in dem ungefähr einen Quadratmeter großen, dunklen, fensterlosen Flur, wo die Mäntel aufgehängt wurden, einen Arbeitsplatz ein. Man konnte dort gerade den Kartentisch und einen Stuhl unterbringen, vorausgesetzt, niemand öffnete die Wohnungstür.«

W.S. Merwin, für den sein Arbeitszimmer ein Heiligtum war, bot Ted an, es ihm im Sommer zu überlassen, während die Merwins in Frankreich lebten. Er war empört, daß ein Dichter von Teds Format keinen richtigen Arbeitsplatz hatte – zweifellos wußte er nicht, daß Ted mit seinem beengten Quartier absolut zufrieden war. In einem Brief schreibt Ted: »Einer der besten Plätze, die ich je [zum Schreiben] hatte, war der Flur unserer Wohnung am Chalcot Square – ein fensterloses Räumchen, in dem gerade ein Stuhl Platz fand.« Aber im Hinblick auf das bald ankommende Baby nahm Ted das Angebot Merwins glücklich an.

Am 24. März traf ein Telegramm mit der Nachricht ein, daß *The Hawk in the Rain* den Somerset-Maugham-Preis gewonnen hatte, der jährlich verliehen wurde. Das bedeutete fünfhundert Pfund, die für Reisen ins Ausland ausgegeben werden konnten. Sylvia war ebenso aufgeregt wie Ted und plante, eine Villa in Südfrankreich oder in Griechenland zu mieten, sobald das Kind alt genug wäre, um reisen zu können. Im Idealfall, so schrieb sie der Mutter, würden sie etwas in unmittelbarer Nähe einer großen kosmopolitischen Stadt finden, wo sie »eine Ausländerin als Hausmädchen und Babysitter nehmen und hätte obendrein mindestens 4-6 Stunden täglich Zeit zum Schreiben«.

Aber das lag ungewiß in der Zukunft. Im Augenblick beschäftigte sie sich täglich mit ihrer Schwangerschaft und schrieb ihrer Mutter am 26. März: »Da das Baby sich den bedeutungsvollen 27. hat entgehen lassen, wird es jetzt sicher bis zum 1. April warten, um in den wichtigsten Plath-Monat hineinzukommen. [Otto Plath war am 13. April geboren, Aurelia am 26. und Warren am 27. April.] Im selben Brief schrieb Sylvia auch entzückt, ihr sei zufällig der *Oberserver* in die Hände gefallen, in dem A. Alvarez *Lupercal* besprochen hatte – eineinhalb Spalten rückhaltloses Lob.

III

Wie Sylvia vorausgesehen hatte, kam das Kind Frieda Rebecca Hughes nach einer ungewöhnlich schnellen, natürlichen Geburt in den frühen Morgenstunden des 1. April zur Welt. Selbst Schwester Mahdi, die »fähige, kleine indische« Hebamme, und der Arzt, der gerade rechtzeitig kam, staunten über die Geschwindigkeit, die keine Zeit für ein Betäubungsmittel ließ. Zwei Stunden nach der Geburt stand Sylvia auf, um ihre Mutter anzurufen, und bekam gegen drei Uhr morgens (New-England-Zeit) eine Verbindung mit Wellesley, die jedoch unterbrochen wurde, bevor sie die guten Nachrichten loswerden konnte. Eine Stunde später war Sylvias Stimme in Wellesley deutlich zu hören: Nach viereinhalbstündigen Wehen hatte sie »ein Wunderkind«, ein sechseinhalb Pfund schweres Mädchen, zur Welt gebracht. Ted war die ganze Zeit an ihrer Seite, und sie mußte nur ein Minimum an Schmerzen durchmachen. »Ich war in meinem ganzen Leben noch nie so glücklich«, schrieb sie ihrer Mutter am selben Tag nach dem Mittagessen, »das ganze amerikanische Gefasel von Krankenhäusern, Arztrechnungen, Schnitten und Stichen, Narkose etc. erscheint mir wie ein Alptraum, der weit zurückliegt.« Sie griff dieses Thema einige Zeit später in einem Brief an Lynne Lawner auf:

»Das ganze Erlebnis der Geburt und das Kind scheinen [sic] sehr viel tiefer und mehr unter die Haut zu gehen als Liebe und Ehe. Bekomme ein Kind, es ist unglaublich. Ich glaube, riesig schwanger zu sein war mein Lieblingsgefühl, und ich wünschte, ich könnte es verlängern [...] Ted hat mir eine leichte Geburt suggeriert [...] Genau bei Sonnenaufgang um 5.45 nieste Frieda Rebecca und begann das Leben. Das ganze Erlebnis, vor dem ich mich sehr fürchtete, hat mich unglaublich bewegt und ermutigt [...] Man kann die meisten Frauen einfach nicht dazu bringen, ehrlich über die Wehen zu sprechen. Ich hatte Grantly Dick Read gelesen und war davon angewidert. Er sagt an einer Stelle: ›Kindergebären ist nichts Physisches!‹, dabei quatscht er über die spirituelle Erhabenheit des Ganzen usw. und behauptet, man habe nur Schmerzen, wenn man nervös ist. Ich, die ich so nervös wie überhaupt nur vorstellbar war, hatte erstaunlicherweise genau viereinhalb Stunden Wehen ohne jedes schmerzlindernde Mittel (abgesehen von einem Malzbonbon, das die Hebamme in der Tasche hatte). Offenkundig eine leichte erste Geburt. Alles verlief sehr heftig, sehr schnell, nichts von den langen Qualen, die eine deutsche Freundin von mir schildert. Nach ein paar starken Kontraktionen ist der ganze Vorgang des Ausstoßens wirklich schmerzlos und schrecklich aufregend.«

Noch ungefähr eine Woche lebte Sylvia in einem Zustand der Euphorie. Unter der Obhut von Geburtshelferinnen hielt sie in ihrem Schlafzimmer Hof, während Ted die Hausarbeiten übernahm und Dido Merwin Aufläufe brachte. Die schnelle Geburt hatte sie in ein emotionales »Hoch« versetzt. Sie war sicher, die Geburt würde sie zu neuen und besseren Gedichten inspirieren, wenn sie erst wieder bei Kräften wäre. Ted sollte im Mai Bill Merwins Arbeitszimmer übernehmen, und ihre Tage würden bald mit dem Baby, der Hausarbeit und mit soviel Schreiben ausgefüllt sein, wie sie in der Wohnung bewerkstelligen konnte. Es überrascht nicht, daß sie in den *Briefen nach Hause* vor Stolz glüht und nur bedauert, daß keine Verwandten oder Freunde da waren, um ihre Freude zu teilen. »Teds Leute und Freunde sind lieb«, schrieb sie am 7. April, »das Zimmer ist voller Blumen, Telegramme, Karten und Glückwünsche. Aber das ist nicht dasselbe.«

Der englische Frühling kam bald nach Frieda Rebecca, und am 21. April schrieb Sylvia der Mutter auf einer Bank in Regents Park und berichtete von einer Cocktailparty bei Faber an diesem Abend und einem Dinner am nächsten Tag mit einem amerikanischen Dichter, der sich gerade in London aufhielt. Die wichtigste Nachricht war jedoch, daß sie und Frieda am Ostersonntag die Ankunft der Atomwaffengegner aus Aldermaston am Trafalgar Square erlebt hatten. Sie nannte es »ein ungeheuer bewegendes Erlebnis« und erklärte, Ted sei mit Dido Merwin hingegangen, da Merwin sich unter den etwa zehntausend friedlichen Demonstranten befand, während sie mit Peter Redgrove dagewesen war, »einer von Teds Dichterfreunden«, der ihr eine Baby-Tragetasche für Frieda lieh. »Wir trugen die schlafende Frieda bequem zwischen uns«, fuhr sie fort, »stellten die Tasche auf den Rasen der National Gallery mit den Springbrunnen, Tauben und schimmernden weißen Gebäuden. Unsere Ecke war nicht so bevölkert, eine Art Kinderzimmer mit Müttern, die ihren Babys die Flasche gaben.« Sylvia beschreibt das Ereignis beredt und in dem gewohnten politischen Feuer:

»Ich sah die Spitze des 11 Kilometer langen Zuges auftauchen – rote und orangene und grüne Transparente, ›Weg mit der Bombe!‹ etc., leuchtend und langsam schwankend. Absolute Stille. Ich brach in Tränen aus, als ich die gebräunten, staubbedeckten Marschierer mit dem Rucksack auf dem Rücken sah – Quäker und Katholiken, Afrikaner und Weiße, Algerier und Franzosen – 40 Prozent Londoner Hausfrauen. Ich war stolz, daß der Protest gegen den Wahnsinn der Welt-Vernichtung zum ersten wirklichen Erlebnis des Kindes werden sollte. Schon jetzt ist ein gewisser Prozentsatz Ungeborener durch radioaktiven Niederschlag dem Untergang geweiht, und keiner kennt die kumulative Wirkung dessen, was heute Luft und Meer vergiftet.«

Zweifellos lag der Marsch Sylvia sehr am Herzen; sie war leidenschaftlich gegen Atomwaffen. Es stellt sich jedoch heraus, daß der Nachmittag nicht nur der bewegende öffentliche Anlaß war, den Sylvia in ihrem Brief beschreibt. Dido Merwins Bericht deutet darauf hin, daß sich hinter Sylvias glatten Worten sehr viel häusliche Turbulenzen verbargen:

»Am letzten Tag der Demonstration der Atombombengegner am Osterwochenende 1960 war Bills und mein Patenkind Frieda Hughes sechzehn Tage alt. Wie üblich beteiligte sich Bill an dem drei Tage dauernden langen Marsch. Ted wollte unbedingt das Eintreffen der Demonstranten in London erleben, und als die beiden den Vorschlag machten, erklärte ich mich dazu bereit, ihn trotz meiner Abneigung, gestoßen und angerempelt zu werden, zu begleiten.

In den vorausgegangenen zwei Wochen war eine strahlende Sylvia glücklich davon in Anspruch genommen, ihr hübsches kleines Töchterchen kennenzulernen. Soweit ich wußte, hatte sie nie die leiseste Andeutung gemacht, daß der Marsch sie interessiere, ganz zu schweigen davon, daß sie ihn sehen wolle. Wäre auch nur davon gesprochen worden, Frieda mitzunehmen, hätten sie mit mir nicht rechnen können. Ich wäre dagegen gewesen, ein zwei Wochen altes Baby in einer solchen Menschenmenge herumzuschleppen.

Ted und ich gingen zum Albert Memorial. Wir blieben nicht lange. Ich hatte bald genug von der Menge, und er wollte schnellstens wieder nach Hause, was mir völlig normal und vernünftig erschien – obwohl ich zu diesem Zeitpunkt nicht die Hälfte von dem kannte, was bei den Hughes' normal und vernünftig war. Zum Beispiel, daß bereits die Andeutung, Ted könne mit jemandem weggehen, automatisch größere oder kleinere Reaktionen hervorrief, die sich verdoppelten, wenn es sich bei diesem Jemand um eine Frau handelte.

Als wir in die Wohnung am Chalcot Square zurückkamen, waren Sylvia und Frieda spurlos verschwunden. Wir fanden nur einen Zettel, auf dem stand, sie seien ›zum Ostermarsch gegangen‹.«

Offenbar hatte Sylvia Peter Redgrove angerufen und ihn gebeten, sie zu begleiten. Erholt von der Geburt und noch verletzlicher als gewöhnlich, mußte sie sich vorgestellt haben, daß Ted, indem er mit Dido zum Marsch ging, ihr einen berechtigten Grund zur »Rache« geliefert hatte. Die »Bestrafung« hatte die gewünschte Wirkung: Als Ted mit Dido in die Wohnung zurückkam, hatte er keine Ahnung, wo seine Frau und das Baby sein könnten. Redgrove hingegen bemerkte nichts, als er mit Sylvia und Frieda eintraf. Er und Ted, sagt er, »seien auf ein Bier runtergegangen und hätten über allgemeine Dinge geplaudert. Es wäre uncharakteristisch für Ted gewesen, wenn er sich über Sylvia beklagt hätte.« Sie kamen spät aus dem Pub hoch, und Redgrove erinnert sich vage, daß Sylvia darüber ungehalten schien.

Man könnte den ganzen Aldermaston-Vorfall als einen kleinen Sturm im Wasserglas sehen – was er möglichweise auch war. Da die *Briefe nach Hause* das ganze Jahr 1960 hindurch jedoch beharrlich verkünden, bei dem Ehepaar Hughes am Chalcot Square Nr. 3 sei alles in bester Ordnung, läßt man sich leicht täuschen (was Aurelia Plath wahrscheinlich dennoch durchschaute, denn sie kannte die Hochs und Tiefs ihrer Tochter sehr gut, obwohl sie glaubte, die Geburt hätte die meisten von Sylvias Schwierigkeiten ausgeräumt).

Dido mag für Sylvia tatsächlich eine Gefahr dargestellt haben, ohne etwas davon zu ahnen. Die intelligente, sehr hübsche, zierliche und dunkelhaarige Dido hatte in Sylvia wohl das Gefühl von Plumpheit hervorgerufen. Dazu war Dido in der englischen intellektuellen Elite aufgewachsen. Wie spärlich ihre Bildung nach äußeren Kriterien auch sein mochte, die Herkunft hatte ihr die Vorteile einer Insiderin in den georgianischen Kreisen gebracht, in denen sich ihre Familie bewegte. Ihr Onkel war Lascelles Abercrombie, Dichter und Freund von Robert Frost. Frost, der in den zwanziger Jahren seine junge Entdeckung war, hatte Dido, als sie noch im Kinderwagen lag, in die Wangen gezwickt. Als ihm Dido Jahre später wieder vorgestellt wurde, erinnerte sich Frost an die Begebenheit und erzählte, daß Dido damals die Arme nach ihm ausgestreckt habe, worauf Robert Lowell pointiert erklärte: »Seitdem tut sie das bei Dichtern immer!« Das angeborene Gefühl der Zugehörigkeit (das Sylvia immer fehlte) ermöglichte es Dido, mühelos die Aufmerksamkeit der Dichter auf sich zu lenken, weil sie sie bewunderte, amüsierte und sie vor allem durch ihre Kenntnis und leidenschaftliche Liebe zur Dichtung faszinierte.

Auf Dido wirkten Sylvias Ansichten zu eng und zu kritisch. Sie erkannte zwar Sylvias Talent, doch ihre Verdrehungen konnte sie Sylvia nicht vergeben, den Eifer, mit dem sie das Bild von Menschen konstruierte, die sie beeindrucken wollte, und das Vorhandensein anderer leugnete, für die sie keine Verwendung hatte. Dido beschreibt Sylvias »regelmäßig auftretendes ungeselliges Verhalten« mit lebhaften Worten:

»Ihre öffentlichen und/oder chronischen Szenen haben Leute in London, Yorkshire und Frankreich miterlebt; sie verliefen nach einem charakteristischen Schema, das sich nicht leicht beschreiben läßt, da an dramatischen Ereignissen buchstäblich nichts geschah. Es wäre falsch, von Schmollen zu sprechen, weil die Szenen, abgesehen von einem gelegentlichen Achselzucken, schweigend verliefen. Mit Schmollen würde man eine losgelöste, in sich zurückgezogene Distanziertheit bezeichnen, die das völlige Gegenteil von der unvermeidlichen Explosion aktiver Feindseligkeit war, die sich gegen jeden richtete, der zufällig in die Sache verwickelt war.

Diese unaufhörliche abfällige Schadenfreude schuf eine Atmosphäre qualvoller Bestürzung, die allen unvergeßlich war (und immer noch ist) und die sich wohl keiner vorstellen kann, der nie ihren Zorn erlebte, über den sie schrieb: ›Die Gewalt in mir ist ungezügelt wie Totenblut.‹«

Andere Menschen litten in unterschiedlichem Ausmaß unter Sylvias eifersüchtig gewahrtem Selbstschutz, wenn auch nicht immer auf dieselbe Weise. Am 5. Mai schrieb Sylvia ihrer Mutter zum Beispiel von einem Essen auf Kosten von *Atlantic Monthly* mit Peter Davison und dessen Frau Jane Truslow, einer Kommilitonin vom Smith College, in einem indischen Restaurant. Sylvias Haltung zu Davison war kühler geworden, seit *The Atlantic* Gedichte und Geschichten abgelehnt hatte, die sie ihm geschickt hatte, während sie in Boston wohnten. Ohne einen Beweis dafür zu haben, machte Sylvia Peter für die Absagen verantwortlich, und aus ihrem Brief spricht triumphale Gehässigkeit:

»Peter ist schlimmer denn je. Er war wütend (obwohl er versucht hat, es zu verbergen), daß ich meine Erzählungen und Gedichte direkt an Edward Weeks geschickt hatte, ohne mich zuerst an ihn zu wenden. Ich war der Meinung, daß er hinter meinen Absagen gesteckt hatte, da nicht eine meiner Arbeiten angenommen wurde, seit er da was zu sagen hatte; außerdem ist er sehr eifersüchtig, weil er sich inzwischen für einen echten Dichter hält. Offensichtlich hat sich sein Betätigungsfeld erweitert, er ›bringt jetzt Schriftsteller herein‹, aber ich war da, bevor er kam. Er brüstete sich auch in äußerst pueriler Weise mit seinem Werk. [...] Er kann's nicht ertragen, von unseren Arbeiten zu hören, deshalb erzählen wir ihm natürlich nichts.«

Anlaß für Sylvias Verachtung war, daß Weeks persönlich ihr Gedicht *A Winter Ship* angenommen hatte. Es überrascht nicht, daß Davisons Version des indischen Essens sich völlig von Sylvias Schilderung unterscheidet. Er erzählt, daß er und Jane in die Wohnung am Chalcot Square gingen, wo

»wir lange genug blieben, um einen Sherry zu trinken, und dann mit dem Bus nach Soho fuhren, um in einem indischen Restaurant zu essen. Beim Essen unterhielt sich Jane (die seit kurzem schwanger war und sich fasziniert Sylvias Geschichte von der Hebamme angehört hatte) beinahe ausschließlich mit Ted, während ich beinahe ausschließlich mit Sylvia sprach. Jane liebte Teds Witz schon immer, und sie besaß das große Talent zu lachen, was meist dazu führte, daß witzige Leute noch witziger wurden. Mir fiel das damals nicht auf, aber Sylvias wachsendes Unbehagen (ohne den *Briefe*[n] *nach Hause* nahetreten zu wollen) mag sehr viel weniger mit der literarischen Unterhaltung zu tun gehabt haben, die Sylvia und ich führten, als mit der nichtliterarischen Unterhaltung, die Jane und Ted führten. Möglicherweise unterhielt sich Jane nach Sylvias Meinung viel zu gut. Als Sylvia immer mehr versteinerte, begann ich zweifellos, amerikanischen Literatur- und Verlagsklatsch von mir zu geben, was Sylvia nur noch wütender machte. Aber Sie können sicher sein, daß sie sich mit keinem Wort nach meiner Arbeit erkundigt hat. Erst als sie in den Bus stiegen, um zum Chalcot Square zurückzufahren, prahlte ich törichterweise mit meinen Gedichten, die bald erscheinen würden, da mich der merkwürdige Abend außer Gefecht gesetzt hatte; das wiederum führte zu dem Brief an ihre Mutter mit der gezielten Bosheit.«

Sylvia irrte sich in Hinblick auf Davisons Einfluß bei der Ablehnung ihrer Arbeiten. Die Akten von *The Atlantic* lassen erkennen, daß alle Entscheidungen einstimmig getroffen wurden und daß keine Meinung, abgesehen von der Weeks, für

Martha's Vineyard, August 1955. Von links nach rechts: Roger Baldwin, Eleanor Besse, Peter Davison, Sylvia Plath *(Chilmark Associates)*

Abb. links oben: The Anchor Inn, Cambridge, Skizze von Sylvia Plath
(Olwyn Hughes)

Abb. links unten: Fischerboote, Skizze von Sylvia Plath *(Olwyn Hughes)*

In Cambridge, 1957 *(Olwyn Hughes)*

Lucas Myers in Cambridge, 1957 *(Éliane Barrault)*

Skizzen Sylvia Plaths von Benidorm, Spanien, wo die Hughes ihre Flitterwochen verbrachten, 1956 *(Smith College Library Rare Book Room)*

Willow Street Nr. 9, Boston. Sylvia und Ted bezogen hier 1958 eine winzige Zweizimmerwohnung im 5. Stock *(© The Boston Globe)*

West House, ein Anbau des Landsitzes Yaddo, New York, 1926 in eine Künstlerkolonie umgewandelt. Hier verbrachte Sylvia Plath 11 Wochen im Herbst 1959 *(Carol Bullard)*

Eine Skizze von Sylvia Plath, vermutlich in Hawley, Massachusetts, in der Nähe von Northampton, entstanden *(Olwyn Hughes)*

In der
Rugby Street Nr.
bezogen
die Hughes
ihr erstes Zimme
in London
(Penguin Books)

Chalcot Square
Nr. 3,
die Londoner
Adresse
der Hughes
ab Februar 1960
(Penguin Books)

Sylvia und Ted Hughes
mit Frieda in der Küche
der Merwins, London
(Dido Merwin)

Dido Merwin in
Lacan de Loubressac, 1961
(Dido Merwin)

W. S. Merwin in
Lacan, Anfang
der sechziger
Jahre
(Dido Merwin)

Richard Murphy
in Cleggan,
Irland, 1962
(Richard Murphy)

September 8

Dear Richard,

Thank you so much for your good letter. We have got a nanny for the babies so can leave here with easy heart. We plan to take the train to Holyhead tuesday night, cross to Dublin by night, say hello to Jack Sweeney & come by rail to Galway Wednesday eveningish. Shall call as soon as we arrive. We would love to stay in your cottage. I don't know when I have looked so forward to anything.

Warmest good wishes,

Sylvia

Brief von Sylvia
Plath an Murphy,
September 1962
(Richard Murphy)

1.
JULY
1950 – I may never be happy, but tonight I am content. Nothing more than an empty house, the warm hazy weariness from a day spent setting strawberry runners in the sun, a glass of cool sweet milk, and a shallow dish of blueberries bathed in cream. Now I know how people can live without books, without college. When one is so tired at the end of a day one must sleep, and at the next dawn there are more strawberry runners to set, and so one goes on living, near the earth. At times like this I'd call myself a fool to ask for more...

•••

2.
Ilo asked me today in the strawberry field, "Do you like the Renaissance painters? Raphael and Michelangelo? I copied some of Michelangelo once. And what do you think of Picasso... These painters who make a circle and a little beard going down for a leg?" We worked side by side in the rows, and he would be quiet for a while, then suddenly burst out with conversation, speaking with his thick German accent. He straightened up, his thin, intelligent face crinkling up with laughter. His chunky, muscular body was bronzed, and his blonde hair tucked up under a white handkerchief around his head. He said,

Seite aus Sylvia Plaths Tagebuch, 1950 *(Smith College Library Rare Book Room)*

Elm

It is a cloud, a house of birds;
It is a system of nerves.
I must sleep in this room so I can watch it.

Elm
Jealousy
Stigma (of selfhood)
Pheasant

Waiting Women
Three Voices
1. Doesn't want baby
2. Loses baby she wants
3. Does want baby she has

In pools, I am beautiful
Is the soul of myself so inaccessible?
I scratch on the glass
One cry marries another.
They open, glassy & blank, the anterooms of forgetfulness.
I have drunken so many sunsets, such redness!
It is frigid – the glassy anteroom of the ungranted.
It is a little morgue.

To / From
MEMORANDUM
SMITH COLLEGE
Date

Entwurf zu ›Elm‹ und Notizen für ›Three Women‹, 1962 *(Smith College Library Rare Book Room)*

Helder und Suzette Macedo in den sechziger Jahren *(Helder und Suzette Macedo)*

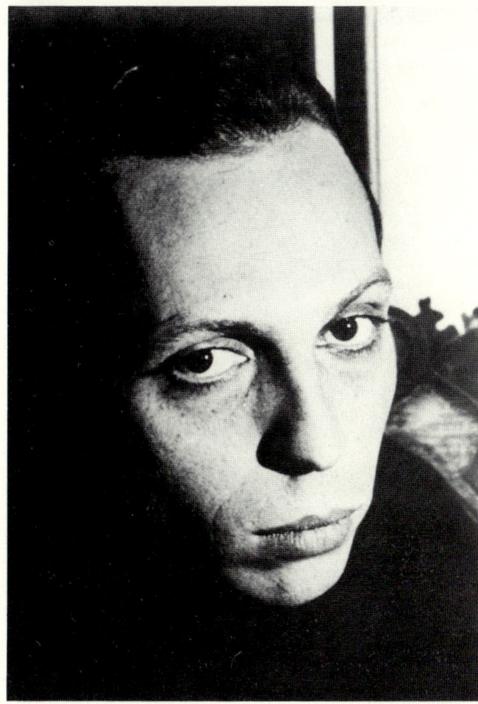

Jillian Becker mit Madeleine, 1962
(Jillian Becker)

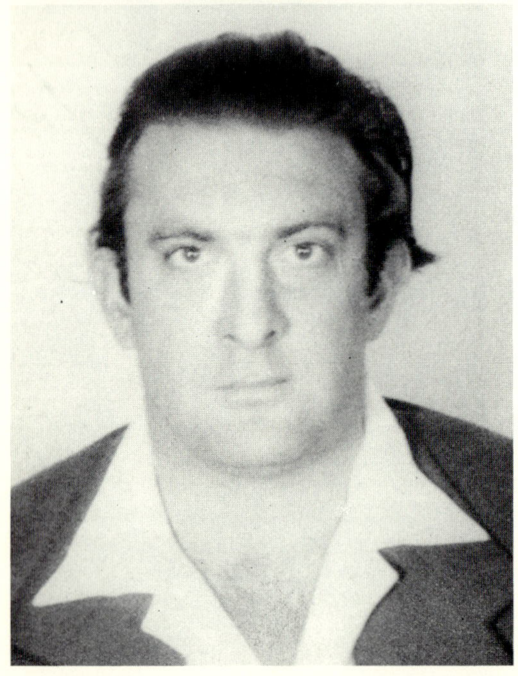

Gerry Becker
(Jillian Becker)

Ein Druck der Isis des Apulejus, der »großen Mutter der Götter«, hing im Wohnzimmer von Sylvia Plath in London *(Olwyn Hughes)*

Im Haus in der Fitzroy Road 23 nahm sich Sylvia Plath das Leben *(Penguin Books)*

eine Annahme oder Absage ausschlaggebend war. Die Verwirrung der Davisons war um so größer, als Sylvia ihnen kurz vor ihrem Eintreffen in England so herzlich geschrieben, ihnen die Wunder der Geburt zu Hause geschildert und sie gedrängt hatte, sich mit ihnen zum Essen zu treffen.

Im selben Brief beschreibt Sylvia in ganz anderen Worten ein Essen bei T.S. Eliot am Abend zuvor:

»Die Eliots leben in einem erstaunlich farblosen Backsteinhaus im Erdgeschoß – aber die Wohnung ist komfortabel und großzügig. Valerie, seine Frau aus Yorkshire, ist hübsch, blond und rosig. Er war wunderbar. Hat uns gleich die Befangenheit genommen. [...] Ich hatte das Gefühl, neben einem auf die Erde herabgestiegenen Gott zu sitzen; er hat solch einen Nimbus von Größe. [...] Dann kamen die Spenders; er gutaussehend und weißhaarig, und sie [...] hager, vibrierend, gesprächig, reizend. Ihr Name ist Natasha Litvin, sie ist Konzertpianistin. Das Gespräch war intimer Klatsch über Stravinsky, Auden, Virginia Woolf, D. H. Lawrence. Ich war fasziniert. Schwebte hinein zum Essen, saß zwischen Eliot und Spender, hingerissen, und verstand mich prächtig mit ihnen. Beide haben natürlich dazu beigetragen, daß Ted sein Guggenheim bekommen hat und sein Buch gedruckt wurde.«

Im Mai begann Ted, täglich in Bills Arbeitszimmer zu schreiben, nachdem die Merwins nach Frankreich abgereist waren. Beide empfanden Teds tägliche Abwesenheit von der Wohnung als Erleichterung. Er hatte die für seine Arbeit notwendige Ruhe, während für Sylvia immer noch das Baby an erster Stelle stand, obwohl sie sich danach sehnte, herauszufinden, welchen Einfluß die Geburt auf ihre Gedichte hatte. Besucher von außerhalb strömten nach London. Ann Davidow, Sylvias Freundin im ersten Semester am College, kam mit ihrem Verlobten Leo Goodman, der mit einem Guggenheim-Stipendium in Cambridge studiert hatte und als Gastprofessor für mathematische Statistik an der Columbia University in die USA zurückkehrte. Sylvia bewunderte beide und sah in dem Paar astrologische Zwillinge von sich und Ted. Leo, »jene einzigartige Mischung aus intellektuellem und liebevoll-liebenswertem Juden«, war Löwe, während Ann im Zeichen des Skorpions geboren war und am 26. Oktober, also einen Tag vor Sylvia, Geburtstag hatte. Mit diesen unbedrohlichen Gästen verstand sich Sylvia offenbar sehr gut. In *Briefe nach Hause* gibt es einen von Ann aufgenommenen Schnappschuß: Er zeigt Sylvia, die in einem Wald in der Nähe von Stonehenge eine zufriedene Frieda in den Armen hält.

In einem Brief vom 30. Mai gratuliert sie ihrer Bostoner Katze Sappho, die drei gesunde Kätzchen geworfen hat, und bittet ihre Mutter gleichzeitig, ihr keine Amerikaner mehr zu schicken. Sie sei vollauf damit beschäftigt, das Baby zu füttern, die Wohnung in Ordnung zu halten, zu kochen, sich um Teds »Berge von Post« zu kümmern und täglich ein paar Stunden Zeit für ihre eigene Arbeit zu finden. Da »mehrere Projekte« in der BBC »laufen«, trafen für Ted beinahe täglich Einladungen zu Lesungen, Besuchen in Schulen und anderen bezahlten, aber unwichtigen Jobs ein. Ein Besuch von Teds Mutter und Tante Hilda (die beiden wohnten im Hotel) hatte zu abschließenden Arbeiten in der Wohnung und einem gründlichen Hausputz geführt. Ted hatte den Flur (er arbeitete immer noch dort, wenn er nicht Merwins Arbeitszimmer benutzte) und eine der Küchenwände in »einem herrlichen Zinnoberrot« gestrichen. Die Farbe wirkte sehr belebend, und Sylvia schrieb: »Ich muß dauernd hinschauen, verschlinge es. Ich bin so abhängig von Farben und Materialien.«

Während Sylvias positivster Hausfrau-und-Mutter-Phase kam A. L. Alvarez, um Ted für den *Observer* zu interviewen. Es war seine erste Begegnung mit Ted und Sylvia. In dem inzwischen berühmten Vorwort zu *Der grausame Gott* beschreibt er, wie die beiden in jenem Frühjahr in London auf ihn wirkten: Hughes »war ein großer Mann von kräftigem Aussehen, er trug schwarze Cordsamtjacken, schwarze Hosen und schwarze Schuhe; seine dunklen Haare fielen ihm unordentlich in die Stirn; sein breiter Mund wirkte geistreich.« Sylvia dagegen schien »in seinem Schatten zu stehen; die Dichterin trat hinter der jungen Hausfrau und Mutter zurück. Sylvia hatte einen langen, ziemlich flachen Körper, ein längliches, unhübsches, aber waches und ausdrucksvolles Gesicht mit einem lebhaften Mund und schönen braunen Augen. Ihr bräunliches Haar war in einem strengen Knoten zusammengefaßt. Sie trug Jeans und ein flottes Hemd, wirkte auf amerikanische Art adrett, strahlend sauber und tüchtig wie die junge Frau auf einer Kochreklame, freundlich, dabei eher zurückhaltend.«

Alvarez lernte die ruhige, tüchtige Mrs. Hughes kennen, ohne zu ahnen, daß es sich um die Dichterin Sylvia Plath handelte, deren *Night Shift* er bereits im *Observer* veröffentlicht hatte. Die meisten Menschen, die das Ehepaar Hughes zum ersten Mal sahen und nicht wußten, daß Sylvia ebenfalls schrieb, hätten denselben Eindruck gewonnen: Sie war die intelligente, etwas verschlossene Ehefrau eines bald berühmten Dichters.

Ted dagegen sah Sylvia immer als eine Schriftstellerin und verstand ihr Bedürfnis nach einem ruhigen Arbeitsplatz sehr gut. Er muß sich jedoch in Hinblick auf W. S. Merwins Arbeitszimmer, das ausdrücklich *ihm* zur Benutzung angeboten worden war, in einem Zwiespalt befunden haben. Er wußte, das Zimmer war für Merwin ein Heiligtum (in seiner Abwesenheit wurde es verschlossen), und es war eine besondere Gunst, daß er es benutzen durfte. Aber was konnte er tun? Das Ergebnis war, daß Sylvia in einem Brief an ihre Mutter nach dem Bericht über eine Party bei Faber, die sie in leuchtenden Farben schilderte, sagen konnte: »Ich befinde mich in dem deprimierenden, qualvollen Zustand, wo ich nach langem Schweigen versuche, wieder mit dem Schreiben anzufangen; dennoch erfüllen die Morgenstunden im Arbeitszimmer meine Seele mit Frieden, und ich bin unendlich glücklich, daß wir eine Lösung gefunden haben, wie ich täglich zu einem dikken Stück Freizeit oder vielmehr Zeit zum Arbeiten komme.« Sylvia schrieb jeden Morgen in Merwins Arbeitszimmer (Ted versorgte dann Frieda); nach dem Mittagessen blieb Sylvia am Chalcot Square, während Ted sein Pensum in St. George's Terrace erledigte. Sie durften auch den Garten benutzen und mähten dafür den Rasen. Eine mit den Merwins befreundete Friseuse kümmerte sich während deren Abwesenheit um die Wohnung und fütterte die Siamkatze. Wie immer herrschte zwischen Sylvia und Ted völlige Übereinstimmung, wenn es um den Rhythmus ihrer Arbeitstage ging.

Trotzdem fiel es Sylvia anfangs schwer zu schreiben, denn sie wußte nicht, wie sie das Erlebnis der Schwangerschaft und Geburt verarbeiten sollte. Ihr Gedicht vom 27. Juni führte sie geradewegs zurück zum Thema von *Poem for a Birthday.* In *Der Erhängte* – eine Tarockkarte brachte sie auf den Titel –, greift sie in sechs knisternden Zeilen das alte Thema Elektroschocktherapie und Selbstmord auf:

An meinen Haarwurzeln hat mich irgendein Gott gepackt.
Ich schmorte, ein Wüstenprophet, an seinem blau
sprühenden Draht.

Die Nächte außer Sicht, wie ein Echsenaugenlid klappt:
Eine Welt von Tagen, kahl, weiß, ohne Lampenschirm
eingeschraubt.

Ihre Geierlangweile hat mich an diesen Baum gesteckt.
Wenn er ich wäre, täte *er*, was ich tat.

Sylvia war in ihren persönlichen, schlaflosen Alptraum zurückgekehrt und versuchte, dort weiterzumachen, wo sie in Yaddo aufgehört hatte. Neu war der Stil, nicht länger an Roethke angelehnt, sondern ein eigener, intensiver, kontrastreicher Ton. Die anderen Gedichte, die sie im Juli schrieb, waren vermutlich »Übungen«, und sie wählte dafür Themen ihrer Reisen vom Vorjahr: *On Deck*, *Sleep in the Mojave Desert*, *Two Campers in Cloud Country*. Ihr erstes Gedicht über die Geburt steht nicht in Beziehung zu ihrem Kind, sondern zu ihren (wie sie es damals gesehen haben muß) totgeborenen Gedichten.

> Solche Gedichte leben nicht: das ist die traurige Bilanz.
> Sie ließen ihre Füßchen und die Finger vorschriftsmäßig
> wachsen
> und ihre kleinen Stirnen beulten sich
> vor Anstrengung nach vorn.
> Und wenn sie sich nicht regten, so wie es sich gehört
> Dann lag das sicher nicht
> an Mutterliebe Mangel.

In dieses Gedicht bracht Sylvia ein immer wiederkehrendes Bild – Embryos in Formalin –, eine Erinnerung an den dramatischen Besuch mit Dick Norton im Bostoner Krankenhaus:

> Sie hocken so lieblich in ihrem Einweck-Wasser!
> Sie lächeln und lächeln und lächeln mir zu.
> Doch füllen ihre Lungen sich gar nie mit Luft
> und ihre Herzen beginnen nie zu schlagen.

Auch wenn *Stillborn* als leichte, amüsante Übung in Selbstkritik betrachtet werden kann, so schaudert der Leser dennoch.

Während Sylvia mit ihrer Arbeit kämpfte, eilten ihre Gedanken mit Zukunftsplänen voraus. Die Unzufriedenheit mit der winzigen Wohnung wuchs. Als sie Ende Juni eines Nachmittags mit Frieda in der nahegelegenen Fitzroy Road spazierenging, entdeckte sie an einem der Häuser das Schild ZU VERKAUFEN. »Fitzroy Road Nr. 41, der Straße in der Yeats gewohnt hat«, schrieb sie ihrer Mutter aufgeregt. Kaum hatte

Sylvia das Haus gesehen, hatte sie es auch schon möbliert und ein Arbeitszimmer für Ted, eins für sich, ein Kinderzimmer für Frieda, ein »Zimmer für Gäste (Dich) für jetzt und das nächste Baby (die Babys)« eingerichtet und »dazu der hübsche Garten, um Wäsche aufzuhängen und ein Laufställchen aufzustellen«. Für neuntausendzweihundertfünfzig Pfund wäre es (selbst 1960) ein ausgezeichneter Kauf gewesen. Aber schließlich mußten sie den Plan aufgeben, da sie sich ohne gesichertes Einkommen fürchteten, eine Hypothek aufzunehmen.

Außerdem stand durch den Somerset-Maugham-Preis fest, daß Ted einen Teil des Jahres 1961 im Ausland verbringen würde. Gegen Ende September erkundigte sich Sylvia, die sich immer noch »wie eine Kuh« fühlte und nach Friedas Geburt körperlich mit sich zufrieden war, in einem Brief an ihre Dichterfreundin Lynne Lawner, die damals in Rom lebte, nach möblierten Villen, die man zu billigen Winterpreisen mieten könne. Oder waren solche Villen in den kleinen Küstenstädten billiger? Während solche Pläne Sylvias Phantasie beschäftigten (und damit Hoffnungen und Ängste weckten), stillte sie die kleine Frieda, schob sie im Kinderwagen durch den Sommer, den Frühherbst und schrieb wenig. Sie machten zwei Wochen Ferien in Yorkshire und fuhren mit Teds Cousine Vicky nach Whitby; Sylvia fand den Badeort deprimierend schmuddelig; den Strand bevölkerten Urlauber aus der Arbeiterklasse, die »Bonbonpapier, Kaugummis und Zigarettenschachteln überall am Strand verstreuten«, der so ganz anders war als die sauberen weißen Sandstrände von Nauset auf Cape Cod. Im September erschienen *The Manor Garden* in *The Atlantic* und die begeisterte Kritik von Stanley Kunitz über *Lupercal* in *Harper's*.

Als die Merwins zum Sommerende aus Frankreich zurückkamen, verabredeten Ted und Sylvia mit einer Mrs. M. in der Wohnung über ihnen, daß Ted tagsüber dort schreiben konnte, während sie als Übersetzerin für die Telefongesellschaft außer Haus arbeitete. Als Gegenleistung wollten sie ihr hin und wieder eine Flasche Sherry schenken. Ted arbeitete allerdings nur einige Male in Mrs. M.s Wohnung, denn er hatte das Gefühl, in ihre Privatsphäre einzudringen. Trotz freundlicher Worte über die Nachbarin in einem Brief an die Mutter schätzte Sylvia weder den Wohnstil dieser Dame noch die gelegentlichen Herrenbesuche (manchmal begegnete sie diesen Herren auf der Treppe). In ihrem dramatischen Monolog *Leaving Early* wird die Dachwohnung in den Worten eines solchen Besuchers, der sie als eine erstickende Hölle sterbender Blumen beschrieb, wieder lebendig. Das Gedicht läßt die späteren Angriffe auf wohlmeinende Frauen ahnen, an denen Sylvia ihr Talent zur Boshaftigkeit übte – *Lesbos* und *The Tour* zum Beispiel.

Rechtzeitig zu ihrem Geburtstag brachte Heinemann im Oktober *The Colossus and Other Poems* heraus, und Sylvia schickte am 26. ihrer Familie zwei Exemplare mit normaler Post. Sie ärgerte sich zwar über zwei Druckfehler auf den letzten Seiten, freute sich aber über die Farbe des Umschlags: »Ich bin entzückt über die Farbe des Einbandes – das tiefgrüne Rechteck, der weiße Schutzumschlag und die schwarzweiße Schrift [...] Es ist ein hübsch dickes Buch, das einen 3/4 Zoll auf dem Bord einnimmt, und ich finde, sie haben es schön gemacht.« Im selben Brief berichtet sie von einer Aufnahme für das Dritte Programm der BBC, in der sie *Leaving Early* und *Candles* las. *Candles* und *Magi* sind die ersten einer Reihe von Gedichten über Kinder, die Sylvia in ihren letzten fruchtbaren Jahren schrieb. Besonders aus *Candles* spricht eine neue Sanftheit, die den nackten, nervigen Surrealismus der anderen Gedichte dieser Zeit modifiziert. Mutter und Kind stehen im Mittelpunkt dieses Gedichts, das die Renaissance-Gelassenheit eines Gemäldes von Raffael oder Murillo ausstrahlt anstelle der gewohnten de Chirico oder Dalí. Die Kerzen sind »die letzten Romantiker«, rührend persönlich, schmeichlerisch, falsch, aber trotzdem »birnensüß«. »Freundlich zu verletzten und zerstörten Frauen« und heilig genug, um »den kahlen Mond [zu] besänftigen«, und wie Nonnen den Begierden, dem unersättlichen Körper zu entsagen. Trotzdem lassen ihre vergänglichen »Lichtkugeln« eine traurige Zukunft ahnen: In zwanzig Jahren wird die Mutter »rückschrittlich« und das Kind erwachsen sein. Die Kerzen weinen vergeblich über das Verrinnen der Zeit.

In dem Gegenstück *Magi* lenkt Sylvia die Aufmerksamkeit auf das Kind der Dichterin und auf seine körperliche Unschuld, die den abstrakten Ideen der Philosophie weit überlegen ist. Die eifrige Studentin, die sich mit Dorothea Krook in Cambridge Platos Ideen geöffnet hatte, blickt jetzt voll Verachtung auf solche »langweiligen« Engel wie »das Wahre und das Gute«; sie sind »heilsam und wie gekochtes Wasser rein / und lieblos wie das Einmaleins«. Einem sechs Monate alten Baby bedeutet die »schwerwiegende Erkenntnis des Bösen weniger als Bauchweh«, während »Liebe keine Theorie« ist, sondern »die Mutter der Milch«. *Magi* ist ein leichtes Gedicht, das man als Beweis für Sylvia Plaths Romantizismus anführen könnte, wie Joyce Carol Oates es in ihrem berühmten Essay *The Death Throes of Romanticism** getan hat.

Magi und *Candles* sind Oasen in einer, wie man es nennen könnte, Durststrecke der Inspiration. Es lag nicht daran, daß Sylvia nicht schreiben konnte, aber dieselben alten Bilder schlichen sich in alles ein, was sie schrieb. *Love Letter* wiederholt, surrealistisch ausgeschmückt, die Bilderwelt von *Stones*; *A Life* soll angeblich die Beschreibung eines gläsernen Briefbeschwerers sein, ist aber die Wiederholung der alten Geschichte vom ertrunkenen Vater und der verlassenen Tochter aus ihrer »Elektra«-Phase. Ein Traumgedicht, das unverkennbar auf einen Alptraum zurückgeht, ragt unter diesen

* Joyce Carol Oates wirft Sylvia Plath vor, sich mit diesem Gedicht selbst ans Messer zu liefern, und argumentiert, da Sprache an sich abstrakt sei, sei die Zurückweisung der Errungenschaften hoher Kultur zugunsten der regressiven Phantasien des Romantizismus gleichbedeutend damit, »sich und uns einzugestehen, daß sie ihrem eigenen Kind unterlegen ist«.

Selbstimitationen heraus. Es handelt sich um *Waking in Winter*, und wie Ted Hughes sagt, hat Judith Kroll es zeilenweise aus »einem stark korrigierten Manuskript zusammengestellt, und man muß es als unvollendet betrachten«.

Ich kann das Zinn des Himmels schmecken – als wärs ein
  Trank.
Winterfrühe hat die Farbe von Metall,
Angewurzelt erstarren die Bäume wie versengte Nerven.
Nachtüber hab ich von Zerstörungen geträumt,
  von Auslöschungen –
Ein Fließband durchschnittener Kehlen, und du und ich,
Fortschleichend in dem grauen Chevrolet, tranken das grüne
Gift der verstummten Rasen, der kleinen, verschindelten
  Grabsteine,
Geräuschlos, auf Gummireifen, unterwegs ins Seebad.

Wie die Balkons widerhallten. Wie die Sonne aufflammte!
Die Totenschädel, die losgelösten Knochen schoben sich
  ins Bild!
Raum! Raum! Bettwäsche gabs nicht mehr.
Bettpfosten verkrümmten sich entsetzlich, und die
  Pflegerinnen
Jede Pflegerin klebte ihre Seele auf eine Wunde und
  verschwand.
Die leichenhaften Gäste waren nicht zufrieden gewesen.
Mit den Zimmern oder den Lächelmienen oder den
  hübschen Gummibäumen.
Oder dem Meer, das ihren geschundenen Verstand einlullte
  wie die Alte Mutter Morphium.

Waking in Winter klingt tatsächlich »als wärs ein Trank«. Selbst als Entwurf ist es ein Vorbote der *Ariel*-Gedichte; seine Bildersprache nimmt auf unheimliche Weise die von *Berck-Plage* vorweg. Es bestätigt, daß Sylvia, so fröhlich und erfolgreich sie nach außen auch zu sein schien, nie eine innere Stabilität und Ruhe fand, die ihr vielleicht die Flucht vor den wuchernden Wurzeln im Dämonischen hätten ermöglichen können. Ted Hughes sagt in seinem langen, ausführlichen Essay über ihre Tagebücher:

»Obwohl sich ihr ganzer beachtlicher Ehrgeiz darauf richtete, eine normale, blühende und früchtetragende Schriftstellerin zu werden, *bestand ihr Werk nur aus Wurzeln* [Hervorhebung der Autorin]. Es scheint beinahe, als sei ihr gesamtes Œuvre in die Prozesse und Verwandlungen eingeschlossen, die sich bei anderen Dichtern ereignen, ehe sie überhaupt beginnen können zu schreiben, ehe die Muse ihnen ein Blatt reichen kann. Oder als bestehe alle Dichtung aus den Kunststücken und Darbietungen, die der poetische Geist Ariel vollführte. Ihre Dichtung dagegen ist Ariels Biologie, Ariels Ontologie – die Geschichte von Ariels Gefangenschaft im Baum, ehe Prospero ihn befreite.«

Warnungen
1960 - 1961

Nie wieder komm ich da heraus!
Jetzt gibt es also zwei von mir:
diese neue
und gänzlich weiße Person und die vergilbte alte.
Die weiße ist zweifellos die Überlegene.

Sie könnte ohne mich nicht sein
und also war sie dankbar.
Ich gab ihr eine Seele, erblühte aus ihr wie die Rose
aus einer Vase von nicht gerade teurem Porzellan.

In Plaster
18. März 1961

I

Für Ted Hughes war das Jahr 1960 ein Triumph. *The Hawk in the Rain* war ein Erfolg gewesen, und *Lupercal* hatte seinen wachsenden Ruf gefestigt. Wie W.S. Merwin vorausgesagt hatte, bezog er von der BBC ein beachtliches Einkommen. »Was Ted dieses Jahr durch die BBC verdient hat, entspricht einem Gehalt«, versicherte Sylvia der Mutter einen Tag vor ihrem achtundzwanzigsten Geburtstag. »Wir haben hier etwa $ 1600, aus unseren englischen Veröffentlichungen, auf der Bank, zudem hat Ted die phantastische Möglichkeit, Sendungen für Schulkinder zu machen, die in ganz England ausgestrahlt werden.« Teds Geschichten *The Rain Horse* und *Harvesting* wurden vor Weihnachten gesendet. Auch seine Gedichte waren oft zu hören, und er hatte Beiträge für die Reihe »Dichter übersetzen die *Odyssee*«, die das Dritte Programm in Auftrag gegeben hatte, geliefert. In dieser Zeit schrieb Ted auch Theaterstücke. In Cambridge, Massachusetts, führte die Poet's Theatre Company *The House of Aries* auf, das sich Aurelia Plath loyal, wenn auch etwas verständnislos ansah. Inzwischen arbeitete er an seinem zweiten allegorischen Stück in drei Akten, *The House of Taurus*, und am Libretto für Chou Wen-Chungs Oratorium nach dem Tibetanischen Totenbuch.

Sylvia gab zwar vor, die Haltung ihres Mannes zur Publicity zu teilen (»Wir werden beide bescheidener und wollen nicht überall unsere Biographien und Veröffentlichungslisten herausposaunen«), doch sie war niedergeschlagen, weil *The Colossus* kein rascher Erfolg wurde. »Da ich weder einen Preis noch einen amerikanischen Verleger habe«, schrieb sie, »haben sie sich nicht bemüht, Reklame dafür zu machen, ich werde also vermutlich keinen Pfennig damit verdienen, falls ich nicht noch später einen Preis kriege, der das Publikum aufmerksam macht.«

Trotzdem blieb London für Sylvia ein Garten literarischer

Freuden. Stephen Spender hatte ihr für den letzten Tag im Lady-Chatterley-Prozeß im Old Bailey eine Pressekarte besorgt – »sehr aufregend, besonders das überraschende Urteil ›nicht schuldig‹!« Ende Oktober, Anfang November berichtet sie von ersten Aufnahmen für *The Poet's Voice* für die BBC; die Sendung wurde zusammen mit Lesungen von neun anderen Dichtern am 9. November ausgestrahlt. Sie ging wöchentlich zur Berlitz School und lernte Italienisch (sie und Ted rechneten inzwischen fest damit, im Frühjahr drei Monate in Italien zu verbringen), und erfreulicherweise begann sie, wieder Gedichte zu schreiben. In erster Linie jedoch arbeitete sie an Geschichten, denn sie war wieder einmal entschlossen, einen Einstieg in den populär-literarischen Markt zu finden. Sie hatte eine »gute, rührige Agentin« gefunden, die mit einer Agentur in New York zusammenarbeitete, wie sie ihrer Mutter berichtete.* Die verlockende Aussicht, in der *Saturday Evening Post* zu veröffentlichen, erfüllte sie als Schriftstellerin mit Zuversicht, und als Mutter fand sie Erfüllung.

Diese Zuversicht in ihre beruflichen Aussichten hielt über die Weihnachtstage in Yorkshire an. Helga Huws hatte im November eine zweite Tochter bekommen, und das löste bei Sylvia den Wunsch aus, »sofort noch so ein wirklich Kleines zu haben«. Wie sie sagte, hatte sie festgestellt, daß Kinder ihr Schreiben beflügeln könnten, und das würde gewiß noch mehr der Fall sein, wenn sie erst einmal mehr Platz zum Arbeiten hätte und eine Frau, die sich um das Kind kümmerte oder ihr die mühsamen Haushaltspflichten abnähme. »Alle möglichen komischen Halbtagsjobs tauchen hier auf«, schrieb sie am Abend vor der Fahrt nach Yorkshire und bat Aurelia, ihr ein Stenographiebuch zu schicken. Den nächsten Brief schrieb sie an Heiligabend in »The Beacon«. Sie billigte Teds Entscheidung, nicht als Dichter des Jahres im Fernsehen aufzutreten, »sehr zur Enttäuschung seiner Mutter«. Aber sie

* Sowohl die Agentin als auch die Agentur sind unbekannt.

führte ihre eigenen Triumphe auf – eine gute Besprechung von A. Alvarez im *Observer* und eine zweite im Radio, in der *The Colossus* zusammen mit neuen Büchern von Pasternak, Cummings und Betjeman vorgestellt wurde. Alvarez schrieb besonders einfühlsam und machte auf die technische Qualität aufmerksam, die Sylvia in die Atmosphäre gespenstischer Drohung einbrachte:

»Darin liegt ein bewundernswert intelligenter Ton; die Sprache ist einfach, aber lebendig und treffend, von einer Dichte, die eine ganz erhebliche Irritation bei verhältnismäßig geringen Anlässen verrät. Ich glaube, daß Fräulein Plath sich diese Schlichtheit erlauben kann, weil die meisten ihrer Gedichte sicher in einer Fülle von Erfahrung ruhen, die nie ganz ans Tageslicht gelangt [...] Das Gefühl des Schreckens macht die Eigenart ihres Werkes aus. Es ist, als würde sie ständig von etwas bedroht, das sie nur aus den Augenwinkeln erkennen kann.«

II

Sie waren in ihrem neuen Morris nach Yorkshire gefahren. Teds Mutter hatte das Klavier aus dem Wohnzimmer räumen lassen, um Platz für Friedas Laufställchen zu schaffen. Mit der kleinen, gerade neun Monate alten Person und all den Utensilien, die für die Babypflege notwendig waren, wirkte das Haus plötzlich sehr voll.

Olwyn Hughes, die über Weihnachten nach Hause kam, erinnert sich an Sylvias aufgeregte Beschreibung einer Ausstellung von Leonor Fini, die sie in London gesehen hatte. Sylvia hatte ihr sofort nach dem Besuch über die »phantastische Leonor Fini« geschrieben: »[sie] lebt auf Korsika und in Paris [...] eine polyglotte Frau [...] die zu Hause ab und zu Tiermasken trägt, sie hat – unter einigen schlechten Sachen – juwelenhafte, unirdische Jungfern und Leichen von seltsamer, erschreckender Schönheit gemalt, die aus einer anderen Welt stammen und wie Puppen wirken. Ich würde gern zu ihrer korsischen Einsiedelei pilgern – die man nur auf einem Esel erreichen kann.« Olwyn hatte noch nie erlebt, daß Sylvia sich so für die Arbeit einer Künstlerin begeisterte. Erst später, als sie Finis meisterhafte Bilder von Doppeln, Masken und geteilten Wesen sah, verstand sie Sylvias rätselhafte Reaktionen: Viele der Bilder stimmen vollkommen mit der unheimlichen und schönen Welt von Sylvias Gedichten überein.

Olwyn erinnerte sich noch gut an Sylvias Verhalten bei ihrem schrecklichen Besuch im März in der Londoner Wohnung und behandelte sie diesmal mit größter Vorsicht. Vielleicht führte diese Anspannung in Verbindung mit der allgemeinen Erschöpfung nach dem Weihnachtstrubel zu einem unerfreulichen Ereignis. Soweit Olwyn sich erinnern kann, begann alles mit einer Bemerkung, die sie machte, nachdem Sylvia sich sehr »abfällig« über das Verhalten von jemandem geäußert hatte, den Sylvia kannte, Olwyn aber nicht. Olwyn sagte: »Du bist wirklich schrecklich kritisch.« Die Reaktion folgte auf dem Fuß. Sylvia durchbohrte Olwyn mit einem halb entsetzten, halb zornigen Blick, zog Ted in das Zimmer und flüsterte ihm Olwyns Bemerkung zu. Olwyn verlor die Geduld und fragte Sylvia, warum sie sich nicht einfach normaler verhalte, warum sie so unhöflich sei, warum sie oft so wenig Rücksicht auf andere nehme.

Sylvia erwiderte nichts auf diese rhetorischen Fragen, sondern starrte Olwyn nur böse an. Olwyn bedauerte augenblicklich, überhaupt etwas gesagt zu haben. Sie weiß noch, daß sie dachte: ›Warum *sagt* sie denn nichts?‹

Olwyn beendete die Auseinandersetzung, indem sie Frieda über die seidigen Haare strich (das kleine Kind saß die ganze Zeit auf Olwyns Schoß) und sagte: »Aber wir sollten über diesem süßen Köpfchen nicht so miteinander reden.« Sylvia nahm die Kleine ohne eine Antwort hoch, ging nach oben und erschien nicht mehr. Als Olwyn sich später schlafen legte, bereute sie ihre Worte. Es war noch nicht hell, als sie aufwachte und hörte, daß ihr Bruder und seine Familie die Abreise vorbereiteten (früher als geplant). Im Halbschlaf ging sie nachschauen und sah Sylvia, die am Fuß der Treppe stand, stumm hinaufblicken. »Fahrt ihr schon?« fragte sie und wünschte ihnen eine gute Fahrt. Sie bekam keine Antwort. Olwyn sollte Sylvia nicht wiedersehen.

Am 1. Januar 1961 gebraucht Sylvia in einem Brief nach Hause für sie typisch extreme Worte, um den heftigen Groll auf ihre Schwägerin loszuwerden. Sie beklagt sich über die Szene mit Olwyn, die ihr, nach ihrer Aussage, die Feiertage verdorben hatte.* Als Aurelia Plath im folgenden Sommer Edith Hughes in Yorkshire besuchte und ihr gegenüber Sylvias übertriebene Version von diesem Vorfall erwähnte, war Mrs. Hughes entsetzt und äußerte in einem Brief an Olwyn, sie könne daraus nur schließen, daß ihre Schwiegertochter »sehr nachtragend« sei.

Um des Familienfriedens willen schrieb Olwyn mit Unterstützung ihrer Mutter eine angemessene Entschuldigung. Sylvia leugnete, den Brief jemals bekommen zu haben, und es dauerte einige Monate, bis die beiden Frauen wieder freundliche Briefe wechselten.

Aus Sylvias Sicht hatte der Januar also schlecht begonnen (sie und Frieda waren erkältet); sie freute sich zwar hin und wieder über literarische Perspektiven – man hatte sie aufgefordert, eine amerikanische Beilage zu *The Critical Quarterly* herauszugeben, und sie sollte sich mit ihrem Mann an der Rundfunkreihe *Two of a Kind* beteiligen** –, aber sie litt an Sinusitis, erlebte eine neue Schreibblockade und war wieder

* Wann immer Sylvia später auf diese Episode zurückkam, behauptete sie, sie sei im Nachthemd in den Schnee hinausgelaufen. Olwyn kann sich daran nicht erinnern, zumal das Ereignis um 19.00 Uhr stattgefunden hatte.

** *Poets in Partnership* war eine Folge von *Two of a Kind*, die am 31. Januar 1961 im BBC Home Service gesendet wurde. Eine längere Version wurde am 19. März wiederholt; Sylvia las *Mushrooms*.

schwanger. In einem trübseligen Monat mit Regen und Nebel schrieb sie: »Habe mit Teds Hilfe eine drastische Kur angefangen zur Verbesserung meines Gesundheitszustandes [...] esse enorm viel zum Frühstück [...] butterweiche Steaks, Salate, trinke aus unseren Milchflaschen oben die Sahne weg und nehme Eisen- und Vitamintabletten.« Ihr Blinddarm »knurrt«, schrieb sie in einem Brief vom 27. Januar an ihre Mutter, und der Arzt hätte ihr empfohlen, ihn Ende Februar herausnehmen zu lassen. Den März wollte sie sich freihalten, um sich zu »erholen«, schrieb sie weiter, ehe sie im April mit Ted und Frieda nach Italien aufbrechen würde. Im Juli wollten sie alle wieder in England sein, um sich auf den Besuch von Aurelias Plath vorzubereiten; Sylvia hoffte, Aurelia könne in der Woche kommen, in der das Kind geboren würde. Sie rechnete mit der Geburt am 17. August, Teds Geburtstag.

Vorübergehend nahm Sylvia eine Arbeit bei *The Bookseller* an, um gegen ihre Depressionen anzukämpfen und zu verhindern, daß sie zuviel über die bevorstehende Operation nachdachte. Sie machte das Layout für die Kinderbuchseite der Zeitschrift. Am 2. Februar berichtete sie, sie sei mit der Arbeit zufrieden und wegen ihrer Geschwindigkeit beim Tippen »das Wunder des Büros«. Ted »vergrub« sich in sein Stück, wenn sie nachmittags nicht zu Hause war (und beaufsichtigte offenbar gleichzeitig Frieda); »er war voller Ideen und großartig in Form«. In diesem Brief beschreibt sie dann eine Begegnung mit Theodore Roethke auf einer Party am Abend zuvor. »Ich habe mir immer gewünscht ihn kennenzulernen, da ich finde, daß ich von ihm beeinflußt bin.« Roethke, ein »großer, blonder, schwedisch aussehender Mann, der für seine 52 Jahre noch sehr jung wirkt«, hatte Ted gesagt, er »könne ihm jederzeit einen Wink« geben, wenn er an der University of Washington in Seattle unterrichten wolle. Sylvia erklärte, sie sei zufrieden mit dem Abend und fühle sich »sehr viel besser bei der Aussicht auf den Frühling, den Sommer und [deinen] Besuch«.

Zwischen diesem optimistischen Brief und einem sehr niedergeschlagenen vom 6. Februar, in dem sie von einer Fehlgeburt berichtet, war im dritten Stock am Chalcot Square Nr. 3 viel geschehen, von dem Aurelia nie etwas erfuhr. Sylvias häusliche Zufriedenheit war echt, aber sie wurde oft von einer über sie hereinbrechenden Eifersucht untergraben. Eine Vorstellung von der Wucht solcher Ausbrüche wie Anfang Februar erhält man in einer von Sylvias Geschichten, die sie vermutlich 1961 geschrieben hat. *Tag des Erfolgs* erzählt von der Eifersucht einer Frau wegen angeblicher Seitensprünge ihres Mannes, von denen ihr eine Freundin berichtet, die sich später jedoch als unwahr herausstellen. Die Geschichte war für den populären Markt der Frauenzeitschriften bestimmt und ist auf die weiblichen Wertvorstellungen jener Zeit ausgerichtet, obwohl die Fang-dir-einen-Mann-und-sei-glücklich-Philosophie selbst 1961 naiv gewirkt haben muß. Aber Sylvias Haltung *war* naiv. Sie glaubte tatsächlich, jeder »richtige« Mann fände es schrecklich, zu Windeln und Lebertran nach Hause zu kommen anstelle von japanischer Seide und dem französischen Parfüm der Geschichte. Ted hatte bewiesen, daß er ein liebevoller Vater und sehr häuslicher Schriftsteller war. Doch Sylvia fürchtete insgeheim, die Redakteure von *Mademoiselle* und *Seventeen* hätten recht, und es müsse nur eine genügend aufregende Rivalin auftauchen, damit sie ihren Mann verliere, die Hauptstütze ihres unsicheren Glücks.

In der Woche, in der Sylvia Theodore Roethke kennenlernte, war Ted mit einer BBC-Produzentin verabredet, um über eine Reihe von Kindersendungen zu sprechen, die er der BBC vorgeschlagen hatte. Wie in Sylvias Geschichte rief Moira Doolan, die Produzentin, an, um mit Ted einen Termin zu vereinbaren, und hatte Sylvia am Apparat. Moira Doolan war eine ältere Dame, hatte aber eine muntere irische Stimme, mit der Sylvia sofort flammendrote Haare und verführerische Absichten in Verbindung brachte. Sylvia war alarmiert wie die Heldin der Geschichte. Sie stellte sich vor, ihre vollkommene Ehe werde durch Moira Doolan, eine Frau, die sie nicht kannte, den ersten unvermeidlichen Sprung bekommen. Als Ted zum Mittagessen nicht zurückkam, steigerte sich Sylvias Eifersucht zu Hysterie. Sie gab Frieda zu essen und legte sie schlafen. Inzwischen mußten ihre Vermutungen sie in glühenden Zorn getrieben haben, und sie rächte sich vorsorglich.

Das Gespräch bei der BBC verlief gut. Moira Doolan erklärte sich im Prinzip einverstanden, die Sendungen zu machen, die Ted vorschwebten.* Als er spät zum Mittagessen nach Hause kam und Sylvia die gute Nachricht erzählen wollte, bot sich ihm in der Wohnung ein Bild der Verwüstung. All seine Arbeiten, die ihn zur Zeit beschäftigten, das Theaterstück, Gedichte, Notizbücher, sogar seine wertvolle Shakespeare-Ausgabe waren in kleine Stücke zerrissen, »einige waren nur noch Schnipsel«. Sylvia hatte ihrem Zorn freien Lauf gelassen; sie bestrafte ihren Mann für den vermuteten Flirt mit der Vernichtung seiner Arbeit und seines wertvollsten Buches.**

Dieser Vorfall illustriert erneut Sylvias irrationale und unkontrollierbare Wut. Abgesehen von den Kindern verband Ted Hughes und Sylvia Plath in den schwierigen gemeinsamen Jahren ihr Engagement an einer gemeinsamen Kunst. Dido Merwin stellt richtig fest, daß die Vernichtung von Teds Arbeiten »die bewußte, berechnete Tat einer Dichterkollegin war, die geschrieben hatte – und daran so leidenschaftlich glaubte wie Ted –, ›daß Schreiben eine religiöse Handlung ist‹. De facto hatte sie also entweiht, was beiden am wichtigsten war [...].« Ted konnte diese Entweihung nicht vergessen

* Die Rundfunkserie »Listening and Writing«, die aus dieser Besprechung hervorging, wurde unter den Titeln *Poetry in the Making* (London: Faber, 1967) und *Poetry Is* (New York: Doubleday, 1970) veröffentlicht. Sie werden noch immer an Schulen gelesen.

** Der Bericht über diesen Vorfall kam von Dido Merwin, der Ted Hughes nach seiner Trennung von Sylvia im Herbst 1962 davon erzählte.

oder vergeben; offenbar bedeutete sie den Wendepunkt seiner Ehe.

Am folgenden Montagmorgen (am 6. Februar) hatte Sylvia eine Fehlgeburt. Zorn, Hysterie und Kummer (vielleicht auch starke Angst vor dem bevorstehenden Krankenhausaufenthalt wegen des entzündeten Blinddarms) brachten sie dazu, wieder zu schreiben. In den nächsten vierzehn Tagen, zwischen dem 11. und 26. Februar, als sie zur Blinddarmoperation ins Krankenhaus ging, entstanden sieben Gedichte. Als Gruppe spiegeln sie die charakteristische Unausgeglichenheit ihrer Autorin wider. *Parliament Hill Fields** ist eine Elegie auf ihr verlorenes Kind, vielleicht auch auf die »verlorene« vollkommene Ehe. »Der alte Unrat, die alten Schwierigkeiten nehmen mich zur Frau.« *Morning Song* und *Barren Woman* sprechen in eigenartig ähnlichen Bildern sowohl von Geburt als auch von Fehlgeburt. Die Zartheit von *Morning Song* offenbart den Akt der Trennung vom Kind.

> Ich bin deine Mutter kaum mehr
> Als die Wolke, die einen Spiegel gebiert für das Bild
> ihres eignen
> Allmählichen Verlöschens auf der Hand des Winds.

Das Kind ist eine »neue Statue« in einem »zugigen Museum«, in dem »wir herumstehen, blaß wie die Wände«. *Barren Woman* entwickelt den tristen Rahmen eines de Chirico-Museums:

> Statt dessen nähern sich mir schmerzlich Tote,
> nichts kann geschehen.
> Auf meine Stirn legt eine Hand der Mond,
> mit glattem Gesicht, Mutter als Krankenschwester.

In diesen beiden kalten, schönen Gedichten geht es um schlaflose Nächte (*Barren Woman* sollte zuerst *Small Hours* hei-

* Teil von Hampstead Heath im Norden Londons.

ßen), und zweifellos spiegeln sie Sylvias Depressionen wider. Bilder der Auslöschung und der personifizierte Mond (später ist er nicht mehr eine Krankenschwester, sondern die dunkle Dame Tod) kehrten am Ende von Sylvias Leben in *Quetschung* und *Rand* wieder.

Face Lift schwelgt in medizinischen Bildern, die Sylvia so gern auskostete; das Gedicht ist lebendiger, und jede Einzelheit entstammt Dido Merwins Leben und Erfahrung. Dido faszinierte Sylvias Neugier zu diesem Thema. »Als Sylvia Fragen stellte und Interesse an meinen Schnitten und spektakulären bunten Verfärbungen zeigte [...] gab sie mir die Möglichkeit, eine wache und faszinierende Seite an ihr zu erleben, die ich kaum noch einmal zu sehen bekam.« Doch das Gedicht bezieht sich auch, wie häufig betont wurde, auf Sylvias immer wiederkehrenden Mythos der Wiedergeburt:

> Als meine eigene Mutter erwache ich, verpackt in Gaze,
> rosig gleichzeitig babyweich.

Das späte Gedicht *Hinkommen* endet beinahe mit derselben Zeile. Am seltsamsten in dieser Gruppe ist *Zoo Keeper's Wife* mit dem Bild einer Frau, die ihre Schwestern »verdaut« – ein gutes Bild der Behandlung, die gewisse ungeliebte Frauen von Sylvia erlebten. »Sieh doch, sie lösen sich auf, wie Münzen im Schwitzbad.« Sowohl in *Face Lift* als auch in *Zoo Keeper's Wife* finden die Stopfeigesichter der *Beunruhigenden Musen* einen Platz. Zunehmend sind bei ihr Krankenschwestern, Hügel, Schweine, sogar Augen und Schreie »kahl«. *Zoo Keeper's Wife* war vermutlich ein getarnter Schlag gegen Ted und *Face Lift* einer gegen Dido. Spöttisch, gehässig, nicht wenig masochistisch übt sich Sylvia bereits in dem Haß, der später in *Medusa*, *Lesbos*, *The Tour* und *Eavesdropper* zum Ausdruck kommt – merkwürdigerweise alles Gedichte über Frauen.

III

Am 26. Februar, einem Sonntag, machte sich Sylvia abends allein auf den Weg zum St. Pancras Hospital und verirrte sich in »den schwarzen Sonntagsstraßen von Camden Town«. Sie erkundigte sich bei einem älteren Ehepaar, das im Wagen vorbeikam, nach dem Weg und nahm dankbar deren Einladung zur Mitfahrt an.

»Ich möchte lieber ein Kind bekommen, da kriegt man wenigstens etwas«, jammerte sie und sank auf dem Rücksitz zusammen. Aber am nächsten Tag machte sie bereits eifrig Notizen. Sie begriff, daß die Operation eine weitere Darstellung ihrer Auferstehungsmythologie bedeutete und sie wieder einmal durch den »Tod« zur Wiedergeburt führen würde. In Sylvias Bildersprache war das Krankenhaus »eine religiöse Einrichtung«, wo »große Reinigungen stattfinden«. Plötzlich waren alle Mitglieder einer Sekte; »jeder hat ein Geheimnis« – das dicke Mädchen mit einem neuen Bein, die nasenlose alte Frau mit einem Fuß im Streckverband, eine mürrische Frau ganz in Gips. Blumen wurden hereingebracht, eine Zeremonie mit ritueller Bedeutung:

»Die ganze Nacht haben sie auf dem Flur geatmet, ihre Pollen fallen lassen, Narzissen, rosa und rote Tulpen, dunkelrote und rotäugige Anemonen. Topfpflanzen für die Veteranen. Niemand beklagt sich oder jammert. Eine dünne Stimme in den schwarzen Kopfhörern, die an meinem silbernen Bettgestell hängen, fordert mich hartnäckig auf, ihr zuzuhören. Man schaltet sie nicht aus. Unglaublich rosa, blaue und gelbe Vögel verteilen sich zwischen hauptsächlich rosa Blüten und einfältigen grünen Ranken auf den weißen Bettvorhängen. Wenn sie mich darin einschließen, komme ich mir wie in einer Laube vor.«

Pardoxerweise war Sylvia glücklich. Schnell erfaßte sie, daß ihre Operation harmlos war, und mit einem Achselzucken tat sie ihre alte Furcht vor Krankenhäusern ab und begann den mutterleibähnlichen Schutz der Station zu genießen, mit ihren hellen Möbeln, den freundlichen Krankenschwestern, den unterhaltenden Patienten und dem Spielraum für ihr lebhaftes Interesse an allen medizinischen Dingen. In der McLean-Klinik hatte sie sterben wollen; die qualvolle Genesung nach dem Nervenzusammenbruch hatte in einer Unterwelt stattgefunden, in der gleißende Betontunnel zu Folterkammern führten. Diesmal hatte sie sich freiwillig und aus rein organischen Gründen in ein Krankenhaus begeben. St. Pancras mit der hellen modernen Einrichtung und den jungen Krankenschwestern war dafür die ideale Umgebung.

Sylvia sah sofort, daß die Patientinnen der Abteilung eine Gesellschaft darstellten. Um aufgenommen zu werden, mußte sich eine neue Patientin einer Einweihung unterziehen – einer Operation oder einem rituellen Tod, den man überleben oder nicht überleben würde. Am Dienstag, den 28. Februar, bereitete sich Sylvia dramatisch auf diese Prüfung vor:

»Heute ist der Tag. Mitten im Geschnatter der frühstückenden Patientinnen bin nur ich still und ohne Essen. Und doch mache ich mir eigenartigerweise weniger Sorgen darüber, meinen Blinddarm zu verlieren als über die Elektroschocktherapie [...] Nach all dem Warten ist mir leicht übel, aber hier, wo alle freundlich sind und lächeln, ist es unmöglich, in Selbstmitleid zu versinken. Das ist sehr gut [...] Heute erwachte ich nach einer Schlaftablette, als die Krankenschwester meine Temperatur maß und den Puls fühlte. Um 6.30 Uhr trank ich Tee und aß einen gebutterten Toast. Dann nahm man mir Wasser und Milch weg [...] als der akuteste Fall, der operiert wird, [bin ich] von Interesse. Hat man mich rasiert? Werde ich einen Einlauf bekommen? Und so weiter.«

Ruhig, versorgt, erfüllt von kreativem Drang, war Sylvia endlich »zu Hause«. Nur wenige Wochen, nachdem sie Teds Manuskripte vernichtet hatte, war er wieder der zärtlich ergebene Geliebte und Ehemann und allen anderen Wesen weit überlegen. »Ted kam gestern abend. Genau eine Minute nach halb sieben ließ man eine Schar schäbiger, kleiner, freundlich blickender Menschen auf die Station [...] sie verteilten sich in vertrauten Richtungen und brachten eine gutaussehende Gestalt im dunklen Mantel mit sich, die doppelt so groß war wie sie alle. Ich war so aufgeregt und unendlich glücklich wie in den frühen Tagen unserer Liebe.«

Ted brachte vom *New Yorker* einen Hundert-Dollar-Optionsvertrag, ausgestellt am 25. Februar, dem Tag ihrer Begegnung bei der St. Botolph's-Party vor fünf Jahren, mit. Es war die Erfüllung eines Traums, ein Zeichen, daß alles gutgehen würde. Um zehn Uhr morgens war sie »bereit für das Gemetzel« – sie trug »ein weißes, rosa und braun gestreiftes Operationshemd, eine Gazehaube und ein Pflaster, um meinen Ehering zu verdecken [...] das Vergessen nähert sich. Jetzt bin ich nahe genug, ich breite die Arme aus. Ich bitte darum, die geblümten Vorhänge nicht zu öffnen – das Privileg einer zum Tode verurteilten Gefangenen.« Der Augenblick ihres »Todes« war heilig, persönlich wie »der Bienenstich«, mit dem die hübsche Anästhesistin« ihren Arm gezeichnet hatte. Bis zur letzten Minute wartete sie mit dem Kugelschreiber in der Hand. »Ich spüre, wie eine schwindelnde Benommenheit mein Herz erfaßt [...] ein Brief von Ted ist gekommen – mein lieber, lieber Geliebter.«

Der nächste Eintrag im Tagebuch stammt vom 3. März. Drei Tage nach der Operation war sie wieder sie selbst. Sie warf ihre »Fesseln« ab, stand auf, um sich zu waschen und zurechtzumachen in ihrem »gerüschten rosa und weißen viktorianischen Nachthemd«. Dann ging sie daran, die kleinen Freuden und Ärgernisse ihrer Mitpatientinnen aufzuzeichnen. Am 5. März war sie »ein alter Soldat«. Die Fäden waren noch nicht gezogen, und sie konnte eine interessante Wunde mit Rose und »Granny« und der Frau des Entomologen im Nachbarbett begutachten. Sie hatte vor, eine Geschichte zu schreiben, die mit der Zeile »Heute nacht habe ich mir ein blaues Licht verdient. Ich bin eine von ihnen« beginnen sollte. Alle Stadien der Einweihung einer Patientin in die seltsame, höchst rhythmische und geordnete Welt einer großen Station sollten darin enthalten sein. Wie in einer Schule oder einem Kloster nahm ihr die Gemeinschaft die Verantwortung ab, schützte sie vor Außenstehenden, begrenzte ihren Gesichtskreis und ermöglichte ihr, unbedroht zu schreiben. Ihrer Mutter berichtet sie am 6. März:

»Wirklich, ich fühle mich wie nach einem herrlichen Urlaub! Ein ganzes Jahr lang habe ich nicht einen einzigen Tag frei von dem Baby gehabt, und ich muß gestehen, insgeheim habe ich es genossen, im Bett zu essen, Rückenmassagen zu bekommen und nichts zu tun als zu lesen (ich habe Agatha Christie entdeckt – *die* Krankenhauslektüre –) [...] zu schwätzen und meinen Tisch mit den Blumen, die mir Teds Eltern, Ted, Helga Huws und Charles Monteith – Teds Lektor bei Faber – geschickt haben, zu betrachten.«

Ted versorgte tagsüber Frieda und besuchte abends Sylvia. Außer der Post brachte er ihr Steaksandwiches, Milch und Orangensaft. »Der Ärmste!« schrieb Sylvia, »ich wüßte gern, wie viele Männer so bereitwillig und liebevoll diese Pflichten übernehmen würden! Und mir noch dazu jeden Abend was schönes Kleines mitbringen würden.«

Nachdem sie einen Nachmittag lang Pasternak gelesen hatte, begann sie sich zu fragen, ob sie ihrer »neuen, harten Weitschweifigkeit« nicht zuviel geopfert habe. Im wesentlichen war die Weitschweifigkeit eine schützende Pose, ein Mittel, um sich von ihren Emotionen zu distanzieren, indem sie alles objektivierte und beschrieb, anstatt in die verwirrenden

Tiefen vorzudringen. Wenn Tiefe sich unaufgefordert einstellte, dann in der Lyrik, und so konnte es geschehen, daß der dichterische Prozeß bereits geheimnisvoll am Werk war, während Sylvia ihre Notizbücher mit Prosa füllte. Die heiteren Notizen, die sie im Krankenhaus machte, widersprechen den bedrohlichen Bildern von *Tulpen*. Sie schrieb dieses Gedicht (zusammen mit *In Plaster*) zehn Tage nach der Entlassung aus dem Krankenhaus. Ted Hughes sagt, *Tulpen* sei Sylvias erstes spontanes Gedicht gewesen. Sie schrieb es schnell, präzise und ohne im Wörterbuch nachzuschlagen. In diesem Gedicht verbindet sich die Genauigkeit der Beobachtung mit der Subjektivität ihrer verborgenen, tieferen Stimme.

Sylvia war jetzt Herrscherin über ihre Bilder und bediente sich der Farben Weiß und Rot, um ihren imaginierten Tod und die Auferstehung zu vermitteln. Noch auf halbem Weg ergreift sie Partei für das Weiß von Selbstauslöschung und Frieden und gegen die »zu erregbaren« roten Blumen:

Ich wollte keine Blumen, ich wollte nur
So liegen, Handteller nach oben, und ganz leer sein.
Wie frei das ist. Ihr habt keine Ahnung, wie frei. –
Der Friede ist so groß, daß er einen betäubt,
Und er will nichts, nur den Namen am Arm und ein wenig
  Kleinkram.
Damit begnügen sich die Toten am Ende: ich stell sie mir vor.
Das umschließen sie mit ihrem Mund wie nach der Beichte
  eine Oblate.

In diesem Zustand wohliger Gefühllosigkeit (ihr Körper wieder »ein Stein«) können Mann und Kind, die sie »vom Familienfoto anlächeln«, nur abgelehnt werden. »Ihr Lächeln bohrt sich in meine Haut wie kleine, lächelnde Haken.« Hieraus spricht nicht die gleiche Sylvia, die den Rosenstrauß in den Papierkorb warf, den die Mutter zu ihrem einundzwanzigsten Geburtstag mitgebracht hatte.

Die Oblate (der Elektroschocktherapie) taucht in späteren Gedichten ebenso wieder auf wie das »Gepäck«, das die Sprecherin »krank macht«, die Krankenschwestern, die vorbeisegeln »wie Möwen in ihren weißen Hauben«, und die nonnenhafte Reinheit des Krankenhausweißes, in dem die roten Tulpen atmen »wie ein furchtbares Baby«. Am Ende sind die Tulpen die Boten für das schreckliche rote Ding, das *Leben*, verantwortlich, das allmählich das Weiß erschwert, mit dem sich die Sprecherin ausgelöscht hatte.

Die Tulpen sollten hinter Gittern sein wie gefährliche Tiere;
Sie öffnen sich wie das Maul einer großen afrikanischen Katze,
Und ich werde aufmerksam auf mein Herz: es öffnet und
schließt
Seine Schale von roten Blumen aus purer Liebe zu mir.
Das Wasser, das ich koste, ist warm und salzig, wie das Meer,
Und kommt aus einem Land so fern wie Gesundheit.

Die Auferstehung nach dem »Tod« der Operation kam extrem schnell, hob Sylvias Stimmung und beflügelte ihre Phantasie, als sie sich daranmachte, jede Einzelheit der »neuen« Welt festzuhalten, in der sie »auferstanden« war. Bestimmte symbolische Gestalten sind auffallend: Krankenschwestern sind in ihren Gedichten üblicherweise mehrdeutige Repräsentantinnen der Liebe, eine Art barmherziger Engel und Botinnen des Unheils, während sie ins Sylvias Notizen nur mildtätig, sogar süßlich sind: »Ich mag all die Krankenschwestern in ihren schwarzweißgestreiften Kleidern, den weißen Schürzen und Hauben und den schwarzen Schuhen und Strümpfen sehr. Ihre Jugend ist das Schönste an ihnen – Jugend, steif gestärkte Sauberkeit und eine beruhigende Ausstrahlung von Ordentlichkeit und Tröstlichkeit.«

Die Tulpen gab es natürlich – Helga Huws hatte sie geschickt. Und Joan, die Frau des Entomologen in »Bett 1«, hatte »einen Gips von der Zehe bis zur Brust« – der Anlaß für das Gedicht *In Plaster*, das sie am gleichen Tag schrieb, als *Tulpen* entstand.

Auch in *In Plaster* entwickelt sie das Bild der Vase, aber diesmal schreibt die Dichterin als Gesunde – auf der Lebensseite ihres unvermeidlichen Spiegels. Zunächst ist eine »alte gelbe« Person in eine »neue, völlig weiße« eingeschlossen. Dieser weiße Körper ist zwar beneidenswert rein, ruhig und ohne Appetit – »einer der wahren Heiligen« –, aber dennoch ist er in diesem Gedicht auch beunruhigend »tot«. Die kranke, hungrige alte Gelbe lehnt zuerst ihr heiligartiges Doppel ab, das *geliebt werden* muß, um überhaupt leben zu können, freundet sich später aber damit an. Das Bild der »wiederhergestellten« Vase von *The Stones* taucht im dritten Vers auf; Sylvia steht jetzt emphatisch auf der Seite der alten Gelben und des – grausamen – Lebens:

> Sie könnte ohne mich nicht sein
> und also war sie dankbar.
> Ich gab ihr eine Seele, erblühte aus ihr wie die Rose
> aus einer Vase von nicht gerade teurem Porzellan.

In Plaster ist eine witzige Variante des Glasglockenspiels, das die Sprecherin gewinnt. In Sylvias sich entwickelnder Mythologie ist das weiße Grab aus Gips mit seiner scheinbaren Sicherheit (und Reinheit) in Wirklichkeit mit der lebenden Frau darin in einem tödlichen Kampf verschlungen. Man kann das Gedicht so interpretieren, daß es für Sylvias leidenschaftlichen inneren Haß steht, den die wirkliche Person, die Dichterin, für ihr künstliches Äußeres empfindet. Die Künstlichkeit des »Sollens«, das Superego, auf dessen Zerstörung (und auf die Zerstörung aller dafür Verantwortlichen) sie sich in der *Glasglocke* vorbereitete, war eine Manifestation dieses äußeren Gebildes. Die andere, tödlichere, war der unsichtbare Panzer der Glasglocke.

Wieder zu Hause am Chalcot Square, schrieb sie am 17.

März, einen Tag vor der Entstehung von *Tulpen* und *In Plaster*, ihrer Mutter, die in drei Monaten nach England kommen sollte, einen frischen, munteren Brief. Das Ziehen der Fäden und das Entfernen eines großen Pflasters war schlimmer gewesen als die Operation, berichtete sie. Aber sie hielt sich »wie eine Dame« und erholte sich allmählich, während Ted sich um das Kind und um die Wäsche kümmerte. Frieda bekam Zähne. Der Glanz der Tage im Krankenhaus verblaßte. »Ich muß sagen, in den letzten Monaten habe ich jedesmal, wenn ich mein Haupt erhoben habe, einen Schlag bekommen, und ich weiß nicht, was ich gemacht hätte, wenn Ted nicht mehr als selbstlos gewesen wäre und das Baby nicht so entzückend und hinreißend. Ich schreibe Dir *jetzt, nachdem alles vorbei ist*, darüber, und nicht, während ich mittendrin steckte.« Es lagen schlechte Zeiten hinter ihr. Würden sie jetzt besser werden? Das Wetter war »erstaunlich warm« für März, und Sylvia ging jeden Tag mit Frieda an die Luft. Am 18. März begann sie wieder, in Merwins Arbeitszimmer zu schreiben. *Tulpen* und *In Plaster* kündigten den Energieschub an, durch den die *Glasglocke* entstand.

In den folgenden siebzig Tagen arbeitete Sylvia an sieben Vormittagen in der Woche »wie ein Teufel« an ihrem Roman. Sie versuchte, wenigstens einen Entwurf fertig zu haben, ehe die Merwins Ende Mai zurückkämen. An keiner Stelle erwähnt sie ihrer Mutter gegenüber, daß sie die *Glasglocke* schreibt – in Anbetracht des Themas ist das nicht überraschend. Statt dessen lieferte sie ihr (hauptsächlich) Berichte über Ted: Die *Times* hatte drei seiner Kindergedichte gedruckt; Lord David Cecil hatte geschrieben und mitgeteilt, daß *Lupercal* den Hawthornden-Preis 1960 bekommen hatte – ein »sehr prestigereicher«, Goldmedaille und hundert Pfund in bar; Peter Hall von der Royal Shakespeare Company hatte Ted beauftragt, ein abendfüllendes Stück zu schreiben; sie sollten gemeinsam für das BBC- Weltprogramm Gedichte lesen und über ihre Kindheit sprechen.

Am 1. Mai begann Sylvia ihren Brief mit: »GUTE NACHRICHTEN, GUTE NACHRICHTEN, GUTE NACHRICHTEN!« Alfred Knopf hatte sich mit Heinemann darauf geeinigt, *The Colossus* in New York herauszubringen. Marianne Moore bestand zwar darauf, daß einige Gedichte in die amerikanische Ausgabe nicht aufgenommen würden (darunter *Poem for a Birthday*; Sylvia setzte durch, daß die beiden Teile *Flute Notes from a Reedy Pond* und *The Stones* nicht wegfielen), doch Sylvia meldete, sie sei »begeistert«. Ein Buch mit vierzig anstelle von fünfzig Gedichten war ein »ideales« Geschenk, das man im Hathaway House Bookstore in Wellesley kaufen konnte. Die Gedichte würden in der *New York Times* besprochen werden, und ganz selbstverständlich würde ihr Name in den USA in die Zeitungen kommen. »Es ist, als brächte ich ein zweites Buch heraus – dieses hier, das ideale«, schrieb sie.

Am 6. Juni wurde Ted der Hawthornden-Preis verliehen. Bei der Zeremonie lernte Sylvia den Preisträger des Vorjahres kennen, Alan Sillitoe, und dessen Frau Ruth Fainlight, eine Schriftstellerin, zu der Sylvia sich sofort hingezogen fühlte. Am Tag davor hatte Sylvia eine fünfundzwanzig Minuten dauernde Radiosendung mit neun ihrer Gedichte aufgenommen; sie las zusammen mit einem Amerikaner, Marvin Kane, im Rahmen der BBC-Reihe »Living Poet«.*

Etwa um diese Zeit wurden Sylvia und Ted zu einem Abendessen bei Sylvester Stein und dessen Frau Jenny eingeladen. Stein, der ebenfalls Faber-Autor war, wollte die Hughes' mit Helder Macedo, einem portugiesischen Lyriker, der während des Salazar-Regimes ins Exil gegangen war, und seiner Frau Suzette bekanntmachen. Ted hatte großes Verständnis für Helders Situation, der als ausländischer Lyriker versuchte, in England von seinen schriftstellerischen Arbeiten zu leben, und er bemühte sich über Jahre, ihm zu Veröffentlichungen zu verhelfen. Sylvia mochte die beiden und bezeichnete

* Die Sendung wurde von Sylvia eingeleitet und am 8. Juli gesendet.

schon bald Suzette als ihre »schicke südländische« Freundin. Sie sprach selten mit Suzette über das Schreiben, aber es gab angeregte Gespräche über das Essen, und sie tauschten Rezepte aus.

Suzette Macedo erinnert sich an eine merkwürdige Episode: Jenny Stein kam eines Nachmittags zu einem kurzen Besuch vorbei, während Sylvia schrieb. Sylvia hatte gehört, daß das Kind der Steins Masern hatte, und da sie fürchtete, es könnten die Röteln sein, die ihre Schwangerschaft gefährden würden, fertigte sie Jenny Stein mit einem barschen »wir arbeiten« ab und schlug ihr die Tür vor der Nase zu. Jenny Stein wußte nichts von Sylvias Schwangerschaft und war verletzt und verwirrt. Sylvia gab ihr nie eine Erklärung für ihr schroffes Verhalten und entschuldigte sich auch nicht. Und doch wunderte Sylvia sich später, wie Suzette sagt, daß die Steins sie und Ted nicht mehr zu ihren Festen einluden.

IV

Mitte Juni traf Mrs. Plath in London ein. Auf Einladung der Merwins, die wieder in Frankreich waren, wohnte sie in St. George's Terrace. Sylvia freute sich über die neue Schwangerschaft und strahlte anfangs vor Stolz und Glück. Sie führte ihrer Mutter die kleine Frieda und die hübsche Wohnung vor. Sylvia wollte das Angebot ihrer Mutter, das Kind zu versorgen, so gut wie möglich nutzen, denn sie und Ted planten zwei Wochen Urlaub in Frankreich, wofür Aurelia Verständnis hatte. Sie hatten die Überfahrt für den 30. Juni gebucht. Aber offenbar lagen Sylvia und ihre Mutter sich bereits vor der Abreise in den Haaren. In Briefen konnte Aurelia geliebt werden und war eine zuverlässige Stütze der Ermutigung und Billigung. Durch ihre Anwesenheit brachte sie den ganzen Komplex schmerzlicher Assoziationen mit, den Sylvia austreiben wollte, während sie täglich an der *Glasglocke* schrieb.

Dido Merwin berichtet, daß Molly Baybould, die die Katze fütterte und sich in Abwesenheit der Merwins um die Wohnung in St. George's Terrace kümmerte (Sylvia sprach von ihr als der »kleinen australischen Friseuse«), bei ihrer Rückkehr verwunderte Fragen über Sylvia stellte. Offenbar kam Aurelia abends weinend in die Wohnung zurück und klagte der mitfühlenden Molly ihr Leid. »Zwei Dinge fielen Molly besonders auf«, schreibt Dido, »Mrs. Plath wiederholte ständig: ›Nichts mache ich richtig.‹ Und: ›Ich weiß nicht, wie Ted das aushält!‹«

Ted und Sylvia ließen die kleine Frieda bei ihrer Großmutter am Chalcot Square zurück und machten sich am 30. Juni mit ihrem Morris Traveller auf den Weg nach Frankreich. Sie wollten langsam durch das Land fahren und dann eine Woche bei den Merwins in Lacan des Loubressac (dem heutigen Lacan) an der Lot in der Nähe von Cahors verbringen. Auf ihrem Weg hielten sie in Berck-Plage, einem Ort an der Küste von Pas de Calais, an, in dem es ein Sanatorium für die Opfer des Algerienkriegs gab. Zwischen den ausgelassenen, sich bräunenden Urlaubern humpelten verstümmelte und verwundete Männer über den Strand. Sylvia, die zum erstenmal von Frieda getrennt war und deren Nerven noch wund waren von der Arbeit an der *Glasglocke*, sah sich wahrscheinlich zurückversetzt in die Tage ihrer Winthroper Kindheit, als ihr Vater, dessen Bein amputiert worden war, im Sterben lag. Rein äußerlich, so berichtet Ted, war Sylvias Verfassung nach dem Besuch von Berck-Plage nicht beeinträchtigt, aber ein Jahr später tauchen einige dieser Eindrücke in ihrem langen Gedicht *Berck-Plage* wieder auf.

In Dido Merwins Bericht über Sylvia beschreibt sie die fünf Tage in Lacan als höchst unerfreulich. Als sie in London den gemeinsamen Urlaub planten, hatte Sylvia gesagt, sie wünsche sich nichts als totales *far niente*: Sie wollte ausruhen, sich auf der Terrasse sonnen und gut essen. Aber sofort nach ihrer Ankunft wurde sie Opfer ihrer befremdlichen Launen, die sie in ein irrationales Verhalten trieben. Die Anwesenheit eines unerwarteten Gastes provozierte diese Launen. Margot Pitt-Rivers, eine enge Freundin der Merwins, wohnte in einem Schlößchen in Fons, nahe von Lacan. Sie war Spanierin und Herzogin von Prima de Rivera gewesen, Gattin des spanischen Botschafters in London, bis sie vor einigen Jahren mit dem Anthropologen Julian Pitt-Rivers durchgebrannt war. Bereits in den Vierzigern, war sie immer noch eine dunkle, attraktive Schönheit. »Aber auf die Idee, jemand könne etwas gegen die bescheidene Margot haben, wären wir nie gekommen«, sagt Dido. Von dem Moment an, als Sylvia merkte, daß Mrs. Pitt-Rivers nicht nur »auf eine Tasse Tee vorbeigekommen war«, tat Sylvia, als wäre sie nicht vorhanden.

Merwin und Hughes hatten schon lange geplant, gemeinsam die *causse* zu erkunden, ein sonderbares, leeres Kalksteinplateau in der Umgebung von Lacan, und sie wollten am nächsten Tag starten. Beim ersten gemeinsamen Abendessen machte Sylvia diesen Plan zunichte, indem sie mitteilte, sie wolle am nächsten Tag zeichnen und wünsche, daß Ted bei ihr bliebe.

Als Merwin nach dem Abendessen vorschlug, ein paar Platten zu hören, erklärte Sylvia, sie wolle zu Bett gehen, wobei sie es wohl als selbstverständlich ansah, daß Ted mitkam. Aber er entschied sich dafür, unten zu bleiben und Musik zu hören.

Eine halbe Stunde später – mitten in »Ich weiß, daß mein Erlöser lebte« – polterte es fortissimo auf der Treppe, und Sylvia, einen Regenmantel über dem Nachthemd, trat auf, rauschte zur Haustür und verschwand in der Nacht. Ted ging ihr sofort nach, weil der Boden rund um das Haus steinig und uneben war. Nach etwa einer Stunde kamen sie zurück und verschwanden ohne ein Wort nach oben. Didos Kommentar zu dieser Szene: »Sylvia war erst seit wenigen Stunden im Haus, doch die Botschaft war deutlich: Es ging nicht nur darum, wann sie das Haus zum Zeichnen verließ, Ted mußte mit, sonst [...].«

Mrs. Pitt-Rivers, die von der überraschenden Unverschämtheit eher fasziniert als gekränkt war, bot an, nach Hause zu fahren. Aber die Merwins fanden, sie solle es doch noch einen weiteren Tag versuchen, und der verlief auch einigermaßen glatt. Dido: »Solange es noch kühl war, nahm ich Sylvia mit in den Obstgarten eines Nachbarn, um Birnen zu pflücken [...] dann setzte ich sie auf der Terrasse in einen Liegestuhl, wo sie eine Stunde schlief, was Ted und Bill die Möglichkeit gab, verstohlen einen kurzen Spaziergang zu machen. Margot lief ihr nicht über den Weg, bis beim Mittagessen bekanntgegeben wurde, daß ich sie am nächsten Morgen als erstes nach Hause fahren würde.«

Von da an hätte alles gutgehen können, wenn sich nicht »auf dem Weg nach Fons ein Vorderrad unseres alten Ford-Kombis gelöst hätte und Margot und ich kopfüber im Straßengraben landeten – wir hatten Glück, mit dem Leben davongekommen zu sein. Nach einiger Zeit nahm uns jemand mit nach Fons, und ich benachrichtigte Bill, der von Ted gefahren werden mußte, um mich zu retten.« Sylvia blieb einige Stunden allein; das Rad der Aufmerksamkeit, die Ted und die Merwins walten ließen, hatte sich gedreht. Irgendwie gelang es ihr, das gesamte Abendessen, das Dido morgens vorbereitet hatte, aufzuessen. »Als wir drei schließlich wieder in Lacan eintrafen, war der Groll überall spürbar, und Sylvia war außerstande, mit Ted, Bill oder mir zu sprechen.« Dido servierte ein paar Köstlichkeiten aus Margots Speisekammer: »Wenn man zusah, wie Sylvia grimmig die *foie gras* aus Fons verdrückte [...] gab es wenig Zweifel daran, daß unter ihrer Fuchtel eine wenn auch nicht schreckliche, so doch qualvolle Zeit vor uns lag.«

Glücklicherweise entdeckten die Merwins, daß Sylvia gerne Karten spielte, und sie brachten ihr ihr Lieblingsspiel Ascenseur bei, »das ihr sofort gefiel und das sie mit Begeisterung und Geschicklichkeit spielte«. Die Kombination von exzellentem Essen und anschließenden Spielsiegen jeden Abend »verwandelten Sylvia völlig [...] Aber am nächsten Morgen [...] war die unerbittliche, unausgesprochene, allgegenwärtige Feindseligkeit, die man erlebt haben muß, um es zu glauben, wieder an der Tagesordnung.« Es lief immer wieder nach dem gleichen Muster ab; egal, was Sylvia zu tun angeboten wurde, ob drinnen oder draußen, sie lehnte ab, mitzumachen. Sogar als Ted ihr in der Nachbarstadt ein handgearbeitetes Kleid kaufte, war sie eingeschnappt, weil sie warten mußte, bis Dido die Lebensmittel eingekauft hatte. Ted und Merwin hatten den Plan, die *causse* zu erforschen, aufgegeben; während Sylvia sich sonnte, begannen sie mit »einer großen Rodungsaktion im Obstgarten, in Hörweite der Terrasse«, und Dido klapperte in der kleinen Küche herum und bereitete »Versöhnungs«-Gelage zu.

»Ted mußte schließlich einsehen, daß Rückzug die einzige Lösung für uns alle bedeutete. Es ging nicht anders, er mußte ihren Aufenthalt abbrechen und Sylvia wegbringen«, schreibt Dido. »Damals fragte ich ihn, wieso er nie energisch wurde. Er erwiderte, das verschlimmere alles nur, und man ›könne ihr auf diese Weise nicht helfen‹.« Als die beiden fort waren, stellten Dido und Bill Merwin peinlich berührt fest, wie groß ihre Erleichterung war. »Wenn Sylvia nicht schlief, aß, sich sonnte oder Karten spielte, war ihr Aufenthalt in Lacan mehr oder weniger eine einzige lange Szene gewesen – eine Art makabrer Marathonlauf für alle Beteiligten.« Beide Merwins sahen Sylvia nie wieder.

Mit nachträglicher Einsicht sinnt Dido Merwin fünfundzwanzig Jahre später darüber nach: »Damals dachte man nicht unbedingt an Psychosen, nur weil jemand ›schwierig‹ war [...] Ironischerweise gelang die Tarnung durch Sylvias sorgsam projiziertes Bild der rundherum tüchtigen Frau. Denn sie war intelligent, beredt, unverhohlen ehrgeizig, energisch, tüchtig, organisiert und beneidenswert erfinderisch in praktischen Dingen und gesegnet mit einem guten Appetit [...] und so schien sie sehr viel stärker zu sein, als sie in Wirklichkeit war.« Aber, fährt Dido fort, »vorausgesetzt, daß wir nichts wußten: Was trieb uns dazu, so zu handeln, *als ob* wir wußten? Weshalb nahmen wir, völlig untypisch und trotz unserer grundverschiedenen und in hohem Maß kompromißlosen Persönlichkeiten, Sylvias Verhalten hin, als seien wir die bezahlten Dienstboten einer lästigen und anspruchsvollen Kranken, die nie ›Bitte‹ und ›Danke‹ sagte, von ›Entschuldigung‹ ganz zu schweigen?«

Am 6. Juli schrieb Sylvia ihrer Mutter aus Lacan einen glücklichen Brief: »Das Bauernhaus der Merwins ist idyllisch: eine herrliche Aussicht, Pflaumenbäume, Milch, Butter und Eier vom Bauern, eine Billion Sterne hoch droben, Kuhglocken, die die ganze Nacht sanft läuten; und Dido ist die beste Köchin der Welt.« Der Brief ist, wie immer, bewundernswert offen und soweit wie möglich auch wahr – oder ziemlich wahr, wenn man davon absieht, daß Sylvia die kleine Hütte der Merwins arg aufwertet. Man kann die unterdrückten Tränen, die sprudelnde Angst und den Zorn, den ihr Brief verbarg, nur ahnen. Der einzige andere hinterlassene Bericht über diese Ferien findet sich in ihrem Gedicht *Stars Over the Dordogne* mit seiner allesdurchdringenden Beklommenheit.

Der zornige Schmerz, von dem Sylvia in Lacan besessen war, hat offenbar auch das Gedicht *Die Rivalin** ausgelöst; es entstand, ebenso wie *Stars Over the Dordogne*, Ende Juli 1961. Wahrscheinlich war die angesprochene Rivalin die eigene böse »andere«, eine totemhafte Gestalt, der Inbegriff aller Frauen, die sie fürchtete oder ablehnte, obwohl diese Rivalin im wesentlichen eine Selbstprojektion war. Das Gedicht ist der feindselige Exorzismus einer Frau, die aus einem Grund, der im Gedicht nicht erklärt wird, unter einer ständigen Drohung lebt.

Bei der Rückkehr nach London Mitte Juli schien alles ver-

* Die erste, dreiteilige, Fassung dieses Gedichts kann man in den Anmerkungen der *Collected Poems* lesen.

flogen zu sein, was Sylvia in Lacan bedroht hatte. Ted und sie brachten Aurelia beinahe sofort nach Yorkshire, wo Edith Hughes für sie ein Zimmer im Sutcliff, »dem besten Hotel in der Gegend«, gebucht hatte. Das sehr alte kleine Hotel steht in einer wunderschönen Umgebung an der Hügelstraße und ist eine Meile von »The Beacon« entfernt. Es war ein idealer Platz, um von dort tägliche Ausflüge in die Umgebung zu machen oder Verwandte der Familie Hughes zu besuchen. In dieser Zeit freundete sich Aurelia Plath mit Edith Hughes und Tante Hilda an, mit der sie viele Jahre lang noch im Briefverkehr stand.

In der folgenden Woche nutzten Sylvia und Ted noch einmal Aurelias Angebot, das Kind zu versorgen, und fuhren nach Devon, um sich Häuser anzusehen. Im Januar sollte das zweite Kind kommen; die Wohnung am Chalcot Square war jetzt einfach zu klein. Der erste Teil ihres Langzeitplans sah vor, ein Haus auf dem Land zu finden, das sie sich leisten konnten; es sollte groß genug zum Leben und Arbeiten sein, während ihre Kinder in natürlicher Umgebung heranwuchsen. Später wollten sie sich ein zweites Standbein in London suchen. Sie begrenzten ihre Suche auf die beiden lieblichsten Grafschaften von England, Devon und Cornwall, wo die Preise für Häuser niedriger waren als in der Nähe von London. Das Landleben, so hofften sie, würde insgesamt preiswerter sein, sie wären die Last der Miete los und könnten ihr eigenes Gemüse anbauen. Vielleicht fänden sie auch eine billige Haushaltshilfe und wären durch die alles in allem niedrigeren Kosten in der Lage, keine literarischen Brotarbeiten mehr annehmen zu müssen. Erst dann könnten sie ihre gesamte kreative Energie für ihr Schreiben nutzen. Sie waren auch bereit, die Nachteile in Kauf zu nehmen: die Entfernung zu guten Bibliotheken, zu den Freunden und der großen Anzahl kongenialer und talentierter Leute, mit denen sie sich in London getroffen hatten. Als sie umzogen, vermißten sie all dies außerordentlich, aber sie wollten die Einsamkeit auch um ihretwillen, um zu schreiben und nach eigenem Rhythmus, am eigenen Platz zu leben.

Sie sahen sich acht Häuser an. Die meisten kamen nicht in Frage, aber am Freitagmorgen zeigte man ihnen eine strohgedeckte Pfarrei, die ehemals ein Gutshaus gewesen war, und beide verliebten sich auf der Stelle in das Haus. Mit seinen neun bis zehn Zimmern, einem riesigen Rasenplatz (der von Brennesseln überwuchert war) vor dem Haus, einem als Garage zu benutzenden Stall hinter dem Haus, einem Hof mit Kopfsteinpflaster und einem zerfallenen kleinen Cottage auf dem Gelände war es einfach ideal. Neben dem Grundstück stand eine alte Kirche, die von Eiben und verwitterten Grabsteinen umgeben war. An der rückwärtigen Grenze markierte ein Hügel die Stelle einer prähistorischen, von einem Graben umgebenen Anlage. Teile des Hauses stammten aus dem elften Jahrhundert, und die Besitzer wollten es gerne an Leute mit »einem Gefühl für den historischen Wert des Anwesens« verkaufen – wie Aurelia kurz vor ihrer Abreise Warren in einem langen Brief berichtete.

Sylvia und Ted waren sofort entschlossen, es zu kaufen. Ein wichtiger Punkt für sie war, daß das Dorf damals die vierte oder fünfte Station der direkten Bahnlinie von und nach London war. Bevor Aurelia nach Boston flog, bot sie Ted und Sylvia an, die Hypothek mit drei Prozent Zinsen zu übernehmen – Ted lehnte das Angebot ab, und sie lieh ihnen £ 500. Edith Hughes schenkte ihnen ebenfalls fünfhundert Pfund, und zusammen mit den beinahe sechstausend Dollar, die sie gespart hatten, reichte das, um das Haus zu kaufen und erste Investitionen zu finanzieren. Am 13. August schrieb Sylvia ihrer Mutter, Ted denke daran, den Maugham-Preis zurückzugeben. Die Aussicht, eine Reise auf den Kontinent und einen Umzug zu bewerkstelligen, war zu beängstigend »noch vor der Ankunft eines zweiten Kindes; also stehen fünfhundert Pfund nicht dafür; obwohl wir hofften, die Hälfte zu sparen«.

Ted schrieb der Stiftung einen entsprechenden Brief, erhielt aber die Antwort, er könne das Geld für künftige Reisen behalten.

Die Wohnung am Chalcot Square wurde annonciert, und es kamen zwei Interessenten. Der eine, ein »eiskalter, aufdringlicher Mann«, der auf der Stelle einen Scheck ausstellte, und ein junger kanadischer Dichter und dessen Frau: David und Assia Wevill. Ted und Sylvia mochten das junge Paar sofort, zerrissen den Scheck und boten die Wohnung den Wevills an.

Durch einen merkwürdigen Zufall lernten auch Helder und Suzette Macedo die Wevills um diese Zeit kennen. Ihr erstes Gespräch kreiste um die Wohnung, die David und Assia in Kürze von Sylvia und Ted übernehmen würden. Auch das Ehepaar Macedo fand sofort Gefallen an den Wevills, und im Lauf der kommenden Monate wurden sie gute Freunde, und beide Paare besuchten die Hughes' nach ihrem Umzug in Devon.

Im August, während sie gemeinsam den Umzug vorbereiteten, stellte Sylvia auch die erste Fassung der *Glasglocke* fertig. An den Rand eines Tagebucheintrags vom 12. Dezember 1958 – »Weshalb schreibe ich keinen Roman?« – vermerkte sie nun triumphierend mit Rotstift: »Das habe ich getan! 22. August 1962: Die Glasglocke.« In den Sommer fiel auch die Nachricht, daß ihr Gedicht *Insomniac* beim Cheltenham-Festival-Lyrikwettbewerb den ersten Preis gewonnen hatte, und das Lektorat bei Alfred Knopf hatte bestätigt, daß *The Colossus* im Frühjahr 1962 erscheinen würde.

Mit der Übersiedlung nach Devon schien für Sylvia ein neues, reiches Kapitel ihres Lebens zu beginnen. Die Beendigung des Romans hatte die Schreibblockade durchbrochen. Sie erwartete ein zweites Kind, sprühte vor Ideen für ihre Zukunft als Romanschriftstellerin, und die Aussicht, in Court Green zu leben und zu schreiben, war wie ein Traum, der Wirklichkeit wurde.

Das Stigma der Selbstsucht
1961 - 1962

Ulme
Eifersucht
Stigma (der Selbstsucht)
Fasan

Sylvias Notizen zu einem Entwurf
ihres Gedichts *Ulme*

Wenn sich Träume verwirklichen,
werden auch Alpträume wahr.

Aus einem Brief
von Peter Davison

I

Am letzten Tag im August 1961 bezog Sylvia Plath Hughes mit ihrem Ehemann und ihrer kleinen Tochter Court Green, das alte Herren- und Pfarrhaus in North Devon, wo sie die Gedichte schreiben sollte, die sie berühmt machten. Die Jahre der Enttäuschung und Unfruchtbarkeit waren vorüber, und mit dem fertigen Roman *Die Glasglocke* – James Michie erhielt im Oktober 1961 das Manuskript – hatte Sylvia zwei ihrer begehrtesten Ziele erreicht. Doch heftiger als je zuvor brodelte in ihr die gewaltige Bildersprache ihres poetischen Mythos. Die ängstlich-wachsame Schriftstellerin-Ehefrau-Mutter nahm sich zurück und griff in den folgenden Gedichten die alte Wut und die Verzweiflung, die sie im Leben gerade noch unterdrücken konnte, wieder auf. Ohne die Ablenkungen Londons bekam die »Alte Gelbe« wieder Oberhand, verletzte die Gipsheilige und legte die starke, unheimliche, nicht zu definierende Drohung wieder frei, die sich durch jede Zeile von *Wuthering Heights*, *Blackberrying*, *Finisterre* und *The Surgeon at 2 a.m.* zieht – Gedichte, die Sylvia alle im ersten Monat in Devon schrieb.

Nach außen hin war alles ideal. Court Green mit seinen über zehntausend Quadratmetern Rasen, Garten und Obstbäumen war alles, wonach Sylvia und Ted sich in London gesehnt hatten. Nach dem Einzug wählte sie den größten Raum im oberen Stock als Arbeitszimmer. Von den Fenstern hatte man wie aus dem Fenster des Schlafzimmers einen Blick auf die angrenzende Kirche und den Friedhof hinter der hohen Stützmauer (die »Mauer aus alten Leichen« aus *Brief im November*). Auf der Rückseite standen hinter dem gepflasterten Hof zwei oder drei Berg-Ulmen direkt vor einem Grabhügel, den man vom Gästezimmer aus sah. Ted richtete sein Arbeitszimmer unter dem steilen Strohdach auf dem Dachboden ein. Sylvia beschreibt in einem Brief vom 30. Oktober an Helga Huws das Haus, wie sie es vorgefunden hatten:

»Es ist [...] sehr, sehr alt [...] mit burgähnlichen Mauern im noch erhaltenen rückwärtigen Teil und beinahe zehn Zimmern. Trotzdem ist es sehr kompakt und keineswegs weitläufig. Man hat beinahe das Gefühl, es sei klein (nur nicht, wenn ich mir die Fußböden ansehe) [...] Um den gepflasterten Hof stehen U-förmig Nebengebäude – eine große strohgedeckte Scheune, Stallungen (!) und ein strohgedecktes Cottage, das wir irgendwann als Gästehaus für Schwiegermütter und ähnliche Leute einrichten möchten. Aber das sind Zehnjahrespläne. Das Haus ist weiß mit schwarzem Holz und einem urzeitlichen spitzen Strohdach. Wir haben etwas mehr als zwei Acres Land – zum größten Teil voller Brennesseln. Aber Ted gräbt den großen Gemüsegarten um, und wir hoffen, uns davon zu ernähren – er hat bereits Erdbeeren gepflanzt, und wir haben etwa 70 Apfelbäume, Eß- und Kochäpfel – aber leider ist die Ernte in diesem Jahr überall sehr schlecht, und wir haben unsere schon fast alle gegessen. Und überall wachsen Brombeeren. Vor dem Haus habe ich mir inmitten der Wildnis einen winzigen Garten angelegt mit Goldregen, Flieder und ein paar Rosensträuchern. Direkt neben uns befindet sich die anglikanische Dorfkirche mit acht berühmtem Glöcknern.«

Ihrer Mutter schrieb Sylvia ekstatisch, das Haus sei wie ein Mensch und reagiere direkt auf Liebe und Aufmerksamkeit. Sie hatte großes Vergnügen daran, es mit Blumen aus dem verwilderten Garten zu verschönern; in die Nischen und Winkel stellte sie ihr Zinn, das Porzellan und kupferne Kochtöpfe. Gegessen wurde an einem »schönen runden Eßtisch«, den die Wevills, die Nachmieter am Chalcot Square, ihnen geliehen hatten. Im Verlauf des Herbstes kauften sie von dem Geld, das Mrs. Prouty und »Grampy« (inzwischen in einem Krankenhaus) geschickt hatten, Teppiche. Eine der wichtigsten Erwerbungen in diesem Winter war ein hellroter Plüschteppichboden für ihr Arbeitszimmer, um »für immer optimistisch« zu bleiben.

Sie hatten sich mehr oder weniger eingerichtet, als Sylvias Bruder Warren zu Besuch kam. Er blieb vom 9. bis zum 15. September, hackte mit Freude Holz, mähte den Rasen, beaufsichtigte Frieda und bearbeitete zusammen mit Ted ein riesiges Ulmenbrett, aus dem Ted einen Schreibtisch für seine Frau machen wollte. Im Garten gab es Äpfel, Brombeeren, eine Reihe Kartoffeln, die jemand vergessen hatte, im Sommer auszugraben, und kitschige »pfirsichfarbene Gladiolen, feuerrote, orangefarbene und gelbe Zinnien«. Im Frühling würden Tausende und Abertausende Osterglocken und Narzissen blühen, danach die Zierkirschen, Fliederbüsche und sechs Goldregen. Es war, wie Sylvia erklärte, ein richtiger Garten Eden. Aber auch die Schlange fehlte nicht. Sylvia erkannte sie und schrieb im folgenden April auf einen Entwurf ihres Gedichts *Ulme* hastig: »Das Stigma der Selbstsucht«.

Ted und Sylvia verbrachten mit Warren vergnügliche Tage. Sie erkundeten Exeter, Tintagel – »sehr kommerziell« – und den Teil der Küste von North Devon, dem das Gedicht *Blackberrying* seinen Ursprung verdankt. Warren flog nach Boston zurück, und Helder und Suzette Macedo kamen zu einem Wochenendbesuch. Suzette fand das Haus selbst in diesem frühen Stadium herrlich und erinnert sich, daß Sylvia erklärte, London sei nicht gut für sie gewesen; sie fühlte sich in Devon »selig und glücklich, unberufen«. Frieda begleitete die Macedos durch das Haus, sie gedieh prächtig.

Am 27. September hatte die Arbeitsdisziplin wieder die Oberhand gewonnen. Sylvia schrieb an diesem Tag ihrer Mutter:

»Direkt nach dem Frühstück gehe ich hinauf in mein Arbeitszimmer und schreibe an dem prachtvollen 2 Meter langen Naturholztisch (den Du mit fertiggemacht hast, Warren), während Ted tischlert oder hinterm Haus mit Frieda gärtnert. Mittags gibt er ihr etwas zu essen und bringt sie ins Bett, dann komme ich herunter und mache *unser* Mittagessen, und bis ich fertig bin mit dem Aufräumen und Abwaschen, ist Frieda wieder auf, und wir gehen vors Haus [...] und Ted ist in seinem Arbeitszimmer.«

Das Dorf außerhalb der Festung Court Green bot ein beachtliches Spektrum von Charakteren. Sylvia war begeistert von ihrer »Putzfrau« Nancy Axworthy, »eine kräftige blonde Devon-Mutter in den Vierzigern«, die mit einem Alleskönner verheiratet war. Von Beruf war er Tischler, aber daneben war er unter anderem Glöckner, stellvertretender Feuerwehrhauptmann und gab abends Unterricht in Holzbearbeitung. Nancy hatte auch für die früheren Besitzer gearbeitet. Sie kam an zwei Vormittagen in der Woche (für zwei Shillings und Sixpence in der Stunde), fegte, putzte die Böden, machte sauber und bügelte.

Andere Nachbarn waren nicht nur freundlich, sondern auch neugierig. In einem der Cottages an dem kurzen Weg, der von der Hauptstraße zu Court Green führte, lebte »ein nettes, munteres, altes Ehepaar«, ehemalige Wirtsleute aus London; in einem anderen wohnte »die große eindrucksvolle Witwe eines Teeplantagenbesitzers«, während um die Ecke an der Hauptstraße »merkwürdige Mißbildungen [leben] – eine uralte bucklige Frau namens Elsie, die offenbar ohne Eltern geboren war, ein verrückter Blinder und so weiter – aber alle sehr nett.«

Ted und Sylvia mußten auch erkannt haben, daß sie mit der Übersiedlung nach Devon ein Risiko eingingen. In dem uralten Haus mit dem bröckelnden Putz und den »Millionen Vögeln«, die im Strohdach lebten, gab es zwar alles: Wasser, Elektrizität und Gas, in der Nähe befand sich eine Arztpraxis und eine Meile entfernt ein Bahnhof, wo die Züge nach London hielten. Aber das Dorf lag mitten auf dem Land und war von der Kultur und von den Vergnügungen der Stadt abgeschnitten. Sie mußten die Verantwortung für zwei kleine Kinder übernehmen – das zweite sollte fünf Monate nach dem Umzug zur Welt kommen – und für die aufwendige Instandhaltung eines großen Anwesens sorgen. Nach Ablauf der ersten Wochen hatten sie den größten Teil der Zimmer renoviert, das Holz weiß lackiert und die Wände zartrosa gestrichen. Ted sorgte für große Regale in der Wohnzimmer-Bibliothek, im Spielzimmer und in der Küche. Viele Fußböden mußten jedoch gegen Holzwurm behandelt oder wie im Erdgeschoß durch Estrich ersetzt werden; und es gab all zahlreiche Probleme, die der Besitz eines Hauses mit sich bringt: u.a. auch Notarrechnungen, Gemeindeabgaben und Heizkostenrechnungen. Der Klempner brauchte für das Aufstellen einer neuen Waschmaschine mehrere Tage, denn die Wasserleitung mußte durch die ein Meter zwanzig dicke Steinmauer gelegt werden.

Anfangs war Sylvia unverzagt, genoß die Geräumigkeit des Hauses, »kein Verstauen der Manuskripte unter dem Teppich mehr, wenn ich die Kochtöpfe heraushole«, schrieb sie Olwyn und fügte hinzu: »Frieda gefällt es; sie läuft herum, deutet auf Vögel und ahmt Schafe und Hunde nach«, während Ted »Jahre jünger wirkt, sehr tatkräftig und glücklich ist«.

Einige Tage nach ihrem neunundzwanzigsten Geburtstag fuhr Sylvia nach London und wohnte zwei Tage bei den Sillitoes. Bei der Verleihung des Guinness-Preises am 31. Oktober in der »märchenhaften Goldsmiths Hall« erhielt sie fünfundsiebzig Pfund für *Insomniac* und las das Gedicht vor einem illustren Publikum, unter dem sich auch Robert Graves befand, der Empfänger weit größerer Ehren. Richard Murphy erinnert sich, daß er neben ihr saß, bevor sie auf die Tribüne ging. Am nächsten Tag schrieb Sylvia für den *New Statesman* die Besprechung eines Kinderbuchs, traf sich mit einer Redakteurin von *Women's Realm*, der sie endlich eine erste Geschichte für die Zeitschrift verkauft hatte, brachte einem Buchhändler, der »ausrangiertes Zeug« an die Indiana University verkaufte, Manuskripte im Wert von hundert Pfund und gönnte sich mit einem Geburtstagsscheck von ihrer Mutter zwei neue Stücke von Edward Albee. Die Rückkehr zu ihrer kleinen Familie in Devon »zur frischen Luft und meinem eigenen Stück Land und meinen beiden Lieblingen« war eine Wohltat, berichtete sie der Mutter und klagte über den Ruß in London, »die schrecklichen Vororte« und die Luftverschmutzung. Doch als sie sich bei Ruth Fainlight bedankte – inzwischen eine erprobte und vertrauenswürdige Freundin –, gestand Sylvia, daß ein Teil von ihr das Stadtleben sehr vermisse. »[...] verzehre mich nach Gesellschaft« auf dem Land, »frage mich, wann ich das geliebte, verlebte Gesicht des alten London wiedersehen werde«.

Inzwischen hatten Ted wie auch Sylvia beachtlichen Erfolg. Ted schrieb und sendete mehrere seiner beliebten Schulfunksendungen für die BBC und nahm im September und Oktober zwei Lesungen von Gedichten für das Dritte Programm und vier kurze Gespräche für »Women's Hour« auf. Douglas Cleverdon produzierte sein Stück *The Wound*, das im darauffolgenden Februar zum ersten Mal gesendet wurde. Um diese Zeit erschienen über ein Dutzend Gedichte und drei Geschichten von ihm in amerikanischen und englischen Zeitschriften, und er übernahm mehr Rezensionen als zuvor – eindeutig wollte er so viel schnell bezahlte Arbeit machen, wie ihm möglich war, um die Rechnungen für das neue Haus bezahlen zu können. Sylvias Shilling-Anthologie neuer amerikanischer Lyrik, die sie bei *Critical Quarterly* herausgegeben hatte, verkaufte sich gut, und der *New Yorker* hatte ihren Options-Jahresvertrag erneuert und in diesem Jahr *Tulips* und *Blackberrying* angenommen. *The Oberserver* veröffentlichte im November *Mojave Desert* und nahm *Die Rivalin* an, das im Januar 1962 erschien. *Poetry* (Chicago) wollte im März fünf ihrer »Übungen« bringen (*Stars Over the Dordogne*, *Widow*, *Face Lift*, *Heaven Women* und *Love Letter*). *Wuthering Heights* kam zum *New Statesman* (veröffentlicht am 16. März 1962), während *In Plaster* im Februar in *The London Magazine* erschien, zusammen mit Sylvias Antworten für einen Fragebogen, die später unter dem Titel *Context* zusammengefaßt wurden. Wenn man bedenkt, daß all das entstand, während Sylvia vor und nach der Geburt eines Kindes ihr Haus einrichtete und renovierte, überrascht es nicht, daß der Haushalt nach einem exakten Stundenplan geführt wurde, der wenig Zeit zur Entspannung ließ.

In ihren ersten Monaten in Devon unternahm Sylvia entschlossen den Versuch, sich in das Dorfleben zu integrieren, indem sie z.B. den Gottesdienst in der anglikanischen Kirche nebenan besuchte. Der Blick vom Haus auf die Kirche war hübsch, und die drei schmalen Fenster leuchteten sonntags abends durch »Silhouetten der Bäume«. Am 22. Oktober nahm sie am Abendgottesdienst teil und schrieb anschließend an ihre Mutter:

»Eine wilde, stürmische Nacht mit Regenschauern. Ging mit dem munteren pensionierten Londoner Ehepaar, das unten an der Straße wohnt, in meinen ersten anglikanischen Gottesdienst. Es ist eine süße kleine Kirche, den Gottesdienst fand ich sehr befremdlich [...] Ich denke, ich werde ab und zu mal in die Abendandacht gehen und Frieda in die Sonntagsschule schicken. Ich bin sicher, daß sie sich von der Kirche abwenden wird, sobald sie selber zu denken anfängt, doch ich weiß, wie unglaublich stark die Worte jenes kleinen christlichen Gebetes ›Gott hilft mir in jeder Not‹, das Du uns gelehrt hattest, in gewissen Augenblicken meines Lebens gewesen sind.«

Die Kirche mit ihren Glocken und der Gruppe Hardyscher Glöckner war eine verlockende Vorstellung. Aber an Weihnachten schrieb Sylvia voll Entsetzen über eine Predigt des Pfarrers, in der seine reaktionäre politische Haltung zum Ausdruck gekommen war. Ihr einziger Besuch des Müttervereins löste nur die empörte Geringschätzung aus, die in ihrer Geschichte *Mütter* zum Ausdruck kommt.

Die Schwangerschaft war ein besserer Weg »in« die Dorfgemeinschaft. Dr. Webbs Praxis befand sich nur ein paar Häuser weiter an der Hauptstraße. Bei ihrem ersten Besuch Anfang September machte die »wunderbare Hebammen-Schwester« Winifred Davies auf Sylvia großen Eindruck – »eine kleine, rundliche, aber keineswegs dicke, fähige, grauhaarige Frau mit einem klugen, tugendhaften Gesicht [...] [die] freundlich, aber unbarmherzig urteilt«, schrieb Sylvia später. Diesmal war Sylvias begeisterter erster Eindruck gerechtfertigt. Im Laufe der Wochen wurde Schwester Davies eine »Stütze«, auch wenn sie in den Morgenstunden, die Sylvias Schreiben vorbehalten waren, überraschende Besuche machte. In ihren Notizen vom folgenden Frühjahr bemerkt Sylvia bissig:

»Schwester D. kam regelmäßig immer dann, wenn mein Instinkt mich warnte, weil ich die Hausarbeit vernachlässigt hatte, um in mein Arbeitszimmer zu gehen. Ted konnte sie durch nichts aufhalten – sie erzwang sich den Weg nach oben, während er verzweifelt vorauseilte, um mich vorzuwarnen. Dann erschien hinter seiner Schulter ihr lächelnder weißer Kopf in der Tür des Arbeitszimmers. Ich trug meinen flauschigen rosa Bademantel über den Umstandskleidern, um mich warmzuhalten. Sie brummte ›Künstleraufzug‹, ging ins Schlafzimmer mit dem ungemachten Bett, und ich legte blitzschnell eine Zeitung über den rosa Plastiknachttopf mit dem leuchtend gelben Urin, denn nach dem Grundsatz, daß alle Hausarbeiten bis zum Nachmittag warten mußten, hatte ich mir nicht die Mühe gemacht, den Topf zu leeren.«

Anfang November träumte Ted eines Morgens, Sylvia habe für ihre Geschichte *Johnny Panic* einen Preis erhalten. Als Sylvia nach unten ging, fand sie einen Brief vom Leiter der Eugene-Saxton-Stiftung – Sylvia hatte sich in den USA erfolglos um ein Stipendium beworben –, der ihr zweitausend Dollar in vier Raten anbot, wofür sie ein Jahr Prosa schreiben sollte.

Sylvia jubelte. Heinemann lag bereits eine Fassung der *Glasglocke* vor. Der Verlag hatte ihr am 21. Oktober einen unterschriebenen Vertrag mit einem Vorschuß von einhundert Pfund auf die Tantiemen geschickt, der von der Autorin am 30. Oktober gegengezeichnet und zurückgeschickt worden war. Wenn sie nun den Erscheinungstermin um ein Jahr verschob und den Roman beim Überarbeiten in vier Abschnitte aufteilte, konnte sie mit jedem vierteljährlich in die USA geschickten »Paket« fünfhundert Dollar zusätzlich erhalten.

Bezeichnenderweise verriet Sylvia ihrer Mutter nichts vom Inhalt dieses ersten Romans. Irgendwann zwischen November 1961 und Juni 1962 muß Sylvia beschlossen haben, *Die Glasglocke*, angesichts des offenen Porträts ihrer Mutter und der düsteren Episode ihrer eigenen Geschichte, unter dem Pseudonym Victoria Lucas zu veröffentlichen, um sich selbst zu schützen. Der Name entstammte Teds Welt: »Victoria« nach seiner Lieblingscousine Victoria (Vicky) Farrar und »Lucas« nach seinem Freund Lucas Myers.*

Am 20. November 1961 schrieb Sylvia ihrer Mutter und versicherte ihr redselig, daß mit dem Stipendium alles bestens sei:

»[...] mach Dir keine Sorgen, daß ich mir mit dem Saxton-Stipendium zuviel vorgenommen habe. Ganz unter uns (und sag das keinem Menschen), ich hatte folgende Überlegung: Wenn etwas mit Sicherheit den Tod meiner schriftstellerischen Arbeit bedeutet, dann ein Stipendium für ein spezielles Projekt, das schließlich mit vierteljährlichen Berichten abgegeben werden muß – also machte ich *einen Haufen Zeug* [Hervorhebung der Autorin] in diesem Jahr fertig, bündelte es zu

* Die Widmung an ihre Freunde in Devon, die Comptons, muß später entstanden sein, im Sommer 1962, und wurde möglicherweise ein Stück weit von dem Wunsch diktiert, vor dem Londoner Kreis ihre Autorschaft an dem Buch zu verbergen – obwohl sie diese Verschwiegenheit gegen Ende ihres Lebens aufgab und mit verschiedenen Londoner Freunden über den Roman sprach. [In die deutsche Ausgabe der *Glasglocke* wurde die Widmung nicht aufgenommen.]

vier Paketen und halte es bereit, um nach und nach darüber zu berichten, wie gewünscht. Das heißt, ich muß nicht ein Wort schreiben, wenn mir nicht danach ist.«

Aurelia erfuhr erst nach Sylvias Tod von dem giftigen Inhalt der vierteljährlichen »Pakete«.

»Aber der Winter ist die wahre Prüfung«, hatte Sylvia im Herbst Olwyn geschrieben, »es ist bereits jetzt bitterkalt«. Als die Tage kürzer wurden, litt sie wieder unter ihrer zyklischen Winterdepression, diesmal von zwei Artikeln in der amerikanischen Zeitschrift *The Nation* ausgelöst, die sie las. Einer beschäftigte sich mit »der entsetzlichen Ehe zwischen Großkapital und Militär in Amerika«, der andere mit der »widerwärtigen Atombunker-Manie«, die in Amerika von skrupelloser Werbung angeheizt wurde. Sie und Ted waren entsetzt über die chauvinistische amerikanische Politik, während Kennedy und Chruschtschow wegen Berlin ihre Nerven gegenseitig auf die Probe stellten und die Streitkräfte sich auf den »unvermeidlichen Krieg« vorbereiteten. »Ich begann mich zu fragen«, schrieb Sylvia ihrer Mutter am 7. Dezember, »ob es überhaupt einen Sinn hat, in einer solchen verrückten, selbstzerstörerischen Welt Kinder großzuziehen.« Etwa um diese Zeit schickte *The London Magazine* einen Fragebogen, in dem es um die moralische Verantwortung des Schriftstellers in einem politischen »Kontext« ging. Sylvia schätzte ihren Beitrag zum Weltfrieden nüchtern ein, indem sie ihre Dichtung als ablenkend, jedoch nicht als eskapistisch bezeichnete:

»Für mich sind die wirklichen Kernfragen unserer Zeit die Kernfragen aller Zeiten – Schmerz und Wunder des Liebens; das Werden in allen seinen Formen – Kinder, Brotlaibe, Gemälde, Bauten; und die Erhaltung des Lebens aller Menschen überall, dessen Gefährdung kein abstraktes, zweideutiges Gerede über ›Frieden‹ oder ›unversöhnliche Widersacher‹ entschuldigen kann.«

Als Verteidigung der Kunst und ihrer Bedeutung für die zeitgenössische Gesellschaft ist Sylvias kurzes, bündiges Manifest bewundernswert und bewegend. Doch sie mochte sich noch so sehr an die Liebe und die Bewahrung des Lebens klammern, ihre Devon-Gedichte waren von Tod durchdrungen. Selbst *Blackberrying*, beim ersten Lesen die gelungene Beschwörung eines windigen, felsigen Hügels, enthüllt bei näherer Betrachtung eine Frau, die die Sinnlosigkeit verabscheut und gleichzeitig von ihr hypnotisiert ist. In einer gleißendhellen surrealen Landschaft geht das »Ich« des Gedichts in der windigen Senke auf einer Klippe einen »gewundenen« Weg entlang, wo riesige Brombeeren »dumm wie Augen« Menstruationssäfte vergießen, wenn sie in einer »Blutsschwesternschaft« gepflückt werden, nach der sie »nicht verlangt hatten«. Die Beeren sind ein hervorragendes Bild des Verfalls, ein Busch ist »so reif – es ist ein Busch voll Fliegen, da hängen sie mit blaugrünen Leibern und Flügeln so durchscheinend wie der chinesische Wandschirm«. Raben kreisen über ihrem Kopf »protestierend, protestierend«. Die letzte Biegung enthüllt nichts als das Gesicht der Klippe:

... und dies Gesicht ist ein orangeglühender Block
der nach nichts Ausschau hält, nach nichts als einem weiten
  Raum
von weißem, von zinnfarbenem Licht
und in einem Silberschmiedeklang
wird widerborstiges Material
wieder und wieder geschlagen.

Noch bedrohlicher ist die herrische Gestalt von *The Surgeon at 2 a.m.* In *Context* bezeichnet sie es als ein Gedicht über »die nächtlichen Gedanken eines müden Chirurgen«. Das mag sein, aber für diesen Chirurgen ist die Krankenstation ein widerlicher Garten der Leiber, durch den er wie ein Gott schlendert. Aus Knollen und Früchten sickern »klebrige Substanzen«:

Ein Wurzelgeflecht. Die Assistenten schieben es zurück.
Gerüche und Farben bedrängen mich.
Hier ist das Lungengeäst.
Prächtig sind diese Orchideen. Sie winden sich und zucken
  wie die Schlangen.
Das Herz ist eine rote Glockenblume, pures Elend.

Im nächsten Vers wird Blut »wie ein Sonnenuntergang« in den blassen Marmorkörper der »Statue« gepumpt, die auf Heilung wartet. Museums- und Krankenhausbilder verschmelzen miteinander. Körperteile aus Plastik ersetzen totes Gewebe, das »wie pathologische Salami« in Essig schwimmt. Der Chirurg ist sich selbst überlassen mit Zähnen und Gallensteinen, die »klappern in einer Schachtel, die mit nach Hause genommen wird«. Amputierte Gliedmaßen werden »in einem Kühlschrank begraben«. Wenn der Chirurg am Ende unter »roten Nachtlichtern [...] flachen Monden [...] trüb vor Blut« davongeht (beinahe identische Zeilen finden sich in *Three Women*), verläßt er den Schauplatz als Sieger, als Held, als wahrer Retter: »In meinem weißen Mantel bin ich die Sonne, graue Gesichter, verschlossen von Medikamenten, folgen mir wie Blumen.«

Der Schauplatz dieser Gedichte, die entstanden, als in Sylvia neues Leben heranwuchs, ist im Grunde ihre Welt-als-Krankenhaus. Aber für sie müssen diese Gedichte Gesundheit bedeutet haben, etwas, das auf der anderen Seite des Alptraums lag. Wie in Yaddo schöpft Sylvia aus ihrem Innersten und belebt ihre Gedichte nach und nach mit ihren einzigartigen Bildern. Sie nähert sich dem Licht ihres Bewußtseins wie nie zuvor, und sie beherrschte diese unirdische Szenerie inzwischen so meisterhaft, war mit derart beeindruckenden poetischen Techniken gerüstet, daß sie jetzt mit der eigenen, d. h. ihrer natürlichen Stimme spricht. Die Begeisterung darüber, »wirklich [zu] schreiben«, wie sie A. Alvarez im nächsten Frühjahr sagte, entführte sie in eine neue Ebene der Selbstversunkenheit; wie in einem Krankenhaus waren dort nur hin und wieder puppenähnliche Besucher zugelassen, unter denen Ted immer noch wie ein Riese herausragte.

Der Mond und der Eibenbaum ist das herausragendste der Gedichte, die Sylvia im September und Oktober 1961 schrieb. In einer Rundfunksendung sagte sie im Juli 1962 etwas irreführend, die Eibe habe das Gedicht wie mit »einem erstaunlichen Egoismus« völlig usurpiert, und es sei ihr gelungen, »das Ganze zu ordnen und zu erledigen«. Aber *was* war diese Eibe auf dem Friedhof voller Gräber im Licht eines vollen »Muttermondes« anderes als »der Mann in Schwarz«, die beherrschende tote Gestalt ihrer psychischen Landschaft? Das Licht ihres Bewußtseins, das Sylvia in Bann hielt, war die »kalte und planetarische« Unterwelt ihres Mythos, und der Mond mit seinem »offenen Mund völliger Verzweiflung« würde sie nie daraus entlassen. Ted Hughes stellte ihr das Thema als »Übung«, nachdem sie beide frühmorgens beobachtet hatten, wie der Vollmond hinter der Eibe auf dem Friedhof unterging. Mittags zeigte sie ihm das Ergebnis. Später sagte er über das Gedicht: »Es deprimierte mich sehr. Ich habe den Verdacht, daß kein Gedicht ein Gedicht sein kann, das nicht eine Aussage der Kräfte ist, die unser Leben kontrollieren, das elementare Leid und die Entscheidung in uns [...] Ich zweifelte nicht daran, daß es ein Gedicht war, vielleicht sogar ein großes Gedicht, aber sie bestand darauf, es sei nur eine Übung über ein Thema.« Der Friedhof mit seiner Vater-Eibe und dem Mutter-Mond war unvermeidlich zu einer Neuinszenierung von Sylvias Drama geworden, das sie gefangenhielt.

II

Nach einer Flut von Gedichten im Oktober – darunter die gelungenen und weniger strengen *Last Words* und *Mirror* – überließ sich Sylvia der »kuhähnlichen« Schwangerschaft und schrieb nur wenig. Über dem »Ordnen« des Haushalts und den Vorbereitungen auf das neue Kind wurde es Weihnachten. Es war bitter kalt – der kälteste Winter seit vielen Jahren –, aber Sylvia leistete sich einen rotgemusterten Teppich und rote Cordvorhänge, durch die das Wohnzimmer, wie sie Aurelia berichtete, »wie das Innere einer Valentinskarte aussieht«. Vier elektrische Pifkoöfen schafften es gerade, die Innentemperatur auf zehn Grad zu halten. Abends knisterte ein Holzfeuer im Kamin. Sylvia und Ted verbrachten das erste Weihnachten im eigenen Haus ohne Eltern. Sylvia – im letzten Monat der Schwangerschaft – schrieb Aurelia: »Ich möchte *unsere* ganzen alten Bräuche weiterpflegen.« Sie backte nach deutschen Rezepten und schmückte das Wohnzimmer mit roten Kerzen und etwa fünfzig Weihnachtskarten. Aus Wellesley traf ein großes Paket mit Geschenken ein (neben den langersehnten Ausgaben von *Ladies' Home Journal* für Sylvias »faule ›kitschige‹ Stunden«), das sie mit Frieda unter dem »üppigen kleinen Baum mit Silbervögeln, Lametta und Lebkuchenherzen« öffnete. Es gab auch Geschenke aus Yorkshire, darunter eine hölzerne Gartenrutsche für Frieda von Tante Hilda. Ihrer Mutter schrieb Sylvia: »Nie habe ich ein so glückliches und opulentes Weihnachten erlebt.«

Das zweite Kind wurde am 12. Januar 1962 erwartet, doch die Geburt verzögerte sich bis zum 17., als Nicholas Farrar Hughes nach stundenlangen Wehen fünf Minuten vor Mitternacht in eine eisige Welt kam. Sylvia hatte den ganzen Tag gekocht und gebacken, damit Ted und Frieda etwas zu essen hatten, wenn sie sich von der Geburt erholte. Um halb neun Uhr abends erschien die Hebamme mit einer Gas- und Sauerstoff-Flasche; diesmal wurde es eine schwierige Geburt. Die Fruchtblase platzte lange nicht. Wie sie später Aurelia schrieb, hatte sich der Arzt gerade auf den Weg gemacht, um einzugreifen, da »schoß dieser große, bläuliche, glänzende Junge in einer Fruchtwasser-Flutwelle, die uns alle vier bis auf die Haut durchnäßte, heraus aufs Bett und brüllte kräftig. Ein unge-

ungeheuerlicher Anblick. Ich setzte mich auf der Stelle auf und fühle mich herrlich – keine Risse, nichts.«

Nicholas war bei der Geburt größer und schwerer als Frieda: Er wog acht Pfund und dreihundert Gramm gegenüber ihren sechseinhalb Pfund. Für die Geburt und einige Zeit danach benutzte Sylvia das Gästezimmer – mit dem Blick auf die Berg-Ulmen und den alten Grabhügel war der Raum »ideal zum Erholen«. »Schöne, klare Morgendämmerung«, schrieb sie Aurelia einen Tag nach der Geburt, »in unserer riesigen Ulme stand heute nacht der Vollmond.« Nachbarn kamen neugierig und freundlich und brachten Geschenke; die Hebamme, die jeden Tag kam, ging »wundervoll« auf Frieda ein und zeigte ihr, wie sie »helfen« konnte, die Sicherheitsnadeln für die Windeln zu halten und das Baby zu wickeln. Ihrer Freundin Helga erzählte Sylvia später, Ted sei zunächst sprachlos gewesen, daß er einen Sohn bekommen hatte, aber Sylvia liebte Nicholas vom ersten Augenblick an, als sich das Köpfchen nach der schweren Geburt geformt hatte. »Ein richtiger Hughes. Er hat eine merkwürdige Ähnlichkeit mit Bildern von Teds Bruder Gerald: Er ist dunkel, still, und er lächelt viel.« Gegen Ende Januar bekam Sylvia schweres Milchfieber; sie mußte ruhen und Ted die Hausarbeit und die Sorge um Frieda überlassen. Er war ein »Heiliger«, aber die Anstrengung, zwei kleine Kinder zu versorgen, machte sich bei beiden bemerkbar, als auf den Januar ein noch nasserer Februar und schließlich der kälteste März seit siebzig Jahren folgte.

Vor Weihnachten war Sylvia eine Idee gekommen, mit der sie hoffte, nach der Geburt von Nicholas vielleicht wieder schreiben zu können. Das Dorf faszinierte sie. Sie berichtete Aurelia: »[...] ein fester Stamm von miteinander verwandten Einheimischen [...], dann die ganzen komischen Zugereisten – Londoner, Ex-Cockneys, Iren. Ich freue mich darauf, sie nach und nach kennenzulernen.« Eine der Irinnen, von denen sie spricht, war Marjorie, die Frau des Geschäftsführers der Devon Bank, deren fünfzehnjährige Tochter in einem Internat in Oxford war. Die Cockneys, Percy und Rose, waren nahe Nachbarn in der gleichen Straße. Sie kennenzulernen war für Sylvia gleichbedeutend mit Über-sie-schreiben. Am 4. März, als sie ihrer Mutter schrieb, sie arbeite an »einer unterhaltsamen Sache, die hoffentlich zu einem Buch (Roman) wird, vielleicht auch bloß eine nette Spielerei ist«, nutzte sie wahrscheinlich ihre etwa zwei Stunden, die sie jeden Morgen in ihrem Arbeitszimmer verbrachte, um sich Notizen über das Dorf und seine Bewohner zu machen. Die Notizen, die sie neben den Tagebüchern schrieb, blieben erhalten. Sie schrieb auf losen Blättern, heftete sie mit Büroklammern zu einzelnen Kapiteln zusammen, denen sie, wenn es etwas Neues gab, Seiten hinzufügte.

Abgesehen von Percy und Rose und den »Smiths« boten sich eine Anzahl Gestalten zur näheren Betrachtung an: die verkrüppelte Bucklige mit einem hohen schwarzen Schuh, in deren Wohnzimmer ein ausgestopfter Fuchs stand; der blinde Mr. Milford, der mit seiner älteren Frau in einem dunklen Haus an der Ecke wohnte: »Ich konnte nicht in seine weißen Augen blicken«; der alte, griesgrämige, halbverrückte Mr. »Willis«, der angeblich ein Klavier zu verkaufen hatte. Sylvia sah sich das (hoffnungslose) Klavier an, spähte in seine »krätzige« Küche und las die Plakate in den Fenstern zur Straße, auf denen er seine Beschwerden verkündete. Auch Major »Crump« und seine Frau in der Eggesford Road, Charlie Pollard, der Bienenzüchter (eine wichtige Gestalt), und Schwester Winifred Davies wurden zu den Akten gelegt, um von Sylvia in künftigen Geschichten oder Romanen benutzt werden zu können oder um ihr genaues Beobachtungsvermögen »der Außenwelt« zu üben. Möglicherweise verliehen diese geheimen Aufzeichnungen über die Nachbarn den in Devon ansonsten etwas kärglichen Beziehungen einen Reiz und ein Interesse, die ihnen fehlten. Sylvia rügte sich in den Notizen oft, ein Detail in der Kleidung oder Einrichtung vergessen zu haben (»Nächstesmal muß ich eine Liste machen von den Teppichen und Polstermöbeln«). Es überrascht nicht, daß diese Prosanotizen zwar farbig, aber mit zu großer Genauigkeit befrachtet sind. Sie werden nur dann wirklich lebendig, wenn Sylvias eigene Reaktionen einfließen, wie im Bericht über die Familie Smith und Sylvias wachsende Eifersucht auf die Tochter im Teenageralter oder in der ausführlichen Schilderung von Percys Tod.* In solchen Passagen ähneln diese Aufzeichnungen Sylvias erfolgreicher Prosa; sie verraten mehr über sie als über die Menschen, die sie porträtieren will.

Offenbar stellte sie nie das Recht in Frage, ihre Bekannten zu beobachten und zu beurteilen; für einen Schriftsteller »ist alles Material«, wie sie glaubte. Wurde sie selbst zum Gegenstand der Beobachtung, nahm sie das natürlich übel. Selbst von der »großen, eindrucksvollen, weißhaarigen Mrs. Hamilton [die »Mrs. Plumm« der *Tagebücher*] mit dem kläffenden Dackel Pixie und dem blitzblanken Haus wurde erwartet, daß sie sich an die unsichtbaren Regeln von Sylvias Regiment hielt. Eines Vormittags im Februar tauchte Mrs. Hamilton vor Sylvias Arbeitszimmer auf. Sylvia berichtet, dieser »Überfall [habe sie] sprachlos vor Überraschung« gemacht.

»Dies ist mein symbolisches Heiligtum [...] Ich bat sie herein. Ted brachte einen Stuhl, und ich und sie erkannten die unangenehme Situation. Sie wollte sich vor ihren zwei Wochen Beirut, Rom etc. verabschieden und das Baby noch einmal sehen. Ich führte sie zu Nicholas, aber zuvor nahmen ihre Augen das Arbeitszimmer in allen Einzelheiten auf [...] Hatte das Gefühl, Mrs. H. wollte sehen, wie wir in den hinteren Räumen leben. Sie betrachtete mein langes offenes Haar, als wolle sie es in sich aufsaugen, es bis zum letzten Zentimeter fressen und sich ein Urteil bilden. Ich war sehr ungehalten und ärger-

* *Die Smiths* finden sich in Sylvia Plaths Erzählungsband *Zungen aus Stein*, *Rose und Percy B.* in *Die Bibel der Träume*; die anderen Stücke sind Teil ihrer Tagebücher.

lich. Kann man uns jederzeit betrachten und genau studieren, nur weil wir zu schüchtern oder zu höflich waren, nein zu sagen oder ›Sie arbeitet, ich werde sie holen‹ oder ›Bitte warten Sie hier‹? Bin eigentlich auf Ted wütend, weil er mich in diese unangenehme Lage gebracht hat, nicht auf Mrs. H.«

Zu Sylvias großen Leistungen in den ersten Frühlingsmonaten gehörte ihr Stück in Versen *Three Women*. Douglas Cleverdon, der Teds *The Wound* produziert hatte, wollte es inszenieren, und Sylvia arbeitete mit ihm daran. *Three Women* ist in gewisser Hinsicht eine Erinnerung an die Vergangenheit. Die drei Stimmen stehen ebenso wie die Stimmen der beinahe körperlosen Mutterleiber für die Abschnitte von Sylvias Einweihung in die Mutterschaft, die für sie gleichbedeutend mit der eigenen Wiedergeburt war. Das Stück ist in einem Krankenhaus angesiedelt; dieser Schauplatz ließ ihre imaginative Welt wieder erstehen und ermöglichte ihr, die drei Stimmen einander dramatisch zuzuordnen. Wie sie ihrer Mutter im Juni berichtete, mag sie von einem Film von Ingmar Bergman inspiriert worden sein, obwohl Bergmans Einfluß nicht so wichtig zu sein scheint.

Das Stück erzählt von drei archetypischen »Geburten« – oder im Fall der Zweiten Stimme von der Unmöglichkeit zu gebären. Sylvias gesamte Schwangerschaftserfahrungen, die Angst vor der Schwangerschaft (wie 1957 auf Cape Cod) und die Fehlgeburt sind darin enthalten; aus jeder Stimme spricht erkennbar sie. Die Erste Stimme ist die einer erfüllten Mutter, die »langsam wie die Welt« und »sehr geduldig« einen Sohn zur Welt bringt, den sie sich wünscht, und dieser »ovulare Triumph«, wie Peter Redgrove sagen sollte, bekräftigt ihre kreative Aufgabe. Sie kehrt mit dem Baby in ein Haus zurück, das Court Green in Devon gleicht.

Die Zweite Stimme, ebenso deutlich Sylvia Plaths Stimme, hat man bereits gehört – hauptsächlich in *Parliament Hill Fields* und *Barren Woman*: Totenähnlichkeit, Fehlgeburt, Selbstanklage, schreckliches Versagen. Diese Stimme spricht von Blut und Verlust; Menstruationsbilder dienen dazu (wie so oft bei Sylvia), den Schrecken unfruchtbarer Fraulichkeit zu betonen. Die versagende Mutter ist ausgeblutet, »flach« wie die Männer, für die sie arbeitet. Der Schauplatz ist offenbar London.

Ich sah den Männern zu, die über mich hinwegmarschierten
im Büro. So einfältig waren sie!
Sie waren flach wie Pappkartons, und plötzlich habe ich
begriffen.
Diese flache, flache Flachheit brütet Einfälle und
Zerstörungen aus.
Bulldozer, Guillotinen, weiße schalldichte Räume.
Endlos so fort – die kalten Engel, Abstraktionen.

Die Zweite Stimme spricht mit der Stimme von *Magi*; sie mißtraut Idealen (alle männlich) und politischen Ideologien von Krieg und Zerstörung. Deshalb fehlt der Zweiten Stimme etwas, und sie wird der Bote des Todes, dem Sylvia nie entfloh:

Ich brachte diese Krankheit mit nach Hause. Es ist ein Tod.
Und noch einmal: Es ist ein Tod. Ist es die Luft
Voller Zerstörungteilchen, die ich aufsog? Bin ich ein Puls
Der langsam schwindet im Angesicht des kalten Engels?
Ist also mein Geliebter er? Dieser Tod, dieser Tod?
Als Kind noch habe ich einen verwunschenen Namen geliebt.
Ist also dieses das Vergehen, die alte verschollene Liebe zum
Tod?

Die Zweite Stimme ist zwar deutlich Sylvia-Elektra, die inzestuöse Tochter des Bienenzüchters ihrer Bostoner Zeit, doch *Three Women* endet bedeutsamerweise mit ihrer Auferstehung. Die letzte Strophe dieses lyrischen Dramas deutet auf eine Heilung durch häusliche Liebe und bringt einen Moment enthüllender Zärtlichkeit, als das Grün – für Sylvia normalerweise eine giftige Farbe – zum Zeichen der Auferstehung wird:

> Ich fand mich wieder. Ein Schatten bin ich nicht
> auch wenn von meinen Füßen Schatten ausgeht.
> Ich bin doch eine Frau.
> Die Stadt wartet und stöhnt. Kleine Grashälmchen
> zwängen sich durch den Stein,
> und sie sind grün und lebensvoll.

Es bleibt die Dritte Stimme, die Stimme von Sylvias neurotischem Studentinnen-Ich, das fürchtet, im Wasser oder in Spiegeln seinem Doppel zu begegnen. Die Dritte Stimme beginnt damit, daß sie sich als Spiegelbild in einer Umgebung bezeichnet, die erkennbar Cambridge ist:

> Ich denke an den Augenblick, als ich es sicher wußte.
> Die Weiden standen im Frost.
> Und wunderschön war das Gesicht im Teich, aber
> Es war nicht das meine –
> Es sah entschlossen aus, wie alles andere auch,
> Und ich sah bloß Gefahren [...]

Diese Dritte Stimme ist für eine Tochter noch nicht bereit, die sie zur Welt bringt, deshalb läßt sie das Kind nach einer mörderischen, todesähnlichen Prüfung im Krankenhaus zur Adoption zurück. Für sie ist der Kreißsaal »ein Ort der Schreie«, die Lampen dort sind »flache rote Monde [...] stumpf von Blut«, wie schon einmal in *Surgeon at 2 a.m.* Nach der Geburt klammert sich das winzige, aber boshafte Mädchen mit »Haken« an die Mutter; das kleine schreiende Gesicht ist »aus Holz geschnitzt« (wie in *Event*); sein Weinen ritzt den Schlaf »wie Pfeile«. Es ist unmöglich, in dieser heftigen Ablehnung nicht etwas von dem zu sehen, was Sylvia – wie viele junge Mütter – manchmal in der Beziehung zu ihren Neugeborenen erlebte. *Three Women* entwickelt sich aus persönlichen Quellen, nähert sich jedoch früheren Mysterien in Sylvias Arbeiten, erhebt sich über die persönliche Bildersprache und wird universell. Es ist vermutlich das erste große Gedicht über die Geburt überhaupt.

III

Der harte Winter in Devon hielt sich den ganzen März und beinahe den ganzen April über. In ihren Briefen bestürmt Sylvia ihre Mutter, sie im Sommer zu besuchen, obwohl Warren Anfang Juni heiraten und nach der Hochzeit das Geld für eine Reise knapp sein würde. Sylvia setzte sich jedoch mit ihren Wünschen durch. Sie schrieb, die Kinder würden am Sonntag, den 25. März, trotz ihrer Enttäuschung über den Pfarrer getauft werden. Sie glaubte, »mit Frieda wiedergeboren« worden zu sein [...] als habe mein wahres, reiches, glückliches Leben erst um diese Zeit begonnen«. Am 12. März erklärt sie, sie schreibe hauptsächlich Prosa – »das fällt mir viel leichter. Die Konzentration erstreckt sich auf ein großes Gebiet und steht oder fällt nicht wie bei einem Gedicht mit der Arbeit eines Tages«. Am 27. März, als sie *Three Women* nahezu beendet haben mußte, litt sie immer noch an den »März-Migränen«. In einem Brief an Helga Huws aus dieser Zeit klagt sie, seit sie in England lebe, habe sie das Gefühl, um alle Sommer betrogen worden zu sein. »Und jetzt peinigen uns Regen, Hagel und ein ständiger Ostwind, der bösartig durch die Spalten unserer uralten Hintertür pfeift und durch das ganze Haus jagt.« Frostbeulen quälten sie, und sie war niedergeschlagen – »weniger von den beißenden, juckenden Wunden als von der Vorstellung, daß die Kälte mich insgeheim gepackt hat, als ich glaubte, gegen sie zu gewinnen.«

Im April kamen die Handwerker, um im Spielzimmer und

im Flur die alten Holzdielen herauszureißen und einen Betonestrich für den neuen Linoleumboden zu legen. Sylvia suchte immer noch ein gebrauchtes Klavier, damit sie Frieda vorspielen und -singen könnte, wie Aurelia es bei ihr getan hatte. Wie sehr sie im Unterbewußtsein ihre Erziehung auch ablehnte, orientierte sie sich doch eindeutig an der idealen und auch an der realen Aurelia: eine kreative, fürsorgliche Mutter, als Glied einer Kette, die um jeden Preis auch in der Zukunft nicht abreißen durfte.

Während Sylvia aus Court Green tatkräftig ein Zuhause schuf, war der Tod nahe bei ihnen, im Nachbarhaus, eingezogen. Anfang Februar, kurz nach der Geburt von Nicholas, mußte Percy ins Krankenhaus. Er hatte »etwas an der Lunge«. Einige Wochen wurde er untersucht – zu Sylvias Ärger spielte Ted gezwungenermaßen den Chauffeur, wenn Rose ihn im Krankenhaus besuchte –, und schließlich wurde Lungenkrebs diagnostiziert. Er wurde operiert und im März schwerkrank nach Hause entlassen. Sylvia beschreibt Percy in seiner blauen Matrosenjacke in dem lyrischen und hübschen *Among the Narcissi*, obwohl das langsame Sterben des alten Mannes in jenem Frühling alles andere als hübsch war. Am 17. April, zwei Tage, bevor Sylvia die Endfassung von *Ulme* beendete, bekam Percy eine Reihe schwerer Schlaganfälle. Entsetzt, aber auch fasziniert hielt Sylvia mit größter Genauigkeit jedes Stadium seines Zerfalls fest.

»Furchtbare Schläge an der Tür gegen zwei. Ted, Frieda und ich aßen in der Küche zu Mittag. ›Meinst du, das ist die Post?‹ fragte ich, dachte, Ted könnte irgendeinen legendären Preis gewonnen haben. Meine Worte wurden von Roses hysterischer Stimme abgeschnitten. ›Ted, Ted, kommen Sie schnell, ich glaube, Percy hat einen Schlaganfall.‹ Wir rissen die Tür auf, und da stand Rose B. mit wilden Augen, hielt ihre offene Bluse zusammen, die den Unterrock sehen ließ, und brabbelte. ›Ich habe den Arzt gerufen‹, rief sie, im Umdrehen, und eilte zu ihrem Haus zurück, Ted ihr nach. Ich dachte, ich sollte bleiben und warten, aber dann sagte etwas in mir, nein, du mußt es sehen, du hast niemals einen Schlaganfall oder einen toten Menschen gesehen. Also ging ich. Percy war in seinem Sessel vor dem Fernseher, zuckte auf furchterregende Weise, völlig weggetreten, mümmelte – wie ich annahm – auf seinen falschen Zähnen, seine Augen zuckten seitwärts weg, und er wurde geschüttelt, als durchbohrten ihn schwache Elektroschocks. Rose klammerte sich an Ted. Ich starrte vom Türrahmen aus. Der Wagen des Arztes hielt sofort neben der Hecke am Fuß der Straße. Er kam sehr langsam und zeremoniell, den Kopf ernsthaft gesenkt, zur Tür. Bereit, dem Tod zu begegnen, vermutete ich. Er dankte uns, und wir verzogen uns nach Hause. ›Darauf habe ich gewartet‹, sagte ich. Und Ted sagte, er habe das auch. Bei dem Gedanken an sein furchtbares Mümmeln auf den falschen Zähnen wurde ich von trockenem Würgen heimgesucht. Ekel. Ted und ich umarmten einander. Frieda sah friedlich von ihrem Essen auf, ihre großen blauen Augen unbeschwert und klar.«

Die Umstände von Percys Tod, die damit verbundene hartnäckige Erinnerung an Otto Plaths langsames Sterben so bald nach Nicholas' Geburt muß die unaufhaltsame, scheinbar unbewußte Entwicklung ihrer Lyrik beeinflußt haben. Wir müssen uns auf das Werk verlassen, da es keine Tagebücher gibt, die dem Leser, wie in Yaddo, ihre Entwicklung Schritt für Schritt aufzeigen. Der einzige unmittelbare Zeuge dessen, was mit Sylvia in jenem Frühling geschah, ist Ted Hughes. In seinem hervorragenden Rückblick schreibt er über den seltsam unabhängigen Prozeß des Heranreifens, den er indirekt miterlebte.

»Nach *Three Women* (man muß es als naive Rede hören, weniger als ein literarisches Gebilde lesen) taucht ganz plötzlich wieder der Geist ihres Vaters auf, zum ersten Mal nach zweieinhalb Jahren, und erlebt eine unerschrockene, unverblümte, entmythologisierte Beurteilung. Darauf folgt die genaueste Beschreibung, die sie jemals von Der Anderen – der tödlichen Frau – gab, die im Mittelpunkt all dessen steht, was sie von dem Moment an bewegte. Danach erreichten ihre Gedichte eine wunderbare kurze Ausgeglichenheit. Drei entstanden Anfang April 1962 innerhalb von drei oder vier Tagen: *Crossing the Water, Among the Narcissi* und *Pheasant*; sie sind als Gruppe in ihrem Werk einzigartig. Und vielleicht ermöglichte ihr diese innere Leistung, dieser kühle, helle, sehr schöne Moment der Meisterschaft den nächsten Schritt.«

Unerbittlich nahm Sylvias poetische Welt Gestalt an. Im Oktober hatte sie mit *Blackberrying* die innere Landschaft der Welt dargelegt: Bedrohung und Sinnlosigkeit. Dann zeigen uns die April-Gedichte, über die Hughes berichtete – *Kleine Fuge* mit seiner »unverblümten, entmythologisierten Beurteilung« des Geistes ihres Vaters und *An Appearance*, das Die Andere heraufbeschwört –, ihre *dramatis personae*, die drohenden, archetypischen Gestalten,die in diesen letzten Gedichten zum allmächtigen König und zur Königin ihres poetischen Reichs werden. (*Berck-Plage* sollte dieses Reich später vorstellen – das Meer, das Krankenhaus und der Tod.)

Zwei Gestalten waren bereits vor sechs Monaten aufgetaucht – in *Der Mond und der Eibenbaum*, in dem die phallische Eibe mit ihrer »gotischen Form« den Vater repräsentiert. *Kleine Fuge* beginnt: »Die schwarzen Taxusfinger drohn: / Darüber ziehn kalte Wolken.« Die leeren weißen Wolken erinnern an die Augen eines blinden Pianisten, den Sylvia auf dem Schiff während ihrer Reise nach England kennengelernt hatte; er konnte zwar nicht sehen, den tauben Beethoven aber hören. Die im Wind schwankende Eibe und die Musik des großen deutschen Komponisten verschmelzen: »Ich beneide die großen Geräusche, / die Taxushecke der *Großen Fuge*.« Und die Kombination setzt gleich:

So ein dunkler Trichter, mein Vater!
Ich sehe deine Stimme
Schwarz und belaubt wie in meiner Kindheit,

Eine Taxushecke Befehle,
Barbarisch und gotisch: rein deutsch.
Tote Männer schreien aus ihr.

Sie protestiert (leugnet die Verantwortung für das sexuelle Element der eindeutig phallischen Symbole im Gedicht): »Ich bin an nichts schuld.« In einer Aufwallung von wehmütiger Erinnerung wiederholt sie:

Ich war sieben, ich wußte von nichts.
Die Welt geschah.
Du hattest ein Bein und einen preußischen Geist.

Deutlich wird ihr Vater zum Mittelpunkt:

Ich denk an ein blaues Auge,
Eine Aktentasche voll Mandarinen.
Das also war ein Mann!
Der Tod klaffte, schwarz wie ein schwarzer Baum.

Durch eine leere Wolke haben die Eibe und die brausende Musik diese Erscheinung hervorgebracht – sie ist so unleugbar wie der Geist von Hamlets Vater. Nicht länger mehr ist Otto Plath der mythische Neptun aus *Full Fathom Five* oder ein bröckelnder steinerner Koloß, sondern er lebt, ist sichtbar und hörbar. Und die kräftezehrende Wirkung – der Glasglokkeneffekt – dieser mächtigen Persönlichkeit in ihr ist erkennbar. Sie lebt in dieser Wolke, entfremdet und unwirklich.

Ich bleibe einstweilen leben
Und teil meinen Vormittag ein.

Meine Finger sind das, das mein Baby.
Die Wolken sind ein Hochzeitskleid, so blaß.

An Appearance ist eine Konfrontation mit der tödlichen Mutter-Muse, jenem Teil in Sylvias Psyche, der sie unbarmherzig zur Perfektion trieb, um frostige Liebe zu erringen. Die Andere wird hier sarkastisch als eine Reihe effizienter, sinnloser, an Dalí erinnernder Maschinen gesehen: »Das Lächeln von Kühlschränken«, »das aus der stählernen Stricknadel kommt, die sich wie blind bewegt«, »eine Schweizer Uhr, juwelenbesetzt!« Das Gedicht schließt:

Ach Herz, ein solches Chaos!
Die Sterne glänzen auf wie fürchterliche Nummern.
ABC – so sagen ihre Augenlider.

Beide Gedichte beziehen sich direkt auf Sylvias Alltag. Ted Hughes hat von ihrer zu dieser Zeit wachsenden Liebe zu Beethovens späten Quartetten berichtet, besonders zur *Großen Fuge*. Der rote Stoff auf der Nähmaschine in *An Appearance* ist der Stoff für die Vorhänge, die sie gerade nähte.

Ted Hughes sagt, Sylvia habe bald nach Fertigstellung von *Pheasant* – an dessen Ende sich der Vogel »in der Ulme niederläßt« – begonnen, über die riesige Ulme auf dem Grabhügel zu schreiben, der an der Rückseite des Hauses hinter dem Hof aufragte. Sylvia griff das Wort auf und begann eine Variation; die Ulmen waren *nicht* zufrieden:

Sie ist nicht zufrieden, sie ist nicht friedlich;
Sie schlägt wie ein Herz auf meinem Hügel.
Der Mond nistet in ihrem Nervengeflecht.
Ich bin erregt, ihn dort zu sehen.

Die Nacht ist ein blauer Teich; sie ist sehr still
In der Mitte ist sie still, voll stiller, schwerer Weisheit.

Der Mond löst sich auf wie ein toter Körper.
Nun dunkelt sie selbst,
Wird zu einer dunklen Welt, in der ich nichts mehr sehen kann.

Sie legte diesen ersten Versuch zu *Ulme* beinahe sofort beiseite. Dem verwirrenden Anfang folgten einundzwanzig Blätter mit Entwürfen. Ursprünglich lautete der Titel *The Elm Speaks*, die Berg-Ulme wird zur Hexenulme, einem angsteinflößenden Doppel der Mutter der Dichterin, die als einzig möglichen Liebesersatz den Tod anbietet. Die Pfahlwurzel des Baumes und das mörderische Gesicht des Mondes zwingen die Dichterin, »unfähig, mehr zu wissen«, zum schrecklichen Eingeständnis von »Schwächen« – ein überraschendes neues Wort in Sylvias poetischem Lexikon. Das Gedicht deutet Schwächen an, die irgendwie in ihrem Wesen lagen und nach traumatischen Kindheitserlebnissen krumm waren wie ein knorriger Baum: »Das sind die geheimen, langsamen Schwächen, die bringen / Den Tod, den Tod, den Tod.«

Während ihrer Partnerschaft als Schriftsteller hatten Teds und Sylvias Lyrik ein gemeinsames Thema: Sie interessierten sich beide für Anthropologie, für Religion und Mythen von Naturvölkern. Aber Teds Werk war auf die natürliche Welt ausgerichtet und ging über das Ich hinaus, was Sylvias Werk nie vermochte. Ihre gesamte Entwicklung als Schriftstellerin bestand aus einzelnen Schritten, aus einem langsamen Vorwärtsschreiten (das es ihr oft schwermachte zu leben) hin zur Enthüllung der flüchtigen Vision auf dem Grunde ihres Wesens. Ted Hughes erklärt: »Man kann das, was sich tatsächlich in ihr vollzog, mit einem alchemistischen Prozeß vergleichen. Die ersten Arbeiten wurden während der verschiedenen Stadien ihrer inneren Verwandlung wie Unreinheiten abgeworfen, als Abfallprodukte der inneren Arbeit.« Dann kam die gänzlich abgespaltene Existenz, ein wahrer Dämon, ein unabhängiges Kraftzentrum, dessen Totem der Mond war und das all die Qualen ihrer Jugend in sich aufgenommen hatte, zum

Vorschein. Sie lieferte alle Erkenntnisse der Dichtung, und in ihrem Innersten wartete der drohende Tod, manchmal ein Bild der Wiedergeburt durch den Tod.

Tropfenweise hatte Sylvia begonnen, ihre Gedichte zu entwerfen, und aus den wenigen Tropfen sollte später die Flut der *Ariel*-Gedichte werden. Die Stimme, die aus diesen neuen Gedichten sprach, hatte schon die Einzigartigkeit der Ariel-Stimme – zornig und unendlich unglücklich:

> Ich habe das Grauen der Sonnenuntergänge erlitten.
> Versengt bis zur Wurzel brennen
> Meine roten Staubfäden und starren als Handvoll Drähte.
>
> Nun breche ich in Stücke, die fliegen umher wie Keulen.

Als diese besondere Eigenart ihrer Begabung schließlich die Herrschaft ergriff, machte sie sich unvermeidlich hin und wieder beklemmend in ihren Gemütszuständen bemerkbar; ihr Wesen war davon durchtränkt. Für einen Menschen wie Ted, der in solcher Nähe mit ihr in einem kleinen Dorf lebte, mußte die Wirkung zutiefst beunruhigend gewesen sein; er hatte das Gefühl, ebenso wie sie, unter ihrer unheilvollen Glasglocke gefangen zu sein.

IV

Im April und Mai tippte Sylvia weiterhin ihre durchorganisierten Notizen, als seien ihre tödlichen Gedichte eine Lappalie. Sie äußert sich säuerlich über Roses Gier nach kostenlosen Narzissen und über ihre starke Abneigung, zum Cottage hinüberzugehen, »weil mir von Percy schlecht wird«. *Briefe nach Hause* meldet für April und Mai 1962 mehrere Gäste – zu viele für Sylvia. In einem Brief vom 16. April, geschrieben, während sie auf Ted wartete, der für den Tag nach London gefahren war, beklagt sie sich über einen jungen Amerikaner, der mit seiner Frau gekommen war, um Sylvia zu dem Thema, weshalb Amerikaner in England lebten, zu interviewen. Mit sich brachten sie »eine Bekannte mit den zwei fürchterlichsten Kindern, die ich je erlebt habe«. Sylvia sonnt sich in ihrer »strengen, liebevollen Disziplin«. Ted hatte bei der BBC eine Sendung aufgenommen und »sich Leonard Baskins Bilder angesehen, denn er sollte ein Vorwort für den Ausstellungskatalog schreiben«. Für seine Rückkehr hatte sie ein »gutes großes Irish Stew« vorbereitet. Bei den Aufnahmen für seine Radiosendungen mußte Ted neun bis zehn Stunden Abwesenheit einplanen; er verließ Devon im Morgengrauen und kam spätabends zurück, da Sylvia über Nacht nicht allein sein wollte.

Das Osterwochenende (21.-22. April) brachte den Sommer und heiße Sonne; außerdem kamen Tante Hilda und Teds Cousine Vicky aus Yorkshire zu einem kurzen Besuch. Am 25. April zeigte sich Sylvia erstaunt darüber, daß sie Teds Eltern nicht mitgebracht hatten. »Offenbar hielten der lange Winter, die Arthritis und die Aussicht auf die Eintagsreise Edith davon ab. Ich bin sehr froh, daß Du nicht so seßhaft bist!«*

Tante Hilda und Vicky packten zu; sie halfen, die Kinder zu versorgen und bei der Hausarbeit; deshalb waren sie willkommene Gäste. Einen Tag nach ihrer Abreise beging Sylvia jedoch »den Fehler, zuzulassen, daß eine junge schwedische Journalistin [Siv Arb] sich selbst einlud, um Ted zu interviewen. Obwohl die attraktive Schwedin Sylvia und ihre Kinder inmitten der Narzissen fotografierte, ärgerte sich Sylvia über den Besuch. »Ich hatte herausgefunden, wann der letzte Zug an diesem Tag nach London fuhr, damit wir sie wieder loswurden«, schrieb Sylvia und erwähnte, daß der Geschäftsführer der Bank und seine Frau gerade rechtzeitig kamen, um Ted

* Diese gefühllose Bemerkung wurde im veröffentlichten Brief gestrichen.

und sie vor der unwillkommenen Journalistin zu retten. Aber auch die »Smiths« wurden allmählich »unmöglich, denn sie schicken uns ihre alberne, snobistische, sechzehnjährige Tochter auf den Hals«.

Nicola »Smith« erinnert sich an einen einleuchtenden Grund für die Besuche bei Sylvia und Ted, zu denen ihre Eltern sie ermunterten. Für die Eltern waren Ted und Sylvia »Intellektuelle«, die Nicola vielleicht dazu bringen würden, sich intensiver auf die Universität vorzubereiten. Am 19. April war Ted bei den Smiths zum Tee gewesen und hatte (sicherlich auf ihre indirekten Bitten) versucht, Nicola zu erklären, was er in der Dichtung für wichtig halte. Nicola interessierte sich damals nur für junge Männer und Mode; sie hörte Ted gebannt und geschmeichelt zu, konnte ihm aber nicht folgen, denn »es ging alles über meinen Verstand«. Sie begleitete ihn nach Court Green zurück, und als sie vor dem Haus standen und sich unterhielten, ging die Tür auf. Vor ihnen stand Sylvia mit Nick im Arm. »Ach, Nicola, hast du Ted nach Hause gebracht?« sagte sie eisig. Für Nicola war Sylvia eine Autoritätsperson, vor der sie gedemütigt und verwundert floh. Wie sie erzählt, fühlte sie sich damals gekränkt, aber das machte sie auch euphorisch. Wenn Sylvia in ihr eine Bedrohung sah, mußte sie sie auch für attraktiv und erwachsen halten. In Sylvias Notizen wird der Vorfall ausführlicher geschildert. Ted und Nicola »standen auf der anderen Seite des Wegs unter dem kahlen Goldregen wie Jugendliche nach einer Verabredung – sie in affektierter Pose«. Nicola sagte Sylvia, sie bringe ein paar Schallplatten zurück, die ihr Vater ausgeliehen hatte, und fragte, ob sie irgendwann in der Woche herüberkommen dürfe, um sich Sylvias Deutschkurs auf Platten anzuhören. »Ich habe eine bessere Idee«, erwiderte Sylvia, lief ins Haus zurück, brachte die Platten und drückte sie ihr unsanft in die Hand. »Jetzt kannst du nach Herzenslust lernen.« Sylvia reagierte auf die Situation eindeutig übertrieben und fügte hinzu: »Einen Moment lang habe ich ernsthaft erwogen, unser altes, albernes Victrola-Grammophon mit der Axt zu zertrümmern.«

Die gereinigten Versionen in *Briefe nach Hause* lassen kaum die verletzte Gereiztheit ahnen, mit der Sylvias Briefe in jenem Frühjahr gespickt sind. Olwyn erinnert sich an einen Eintrag in Sylvias verlorengegangenem Tagebuch, der einen besonders bitteren Ton anschlägt: »Wir gehen beide zur Tür. Sie gehen über mich hinweg, als sei ich ein Fußabstreifer, und geradewegs in [Teds] Herz.«

Bei Leuten, die Sylvia gut kannte und mochte, war das nicht der Fall: Schriftsteller, Verwandte und glücklich verheiratete Paare, nach deren Gesellschaft sie sich in der ländlichen Einsamkeit sehnte, waren willkommen. Als die Sillitoes sie in der ersten Maiwoche mit ihrem einen Monat alten Sohn David besuchten, schrieb Sylvia ihrer Mutter begeistert: »Großartige Gäste – Ruth hilft mir beim Kochen, Alan wäscht ab. Sie gehen allein spazieren, und unser Leben verläuft wie gewöhnlich.« Als Sylvia später Ruth schreibt und ein ihr gewidmetes Exemplar von *Ulme* schickt, erklärt sie beinahe leidenschaftlich: »Es war himmlisch, Dich, Alan und David hier zu haben – es war für mich wie ein Urlaub.«

Einige Zeit später im Frühjahr 1962 fuhr ein jüngeres Ehepaar mit drei kleinen Kindern, das fünfundzwanzig Meilen entfernt in einem sehr einfachen Cottage in North Devon wohnte, nach Court Green, um mit den Hughes' Tee zu trinken. David Compton, groß und asketisch, versuchte sich als Autor von Romanen und Theaterstücken durchzusetzen. Seine Frau Elizabeth, blond, stattlich und auf ihre Weise von ebensolcher Begeisterung wie Sylvia, hatte die Folge von *Poets in Partnership* mit Ted und Sylvia im Februar 1961 im Radio gehört und ihnen schriftlich eine Bleibe angeboten. Die beiden hatten sich während der Sendung im Spaß darüber beklagt, sie müßten beim Schreiben ihrer Gedichte die Notizblöcke gegen das Laufgitter des Babys lehnen, und erklärt, sie sehnten sich nach einem Platz, wo jeder sich an ein Ende des Hauses stellen und dort schreien könnte, ohne daß der andere es höre. Elizabeth Comptons Einladung hatte Sylvia amüsiert oder gereizt; sie behielt den Brief und lud die beiden im Frühjahr 1962 ein.

Wie Marcia Brown am Smith College war Elizabeth Compton (später Sigmund) von Sylvia beeindruckt und fand ihre Energie und Entschlossenheit überwältigend. Während der kurzen (insgesamt kam es nur zu einem Dutzend Begegnungen), aber intensiven Freundschaft sah Sylvia in Elizabeth ein Alter ego oder die Erdmutter, und sie erfüllte ihr ewiges Bedürfnis nach einem »Doppel«. Mrs. Compton beschreibt Sylvia als eine »große, unglaublich lebendige junge Frau mit hüftlangen braunen Haaren« in einem langen Rock und dunklen Strümpfen:

»Wir saßen in Liegestühlen im Spielzimmer neben einem langen, auf zwei Böcken stehenden Tisch, den Sylvia weiß gestrichen und mit kleinen Blumen in leuchtenden Farben verziert hatte. Der Fußboden des Zimmers bestand aus schwarzen und weißen Fliesen wie auf einem flämischen Gemälde. Man blickte auf einen Rasen mit einem Goldregen; dahinter sah man den Obstgarten und die Dorfkirche mit dem Friedhof. [...] und es gab ein Klavier im Zimmer. Sylvia gestand, sie ›versuche zu spielen, aber ich habe nicht das Ohr dafür [...]‹ Sylvia stellte mir nur Fragen – über Kinder, häusliche Dinge und über Politik. Als ich gestand, Mitglied der Liberalen Partei zu sein, sprang sie auf und schrie beinahe: ›Gott sei Dank, eine engagierte Frau!‹ Ich mußte lächeln, denn es stimmte nicht ganz, aber ich empfand es als Kompliment. [...] Der kleine Nick schlief in seiner Wiege unter dem Goldregen, und Sylvia lief immer wieder hinaus, um sich davon zu überzeugen, daß er nicht fror und noch schlief. Sie erzählte mir von ihren Bienen und von dem Gemüse, das sie anpflanzen wollten, und von den Plänen für das Haus [...] Sie steckte voller Pläne, voller Leben.«*

In ihrer Erinnerung an Sylvia schreibt Mrs. Sigmund, daß Sylvia und Ted sie öfter in ihrem Haus in North Devon besucht hätten. Bei einem der ersten Besuche bemerkte sie eine »unangreifbare Vertrautheit, eine Art ›Zutritt verboten‹-Schild«, das Sylvia und Ted stillschweigend aneinander zu binden schien und Außenstehende auf Distanz hielt. Offenbar bedeutete die Freundschaft mit dem Comptons Sylvia aber sehr viel. Zu Elizabeths' vierunddreißigstem Geburtstag erschienen sie und Ted abends unerwartet mit einer Flasche Wein und einer »großartigen Eistorte« mit fünfunddreißig Kerzen darauf, die Sylvia gebacken hatte – »eine mehr für dich zum Hineinwachsen«, hatte sie erklärt.

V

David und Assia Wevill, das Paar, das die Wohnung der Hughes' in London übernommen hatte, kam am Wochenende des 19./20. Mai nach Devon zu Besuch. Nach den verschiedenen Versionen, die es über diesen Besuch gibt, haben offenbar die vier – drei Dichter und Assia –, nach dem Essen redend um den Tisch gesessen. Sie sprachen über Lowell (Ted und David hörten sich später eine Aufzeichnung seines *Quaker Graveyard at Nantucket* an), Sexton, Roethke und über Leute, die sie aus London kannten. Sylvia ging früh ins Bett. Assia erzählte später Suzette Macedo, daß Sylvia zu Ted herunterrief, er solle auch hochkommen, daß Ted sich aber wei-

* Mrs. Sigmund hat sich offensichtlich an diesen ersten Besuch, von dem sie meint, er sei im Februar gewesen, nicht mehr genau erinnert. Weder war zu diesem Zeitpunkt der Boden im Spielzimmer gefliest, noch war der Tisch bereits mit Sylvias Herz-und-Blumen-Dekoration verziert. Auch das Klavier kam erst später.

gerte und sagte, er wolle länger aufbleiben. David jedenfalls fand das Wochenende »herzlich und angenehm. Wir alle mußten uns erst einmal kennenlernen. Sylvia konnte ein guter Kamerad sein – intelligent, witzig, interessiert, die Gespräche mit ihr waren geistreich. Wieviel *Mühe* es sie kostete, weiß ich nicht, ich habe sie nicht gut und nicht lange genug gekannt. Manchmal spürte ich ihre Angst – in einem ganz alltäglichen Gespräch veränderte sich ihr Gesichtsausdruck und sie war völlig abwesend.«

Am nächsten Morgen fuhren David und Ted zusammen mit Frieda ins Moor, und Assia half Sylvia die Zwiebeln im Gemüsegarten zu jäten. Assia erzählte Sylvia dabei von ihrem ereignisreichen Leben. Sie hatte den europäischen Alptraum am eigenen Leib erfahren, an dem Sylvia nur nachempfindend beteiligt war. Nachdem Assia ihre Kindheit in Mitteleuropa verbracht hatte, war sie gezwungen, mit ihrer halbjüdischen Familie erst aus Deutschland und dann aus Italien zu fliehen. Ende der dreißiger Jahre ging sie nach Palästina, wo sie während des Krieges das tragische Emigrantenschicksal so vieler Heimatloser teilte. »Tapfer, erfinderisch, herzlich und mit vielen Ängsten«, wie David Wevill sie beschrieb, hatte Assia ihr Leben immer aus dem Nichts gestaltet.

Während die beiden Frauen beim Jäten waren, erzählte Assia Sylvia auch von dem romantischen Beginn ihrer Beziehung zu David, den sie 1956 auf der Überfahrt von Kanada nach England auf einem Schiff kennengelernt hatte. Assia war zu der Zeit unglücklich verheiratet, und David wollte sein letztes Jahr in Cambridge abschließen. Es war Liebe auf den ersten Blick. Als sie sich trennen mußten, verabredeten sie, daß, wenn Assias Ehe zerbrechen sollte, sie beide zusammenkommen wollten. Nachdem David mit seinem Studium fertig war und in London ein Jahr in einer Werbeagentur gearbeitet hatte, ging er für zwei Jahre nach Burma, um dort zu unterrichten. Assia traf ihn1959 da wieder, und bevor sie im Sommer 1960 nach London zurückkamen, waren sie bereits verheiratet.

Irgendeine Bemerkung von Assia, die Sylvia offenbar mißverstanden hatte, hinterließ bei ihr den Eindruck, daß Assias Gefühle für David sich inzwischen abgekühlt hätten.

Assia schlug vor, für Sonntag einen Kartoffelsalat zuzubereiten; während sie in der Küche die Kartoffeln pellte, hörte Sylvia, die mit David im Wohnzimmer war, daß Ted durch die Hintertür in die Küche gegangen war. Sie ging in den Flur, zog sich die Schuhe aus und ging leise zur Küche, wo sie Ted und Assia, freundlich miteinander plaudernd antraf. Mit Sicherheit hatte sie eine kompromittierendere Situation erwartet.

Sylvias Stimmung schlug um. David führte es darauf zurück, daß es Sylvia immer schwerfiel, soviel Geselligkeit zu ertragen. Nach dem Essen fuhr Sylvia die Wevills mit steinernem Gesicht zur Bahn, und sie verließen Court Green mit dem Gefühl, irgend etwas sei schlecht gelaufen. Assia vertraute Suzette Macedo an, daß Sylvia das »momentane Hingezogensein« zwischen ihr und Ted mitbekommen habe, und daß ihre Reaktion übertrieben gewesen sei. Suzette ist sicher, daß außer diesem Gefühl des Hingezogenseins sich nichts Romantisches angebahnt hat, da Assia ihr das erzählt hätte. Olwyn Hughes bekam von Assia den gleichen Bericht über das Wochenende wie Suzette, wobei Assia noch sagte, daß sich, wenn Sylvia anders reagiert hätte, bestimmt keine Affäre aus dieser Begegnung entwickelt hätte.

Sylvia war nach der Abreise der Wevills voller Zorn und in großer Angst. Vielleicht spürte sie, daß Assia, mehr als die eingebildeten »Rivalinnen« zu einer echten Bedrohung werden könnte. Am nächsten Tag, dem 21. Mai, schrieb sie zwei Gedichte: *Event*, das sie zuerst *Quarrel* nannte, und *The Rabbit Catcher. Event* ist ein Gedicht über ein Paar, das sich entfremdet hat, und zu Wort kommt die Frau. Sie berichtet über ihre Schlaflosigkeit:

Wenn Apfelblüte nachts zu Eis erstarrt
erheb ich mich
ein tiefes Grab aus alter Schuld, so tief, so bitter.

Liebe hat hier keinen Raum

und sagt über jemanden der weggeht, »Ich kann deine Augen nicht sehen.« Zum ersten Mal benutzte Sylvia in diesen Gedichten ihren Mann und ihre Kinder als »Material«.

Als Ted *Event* kurz nach seiner Entstehung las, war er entsetzt, daß Sylvia nun ihre eigene Familie als Material benutzte, aber sie schickte das Gedicht trotzdem an den *Obsserver*, der es im Dezember veröffentlichte. Der wachsende Erfolg, den Anne Sexton mit ihrer »Geständnis«-Lyrik hatte, war möglicherweise für Sylvia der Anstoß, selbst private Ereignisse für ihre Gedichte zu benutzen. Ihr zweites Buch *All My Pretty Ones* hatte Sexton Anfang des Jahres Sylvia geschickt.

Das Gedicht *The Rabbit Catcher*, das Ted, anders als *Event*, für lange Zeit nicht zu sehen bekam, ist ein weiteres Beispiel dafür, wie Sylvia augenblickliche Erfahrungen für ihre selbstzerstörerische Perspektive verwendet. Am 14. Mai 1953, kurz vor ihrem ersten Selbstmordversuch, hatte sie in ihr Tagebuch geschrieben: »Ich möchte jemanden lieben, weil ich geliebt werden will. In Kaninchenangst stürze ich mich vielleicht unter die Räder des Wagens, weil mich die Scheinwerfer erschrecken und ich unter dem dunklen, blinden Tod der Räder sicher sein werde.«

In *The Rabbit Catcher* – teils ein Hilfeschrei, teils ein Aufschrei blinden Entsetzens und teils ein Akt emotionaler Erpressung – fleht die Dichterin beinahe, daß das Schlimmste geschehen möge. Das Gedicht hat seinen Ursprung in einem Spaziergang, den sie und Ted einige Monate vorher gemacht hatten. An einem steilen Abhang stießen sie auf eine Reihe von Schlingen. Sylvia war wie wild losgerannt und hatte sie unschädlich gemacht. Ted, der auf dem Land aufgewachsen war, hatte Verständnis für die billige Nahrungsbeschaffung der Dorfbewohner, und er fand nichts Bewunderswertes daran, daß Sylvia dem Kaninchenfänger schadete. Er sah in dem Vorfall ein weiteres Indiz, daß ihre Vorstellungen über das Leben auf dem Land grundverschieden waren. Für Sylvia waren die Schlingen nicht nur grausam; es waren furchteinflößende Symbole einer unvermeidlichen, jedoch unwiderstehlichen Endgültigkeit:

Es gab nur einen Ort, wohin man hätte gehen können.
Brodelnd, duftend,
Die Wege nähern sich der Höhle.
Die Fallstricke lösen sich fast von selbst –
ein hohles Nichts.

Die letzte Strophe bezieht sich direkt auf ihre Ehe:

Und auch wir hatten miteinander zu tun
zwischen uns liefen die Drähte heiß
unsere Wurzeln zu tief, um ausgerissen zu werden
und das Denken ein Reif
um etwas Bewegliches ganz plötzlich geschlossen
eine natürlich tödliche Konstruktion.

Merkwürdigerweise spricht sie von dem Verhältnis in der Vergangenheit, dessen Beendigung gleichgesetzt wird mit der Schlinge der Kaninchenfalle, die sie tötet.

In Wirklichkeit war bisher nichts geschehen, das ihre Ehe zerstören könnte, und die außerordentliche Intensität von *The Rabbit Catcher* weist nur auf Sylvias übergroßen inneren Schrecken und die darauffolgende Wut hin. Erneut vermeidet sie es, in diesen beiden Gedichten ihr eigenes Verhalten zu erwähnen, wenn auch »[ein] Grab aus alter Schuld, so tief, so bitter« die Erkenntnis über diese Seite der Dinge beinhaltet. Sylvias Auffassung von der Ehe war uneingeschränkt und alles fordernd. Sie war vollkommen oder nichts. Für sich als

Mutter und »gute Ehefrau« erwartete sie totale Ergebenheit, und ihre Ehe hatte ganz anders zu sein als jede andere: »ein paar schwarze Tage« durchzustehen, nach denen man mit besserem Verständnis füreinander weitermachen konnte, schien für sie unvorstellbar. Und da ihr jede Selbstkritik für ihren Part in der Entzweiung fehlte, welches »bessere Verständnis« konnte es dann geben?

Mit *Event* und *The Rabbit Catcher* war das Szenarium für alles, was sie über ihre Ehe und bis zu ihrem Tod schrieb, festgelegt. Indem sie sich in dem unverzeihlichen Fall freisprach, legte sie bereits »ein paar Keime des späteren Mythos ihres Martyriums«*, wenn sie in meist denselben Worten ihren Freunden und der Mutter die Situation beschrieb. Nach dieser Auffassung trifft sie keine Schuld; die Kinder benutzt sie, um ihre Rolle zu rechtfertigen. Ihr Mann wird in völliger Umkehrung der gottähnlichen Gestalt, die sie früher so nachdrücklich propagiert hatte, geschmäht und beschuldigt. In ihrem Psychodrama wird er zu einem Teilchen der riesigen Figur ihres Vaters, der sie ebenfalls verlassen hat. Verkürzt gesagt, ist dies der Mythos, den sie mit der wunderbaren, meisterhaften Sprache von *Ariel* verbreitet.

Am 22. Mai – einen Tag, nachdem Sylvia *Event* und *The Rabbit Catcher* geschrieben hatte – schickte Assia ihr die Vorlage für eine Stickerei mit ein paar freundlichen Zeilen, in denen sie Sylvia ermahnt, sich nicht die Augen zu verderben, wenn sie daran arbeitet. Offenbar kehrte für etwa einen Monat Frieden oder zumindest eine beklommene Atempause ein. Sylvia berichtet am 7. Juni ihrer Mutter, daß sie *gros point*-Stickereien für Kissen und Stuhlbezüge macht. »Herrlich beruhigend«, kommentiert sie kurz.

Im Nachbar-Cottage ging es unterdessen mit Percy immer schneller zu Ende. In dem am 28. Mai geschriebenen Gedicht *Apprehensions* hatte Sylvia offenbar Percys Atemnot vor Augen:

* Zitat aus dem Bericht von Richard Murphy.

Zuerst ein Rot, das öffnet und schließt ein,
zwei graue, papierene Tüten –
Genau daraus bin ich nämlich gemacht,
daraus und aus Angst
überrollt zu werden von Kreuzen
und Tränen des Mitleids.

Der späte Mai brachte ruhige, schöne Tage. Teds Eltern und Onkel Walter kamen zu einem sechstägigen Besuch – die letzte einer Reihe ärgerlicher Störungen für Sylvia. Edith Hughes wohnte bei ihnen in Court Green, stopfte »lieb« Teds Socken und bewunderte die Enkelkinder, während die Männer im Burton Hall Hotel unterkamen. Sylvia informierte ihre Mutter mit gebührender Ausführlichkeit, daß das Haus Teds Verwandte sehr beeindruckt hätte. Mrs. Hughes hat sicher nichts von den Spannungen gespürt, denn sie schrieb Mrs. Plath voller Freude: »Sylvia ist eine liebenswerte Ehefrau und Mutter. Du wirst Dich sehr freuen, wenn Du siehst, wie gut es ihnen allen geht.«

Mrs. Plath sollte später im Juni eintreffen. Sylvia schreibt in freudiger Erwartung, ihr das Haus zeigen zu können (»Jetzt wäre es mir lieb, Du hättest das Haus in seinem ursprünglichen Zustand gesehen. Du könntest dann beurteilen, wieviel wir geleistet haben.«)

Am 7. Juni schickte sie liebevolle Glückwünsche an Warren und seine Frau Margaret [Wetzel], die am 2. Juni geheiratet hatten. Sylvia schrieb begeistert darüber, daß ein heißer Sommertag dem nächsten folge und sie vom frühen Morgen bis zum späten Abend zufrieden im Garten arbeite. Sie und die Kinder wurden braun und gesund. Sie spricht von fünf Jahresplänen für Arbeiten am Haus und von der Aussicht auf eine lukrative Lesereise mit Ted in zwei Jahren; offenbar hatte sie jeden Gedanken an einen ernsten Bruch in ihrer Ehe verdrängt.

Alvarez, der das Ehepaar Hughes am 8. Juni auf dem Weg

zu einem kurzen Urlaub in Cornwall besuchte, fiel nichts Besonderes auf. Er fand das kleine Dorf reizlos, aber Court Green inmitten der blühenden Apfelbäume, Flieder- und Goldregenbüsche und Rosen war eine Idylle. Sylvia führte ihn durch Haus und Gelände – *ihr* Eigentum, wie Alvarez schreibt – und erzählte ihm erfreut, sie schreibe wieder »richtig«. Doch er stellte eine Veränderung an Sylvia fest. Sie war nicht mehr »das hausfrauliche Anhängsel eines dominierenden Mannes«, sondern »sicher und selbständig, wieder eine unabhängige Frau«. Ted dagegen schien sich zufrieden »zurückzunehmen und mit der kleinen Frieda zu spielen«. Alvarez schloß: »Ich nehme an, es machte ihm nichts, daß sich die Machtverhältnisse zugunsten von Sylvia verschoben hatten, denn sie schienen eine starke, enge Ehe zu führen.« Die neue Selbständigkeit, die Alvarez spürte, kam vielleicht von Sylvias Stolz auf ihr Haus, vielleicht von der neuen poetischen Meisterschaft oder von den ersten Regungen ihres Willens, ihre Identität von Ted zu lösen und eigene Freundschaften außerhalb der Ehe zu festigen oder aus einer Kombination all dieser Dinge. Möglicherweise fühlte sie sich inzwischen einfach in seiner Gesellschaft ungezwungener.

Am 15. Juni schrieb Sylvia einen letzten Brief vor Aurelias Abreise. Fröhlich verkündete sie, daß Ted und sie unter die Imker gegangen wären. Auf dem Imkertreffen im Dorf (»anwesend waren der Pfarrer, die Hebamme und verschiedene Bienenzüchter aus Nachbardörfern«) hatten sie zugesehen, wie »ein Mr. Pollard unter Aufsicht eines Beamten aus einem Volk drei machte (indem er die Königinnenzellen teilte)«. Ein Großteil des Briefes hat direkten Einfluß auf die Bienen-Gedichte vom folgenden Oktober, die wieder einmal zeigen, wie Sylvias alles überhöhende Vorstellungskraft solche – scheinbar unbedeutende – Ereignisse aufgriff und sie zu archetypischen Dramen mit einer geheimnisvollen persönliche Bedeutung machte.

»Wir trugen alle Masken, und es war schrecklich aufregend. Mit dem Bienenzüchten anzufangen ist teuer (Auslagen von über $ 50), aber Mr. Pollard überließ uns kostenlos einen alten Bienenstock, den wir weiß und grün anmalten. Heute brachte er den von uns bestellten Schwarm gelehriger italienischer Hybridbienen und setzte ihn hinein. Wir stellten den Stock an einem geschützten, entlegenen Fleck im Obstgarten auf – die Bienen waren wütend, weil man sie in ein Gehäuse gesteckt hatte. Ted hatte statt des Hutes, der an die Bienenmaske anschließen soll, bloß ein Taschentuch über seinen Kopf gelegt, da krabbelten die Bienen in sein Haar, und er floh mit einem Halbdutzend Stichen davon. Mich stachen sie überhaupt nicht, und als ich später zu dem Stock zurückging, sah ich mit Begeisterung, wie die Bienen mit gefüllten Pollensäcken hinein- und mit leeren wieder hinausflogen – zumindest *nehme ich an*, daß sie das taten.«

Mrs. Plath traf in der dritten Juniwoche ein. Auf dem Türsturz ihres Zimmers fand sie zur Begrüßung ein lackiertes Herz in einem Kranz gemalter Blumen. Auf dem Kopfkissen lag als Geschenk ein Liberty-Schal und eine selbstangefertigte Grußkarte mit den Worten: WILLKOMMEN, MUTTER, IN COURT GREEN. Zunächst schien alles gut zu gehen. Aurelia war begeistert von Haus und Garten. Frieda erinnerte sich an sie, und der »kleine Nick« begrüßte sie mit seinem gewohnten Lächeln. Einige Tage nach ihrer Ankunft ging Sylvia mit ihr bewußt zu Mrs. Hamilton zum Tee, die bald ihr Haus verkaufen wollte. In einem Brief, den Aurelia lange danach schrieb, spricht sie davon, daß Sylvia sich vorstellte, sie werde nach ihrer Pensionierung in dieses Haus ziehen – Mrs. Plath fand diese Idee weder praktikabel noch wünschenswert. Sylvia dachte an ihre Zukunft als Schriftstellerin und suchte sowohl ein Kindermädchen als auch eine hilfreiche Mutter (und Schreibdame), die in der Nähe wohnte.

Abgesehen von solchen Ärgerlichkeiten war Aurelia mit allem zufrieden, was sie sah. In einem Brief an Warren erklärt sie, die erste Woche des Besuchs sei eine der glücklichsten Zeiten ihres Lebens gewesen. Und doch steuerte das Drama ohne ihr Wissen einem Höhepunkt zu, und sie selbst spielte dabei keine unwichtige Rolle. Percys Gesundheitszustand verschlechterte sich rapide. Am Ende des Monats sollte dieses unwissentliche Double von Otto Plath begraben werden. In diesem Monat war Sylvia nicht nur die Tochter eines Bienenzüchters, sondern auch die Frau eines Bienenzüchters geworden, war Sylvia die eigentliche Bienenzüchterin: Sie hatte ihren Bienenstock wie die Möbel im Kinderzimmer bereits mit Blumen bemalt. Ted, der für einen Tag nach London gefahren war, nahm mit Assia Wevill, die in einer Werbeagentur arbeitete, Kontakt auf.

Wahrscheinlich ist jedoch, daß keiner der an diesem komplizierten Psychodrama Beteiligten völlig verstand, was geschah – um fair zu sein: nicht einmal Sylvia, die Schöpferin und die Hauptleidtragende der Verwicklung. In ihrem Kopf entstand ein langes symphonisches Gedicht. Percy starb am 25. Juni, kurz nach Mitternacht, und einen Tag nach seiner Beerdigung, am 29. Juni, beendete Sylvia *Berck-Plage*. Am Nachmittag des 24. Juni überwand sich Sylvia und ging mit Frieda zum Cottage hinüber. Dort sah sie, wie eine schreckliche Veränderung stattfand:

»Percy lag rücklings in seinem gestreiften Pyjama auf einem Haufen weißer Kissen, sein Gesicht hatte sich schon vom Menschsein entfernt, die Nase eine fleischlose Ausbuchtung, die in die dünne Luft ragte, das Kinn in einer Fluchtlinie darunter wie ein entgegengesetzter Pol, und der Mund wie ein eingezogenes schwarzes Herz ins gelbe Fleisch dazwischen gestempelt, ein großer heiserer Atem kam und ging mit großer Anstrengung wie ein schrecklicher Vogel [...] Seine Augen guckten unter teilweise geöffneten Lidern hervor, wie aufgelöste Seife oder klumpiger Eiter. Mir wurde sehr schlecht davon, und für den Rest des Tages hatte ich eine schlimme Migräne über dem linken Auge. Das Ende, selbst eines so unbedeutenden Mannes, ein Grauen.«

Am nächsten Tag nutzten Sylvia und Ted Aurelias Angebot, auf die Kinder aufzupassen, und fuhren zwei Tage nach London zu Aufnahmen im Rundfunk und um Freunde zu treffen. Percy lag aufgebahrt im Wohnzimmer des Cottage, als sie am 27. Juni zurückkehrten. Sylvia zwang sich, noch einmal hinüberzugehen und ihre Beobachtungen zu vervollständigen.

»Als ich hinunterging, hatten sie gerade den Sarg gekauft und ihn hineingelegt. Das Wohnzimmer, in dem er gelegen hatte, war völlig umgewälzt, das Bett von der Wand gerollt, die Matratzen auf dem Rasen, Laken und Kissen gewaschen und auf der Leine. Er lag im Nähzimmer oder Salon in einem langen Sarg aus seifenorangefarbener Eiche [...] und dem Deckel hinter seine Kopfwand geklemmt, mit einer silbernen Schriftrolle: Percy B., gestorben 25. Juni 1962. Das reine Datum war ein Schock. Ein Laken bedeckte den Sarg. Rose hob es an. Ein blasses Gesicht mit einem weißen Zacken wie aus Papier erschien unter dem Schleier, der das ausgeschnittene Loch in dem eingeklebten weißen Stoff bedeckte. Der Mund sah zugeklebt aus, das Gesicht gepudert. Sie ließ das Laken schnell wieder hinunter. Ich umarmte sie. Sie küßte mich und brach in Tränen aus.«

Am 29. Juni gingen Ted und Sylvia in Schwarz auf dem Weg zum Lebensmittelhändler an der Kirche vorbei. Leichenbestatter mit Bowlern schoben einen »hohen, spinnenrädrigen schwarzen Karren« aus dem Kirchhof. Sylvia notierte »unaufhaltsames, riesiges Grinsen. Eine Erleichterung: Wenn das die Geißel des Todes ist, sind wir in der verbleibenden Zeit sicher.« Unerklärlicherweise beruhigt, setzten sie sich zum Begräbnisgottesdienst in die hintere Kirchenbank und folgten anschließend dem Leichenzug den Hügel hinauf zum neuen Friedhof. Wieder registrierte Sylvia jede Einzelheit: die gekappten Linden wie grüne Bälle vor den roten gepflügten Feldern in der Ferne (die Erde in diesem Teil Devons ist eisenhaltig), die Gesichter der Schüler, die sich langsam hochreckten, als der Zug am Spielplatz vorbeikam, dann die sechs Bowler der Träger, »die bei den ersten Eibenbüschen im Gras lagen«, wie sie sich vorbeugten, um den Sarg in »die schmale, rote Erdöffnung« hinunterzulassen, während die Frauen »sie in einer Art Abschiedskreis umschritten [...] Rose in sich gekehrt, schön und gefroren [...]« Das Grab war immer noch offen, als die Trauergemeinde ging, »ein unfertiges Gefühl«. Ted und Sylvia gingen nach Hause, schwenkten in der ungewohnten Hitze die Jacken in der Luft und pflückten Fingerhutsträuße.

Percys Tod und Begräbnis werden in allen Einzelheiten in *Berck-Plage* noch einmal beschworen. Sylvia verband dieses Ereignis seltsamerweise mit ihrem Erlebnis aus dem Vorjahr, das in keinerlei Beziehung dazu stand: alptraumhafte Eindrücke der Sanatorien von Berck-Plage an der Küste von Pas de Calais. Das Gedicht vereint alle immer wieder auftauchenden Symbole, die unauslöschlich mit der Krankheit und dem Tod des Vaters verbunden sind: das Meer, der verstümmelte Mann, der schwarze Stiefel, die Krücken, der sterbende Mann, die trauernde Ehefrau, die Leiche, das Begräbnis. Manche Eindrücke waren ein Jahr alt, andere einen Tag, aber die Kraft des Gedichts – sein emotionaler Aufruhr, Angst und Schrecken – hatte sich seit Otto Plaths Tod in Sylvia festgesetzt.

In *Berck-Plage* wird dem Sprecher etwas verborgen:

> Warum ist es so still? Was verstecken sie?
> Ich habe zwei Beine, und ich bewege mich lächelnd.

Es folgt das schreckliche, wiederkehrende Bild der Amputation: »Dieser schwarze Stiefel hat keine Gnade für irgendwen. / Warum auch, er ist die Bahre für einen toten Fuß.« Ein Pfarrer mit einem schwarzen Stiefel, einer schwarzen Soutane zwischen »obszönen Bikinis« zieht die Zuschauer »wie langer Stoff / Durch eine stille Bosheit« in die Krankenhauswelt, die Ende 1960 als Schreckensbild in *Waking in Winter* heraufbeschworen wurde. Auf Hotelbalkonen glitzern »Dinge, Dinge«: »Auf den Balkons der Hotels Dinge, die glitzern. / Stahlrohrstühle, Aluminiumkrücken«, all das, was für das Überleben notwendig ist in einem Krankenhaustraum von »roten Rippen«, »Nerven, ausbrechend wie Bäume« und ein Chirurg mit »einem spiegligen Auge«. Wie in einem Alptraum wechselt die Szene übergangslos zu Percy in seinem Cottage in Devon: »Verschwindet ein alter Mann. / Seine weinende Frau kann nicht helfen.«

Sylvia hatte am Begräbnis ihres Vaters nicht teilgenommen, und vielleicht ist der wahre Grund für dieses Gedicht der, eines für ihn zu erschaffen, um die hartnäckigen Bilder zu begraben.* »So also ist es, vollendet zu sein«, schrieb die Dichterin über den toten Mann. Das Begräbnis wird dargestellt wie eine Hochzeit (»die Seele ist eine Braut«), sie »folgt dem Sarg auf dem blumigen Karren wie eine schöne Frau, / Einem Aufputz aus Brüsten, Augenlidern und Lippen, / Der den Kamm des Hügels erstürmt«. Der Sarg mit dem toten Mann und der Blumenfrau (ein Bild für Sylvias Vaterliebe) wird in die Erdöffnung gesenkt, »ein nackter Mund, rot und plump klaffend«. Obwohl für einen Moment »Himmel in dieses Loch wie Plasma fließt«, ist am Ende »[keine] Hoffnung, sie ist aufgegeben«.

* In den *Briefen nach Hause* schrieb Mrs. Plath, daß sie Sylvia und Warren das Begräbnis ihres Vaters ersparen wollte. Und in der Therapie bei Dr. Beuscher war Sylvia klargeworden, daß sie nie aufgehört hatte, um ihren Vater zu trauern.

VI

Um die Zeit von Percys Begräbnis hatte Sylvia vielleicht ihre Ängste im Hinblick auf die Ehe vorübergehend beschwichtigt. Am 2. Juli jedoch, als *The Other* entstand, kamen die Eheprobleme wieder mit Nachdruck zum Vorschein. Am 9. Juli fuhren sie und ihre Mutter nach Exeter, um Einkäufe zu machen. Auf dem Nachhauseweg frohlockte Sylvia: »Ich habe alles im Leben, was ich mir je gewünscht habe: einen großartigen Ehemann, zwei anbetungswürdige Kinder, ein schönes Heim und mein Schreiben.«

Einige Tage später war Ted in London, und sie drang in sein Arbeitszimmer ein, schleppte alle Papiere, die sie fand – hauptsächlich Briefe – in den Gemüsegarten und verbrannte sie dort. Ihre Mutter sah entsetzt zu, während die Tochter ein Hexenwerk vollführte, das sie für angemessen hielt. Als das Feuer die Briefe verbrannt hatte, streute Sylvia die Asche »zwischen den gelben Salat und die Kohlköpfe«. Vor ihren Füßen entrollte sich Papier mit »einem schwarzgeränderten Namen«: *Assia*. Sylvia kannte nun den Namen ihrer Rivalin, und als Ted aus London zurückkam, stellte sie ihn zur Rede.

Es ist immer wieder darauf hingewiesen worden, daß Sylvia bei dieser Gelegenheit auch einen ganzen Roman verbrannt hätte, der Anfang des Jahres entstanden sei und den Titel *Falcon Yard* trüge. Sein Thema sei ihre »große Liebe für Ted«, und er sei für ihn als Geburtstagsgeschenk geplant gewesen. Es gibt absolut keinen dokumentierten Beweis für das Vorhandensein eines solchen Romans. Ted Hughes wußte ziemlich genau, was sie geschrieben hatte, und sagt, er wisse nichts über eine solche Arbeit aus dieser Zeit. Sylvia erwähnt *Falcon Yard* nur einmal – und zwar in ihren *Journals* 1957-58, daß sie einen Roman über das Studentenleben in Cambridge schreiben wollte. Von diesem Fragment behielt sie nur *Steinknabe mit Delphin*; die Geschichte wurde 1977 in *Johnny Panic* *and the Bible of Dreams** zum ersten Mal veröffentlicht, sie stammte aber aus dem Jahr 1958. Sylvia erwähnt den Roman weder in ihren Briefen von 1961-62 noch in dem Gedicht *Burning the Letters*, das sich auf das Feuer im August bezieht. Ohnehin wäre ein Roman über ihre Liebe ein unwahrscheinliches Geburtstagsgeschenk für Ted gewesen, denn er las kaum etwas von ihrer Prosa. Ihre Lyrik war es, die ihn interessierte. Außerdem findet sich keine Spur eines Romans mit diesem Titel in ihren Papieren, obwohl Sylvia üblicherweise die Rückseiten von Manuskripten für neue Arbeiten benutzte.

Kurz nach dem Vernichtungsfeuer ließ Assia einen Kollegen aus dem Büro Ted anrufen. Sylvia nahm ab und vermutete eine List. Nachdem Ted das Gespräch angenommen hatte, riß sie das Telephon aus der Wand. Ihre Eifersucht, das Verbrennen von Teds Briefen und der Ausbruch von Gewalt gegen das Telefon flossen in drei Gedichte ein, die Sylvia in diesem Sommer schrieb: *The Other* (»Ich habe deinen Kopf an meiner Wand«), ein Gedicht, in dem die Rivalin sich in die vertraute Gestalt der tödlichen Mutter-Muse verwandelt; *Words Heard, by Accident Over the Phone* (der »Puls der Eingeweide«, »Tentakel« und der »Quatsch-Trichter« des Telefons) und *Burning the Letters* mit relativ gradlinigen Bildern. Das einzige andere Gedicht, das sie vor Ende September schrieb, war *Mohnblumen im Juli*.

Nach dem Vorfall mit dem Telefon bestand Sylvia darauf, daß Ted das Haus verließ. Er kaufte einen Koffer, packte ein paar Sachen, und Sylvia und Aurelia brachten ihn zum Bahnhof. Offenbar fuhr Sylvia danach mit Nick in der Tragetasche aufs Geratewohl zu den Comptons, wo sie aufgewühlt und hysterisch ankam. Ihre Milch sei versiegt, erklärte sie weinend; sie könne das Baby nicht mehr stillen. Elizabeth Compton hörte ihr entgeistert zu. Sylvia schrie und tobte; sie sagte, sie

* In der deutschen Übersetzung in: Sylvia Plath, *Zungen aus Stein*.

habe ihm ihr ganzes Herz geschenkt und werde es nie wieder zurückbekommen. Sie verbrachte die Nacht auf dem Sofa der Comptons und fuhr am nächsten Tag nach Court Green zurück. Am 16. Juli zog Mrs. Plath in das Haus der Hebamme auf dem Hügel; Warren erklärte sie in einem Brief, die Kinder seien lieb und anhänglich, wenn sie komme, aber Sylvia und Ted müßten ihre Schwierigkeiten mit sich allein ausmachen.

Im Juli gelang es Sylvia und Ted, ihre Probleme soweit unter Kontrolle zu bekommen, daß sie zusammen nach Bangor in North Wales fuhren, wo sie am 26. für *The Critical Quarterly* eine gemeinsame Lesung hatten. Mrs. Plath, die Warren geschrieben hatte, sie wolle vom 25. Juli bis 4. August nach Chingford fahren, zog offenbar wieder nach Court Green und versorgte die Kinder. Auf dem Weg nach Bangor übernachteten die beiden bei Dan und Helga Huws in Penrhyncoch in der Nähe von Aberystwyth, wo Dan als Bibliothekar an der Universität arbeitete. Huws »hatte damals nicht den Eindruck, daß die Situation völlig verfahren war«. Helga erinnert sich, daß Sylvia sich verändert hatte. »Ihr typisch energischer Gang war zögernd und schwerfällig. Meine Mutter war damals zu Besuch und sagte, wie schön und zurückhaltend sie sei.« In Helgas Schlafzimmer führten sie und Sylvia das einzige »wirklich wichtige Gespräch« ihrer Freundschaft. »Als ich sie auf ›die Rivalin‹ ansprach«, schreibt Helga, »schüttete sie mir ihr Herz aus [...] Etwas von dem alten Zorn war immer noch zu spüren, aber sie befand sich in einem inneren Aufruhr und suchte offenbar nach einem Trost, den nur die Zeit bringen konnte.« Sowohl Daniel als auch Helga Huws glaubten, es handle sich nur um ein vorübergehendes Problem.

Zwischen den beiden war jedoch nichts geklärt, als Aurelia am 4. August nach Amerika zurückkehrte. In einem Kommentar zu *Briefe nach Hause* erklärt sie, daß Sylvia und Ted in Exeter auf dem Bahnsteig mit versteinerten Gesichtern warteten, bis der Zug abfuhr. »Nick war der einzige, der lächelte.« Es war das letzte Mal, daß Aurelia Plath ihre Tochter sah.

VII

Um die Zeit von Mrs. Plaths Abreise zogen Ted und Sylvia eine vorübergehende Trennung in Betracht. Mit »phantastisch neurotischen« Freunden, die aus ihrer Londoner Wohnung rausgeflogen waren (es handelte sich um einen jungen amerikanischen Schriftsteller und seine Frau), vereinbarten sie, daß sie mietfrei in Court Green wohnen könnten, bis sie sich in London eine neue Wohnung suchten. »Dafür sollten sie etwas fürs Essen bezahlen und bei den Kindern helfen.« Als Sylvia und Ted Mitte August nach London fuhren, um Mrs. Prouty und deren Schwägerin zu treffen, blieb das Paar bei den Kindern. Mrs. Prouty lud sie zu einem hervorragenden Essen, Agatha Christies *Die Mausefalle* und einer luxuriösen Nacht im Connaught Hotel ein. Es muß Sylvia schwergefallen sein, ihre Gönnerin davon zu überzeugen, daß mit ihrer »vollkommenen Ehe« alles zum besten stehe. Aber offenbar gelang es ihr. Den Gäste-Babysittern erging es weniger gut. Mehrere Tage allein gelassen mit den Kindern »brachte sie fast um«, berichtet Sylvia ihrer Mutter.

Bald nach der Rückkehr kam Sylvia mit ihrem Morris von der Straße ab und geriet auf einen verlassenen Flugplatz. Später sagte sie, es habe sich um einen mißlungenen Selbstmordversuch gehandelt.* Am 25. August kam John Malcolm Brinnin, der poetische Entrepreneur und Biograph von Dylan Thomas (Sylvia hatte eine heftige Abneigung gegen sein Buch), mit seinem Begleiter Bill Reid nach Court Green. Die

* Das geschah möglicherweise aus Hysterie, Wut, vielleicht sogar zufällig und war gefahrlos. Das flache Rollfeld liegt direkt an der Winkleigh Road, die an dieser Stelle ebenfalls flach und gerade ist. Es kann in der Dunkelheit leicht geschehen, daß man auf den Flugplatz gerät. Sylvia erzählte diese Geschichte zuerst Alvarez, der ihr gestanden hatte, daß er manchmal bei emotionalen Spannungen Zusammenstöße mit dem Wagen herbeiführte. Vielleicht übertrieb sie den Vorfall, um ihm nachzueifern. (Die Strafe von einem Pfund, von der in einer früheren Biographie in Zusammenhang mit diesem Vorfall die Rede ist, war ein *Bußgeld* wegen falschen Parkens.) Der Wagen blieb unversehrt.

beiden machten eine Reise durch den Westen der Insel und waren unterwegs nach St. Ives. Brinnin kannte Sylvia und Ted aus Boston und kam, um herauszufinden, ob Ted möglicherweise im folgenden Jahr eine Stellung an der University of Connecticut übernehmen wolle. Brinnin vermerkt in seinem Tagebuch nur einen kurzen Besuch. Er erinnert sich nicht an Spannungen, bis Ted die beiden Amerikaner zu ihrem Wagen brachte und das Angebot ohne weitere Erklärungen damit ablehnte, er müsse in seinem Leben gewisse Dinge ordnen, ehe er Pläne machen könne.

Gegen Ende des Sommers brauchte Sylvia unbedingt Ferien. Ende Juli war über einen Besuch Irlands gesprochen worden, als sie Richard Murphy, einem Dichter, schrieb und ihm vor der offiziellen Bekanntgabe mitteilte, daß er beim Cheltenham Literary Festival 1962 den Guinness-Wettbewerb gewonnen habe. (Zusammen mit George Hartley und John Press war Sylvia in der Jury gewesen.) Sylvia beglückwünschte Murphy in ihrem Brief zu dem Preis und schlug vor, daß sie und Ted ihn Ende August oder Anfang September in Irland besuchen kämen. Murphy hatte zuvor Ted und Sylvia begeistert von seinem Unternehmen berichtet, das er in dem abgelegenen Ort Cleggan an der Connemaraküste gestartet hatte. Er bot Touristen einen umgebauten Galway-»Huker« für Angel- und Segelfahrten an. Sylvia stellte klar, daß sie bereit seien, für Unterkunft im Dorf zu bezahlen, aber sie brauche dringend eine Woche »ein Boot und das Meer ohne *schreiende Babys* [...] In meiner ganzen Kindheit standen das Meer und Boote im Mittelpunkt, und deshalb wären Sie im Augenblick der Richtige für einen Besuch.« Murphy hatte sein Cottage bis in die erste Septemberwoche vermietet; deshalb erwiderte er telegrafisch: »Hoffe, ihr könnt nach dem 8. September kommen, bei mir wohnen und segeln.«

Sylvia hatte fast den ganzen August eine fieberhafte Grippe. Und als sie und Ted im September soweit waren, daß sie nach Irland aufbrachen, hatte der Urlaub außer der von beiden so dringend benötigten Ruhepause auch einen praktischen Zweck. Offenbar hatten sie sich auf eine Art Probetrennung für etwa sechs Monate geeinigt; Ted wollte die Zeit in Spanien verbringen. Sylvia hoffte, den Winter über in Irland bleiben zu können; Ted begleitete sie hauptsächlich nach Cleggan, um ihr zu helfen, ein Cottage zu finden. Die Trennung sollte irgendwann im November stattfinden, damit sie beide noch einige berufliche Verpflichtungen erfüllen konnten. Es scheint merkwürdig, daß Sylvia die Einsamkeit eines Dorfes in Devon mit der noch größeren Abgeschiedenheit eines irischen Dorfes vertauschen wollte. Vielleicht hatte sie das Gefühl, sie könne die Trennung nur ertragen, wenn sie Court Green mit seinen Erinnerungen, Assoziationen und dem unvermeidlichen Dorfklatsch entging. Wie immer sehnte sie sich sehr nach dem Meer und glaubte vielleicht, sie könne mit Richard als Freund und Nachbarn glücklich sein.

Das Ehepaar Hughes brach am Dienstag, den 11. September, auf; die Kinder – und der Wagen – blieben in der Obhut einer Kinderfrau von einer Agentur zurück. Die beiden nahmen die Bahn und die Nachtfähre nach Dublin und blieben ein paar Stunden zu Guinness und Austern bei Jack und Maire Sweeney. In Galway nahmen sie entweder ein Taxi oder fuhren per Anhalter an der bezaubernden Connemaraküste entlang in den Norden nach Cleggan, wo Murphy wohnte. Dort kamen sie am Mittwoch, den 12. September, abends an und wollten eine Woche bleiben. Richard nahm sie in seinem Cottage »The Old Forge« auf, das einmal dem Dorfschmied gehört hatte. Er brachte sie in seinem Gästezimmer mit Betten aus Ulmenholz unter, die ein Bootsbauer für ihn gezimmert hatte. Am nächsten Tag machten sie einen Ausflug auf seinem Boot, der »Ave Maria«. »Wir segelten nach Inishbofin«, erinnert sich Murphy, »eine Strecke von sechs Meilen über offenes Meer; dort ist die Strömung stark und der Wellengang hoch. Sylvia lag bäuchlings auf dem Vorderdeck; sie beugte sich über den Bug wie eine siegreiche Galionsfigur und atmete ekstatisch die Seeluft ein. Am Freitag«, fährt Richard fort »den 14. September, fuhr ich mit ihnen zum Yeats' Tower in Ballylee und zum Lady Gregory's Coole Park. Ich hatte nur einen winzigen Lieferwagen mit sieben PS, mit dem wir die Fische verkauften, die wir fingen. Sylvia saß vorne neben mir und sprach über Scheidung und Ehe, während Ted sich hinten (wo kein Platz für Sitze war) mit Seamus [Coyne, ein Fünfzehnjähriger, der Richard auf seinen Booten half] über Wilddiebe, Gewehre und Angeln unterhielt.«

In Coole betrachteten sie die riesige Blutbuche im Park, und Sylvia drängte Ted, über den spitzen Eisenzaun zu klettern, der den Baum schützte, und seine Initialen neben die von Yeats in die Rinde zu schnitzen. Sie erklärte, er verdiene das mehr als andere Schriftsteller, die sich dort verewigt hatten. (Wie Richard berichtet, scheiterte Ted an dem Zaun.) Damals war der Yeats Tower (wie Coole Park) noch eine verlassene Ruine, wie Yeats vorausgesagt hatte. Die drei stiegen die Wendeltreppe nach oben. Sylvia warf drei Münzen in das Wasser – was sie sich an diesem heiligen Ort wünschte, kann man sich vorstellen. In der Nähe stand ein Apfelbaum voll reifer Früchte, den Yeats gepflanzt haben mußte. Obwohl Richard protestierte, überredeten Ted und Sylvia Seamus, auf den Baum zu klettern und ihn zu schütteln, während sie »zentnerweise« Äpfel auflasen – genug Apfelmus für einen Winter, wie sie Richard versicherten.

Als Abschluß des Ausflugs zeigte Murphy ihnen seinen Geburtsort, ein zerfallenes Herrenhaus aus dem achtzehnten Jahrhundert mit viel Land, das Milford hieß. Es gehörte zu dieser Zeit einem Vetter, dessen Mutter ihnen eine Art Elizabeth-Bowen-Tee servierte. Hier entdeckte Sylvia die Stiche von Rangun, die in ihrem Gedicht *The Courage of Shutting Up* vorkommen. Murphys Beobachtungen sind genau und interessant:

»Bisher hatte Sylvia den ganzen Urlaub arrangiert und Ted schien damit einverstanden zu sein. Diesen Eindruck bestätigten ihre Briefe. Wenn ich mit Ted sprach, antwortete Sylvia vor ihm; ihn schien das nicht zu ärgern. Ich habe nie erlebt, daß sie sich stritten oder unfreundlich miteinander sprachen. Sylvia erzählte mir von ihren vor kurzem aufgetretenen ehelichen Schwierigkeiten und erklärte in diesem Zusammenhang, Teds Lügen seien für sie besonders unerträglich. Ted hat sich mir gegenüber weder damals noch später über irgendwelche Schwächen Sylvias geäußert. Er erzählte mir, daß sie sich nach sechs oder sieben wundervoll kreativen Jahren in einer destruktiven Phase befänden und daß er der Ansicht sei, sie sollten sich einige Zeit trennen. Er wollte für sechs Monate nach Spanien fahren. Assias Name fiel nicht, aber ihre Rolle wurde angedeutet.«

Sylvia vertraute Richard an, sie wünsche eine Aufhebung der ehelichen Gemeinschaft, keine Scheidung. Für sie sei es unvorstellbar, daß einer von ihnen noch einmal heiraten könne, da ihre Ehe auf jedem Gebiet so vollkommen gewesen sei. Richard widersprach, weil er fand, daß die Aufhebung »eine grausame Alternative zur Scheidung sei«, und »riet ihr dringend, sich nicht wegen einer möglicherweise vorübergehenden Affäre von Ted scheiden zu lassen«. Er berichtete ihr von seinen eigenen schmerzlichen Erfahrungen mit Ehe und Scheidung; seine Frau hatte mit Selbstmord gedroht, während ihr Bruder sich tatsächlich umgebracht hatte; Richard und seine Frau mußten nun für seine beiden Kinder sorgen und mit dem schrecklichen Schuldgefühl leben, nicht genug geholfen zu haben. Damals, so sagt Richard, »sprach Sylvia nie davon, daß sie ebenfalls an Selbstmord denke«.

Trotz solcher schmerzlichen Gespräche genoß Sylvia den Urlaub. Sie sagte Richard, sie beabsichtige, den Winter in Irland zu verbringen. Sie wolle einen Roman schreiben, sagte sie, eine reine Brotarbeit wie *Die Glasglocke*. Sie scheint sich in Connemara verliebt zu haben, und ihre Begeisterung erreichte den Höhepunkt, als sie anbot, Murphys Cottage mit ihm zu mieten! Richard war von diesem Vorschlag alarmiert, obwohl Ted nicht zu erkennen gab, daß er etwas dagegen einzuwenden habe. Am Samstag zeigte Murphy ihnen mehrere Cottages in der Nachbarschaft, die zu vermieten waren. Ein Cottage gehörte Kitty Marriot, einer Dorfbewohnerin; zu Richards Verwunderung einigte sich Sylvia mit ihr auf der Stelle und mietete es vom 1. Dezember bis Ende Februar.

An diesem Abend kam der irische Dichter Thomas Kinsella mit dem Wagen aus Dublin, um das Wochenende in Cleggan zu verbringen. Nach einem exzellenten Essen, das Seamus' Mutter, Mrs. Coyne, zubereitet hatte, verzehnfachte sich Richards Besorgnis, als Sylvia, unbemerkt von Ted und Tom, ihr Bein unter dem Tisch aufreizend an seinem rieb. Für Richard war das besonders erschreckend, da das Ende seiner Ehe unter ähnlichen Umständen begonnen hatte. Er stellt fest: »Ich wollte Sylvias Ehe nicht zerstören oder heimlich eine Affäre mit ihr haben oder dazu benutzt werden, Ted eifersüchtig zu machen. Und ich wollte auch Mary Coyne nicht schockieren.« Diese Frau und ihre Söhne waren für Richards Arbeit in Connemara von größter Bedeutung.

Nach dem Essen unterhielten sie sich über Yeats und Okkultismus. Ted und Sylvia boten an, das Quija-Brett vorzuführen. Richard beteiligte sich nicht, und Sylvia ging bald zu Bett, aber Kinsella und Hughes spielten bis spät in die Nacht. Am nächsten Morgen, als Murphy geschäftlich unterwegs war, fuhr Ted allein zu dem amerikanischen Maler Barry Cooke in County Clare. Als Richard zum Mittagessen zurückkam, erzählte ihm Sylvia, wo Ted hingefahren war, und behauptete, Ted habe sie oft so allein gelassen. Richard war fassungslos. Ted hatte möglicherweise eine Nachricht hinterlassen, um sich zu bedanken oder zu entschuldigen, aber wenn es so war, gab Sylvia sie nicht weiter. Murphy dachte an Sylvias geheimes Signal unter dem Tisch am Abend zuvor und vermutete, sie habe das Ganze eingefädelt, um mit ihm allein zu sein. Cleggan war ein sehr katholisches irisches Dorf, und es war undenkbar, daß er allein mit einer verheirateten Frau in seinem Cottage lebte. Er erklärte Sylvia, daß ihr Bleiben sein Verhältnis zu den Einheimischen, ganz besonders zur Familie Coyne, beeinträchtige, und bat sie, die Gelegenheit zu nutzen und am nächsten Tag mit Tom Kinsella nach Dublin zu fahren. Das Gespräch führte zu einer dramatischen Reaktion:

»Aber anstatt sich vernünftig damit abzufinden, geriet sie in Wut. All ihre Wärme und Begeisterung, die Erregung, die alles verklärt hatte, was sie sah, verwandelte sich in erstickende Feindseligkeit. Sie sprach kaum noch ein Wort und hielt eine unnatürliche, beklemmende Distanz. Sie schüttete Mrs. Coyne ihr Herz aus und legte ein paar Keime des späteren Mythos ihres Martyriums.«

Am nächsten Tag verabschiedete sich Sylvia kühl und fuhr mit Kinsella nach Dublin. Richard, der sich bemüht hatte, ein guter Gastgeber zu sein, blieb mit dem schlechten Gefühl zurück, sich irgendwie schäbig verhalten zu haben.

Tom Kinsella nahm Sylvia mit nach Hause, und sie blieb zwei Tage bei ihm und seiner Frau Eleanor – eine freundliche, mütterliche Frau, der sie offensichtlich ihren großen Kummer und Zorn anvertraute. Jetzt konnte sie Teds Untreue und der Zurückweisung durch Murphy noch eine Schmach hinzufügen: Ted hatte sie in Irland »verlassen«.

VIII

Allein nach Court Green zurückzukommen verstärkte Sylvias schlechte Verfassung. Ihr Zorn gipfelte in der endgültigen Entscheidung, daß Ted für immer gehen müsse. Dieses Mal würde sie ihn nicht anflehen, zurückzukommen, wie sie es im

Juli getan hatte. In Court Green erwarteten sie, außer einer knappen Notiz von Ted aus London, Briefe von Aurelia, Mrs. Prouty und Ruth Beuscher, ihrer Bostoner Analytikerin, die auf Sylvias Notsignale mit einem radikalen Rat antwortete. Dr. Beuscher hatte selbst ungeheure Erschütterungen in ihrem Leben durchgemacht und verurteilte leidenschaftlich, was sie bei Ted für Schwäche und Treulosigkeit hielt. Am 26. schrieb sie noch einmal und riet Sylvia – nicht nur in der Rolle der Psychiaterin –, größeren Schaden zu verhüten, besonders in Hinblick auf den späteren Verbleib der Kinder, und die Scheidung einzureichen, solange der Ehebruch ihres Mannes noch aktuell war. Wenn Ted eine Entwicklungskrise durchmache, sollte Sylvia verhindern, daß sie mit ihm in dem Strudel unterging. Sie riet: »Scheuen Sie nicht die Ausgaben für ein gutes Kindermädchen. Führen Sie Ihr eigenes Leben, und lesen Sie vor allem Erich Fromms *Die Kunst des Liebens*.« Ähnliche Briefe trafen von Aurelia und Mrs. Prouty ein, mit dem Rat, drastische finanzielle Maßnahmen gegen Ted zu ergreifen und auf einer Scheidung zu bestehen.

Sylvia hatte in ihren Briefen an Dr. Beuscher, Mrs. Prouty und ihre Mutter sich ganz bestimmt überzeugend gerechtfertigt und den Eindruck vermittelt, mit ihrer Vernunft und Erfahrung die Situation voll und ganz meistern zu können. Wäre Teds Ehebruch tatsächlich der entscheidende Punkt gewesen, wäre Dr. Beuschers Rat nur vernünftig gewesen. Aber weder Aurelia Plath noch Dr. Beuscher lassen erkennen, daß sie die andere Seite der Geschichte kannten. Beide übersahen (zumindest in ihren Briefen) die Möglichkeit, daß Sylvias Verhalten zu den Eheproblemen beigetragen haben könnte. Ihre starre, grausame Selbstsucht, in Verbindung mit den bösartigen Stimmungen, die von ihrem seltsamen Genie nicht zu trennen waren, hatte letztlich Teds Widerstand genau dann gebrochen, als Sylvias »wahres Ich« zum Vorschein kam.

Am Abend ihrer Rückkehr hatte Sylvia ein drei Stunden

dauerndes, erschöpfendes Gespräch mit Winifried Davies, die, eine Säule der Vernunft, einige hilfreiche Vorschläge machte. Unter anderem gab sie ihr den Rat, der für die Lyrik des zwanzigsten Jahrhunderts von unschätzbarem Wert war: Sie solle, wenn sie in tiefer Depression erwache, die frühen Morgenstunden zum Schreiben nutzen.

Sylvia überschüttete ihre Mutter am 23., 24., 26. und 29. September mit Briefen und klaren Plänen zu sofortigem Handeln und kündigte an: Sie wird nach Irland fahren; sie wird einen Anwalt aufsuchen; sie hat das ganze Geld – etwa dreihundert Pfund – von dem gemeinsamen Konto abgehoben. Ihre Möglichkeiten für die Zukunft sind unerschöpflich: ein Leben in Rom mit einem Guggenheim-Stipendium, das Cottage in Devon für die Sommer herzurichten, damit dort ein richtiges Kindermädchen wohnen kann; für den Rest des Jahres will sie sich eine gute Wohnung in London mieten und gute Schulen für die Kinder suchen (»hier würde ich intellektuell verhungern«). Diese fieberhaften Pläne zeigen das manische Extrem ihrer Depression.

Am 25. September fuhr Sylvia zu einem »qualvollen« Gespräch mit ihrem Anwalt nach London und übernachtete bei den Macedos in Hampstead. Sie berichtete ihrer Mutter von den »schrecklichen Scheidungsgesetzen« in England: Einer Frau stand nur ein Drittel des Einkommens ihres Ehemannes zu, wobei der gesamte Eigenverdienst abgezogen wurde. Der Anwalt versicherte ihr, als verlassene Frau habe sie das Recht, das ganze Geld vom gemeinsamen Konto abzuheben. Als Ted Ende September zurückkam, mußte er feststellen, daß Sylvia in ihrer Entscheidung, sich zu trennen, noch durch die Briefe aus Amerika – einige trug sie ständig bei sich – bestärkt worden war, so daß sie ihn letztlich aufforderte, für immer zu gehen. Weitere Verhandlungen zwischen ihnen wurden erheblich erschwert, weil sie sich dauernd auf die Anweisungen aus Amerika berief. In Briefen an die Mutter, an Freunde, an Teds Familie (die über die Nachricht von der Trennung zutiefst bestürzt war) und selbst an flüchtige Bekannte wie Mrs. Coyne in Irland und an die Haushälterin von Dido Merwins verstorbener Mutter (!) sprach Sylvia rachsüchtig über Ted und gab mit ihrem angeblichen Erfolg an. Anderen Freunden gegenüber – Clarissa Roche, Suzette Macedo und Jillian Becker – brüstete sie sich, sie habe »Ted hinausgeworfen«.

Olwyn Hughes, die zu einem kurzen Besuch in Yorkshire war, sah die schmähende Briefe, die Sylvia zu dieser Zeit ihrer Schwiegermutter schrieb, und war entsetzt darüber, daß Sylvias Kritik selbst vor Edith nicht haltmachte, die ihrer Schwiegertochter gegenüber immer freundlich und großzügig gewesen war. Edith Hughes dagegen glaubte, daß Sylvia Hilfe brauchte, und bekniete ihren Mann, da sie selbst wegen ihrer Arthritis ans Haus gefesselt war, nach Devon zu fahren. Aber Mr. Hughes war durch die groben Ausdrücke in Sylvias Kritik derart schockiert, daß er es ablehnte, sich in die Angelegenheit hineinziehen zu lassen. Mrs. Hughes überredete schließlich ihre Schwester Hilda, die ihr versprach, nach Court Green zu fahren, sobald ihre Arbeit es zuließe.*

Ted schickte aus London, wo er zunächst auf dem Sofa bei Alvarez kampierte, bevor er in die von ihrer Mutter geerbte Wohnung von Dido Merwin zog, regelmäßig Geld an Sylvia. Abwechselnd attackierte sie ihn oder zeigte ihre Verzweiflung. Ted sorgte für Abstand zwischen ihnen.

Daß Sylvia sich in einem solchen Ausmaß als gänzlich unschuldig darstellte, in einer Situation, in der *beide* – und ihre Kinder – die wahren Opfer waren, hängt zum großen Teil mit ihrer geradezu süchtigen Begabung zur Übertreibung zusammen. Die Vorsätzlichkeit, mit der sie Dinge verdrehte (die in ihrer Lyrik Wahrheit wurden), zusammen mit ihrem üblichen Hang zu dramatischer Projektion, sieht man an dem merkwürdigen Brief, den sie Richard Murphy nach ihrer

* Die Briefe von Edith Hughes an Mrs. Plath aus dieser Zeit beweisen, daß sie wirklich bestürzt war und nicht helfen konnte.

Rückkehr am 21. September schrieb. Zunächst bedankt sie sich bei ihm und legt die nicht benutzte Karte für die Fahrt von Galway nach Dublin bei, für den Fall, daß er oder die Coynes dafür Verwendung hätten. Sie fährt fort:

»Darf ich zwei Dinge sagen? Meine Gesundheit und die Gesundheit meiner Kinder hängen davon ab, daß ich England verlasse und nach Irland gehe. Es widerstrebt mir sehr zu glauben, daß Du die Hilfe, die Du mir mit der einen Hand angeboten hast, mit der anderen wieder nehmen möchtest. Ich brauche eine Frau wie Kitty Marriot wirklich sehr, und wenn mir mein dreißigstes Lebensjahr etwas gebracht hat, dann das Verständnis dafür, weshalb ich lebe, und ein Gefühl der Stärke und Unabhängigkeit, mit dem ich mich dem stelle, dem ich mich stellen muß. Es mag schwer zu glauben sein, aber ich habe nicht den Wunsch, Dich oder jemanden zu sehen oder zu sprechen, und werde ihn nicht haben; ich habe bereits einen Winter in einem Leuchtturm verbracht, und ein solches Leben ist Balsam für meine Seele [...]

Zweitens ist mir mit Erschrecken klargeworden, daß Du nicht begriffen hast, daß wir im Spaß davon sprachen, daß ich für den *New Yorker* Gedichte über Connemara schreibe. Ich würde das nicht tun, selbst wenn ich es könnte; aber Du weißt sehr gut, daß ich seit einem Jahr kein Gedicht mehr geschrieben habe, denn wenn ich Prosa schreibe, kann ich keine Gedichte schreiben. Es kann also keine Rede davon sein, daß ich in Dein literarisches Territorium eindringe; mein Roman spielt in Devon, und ich hoffe, ihn in Glasthule zu beenden.

Ich bedaure sehr, meine Einladung zurücknehmen zu müssen, uns in Green Court zu besuchen, denn es hätte mir große Freude gemacht, Dir das Haus zu zeigen [...] Aber Ted wird nicht hiersein, und damit hatte ich nicht gerechnet, als ich Dich einlud. Wenn er nicht hier ist, kann mich niemand besuchen. Das Dorf ist klein, und die Leute passen ebenso auf wie bei Dir. Unten am Weg lebt eine kleine verkrüppelte Bucklige mit einem hohen schwarzen Stiefel; sie beobachtet Tag und Nacht, wer kommt und geht [...] Bitte sei so freundlich und großmütig und sage, daß Du mir nichts Schlechtes wünschst oder mir versperren wirst, was ich klar und ruhig als den einzig offenen Weg sehe. Ich würde mich freuen, wenn Dein Verständnis die Barriere überwinden könnte, vor der ich stand, als ich Dich verließ.«

Dieser eigenartige Brief verwirrte Richard. Einerseits bat sie ihn, freundlich zu sein; andererseits warf sie ihm beinahe Heuchelei vor. Sie schien anzunehmen, er würde auf irgendeine Weise verhindern, daß sie in das gemietete Cottage einziehen konnte, weil er sein literarisches Territorium verteidigen wollte. Ihre Behauptung, sie schreibe keine Gedichte, war schlicht falsch, und er bezweifelte zu Recht, daß sie tatsächlich einen Winter in einem Leuchtturm verbracht hatte. Weshalb schrieb sie überhaupt, wenn sie ihn nicht sehen wollte? Ebenso verblüffend war, daß sie Mrs. Marriot als einen Menschen bezeichnete, den sie brauche, ohne eine Vorstellung davon zu haben, was für ein Mensch Mrs. Marriot war. (Als Mrs. Marriot schließlich für drei Monate Miete forderte, nachdem Sylvia den Mietvertrag stornierte, war Sylvia entsetzt.) Der Grund, mit dem sie die Einladung zurücknahm, sie in Court Green zu besuchen, schien eine Verspottung seiner Argumente zu sein, mit denen er sie gebeten hatte, nach Teds Abreise nicht länger zu bleiben.

Richard Murphy wußte nicht, wie er diesen und einen zweiten Brief Sylvias beantworten sollte, in dem sie erklärte, sie werde sich scheiden lassen. Am Ende antwortete er überhaupt nicht und entschied, »›die Barriere zu überwinden‹ [...] hätte uns beide in Schwierigkeiten bringen können«. Er würde sie einfach besuchen, wenn sie in Irland war.

Sylvia hatte Ted Ende September aufgefordert, auszuziehen. Anfang Oktober holte er seine Sachen und kehrte nach London zurück. Auch Mrs. Plath durfte nicht mehr kommen.

(»Ich habe nicht die Kraft, Dich in der nächsten Zeit zu sehen. Das Entsetzliche, das Du sahst und das ich Dich im letzten Sommer miterleben sah, steht zwischen uns, und ich kann Dir erst wieder ins Gesicht blicken, wenn ich ein neues Leben lebe [...]«) Richard Murphy, den sie als unverzichtbar für ihre Erneuerung in Irland betrachtet hatte, ließ nichts von sich hören. Mit gebrochenem Herzen und trotz ihres mutigen Auftretens nach außen machte sie weiter und suchte das neue, unabhängige Leben, vor dem sich ihr gespaltenes Wesen fürchtete, nach dem es sich aber auch verzweifelt sehnte.

Hinkommen
1962 - 1963

[...] Erzähl mir nicht, daß die Welt etwas Heiteres braucht! Der Mensch, der aus Belsen kommt – physisch oder psychisch –, braucht keinen, der sagt, die Vögelchen zwitschern immer noch, er braucht das volle Wissen, daß noch jemand dagewesen ist und das *Schlimmste* weiß: einfach wie es dort war. Mir hilft es zum Beispiel sehr viel mehr zu wissen, daß Leute geschieden werden und durch die Hölle gehen, statt etwas über glückliche Ehen zu hören. Über *die* laß das *Ladies' Home Journal* schwatzen.

Briefe nach Hause
21. Oktober 1962

Worte, trocken und reiterlos,
Der unermüdliche Hufschlag.
Aber
Unverrückbare Sterne vom Grund des Teiches
Lenken ein Leben.

Worte
1. Februar 1963

I

Zwischen Ende September und dem 1. Dezember schrieb Sylvia Plath in der herbstlichen Abgeschiedenheit von Court Green, wo sie außer ihren kleinen Kindern und den Kindermädchen, die kamen und gingen, kaum Abwechslung hatte, in einem überraschenden Ausbruch kreativer Kraft vierzig ihrer *Ariel*-Gedichte, die in der Literatur einzigartig dastehen.

Am 12. Oktober schrieb Sylvia an ihre Mutter: »Jeden Morgen um fünf, wenn die Wirkung meiner Schlaftablette nachläßt, bin ich auf, trinke Kaffee in meinem Arbeitszimmer, schreibe wie eine Verrückte – habe täglich ein Gedicht vor dem Frühstück geschafft. Alle publikationsreif. Phantastisches Zeug, als hätte die Häuslichkeit mich erstickt.« Später im Monat schrieb sie an Ruth Fainlight und gab erneut ihrer Verwunderung und ihrem Entzücken Ausdruck: »Ich lebe wie eine Spartanerin, schreibe trotz hohen Fiebers und produziere freie Sachen, die jahrelang in mir verschlossen waren. Ich staune und bin sehr glücklich. Ich habe mir immer eingeredet, ich sei ein Mensch, der nur mit friedlichem Herzen schreiben kann, aber das ist nicht der Fall. Die Muse lebt jetzt hier, nachdem Ted weg ist [...]«

Die Muse lebte allerdings schon seit einem Jahr bei ihr – aber die sonderbare innere Welt von Ariel hatte ihre Geheimnisse bis dahin nur zögernd preisgegeben – für ein oder zwei Gedichte hier und da. Jetzt war Sylvia in einem Aufruhr der Gefühle am Wendepunkt angekommen. Alleinverantwortlich für ihr Schicksal, konnte sie plötzlich die gesamte Stärke ihrer Kunst vereinigen und ihre enorme Energie auf die ungelösten inneren Zwänge, die sie in diese Lage gebracht hatten, richten. Nun konnte sie jede Facette dieser Zwänge untersuchen und endgültig besiegen, indem sie darüber schrieb. Danach konnte sie unbelastet in eine Welt schreiten, die alle Möglichkeiten offenhielt. In den vielen Stunden, die sie allein verbrachte, kamen die Gedichte wie eine Flut – vollendet, immer mühelos, mit ungemein erweiterter Freiheit und vollkommen im Ausdruck.

Die *Briefe nach Hause* kann man als eine einzige Projektion des »gewünschten Bildes« (des *geforderten* Bildes) lesen. Sylvia als Eva – Ehefrau, Mutter, Hausfrau, Beschützerin des Ganzen, die Gute und die Heilige, eine Persönlichkeit, nach der ihre Erziehung und ihre instinktive Natur grimmig verlangt hat. Jetzt vollendete ihre unterdrückte, zerstörerische Psyche, ganz ehrlich mit sich selbst und völlig befreit, die Künstlerin, indem sie das Eva-Szenarium verkehrte und als Trugbild entlarvte. Es hatte sie im Stich gelassen. Und was für eine Eva war sie gewesen, gefangen im unbarmherzigen Trauma ihrer Vergangenheit, in einem »schwarzen Schuh / In dem ich gelebt habe wie ein Fuß, / Dreißig Jahre lang, arm und weiß, / Ohne Atem und ohne Niesen, Puh«? Mit masochistischer Verachtung (in *Ein Geburtstagsgeschenk*) sieht sie sich so:

> Ist das die Erwählte, die mit schwarzen Augenringen
> und einer Narbe?
>
> Die das Mehl mißt, die den Überschuß abzwackt,
> Die sich an Regeln hält, an Regeln, an Regeln.
>
> Ist das die für die Verkündigung?
> Herrgott, daß ich nicht lache!

Mitleidslos klagt sie mit peitschender Wut das Schicksal an, sie betrogen zu haben: »Ich / Habe ein Selbst, eine Königin aufzulesen«, schreit sie. Ihr verweifelter Zwang war außergewöhnlich: Sie mußte alles aufschreiben, um ihn zu besiegen, und auch ihre Gedichte mußten außergewöhnlich sein.

Besessen und planend wie ein Forscher beschreibt Sylvia in ihren Gedichten den Sturm in ihrem Innersten und benennt die beiden Pole: »Stillstand« und Raserei. Wenn sie niedergeschlagen war, zog sie sich auf sich selbst zurück, wollte nicht existieren und sehnte sich »Lullend und stillend« wie in *Mohnblumen im Juli* nach Ruhe. In der manischen Phase kamen die großen Stürme, die sich in schmähendem Exorzismus oder heftigen Tiraden nach außen richteten. Sie umgab sich mit alltäglichen Gegenständen und Gegebenheiten, die sie durch ihren Blick so untrüglich veränderte wie van Gogh die Sonnenblumen und den Küchenstuhl. Und die unlängst in ihr aufgekeimte Wut verwandelte sich ebenfalls, war nicht mehr zu unterscheiden von dem alten begrabenen Zorn, der ihr nun endlich uneingeschränkt und vollständig zugänglich war. Es schien, als schaue sie in einen Spiegel und als starre ein gewaltiges Spiegelbild ihrer traumatisierten Kindheit ihr entgegen.

Der Höhenflug von Sylvias kreativem Streben im September und Oktober 1962 begann mit einer Klage *For a Fatherless Son* am 26. September, setzte sich fort mit *Ein Geburtstagsgeschenk* am 30. und reichte bis zur explosiven Bitterkeit von *The Detective* und *The Courage of Shutting Up* vom 1. und 2. Oktober. In den nächsten sieben Tagen entstanden alle fünf Bienengedichte, für die sie ihre Notizen über Bienenzucht in poetisches Gold verwandelte. Der Bienenkorb war für Sylvia ein reiches Terrain; es war das Terrain ihres Vaters, des Bienenexperten. Diabetes, die Krankheit, an der Otto Plath starb, stand in Zusammenhang mit der widerwärtigen Süße von Honig. Wie in *Stiche* wird die wütende, rachsüchtige Tochter (die später in *Madame Lazarus* und *Purdah* eine wilde Sprache führt) zur Bienenkönigin:

> [...] Ich
> Habe ein Selbst, eine Königin, aufzulesen.
> Ist sie tot oder schläft sie?
> Wo ist sie gewesen
> Mit ihrem löwenroten Leib, ihren Flügeln aus Glas?

Nun fliegt sie,
Schrecklicher als sie je war, eine rote
Narbe am Himmel, ein roter Komet,
Über den Motor, der sie getötet hat –
Das Mausoleum, das Wachshaus.

In den früheren *Ariel*-Gedichten war sie bereits den beiden Hauptfiguren ihres poetischen Universums entgegengetreten – der dunklen Eibengestalt ihres toten Vaters und der silbernen Erscheinung ihrer Mutter-Mond-Muse. Jetzt endlich begegnete sie dem beunruhigenden Bild ihrer selbst: Sie kommt zum Vorschein, auf unheimliche Art bezaubernd und »schrecklicher, als sie jemals war«, mit »ihrem löwenroten Leib, ihren Flügeln aus Glas«. Aber sie ist verwundet – eine rote Schrunde – und schließlich tot, oder wiedergeboren, fliegt sie über das »Wachshaus«, das »sie getötet hat«.*

In einem Brief an die Mutter vom 9. Oktober, dem Tag, an dem sie die Bienengedichte beendet hatte, erklärt sie, sie habe beschlossen, sich scheiden zu lassen, und berichtet sachlich über die praktische Seite der Situation. Ted hatte sich zu einer jährlichen Unterhaltszahlung von eintausend Pfund bereiterklärt. Und auf keinen Fall wollte sie in die USA zurückkehren. »Wenn ich jetzt anfange, davonzulaufen, werde ich nie damit aufhören.«

Der 10. Oktober brachte den rätselhaften Zorn von *A Secret*. Am 11. folgte *Der Bewerber*, in dem sie mit der raffinierten, rasenden Überredungskunst eines Marktschreiers den Begriff Ehe verhöhnt:

* Sylvia räumte den Bienengedichten einen hohen Stellenwert ein; sie stellte sie an das Ende ihrer Auswahl für *Ariel*, in der die Sammlung mit der letzten Zeile von *Überwintern* mit einem hoffnungsvollen Ton endet: »Die Bienen fliegen. Sie schmecken den Frühling.«

> [...] in fünfundzwanzig Jahren wird sie Silber sein,
> In fünfzig Gold.
> Eine lebende Puppe, allseits zu sehen.
> Sie kann nähen, sie kann kochen,
> Sie kann sprechen, sprechen, sprechen.

Die *Ariel*-Gedichte treten aus einer eingeschlossenen Welt hervor – der Schmelztiegel von Sylvias innerem Wesen. Manchmal ist die Einschließung ein Krankenhaus, dann wieder erscheint sie als Rummelplatz (wie in *Der Bewerber* und *Madame Lazarus*) oder als riesiges Grand-Guignol-Theater (*Papi*), in den gräßliche, überlebensgroße Puppen vor einem faszinierten Kind wie toll umherspringen. In *Papi*, das am 12. Oktober entstand und dessen Kinderliedton seltsam bezaubernd ist, wird ein tödlicher Bann verhängt. Es kommt zu einer heftigen Ablehnung von *Papi*; er bekommt die vernichtendsten Beschuldigungen an den Kopf geworfen. Aber der Zauber dieses wundervollen Gedichts ist der rührende und leidenschaftliche Unterton, der dem frohlockenden Zorn innewohnt. Schließlich gehört die Stimme einem rachsüchtigen, schmerzlich verletzten Kind, das gegen einen geliebten Elternteil wütet. Zu Recht hat Alvarez *Papi* als Liebesgedicht bezeichnet:

> Papi, ich mußte dich töten.
> Du starbst, bevor ich soweit war –
> Marmorschwer, ein Sack voller Gott,
> Scheußliches Denkmal und ein grauer Zeh,
> Groß wie ein Friscoseehund,
>
> Und ein Kopf im unsteten Atlantik;
> Bohnengrün wogt ins Blau ohne Ruh
> In den Wassern vor dem schönen Nauset.–
> Ich betete um deine Wiederkehr immerzu.
> *Ach, du.*

Helen McNeill schreibt in ihrem ausgezeichneten Essay über Sylvia Plath:

»In *Papi*, dem vielleicht berühmtesten Gedicht, erscheint Otto Plath kodiert zuerst als die patriarchalische Statue: ›Marmorschwer, ein Sack voller Gott, / Scheußliches Denkmal und ein grauer Zeh.‹ Dann wird er erschreckenderweise ein Nazi und spielt den Folterknecht der Plathschen Jüdin. Otto Plath stammte zwar aus Schlesien, das damals zu Deutschland gehörte, aber er war ebensowenig Nazi wie seine Tochter Jüdin war, und nichts spricht dafür, daß er sie je mißhandelt hat. In einer klassischen Übertragung verwandelt *Papi* den ungebremsten, irrationalen Zorn des verlassenen Kindes in Eigenschaften, die dem Gegenstand des Zorns zugeschrieben werden: Wenn Papi gestorben ist und mich so verletzt hat, muß er ein Schweinehund sein; ich hasse ihn wegen seiner Grausamkeit, und alle anderen hassen ihn ebenfalls: ›Und im Dorf die fanden dich niemals gut.‹ [...] Sylvia Plath wußte, sie hatte nie aufgehört, um ihren Vater zu trauern, und sowohl sie als auch *Papi* erkennen, daß sie Hughes in gewisser Hinsicht als Doppel ihres verlorenen Vaters benutzt hatte.«

Helen McNeill weist dann darauf hin, daß *Papi* im Leser ein Duplikat ihres mutmaßlichen psychischen Zustands schafft, so daß wir ihren Kummer, Zorn, Masochismus und ihre Rache neu erleben, gleichgültig, ob sie den »Tatsachen« entsprechen. Jeder, der Sylvias Tonbandaufnahme von *Papi* kennt, die sie in jenem Oktober für das British Council gemacht hat, wird sich an die Wucht der nackten Wut in ihrem Vortrag erinnern, an den beinahe jubelnden Zorn, mit dem sie ihre Befreiung von dem gespenstischen Vater und dem Ehemann erklärt. Implizit heißt das, daß nach diesem Exorzismus ihr Leben wieder neu beginnen kann, daß sie wiedergeboren wird. Und in der Tat kann nach ethischen Kriterien nur der verzweifelte Wunsch nach Leben und psychischer Gesundheit eine Entschuldigung für dieses und einige andere *Ariel*-Gedichte sein:

Man begrub dich, da war ich zehn. – Doch nie ruht
Der Teufel: Mit Zwanzig sucht ich den Tod,
Zurückkehren wollt ich in deine Hut;
Ich dachte, sogar noch die Knochen wär'n gut.

Doch sie holten mich raus aus dem Sack
Und leimten mich wiederum zu.
Seither weiß ich, was ich jetzt tu:
Ich mach ein Modell, das bist du,
Ein Mann in Schwarz mit *Meinkampf*gesicht,

Der die Folter liebt und das Blut.
Und ich sagte, ja, gut, ja, gut.
Nun, Papi, mit uns ist es endgültig aus.

Voll des Jubels, ein derart außergewöhnliches dichterisches Bravourstück hervorgebracht zu haben, schrieb sie am selben Tag, dem 12. Oktober, in Hochstimmung an ihre Mutter: »Es ist *vorüber*. Mein Leben kann beginnen.« Sie wollte noch das »sehr teure« Kindermädchen von der Agentur behalten, bis Tante Hilda Ende November eintreffen würde, um sie nach Irland zu begleiten. Sylvia hatte vor, vom 1. Dezember bis zum 28. Februar in Glasthule zu wohnen und sich »bei Milch und TT-getesteten Kühen (ich hoffe, ich lerne melken), selbstgebackenem Brot und dem Meer!« zu erholen. Im selben Brief berichtet sie: »Nick hat zwei Zähne, steht, sitzt und ist ein *Engel*. Ted hatte Friedas Haare kurz geschnitten, sieht wunderbar aus, kein Durcheinander, kein Gezottel. Sie hat jetzt zwei Kätzchen [...]: Tiger-Pieker und Shunky-Bunks.« Und Sylvia nahm Reitstunden, was ihr großen Spaß machte. *Blackberrying* war am 15. September im *New Yorker* erschienen, und sie wundert sich ihrer Mutter gegenüber über das »phantastische Zeug«, das sie geschrieben hat. In ihrem alten, knappen Ton ärgert sie sich über die Stumpfheit der Devoner und erläutert ihre aufregenden Pläne: »Ich vermisse Leute, die was im *Hirn* haben, hasse dieses Kuhleben, sehne mich danach, mich mit intelligenten, guten Menschen zu umgeben. Ich werde einen Salon in London haben. Ich bin eine berühmte Dichterin hier – wurde diese Woche in *The Listener* erwähnt, als eine der halbdutzend Frauen, die bleiben werden – zusammen mit Marianne Moore und den Brontës!« In dem gleichen schwungvollen Ton schrieb sie am selben Tag an Warren und seine Frau Maggie und schlug für den kommenden Sommer gemeinsame Ferien in Tirol vor.

An den nächsten vier Tagen schrieb Sylvia nicht. Ted war dagewesen und hatte seine Sachen abgeholt, und danach war Sylvia mit Kindern und Katzen nach Cornwall zu den Opfern von »Lesbos«* gefahren. Mrs. Plath und Warren waren sicher erleichtert, als sie Sylvias optimistische Briefe vom 12. Oktober erhielten, aber nachdem sie am 17. ihren Vater in *Papi* vernichtet hatte, arbeitete Sylvia an *Medusa*, eine bittere, brutale Attacke gegen die Mutter ihres inneren Mythos, Elektras Rivalin für Daddys Liebe, aber gleichzeitig gegen ihre richtige Mutter:

> Bemuschelte Nabelschnur, atlantisches Kabel,
> Das sich, scheint es, instand hält wunderbar.

Mit merkwürdig zerstörerischer Gehässigkeit, die diese Gedichte charakterisieren, machte Sylvia mit dem Titel des Gedichts eine Anspielung, die Aurelia Plath nicht entgehen konnte. Die Medusa ist in der griechischen Mythologie eine der Gorgonen, bei deren Anblick sich alle Lebewesen in Stein verwandeln; es ist aber auch der Name einer Quallenart, »Aurelia«. Mrs. Plath hatte einmal im Spaß zu Sylvia gesagt, daß

* Dabei handelt es sich um das amerikanische Ehepaar, das im August mit Ted und Sylvia in Court Green gelebt hatte.

ihr Name zwei Bedeutungen habe: »Gold« und »Qualle«. Mag sein, daß Sylvia sich sonderbarerweise nicht vorstellen konnte, daß die Menschen, die Zielscheibe solcher Gedichte waren, sich dadurch verletzt oder gekränkt fühlen könnten. Oder aber sie glaubte, daß der Bekenntniston innerhalb der literarischen Tradition voll und ganz anerkannt sei; aber sollte sie dieser Ansicht gewesen sein, so irrte sie sich: Solche Gedichte haben den unschuldigen Opfern ihrer Feder große Schmerzen zugefügt.

Wie bei *Papi* ist auch in *Medusa* die Sprecherin des Gedichts im Recht, indem sie den Vorwurf auf ein Objekt lenkt:

Ich hab dich nicht gerufen.
Ich hab dich gar nicht gerufen.
Dennoch, dennoch
Bist du zu mir gedampft über das Meer,
Dick, rot, ein Mutterkuchen,

Der die strampelnden Liebenden lähmt.

Wer, glaubst du, bist du?
Eine Kommunionsoblate? Die tranreiche Maria?
Ich beiß nichts ab von deinem Leib,
Flasche, in der ich wohne,

Gräßlicher Vatikan.
Todsatt hab ich heißes Salz.
Grün wie Eunuchen zischen deine Wünsche
Mir meine Sünden aus.
Fort, fort, aaliger Fangarm!

Es ist nichts zwischen uns.

Das Gedicht wird Aurelia Plath über den Atlantik entgegengeschleudert, aber gleichzeitig greift es das Baby in Sylvias Persönlichkeit an, das sich danach sehnt, im »heißen Salz« des Mutterleibs zu bleiben.

An dem Tag, als sie *Medusa* geschrieben hatte, schickte sie zwei Briefe an die Mutter. Die Teufelsaustreibung, die *Medusa* hatte bringen sollen, schien nicht gelungen zu sein. Der Tonfall ihrer Briefe klingt verzweifelt. Sie wußte genau, was sie vollbracht hatte: »Ich bin eine geniale Schriftstellerin. Ich habe es in mir. Ich schreibe jetzt die besten Gedichte meines Lebens; sie werden mir einen Namen machen.« Dennoch beklagte sie sich herzzerreißend. Sie war wieder krank, hatte eine Erkältung mit hohem Fieber, und ohne ein gutes Kindermädchen war sie hilflos. Sie behauptete, ihre Probleme seien alle praktischer Natur. Wenn sie wieder gesund wäre (im Laufe des Sommers hatte sie beinahe zehn Kilo abgenommen) und genug Geld auf der Bank hätte, werde sie es schon schaffen. Irland lockte, »der Ort ein Traum, das Meer ein Segen«. Aber für die nächsten zwei Monate brauchte sie Hilfe, denn sie kämpfte »allein gegen schwierige Umstände«.

In ihrem zweiten Brief flehte sie ihre Familie an, Warrens Frau Maggie als rettenden Engel zu schicken: »Könnte sie nicht *jetzt* kommen [...] ? Ich habe sie bereits sehr liebgewonnen; sie wäre eine solche *Freude* für mich und würde die Kinder lieben. Wir könnten gemeinsam nach Irland fahren, sie könnte mir helfen, mich häuslich einzurichten, und dann rechtzeitig vor Weihnachten von Dublin aus nach Hause fliegen. Hört sich das verrückt an? [...] Ich brauche jemanden von *daheim*. Einen Beschützer [...]« Nachdem Aurelia diesen Brief erhalten hatte, telegrafierte sie großzügig und loyal wie immer an die Hebamme Winifred Davies: »Bitte gleich Sylvia besuchen und Frau für sie besorgen. Gehalt von hier bezahlt. Brief folgt.«

Es überrascht nicht, daß Sylvia, nachdem sie die Herrschaft von Vater und Mutter abgeschüttelt hatte, als nächstes in *The Jailer* die Sehnsucht nach ihrem Mann angriff; ein Gedicht, das sie am nächsten Tag, dem 17. Oktober, schrieb. In diesem Gedicht werden wieder die gespenstischen Kinderreim-Rhythmen von *Papi* – in einer ähnlich extremen Attacke besessenen Übermaßes – hörbar. An diesen Zeilen kann man ablesen, daß zum damaligen Zeitpunkt alle Versöhnungsangebote Ted Hughes' an einer Mauer unverminderten Zorns abprallen mußten.

Praktisch wie immer, fand Winifred Davies bald eine Lösung für Sylvias größtes Problem, eine zuverlässige Hilfe für die Kinder zu finden. Eine junge Krankenschwester aus der Nähe, die Tochter einer ordentlichen bürgerlichen Familie aus Belstone am Rande vom Dartmoor, erklärte, sie würde »gern« aushelfen. Am 18. Oktober schrieb Sylvia ihrer Mutter aufgeregt, daß Susan O'Neill-Roe vermutlich bis Mitte Dezember bei ihr im Haus leben werde, und das für »*Halb* so viel wie für dieses gräßliche Kindermädchen, das gestern abend kam«. Die damals zweiundzwanzigjährige Susan schlief dann doch zu Hause, blieb aber täglich von halb neun Uhr morgens bis sechs Uhr abends in Court Green – genau das brauchte Sylvia. Ab 23. Oktober gehörte »Sue« zur Familie, nachdem es ihr gelungen war, Sylvia ihre Energie wiederzugeben. Susan konnte zwar nur bis Mitte Dezember bleiben, weil sie dann an das Great Ormond Street Hospital for Children in London (in der Nähe der Rugby Street) zurückkehren mußte, aber vorher konnte sie Sylvia vielleicht noch helfen, sich mit den beiden kleinen Kindern in Irland einzurichten. Durch ihre Anwesenheit war das Leben in Court Green wie durch ein »Wunder« verändert. Nun konnte Sylvia »ihre Morgengedichte frisch und gesund« vor dem Frühstück der Kinder schreiben, dann ohne Unterbrechung bis zum Mittagessen an ihrem Roman und dem Tagebuch arbeiten, nachmittags ruhen und sich schließlich bei einer Tasse Tee mit Sue unterhalten, ehe diese abends nach Hause ging. Zum ersten Mal im Leben war Sylvia eine unabhängige, produktive, professionelle Schriftstellerin. Sie schrieb Ruth Fainlight in Marokko einen langen begeisterten Brief und machte Ted und seiner Familie unfaire, bittere Vorwürfe wegen ihrer mißlichen Lage; sie freute sich aber gleichzeitig offen über ihre neue Kraft als

Schriftstellerin: »Psychologisch gesehen faszinieren mich die Polaritäten Muse-Dichterin und Mutter-Hausfrau. Als ich häuslich gesehen glücklich war, saß mir ein Kloß im Hals. Jetzt ist mein häusliches Leben ein Chaos, bis ich ein Kindermädchen finde, das im Haus wohnt. Ich lebe wie eine Spartanerin, schreibe trotz hohen Fiebers und produziere freie Sachen, die jahrelang in mir verschlossen waren. Ich staune und bin sehr glücklich.«

Den ganzen Oktober und November über entstanden weitere von diesen erstaunlichen, beunruhigenden Gedichten. Sie schrieb das bitter rachsüchtige *Lesbos* am 18. Oktober und eine sonderbare, traumähnliche Beschwörung von Onkel Walter in *Stopped Dead* am 19., während sie den Fieberrückfall einer Grippe noch nicht ausgestanden hatte und die »alte, aufgeblasene Schnüfflerin«, das Kindermädchen (vor Sue), kam und ging. Ein Gedicht entstand am 20., zwei weitere am 21. und dann, bestärkt durch die Ankunft von Susan, »der hübschesten, süßesten Kinderschwester weit und breit«, noch zwei Gedichte am 24., eines am 25., zwei weitere am 27., drei am 29. und bis zum 1. Dezember noch vierzehn weitere! Drei der Oktober-Gedichte, *39,5° Fieber*, *Purdah* und *Madame Lazarus*, sind schonungslose Selbstprojektionen von Sylvia, der Hauptfigur ihrer mythischen Welt. Die Gedichte sind außergewöhnliche Offenbarungen – nicht nur in ihrer vollendeten poetischen Kunst, sondern auch insofern, als ihre Hauptfigur eine regelrechte Vorstellung gibt, wie vor einem einzigen überwältigten Zuschauer oder auf einem Rummelplatz, begafft von der »Erdnüsse kauenden Menge«. Diese Sylvia-Darstellerin, die in ihrer Erscheinung ebenso sonderbar ist wie in der Hybris ihrer prahlerischen Seiltanzmeisterstücke, sucht den Tod, spottet über ihn und breitet ihren Zauber aus wie eine Hexe.

39,5° Fieber ist das maßvollste von diesen drei Gedichten. Die kranke Frau, die im Fieber ihre Sünde abstreift, beschreibt sich selbst:

Ich bin eine Laterne –

Mein Kopf ein Mond
Aus Japanpapier, meine geschlagene Goldhaut
Unendlich zart und unendlich teuer.

Erstaunt dich meine Hitze nicht. Mein Licht?

Sie ist »zu rein für dich oder irgendwen«. Sie steigt hoch in die Luft und wird

eine reine Acetylen-
jungfrau, umkränzt von Rosen,

Von Küssen, von Cherubim,
Von was immer diese rosa Dinger bedeuten,
Nicht dir noch ihm,

Nicht ihm noch ihm
(Meine Selbste lösen sich auf, alte Hurenunterröcke) –
Ins Paradies.

Madame Lazarus prahlt mit noch gefährlicheren Vollendungen:

Ich habe es wieder gekonnt.
Einmal jedes Jahrzehnt
Bring ich es fertig –

Eine Art wandelndes Wunder, meine Haut
Strahlend wie ein Nazi-Lampenschirm

Ihre Spezialität ist unerreicht:

Sterben
Ist eine Kunst, wie alles.
Ich kann es besonders schön.

Ich kann es so, daß es die Hölle ist, es zu sehn.
Ich kann es so, daß man wirklich fühlt, es ist echt.
Sie können, glaube ich, sagen, ich bin berufen
zu diesem Ziele.

Und sie ist tatsächlich sehr gefährlich:

Mit meinem roten Haar
Steig ich aus Asche und Gruft
Und ich esse Männer wie Luft.

Aber die endgültige Geißel ist die Figur der Klytämnestra in *Purdah*, der hohe Schrei eines Gedichts, in dem sie droht, loszulassen:

Die Löwin,
Der Schrei im Bad,
Der Mantel voller Löcher.

Diese Gedichte, die in die entlegensten Gefilde der Verachtung und der Wut eindringen, sind aller gewohnten »menschlichen« Gefühle beraubt. Der Schmerz hat sich verhärtet, ist Haß geworden, und der Tod ist allgegenwärtig. Die Sylvia-Figur nimmt jetzt eine zentrale Stellung in ihrer dichterischen Welt ein, flankiert von Otto und der Mutter/Der Anderen. Andere Rollen spiegeln nur die Eigenschaften der beiden Elternfiguren wider. Und die mythische Sylvia besitzt den Schlüssel zu dem konfusen Verwirrspiel der *Ariel*-Gedichte.

Anscheinend hat sie ihre Wahrheit geschildert, hat erzählt, wie ihr stummes, traumatisiertes Ich, »dem Licht ausgesetzt wie ein Röntgenbild« *(Medusa),* sich fühlt, um »eine Doppelung ihres mutmaßlichen Seelenzustandes im Leser zu erzeugen«, wie Helen McNeill schreibt, und um die mörderischen Projektionen ihrer psychischen Verfassung auf andere zu enthüllen. Ein Vorrat an verzweifeltem Mut war erforderlich, um ihre eigene Dichterin, ihre eigene Psychiaterin und ihre eigene Priesterin abzugeben, und den hatte sie: »Ich bin das Mädchen des Zauberkünstlers, das niemals zuckt.« Sie hatte ihr Thema als Dichterin gefunden – oder, besser gesagt, es hatte sie gefunden –, und sie konnte nichts anderes wahrnehmen, solange sie es nicht ganz und gar ausgeschöpft hatte. Das Ergebnis – vielleicht einzigartig in der Lyrik – ist ein Erwachen »unpoetischer« negativer Gefühle von extremer Ausprägung.

Als Sylvia Alvarez *Papi* und *Madame Lazarus* vorlas und sie »ein paar leichte Verse« nannte, war er entsetzt – beim ersten Hören schienen sie mehr »schwere Beleidigung« zu sein als Poesie. Es dauerte einige Zeit, bis er ihre »sonderbare Eleganz« würdigte. Dieselbe sonderbare Eleganz, allerdings mit weniger vernichtender Wirkung, verwendete sie in dieser Zeit in mehreren Gedichten. *Lyonesse* und *Amnesiac* – ursprünglich als zwei Teile desselben Gedichts unter dem Titel *Amnesiac* am 21. entstanden – schelten Gott (im ersten Gedicht), und im zweiten einen abenteuersuchenden Ehemann wegen ihrer Achtlosigkeit. *Geschnitten* ist ein spielerisches Gedicht, das sie am 24. Oktober schrieb. Es war Susan O'Neill-Roe gewidmet, an ihrem dritten Tag im Haus, und erinnert an eine reale Begebenheit: Durch einen Zufall hätte sie sich beinahe mit einem Küchenmesser die Daumenkuppe abgeschnitten. *By Candlelight* und *Nick und der Kerzenleuchter* – in beiden Gedichten widmet sie sich nachts ihrem kleinen Sohn – treffen im Gegensatz zu *Geschnitten* einen herzzerreißenden, zarten Ton. So schreibt sie in *By Candlelight*:

> Ich halt dich fest in meinem Arm.
> Es ist sehr spät.
> Die öden Glocken tönen von der Stunde.
> Im Spiegel schwimmen wir im Licht der einen Kerze.

Nick und der Kerzenleuchter schließt mit den wunderschönen Zeilen:

Lieber, Lieber,
Ich hab unsre Höhle mit Rosen behängt,
Mit weichen Teppichen –

Noch aus Victorias Zeiten.
Laß die Sterne
Stürzen zum dunklen Ziel,

Du bist das eine
Feste, an das die Räume sich lehnen, neidvoll.
Du bist der Säugling im Stall.

In *The Tour* ist die Boshaftigkeit mit scharfem, surrealistischem Esprit wieder da, wenn Sylvia eine »Hexe«, eine Feindin vernichtet (wie in *Eavesdropper* einen anderen Nachbarn):

Und du willst, daß man dir alles zeigt!
Ja doch, ja, dies ist meine Anschrift.
Nichts gegen deine Unterkunft vermutlich
zwischen den Gänsen aus Java
und den Affenbäumen.
Leicht ausgebrannt
ein wenig wie die wildgewordene Maschine
verkommen ein bißchen!

Diesem ausgelassenen Stück folgten an ihrem Geburtstag, dem 27. Oktober, zwei perfekte Gedichte: *Mohnblumen im Oktober* und *Ariel*. Das erste ist das Pendant zu *Mohnblumen im Juli*; die Mohnblüten, leuchtender als ein Sonnenuntergang, sind »die Frau im Rettungsauto, deren rotes Herz so erstaunlich durch ihren Mantel blüht –«:

Eine Gabe, eine Liebesgabe
Ganz ungefordert
Von einem Himmel

Der blaß und flammend
Sein Kohlenmonoxyd anzündet [...]

Die Frage ist, weshalb die Sprecherin auserwählt sein sollte, weshalb sie gerettet werden sollte – offenbar um den Preis des Lebens der Frau im Rettungswagen.

Natürlich sind Antworten auf solche Fragen nie in der elektrisierten Luft von Sylvias Gedichten zu finden, aber in *Ariel* kommt es schließlich zu einer Art Auferstehung. Der Name »Ariel« hat wie »Medusa« viele Bedeutungen: Es ist eine Anspielung auf den Luftgeist in Shakespeares *Der Sturm* und auch bedeutsamerweise der Name des (älteren und recht behäbigen) Pferdes, auf dem Sylvia reiten lernte. Aber am wichtigsten: Ariel ist der Geist der Dichtung, die romantische Verkörperung der Inspiration oder des Genies.* Im Kanon von Sylvias Werk ist »Ariel« das Höchste, die Quintessenz all dessen, was für sie von Bedeutung war. Darin erprobt sie das ganze Spektrum ihrer farbigen Bilderwelt, bewegt sich von »Stillstand in der Dunkelheit« zum »substanzlosen Blau« von Himmel und Ferne, während Pferd und Reiterin als »Gottes Löwin« wie eine Einheit durch die Feindseligkeiten hindurchjagen, die sich an sie klammern wollen:

Mohrenaug-Brombeeren
Angeln mit dunklen
Haken –
Ein Mundvoll schwarz-süßes Blut;
Die Schatten.

Auch in *Something else* und *Hauls me through air*: Die zunehmend ätherische Sprecherin häutet sich wie die Sprecherin in

* Judith Kroll hat darauf hingewiesen, aber Sylvia mag es nicht bewußt gewesen sein, daß »Ariel« auch eine spirituelle Bedeutung in der jüdischen Mythologie hat. Es ist die heilige Flamme des *Leviticus* und *Jesaia*.

39.5° Fieber, wirft »tote Hände, tote Beengungen« ab, wird als Frau-Pferd zu Frau-Pfeil-Tau und vernichtet sich im unablässigen Drang nach Wiederauferstehung. Am Ende ist der »Schrei eines Kindes«, der »in der Mauer schmilzt«, ein wirkliches Kind, so wie bei »Rot/Auge, der Kessel des Morgens« die wirkliche Sonne aufgeht, während sie schreibt. Wie immer – und das ist eine der Quellen von Sylvia Plaths außergewöhnlicher Kraft – beruht jedes Bild auf einem Gegenstand, den sie mit Worten »zeichnet«.

II

Nachdem Susan O'Neill-Roe regelmäßig in Court Green erschien, rückte London als Zufluchtsort in erreichbare Nähe. Sylvia war mit Sicherheit vom 29. bis zum 30. Oktober allein in London, um Aufnahmen von neuen Gedichten und ein Interview mit Peter Orr für das British Council (und das BBC-Archiv) zu machen. Erstaunlicherweise beendete sie einen Tag vor der Aufnahme drei Gedichte (*Madame Lazarus*, *Purdah* und *Nick und der Kerzenleuchter*). In Hochstimmung erschien sie bei A. Alvarez mit einem Stapel erstaunlicher Gedichte, um sie ihm laut vorzulesen. Im Exil in Devon hatte sie sich nicht mehr um ihr Aussehen gekümmert; nach dem schweren Sommer war sie schrecklich dünn geworden. Sie trug Sachen, die noch aus der Zeit vor ihren Schwangerschaften stammten, aber jetzt, als Herrin ihres Lebens und ihrer Muse, steckte sie die Haare auf und begann, sich elegant zu kleiden. Alles deutete auf Erfolg. Alvarez erklärte, sie sei die erste Lyrikerin seit Emily Dickinson, die er ernst nehme. Eric White, der Leiter der Literaturabteilung des British Council, forderte sie auf, für das International Poetry Festival, das im Juli 1963 im Royal Court Theatre stattfinden sollte, den amerikanischen Abend zu organisieren und zu eröffnen. Die BBC nahm ihre Lesung von *Berck-Plage* auf (gesendet am 17. November), und sie trat zusammen mit vier anderen in der Sendung »The Weird Ones« auf.

Auch diesmal wohnte Sylvia wieder bei den Macedos. Suzette hatte sie im Oktober angerufen, und Sylvia hatte erklärt, sie habe Ted hinausgeworfen und sei der Meinung, sie und Suzette könnten ihre Freundschaft nicht aufrechterhalten, da Suzette auch Assias Freundin sei. Suzette widersprach und sagte, sie sei auch Sylvias Freundin. Sylvia traf sich zwar weiterhin mit den Macedos, verhielt sich aber zurückhaltender. Ihnen gegenüber trat sie stolz auf und erklärte entschlossen, sie genieße die neue Freiheit, und ihre Entscheidung sei endgültig. Sie verachte Ted, weil er die gemeinsame Vollkommenheit wegen »eines Hauchs von Chanel« aufgegeben habe. Suzette war überrascht, denn sie erinnerte sich, wie begeistert Sylvia sich über Assia geäußert hatte, als sie sich kennenlernten: »Eine erstaunliche Frau – ihr Gesicht ist ihr Paß.«

Irgendwann während ihres Besuchs im Oktober erzählte Helder Sylvia von einem portugiesischen Roman, den er bewunderte; er handelte von zwei Männern, die sich lieben und die dennoch eine verführerische Frau heraufbeschwören, die sich zwischen sie stellt. Überraschenderweise sagte Sylvia darauf: »Ich weiß. Ich habe Assia heraufbeschworen.« Für sie war Assia das Gegenstück – die andere. Suzette erinnert sich, daß Sylvia sehr vernichtend über Ted sprach, doch »über die meisten Menschen nicht viel zu sagen hatte«. Aber sie liebte Dichter und redete bewundernd von W.S. Merwin, Richard Murphy und A. Alvarez (Suzette kannte keinen der drei persönlich). Sylvia berichtete begeistert von ihren Plänen. Ebenso begeistert sprach sie davon, nach Irland zu gehen – das sei das ideale Leben für sie, erklärte sie. Aber Suzette hatte das Gefühl, Sylvia entwerfe Modelle für das Leben – und probiere verschiedene Leben, wie man Kleider anprobiert.

Nach Ansicht der Macedos wirkte Sylvia bei diesem Besuch

besonders »erschöpft«. Der verletzte Daumen mit dem schmutzigen Verband war sichtlich entzündet und mußte behandelt werden. Aber Sylvia war innerlich zu aufgewühlt, um es überhaupt zu bemerken. Ansonsten sah sie in ihren neuen Kleidern elegant aus; das überraschte Suzette, denn Sylvia war »übertrieben sparsam«. Sylvia erzählte, sie schlafe nicht mehr richtig, seit Ted sie verlassen habe, und berichtete theatralisch von ständigem hohen Fieber. Es sei Teil ihres neuen kreativen Fiebers, behauptete sie. Mitten in der Nacht wachte Suzette von heftigem, herzzerbrechenden Schluchzen, das aus Sylvias Zimmer kam, auf. Sie ging hinüber und wollte sie trösten, stellte aber erstaunt fest, daß Sylvia mit noch tränennassem Gesicht tief und fest schlief. Für Suzette war das Sylvias einzige echte Botschaft seit ihrer Ankunft.

Ted, der nach dem Besuch in Lacan Kontakt zu Dido und Bill Merwin gehalten hatte, schrieb ihnen, um sie davon zu unterrichten, daß er und Sylvia sich getrennt hätten und er bei verschiedenen Freunden in London wohne. Dido hatte vor, im später Oktober nach England zu kommen, da sie sich um die Erbschaft ihrer Mutter kümmern mußte, die vor kurzem gestorben war. Sie wollte in der großen Wohnung am Montagu Square wohnen, die ihre Mutter gemietet hatte. Bill hatte sofort die Idee, das dies ein guter Platz für Ted zum Wohnen (und, noch wichtiger, zum Arbeiten) sei. Als Dido in London eintraf, rief sie Teds Mutter an und ließ sich seine Telefonnummer geben. Ted zog noch am selben Abend ein.

Nachdem Ted Sylvia mitgeteilt hatte, wo er wohnte, rief sie ihn oft dort an. Sie telefonierte auch mehrmals mit Dido. Dido hatte anfänglich großes Mitleid mit ihr, denn sie glaubte, Sylvia sei »von Reue geplagt«, weil sie Ted aus dem Haus getrieben hatte. Aber Sylvia war nur an dem Bild der »märtyrerhaften, vorbildlichen Ehefrau und Mutter« interessiert und wollte Ted als den Alleinverantwortlichen hinstellen. Sie zählte eine Reihe häuslicher Katastrophen auf, wie Dido vermutete, um »mich zu quälen, damit ich Ted damit quälen würde«. Dido staunte über die vehemente Beredsamkeit, mit der Sylvia berichtete, ihr Daumen müsse wegen Wundbrand amputiert werden, bei Frieda mache sich ein »starker Rückfall in ihrer Entwicklung« bemerkbar und noch andere Katastrophen aufzählte. »Aber offenbar dauerte keine lange genug«, wie Dido auffiel, »um Sylvia auf den Reitunterricht verzichten zu lassen. Schließlich«, so erzählte Dido,

»drohte ich, aufzulegen, wenn sie mir nicht zuhörte. Dann brachte ich meine Meinung mit einem völlig nutzlosen Argument vor, indem ich sagte, man könne beinahe jeden zum Ehebrecher und Lügner machen, wenn man ihm lange genug unterstelle, er sei es. Ganz gleich, wie sehr man jemanden liebe, würde man entweder alles tun, um diesen Vorwürfen zu entgehen, oder sich trösten, um nicht verrückt zu werden, und um des lieben Friedens willen zu lügen [...] Wenn sie Ted zurückhaben wolle, müsse sie zuerst aufhören, auf ihm herumzuhacken. Und wenn sie ihn nicht zurückhaben wolle, verschwende sie ihre und meine Zeit, wenn sie mir gegenüber auf ihm herumhacke.«

An diesem Punkt legte Sylvia auf. Dido ließ danach das Telefon von der Haushälterin abnehmen, und die Haushälterin »bekam dann ein oder zwei erstaunliche Dinge zu hören«.

Irgendwann um den 30. Oktober herum, als Sylvia nach Devon zurückkam, scheint sie ihr Vorhaben, den Winter in Irland zu verbringen, verworfen zu haben. Statt dessen wollte sie nun eine Wohnung in London mieten. Alvarez erinnerte sich in seinem »Prolog: Sylvia Plath«*, daß sie bei einem früheren Besuch bereits über Wohnungssuche gesprochen hatte – und es ist gut möglich, daß ihr die Idee zum erstenmal in seiner Gesellschaft kam. Was auch immer der Grund gewesen

* Enthalten in: A. Alvarez, *Der grausame Gott.* Eine Studie über den Selbstmord, Hamburg 1974 und Frankfurt am Main 1980.

sein mag, ihre Meinung zu ändern, Sylvia verlor keine Zeit, den neuen Plan in die Tat umzusetzen. Am 4. November fuhr sie wieder nach London, um sich mit Ted zu treffen. Er fand ihren Entschluß, sich eine Bleibe in London zu suchen, gut und besichtigte mehrere Wohnungen mit ihr. Sylvia berichtete ihrer Mutter: »Ted unterstützt mich«, und im nächsten Satz beleuchtet sie kurz die vergangene Beziehung: »Jetzt begreift er, daß er nichts von mir zu befürchten hat, keine Szenen, keine Rachsucht.« Sylvias Glück führte sie jedoch allein nach Primrose Hill, wo sie Dr. Horder wegen ihres eiternden Daumens aufgesucht hatte. Am Haus Fitzroy Road Nr. 23, dessen blaue Tafel kundtat, daß Yeats in diesem Haus gewohnt hatte, sah sie das Schild »Wohnungen zu vermieten« und entschied auf der Stelle, es sei *die* Straße und *das* Haus für sie. Sie überredete ein paar Handwerker, sie in das Haus zu lassen, »flog nach oben« und entdeckte, daß die Wohnung, wie sie ihrer Mutter schrieb, »*genau* das Richtige war [...] drei Schlafzimmer oben, Wohnzimmer, Küche und Bad unten *und* ein Dachgarten!« Innerhalb weniger Minuten verhandelte Sylvia mit der Maklerfirma Morton Smith & Co. über einen Fünfjahresvertrag.

Zurück in Devon, berichtete Sylvia Suzette Macedo – frohlockend und voller Pläne –, sie habe Yeats' *Collected Plays* befragt, weil sie auf eine Botschaft des großen Dichters hoffte. Und natürlich, als sie das Buch aufschlug und den Finger auf eine Stelle legte, las sie: »Holt Speis und Trank und was nur nötig ist, um euch Kraft und Mut zu geben. Ich rüste das Haus« (aus *Das Einhorn von den Sternen*).

»Ich erschrak zu Tode«, schrieb sie Ruth Fainlight am 20. November. »Ich möchte sie [die Wohnung] mit dieser blauen Tafel unbedingt haben! Ich müßte sie mit Schilfmatten und Kissen einrichten und von armseligem Eintopf leben. Aber ich habe in London richtig geweint. Ich war so glücklich, Leute zu treffen [...]«

Ruth gegenüber beklagte sie sich ebenso wie bei Suzette

Macedo – und bei Teds Eltern in Briefen voll bitterer Anklagen – über Ted, der sie ohne Hilfe auf das Land verbannt hatte und so verhinderte, daß sie mit Schreiben Geld verdiente. Das glaubte sie nämlich inzwischen, so wie sie an ihre eingebildete bittere Armut glaubte. In Wirklichkeit hatte sie mit Susan O'Neill-Roe und Nancy Axworthy großartige Hilfe im Haus, und sie schrieb außerordentlich viel. Auch finanziell ging es ihr gut. Es ist belegt, daß Sylvia von Oktober bis zu ihrem Tod ungefähr neunhundert Pfund von Ted bekommen hat, einschließlich einer Unterstützung von zwanzig Pfund in der Woche – 1962 ein nicht unerheblicher Betrag. Außerdem steuerte ihre Mutter fünfzig Dollar pro Monat für Notfälle bei (praktisch waren es noch zwanzig Dollar mehr). Aurelia wünschte, Sylvia solle die Kinder nach Amerika bringen, wagte aber nicht, sie zu drängen. Im Oktober erhielt Sylvia als Geburtstagsgeschenk von ihrer Tante Dot hundert Dollar und dreihundert Dollar von Mrs. Prouty, mit denen sie ihre neue Garderobe kaufte. Tante Dot fügte ihrem ersten Geschenk noch siebenhundert Dollar von ihren Ersparnissen hinzu. Außerdem hatte Sylvia ihre Einnahmen als freie Schriftstellerin. Mit ihren Aussichten auf einen »Salon« in London, einer neuen Wohnung, dem Haus in Devon und einem Auto befand sich Sylvia in Hochstimmung.

Vorbereitungen für ihre Londoner Wohnung und andere Ablenkungen mäßigten etwas das Tempo von Sylvias dichterischer Produktivität im November, obwohl sie in diesem Monat vierzehn Gedichte schrieb. Susans Hilfe und ihre eigene begeisterte Erwartung dessen, was London versprach, hatten sie glücklicher und zuversichtlicher werden lassen. Obwohl die Gedichte zeigen, daß Sylvia immer noch den Finger in ihre Wunden legt, sind sie mehr reflektierend als wild, und die hochschäumende Wut der extremsten Oktober-Gedichte ist nicht mehr spürbar. Der lyrische Ton von *Die Kuriere*, das am 4. November entstand, läßt Trauer über die verlorene Glückseligkeit erkennen. Am 6. verfaßte sie drei weitere Gedichte: *Die Nachttänze,* ein dämonisches Gedicht über ihren Sohn, und *Gulliver,* in dem ihr Mann sich schmählich von niederen Wesen verführen läßt; beides sind gelassene Gedichte. In *Hinkommen* fällt sie zurück in ihre Tod/Wiedergeburt-Obsession. Aber nach dem Zusammenbruch taucht sie wieder auf:

> [...] ich steige aus dieser Haut von
> Alten Verbänden, Langeweilen, alten Gesichtern,
>
> Steige zu dir aus dem schwarzen Wagen des Lethe,
> Rein wie ein Säugling.

Thalidomide, das am 8. November entstanden ist, geht auf eine Problematik der frühen sechziger Jahre zurück und läßt Sylvias wiederkehrende Alpträume von mißgebildeten Kindern neu aufleben.

Am 11. November schrieb sie in Devon ein seltsames Liebesgedicht mit dem Titel *Brief im November.* Möglicherweise dachte sie dabei an Alvarez, möglicherweise feierte sie damit auch ihre Unabhängigkeit. Darauf folgten zwar *Tod & Co* (14. November) und *The Fearful* (16. November) – beide Gedichte beziehen sich auf die Erinnerungen an die Schrecken des Sommers –, doch die Kraft hatte sich wieder behauptet, und Sylvia stürmte ungebremst vorwärts.

> O Gott, ich bin nicht wie du
> In deinem leeren Schwarz,
> Mit Sternen besteckt überall, grellem, dummen Konfetti.
> Ewigkeit langweilt mich,
> Ich wollte sie nie.
>
> Die Blutbeeren sind nur sie selbst, sie sind sehr still.
> Die Hufe wollens nicht haben.
> In blauer Ferne zischen die Kolben.

Es kann sein, daß Sylvia zu dieser Zeit das Manuskript von *Ariel* zum letzten Mal umgestellt hat – möglicherweise am 15. November, denn es enthält das am Vortag entstandene *Tod & Co*, aber kein späteres Gedicht mehr.*

In der dritten Novemberwoche machte Susan O'Neill-Roe einen kurzen Urlaub, und Clarissa Roche kam mit ihrem einen Monat alten Baby aus Kent nach Devon. Bei ihrer Ankunft regnete es in Strömen. Sylvia holte sie auf dem menschenleeren Bahnhof ab. »Du hast mir das Leben gerettet«, sagte sie. Am Smith College hatte Sylvia sich hauptsächlich für Paul Roche interessiert, Clarissa war nur ein Anhängsel gewesen. Jetzt war sie, ebenfalls eine Amerikanerin und Mutter, als Vertraute und teilnahmsvolle Freundin höchst willkommen. Der ganze angestaute Zorn, der sich in Gedichten wie *Papi* und *The Jailor* Luft gemacht hatte, brach in einem endlosen höhnischen und aggressiven Monolog von neuem aus ihr heraus. Sylvia führte Clarissa beinahe ehrfurchtsvoll zur Tür von Teds Arbeitszimmer unter dem Dach und erzählte ihr, daß sie dort als Vorbereitung zum Hexenritual Papiere, Haare, Haut- und Haarschuppen für das Freudenfeuer im Sommer zusammengetragen hätte. Sylvia las Clarissa auch *Papi* mit spöttischer, komischer Stimme vor, und beide Frauen bogen sich vor Lachen. Als Clarissa abfuhr, war Sylvia in Hochstimmung und schrieb ihrer Mutter am 19. November, sie habe innerhalb eines Monats einen zweiten Gedichtband fertiggestellt, »und sobald ich in London eine

* Das Manuskript hatte bereits mehrere Revisionen hinter sich; auf dem Titelblatt waren frühere Titel durchgestrichen, die Reihenfolge verschiedener Gedichte wurde geändert, und mehrere waren handschriftlich korrigiert. Sylvia hat nie eine Endfassung des Manuskripts getippt. Die später entstandenen Gedichte wurden getippt, um sie an Zeitschriften zu schicken, und die Kopie ins Manuskript gelegt. Wenn man an das Manuskript von *The Colossus* denkt, das verschiedene Stadien durchlief und verschiedene Titel bekam (den jeweils neuesten hielt sie für den endgültigen und idealen), ist es durchaus möglich, daß sie *Ariel* noch einmal umgestellt und einige Gedichte aufgenommen hätte, die später entstanden. Vielleicht hätte sie sogar den Titel geändert.

Haushaltshilfe gefunden habe, werde ich einen Roman nach dem anderen schreiben«.

Sie war mit Mrs. Proutys Geburtstagsscheck in die Jaeger-Filiale in Exeter gegangen. Dort kaufte sie ein Kamelhaarkostüm mit passendem Pulli, einen schwarzen Pullover und einen blauen Tweedrock, eine grüne Wolljacke und einen roten Rock. In St. Yves hatte sie »kunstgewerblichen« Zinnschmuck und eine Emaillehalskette gekauft. Mit einer neuen Frisur, schwarzer Ledertasche, Handschuhen und Schuhen würde sie London im Sturm nehmen – wenn sie die Wohnung bekam. Am Erntedanktag war sie nach einigen Tagen ohne Susan verzweifelt und übernervös, weil sich der Mietvertrag verzögerte.

Ohne Sylvias Wissen hatte Professor Trevor Thomas, ein Künstler mit zwei Söhnen im Schulalter, der die drei Schlafzimmer dringend brauchte, sich bereits um die obere Wohnung beworben. Die Makler schwankten; Sylvia erklärte sich dank Teds finanzieller Hilfe bereit, die Miete für ein Jahr im voraus zu zahlen, und gab Aurelia (*Professor* A. S. Plath) als Referenz an. Ende November war offenbar alles geregelt. Mr. und Mrs. Hughes und ihre Kinder bekamen die Wohnung. »Bin ich erst einmal heil in dieser Wohnung, gibt es keinen glücklicheren Menschen auf der Welt als mich«, schrieb Sylvia am 29. November an ihre Mutter. »Ich werde mich auf der Stelle um eine Haustochter bewerben, die bei mir wohnt, und mich mit Eifer an meinen Roman machen. Ich hoffe, daß ich ihn bis zum Termin des Wettbewerbs fertig habe, über den Du mir Material geschickt hast; selbst wenn ich ihn nicht gewinne – und das werde ich nicht –, ist das ein Anreiz für mich. Letzten Endes, glaube ich, war diese Erfahrung nur zu meinem Besten – ich habe mich enorm entwickelt.«

III

Nach hektischen Tagen, in denen Sylvia packte, Zwiebeln zum Aufhängen in Zöpfe flocht, die Bienen versorgte und mit Nancy Axworthy verabredete, daß sie die Katzen fütterte, schloß Sylvia am 12. Dezember Court Green ab und fuhr mit den Kindern nach London. Es war »ein klarer, frischer, blauer Tag«; bei ihrer Ankunft in der Fitzroy Road Nr. 23 stellten sie fest, daß der Gasherd noch nicht installiert war und die Elektrizität nicht funktionierte. Susan blieb mit den Kindern im Auto, Sylvia stürmte zu den Gaswerken und vergaß die Schlüssel in dem abgeschlossenen Haus.

Schließlich »kletterten die Gas-Jungen auf das Dach, brachen ein Fenster auf und installierten den Ofen«, berichtete Sylvia ihrer Mutter, und die Elektrizitätswerke versorgten sie auf ihr Drängen hin mit Strom. Sylvias erster Brief an die Mutter klingt ekstatisch, obwohl Susan zwei Tage nach dem Umzug »einen verdienten Urlaub« nahm, ehe sie zu ihrer Arbeit in die Kinderklinik zurückkehrte, und Sylvia allein in einer nicht vollständig renovierten, kaum möblierten Wohnung saß und auf die Zuwendung ihrer wenigen Freunde in London angewiesen war. Sie hatte ein Telefon beantragt, aber noch nicht bekommen – daran sollte sich auch in den letzten beiden Monaten ihres Lebens nichts ändern. Das fehlende Telefon war einer der vielen kleinen, unglücklichen Zufälle, der dazu beitrug, daß ihr Versuch, sich das Leben zu nehmen, gelang. Vor Weihnachten war Sylvia damit beschäftigt, Fußböden zu streichen und eine Kücheneinrichtung nach amerikanischem Vorbild zu kaufen. Sie schrieb Artikel und Sendungen für die BBC und erklärte nachdrücklich, sie sei noch nie im Leben so glücklich gewesen.

Die Sillitoes waren für ein Jahr in Marokko, aber Sylvia sah öfter die Macedos und die neuen Freunde, Jillian und Gerry Becker, mit denen Suzette sie bei einem früheren Besuch in London im Herbst bekanntgemacht hatte. Die Beckers waren ein südafrikanisches Ehepaar, das mit seinen kleinen Kindern in einem großen Haus in Mountford Crescent, Islington, wohnte, gerade um die Ecke von Douglas Cleverdons Haus am Barnsbury Square. Gerry Becker, ein Dozent am Hendon-Polytechnikum, und seine Frau Jillian öffneten Sylvia ihr Haus, und insbesondere Gerry, ein großer, warmherziger, bärenhafter Mann, der in einem alten Taxi durch London fuhr, übernahm gleichzeitig die väterliche und mütterliche Rolle. Auch die Gegend war angenehm, alle schienen sich an sie zu erinnern: das Paar in der Wäscherei, die Leute im Lebensmittelladen, der exzentrische Eisenwarenhändler, selbst der Mann, der Nicks Windeln abholte und brachte. Garnett, der Sohn der Hebamme aus Devon, lebte als junger Polizist in London; er kam vorbei und half ihr, die Wohnung zu streichen. Ted Hughes, der mehrmals die Woche kam, um die Kinder zu sehen, wurde kurz vor Weihnachten beauftragt, nach Devon zu fahren und die roten Cordvorhänge zu holen, die sie unbedingt an den Fenstern haben mußte. Susan O'Neill-Roe besuchte sie und die Kinder, wann immer sie konnte, und Dr. Horder war wieder einmal in der Nähe – und im Januar ständig gefordert, als Sylvia und die Kinder die Grippe bekamen.

Zunächst spornte Sylvia alles an, energisch und tüchtig zu sein. Sie ging mit Frieda und Nicholas in den Zoo, nahm mit Alvarez Verbindung auf und zeigte ihm das fertige Manuskript von *Ariel*; sie saß abends lange am Schreibtisch und machte ausführliche Notizen zu ihren neuen Gedichten für die Sendung *Living Poet* der BBC.

Wie es bei hervorragenden neuen Werken oft geschieht, fanden Sylvias Arbeiten nur langsam Anerkennung. Howard Moss vom *The New Yorker* lehnte das meiste ab, was sie ihm in Erfüllung ihres ersten Vertrags anbot. Von dreißig oder noch mehr meisterhaften Gedichten nahm er nur *Lyonesse*, während *The Atlantic Monthly* unverzüglich zwei der Bienengedichte (*Die Ankunft der Bienenkiste* und *Überwintern*) nahm. In

England unterstützten A. Alvarez im *Observer* und Charles Osborne vom *London Magazine* sie auch weiterhin, aber niemand – nicht einmal Alvarez – erkannte, wie sehr Sylvia in dieser Zeit berufliche Anerkennung und Bestätigung brauchte. Sie stellte sich als unabhängige Schriftstellerin auf die Probe und brauchte sofort Lob und Erfolg. Ihr Enthusiasmus reichte für eine großartige Beschreibung ihrer Kindheit am Meer. Sie schrieb *Ocean 1212-W* für die BBC-Sendung *Writers on Themselves*. *Punch* gab die geistreiche Reminiszenz *America! America!* in Auftrag, in der Sylvia ihre Schulzeit in Winthrop und Wellesley lebendig werden läßt.

Sylvias vorübergehendes »Hoch« schloß offenbar das Bedürfnis, Gedichte zu schreiben, aus. In ihren Prosastücken versuchte sie sich an einer Art essayistischem Journalismus, den sie bei Mavis Galland und Emily Hahn bewunderte. Suzette Macedo erinnert sich, daß Sylvia unbedingt Emily Hahn kennenlernen wollte, eine Freundin der Macedos. Sylvia hatte offenbar alle Arbeiten von Emily Hahn im *New Yorker* gelesen und bewunderte sie, wie sie erklärte, denn sie sei ein »Profi«, setze sich mit dem Weltgeschehen auseinander und lebe vom Schreiben. Einer ihrer Träume sei es, sagte Sylvia, mit dem *The New Yorker* einen Vertrag für Artikel abzuschließen. Ende Januar schrieb sie *Schneeangriff**, eine reizvolle, amüsante Geschichte über an Dickens erinnernde Methoden, mit denen London das schreckliche Wetter, die eingefrorenen Wasserleitungen und die Stromausfälle zu bewältigen versuchte, gegen die auch Sylvia in diesem Monat kämpfte. Es besteht wohl kein Zweifel daran, daß Sylvia mit dieser Art Journalismus in Zukunft Erfolg gehabt hätte. Aber im Augenblick dachte sie hauptsächlich an ihren neuen Roman (Ted Hughes weiß noch, daß nur Rohfassungen für ein oder zwei Kapitel fertig waren), der auf den erhoff-

* Erstveröffentlichung in *Johnny Panic & the Bible of Dreams*, 1977 (deutsch: S. P., *Die Bibel der Träume*).

ten Erfolg der *Glasglocke* folgen sollte, die Ende Januar erschien.

Die *Briefe nach Hause* deuten darauf hin, daß Sylvias Schwung und Hochstimmung über Weihnachten anhielten. Suzette Macedo und Jillian Becker registrierten jedoch die häufigen Stimmungsumschwünge. Nachbarn waren kein Ersatz für einen literarischen Kreis; auch andere junge Mütter wie Katherine Frankfort und Lorna Secker-Walker, mit denen sie sich zum Tee mit Kindergeschrei traf, waren im wesentlichen nur ein tröstlicher Ersatz für den »Salon«, den Sylvia sich erhofft hatte. Durch Katherine entdeckte Sylvia in der Gegend einen Halbtagskindergarten für Frieda. Aber ihre Hauptsorge galt der Suche nach einem geeigneten *au pair*-Mädchen – einer Neuauflage von Susan O'Neill-Roe –, die morgens und abends den Haushalt und die Kinder versorgen würde. Da sich so jemand nicht sofort einstellte, versank Sylvia noch tiefer in Depressionen. Sie kämpfte dagegen an und kaufte sich mit Mrs. Proutys Weihnachtsscheck noch mehr neue Kleider: eine italienische blauweiße, über dem Rock zu tragende Bluse und einen Samtrock, eine »schwarze Torerohose« und ein Cocktailensemble mit einem »metallisch blauschwarzen französischen Oberteil«.

Sehr wahrscheinlich hielt Sylvia Ausschau nach einem neuen Mann in ihrem Leben, nach einer neuen Beziehung, die ihre Weiblichkeit ebenso wie ihr Genie unter Beweis stellen würde. Richard Murphy hatte sie enttäuscht, und so mußte A. Alvarez der Mann ihrer Wahl gewesen sein. Er war bedeutend, einflußreich, liebenswürdig und attraktiv; es war sicher, daß er sie verehrte, und ihre Lyrik bewunderte er geradezu ehrfürchtig. Als sie ihn am Weihnachtsabend einlud, muß sie sich mehr als eine freundschaftliche Plauderei erhofft haben. In seiner Erinnerung an Sylvia weist Alvarez behutsam darauf hin, daß seine Beziehung zu ihr rein literarischer Natur war. Aber er gesteht offen das traurige Gefühl, sie enttäuscht zu haben. In Anbetracht von Sylvias Neigung zum Extrem muß es Alvarez schwergefallen sein, eine unverfängliche Rolle zu spielen, ohne in ihren schrecklichen Sog zu geraten:

»Sie schien verändert. Ihr Haar, das sie gewöhnlich in einem straffen, lehrerinnenhaften Knoten trug, hing lose, wie ein Zelt, bis zu ihrer Taille herab und verlieh ihrem bleichen Gesicht und ihrer hageren Gestalt das merkwürdig trostlose, in sich versunkene Aussehen einer von den Riten ihrer Religion erschöpften Priesterin. Als sie durch die Hausdiele und die Treppe hinauf vor mir herging – sie bewohnte die beiden oberen Stockwerke –, strömte ihr Haar einen starken, tierisch scharfen Geruch aus. Die Kinder lagen schon oben in den Betten. Es war still in der frisch gestrichenen, weißen und frostigen Wohnung [...] Auf eine keusche und kahle Weise war es recht schön bei ihr, aber kalt, sehr kalt. Durch den Krimskrams der dürftigen Weihnachtsdekoration wirkte die Wohnung doppelt verloren [...] Für die Unglücklichen ist Weihnachten immer eine schlimme Zeit.«

Nach Weihnachten rief Sylvia Alvarez nicht mehr an.

Suzette erinnert sich, daß Sylvia vor Weihnachten besonders durcheinander war; sie und die Kinder hatten niemanden, der sie einlud: Sie würde zusammenbrechen, wenn sie in ihrem vaterlosen Heim allein das Weihnachtsessen kochen müßte. Suzette und Helder waren zwar am zweiten Weihnachtsfeiertag bei David und Assia Wevill eingeladen, aber Suzette reagierte sofort und lud Sylvia und die Kinder zum Weihnachtsessen ein. Sylvia genoß das sehr. Ihrer Mutter schrieb sie am nächsten Tag in der gewohnt gedrängten, geschäftigen Art:

»Am Weihnachtsabend gingen wir zu einem sehr netten portugiesischen Paar in Hampstead essen. Es gab Gans, mit Cognac flambiert, und sie schenkten Frieda ein winziges Spielzeugklavier [...] und Nick einen Kautschukhasen. Ich fand die Anziehsachen, die Warren und Maggi für Nick und Frieda geschickt hatten, einfach entzückend; bedank Dich bei ihnen für mich. Ich war so beschäftigt, daß ich kaum Zeit zum Kochen hatte. Die kleine Kinderkrippe hier gleich um die Ecke nimmt Kinder von 9 Uhr 30 bis 12 Uhr 30, ich schicke Frieda nächste Woche versuchsweise hin. Sie scheint aufzublühen, wenn sie draußen mit anderen Kindern etwas erlebt; ich glaube, sie braucht das [...] Ich hoffe, die BBC akzeptiert meine 20-Minuten-Sendung mit neuen Gedichten – der Sendeleiter findet sie herrlich, aber der Programmbeirat muß noch ja sagen. Außerdem habe ich den Auftrag, eine Sendung über die Landschaft – oder in meinem Fall Meereslandschaft – meiner Kindheit zu schreiben. Habe ich Dir geschrieben, daß Mrs. Prouty mir $ 100 geschickt hat? Und Du sei gepriesen für Deine $ 50. Zur Zeit habe ich doppelte Ausgaben – die Schließungskosten [in Devon] und die ziemlich hohen Einzugskosten hier –, aber wenn ich erstmal hier etabliert bin, bedeutet das fünf Jahre himmlische Sicherheit und Frieden und *kein Bödenanstreichen mehr*! Auf das alles freue ich mich sehr, und ich werde in dieser Zeit wohl eine Menge produzieren.

Wie bin ich glücklich, daß ich zwei schöne Kinder und meine Arbeit habe!«

Hinter der gespielten Tapferkeit spürt ein aufmerksamer Leser die Angst, beinahe die Panik einer verzweifelten jungen Frau, die ihre Kinder liebte, aber Hilfe brauchte, wenn sie weiterhin schreiben sollte – und schreiben mußte sie, um sich zu finanzieren. Sie befand sich in der mißlichen Lage aller begabten, ehrgeizigen Mütter mit kleinen Kindern, aber Sylvias obsessiver Drang, alles gleichzeitig zu machen (auch das Streichen der Fußböden), in Verbindung mit der immer noch offenen Wunde, die Teds Weggang hinterlassen hatte, verwarf jeden Kompromiß. Innerlich kreiste ihr Bewußtsein immer schneller in seinem Käfig. Am selben Tag (26. Dezember), an dem sie ihrer Mutter über den Weihnachtstag bei den Macedos schrieb, bedankte sie sich fiebrig und zutiefst gekränkt in einem Brief an Daniel und Helga Huws für die Geschenke, die sie den Kindern gemacht hatten. Über Assia Wevill schrieb sie:

»Sie gehört zu der Gruppe dieser unfruchtbaren Frauen, zu der auch Dido Merwin gehört. Ich bin froh, daß ich mit ihnen nichts mehr zu tun habe. Vermutlich bin ich nicht so wie sie. Ich hatte ein schreckliches Erlebnis, als ich Dido Merwin von London aus anrief [und eine Wohnung suchte] [...] sie ist Friedas Patentante [...] und die einzige, von der ich glaubte, sie könne mir einen Rat im Hinblick auf Ärzte und eine Wohnung geben. Sie wußte, daß ich sie als Patin ansprach, aber da sie so glücklich darüber war, daß Ted endlich in ihrer Wohnung lebt, weigerte sie sich, mit mir zu sprechen, obwohl sie zu Hause war. Ted und ich sind übereingekommen, die Merwins als Friedas Paten abzuschreiben, und überlegen, ob Ihr statt dessen ihre Paten sein wollt. Für mich ist das eine sehr ernste Angelegenheit & es bricht mir um Friedas willen beinahe das Herz, wenn ich an die Kälte und Scheinheiligkeit denke, die hinter Mrs. Merwins Ablehnung lag, mit mir am Telefon zu sprechen, obwohl sie wußte, daß es mich bekümmerte, weil die Babys ins Krankenhaus sollten.«

Es ist unmöglich, einen von Sylvias Briefen aus dieser Zeit zu lesen, ohne zu erkennen, daß es verzweifelte Bitten sind, ihr beizustehen. Dido Merwin behauptet, daß jede Aussage über sie in diesem Brief falsch ist. Und die Kinder hatten nichts anderes als eine heftige Erkältung in diesem Winter. Und auch Ted wußte nichts davon, daß Friedas Paten gewechselt werden sollten. Im Oktober hatte Sylvia David Wevill in einem Brief unterrichtet, daß Ted sie »im Stich gelassen« hätte, und mahnte ihn, auf der Hut zu sein – offenbar ohne sich zu fragen, was David in Hinblick auf Assias Rolle dabei empfand. Bill Merwin schrieb sie nach New York und deutete an, Ted habe mit Dido eine Affäre; unter grotesker Fehleinschätzung seines Charakters und seiner Gefühle ihr gegenüber legte sie ihm nahe, daß sie und Bill dadurch frei wären, ihren eigenen Neigungen nachzugeben.

Zu den mitfühlendsten Zeugen von Sylvias gestörtem, entschlossenem Verhalten in ihren letzten Monaten gehört Daniel Huws, der sie kurz vor Weihnachten bei einer PEN-Party in Chelsea traf. Er sah überrascht, daß sie rauchte. Sie erklärte, ihr Anwalt habe sie dazu verleitet, sich das anzugewöhnen. Sie sprachen über Scheidung; als Katholik vertrat er den Standpunkt: »Bis daß der Tod uns scheidet.« Sylvia erwiderte mit großem Nachdruck: »Ja, daran glaube ich auch.« Tatsächlich muß Sylvia, obwohl sie in Briefen und Freunden gegenüber ständig von Scheidung gesprochen hat, ihre Meinung geändert haben, denn mit ihrem Rechtsanwalt diskutierte sie danach nur noch über allgemeine Dinge. Nach diesem Zusammentreffen – ihrem letzten – schrieb Sylvia Dan und Helga den Brief, in dem sie sie bat, Friedas Paten zu werden, obwohl Frieda außer den Merwins noch Anne Davidow und ihren Mann Leo Goodman in Amerika als Paten hatte. Daniel Huws antwortete zustimmend: »[...] aber unter der pedantischen Bedingung, daß nur die Kirche jemand wirklich zum Paten machen kann.«

Sylvias behauptete Armut nahm zu dieser Zeit unverkennbar einen herausragenden Platz in ihrer Mythologie ein. Der Pfarrer in Devon hatte ihr eine »Armenbüchse« gegeben, in der sie Kleingeld sammeln und für die Gemeinde spenden sollte. Sylvia hatte die Dose mit nach London gebracht und stellte sie auffällig auf das Sims über der Elektroheizung im Wohnzimmer. Suzette sagt, Sylvia habe großes Aufhebens darum gemacht, daß die irische Hausangestellte der Beckers ihr einen Einpfundschein für sie und die Kinder gegeben hatte. Daraus machte Sylvia ein großes symbolisches Ereignis, von dem sie in regelmäßigen Abständen berichtete. Sie müsse nach Armut und Verlassenheit riechen, erregte sie sich. Suzette bezweifelt den ganzen Vorfall und glaubt, wenn es tatsächlich so war, habe Phyllis vermutlich Sylvia Geld gegeben, damit sie den Kindern für Weihnachten Süßigkeiten kaufte. Auch Jillian Becker staunt darüber. Aber abgesehen von allem, stellt sie fest, war Sylvia stets sehr gut gekleidet. Niemand wäre je auf den Gedanken gekommen, sie wirke ärmlich. Dennoch erinnert sich Jillian, daß Sylvia nie Geld dabei hatte, wenn sie zusammen ausgingen. Und ihre neue Kleidung erklärte sie damit, daß »ein Freund« ihr einen Scheck gegeben habe, damit sie sich etwas zum Anziehen kaufen könne. (Jillian nahm an, es handelte sich um einen Verehrer, da Sylvia nichts von Mrs. Proutys Großzügigkeit erwähnte.)

IV

Als im Januar der Winter mit dem schlechtesten Wetter seit sechzig Jahren einsetzte, verlor Sylvia allmählich den ohnehin schwachen Halt an der Wirklichkeit. Rein äußerlich wurde das Leben unmöglich, als sich erst die Kinder und dann Sylvia erkälteten und die Erkältung sich zu einer Grippe verschlechterte. Ihre zunehmende Verzweiflung alarmierte die Beckers. Sylvia brauchte regelmäßige Betreuung. Einmal die Woche oder alle zehn Tage kam Gerry auf dem Heimweg vom Unterricht in Hendon in der Fitzroy Road vorbei. Er war ein großherziger Mann, der ein Gespür dafür hatte, wann andere Menschen Hilfe brauchten und wie ihnen zu helfen war. In gewisser Weise hat er durch seine Umsichtigkeit viele der Gedichte Sylvias möglich gemacht. Jillian erinnert sich, daß sie einmal mit Sylvia in ihrem Wohnzimmer saß. Sie schauten beide aus dem Fenster in den Garten, in dem tief die Wintersonne stand, und Jillian, der ein Gedicht von MacNeice in den Sinn kam, zitierte: »Das Sonnenlicht auf dem

Garten / wird stählern und kalt«, und Sylvia fuhr fort: »Wir können die Minute / in ihrem Netz aus Gold / nicht einsperren.« Danach sprachen sie häufig über Lyrik und über das Schreiben, und Jillian schlug Sylvia eines Tages vor, wieder einen Roman zu schreiben. Sylvia verlor kein Wort darüber, daß sie bereits angefangen hatte, sondern sagte zögernd, ein Roman brauche »unendlich viel Zeit«. In diesem Monat fand im Everyman Cinema in Hampstead ein Filmfestival statt, und Jillian lud Sylvia dazu mehrmals ein. Sylvia freute sich darüber, schien aber kaum auf die Filme zu reagieren. Jillian erinnert sich, wie sie an einer besonders komischen Stelle lachte und den Kopf zur Seite drehte, um zu sehen, ob Sylvia sich ebenfalls amüsierte. Aber Sylvia starrte mit leerem Blick auf die Leinwand, »versunken in ihrer Welt des Leidens«, wie Jillian vermutet.

Gegen Ende des Monats gaben die Beckers eine Party, zu der Sylvia kam. Auch die Cleverdons waren eingeladen und brachten Richard Murphy mit. Murphy fiel die Spannung auf, unter der sie stand (obwohl sie ihm nichts nachzutragen schien), und ihr glühendes Gesicht. »Sie wirkte wie in Ekstase.«

Einmal waren die Beckers spätabends mit Sylvia in Soho – möglicherweise nach einer Party oder einem Theaterbesuch mit anschließendem Abendessen, nach dem sie alle viel zu munter waren, um nach Hause zu gehen. Sie tranken irgendwo noch einen Kaffee und unterhielten sich angeregt bis zum Morgengrauen. Jillian erinnert sich, daß Sylvia ihnen erzählte, sie habe bis vor ein oder zwei Jahren kein Ohr für Musik gehabt, und dann interessierte sie sich plötzlich für Beethoven und Bach. Einer der Beckers meinte, sie brauche doch ein gutes Ohr, um Lyrik schreiben zu können, und Sylvia erwiderte heftig, ja, sie habe ein geradezu extrem gutes Ohr dafür, und die Musik hinter den Versen begleite sie immer. Außerdem sprach sie von ihrer Absicht, Romane zu schreiben, und erzählte von der *Glasglocke*, die bald in England erscheinen sollte. Arbeiten zum Brötchenverdienen, sagte sie, würden unter einem Pseudonym veröffentlicht werden, weil sie nicht wolle, daß solche Bücher als das Werk einer Dichterin beurteilt würden. Sie äußerte sich jedoch mit keinem Wort zu dem kaum verschleierten, verletzenden Porträt ihrer Mutter in diesem Roman.

Wenn Sylvia sich auch den Beckers gegenüber verächtlich über ihre Brotarbeit äußerte, so wurde ihren ehrgeizigen Plänen doch ein Dämpfer versetzt, als sie nach Weihnachten einen Brief von Judith Jones, ihrer Lektorin bei Knopf, aus New York erhielt. Diese lehnte den Roman freundlich, aber treffend ab:

»Ich hatte mich sehr darüber gefreut, daß Sie Ihr Talent für einen Roman einsetzen, und sei es nur deshalb, weil nur eine besondere Gruppe Lyrik liest [...] [Ihre] Fähigkeiten sind in der *Glasglocke* zwar erkennbar, aber offen gestanden hatten wir nicht das Gefühl, daß es Ihnen gelungen ist, Ihr Material erfolgreich auf eine romanhafte Weise zu nutzen. Mir fiel besonders auf, daß die einzelnen Ereignisse an sich gute Geschichten sind, daß es Ihnen aber als Autorin nicht gelungen ist, einen Standpunkt einzunehmen. Bis zu dem Zusammenbruch erscheint die Haltung Ihrer jungen Frau wie eine völlig normale Mischung aus Sturm und Drang und Abscheu vor der Welt. Aber als Leser war ich keineswegs bereit, das Ausmaß ihrer Krankheit zu akzeptieren.«

Unwissentlich hatte Judith Jones den gefährlichen Riß in Sylvias Persönlichkeit bloßgelegt. Tapfer verschickte Sylvia den Roman noch einmal – diesmal an Harper & Row. Ende Januar kam er mit einem ähnlich wohlwollenden Kommentar von Elizabeth Lawrence zurück: Der erste Teil sei frisch und fesselnd, aber mit dem Zusammenbruch der Heldin »hört die Geschichte auf, ein Roman zu sein, und wird zu einer Fallgeschichte. Er vergrößert das Wissen des Lesers über die junge

Frau nicht wesentlich, und ihm fehlt die notwendige dramatische Wirkung. *Die Erfahrung bleibt persönlich.*« [Hervorhebung der Autorin]

Ted Hughes erinnert sich zwar, daß Sylvia am 14. Januar, als *Die Glasglocke* erschien, »gut in Form« war, doch diese Absagen aus Amerika müssen entmutigend gewesen sein. Noch im selben Monat erschienen Besprechungen im *Observer* (Anthony Burgess), *The New Statesman* (Robert Taubman), *The TLS* (damals anonym), *The Listener* (Laurence Lerner), *The Spectator* (Simon Raven) und *Time and Tide* (Robert Butler). Keine war völlig ablehnend – obwohl Simon Raven den Lesern riet, sich auf dem Feld der »unliebsamen, kompetenten und komischen weiblichen Schriftsteller« an »die einheimischen Erzeugnisse zu halten« –, aber es schrieb auch keiner begeistert, wie Sylvia gehofft hatte. Entnehmen konnte man diesen ersten Besprechungen, daß man »Victoria Lucas«, wenn sie gut schrieb, den Kopf tätscheln, wegen einer schwachen Leistung tadeln und dann vergessen würde.

Man hat viel über die arktischen Zustände geschrieben, in denen Sylvia Plath die letzten Wochen ihres Lebens verbrachte. Es fielen große Mengen Schnee, es taute, dann schneite es wieder, und die ungeräumten Straßen waren von Eis überzogen; die Heizungen reichten nicht mehr aus, und die Wasserleitungen froren ein. Bei freundlicherem Wetter wäre Sylvia vielleicht nicht ganz so verzweifelt gewesen. Anfang Januar brachten Paul und Clarissa ihre vier Kinder aus dem abgelegenen Haus, das sie in Kent gemietet hatten, nach London. Clarissa beschreibt rührend, wie sie mit zwei Babys im tiefen Schnee vor der Haustür stand und Sylvia sie, von der Grippe geschwächt, im Morgenmantel einließ. Im Gegensatz zu Alvarez fand Clarissa die Wohnung warm und einladend. Die große elektrische Heizung im Wohnzimmer lief auf Hochtouren. Sylvia hatte einfache Binsenmatten und schlichte Möbel gekauft, aber die Küche war im amerikanischen Stil bestens ausgestattet. Die Zimmer waren aufgeräumt, die Betten gemacht, und die Küche war so sauber, daß Clarissa den Verdacht hatte, Sylvia koche selten die Gerichte, die sie auf dem Speisezettel für die Woche so sorgfältig vorplante. Ehe Paul mit den beiden anderen Kindern eintraf, briet Clarissa Koteletts und dünstete Mais aus der Dose für Sylvia und ihre beiden Kinder. Sylvia aß mit gutem Appetit, ehe sie sich ins Bett zurückzog.

Als Paul und die beiden älteren Kinder am Nachmittag eintrafen, zeigte Sylvia sich der Lage gewachsen und unterhielt sie hauptsächlich mit Beschimpfungen der literarischen »Größen« und »Speichellecker«, die sie und Ted umwarben. Man könne sich in der literarischen Welt nur durchsetzen, wenn man die Zähne zeige. Sylvia war »boshaft und auch unehrlich«, schrieb Clarissa Roche, »aber wenn [sie] sprach, war sie munter und amüsant, daß man irgendwie nicht das Gefühl des Negativen, der Entstellung bekam [...] Sie lachte und lachte über die Opportunisten. Doch ich weiß, daß sie stolz darauf war, von diesen Leuten als Dichterin anerkannt zu werden, und daß sie sich geehrt fühlte, zusammen mit ihnen veröffentlicht zu werden.«

Auf Sylvias Wunsch machte Suzette Macedo sie später im Januar mit Doris Lessing, ihrer Freundin, bekannt. Lessing verstörte die Begegnung. Sylvia hatte sich lebhaft am Gespräch beteiligt, aber in Lessings Augen behielt sie eine »glühende Verzweiflung«; sie fühlte »eine absolute Forderung« an sich gerichtet, die sie geradezu überwältigte. Lessing zog sich zurück. Damals war sie gerade sehr beschäftigt, und sie fand Sylvia nicht sympathisch. Sie erinnert sich, daß sie nach der Begegnung gegenüber Suzette bemerkte: »Ich bin nun einmal nicht mit ihr klargekommen.« Nach Sylvias Tod tat es ihr natürlich leid, daß sie so wenig Ausdauer besessen hatte.

Die Roches hatten Sylvia das Versprechen abgenommen, die Kinder zu ihnen nach Kent zu bringen, falls das *au pair*-Mädchen, das sie Ende Januar erwartete, nicht kommen sollte. Kent war im Januar 1963 noch eisiger als London. Die

Roches mußten die Kälte in einem Haus aushalten, das dazu sehr viel weniger geeignet war als Sylvias. Sie hockten mit den vier Kindern vor einem Gasofen. Das *au pair*-Mädchen traf am 28. Januar ein, und am 4. Februar schrieb Sylvia ihrer Mutter: »Mein deutsches ›au pair‹ ist mäklig beim Essen und verrückt nach Jungens, aber ich tue mein Bestes, sie zu disziplinieren. Sie verhilft mir morgens zu etwas Ruhe und auch zu ein paar freien Abenden.« Die junge Frau war kein Ersatz für die ausgebildete Krankenschwester, die Dr. Horder geschickt hatte – teuer, zehn Pfund am Tag –, während Sylvia und die Kinder mit Grippe im Bett gelegen hatten. Sylvia fand in ihr auch nicht die »Schwester« wie in Susan O'Neill-Roe.

Im allgemeinen glaubt man, daß Sylvia den größten Teil von *Ariel* in der Wohnung in London geschrieben hat. In Wirklichkeit aber waren die meisten Gedichte, die in *Ariel* erschienen, bei ihrer Ankunft in London bereits geschrieben. Möglicherweise haben nur die Arbeit an der Wohnung und verschiedene Aufträge sie gehindert, die Endfassung des Manuskripts zu tippen und an ihren Verlag zu schicken. Vielleicht wollte sie aber auch erst das Erscheinen der *Glasglocke* abwarten, ehe sie das tat. Möglicherweise zögerte sie auch, eine Sammlung abzuschicken, die potentiell verletzende Gedichte über Vater, Mutter, Ehemann, Nachbarn und Freunde enthielt, wenngleich sie offenbar keine Bedenken hatte, sie Zeitschriften anzubieten.* Als sie im Januar noch nicht die Grippe hatte, konzentrierte sie sich auf Prosa: am 10. Januar eine Besprechung von Donald Halls Anthologie *Contemporary American Poetry*, eine Prosaarbeit für *Punch*: *Schneeangriff* und ihren neuen Roman, die Geschichte einer Dreiecksbeziehung, die mit dem Auseinanderbrechen ihrer Ehe im Zusammenhang stand.

* Wenige *Ariel*-Gedichte wurden zu ihren Lebzeiten in Zeitschriften veröffentlicht, und nicht eines von den grausameren, durch die sie am meisten bekanntgeworden ist, obwohl sie regelmäßig ganze Stapel von allem, was sie schrieb, an Literaturredakteure verschiedener Zeitschriften schickte.

Am Montag, den 28. Januar, einen Tag nach Anthony Burgess' wohlwollender Kritik der *Glasglocke* im *Observer*, geschah etwas, das ihre Inspiration in eine neue Richtung lenkte – vielleicht war es die Ankunft des neuen *au pair*-Mädchens. Beinahe alle zwölf Gedichte, die Sylvia in London schrieb oder fertigstellte, beschäftigen sich mit den universellen, quasi religiösen Themen von *Brasilia* und *Mary's Song*, die Ende November in Devon entstanden. Sie gab zwar die Beschäftigung mit sich selbst nie auf, aber gegen Ende verschwindet das »Ich«, das als Quelle von Sylvias einzigartigem Zorn so hervorsticht, beinahe völlig; als sei es ihr gelungen, mit dem Exorzismus von *Papi* und *Madame Lazarus* eine andere Ebene ihrer Mythologie zu erreichen. *Mary's Song* richtet sich nicht an die Schrecken der Selbstsucht, sondern an den »Holocaust« der Welt, in der Kinder geboren werden, um hilflos zu sterben. Die anatomische Bilderwelt steht immer noch im Mittelpunkt, allerdings transformiert und ins Universelle gehoben:

Er hat ein Herz, er lebt
der Holocaust, in den ich lief
O Goldkind, töten und verzehren wird die Welt

Auf den stürmischen Kampf mit ihren inneren Dämonen, der charakteristisch ist für die *Ariel*-Gedichte vom Oktober, folgte in den Gedichten der letzten drei Monate ihres Lebens eine eigenartig erhabene und ergebene Verzweiflung. In ihrem Bewußtsein kreisten immer noch ferne Bilder aus der Vergangenheit, wenn auch im fahlen Licht einer hoffnungslosen Gegenwart, die keine Zukunft verhieß.

In *Brasilia*, geschrieben am 1. Dezember, fürchtet sie das Kommen eines entmenschlichten »Supervolks« »mit Leibern aus Stahl / Geflügelten Ellbogen und Augenhöhlen«, das die Zukunft ihrer Kinder bedroht. *Childless Woman*, am selben Tag entstanden, bringt höhnisch den lebensverweigernden Narzißmus der unfruchtbaren Frau zur Sprache:

Der Leib
schlottert um einen Bauch, der Mond
löst sich vom Baum, bleibt ohne Ziel.

Der drohende Tod ist allgegenwärtig. In *Schaf im Nebel*, am 28. Januar beendet, lockt der Tod:

[...] die fernen
Felder schmelzen mein Herz.

Sie drohen
Mich durchzulassen zu einem Himmel
Sternlos und vaterlos, ein dunkles Wasser.

Am selben Tag schrieb Sylvia noch drei Gedichte. Ihren Haß auf die Unfruchtbarkeit personifiziert sie in den *Münchner Mannequins* mit ihrer kalten Vollkommenheit: »nackt und kahl in ihren Pelzen [...] Unerträglich, ohne Gedanken.«* *Totem* ist eine Ballung von Bildern über das Thema »Tod mit seinen vielen Stöcken«. Anstrengungen, um zu leben, sind sinnlos, jeder neue Anfang vergebens:

[...] dasselbe Selbst sich wie ein Anzug entfaltet,
Abgeschabt, glänzend, mit Taschen von Wünschen.
Einfällen, Fahrscheinen, Kurzschlüssen
und Taschenspiegeln.

Die Gedichte zeigen in künstlerischer Vollendung einen gefährlichen, veränderten und entfremdeten Geisteszustand. Nur ihre Kinder erhalten das Leuchten menschlicher Wärme

* In seinen unveröffentlichten Erinnerungen nimmt Gordon Lameyer an, daß *Die Münchner Mannequins* sich auch auf die Unfruchtbarkeit der Beziehung zwischen ihm und Sylvia beziehen könnte, als sie im Frühjahr 1956 zusammen München besichtigten. Lameyer erläuterte Sylvia dort das Wort »Stolz«, das in dem Gedicht vorkommt, mit »preußischer Stolz«, der ihren beiden Vätern eigen war.

und Normalität. In *Child* ist das »klare Auge [ihres Kindes] das einzig absolut Schöne.« Aber sie kann ihm nicht mehr bieten als »sorgenvolles / Händeringen, dieser schwarze / Himmel ohne einen Stern«.

Diese letzte, beinahe entkörperlichte Periode am Ende von Sylvias Schriftstellerinnenleben findet eine Fortsetzung mit *Paralytik* und *Gigolo*, entstanden am 29. Januar. *Gigolo* ist das männliche Gegenstück der *Münchner Mannequins*. In einer wilden, satirischen *tour de force* wird Sex ohne Liebe als narzißtische Eitelkeit, als mechanisch und entmenschlicht vorgeführt:

> [...] ich
> glänze wie ganz Fontainebleau
>
> all diese Wasserfälle erfreuen das Auge
> übers Sammelbecken lehne ich
> zärtlich mich, ich seh mich.

Paralytik ist die große Sehnsucht, die Fesseln des Lebens abzuschütteln, um ichlose, mystische Glückseligkeit* zu erlangen – wie in Passagen von *Tulpen* und anderen frühen Gedichten:

> Ich lächle, ein Buddha, alle
> Wünsche, die Sehnsucht
> fallen wie Ringe von mir ab
> entfachen einen eigenen Glanz.
>
> Die Kralle
> der Magnolie
> berauscht von eigenen Düften
> fragt nicht nach Leben.

* Auf einer prosaischeren Ebene geht das Gedicht vielleicht auf Sylvias Großvater zurück, der gelähmt und sterbend in einem Altersheim in Wellesley lag.

Drei Tage später, am 1. Februar, entstanden drei weitere bemerkenswerte Gedichte. *Mystic* ist ein Spiegelbild ihrer Zwänge. Tödliche Bilder der Kindheit am Meer stellen sich wieder ein:

> Ich erinnere
> den faulenden Sonnengeruch auf Holzkabinen
> die starren Segel, die langen, salzigen,
> aufgewickelten Tücher.

Sie sah keinen Ausweg:

> Einst, da hat einer Gott gesehen, wo ist der Trost?
> Einst wurde einer großgezogen
>
> dem war nichts mehr geblieben
> kein Fuß, kein Finger [...]
> Ganz abgetragen von der sengenden Sonne
> dehnen Flecken sich an alten Kathedralen in die Länge
> Wo bleibt ein Trost?

Die große Vision ist ausgebrannt. Die Dichterin scheint ein Heilmittel für ihre Unfähigkeit zu suchen, eine Form der Wahrheit zu akzeptieren, die die meisten erwachsenen Menschen lernen müssen: Sie sind weder einmalig noch davon ausgenommen, an den menschlichen Vorgängen teilzuhaben. Ihre sarkastische Weigerung, Grenzen hinzunehmen, wird an der Wahl der Beispiele deutlich, die es tun – die Nagetiere auf den Feldern, der Bucklige, der mit seinem Cottage zufrieden ist – »die mit der kleinen Hoffnung sind gelassen«. *Mystic* ist das Gedicht eines kompromißlosen Kindes. Es ist das Mädchen, das erklärte, es werde »nie wieder mit Gott sprechen«, als es erfuhr, daß der Vater gestorben war. Das Leben geht erstaunlicherweise immer noch weiter:

Es atmen die Kamine in der Stadt
die Fenster sind vom Dunst beschlagen
und Kinder hüpfen in die Betten.
Die Sonne glüht, eine Geranie.

Nicht still steht das Herz.

So unglaublich eindrucksvoll diese letzten Gedichte auch sind, sie sind das Werk einer Dichterin, die, wie Joyce Carol Oates feststellt, ihr Leben nicht länger mit dem Leben des Kosmos in Verbindung bringt. Sie hat einen tödlichen Unterschied zwischen Subjekt – »ich bin ich« – und Objekt akzeptiert; die Verbindung zwischen ihr und »den Dingen dieser Welt« wird verweigert, wenn sie nicht nach ihren Bedingungen stattfinden kann. Es scheint, als seien die meisten dieser Wintergedichte von den Depressionen diktiert.

In *Milde*, das am gleichen Tag geschrieben wurde, verabschiedet sie ironisch, aber sanft ihre Freunde und ihren Mann, als sie ihr den bescheidenen Trost eines Lächelns und einer Tasse Tee anbieten. Sie haben die Situation verkannt: »Der Blutstrom ist ein Gedicht, / stillen kann man ihn nicht« – und ihre winzigen Zeichen sind wirkungslos, ganz und gar belanglos. Sie weiß um die schreckliche Nähe des Todes und klammert sich daran fest: »Meine japanischen Seiden, verzweifelte Schmetterlinge, / Können jetzt jede Minute aufgespießt werden, betäubt.«*

Worte, das dritte Gedicht vom 1. Februar, folgt der unbarmherzigen Logik ihrer falschen Metaphysik und wirft die letzten Überreste ihres Glaubens über Bord. Die Worte des Dichters, so sagt sie, klingen wie Axtschläge, die durch die Welt

* Es lohnt, darauf hinzuweisen, daß eine der Quellen für die Bilder des Gedichts ein Theaterstück von Ted Hughes war, in dem ein Mann einen Hasen überfährt, ihn verkauft und mit dem Geld zwei Rosen ersteht. »Ihrer Ringe blaue und rote Juwelen / Rauchen in den Fenstern« muß sich auf das Fenster eines Zimmers bei den Beckers beziehen, mit blauen und roten rautenförmigen Glasscheiben.

hallen: »Echos, die laufen / Fort von der Mitte wie Pferde.« Aber die Baumstümpfe verbluten wirklich:

> Der Saft
> Steigt auf wie Tränen, wie das
> Wasser das drängt
> Zurück zu seinem Spiegel
> Über dem Felsblock [...]

Mit dem Wort »Spiegel« sind wir wieder im Spiegelland von Sylvias hybridem Gefängnis, und der Teich, auf dessen Grund sich die Sterne spiegeln, ist das Entsetzen, das den Schädel verschlingt, der ihm anvertraut wurde. Auf der Straße sind die Worte »der unermüdliche Hufschlag« reiterloser Pferde geworden. Vom Dichter bleiben nur körperlose Worte zurück, während »vom Grund des Teiches unverrückbare Sterne ein Leben lenken«.

Quetschung entstand am 4. Februar und greift zu einer Reihe verwandter Bilder, um die Zerstörung des Lebenswillens in Sylvia Plaths Lyrik zu vollenden. Ein blauer Fleck ist das »Todeszeichen«, das Sylvia Jahre früher tief beeindruckte, als sie mit Dick Norton im Boston Lying-In Hospital eine Vorlesung über Sichelzellenanämie hörte; er ist auch eine »Fliege«, wie in *Totem* und *Mystic*, das vollkommene Symbol der Sinnlosigkeit und der hilflosen Opferung. Das »Felsloch«, an dem »das Meer besessen saugt«, ist der Teich von *Worte*, *Berck-Plage* und vieler anderer Gedichte und für sie ein obsessives Symbol des Todes; hier steht er auch für das Herz. Wenn der fliegenähnliche Blutklumpen das Herz erreicht, verschließt es sich, »das Meer weicht zurück«, und die täuschenden Spiegel des Daseins »sind verhängt«. Sylvias Bilderwelt bleibt konstant bis zum Ende, wenn bereits die Erwähnung der volltönenden Symbole ihrer Mythologie das ganze Gebäude wie eine feingestimmte Glocke zum Klingen bringt.

Im Alltag kämpfte Sylvia jedoch immer noch gegen die

»kalte Leere«, auf die beinahe alle ihrer letzten Gedichte hindeuten. Als Sylvia Dr. Horder in den letzten Januartagen aufsuchte, berichtete sie ihm, sie leide an einer schweren Depression und fürchte einen Zusammenbruch. Zum ersten Mal erzählte sie ihm von ihrem Selbstmordversuch. Er begann sofort eine Therapie mit Antidepressiva, und als sich ihr Zustand verschlechterte, bemühte er sich, eine Psychiaterin und, wenn nötig, einen Platz in einer Klinik für sie zu finden.

Am Montag, den 4. Februar, erhielt Gerry Becker aus einer Telefonzelle einen Hilferuf (Sylvia hatte immer noch kein Telefon). Ihr Wagen war stehengeblieben und mußte repariert werden. Könnte Gerry vorbeikommen und sich darum kümmern? Gerry erschien pflichtbewußt, brachte den Wagen in eine Werkstatt und holte ihn am nächsten Tag wieder dort ab. Am Donnerstag, den 7. Februar, rief Sylvia verzweifelt und hysterisch Jillian Becker an und wollte wissen, ob sie sich am Nachmittag zu ihr nach Mountfort Crescent flüchten könne. Jillian beschwor sie zu kommen, und um die Teezeit erschien Sylvia mit Frieda und Nicholas, aber ohne Babysachen und ohne Koffer. Suzette Macedo war zufällig ebenfalls anwesend. Jillian erzählt, daß Sylvia, als sie sie sah, sich sofort nach oben zurückzog. Die Kinder ließ sie bei Jillian und ihrer zweijährigen Tochter Madeleine. Suzette verabschiedete sich schließlich, und Jillian ging nach oben zu Sylvia, die wach in einem Gästebett lag. Jillian forderte sie auf, über das Wochenende zu bleiben, worauf Sylvia erwiderte: »Das muß ich.« Das *au pair*-Mädchen hatte sie verlassen, und allein war sie hilflos.

Jillian ahnte die Krise und brachte ihre beiden älteren Töchter bei deren Vater unter, Jillians erstem Mann, der in der Nähe wohnte. Dann sah sie, daß Sylvia keine Kleider und für die Kinder weder Windeln noch Flaschen mitgebracht hatte. Sie erbot sich, mit Sylvias Wagen in die Fitzroy Road zu fahren und alles Erforderliche zu holen. Außer den Babysachen gehörten zu den Dingen, die Sylvia für notwendig hielt, das Cocktailensemble mit dem metallisch glänzenden Oberteil, Lockenwickler, Kosmetika und bestimmte Papiere auf ihrem Schreibtisch. Jillian fand die Wohnung sauber und aufgeräumt vor, was sie in Anbetracht von Sylvias Zustand überraschte. Sylvia war offenbar gerade dabei, Vorhänge aus rotem Cord zu nähen; sie sah zwei Bücher, *The Ha-Ha* von Jennifer Dawson, ein Roman über den Zusammenbruch und den Aufenthalt einer jungen Frau in einer Nervenheilanstalt, und *Die Kunst des Liebens*, das Ruth Beuscher Sylvia empfohlen hatte. Aber Sylvia hatte nicht um Bücher gebeten. Für Frieda fand Jillian nur wenig zum Anziehen, da die meisten Sachen offenbar im Wäschekorb waren.

Jillian fuhr mit allem, was sie finden konnte, nach Hause, badete Nick, Frieda und Madeleine, gab ihnen zu essen, lieh Frieda einen Schlafanzug und brachte Nick zu Sylvia, damit sie ihm die Flasche gab. Gerry kam mit einer beginnenden Grippe nach Hause; er machte sich Sorgen, weil er Sylvia in der Fitzroy Road nicht angetroffen hatte. Beim Abendessen stellte Jillian erstaunt fest, daß Sylvia ihr Steak mit großem Genuß aß und erklärte, es schmecke herrlich nach ihren ewigen Hackfleischgerichten. Die ganze Zeit über, die Sylvia bei den Beckers verbrachte, schwankten ihre Stimmungen, was Jillian sehr verwirrte. Sylvia konnte noch so verzweifelt sein, aber sie kam immer angekleidet zum Essen herunter, war ruhig, aß außerordentlich viel und würdigte Jillians Mahlzeiten mit herzlicher Dankbarkeit.

Wenn die Mahlzeit beendet war, erklärte sie, sie müsse nun ihre Schlaftabletten nehmen und zu Bett gehen. Sie bat Jillian, sich zu ihr zu setzen und mit ihr zu reden, bis die Tabletten wirkten. Jillian, die dazu gern bereit war, sah mit Besorgnis, wie Sylvia eine Tablette nach der anderen schluckte; sie hielt es für eine gefährlich hohe Dosis. Dann legte sich Sylvia zurück und begann mit einer Litanei der Angst, die an diesem Wochenende Tag und Nacht wiederholt wurde. Endlich schlief sie ein, aber um drei Uhr morgens erwachte Jillian und hörte Nicholas weinen. Seine Mutter hatte ihn mit ihrem Ruf

»Jillian, Jillian, Jillian« geweckt. Auch Frieda war inzwischen wach. Deshalb brachte Jillian die Kinder zu Sylvia, die sie in den Arm nahm, ehe sie wieder schlafen gelegt wurden. Sylvia bat Jillian jedoch, bei ihr zu bleiben, bis sie ihre Antidepressiva zum »Aufwachen« nehmen konnte; wenn sie die Tabletten um halb sechs schluckte, würde sie gegen sieben wieder lebendig werden. Die Depression am frühen Morgen sei das Schlimmste; wenn sie die überstand, sei alles in Ordnung. Es war halb vier, und so hörte sich Jillian zwei Stunden Sylvias Monolog an, der immer wieder um dieselben Themen kreiste: daß sie ihre Mutter hasse, daß sie Ted hasse, weil er sie betrogen hatte; »sie« (Sylvia nahm Assias Namen nie in den Mund) könne man nur hassen, und daß Teds Familie sie verstoßen hätte und Olwyn sie nicht leiden könne. Das Glück einer vollkommenen Ehe sei für immer dahin, unwiederbringlich zerschlagen, denn was einmal zerbrochen ist, könne wie Henry James' goldene Schale nie wieder ganz werden. Doch im nächsten Moment fragte sie: »Warum *unternimmt* David [Wevill] nichts?«, als wolle sie sagen: »Wenn er handeln würde, könnten wir wieder glücklich sein.« Otto Plath war der erste Mann, der sie verlassen hatte, Ted der zweite – ihre Gedanken kreisten zwanghaft um diesen Punkt. Und sie sprach immer wieder davon, daß sie, wie ihre Mutter, mit zwei kleinen Kindern allein gelassen worden sei. Jillian wies sie darauf hin, daß ihre Mutter nicht allein gelassen worden war, aber für Sylvia gab es da keinen Unterschied. Über Ottos Tod äußerte sie sich nur unbestimmt und ließ Jillian in dem Glauben, er sei plötzlich und auf unnatürliche Weise, vielleicht durch Selbstmord, gestorben. Sylvia erzählte, Otto sei an einem Tag noch dagewesen, dann habe man sie ans Meer geschickt, und bei ihrer Rückkehr sei er weggewesen.

Jillian wußte nichts über die Umstände von Ottos Tod, deshalb ließ sie es dabei bewenden, aber ihr fiel das extrem »Literarische« von Sylvias Monologen auf. Sie schien wie beim Schreiben unterschiedliche Versionen der Ereignisse auszuprobieren, die sie schilderte. Hin und wieder hinterfragte Jillian unterschiedliche Versionen, aber meist ging Sylvia darüber hinweg, als sei die Frage nicht gestellt worden. Jillian erinnert sich an eine bezeichnende Kleinigkeit. Sylvia erzählte immer wieder, daß Assia in Court Green mit hohen Absätzen zwischen Kuhfladen herumstolziert sei. Jillian, die David und Assia kannte, widersprach und erinnerte Sylvia daran, daß Assia selbst in London nur Schuhe mit flachen Absätzen trug. »Ich konnte förmlich *sehen*, wie sie in Gedanken diesen Satz durchstrich«, sagt Jillian, »aber später tauchte er wieder auf. Er war einfach zu gut, um auf ihn verzichten zu können.«

Genausogut hätte sie eine »Maske« sein können, »die an der Wand hängt«, sagt Jillian, als Sylvia in einem Fieberwahn wirre Erinnerungen und Zwangsvorstellungen ausschüttete. Männer, die sie in der Vergangenheit gekannt hatte – sämtliche Namen waren Jillian unbekannt –, tauchten auf: etwas, das »Gordon« gesagt oder »Dick« getan oder »Richard« geschrieben hatte, und wie der eine oder andere von ihnen sie verzweifelt heiraten wollte. Etwa um fünf Uhr döste sie ein, und Jillian kehrte erschöpft ins Bett zurück.

Niemand im Haus fand am nächsten Tag viel Ruhe. Gerry ging trotz Grippe mit dickem Kopf und schweren Gliedern zur Arbeit. Sylvia kam nach unten, frühstückte kräftig und legte sich wieder hin. Jillian half den Kindern beim Aufstehen und gab ihnen zu essen, unterbrochen durch einen Anruf von Dr. Horder, der sich größte Sorgen um Sylvia machte und versucht hatte, für das Wochenende einen Platz in einer Klinik für sie zu finden. Zwei der Kliniken konnten sie nicht aufnehmen, und eine dritte hielt er für ungeeignet. Er riet Jillian eindringlich, Sylvia nicht alle Arbeit mit den Kindern abzunehmen. Es sei gut für sie, sich selbst um die Kinder zu kümmern. Er versuche, Sylvia einen Termin bei einer Psychiaterin zu verschaffen, der sie vertrauen würde, wie er glaubte.

Im Laufe des Vormittags führte Sylvia im Schlafzimmer

der Beckers zwei lange Telefongespräche – zuerst sprach sie mit dem *au pair*-Mädchen und versuchte vergeblich, die junge Frau zur Rückkehr zu bewegen. Dann unterhielt sie sich lange mit Dr. Horder. Möglicherweise fuhr Sylvia später zu ihm in die Praxis, sagt Jillian. Alle erkannten deutlich, daß Sylvia psychiatrische Behandlung brauchte. Aber sie fürchtete eine Wiederholung der Elektroschocktherapie und hatte größte Vorbehalte gegen jeden Arzt, den sie nicht kannte. Am Freitag lag sie die meiste Zeit im Bett, unterhielt sich mit Jillian oder badete (drei- oder viermal). Abends packte sie ihr Cocktailkleid, die Kosmetika und die Lockenwickler in einen kleinen Koffer, den Jillian aus der Fitzroy Road mitgebracht hatte, und fuhr mit ihrem Wagen zu einer geheimnisvollen, aber »sehr wichtigen« Verabredung. Bevor sie das Haus verließ, drehte sie sich plötzlich um, wie Jillian sich erinnert, stand verwirrt an der Tür und sagte leidenschaftlich zu Frieda: »Ich liebe dich.« Dann verschwand sie.

Jillian weiß nicht, wohin Sylvia an diesem Freitagabend fuhr. Hatte Ted sich angemeldet, um die Kinder zu besuchen? Mußte sie etwas mit dem *au pair*-Mädchen besprechen, oder war ihre »sehr wichtige« Verabredung ein grausiges Rendezvous mit dem Tod? Ted erinnert sich, sie am frühen Freitagabend in der Wohnung angetroffen zu haben; sie trug zwar nicht ihr Cocktailkleid, war aber im Begriff zu gehen – zu den Beckers, wie er glaubte. Er blieb nicht lange, denn sie warf ihn mit der Erklärung hinaus, sie wolle abschließen. Sie kam im Taxi nach Islington zurück (wo war ihr Wagen geblieben?). Sie war normal gekleidet, aber mit gelockten Haaren, und sehr energisch und geschäftig, als sei irgend etwas endgültig geklärt worden. Dann ging sie zu Bett, und es folgte die ganze Prozedur der vorigen Nacht: Schlaftabletten, wirres Gerede, ein kurzer Schlaf, das Aufwachen um drei Uhr morgens, Bitten um weitere Tabletten, das Einschlafen und das gleiche merkwürdig ausgiebige Frühstück.

Gerry war krank und verbrachte den Samstag im Bett. Sylvia konnte ohne Wagen, der mysteriöserweise irgendwo geblieben war, das Haus nicht verlassen. Abends gingen die Beckers nur zögernd zu einer Einladung und ließen Sylvia in der Obhut der wohlwollenden irischen Hausangestellten. Ein ehemaliger Student von Gerry, der am Slade Kunst studierte, kam eigens, um »Sylvia zu hüten« und die Nacht über zu bleiben. Er und Sylvia hörten Schallplatten – hauptsächlich Beethoven –, tranken ein wenig Whisky, sprachen aber kaum miteinander. Als sie ihn fragte, was er male, und er erwiderte: »abstrakte Bilder«, zeigte sie das einzige Mal eine Spur von Interesse. »Wie schade. Wenn ich malen könnte, würde ich Dinge malen. Ich liebe das Dinghafte der Dinge.« Der Student verbrachte die Nacht auf dem Fußboden des Arbeitszimmers, und Sylvia wiederholte die Routine von Tabletten und Monologen, die sich im Kreis drehten, wobei Jillian sie hin und wieder mit einer Frage unterbrach, die Sylvia meist ignorierte, da sie wenig von dem wahrnahm, was nicht mit ihrem inneren Monolog zu tun hatte.

Am Sonntagmorgen fühlte sich Gerry besser und ging mit den Kindern und Douglas Cleverdons Frau Nest in den Zoo. Nest erinnert sich, daß sie bei sich zu Hause Nick zuerst etwas Warmes von ihrem Sohn anziehen mußte, ehe sie aufbrechen konnten. Es war ein bitterkalter Tag, und Sylvia hatte nicht daran gedacht. Nest ist das in Erinnerung geblieben, weil Sylvia immer besonders auf das Wohlergehen der Kinder achtete. Beim Mittagessen am Sonntag äußerte sich Sylvia wieder begeistert über den Braten, aß mit gutem Appetit und ging dann nach oben, um sich auszuruhen. Diesmal fiel sie in einen tiefen Schlaf, und zum ersten Mal seit vier Tagen schlief sie den ganzen Nachmittag. Zum Tee wachte sie auf und erklärte, es gehe ihr besser, so viel besser, daß sie die Kinder anziehen und nach Hause fahren könne. Jillian und Gerry versuchten besorgt, ihr das auszureden. Sie freuten sich darüber, daß Sylvia geschlafen hatte, fanden aber, es werde noch dauern, bis sie sich erholt habe. Sie würden sie gerne bei sich haben, bis ihre Gesundheit und ihr Selbstvertrauen wiederhergestellt seien; zumindest solle sie bis Montagmorgen warten, ehe sie eine Entscheidung traf.

Sylvia war fest entschlossen, nach Hause zu gehen. Sie sagte, Dr. Horder habe eine Krankenschwester für sie gefunden, die am Montagmorgen um neun Uhr zur Stelle sei. Sie müsse Wäsche waschen und Frieda in den Kindergarten bringen. Außerdem sei sie mit einem Verleger zum Mittagessen verabredet und könne sich nicht leisten, abzusagen. Die Beckers drängten sie zu bleiben, aber nach Tee und Kuchen zog Sylvia Frieda den Mantel an, packte Nicks Sachen in Papiertüten (sie hatte nicht daran gedacht, den kleinen Koffer mit dem Cocktailkleid und den Kosmetika wieder mitzubringen) und überredete Gerry, sie mit seinem alten Taxi in die Fitzroy Road zu fahren, was er gegen seinen Willen auch tat. Jillian machte sich so große Sorgen, daß ihr nicht auffiel, daß Sylvia, die Nick auf dem Arm hatte, ohne Mantel das Haus verließ.

Sylvia verließ die Beckers gegen sechs Uhr abends. Gerry kam zwei Stunden später zutiefst beunruhigt zurück. Sylvia hatte während der ganzen Fahrt geweint, und Gerry hatte sie immer wieder beschworen, mit ihm zurückzufahren. Aber als sie in der Fitzroy Road ankamen, holte sie die Schlüssel aus der Handtasche (in der Tasche des Mantels, den sie scheinbar nicht vermißte, befand sich ein zweiter Schlüsselbund), schloß die Tür auf, und sie gingen alle ins Haus.

Dr. Horder ist sicher, daß er Sylvia an diesem Abend noch spät aufgesucht hat. Professor Trevor Thomas, der in der Wohnung unter Sylvia wohnte, hat sie wahrscheinlich als letzter gesehen; in einer früheren Biographie ist zu lesen, daß Sylvia um Mitternacht zu ihm hinuntergegangen sei, um ihm Briefmarken abzukaufen.

Am nächsten Morgen erschien Myra Norris, die Krankenschwester, die Dr. Horder angefordert hatte, gegen neun Uhr in der Fitzroy Road Nr. 23. Für beide Wohnungen gab es nur eine Haustür; sie war verschlossen, und auf ihr Klingeln reagierte niemand. Nach einer besonders kalten Frostnacht stand eine lange Schlange von Leuten vor der Telefonzelle, die Klempner anrufen wollten. Die Krankenschwester erreichte schließlich ihre Dienststelle und überprüfte die Adresse. Charles Langridge, ein Handwerker, der am Haus arbeitete, ließ sie ein. Die beiden öffneten gewaltsam Sylvias Wohnungstür im ersten Stock. Es roch unverkennbar nach Gas. Sie brachen die Küchentür auf und entdeckten Sylvia. Sie lag auf dem Boden, ihr Kopf auf einem kleinen gefalteten Tuch im Backofen. Alle Gashähne waren voll aufgedreht. Sie stellten das Gas ab, rissen die Fenster auf und schleppten Sylvia ins Wohnzimmer. Dort versuchte die Krankenschwester, sie künstlich zu beatmen, während Charles Langridge – oder ein Polizist, den er von der Telefonzelle aus angefordert hatte – die weinenden Kinder aus dem Schlafzimmer oben holte. Unter der Tür ihres Zimmers lagen wie unter der Küchentür Handtücher und Lappen, die Sylvia in den Spalt gestopft hatte, damit das Gas nicht eindringen konnte; die Ritzen hatte sie mit Klebeband versiegelt. Das Fenster im Kinderzimmer stand weit offen, und neben die Gitterbettchen hatte Sylvia Brot und Milch gestellt. Die Kinder froren, aber ihnen war nichts geschehen.

Charles Langridge entdeckte am Kinderwagen im Wohnzimmer einen Zettel, auf dem stand: »Bitte Dr. Horder anrufen«, und die Telefonnummer. Dr. Horder traf um zehn Uhr dreißig ein und stellte den Tod fest. Sylvia wurde mit einem Krankenwagen sofort ins Krankenhaus gebracht. Dr. Horder informierte Jillian Becker, die ihrerseits Suzette Macedo anrief, die Teds derzeitige Telefonnummer in Soho kannte. Suzette kam sofort und kümmerte sich bis zu Teds Eintreffen um die Kinder. Sylvia hatte alle Vorsichtsmaßnahmen getroffen, damit das Gas nicht in das Zimmer der Kinder dringen konnte. Professor Thomas war nicht so gut geschützt gewesen: »Das Gas sickerte zu ihm hinab und betäubte ihn«, schreibt Alvarez. Selbst wenn Sylvia gerettet worden wäre, solange sie organisch noch lebte, wäre nach Dr. Horders Meinung ihr Gehirn irreparabel geschädigt gewesen.

Dr. Horders Aussage ist mitfühlend und in den Fakten klar. Er sagt, Sylvia sei eine musterhafte Patientin gewesen und schien ihren Kampf gegen die selbstmörderische Depression verstanden zu haben. Sie berichtete ihm ehrlich, welche Wirkungen die Medikamente hatten, die er ihr verordnete. Dr. Horder schreibt: »Sie hatte seit mehreren Tagen [vor dem Selbstmord] ein Antidepressivum erhalten, in diesem Fall einen ›Mono-Oxidase-Hemmer‹. Eine Wirkung bei Medikamenten dieser Art tritt nach zehn bis zwanzig Tagen ein. Es kann ein Punkt erreicht werden, an dem das Antidepressivum eine depressive Person etwas aktiver macht, auch wenn die Niedergeschlagenheit anhält, und sie deshalb in der Lage ist, eine entschlossene, verzweifelte Tat zu vollbringen.« Dr. Horder glaubt, daß Sylvia an diesem Wochenende den gefährlichen Punkt erreicht hatte.

Dr. Horder hatte sich bemüht, für Sylvia einen Platz in einer Klinik zu finden, nachdem er ihren Zustand am Freitag gesehen hatte. Mit einer Psychiaterin hatte er einen Termin für Dienstag, den Tag nach dem Selbstmord, verabredet. In der letzten Woche ihres Lebens hatte er sie täglich gesehen oder mit ihr telefoniert und am Sonntagabend vor dem Selbstmord noch zu Hause besucht. Ihm war das Risiko bewußt, das er einging, wenn sie die Nacht allein verbrachte. Aber er glaubte, die Anwesenheit der Kinder würde ihr über das Schlimmste hinweghelfen, bis die Krankenschwester am nächsten Morgen eintraf. Dennoch war es so, wie er später sagte: »Sie hat uns alle getäuscht.«

V

Wollte Sylvia Plath sich wirklich das Leben nehmen? Ihr Tod war Teil des Musters, dem sie glaubte nicht entfliehen zu können, doch irgendwie muß sie sich ein Weiterleben nach dem Tod vorgestellt haben. Dr. Horder meint, die Umsicht, mit der sie den Selbstmord vorbereitete, lasse keine andere Deutung zu, als daß sie ihn gezielt durchführte:

»Allzu deutlich war die Sorgfalt, mit der sie die Küche präpariert hatte. Nach meinem Urteil war es ein sehr entschlossener Versuch, sich das Leben zu nehmen [...] Sie ›wählte‹ die einzige Zeitspanne, in der es niemandem möglich war, bei ihr zu sein. Sie handelte zu einem Zeitpunkt, an dem die meisten Selbstmorde geschehen: am Ende der Nacht. Was dennoch eine Erklärung fordert, ist [...] weshalb sie es tat, obwohl sie wußte, daß ihre beiden kleinen Kinder sich ein Stockwerk höhen befanden und völlig auf sie angewiesen waren. War es die Verantwortungslosigkeit der Künstlerin? Nein. Das ist eine so ungenügende Erklärung, daß sie beinahe lächerlich ist. Ich glaube, ja, ich habe wiederholt erlebt, daß sie höchst depressiv war, ›krank‹, ›nicht bei Verstand‹, und dann ist jede Art psychologischer Erklärung unangemessen [...]

Ich bin der Ansicht, sie war anfällig für starke Stimmungsschwankungen, und zwar in einem so extremen Ausmaß, daß ein Arzt zwangsläufig an biochemische Gehirnfunktionen denkt. Diese Diagnose vermindert nicht die Bedeutung, die das gleichzeitige Scheitern ihrer Ehe hatte oder die Erschöpfung nach einer Zeit ungewöhnlicher künstlerischer Arbeit oder der erst vor kurzem überstandenen Infektion oder der Schwierigkeiten, eine verantwortungsvolle, tüchtige Mutter zu sein. Eine umfassende Erklärung muß all diese Faktoren oder noch mehr in Betracht ziehen. Aber der irrationale Zwang, dem Leben ein Ende zu setzen, läßt mich glauben, daß der Körper sich zum Herrn des Bewußtseins gemacht hat.«

Eine Woche vorher, als Sylvia ihr Gedicht *Rand* schrieb, bezog sie sich nicht auf »irrationale Zwänge«. Sie war, wie Elizabeth Hardwick erkannte, am Ende ihres Lebens sowohl die Dramatikerin als auch die tragische Heldin ihrer »mörderischen Kunst« und »die auf erschreckende Weise immer präsent ist. Orest wütet, aber Aischylos lebt und wird beinahe siebzig. Sylvia Plath aber ist beides, Heldin und Autorin; als der Vorhang fällt, liegt ihre Leiche auf der Bühne, ihrer Handlung zum Opfer gebracht.«

RAND

Die Frau ist vollendet.
Ihr toter

Körper trägt das Lächeln des Erreichten.
Der Anschein einer griechischen Notwendigkeit

Fließt in den Schnörkeln ihrer Toga,
Ihre bloßen

Füße scheinen zu sagen: Wir kamen bis
Hierher, es ist vorbei.

Jedes tote Kind eingerollt, eine weiße Schlange,
Eines um jeden kleinen

Milchkrug, nun leer.
Sie hat sie gefaltet

Zurück in ihren Körper, wie Blätter einer
Rose sich schließen wenn der Garten

Erstarrt und Düfte bluten
Aus den süßen tiefen Schlünden der Nachtblume.

Der Mond starrt aus seiner Knochenkapuze.
Er hat keinen Grund zur Trauer.

Er ist dergleichen gewohnt.
Seine schwarzen Hüllen knistern und schlurfen.

Nachwort

Die Tragödie ist keine auch noch so begabte Frau, die ihren Schatten in einem Kreis hinter sich herschleppt oder mit bewunderswerter Gründlichkeit die schale, langweilige Beharrlichkeit dieses Kreises analysiert; die Tragödie ist die kulturelle, geheimnisvolle Vergrößerung des Individuums, so daß seine Erfahrung sowohl das ist, was wir erfahren haben, als auch das, was wir nicht erfahren müssen – dank seiner oder ihrer persönlichen Agonie. Es ist richtig zu sagen, daß Sylvia Plath für uns eine tragische Gestalt in einer tragischen Handlung darstellt und daß ihre Tragödie uns in ihren Büchern als beinahe vollkommenes Kunstwerk dargeboten wird.

Joyce Carol Oates
The Death Throes of Romanticism

Der Dichter aber ist eine Kombination aus Mensch und Instrument, wobei ersteres mit der Zeit über das zweite dominiert. Das Gespür für diese Dominanz prägt seine Timbre, das Bewußtsein davon prägt sein Leben.

Joseph Brodsky
Der Dichter und die Prosa

Rand war vermutlich das letzte Gedicht, das Sylvia schrieb – es ist schön und doch schrecklich in seiner Unbarmherzigkeit. Eine Zeitlang schien es, als ob ihre Tapferkeit sie vor dem Tod hätte bewahren können, indem sie im Herbst die Kraft in diese erstaunliche Flut von Gedichten lenkte. Doch ihre letzten Gedichte, die mit kühler Übersinnlichkeit darauf hinweisen, daß durch die Gleichgültigkeit der Welt dem Abgrund nicht zu entrinnen ist, sind melancholisch. Die Heldin von *Rand*, die das »Lächeln des Erreichten« trägt, hat die Vollendung durch den Tod erwählt, und der tödliche Mond greift nicht ein, »er ist dergleichen gewohnt«. Bei einem weniger verletzlichen Dichter könnten solche Gedichte die Stufe zu einer reichen, reiferen Kraft bedeuten. Aber in ihrem Fall lag in der frostigen Loslösung von der Welt die Gefahr dessen, was geschah.

Noch ein paar Tage, bevor Sylvia starb, hatte sie sich die Rückkehr nach Devon im Frühling vorgestellt. Am 7. Februar schrieb sie, vor ihrem Besuch bei den Beckers, zuversichtliche Briefe an die Comptons und an Nancy Axworthy. Die Briefe trafen nach ihrem Tod ein, dem unfaßlichen Tod dieser temperamentvollen jungen Frau voller Pläne und Unternehmungsgeist. Sie freute sich darauf, wieder zu reiten und sich um die Bienen zu kümmern, ihren Roman zu beenden und Freunde zu begrüßen. Marcia und Mike Plummer wollten Court Green besuchen; Ruth Fainlight Sillitoe hatte vor, mit ihrem Sohn zu ihr zu kommen, während Alan eine Reise durch die Sowjetunion unternahm. Ruth wollte ein marokkanisches Hausmädchen mitbringen, damit sie und Sylvia Zeit hatten zu schreiben. Aber noch während Sylvia hoffnungsvoll solchen Träumen nachhing, hatte ihr unversöhnliches, tieferes Ich das alles bereits verworfen. Ihr Gedicht *Totem* sieht »Taschen von Wünschen, Einfällen, Fahrscheinen« nur noch als »Kurzschlüsse und Taschenspiegel«.

Die Sillitoes lasen in Marokko im *Observer* von Sylvias Tod. Wie viele andere auf beiden Seiten des Atlantik, wie Familie und Freunde, Bekannte und Dichterkollegen waren sie entsetzt und ungläubig. Die meisten wußten zunächst nichts von dem Selbstmord, da sich in Amerika das Gerücht verbreitet hatte, sie sei an Lungenentzündung gestorben – verständlicherweise lag Aurelia daran, daß man diese Geschichte glaubte. Sie erfuhr vom Tod ihrer Tochter durch ihre Schwester, die am 12. Februar ein Telegramm von Ted erhielt: »Sylvia gestern gestorben«. Das Telegramm erklärte nichts, sondern enthielt nur Einzelheiten des Begräbnisses, das am folgenden Samstag in Heptonstall stattfinden sollte, an dem letztlich nur Warren und seine Frau Margaret teilnehmen konnten.

Am Tag zuvor fand im St. Pancras County Court die gerichtliche Untersuchung statt. Ted Hughes identifizierte die Verstorbene als seine Frau, Sylvia Plath Hughes, Alter dreißig Jahre, Schriftstellerin, wohnhaft Fitzroy Road Nr. 23, St. Pancras NW 1. Miss Myra Norris und Wachtmeister John Jones machten ihre Aussagen. Der Coroner hörte auch Dr. John Horder. Dazu kam Dr. Peter Suttons Obduktionsbericht. Er stellte als Todesursache eine Kohlenmonoxydvergiftung fest; der Coroner hielt diese Aussage pflichtschuldig fest, ehe er die Untersuchung beendete: »Selbstmord«. Damit war die amtliche Seite in Sylvia Plaths Geschichte beendet.

Sylvia hatte Jillian Becker gegenüber irgendwann einmal beiläufig bemerkt, sie glaube, sie werde eines Tages auf dem Friedhof neben ihrem Haus in Devon begraben werden. Doch in Devon waren die Hughes' Neuankömmlinge; in Yorkshire war die Familie zu Hause. Es schien nicht zur Debatte zu stehen, Sylvias Leichnam in die Vereinigten Staaten zu überführen, und so war Heptonstall ein folgerichtiger Platz für ihr Grab. Nach der Verhandlung begleitete Ted Sylvias Leichnam in das Haus seiner Familie. Am frühen Nachmittag des 16. Februar, einem Samstag, fand in der verwitterten Kirche aus dem neunzehnten Jahrhundert, die neben der

Ruine der mittelalterlichen Pfarrkirche steht, eine kurze Trauerfeier statt. Die Beckers kamen mit der Bahn zur Trauerfeier und dem anschließenden »Frühstück« im Dorf. Jillian erinnert sich, daß das Land und die Kirche unter einer reinen, unberührten Schneedecke lagen, in der das frische, in einer gelben Tonschicht ausgehobene Grab ockerfarben klaffte. Die Farbe wiederholte sich, als während der Trauerfeier die schwache Sonne durch die Februarwolken schien und ihre Strahlen durch die Buntglasfenster drangen.

Die Kinder nahmen an der Beerdigung nicht teil, sondern blieben in London bei Tante Hilda, die sofort nach Sylvias Tod gekommen war, um die beiden zu versorgen. Aurelias Schmerz um den Verlust ihrer Tochter wurde durch die traurige Verworrenheit ihrer Beziehung vervielfacht. Die durch nichts gemilderte Bosheit von *Medusa* und Teile der *Glasglocke* waren schwere Schläge, ehe sie sich von der grausamen Tatsache des Todes selbst erholt hatte.

Zu Ted Hughes hatte sie bald engen Kontakt, nachdem er schließlich mit den Kindern nach Devon zurückgekehrt war. In den folgenden Jahren flogen beide Kinder in die Vereinigten Staaten, um ihre Großmutter in Wellesley zu besuchen, und Aurelia kam, sooft sie konnte, nach Court Green.

Die *Briefe nach Hause* wurden veröffentlicht, um der Welt die positive Seite von Sylvias Doppelwesen zu zeigen. Das Buch vermittelt den Eindruck, Aurelia Plath habe von den Abgründen, der Negation und der Schwärze nichts geahnt, die Sylvia in die entgegengesetzte Richtung zogen. In Wahrheit wußte Aurelia Plath besser als jeder andere, wie schwierig es war, Sylvia aus einer so einfachen Perspektive zu sehen, um ihre inneren Widersprüche zu verstehen. Nachdem Judith Kroll ihre Analyse von Sylvias Lyrik in *Chapters of Mythology* veröffentlicht hatte, schrieb ihr Aurelia Plath im Dezember 1978. In dem beinahe zwei Seiten langen, mit der Schreibmaschine geschriebenen Brief spricht sie von Wunden und auch von Liebe. Ein Absatz beschreibt Sylvias schreckliche Hinterlassenschaft:

»[Sylvia] benutzte alles und verwandelte oft Gold in Blei [...] Bei einem anderen Menschen würden sich solche Gefühle mit der Zeit auflösen. Aber bei Sylvia wurden sie im Augenblick ihrer Intensität niedergeschrieben und dadurch so unauslöschlich wie die Inschrift auf einem Grabstein [...] Posthum wurde sie berühmt – zu welchem Preis für ihre Kinder, für alle von uns, die wir sie so sehr liebten und die sie in ihre Vergangenheit eingesperrt hat. Die Liebe bleibt – und auch die Wunde. Für uns gibt es kein Entrinnen.«

Ted Hughes hat im Laufe der Jahre die Veröffentlichung von Sylvias Werk in die Wege geleitet. Dabei berücksichtigte er sowohl die Wirkung auf die Öffentlichkeit wie auf die Familie, die »eingesperrt in ihrer Vergangenheit« leben mußte. 1963-1964 entschloß er sich, einige der letzten großartigen Gedichte in *Ariel* aufzunehmen, wobei er die Sammlung so zusammenstellte, daß sie den vollen Umfang von Sylvias Werk zum Ausdruck brachte, und, soweit er das damals beurteilen konnte, um für den Leser ihre außerordentliche Begabung erkennbar zu machen. Die anderen Gedichte, die Sylvia in den letzten zwei Jahren ihres Lebens mit der Stimmkraft von *Ariel* schrieb, erschienen nach und nach in den Gedichtbänden *Crossing the Water* und *Winter Trees* und letztlich in den *Collected Poems*.

In dem Gedicht *Medusa* beschreibt Sylvia Plath sich als »dem Licht ausgesetzt, wie ein Röntgenbild«. Ihre harsche Antwort auf persönlichen Kummer oder Freude war, ebenso wie ihre Vorstellung von den Schrecken, dem Unrecht und der Schönheit der Welt, außergewöhnlich übertrieben. Um der extremen Verletztlichkeit zu begegnen, erfand sie für ihr Leben und für ihre Kunst Abwehrsysteme. Das lässige, sich durch Zynismus schützende Gebaren der Esther in der *Glasglocke* ist ein treffendes Beispiel dafür. Und auf einer höheren Ebene tritt die tobende *Ariel*-Stimme, getragen von Leid und Schönheit, auf. Nach langen Jahren voll beharrlicher, disziplinierter Bemühung um ihr Kunst konnte Sylvia Plath ein allumfassendes Kunstwerk erdichten und Lähmung in Vollkommenheit verwandeln.

Sylvias Ruhm ist in unserer Zeit größer, als sie sich das hätte träumen lassen. Sie starb mit dreißig, in einem Alter, in dem die meisten von uns, die ihre Zeitgenossen waren, erst allmählich ihre Sprache als Schriftsteller fanden. Heute gibt es beinahe keinen Lyriker, der nicht von der Gewalt und Leidenschaft der Plathschen Gedichte beeinflußt worden wäre. Ich habe sie zwar nie kennengelernt, aber ich bin nur zwei Monate jünger als sie und erinnere mich deutlich an den Schock im Februar 1963, als ich im *Observer* von ihrem Tod las. »Ihr Verlust für die Dichtung ist unschätzbar«, schrieb A. Alvarez damals. Wie unschätzbar, wurde erst 1965 mit der Veröffentlichung von *Ariel* deutlich. Ihr Werk, insbesondere ihre Gedichte und ihre Tagebücher, trug dazu bei, ihrem frühen Tod »das Trugbild einer tragischen Notwendigkeit« zu geben. Doch das Tragische in ihrem Leben war, daß ein paar unglückliche Umstände es ihr unmöglich machten, in einer Welt weiterzuleben, mit der sie sich vielleicht hätte arrangieren können.

Fünfundzwanzig Jahre später hat sich meine Bewunderung für ihr erstaunliches literarisches Genie in keiner Weise verringert, aber mein Verständnis für die Tragödie ihres Todes ist durch die herzzerreißende Erkenntnis gewachsen, daß sie sich so wenig Zeit zugestand, um sich zu entwickeln. Heute sehe ich ihr Werk als einen Zyklus verschlungener, obsessiver Variationen einiger Themen, die immer wieder danach verlangen, in das Crescendo einer gewaltigen Passacaglia gepreßt zu werden, und nur dann vergehen, wenn neue Motive entwickelt werden müssen.

Die Eigenständigkeit ihres Werkes zog zahllose Theorien und Kontroversen nach sich; viele verehren sie aus Beweggründen, die mit Sylvia Plaths Realität nichts zu tun haben. Ich kann nur hoffen, daß dieses Buch dazu beiträgt, das Rätsel zu entwirren und ihre großen Qualitäten als das erkennbar machen, was sie waren. Olwyn Hughes hat geschrieben: »Sylvia Plath mag eine Dichterin des Wahnsinns sein, aber sie ist eine meisterhaft reife Dichterin: Ihre Kunst ist hermetisch in sich abgeschlossen und unter ethischen Gesichtspunkten sogar fragwürdig. Aber als Kunst ist sie unangreifbar.« Sylvia wurde ein Opfer ihrer mythischen Erhöhung, und nicht einmal ihr toter Körper darf in Frieden unter der gelben Rose auf dem Friedhof von Heptonstall ruhen. Als ich dieses Buch fast beendet hatte, besuchte ich mit einem Freund ihr Grab. Wir fanden nur ein trauriges Stückchen Erde, eine windzerzauste Rose und einen flachen Stein, auf dem in schwarzen Buchstaben »SYLVIA PLATH« stand. Vandalen, für die das Erbe der Sylvia Plath nicht mehr als eine simplifizierte feministische Ideologie war, haben es unumgänglich gemacht, daß ihr Grabstein vorübergehend entfernt wurde. Die Inschrift aus der *Bhagavadgita* ist noch immer zutreffend:

AUCH IN DEN GLÜHENDEN FLAMMEN
KANN DER GOLDENE LOTUS GEPFLANZT WERDEN.

Lucas Myers

Oh, Jugend…

Ted Hughes und Sylvia Plath
in Cambridge und später

Ich beschloß eines Tages im Februar 1954, an die Cambridge University zu gehen; aber es war nicht leicht, sich um einen Studienplatz zu bewerben. Ich war bei der Handelsmarine und fuhr auf einem außer Dienst gestellten Schiff im Schlepptau eines seetüchtigen Schleppers zu einem Ankerplatz im Houston-Kanal in der Nähe von Beaumont; wir umrundeten gerade mit vier Knoten in der Stunde Cape Hatteras. Ich schrieb meinen Eltern einen Brief und bat sie, Bewerbungen für mich an mehreren Colleges einzureichen. Ich steckte den Brief in eine Flasche, verschloß sie mit einem Korken und wartete darauf, daß ein Boot in Rufweite vorbeikommen würde.

Wir waren neun an Bord: außer mir noch fünf andere Vollmatrosen, der Kapitän, ein Ingenieur und ein Koch. Es gab wenig zu tun, außer regelmäßig das Schlepptau zu überprüfen und Karten in einer Holzbaracke zu spielen, die man auf Deck errichtet hatte, da alle Luken versiegelt worden waren.

Wir passierten Miami in sechs Meilen Entfernung. Dort waren viele Fischerboote unterwegs, und ich rief eins an. Es drehte bei und fischte mit einem Netz die verschlossene Flasche aus dem Wasser, die ich ins Meer geworfen hatte. Wir fuhren weiter, an den Riffs von Florida vorbei, bis zum Golf von Mexiko. Der Golf lag ruhig, warm und blau da; fliegende Fische glitten über die Wasseroberfläche. Der Kapitän warf vom Deck Angelleinen aus, und die Fische bissen an. Wir holten eine Reihe Tümmler heraus, die, während sie schnappend und zappelnd auf Deck lagen, ihre Farbe von braungrün zu goldgrün zu blau und schließlich zu einem schillernden, tödlichen Weiß veränderten. Dann fingen wir einen Barrakuda. Mit weit aufgerissenem Maul und den weit auseinanderstehenden, rasiermesserscharfen Fangzähnen sprang er über Deck und hätte jedem den Fuß am Knöchel abtrennen können, bis der Kapitän ihn schließlich mit einem

Splißeisen erledigte. Ich suchte mir einen ungestörten Platz in einem Rettungsboot und schrieb ein Gedicht mit dem Titel *Dolphin Catch*.

Im Herbst in Cambridge reichte ich dieses und andere Schiffsgedichte bei *Chequer* ein, einer literarischen Studentenzeitschrift. Die Redakteure kamen zu mir auf mein Zimmer im Downing College und fanden dort einen transatlantischen Unschuldigen vor. Sie waren bereit, ihn unter ihre Fittiche zu nehmen. In der nächsten Nummer erschienen meine Gedichte zusammen mit Arbeiten von Dichtern namens Ted Hughes und Daniel Huws. Ich spürte, daß die beiden verwandte Seelen waren, und wenn es mir gelang, sie kennenzulernen, würden sie mir bestimmt die Einsamkeit vertreiben, unter der ich zu leiden begann.

Eines Nachmittags stand ich in der Universitätsbibliothek in der Schlange vor der Teeausgabe; Daniel kam zu mir und stellte sich vor. Ich war ihm dankbar dafür, denn er war für seine ungewöhnliche Zurückhaltung bekannt. Er war knapp ein Meter fünfundachtzig groß und ein dunkler Kelte. Er band seine festen Schuhe mit Draht, hielt immer die Hände vor der abgeschabten schwarzen Jacke gefaltet und lief mit leicht vorgeschobenen Lippen und einem Ausdruck von betonter Sensibilität an der Universität herum.

Im Januar brachte einer der Redakteure von *Chequer* Ted Hughes mit auf mein Zimmer. Ted war am Pembroke gewesen und hatte im Juni sein Examen in Sozialanthropologie gemacht. (Ich »hörte« das ebenfalls, obwohl ich im Hauptfach Englisch studierte.) Er arbeitete von Zeit zu Zeit in einem Rosengarten und kam dann nach Cambridge zurück, um, solange sein Geld reichte, in der Bibliothek zu lesen, zu schreiben und mit Freunden, die sich in einem Pub an der Cam, im Anchor, trafen, über Dichtung zu reden. Er war ein paar Zentimeter größer als Daniel und trug, soweit ich mich erinnere, den braunen Lederüberzieher, den ein Onkel im Ersten Weltkrieg beim Militär getragen hatte. Seine braunen Haare fielen ihm rechts in die Stirn, und beim Sprechen veränderte er eigentümlich die Stimmlage, um Akzente zu setzen. Mund und Augen waren ausdrucksvoll.

Als Ted das nächste Mal nach Cambridge kam, wohnte er bei mir. Ich war das Leben im College leid, und da es mir leider nicht gelang, einen alten Wasserturm zu mieten, hatte ich in der Studentenzeitung *Varsity* eine Anzeige aufgegeben, in der ich einen »Stall oder Schuppen« suchte. Als Antwort erhielt ich einen höflichen Brief auf blauem Papier von einer Mrs. Helen R. Hitchcock, die im Pfarrhaus der St. Botolphs-Kirche wohnte. Sie war die Witwe des früheren Pfarrers, dessen Nachfolger, ein unverheirateter Dozent an einem der Colleges, ihr erlaubte, im Pfarrhaus zu bleiben und Zimmer an Studenten zu vermieten – woraus sie anscheinend einen großen Teil ihres Einkommens bezog. Ein angemessenes Schicksal hätte sie in einem großen Landhaus gesehen, wo andere sich um die Finanzen kümmerten. Sie hatte blaue Augenlider und eine nervöse Störung führte dazu, daß sie ständig zwinkerte. Offensichtlich war sie einmal schön gewesen.

Ich mußte morgens und abends heizen und konnte dafür in einer Hütte im Garten wohnen. Die Kirche stand mitten in der Stadt, aber das Pfarrhaus lag etwas entfernt am anderen Ufer des Cam. Es hatte genug Zimmer für sechs Untermieter, sofern Mrs. Hitchcock sich im Nähzimmer verkroch und in der Küche aß. Der Garten war groß, von einer mehr als mannshohen Mauer umgeben und voller Obstbäume. Mein Tutor, ein freundlicher Historiker, der ständig bei irgendwelchen feierlichen Umzügen mit einem Amtsstab durch die Stadt marschierte, willigte ergeben ein, als ich darum bat, aus dem College ausziehen zu dürfen. Er hatte mich schon seit einiger Zeit aufgegeben, nachdem er mich zu einem Rugbyspiel eingeladen hatte. Mein Gesicht, das immer meine Gefühle verriet, ehe ich es unter Kontrolle bekam, zeigte deutlich, was ich von Rugby hielt.

Die Hütte hatte vor ein paar Jahren als Hühnerstall gedient. Ich machte sie sauber und strich die Wände. Als das Bett darin war, Schreibtisch und Stuhl vor dem großen Fenster standen, durch das man auf eine grüne Wildnis blickte und dahinter auf Apfel-, Pfirsich- und Birnenbäume, konnte man die Tür gerade noch einen Spalt öffnen, sich hineinzwängen, setzen und die Tür schließen. Aber wenn ich frühmorgens erwachte und die vielen Vögel im Obstgarten singen hörte und das Licht durch die grünen Zweige in mein Fenster fiel, hätte ich ebensogut im Garten Eden sein können.

Als Ted zum ersten Mal dort übernachtete, wollte ich, daß er im Bett schlief und ich darunter, denn er war der Gast. Aber er lehnte das entschieden ab. Jahre später, als er mir ein paar Tips zu einer Geschichte gab, in der ich den Helden im Zoo in Kot fallen ließ, behauptete er, sein grüner Pullover rieche immer noch nach Hühnermist; aber damals beschwerte er sich nicht. Wie auch immer, er kaufte bald ein Zelt und schlug es neben der Hütte auf.

An den meisten Abenden trafen wir uns im Anchor mit Schotten, Walisern, Iren, Nordengländern und hörten Jazzmusik. Daniel sang unbekannte walisische Lieder, deren Melodien einen nicht mehr losließen, Ted sang »Sir Patrick Spens« und »Waltzing Matilda«; Terrence McCaughey, später Kaplan des Trinity College in Dublin, oder Ted erzählten erstaunliche Geschichten. Ein anderer Amerikaner, Hal Bloom, der Kritiker, kam oft und saß gemütlich mit einem Krug vor seinem dicken Bauch am Tisch und rezitierte auswendig jedes Gedicht, das wir ihm nannten.

Durch Daniel Huws wurden wir mit einer zweiten, jüngeren und kleineren Gruppe bekannt, zu der sein Zimmergenosse David Ross, der mit seinen Kindergeschichten bekannt wurde, Danny Weissbort, Dichter und später Übersetzer und Lektor, und Than Minton, inzwischen Psychiater, gehörten. Ende Mai lud X von Peterhouse, eine Randfigur in dieser Gruppe, Miss Y, deren Bilder heute in den führenden Galerien hängen, für ein paar Tage nach Cambridge ein und unterließ es aus Sparsamkeit, eine Unterkunft für sie zu beschaffen.

Die Colleges in Cambridge waren komfortabel; es gab Weinkeller, alte Vertäfelungen, alte Glasscheiben, Holzbalken und Türen und Pförtner am Tor; es handelte sich meist um Veteranen aus dem Kolonialdienst, die nicht nur die richtigen Gentlemen mit »Sir« anreden mußten, sondern auch Studenten aus fernen Ecken des Empire, die sie wohl insgeheim für »Wogs«* hielten. Die Pförtner mußten um zehn Uhr abends das Tor abschließen und um Mitternacht den Querbalken vorlegen. Danach war der »Wog« oder der »Gentleman« gezwungen, an einer natürlich gut bekannten und vielbenutzten Stelle auf die Collegemauer zu klettern und unerlaubterweise auf der anderen Seite mit flatterndem, schwarzem Talar hinunterzuspringen – man mußte den Talar immer tragen, wenn man in die Stadt ging, es sei denn, man riskierte die Strafen der Proktoren und ihrer »Bulldoggen« – flinke, pförtnerähnliche Typen. X hatte eines Abends Miss Y unbemerkt in das Peterhouse hineingebracht und aus einem immer noch unklaren Grund in Daniels Bett gelegt – vielleicht nur, weil es leer war, vielleicht auch, weil er dachte, Daniel sei nicht da.

Daniel, Ted und ich waren an diesem Abend noch lange nach Mitternacht unterwegs. Ein Pförtner, der in Ausübung seiner Pflichten an Daniels Zimmer vorbeikam, entdeckte einen Schopf langer, weizenblonder Haare auf Daniels Kissen, schlug die Decke zurück und enthüllte die nackte Miss Y. Man durfte ihr nicht erlauben, im College zu bleiben, und erlaubte es auch nicht. Sie wurde auf der Stelle weggeschickt. Als Daniel schließlich über die Mauer kletterte, fingen ihn die Pförtner ab und informierten ihn darüber, daß sie keine andere Wahl hätten, als am nächsten Morgen seinem Tutor alles zu berichten.

* Eingeborene aus dem Mittleren oder Fernen Osten, besonders verächtlicher Ausdruck für Fremde. [Anm. d. Red.]

Inzwischen gingen Ted und ich zum St. Botolph's-Garten zurück; ich öffnete meine Tür – soweit sich diese Tür eben öffnen ließ – und sah im schwachen Mondlicht einen langen, weizenblonden Haarschopf auf meinem Kissen. Miss Y wachte auf, und wir richteten uns so schicklich, wie es die Umstände erlaubten, für die Nacht ein.

Die Tutoren in Peterhouse führten mit Daniel und David am nächsten Tag erste Gespräche. Ich wurde ebenfalls zum Downing bestellt, denn X hatte mich, Ted und den St. Botolph's-Garten in den Skandal mit hineingezogen. Zeit verging, die Verantwortlichen berieten, und wir warteten nervös auf unsere Strafen. An einem sonnigen Nachmittag saßen Daniel, David und ich mit Danny und Than in den düsteren alten Räumen, in denen die Schwierigkeiten begonnen hatten, und tranken zwei Flaschen Rotwein. Ted war nach London zurückgefahren. Inzwischen arbeitete er als Nachtwächter in einem Lagerhaus. Mit dem Glas in der Hand erklärte David, er habe immer einmal eine Zeitschrift herausgeben wollen, und er würde im nächsten akademischen Jahr eine gründen, wenn wir bis dahin nicht alle relegiert (d. h. rausgeworfen) wären. Wer würde die Beiträge liefern? Wenn man sich umsah, waren außer Ted und Dannys Bruder George, der in London Maler war, alle anwesend. Wie sollte die Zeitschrift heißen? *St. Botolph's Review* – darüber waren sich alle einig, denn der Garten war unser geistiges Zuhause.

Diese Pläne entwickelten sich im Laufe vieler Stunden. Von Zeit zu Zeit zog ich mich zurück und schrieb die Zeilen eines Gedichts nieder, das in meinem Kopf ohne mein Zutun entstand: *Knaves Dispatched*. Es wurde der erste Beitrag für die *St. Botolph's Review.* Die Schurken in dem Gedicht waren beschränkte Wesen und unseren Tutoren nicht unähnlich. Aber die Schurken, denen der Hinauswurf drohte, waren die Studenten, die in den ältesten Räumen des ältesten College zusammensaßen.

Daniel wurde hinausgeworfen. Er, ein Liebling der Dons,

die nicht daran zweifelten, daß er sich mit der Zeit anständig kleiden und als Mitglied der keltischen Abteilung mit ihnen an der Tafel sitzen werde, wurde für den Rest des Semesters, das noch vier Tag dauerte, relegiert. David, ein Diabetiker, der ohnehin zur Behandlung nach London fahren mußte, erhielt dieselbe Strafe. Aber X mußte gehen.

Mein Tutor in Downing fand eine unfreundlichere Strafe, als Daniel oder David sie erhalten hatten. Ich erinnere mich, daß ich sie sehr gut hörte; bei einer handgreiflichen Meinungsverschiedenheit hatte ich links ein blaues Auge davongetragen; deshalb wandte ich ihm beim Sitzen die rechte Gesichtshälfte zu und versuchte, die linke im Schatten zu verbergen. Mein Tutor bestimmte, ich müsse aus der Hütte in St. Botolph's-Garten ausziehen. Als Mrs. Hitchcock im Herbst sagte, ich könne ins Eßzimmer ziehen, erklärte er sich widerstrebend damit einverstanden. Die Universität verbot Ted für einen Zeitraum von einem Jahr, wie ich glaube, Great St. Mary näher als drei Meilen zu kommen; diese Zone stand unter der Jurisdiktion der Universität. Ted hielt sich nicht an das Verbot.

Im September stellte ich fest, daß Mrs. Hitchcock in einem Zimmer im Erdgeschoß ein *au pair*-Mädchen untergebracht hatte. Sie hieß Helga Kobuszewski, war ein dunkler Typ, gefühlsbetont und kam aus Bonn. Wir verbündeten uns sofort gegen drei Vornehmtuer von nicht ganz so vornehmen Colleges, die die Küche um die Frühstückszeit in Beschlag nahmen. Sie stritten jeden Morgen über die Härte oder Weichheit der Frühstückseier, wobei der dominante A irgendwie B zwang, sie zu kochen, und C, das Geschirr abzuwaschen. Ich machte Helga mit Daniel bekannt. Das führte später zu einem anderen, heute noch in Wales blühenden Bündnis. Den ganzen Herbst hindurch wurde eifrig an der ersten und einzigen Nummer der *St. Botolph's Review* gearbeitet.

Gegen Ende des Semesters verkündete mein Tutor, er halte es für das Beste, wenn ich aus dem Pfarrhaus ausziehen würde. Im Januar überließ ich das Eßzimmer traurig Bertram Wyatt-Brown, einem Kindheitsfreund. Er war im September an das Kings College gekommen und ist heute ein innovativer, aber trotzdem vernünftiger Historiker. Mrs. Hitchcock fand im oberen Stockwerk auch eine gemütliche Bude für Daniel.

Wir planten eine Party, um das Erscheinen der Zeitschrift kundzutun, und mieteten einen nicht so kleinen Saal im zweiten Stock der Cambridge Women's Union. Zur Anchor-Clique gehörte eine Jazzband. Ihr Posaunist, Michael Boddy, stemmte mit seinen einhundertfünfundzwanzig Kilo ein Klavier die Treppen hoch, unterstützt von ein paar Leuten, die an den Beinen zerrten. Es war ein Samstag Ende Februar 1956. Den ganzen Nachmittag waren Trupps von Mitarbeitern und Freunden in den Colleges unterwegs, um die Zeitschrift zu verkaufen. Ich ging mit David; soweit ich mich erinnere, bekam er durch den Verkauf den größten Teil der Unkosten wieder herein. Am frühen Abend trafen wir – Bert, Ted, ich und ein paar andere – uns zu einem Drink im Eßzimmer von St. Botolph, ehe wir zur Party gingen.

Als es soweit war, holte ich meine Freundin ab, und Ted, der ohne Begleitung war, ging am Queens vorbei, um Danny, der mit Grippe im Bett lag, Grog einzuflößen und zum Kommen zu überreden. Als meine Freundin und ich eintrafen, erfüllte laute Musik den Saal, der beinahe voll war.

Einige Zeit später kam eine gutgekleidete Amerikanerin mit roten Schuhen die Treppe herauf. Sie hieß Sylvia Plath. Ted befand sich am anderen Ende des Saals; Daniel und Helga standen mit mir und meiner Freundin Valerie am Eingang. Wenn die Jazzband Pause machte, spielte Danny Klavier. Keiner der St. Botolph's-Autoren kannte Sylvia. Aber wir wußten, wer sie war, denn sie hatte in mehreren Zeitschriften von Cambridge gut gemachte Gedichte veröffentlicht. Uns mißfielen die Gedichte, obwohl sie gut gemacht waren, aber vielleicht gerade deshalb. Man spürte den Ehrgeiz dahinter –

zumindest fanden wir das. Wir hielten es nicht für legitim, Lyrik als einen reinen Willensakt zu schreiben; Gedichte mußten einem Dichter von irgendwoher zufließen. Nur Ted hatte sich nicht dazu geäußert. Sehr viel später erfuhr ich, daß Bert an diesem Nachmittag Sylvia eine *Review* verkauft hatte. Sylvia las sie, ging zu ihm und erkundigte sich, wie sie eine Einladung zu der Party bekommen könne. Und er sagte ihr, es sei alles zwanglos, und sie könne einfach kommen.

Die Band spielte etwas Schnelles. Sylvia stellte sich mir vor, und wir tanzten Twist. Valerie, eine hübsche Blüte der Londoner Bohème und eine gute Malerin, saß mit einem untergeschlagenen Bein und einem seelenvollen Gesichtsausdruck in einem Sessel an der Wand. Sylvia begann, *Fools Encountered* zu zitieren, in der *Review* ein Gegenstück zu *Knaves Dispatched*. Sie rezitierte es von Anfang bis Ende, während wir Twist tanzten. Wie ich bald erfuhr, dachte Valerie: »Läßt er mich wegen dieser aufgetakelten Amerikanerin sitzen?« Sylvia dachte offenbar: »Er hat viel zuviel getrunken. Er scheint sein Gedicht nicht zu hören, das ich aufsage, und sein Twist ist unmöglich.« Ich blickte zu Valerie hinüber und fragte mich: »Glaubt sie, ich beachte sie nicht, weil ich eine Amerikanerin gefunden habe?« Der Twist war zu Ende, und Sylvia ging durch den Saal. Ich sah nicht, wie sie Ted traf. Ich sah nicht, wie sie ihn küßte und ihm in die Wange biß, aber am nächsten Tag sah ich, daß er gebissen worden war.

Ein paar Wochen später, Ted war wieder in London und arbeitete in den Pinewood Studios als Lektor, lud ich Sylvia zum Abendessen in meine Bude in der Barton Road ein. Sie saß auf einem Kissen auf dem Fußboden. Ich saß auf einem Stuhl und kochte das Essen auf einem Gaskocher. Sie studierte am Newnham College, war groß, hübsch, und wenn meine Erinnerung mich nicht täuscht, trug sie Söckchen. Sie hatte eine glatte Haut – wie Zellophan, dachte ich damals. Sie redete überschwenglich und glich ein wenig einer meiner Schwestern; sie hatte etwas an sich, das ich mochte. Sie hatte aber auch etwas an sich, das meine puritanische Mißbilligung hervorrief; trotz meiner Bemühung, das zu verbergen, zeigte sich das auf meinem Gesicht. Wir sprachen über Wallace Stevens; das fand ich gut; aber sie erzählte mir, daß sie für Zeitschriften wie *Mademoiselle* und *Seventeen* arbeitete oder dort veröffentlichte, und das fand ich nicht gut. Für mich war es nur denkbar, in Zeitschriften mit einer durchschnittlichen Auflage von etwa zweitausend zu veröffentlichen. Am meisten verblüffte mich, daß Sylvia meine Mißbilligung nicht zu bemerken schien. Sie redete vehement weiter.

Ich erzählte Sylvia, daß ich am Anfang der Frühjahrsferien, die vor der Tür standen, Ted treffen und wir ein paar Tage in einer Wohnung in der Rugby Street sein würden, die Daniels Vater, einem Graphiker, gehörte. Er hatte nichts dagegen, wenn Daniels Freunde die Wohnung in seiner Abwesenheit benutzten. Ganz in der Nähe war The Lamb und etwas weiter The British Museum. Ich fragte, ob sie mir die Telefonnummer ihres Hotels in London geben wollte, damit Ted und ich sie auf einen Drink besuchen könnten. Ted hatte mir gesagt, daß er sie gern sehen wolle. Und an den wenigen Tagen, ehe sie auf den Kontinent reiste, trafen sie sich häufig. Ich fuhr nach Surrey, wo eine meiner Schwestern lebte, die einen englischen Staatsdiener geheiratet hatte – heute sind sie Lady Thornton und Sir Peter.

Im Frühjahr zog ich wieder um – und zwar in eine Studentenbude in der Tenison Road. Ein Vorgesetzter bei den Pinewood Studios hatte Ted rufen lassen und zu ihm gesagt: »Sie scheinen sich hier nicht besonders wohl zu fühlen, nicht wahr?« In Teds Schreibtisch lag eine Oxford-Shakespeare-Ausgabe auf Reispapier. Während er sich mit Büchern beschäftigte und Berichte darüber schrieb, ob sie sich als Vorlagen zu Filmen eigneten, las er immer wieder Shakespeare. »Nein, ich fühle mich nicht wohl«, hatte Ted erwidert. Er räumte seinen Schreibtisch und kam mit einem Feldbett nach Cambridge, das er in meinem Zimmer aufstellte. Er wachte morgens vor mir auf, saß auf dem Feldbett und schrieb so leise wie möglich in ein rotes Zwanzig-mal-vierzehn-Zentimeter-Triplicate-Book. Abends erschien er vor meinem Fenster, pfiff ein paar Takte von »The Wearing of the Green«, und ich lief hinunter und ließ ihn herein.

Ted verbrachte in diesem Frühjahr beinahe seine ganze Zeit mit Sylvia. Er verliebte sich, wehrte sich aber dagegen. In unserem Kreis drehte sich alles nur um Dichtung, und jede Form anhaltender Bindung an Fleisch und Blut galt als Untreue, als Fahnenflucht. Sylvia liebte Ted, wollte ihn unbedingt heiraten, wollte unbedingt Kinder haben und jede Erfahrung machen, die sich ihr bot oder die sie suchen würde. Sie schrieben beide sehr viel; Ted machten die schmeichelhaften Gedichte, die sie über ihn schrieb, leicht verlegen. Am Ende des Semesters legte ich meine Examen ab. Sylvia hatte noch ein Studienjahr. Die beiden heirateten im Juni heimlich, denn angeblich erlaubte man Studentinnen am Newnham nicht, vor dem Examen zu heiraten, möglicherweise aber noch aus anderen Gründen. Ich traf sie ein oder zwei Wochen später in Paris. Sie wirkten glücklich – glücklicher, als ich sie je gesehen hatte.

Ted und Sylvia verbrachten den Sommer in Spanien und kamen im Herbst wieder nach Cambridge. Ich war mit David in Rom; im Winter kamen Daniel und Helga zu uns. »Ich stellte fest, daß ich dagegen rebelliere, um Mitternacht Seminararbeiten zu schreiben«, notierte Sylvia im März 1957 in der Eltisley Road in Cambridge. »Mich bedrückt meine kolossale Unkenntnis der traditionellen Lit. – – Ich habe alles ignoriert bis auf Dichter & Schriftsteller, die für mein Schreiben von Nutzen waren, & jetzt sieht es so aus, als muß ich mir vor Ende die ganze englische Lit. einverleiben – –.« Ted unterrichtete in einer modernen Mittelschule Jugendliche, für die nach Schulabschluß das Berufsleben anfing. In den Jahren bis zu Sylvias Tod sah ich sie selten, aber Ted hielt mich mit regelmäßigen Briefen über alles auf dem laufenden.

Ted und Sylvia waren ein unzertrennliches Paar, und sie ergänzten sich gegenseitig. Ohne Sylvia hätte Ted vielleicht noch eine Reihe von Jahren in Rosengärten oder Lagerhäusern arbeiten müssen. Sylvia war in hohem Maß auf die amerikanische, genauer gesagt auf die Ostküstenart, tüchtig und effizient. Sie schickte Teds Gedichte wie ihre eigenen fehlerfrei getippt ständig an englische und amerikanische Zeitschriften. Eine Reihe seiner und ihrer wurden veröffentlicht. Alle, die nicht angenommen worden waren, wurden sofort wieder verschickt. Sylvia reichte Teds erstes Buch *The Hawk in the Rain* beim Harper-Wettbewerb ein. Er gewann den ersten Preis, und damit war sein Name gemacht. Ich glaube nicht, daß Ted ohne Sylvia überhaupt etwas von dem Harper-Wettbewerb gewußt hätte. In den nächsten ein oder zwei Jahren schickte sie einen Packen meiner Gedichte an Verlage und bot an, mir eine lange Prosaarbeit abzutippen, während sie studierte, unterrichtete, mit Ted den Haushalt führte und ihre und Teds Arbeiten tippte.

Ted und Sylvia besaßen beide eine unübertroffene Zielstrebigkeit, wenn es um ihre Kunst ging. Sie waren entschlossen, das Beste, das in ihnen lag, in Worte zu fassen – aber, wie ich fand, auf etwas unterschiedliche Weise. Sylvia wollte unbedingt, daß es gelesen wurde; Ted wollte unbedingt, daß es existierte. Sie unterschieden sich in vieler Hinsicht – in so vieler, daß ich nicht erwartet hatte, sie würden heiraten, obwohl sie im Frühjahr 1956 eindeutig verliebt waren und Sylvia auf die Heirat drängte. Ich hatte erwartet, Ted würde seine Freiheit für nichts als die Dichtung aufgeben. Wenn er irgendwann heiraten würde, dann jemanden wie seine derzeitige Frau, die sehr intelligent, naturverbunden und eine Tochter des englischen Landlebens ist. Ich fürchtete, Sylvia würde ihn in den Kampf um Geld, Schuhe, Geschirr und funktionierende Haushaltsgeräte hineinziehen, vielleicht in das seichte amerikanisch-englische Literatur-Establishment, das seinem Glück abträglich wäre. Wenn er sich aber andererseits gegen all das entschieden wehrte, würde die Ehe zerbrechen. Als ich sah, wie fest verankert diese Ehe war, verbannte ich diese Gedanken lange Zeit – zumindest aus meinem Bewußtsein.

Ted war für Sylvias Vitalität und Lebenslust empfänglich; so etwas brauchte er bei seiner Frau und seinen Freunden. Ihn störte die unbefangene Zurschaustellung von Eigenschaften nicht, die ihre wohlmeinenden englischen Freunde mit Unbehagen betrachteten, und die denjenigen, die sie ablehnten, Anlaß war, sie herablassend zu behandeln. Damals in den fünfziger Jahren waren die Amerikaner noch nicht derart vom Fernsehen geprägt oder hatten sich Weltoffenheit aus zweiter Hand angeeignet. Amerikaner waren reich; während die Erben der langen europäischen Tradition und des verlorenen Reichtums mitansehen mußten, wie Scharen ungebildeter, aber selbstbewußter Yanks in den besten Restaurants aßen, durch ihre Museen trabten und lächerliche Äußerungen von sich gaben. Die meisten amerikanischen Universitäten waren, zumindest in den englischen Fächern, Kindergärten im Vergleich zu Cambridge. Sylvias Überschwenglichkeit, die ihre Intelligenz verschleierte, und ihre offenbar kommerzielle Einstellung zur Literatur, die an dem Abend, als wir über Wallace Stevens und *Mademoiselle* sprachen, meine puritanische Reaktion bewirkt hatte, machte sie in Cambridge zum Gespött. Noch zu meiner Zeit dort veröffentlichte sie in der Studentenzeitung, in der ich »einen Stall oder eine Hütte« gesucht hatte, einen enthusiastischen Bericht über einen Besuch in Paris; ich war überzeugt davon, daß der Herausgeber ihr eine Falle gestellt hatte. Er ließ sie einen Artikel schreiben, bei dem die Leser sich über die Amerikaner lustig machen konnten. Ted teilte diese Ansicht; seine rührende Art, in der er sie verteidigte, war für mich das erste sichere Zeichen dafür, wie sehr sie ihm am Herzen lag. Der Herausgeber gab ihr später ein paar gute Aufträge; vielleicht war also mein Verdacht ungerechtfertigt gewesen.

Es hätte Ted nicht ähnlich gesehen zu sagen: »Sie halten

dich zum Narren.« Er hielt sich bei seinen Freunden und zweifellos auch bei Sylvia zurück und wartete, daß ihnen selbst die Erleuchtung kam. Ted besaß eine einmalige Art, Schriftstellerfreunden und selbst flüchtigen Bekannten zu helfen, sie zu inspirieren und zu ermutigen; nach einem Nachmittag mit ihm schrieben sie vielleicht eine Handvoll neuer Gedichte, die aus bisher schlummernden Seiten ihres Wesens entstanden. Er neigte dazu, die Arbeit und den Schriftsteller zu überschätzen – oder genauer, die Möglichkeiten eines Schriftstellers wie eine Aura zu sehen, und ihn mit Energie oder Einsichten aufzuladen, die sie manchmal ans Tageslicht brachten.

Ted machte bestimmte Übungen – er konzentrierte sich etwa zehn Minuten auf den untersten Abschnitt der Wirbelsäule, ehe er anfing zu schreiben. Aber anstatt anderen genaue Anweisungen zu geben, vermittelte er ihnen Ideen und Entschlossenheit. Schon als ich ihn kennenlernte, besaß er eine Reife und ein Verständnis, die nicht nur auf Erfahrung beruhten. Er und Sylvia bestärkten sich in ihrer Energie und Entschlossenheit, und Sylvia war erpicht darauf, alles aufzunehmen, was Ted ihr vermitteln konnte. Ted wußte sehr viel über Tiere, Bäume, Astrologie, das Wirken der Psyche, über andere Literaturen und andere Künste. Ihre Fähigkeiten und ihr Urteilsvermögen entwickelten sich schnell.

Im Anschluß an Cambridge lebten Ted und Sylvia zweieinhalb Jahre in den Vereinigten Staaten. Ich zog nach Paris und lernte seine Schwester Olwyn kennen, die eine bemerkenswerte Frau ist. Sie war zwei Jahre älter als Ted und stand ihm sehr nahe. Sie arbeitete zunächst als Schreibkraft bei der NATO und war das bewunderte Vorbild ihrer Kolleginnen, einer Truppe gut erzogener Töchter von Pfarrern und Lehrern, die auf der Suche nach dem Leben und in Paris irgendwie verloren waren. Später fand sie eine befriedigendere Stelle bei Marthonplay, einer internationalen Theater- und Filmagentur unter ungarischer Leitung. Wir trafen uns oft und tauschten Nachrichten aus Amerika aus. Sie lebte mit einem ungarischen Journalisten in einem großen, eleganten Raum im obersten Stock eines Hauses am Boulevard Garibaldi zusammen. Durch sie kam ich in einen Kreis am linken Seineufer, zu dem auch eine Konzertpianistin gehörte. Sie war 1956 aus Budapest geflohen, hieß Agnes Vadas und wurde einige Jahre später in Amerika meine Frau.

Ted war mehrere Male auf dem Kontinent gewesen – einmal auf einer Weinreise mit seinem Onkel Walt, einem kleinen Fabrikbesitzer, und zuletzt während der Flitterwochen, aber er hatte nie im Ausland gelebt. Sylvia unterrichtete am Smith, ihrem früheren College, und das belastete sie sehr. Sie zogen nach Northampton; im Winter bekam Ted einen Lehrauftrag für Englisch an der University of Massachusetts in Amherst. Seine Beobachtungen des amerikanischen Lebens lasen sich interessant; und seine Formulierungen gaben mir Begründungen, warum ich dauernd im Ausland leben wollte. Er benutzte kein Wort, das nicht genau seine Absichten ausdrückte. Er schickte nie einen mißlungenen Brief ab, und nie griff er nach einer Redewendung, die nicht ehrlich seine Gefühle zum Ausdruck brachte. Dieses Handikap brachte ihn in Amerika in eine mißliche Lage – besonders bei den Partys, die Sylvias Freunde mit überströmendem Enthusiasmus und amerikanischer Offenheit nach der Ankunft der beiden gaben. Es bereitete ihm Unbehagen, ihre Großzügigkeit und die Beteuerungen der Freundschaft anzunehmen und unfähig zu sein, sie zu erwidern.

»Ich habe nie gewußt, daß es so schwer ist zu schreiben [...]«, erklärte er in einem Brief später, »[...] jedes Fleckchen, an dem man versucht, Wurzeln zu schlagen, ist eine Mischung des Allerneuesten aus jedem amerikanischen Staat. Das fließt in die Worte ein, das zeigt sich im Gesichtsausdruck der Menschen, an der allgemeinen geistigen Atmosphäre [...] Aber es ist eine gefährliche Gesellschaft, die einen dazu treibt, zu glauben, Individualität sei der einzig mögliche sinnvolle Besitz.« In einem späteren Brief schrieb er: »Mich wird man nicht so schnell wieder in eine kleine amerikanische Stadt einsperren.«

Ich bin sicher, darüber sprach Ted mit Sylvia nicht – zumindest nicht so explizit. Sie wollte unbedingt nach Hause zurück und hatte möglicherweise nicht verstanden oder auch nur darüber nachgedacht, wie schwierig es für Ted sein würde, sich anzupassen. Als Studentin am Smith College war sie trotz oder vielleicht auch nicht trotz ihres Selbstmordversuchs eine Heldin gewesen; eine Dichterin, die veröffentlicht wurde, der Inbegriff des amerikanischen »Erfolgs«. Amerikaner ihrer Zeit und ihrer Schicht schienen zu glauben, alle menschlichen Eigenschaften seien meßbar wie Sekunden beim Hundertmeterlauf. Colleges verliehen Preise nicht nur für besondere Leistungen in Mathematik, sondern auch in Betragen. Da es sich um eine von Konkurrenzdenken besessene Gesellschaft handelte, konnte jeder, genauso wie auf dem Hühnerhof, in ein System eingereiht werden, wobei egal war, ob es sich um Fußballspieler, Mitglieder der Handelskammer oder junge Dichter handelte. Sylvia kam als Lehrbeauftragte zurück und befand sich auf der untersten Stufe der Englischen Abteilung von Smith. Sie quälte sich mit »brennenden roten Augen« durch die hohen Stapel der Semesterarbeiten, und am Ende des Jahres war sie, wie Ted schrieb, »grausam ernüchtert«, und von den »schönen Illusionen« ihrer Erstsemester-Utopie befreit.

Im nächsten Jahr in Boston befanden sie sich in einer besseren Umgebung. Ich traf sie im September 1958 nach einem Besuch bei meiner Familie in Tennessee auf dem Rückweg nach Paris. Wir gingen auf dem Boston Common spazieren. Ted kannte alle Vögel und Bäume; wir sahen zu, wie die Fischer an den Anlegestellen Krabben entluden; Ted und Sylvia jubelten, als ein paar zurück ins Wasser flüchteten. Sylvia hatte sich verändert; sie war manchmal sehr ernst, beteiligte sich nur zögernd an den Gesprächen, hielt sich zurück und sah anders aus. Sie war nicht mehr das hübsche amerikanische Mädchen der St. Botolph's-Party, dafür interessanter und nachdenklicher. Mich überraschte die Nüchternheit, die von ihr ausging, aber ich konnte nicht glauben, daß sie damals immer so war. Wahrscheinlich war es nur eine Reaktion auf mich, denn zu der Zeit sah ich die beiden abstrakt als »Mischung«, was im Klartext heißt, daß Ted mein Freund war und ich ihr nicht so nahstand – eine Tatsache, die ihr sicher nicht verborgen blieb.

Im Sommer 1959 fuhren sie quer durch das Land und spielten im Yellowstone Park ein Tedsches Spiel: Sie zählten Bären – wer die meisten sah, hatte gewonnen. Das Thema taucht in einer Geschichte auf, die Sylvia im nächsten Jahr schrieb und die im *London Magazine* erschien. Darin zählt das Paar Bären, und der letzte Bär, der neunundfünfzigste, tötet den Ehemann. Die Geschichte beunruhigte mich. Zwar hatte tatsächlich ein Bär gefährlich nahe an ihrem Lager herumgeschnüffelt, zwar war der Gedanke ein naheliegendes Produkt des Unbewußten, doch es überraschte mich, daß sie eine Geschichte vom Tod eines Ehemanns schrieb, die ihr Ehemann und ihre Freunde lasen.

Ted war empfänglich für die Vielfalt und die Großartigkeit des Kontinents; er reagierte aufgeschlossen auf die Menschen und auf Seiten des amerikanischen Charakters, die ihn bei Freunden und bei seiner Frau angezogen hatten. Auf dem Rückweg nach Massachusetts und nach Yaddo, der Künstlerkolonie im nördlichen Teil des Staates New York, besuchten sie mein Elternhaus in Tennessee (ich war in Paris; während der Zeit in Cambridge hatte ich Teds Familie in seiner Abwesenheit in Yorkshire besucht). Einige Monate später schrieb mir Ted, Sylvia habe plötzlich zwölf bemerkenswerte Gedichte in einer völlig neuen Art geschrieben.

Im Dezember kehrten sie nach London zurück. Ted empfand es als das Ende eines Exils, aber ich bin sicher, das sagte er Sylvia nicht. Ursprünglich hatten sie geplant, nach Italien zu fahren. Ted hatte mich gebeten, für sie ein Haus auf Korsika zu suchen, wo ich damals lebte. Aber Sylvia erwartete ein Kind, und deshalb mieteten sie statt dessen eine Wohnung am Chalcot Square. Dort wurde am 1. April Frieda geboren. Ich verbrachte auf dem Weg in die USA die ersten Märzwochen in England. An meinem ersten Abend ging zum Abendessen zum Chalcot Square. Die Wohnung war so klein, daß Ted in dem kleinen Flur hinter der Wohnungstür schrieb, während Sylvia im Wohn- oder Schlafzimmer schrieb – wo genau, weiß ich nicht mehr. Sylvia kochte bei meiner Ankunft; Ted und ich gingen in ein Pub, um Bier zu holen. Auf meinen Vorschlag tranken wir dort etwas und ließen die im achten Monat schwangere Sylvia, die das Essen zubereitete, vierzig Minuten allein. Die Zahl vierzig hat sich mir eingeprägt, obwohl diese Genauigkeit nach so langer Zeit verdächtig erscheint.

Ted berichtete mir, es sei schwierig, in der Wohnung zu schreiben. Sylvia rief immer wieder nach ihm. An diesem Morgen hatte er beschlossen zu zählen – sie hatte ihn 104mal gerufen. Er äußerte sich mir gegenüber niemals kritisch über Sylvia, und deshalb war es merkwürdig, daß er es jetzt tat. Ich bezweifle, daß er jemals zu ihr gesagt hat: »Hör zu, so kann ich nicht arbeiten.« Ich glaube, so funktionierte die Ehe nicht, sonst wäre sie möglicherweise sehr schnell zu Ende gewesen. Vielleicht waren das alles auch Auswirkungen der Schwangerschaft, der Rückkehr nach England, der Suche nach einer Wohnung und des Umzugs. Aber instinktiv glaube ich nicht an solche Erklärungen. Damals sah ich die Sache noch unfreundlicher. Ich hielt das für die anspruchsvolle Art mancher Amerikanerinnen dieser Zeit.

Als wir in die Wohnung zurückkamen, sprach Sylvia kaum mit uns. Ich weiß noch, daß sie am Eßplatz auf einer Art Podium stand. Wir saßen auf dem Sofa, und sie starrte zu uns herunter. Mir ist nicht die große, schwangere Gestalt in Erinnerung geblieben, sondern die Augen, die uns durchbohrten. Das Abendessen bestand aus drei nicht ganz halbvollen Suppenschalen mit dicker Muschelsuppe. Mehr gab es nicht. Ted und ich leerten die Schalen bis auf den letzten Rest und versuchten demonstrativ, Abbitte zu leisten, aber es half nichts.

Ein paar Tage später kam Olwyn zum Mittagessen zu Ted, Sylvia und mir in die Wohnung. Sie war gerade aus Paris da und besuchte eine Freundin und ehemalige Kollegin bei der NATO, die sie mitbrachte. Sylvia sprach nicht mit der Freundin und nahm sie auch nicht zur Kenntnis. Ich erlebte zum ersten und letzten Mal, daß Olwyn fassungslos war. Am nächsten Tag wollte sie nach Paris zurückfahren, aber Ted rief an und bat sie zu kommen, damit die Sache bereinigt werden könne. Sie ging hin und erwartete, wie sie sagte, eine Entschuldigung, auf die sie schnell erwidern könnte: »Ach, Schwamm drüber.« Aber Sylvia tat, als sei nichts geschehen. Ich erinnere mich, daß ich ungefähr um diese Zeit zu Olwyn sagte – oder sie zu mir: »Sylvia will ihn mit Haut und Haaren.« Es gab Momente in der Ehe, in denen es so aussah, als wolle sie nicht, daß Ted mit irgend jemand außer ihr sprach.

Eine Woche später brachten mich Daniel, Helga und Ted zu meinem Schiff nach New Orleans. Bis zur Geburt des Kindes waren es noch zwei Wochen, und Sylvia war deshalb bei diesem Abschied nicht dabei. Ted war enttäuscht darüber, daß ich meinen »Brückenkopf in Europa« aufgab, nachdem sie gerade zurückgekommen waren. Eine Zeitlang hatte ich geplant, in London und nicht in den USA zu leben, nachdem ich Korsika verließ.

Ted und Sylvia waren glückliche Eltern. Nicholas wurde im Januar 1962 geboren. Damals hatten sie gerade Court Green gekauft, ein altes, mit Stroh gedecktes Haus; es hatte elf Zimmer und stand in einem Obstgarten neben einer sehr alten Kirche in Devon. Ted ging es auf dem Land immer besser, und ich glaube, die Übersiedlung nach Devon stellte ihn wieder her. Als ich Court Green später mit allen Anzeichen von Sylvias Wirken sah, dachte ich, es mußte auch ihr dort gutgegangen sein. Zusammen brachten sie das Haus in Ordnung;

Sylvia bemalte die Möbel im Kinderzimmer mit roten Rosen, Herzen und Erdbeeren. Ihr Roman *Die Glasglocke* war bereits fertig. Als er unter dem Pseudonym Victoria Lucas erschien, hatte ich den narzißtischen Gedanken, sie habe die Namen von Teds Cousine Vicky und seines Freundes als Chiffre für Ted gewählt und als Ausdruck ihrer Bindung in dieser Ehe – dieser starken Einheit, die den größten Teil der sieben Jahre Bestand hatte.

Erst im Sommer 1962 erkannte ich, daß es zwischen Ted und Sylvia Schwierigkeiten gab – möglicherweise hatten sie bis kurz davor noch keine größeren. Daniel schrieb mir nach Zypern, wo ich damals lebte, und schilderte einen Besuch von Ted und Sylvia bei ihm und Helga. In Teds Briefen gab es kaum Hinweise auf Spannungen, und ich hatte angenommen, Sylvia sei nach Friedas Geburt glücklicher und das Zusammenleben mit ihr sei einfacher geworden. Doch Ted machte einen Seitensprung, und sie trennten sich. Sylvias Rivalin ist falsch gesehen worden. Sie war eine Spur eleganter, als ihr guttat, aber im Grunde sehr verletzlich und brauchte viel Zuneigung; sie konnte sich noch deutlich an die SS-Stiefel vor dem Zugabteil erinnern, als ihre halbjüdische Familie sich der Schweizer Grenze näherte.

Wenn ich mich recht erinnere, traf ich am 13. Februar 1963 auf dem Weg von Zypern in die Vereinigten Staaten in London ein. Ich fuhr mit dem Taxi in die Cleveland Street, wo Ted wohnte. Aber die Vermieterin sagte mir, es sei etwas mit seiner Frau passiert, und er sei auf dem Land. Ich traf Catherine, Daniel Huws Schwester, und sie berichtete mir einiges von dem, was geschehen war. Dann fuhr ich zur Fitzroy Road, wo Sylvia und die Kinder gewohnt hatten, und Ted machte mir die Tür auf. Sylvia hatte am 11. Februar den Kopf in den Gasofen gelegt und sich das Leben genommen.

Als wir nach oben kamen, fragte ich mich, was geschehen wäre, wenn das Gas in Friedas und Nicks Zimmer gedrungen wäre, das einen Stock höher lag, oder in die andere Wohnung, und was, wenn durch einen Funken das Haus in die Luft geflogen wäre? Teds Tante Hilda war aus Yorkshire gekommen und half ihm, die Kinder zu versorgen, und bei den Vorbereitungen für die Beisetzung in Heptonstall, Teds Dorf in Yorkshire. Ted war überzeugt, daß Sylvia geglaubt hatte, man würde sie retten. Offensichtlich hatte sie verhindert, daß das Gas in das Zimmer der Kinder drang, die in ihren Betten lagen, neben die Sylvia Milch und Brot gestellt hatte. In ihrer Verfassung muß sie nicht auf die Idee gekommen sein, wie gefährlich es für alle im Haus trotzdem war. Ted glaubte, daß sie innerhalb von zwei Wochen wieder zusammengewesen wären. Er hatte einige Tage vor dem Selbstmord mit Sylvia gesprochen, und sie wollten sich in den nächsten Tagen wieder treffen.

Im Dezember 1963 kam ich nach Court Green und verbrachte dort vier Monate mit Ted, Olwyn, Frieda und Nicholas. Olwyn war seit einiger Zeit aus Paris zurück und nahm sich der Kinder an. Die Lage hatte sich stabilisiert, aber es war immer noch eine düstere Zeit. Ted gab mir das einzige Zimmer im Obergeschoß mit Staren im Strohdach. Im Dach gab es auch Fenster, und man hatte das Gefühl, allem entrückt zu sein. Ted legte zwei herrliche, zwei Meter lange, sägerauhe Ulmenbretter auf Fässer, stellte einen Stuhl davor und befahl mir zu schreiben – ein Theaterstück zu schreiben. Das hatte ich noch nie getan. Ich schrieb ein Stück. Darin wurden Dickdarm, Dünndarm, Lunge, Blase, Wirbelsäule und alles außer dem Herzen wiedergeboren und schwebten aus den Kulissen hinunter in eine düstere Nachwelt, in der sie so unglücklich waren, daß sie beschlossen, sich wieder zusammenzufinden und in die Welt der Schreibmaschinen und Autobahnen zurückzukehren, aus der sie gekommen waren.

Ted und ich beschäftigten uns beide mit schamanistischer Zerstückelung und der Wiederherstellung des Körpers, mit den *Bacchen* und den orphischen Mythen. Zwei Jahre zuvor hatte er *Schamanismus* von Mircea Eliade besprochen und mir darüber geschrieben. Ich hatte es gelesen und ebenfalls rezensiert, und vier Jahre davor hatte er mir geschrieben, jedes Werk von ihm oder mir müsse von nun an eine Episode über »das Zerreißen der Katze« enthalten.

Die Erfahrung der Zerrissenheit muß Ted nicht nur in Form schamanistischer Wahrnehmungen gemacht haben, die er sich möglicherweise angeeignet hatte, sondern auch in den banalen alltäglichen Eifersüchten der verschiedenen Beziehungen, die Ansprüche an ihn stellten. Er zog Menschen an. In Cambridge hatte ihm das keine Schwierigkeiten gebracht: Er beschäftigte sich mit allen, die ihm begegneten. Als er jedoch in die Welt hinauskam, stellten Freunde, Kollegen, ehrgeizige Schriftsteller und Akademiker und noch selbstverständlicher seine eigene und die angeheiratete Familie mehr Forderungen an ihn, als ein Mensch erfüllen konnte. Die Schwierigkeit lag darin, daß er keinen Menschen abwimmeln konnte und nicht urteilte oder verurteilte; aber mit dem Egoismus der vertrauten Alltäglichkeiten konnte er nicht sehr gut umgehen.

Bereits ein Jahr nach Sylvias Tod machten sich viele daran, auf den Sylvia-Zug zu springen – manche mit wenig Skrupel. Solange die Kinder heranwuchsen, sah Ted seine Verantwortung darin, die Geschwindigkeit dieses Zugs, so gut es ging, zu bremsen, um die Kinder vor einer zerstörerischen Legende zu bewahren. 1963 herrschte in ganz England nach dem Ruhm des Zweiten Weltkriegs noch graue Dürftigkeit; die ersten Legenden-Macher, die Sylvias Selbstmord als eine bedeutungsvolle Tat in einer grauen Welt sahen, waren bereits geschäftig am Werk. Während meines Aufenthalts in Court Green stand Sylvias unveröffentlichtes literarisches Erbe auf einem Tisch im Wohnzimmer. In den folgenden Jahren gab Ted es stückweise zur Veröffentlichung frei. Er hielt die Kinder von London fern, und sie wurden glücklicherweise ohne den Einfluß schädlicher Entstellungen erwachsen. Dabei half ihm seine jetzige Frau Carol tatkräftig.

Mir kam der Gedanke – und möglicherweise habe ich das auch Olwyn gesagt –, Sylvia hätte 1962 und 1963 die Unterstützung einer guten, aber unbeteiligten Freundin haben müssen, die gesagt hätte: »Laß ihm Luft zum Atmen, und dann wird alles wieder gut.« Aber dieser Gedanke war müßig. Sylvia besaß um diese Zeit die technische Meisterschaft, mit der sie Gedichte schrieb, die bleiben. Aber der Treibstoff, der ihr zur Verfügung stand, um diese Gedichte hervorzubringen, war der gleiche Stoff, der ihren Selbstmord herbeiführte. Auf Kosten ihres Lebens und auf Kosten derer, die sie überlebten, erreichte sie zweifellos, was sie sich am meisten vom Leben wünschte: einen festen Platz in der Geschichte der englischen Dichtung des zwanzigsten Jahrhunderts.

Dido Merwin
Ein Gefäß des Zorns

Erinnerungen an Sylvia Plath

[...] dein Leben lang verfolgt vom Besten in dir,
verbirgst du dich in deinem Tod

W.S. Merwin

Dichtung ist die Sprache der organischen Wirklichkeit,
und diese Wirklichkeit hat Auswirkungen auf das Leben.

Boris Pasternak

Wir lernten Ted Hughes und Sylvia Plath Ende 1957 oder Anfang 1958 in Boston in der Wohnung von Jack und Maire Sweeney kennen. Jack leitete damals die Lamont Poetry Library in Cambridge, Massachusetts. Sein größtes Vergnügen bestand darin, Dichter zusammenzubringen. Eine Begegnung zwischen Ted Hughes und W.S. Merwin mußte unbedingt stattfinden, da Bill *The Hawk in the Rain*, Teds erstes Buch, in der *New York Book Review* begeistert besprochen hatte. Die Begegnung fand in Form eines Abendessens für uns sechs statt. Ted hatte den Fuß in Gips. Er sprach nicht viel und schien erst einmal alles aus gesicherter Entfernung auf sich zukommen zu lassen. Sylvia war dagegen ganz Geselligkeit.

Das nächste Mal sahen wir uns in unserer Wohnung im fünften Stockwerk in der West Cedar Street. »In der hochliegenden Wohnung der Merwins mit den Fenstern, durch die man einen weiten Blick hat, fühlt man sich wie an Deck eines Schiffes«, schrieb Sylvia damals in ihr Tagebuch. Für Ted war es sehr mühsam, die Treppen hinaufzusteigen, aber als er durch die Tür humpelte, ging er aus sich heraus. Gesprochen wurde über vieles, aber das alles beherrschende Thema war die Vierundsechzigtausend-Dollar-Frage, wie man überlebt, ohne unterrichten zu müssen. Bill hatte bereits unter Beweis gestellt, daß es möglich war. Er war damals tatsächlich der einzige, der es geschafft hatte und somit ein authentischer und erfahrener Verweigerer – nicht nur auf Grund all dessen, was er bislang hatte vermeiden können (unter anderem den begehrenswerten Posten eines Lyrikberaters für die Library of Congress), sondern weil er auch das getan hatte, was Sylvia und Ted behaupteten, tun zu wollen. Er war ungebunden und unbeschwert unter rigorosem Verzicht auf alles Unwesentliche mehrere Jahre lang, neben England, durch nicht weniger als drei europäische Länder gereist (Frankreich, Portugal und Spanien) und hatte jede Arbeit, die sich bot, angenommen, um sich den Lebensunterhalt zu verdienen.

Sylvia machte ihren Gefühlen über die »keimfreie, graue, sekundäre Luft der Universität« in mehreren Briefen Luft, die sie um die Zeit unseres ersten Zusammentreffens – meist an Warren Plath – schrieb:

»Ted und ich haben das immer wieder durchgekaut [...] ich habe keine Lust, immer nur mit Studenten und Lehrern zusammenzusein [...] Wir brauchen die Anregung durch Menschen, Menschen aus verschiedenen Berufen und von unterschiedlicher Herkunft [...] das Opfer an Energie und Lebensblut [...] Ich versuche mich vor einer Klasse vorlauter, verwöhnter Fratzen zu artikulieren [...] Wenn ich erkläre, wie Henry James Metaphern benutzt, sterbe ich vor Sehnsucht, meine eigenen Metaphern zu erfinden [...] Ich will nicht *über* D. H. Lawrence reden und über die Ansichten der Kritiker über ihn. Ich will ihn selbstsüchtig lesen, er soll mein eigenes Leben und Schreiben beeinflussen [...] Ferien sind eine Illusion, wie ich jetzt feststelle, und im Sommer muß man neue Kurse vorbereiten etc. [...] Die Vorteile des akademischen Lebens – Sicherheit und Ansehen – sehe ich nur allzu klar, aber sie sind der Tod des Schreibens.«

Im Tagebuch bezeichnet sie den Unterricht als »ein Vampir im öffentlichen Dienst, der Blut und Gehirn aussaugt, ohne sich zu bedanken.« Sie und Ted hofften, in England auf die BBC rechnen zu können, um wenigstens einen Teil ihres Brots zu verdienen, und Bill bestärkte sie darin sehr. Seiner Ansicht nach war die BBC ungefähr als einzige Institution der Welt keine Falle; sie hatte ihn finanziert, sobald er nach London gekommen war. Das Dritte Programm hatte eine Neuübersetzung des mittelalterlichen spanischen Epos *El Poema del Cid* (noch im Handel) in Auftrag gegeben und danach *La Chanson de Roland*.

Im Dritten Programm der BBC versammelte sich damals eine Galaxis der Talente, die praktisch ungehindert daran arbeiten konnten, es einmalig zu machen. Die vielfältige exzentrische Mischung aus Dichtern (MacNeice, Rodgers und Tiller), Romanautoren (Heppenstall und Sykes), Journalisten, Historikern, Kommunisten, avantgardistischen Einzelgängern und Hörspielproduzenten vom Format eines McWinney und vor allem der unvergleichliche Douglas Cleverdon erzielte ein Sendevolumen, das in der Geschichte des Rundfunks unerreicht geblieben ist. Douglas war von Anfang an Bills guter Geist, wie er es auch für Dylan Thomas gewesen war und für Ted und Sylvia sein sollte. Eine Woche vor ihrem Tod 1963 schrieb Sylvia im letzten Brief an ihre Mutter: »London ist die einzige Stadt auf der Welt, in der ich leben möchte [...] in Amerika gibt es nichts, was der BBC gleichkäme.«

Douglas Cleverdon beschreibt in seinem Buch die beiden goldenen Jahrzehnte des Radios und die ineinandergreifenden und »sehr beweglichen Produktionstechniken«, die er und seine Kollegen entwickeln konnten, und die dadurch entstehende »allgemeine gesellschaftliche Lockerheit der Produzenten, Autoren, Komponisten, Techniker, Schauspieler, Sekretärinnen und so weiter«, deren Mittelpunkt die Pubs George und Stag waren, denn sie »kamen am ehesten dem Zustand des elisabethanischen Theaters und dem des Mermaid [Theatre] nahe«.

Die Begegnung mit Sylvia und Ted in Boston weckte unsere Solidarität und Entschlossenheit, alles für die beiden zu tun, was in unseren Kräften stand. Und als sie zwei Jahre später nach London kamen, setzten wir genau da an, wo wir aufgehört hatten. Bill ließ seine literarischen Verbindungen spielen und machte sie mit allen Leuten bekannt, die ihm geholfen hatten: Douglas Clerverdon, Eric White (der literarische Leiter des Arts Council) und der inzwischen verstorbene Siriol Hugh-Johnes (bei *Sunday Times* und *Vogue*) und so weiter. Ich kümmerte mich um alle praktischen und vor allen um die medizinischen Angelegenheiten. Als erstes mußte man den richtigen Arzt für die hochschwangere Sylvia finden. Die besten Ärzte, wie mein praktischer Arzt und Freund John Horder, waren meist überlaufen. Er nahm sie trotzdem als Patientin an und vermittelte sie an den Gynäkologen in der Gemeinschaftspraxis.

Als sie auf der Suche nach einer Wohnung waren, fiel mir glücklicherweise ein, daß am Chalcot Square, in der Nähe von Regents Park, eine zur Vermietung ausgeschrieben war; sie lag nicht weit von unserer Wohnung in St. George's Terrace entfernt. Nachdem sie sich dafür entschieden hatten, konnten wir Möbel und Dinge für den Haushalt auftreiben, die sie brauchten und die wir noch auf dem Dachboden hatten.

Wenn man alles nur irgend Mögliche für zwei Menschen tut, bis dahin, ihnen eine Wohnung zu beschaffen, praktisch Tür an Tür, dann liegt es nahe, daß man nicht nur auf ihrer Seite steht, sondern sie auch mag. Bis zu diesem Punkt hätte ich schwören können, daß die Beziehung zwischen Sylvia und mir für keine von uns beiden ein Problem aufwerfen könnte. Aus diesem Grund hatte ich wahrscheinlich wenig oder nicht ernsthaft darüber nachgedacht. Aufgrund ihrer Erklärungen, daß sie sich besser arrangieren wolle, um Zeit zum Schreiben zu gewinnen, ging ich natürlich davon aus, daß wir völlig übereinstimmten. Deshalb versicherte ich ihr, daß sie all das, was Bill und ich nicht hatten besorgen können, in der Chalk Farm Road spottbillig gebraucht erstehen könne.

Ihre bündige und unerwartete Zurückweisung dieses gutgemeinten Vorschlags war wie eine Warnung, die unter ihren Augenbrauen hervorblitzte: Anscheinend verlief nicht alles so angenehm glatt, wie ich angenommen hatte. Aber was, zum Teufel, ging es uns an, wenn die Hughes' meinten, mit einem piekfeinen Kocher, einem Kühlschrank und einem Bett angeben zu müssen? Jedenfalls machte das für ein Flohmarkthändlerpaar wie Bill und mich wenig Sinn. Wir hätten es natürlich verstanden, wenn wir etwas von der drängenden

Unsicherheit geahnt hätten, in der die Wurzel für Sylvias Bedürfnis nach seelisch aufrichtenden Äußerlichkeiten lag.

Aber damals tappten wir völlig im dunkeln. Dazu kam, daß Ted Sylvia immer abschirmte, und da sie sich aufgrund ihrer tiefverankerten Kompliziertheit und ihrer unerschütterlichen Abwehrhaltung dauernd entzog, fühlten wir uns manchmal gänzlich zurückgestoßen. Das heißt natürlich nicht, daß wir uns nicht weiter bemüht hätten – und sei es nur, um Neutralität zu wahren. Aber einfach war das nicht.

Einige Wochen nach ihrem Einzug fragte mich Ted, ob er einen wackligen alten Kartentisch leihen könne, den er auf unserem Dachboden entdeckt hatte. Der Tisch war wurmstichig und klapprig, aber Ted versicherte, er sei genau das Richtige für ihn. Wie sich herausstellte, richtete er sich in dem ungefähr einen Quadratmeter großen, dunklen, fensterlosen Flur, wo die Mäntel aufgehängt wurden, einen Arbeitsplatz ein. Man konnte dort gerade den Kartentisch und einen Stuhl unterbringen, vorausgesetzt, niemand öffnete die Wohnungstür.

Sylvia erklärte verständlicherweise, in den verbleibenden zwei Monaten ihrer »Wartezeit« mache sie keinen Versuch zu schreiben. Außer Briefen an die Mutter hatte sie nur Lust, wie sie sagte, »mein Tagebuch« zu schreiben. Nachmittags legte sie sich »hin, und danach bin ich ruhig genug, um nachts zu schlafen«. Außerdem las sie viel (meist Bücher, die sie sich von Bill lieh), arbeitete in der Küche und machte Spaziergänge am Primrose Hill, wenn sie Lust hatte, an die frische Luft zu gehen.

Wir empfanden es als ungerecht, daß sie die ganze Wohnung hatte, um sich auszuruhen, während Ted nur »das schwarze Loch von Kalkutta« blieb, wie wir es unter uns nannten. Er erklärte fröhlich, ein mutterleibähnlicher, enger Platz fördere seine Konzentrationsfähigkeit. Wir glaubten das nicht so recht und hielten es für eine seiner schützenden Ausreden, an die wir uns allmählich gewöhnten. Ganz so war es nicht. Sylvia hatte den Löwenanteil der Wohnung freiwillig bekommen, und nach allem, was man hört, liebt Ted bis zum heutigen Tag Zellen und Verliese. Von außen wirkte das ganze Arrangement jedoch ziemlich unausgewogen; deshalb entschloß sich Bill zu etwas, woran er noch nie auch nur im Traum gedacht hatte: Er bot Ted für die Zeit, in der wir nicht in London waren, sein Arbeitszimmer an. Bei einem Menschen wie Bill, der derartig auf seine Privatsphäre bedacht war, der vor allem auf der Hut war und argwöhnisch allem aus dem Weg ging, war das ein besonderes Zeichen von Achtung, Sorge und Vertrauen – und bedeutete selbstverständlich nur ein Arrangement zwischen den beiden.

Anfang Mai fuhren wir in unser Haus nach Lacan in Frankreich, und Ted richtete sich wie verabredet in Bills Arbeitszimmer ein. Aber innerhalb von vier Wochen hatte sich auch Sylvia dort niedergelassen: »[...] die Vormittage im Arbeitszimmer bringen meiner Seele soviel Frieden [...]«, schrieb sie ihrer Mutter. Wir wußten natürlich längere Zeit nichts davon. Die Wahrheit erfuhren wir erst durch eine beiläufige Bemerkung in einem von Teds Briefen.

Widerstrebend mußten wir mit der Zeit einsehen, daß Sylvia von Natur aus besitzergreifend war und ihre zwanghafte Selbstgerechtigkeit (das Wahrzeichen der *Briefe nach Hause*) alles in der Art von »Du hast doch nichts dagegen?« oder: »Bist du einverstanden?« völlig überflüssig machte. Wäre sie nicht die Hohepriesterin der semantischen Nuance gewesen, hätte man gesagt, sie kennt die Bedeutung der Worte »Gewissensbisse« oder »Bitte« oder »Danke«, falls das mal angebracht sein sollte, nicht. Die ersten sechs Monate des Jahres 1960 waren wir uns eine Zeit der Überraschungen und – *a fortiori* – großer Nachdenklichkeit.

Im März 1960, einige Wochen vor Friedas Geburt, schenkte man Bill und mir Karten für eine Aufführung von Middletons *The Changeling* im Royal Court Theatre. Am Morgen der Aufführung kam Bill etwas dazwischen, und er gab seine

Karte Ted, der zufällig vorbeigekommen war. Ted freute sich. *The Changeling* wird wie die meisten elisabethanischen Theaterstücke selten aufgeführt und ist deshalb eine Art Leckerbissen. Als ich zum Mittagessen nach Hause kam, erklärte mir Bill, sie hätten vereinbart, Ted werde mich abholen, damit wir zusammen gehen konnten.

Nachmittags erschien Ted wieder und sagte, »insgesamt« glaube er, es sei »besser«, daß Sylvia die Karte benutze. Vielleicht als Folge des Mißverständnisses mit dem »Schwarzen Loch« fragte ich eine Spur zu anzüglich, ob nicht vielleicht Sylvia glaube, es sei »insgesamt besser«. Er erwiderte, die ganze Angelegenheit sei die Aufregung nicht wert. Daraus schloß man, daß »Aufregung« eine Umschreibung von allem war, was geschah, wenn sie nicht ihren Willen bekam. Es war die Sache der beiden, wenn Sylvia nicht wollte, daß Ted ausging und sich gut unterhielt. Aber die Karte gehörte uns. Das Normale wäre gewesen, uns die Möglichkeit zu geben, sie einem anderen zu schenken. Die Karte wurde jedoch nicht zurückgegeben. Ich hätte darum bitten oder Ted meine geben und mir eine andere kaufen müssen, was ich schließlich auch tat. Der Vorfall ist im Grunde nicht der Rede wert; aber ich bekam zum ersten Mal eine Kostprobe von Sylvias Begabung, andere ins Unrecht zu setzen. In diesem Fall handelte es sich um etwas sehr Unbedeutendes, aber es funktionierte. Ich wollte mich nicht als kleinlich hinstellen lassen, weil mir das nicht lag. Deshalb konnte ich ebensowenig die Karte zurückverlangen, wie Bill etwas über das Arbeitszimmer hatte sagen können, nachdem Sylvia erst einmal den Fuß in der Tür hatte.

Sylvias Methode, eine Atmosphäre der Schuld zu schaffen, in der niemand recht hatte, war ein Trick, den man auch bei Strindberg-Charakteren trifft: Sie trug den Krieg in das Lager des Feindes – und der Feind, so entdeckten wir allmählich, waren *wir.* Ihre sichtbare Mißachtung von Ursache und Wirkung bekam ebenfalls Strindbergsche Züge, wenn sie mit ihrer rigoros vereinfachten Beurteilung von Menschen und

Situationen kollidierten. Es war ganz einfach so, daß Sylvia nie eine Schuld traf; und solange ich sie kannte, hörte ich kein Wort der Entschuldigung von ihr.

Ich kenne nur einen Fall, in dem sie eine Art Schwäche oder Fehlbarkeit zugegeben hat; und auch das geschah mehr oder weniger unfreiwillig. Es rutschte ihr (ironischerweise sehr spät) in einem Brief an ihre Mutter vom Herbst 1962 heraus, in dem sie erklärte, weshalb Ted nach ihrer Trennung mit ihr in London auf Wohnungssuche ging: »Jetzt begreift er, daß er nichts von mir zu befürchten hat, keine Szenen, keine Rachsucht.« Sylvia verriet sich damit selbst, indem sie das vielsagende Adverb »jetzt« benutzte, was bedeutete: nicht wie früher, denn sie war – trotz allem – wild entschlossen, ihrer Mutter das Bild der »glücklichsten aller Frauen [...]« voller »Freude, Spaß, Ideen und Liebe« einzuhämmern, das das Fundament der von ihr zerstörten Ehe hätte sein können und sein sollen.

Nirgends sonst in den *Briefen nach Hause* findet sich der leiseste Hinweis auf ihren dauernden, wechselhaften eumenidischen Zorn. Auch Ted erwähnte nie etwas davon, wenn er sie entschuldigte – oder nur ein einziges Mal recht undeutlich und sehr viel später (genauer gesagt, zwanzig Jahre später!) in einer Parenthese am Ende seines Vorworts zu den Tagebüchern: (»Damals hielt ich Vergessen für einen wesentlichen Bestandteil des Überlebens.«)

Natürlich hatte es bei dieser *Changeling*-Episode keine sichtbaren Hinweise auf eine »Szene« gegeben und ganz sicher nicht den Ruf nach »Rache«, sondern lediglich einen leicht verlegenen Vermittler in Gestalt von Ted. Obwohl der Anlaß ein Plan war, den Ted und Bill sich in bester Absicht ausgedacht hatten, stellte sich heraus, daß es für mich der Vorbote einer ersten geballten Ladung von Sylvias Zorn war.

Am letzten Tag der Demonstration der Atombombengegner am Osterwochenende 1960 war Frieda Hughes, Bills und mein Patenkind, sechzehn Tage alt. Wie üblich beteiligte sich

Bill an dem drei Tage langen Marsch. Ted wollte unbedingt das Eintreffen der Demonstranten in London erleben, und als die beiden den Vorschlag machten, erklärte ich mich dazu bereit, ihn trotz meiner Abneigung, in der Menschenmenge gestoßen und angerempelt zu werden, zu begleiten.

In den vorausgegangenen zwei Wochen war eine strahlende Sylvia glücklich davon in Anspruch genommen, ihr hübsches kleines Töchterchen kennenzulernen. Soweit ich wußte, hatte sie nie die leiseste Andeutung gemacht, daß der Marsch sie interessiere, ganz zu schweigen davon, daß sie ihn sehen wollte. Wäre auch nur davon gesprochen worden, Frieda mitzunehmen, hätten sie mit mir nicht rechnen können. Ich wäre dagegen gewesen, ein zwei Wochen altes Baby in einer solchen Menschenmenge herumzuschleppen.

Ted und ich gingen zum Albert Memorial. Wir blieben nicht lange. Ich hatte bald genug von der Menge, und er wollte schnellstens wieder nach Hause, was mir völlig normal und vernünftig erschien – obwohl ich zu diesem Zeitpunkt nicht die Hälfte von dem kannte, was bei den Hughes' normal und vernünftig war. Zum Beispiel, daß bereits die Andeutung, Ted könne mit jemandem weggehen, automatisch größere oder kleinere Reaktionen hervorrief, die sich verdoppelten, wenn es sich bei diesem »Jemand« um eine Frau handelte.

Als wir in die Wohnung am Chalcot Square zurückkamen, waren Sylvia und Frieda spurlos verschwunden. Wir fanden nur einen Zettel, auf dem stand, sie seien »zum Ostermarsch« gegangen. Ohne die Angst um Frieda wäre diese Zurschaustellung der *lex talionis* lächerlich gewesen. In jedem anderen Kontext hätte Sylvia als erste das Bild einer Stummfilm-Mutter-Heldin lächerlich gemacht, die mit dem Neugeborenen auf dem Arm zerbrechlich und allein mitten in der Menge herumirrte. Sie hatte folgendes getan: Nachdem Ted gegangen war, rief sie seinen Freund Peter Redgrove an (der zufällig eine Baby-Tragetasche hatte) und lud ihn ein, »uns« zum

Trafalgar Square zu begleiten (das klang nach einem Familienausflug). Es hatte ebenso die gewünschte Wirkung wie der Zettel, den sie für Ted zurückließ. Niemand wußte, wo sie war; also konnte man sie auch nicht suchen. Sylvias Bericht von der Demonstration als »ungeheuer bewegendes Erlebnis und das erste richtige Abenteuer für das Baby« (*Briefe nach Hause*) ist ein typisches Beispiel für das, was sie selbst in ihren Tagebüchern das »Verbalisieren des Wunschimages« nannte – mit anderen Worten, *un*erwünschte Realität zu »ordnen« und zu »formen«.

Als Bill und ich Ende Mai nach Frankreich fuhren, hatten sich meine Illusionen hinsichtlich einer normalen, unbeschwerten Freundschaft mit Sylvia verflüchtigt. Es wurde immer anstrengender, zwischen hochgezogenen Brauen und Zorn einen Unterschied auszumachen, und noch viel schwerer ließ sich das Problem ignorieren, wie man ihr krankhaftreizbares Ego mit der eigenen Empörung in Einklang brachte.

Die Antwort – wenn es eine gab – schien in ihrem Hang zu Kategorisierungen und Stereotypisierungen zu liegen und in der Tatsache, daß, von ihrem Standpunkt aus betrachtet, ein willfähriger Jasager besser war als ein sogenannter unbequemer Freund. »Unbequem« bedeutete unberechenbar, und alles in dieser Richtung war grundsätzlich verdächtig. Anderssein löste bei Sylvia im allgemeinen Unbehagen aus; sie brauchte die Bestätigung von fügsamen Doppelgängern, hilfreichen verwandten Seelen und Jasagern. Es lag weder an ihr noch an mir, daß sie und ich zufällig entgegengesetzte Pole waren. Wir hatten das Maß unseres jeweiligen Selbstbewußtseins zugeteilt bekommen und mußten wohl oder übel damit leben.

In dem einleitenden Kapitel, das vor dem ersten Brief ihres nur A's vorweisenden Wunderkindes steht, gewährt Aurelia Plath dem Leser den Blick der stolzen Mutter auf eine leistungsbesessene Achtzehnjährige, die bereits unrettbar süchtig ist:

»Die Smith-Briefe von Sylvia lassen die Mühe erkennen, mit der sie als gewissenhafte Studentin um gute Zensuren kämpfte, teils, um ihren eigenen Ansprüchen zu genügen und um sich ein Selbstbild aufzubauen, teils, um sich der großzügigen finanziellen Hilfe würdig zu erweisen, die sie aus verschiedenen Quellen erhielt [...] Über diese Mühe hinaus war es ihr ein Bedürfnis, als ›Allround-Person‹ zu gelten, d.h. als Studentin, die nicht nur auf akademischem Gebiet erfolgreich war, sondern auch bei den Studenten beiderlei Geschlechts gesellschaftliche Anerkennung fand, und als Person, die einen Beitrag im Dienst ihrer Altersgenossinnen und der Gemeinschaft leistete. Zu all dem kam der brennende Wunsch Sylvias, ihre kreativen Fähigkeiten auf dem von ihr erwählten Gebiet – dem Schreiben – zu entwickeln und dort Anerkennung zu finden. Der Druck, der infolge ihres Engagements auf so vielen Gebieten entstand, war zeitweilig so groß, daß sie zusammenbrach, körperlich und seelisch.«

Die gute alte Arbeitsethik ließ »deine strahlende Sivvy« funktionieren, denn sie war programmiert auf »Nah- und Fernziele« (*Journals*) und getrieben wie eine Flagellantin von dem »alten Bedürfnis, Mutter Leistungen vorzulegen. Und als Belohnung Liebe bekommen...« (*Journals*) Und wie sah diese Ethik aus? Du bekommst das, wonach du bewußt strebst. Du wirst das nicht bekommen, wonach du nicht gestrebt hast. Und: Den letzten beißen die Hunde. Die »letzten« waren die Schamlosen und Unmotivierten – wie ich zum Beispiel. Für eine überbeladene Strindberg-Ameise gab es also an einer lässigen Tschechow-Zikade viel auszusetzen – auch ohne meine drei Ehen, die bewußte Kinderlosigkeit und einem gelifteten Gesicht.

Mehrere Ehen und keine Kinder waren tadelnswert, aber ein alter Hut; Schönheitschirurgie dagegen lohnte es, daß man sich näher damit befaßte. Wie die meisten von uns war Sylvia nur dann eine Moralistin, wenn es gerade paßte, aber eine Dichterin war sie immer. Hinzu kam, daß medizinische Bilder ihre Stärke waren. Ich bin schamlos und habe nie verstanden (und verstehe immer noch nicht), weshalb Massagen oder gefärbte Haare oder Zahnkronen erlaubt sein sollen, kosmetische Gesichtsoperationen jedoch verachtet und tabuisiert wurden (und werden). Ich hatte meine lange hinausgeschoben; und als Sylvia Fragen stellte und Interesse an meinen aufsehenerregend bunten Flecken zeigte, erschien mir das ganz normal. Ich dachte nicht im Traum daran, daß sie von ihren Erkenntnissen Gebrauch machen würde – oder sollte. Das alles war natürlich nicht im geringsten vertraulich – und zwar aus einem ganz einfachen Grund: Sylvia war für mich viel zu unberechenbar, um zu riskieren, ihr etwas unter dem Spiegel der Verschwiegenheit anzuvertrauen.

Der Knüller meiner Gesichtsoperation war insofern ein einmaliges Zwischenspiel in unserer ambivalenten Beziehung, als wir tatsächlich einmal ohne jede Zurückhaltung miteinander sprachen. Vielleicht lag es daran, daß ich mit blauen Flecken und Verbänden den Eindruck machte, im Nachteil zu sein, vielleicht aber auch nur daran, daß Sylvia einmal ihre Vorsicht und Wachsamkeit vergaß oder darauf verzichtete – zumindest darauf zu verzichten schien. Wie auch immer, sie verschaffte mir die Gelegenheit, eine engagierte und faszinierende Seite an ihr zu erleben, die ich kaum je wieder zu sehen bekam.

Die Feindseligkeit und Verachtung, die in dem Gedicht, das aus ihrer Neugier erwuchs, in die wunderbar beobachtete, grell beleuchtete Karikatur flossen, waren im wesentlichen das, was man erwarten durfte. Eine Schwalbe macht noch keinen Sommer; außerdem muß man sich daran erinnern, daß Sylvia, als sie etwa drei Monate später *Face Lift* schrieb, sich bereits wieder verbarrikadiert hatte und aus allen Rohren schoß.

Ehe man eine Reihe von Dingen einordnen konnte, die damals völlig unverständlich waren, mußte man alle drei

Schlüssel zu ihrem Labyrinth besitzen. Das dauerte ungefähr zwanzig Jahre: 1965 verrieten die *Ariel*-Gedichte den verzehrenden Haß und Zorn, und soweit ich weiß, hat keiner ihrer selbsternannten Biographen bisher den Mut gehabt, sich den Implikationen dieser Gedichte zu stellen.

1975 erschien das Evangelium nach dem Wunschbild: *Briefe nach Hause*. Dadurch wurden wir mit einer höchst organisierten Mythologisierung vertraut gemacht, die alles ins Positive und Hübsche verwandelt. 1982 schließlich enthüllten die *Journals* Sylvias persönliche Entscheidungskämpfe: die Kämpfe zwischen den »sich bekriegenden Ichs«, wie Ted es in seinem Vorwort nannte. Die Tagebücher bestätigen auch, daß ihr Dybuk Angst hieß.

Damals tastete man unsicher herum, versuchte, einen nichtexplosiven *modus videndi* zu finden, und stand vor einer solchen Flut von Widersprüchen, daß einem nichts anderes übrigblieb, als Tag für Tag zu reagieren – oder aufzugeben. Allerdings machte es keinen großen Unterschied, wie man reagierte, denn alles hing von Sylvias augenblicklicher Stimmung ab.

Inzwischen ist deutlich geworden, daß ihre Einstellung zu Menschen, die sie kannte, komplizierter war, als es den Anschein hatte. Wie es aussah, teilte Sylvia uns mehr oder weniger willkürlich in zwei Kategorien ein: in die Schafe und in die Ziegen. Die Schafe (dazu gehörte Bill) waren eine kleine bewunderte Elite, und es war wichtig, sich bei ihnen in acht zu nehmen und von der besten Seite zu zeigen – eindrucksvoll, geistsprühend – mit der Neigung, des Guten zuviel zu tun. Dann gab es den Rest – uns, die Ziegen, die mal oben, mal unten rangierten. Einmal rangierte ich sichtbar oben (abgesehen von dem kurzen Moment und der Perspektive, die dank der Gesichtsoperation vielleicht möglich gewesen wäre) – aber das kam erst Jahre später ans Tageslicht, als ich entdeckte, daß ich in *Briefe nach Hause* seltsamerweise in eine Art »Freundlichkeit in Person« verwandelt worden war.

Der Vorteil, eine Ziege zu sein, bestand darin, daß von uns nichts erwartet wurde. Der Nachteil lag in der ständigen Möglichkeit, daß man sich zum falschen Zeitpunkt am falschen Platz befand (wie ich beim Ostermarsch). Dann war man wegen eines nichtexistenten Faktums unerklärlicherweise und plötzlich eine Unperson und/oder Mitschuldiger – weil Sylvia gerade auf Rache aus war. Aber ganz gleich, wer zum Sündenbock wurde, Teds Anwesenheit war immer unverzichtbar. Ohne ihn wäre alles in sich zusammengefallen, denn dann hätte bestimmt jemand zu Sylvia gesagt, sie solle mit dem Unsinn aufhören. Aber durch seine Gegenwart hatte sie alle in der Hand und war selbst unantastbar.

Ihre öffentlichen und/oder ständigen Szenen haben Leute in London, Yorkshire und Frankreich miterlebt; sie verliefen nach einem charakteristischen Schema, das sich nicht so leicht beschreiben läßt, da an dramatischen Ereignissen buchstäblich nichts geschah. Es wäre falsch, von Schmollen zu sprechen, weil die Szenen, abgesehen von einem gelegentlichen Achselzucken, schweigend verliefen. Mit Schmollen würde man eine losgelöste, in sich zurückgezogene Distanziertheit bezeichnen, die das völlige Gegenteil von der unvermeidlichen Explosion aktiver Feindseligkeit war, die sich gegen jeden richtete, der zufällig in die Sache verwickelt war. Ihre unaufhörliche abfällige Schadenfreude schuf eine Atmosphäre qualvoller Bestürzung, die allen unvergeßlich war (immer noch ist) und die sich wohl keiner vorstellen kann, der nie diesen Zorn erlebt hat, über den sie schrieb: »Die Gewalt in mir ist ungezügelt wie Totenblut.«

Die privaten und heftigen Szenen, in denen sie Schimpftiraden losließ, waren vermutlich den zwei Säulen ihrer mythologischen Welt vorbehalten, auf deren Treue sie sich verlassen konnte: ihre Mutter und ihr Mann. Aus der Distanz kann man erkennen, daß sie auf die Mutter hinab- und zu Ted aufblickte. Von Ted forderte Sylvia in zunehmendem Maß die alles vergebende, nachsichtige Zuneigung (ungetrübt von der geringsten Entscheidungsfreiheit), die sie von Aurelia immer bekommen hatte; in anderen Worten: hundertprozentige, biologisch nicht abbaubare Mutterliebe.

Ted deutete nie freiwillig auch nur an, was zwischen ihnen vorging. Mrs. Plath erwies sich dagegen als weniger verschwiegen – zumindest während ihres Besuchs in London im Juni 1961, als sie während unserer Abwesenheit in unserer Wohnung schlief. Wenn sie abends dorthin zurückkam, schüttete sie bei Molly Raybould, einer Australierin, die unsere Katze versorgte, ihr Herz aus. Molly fielen besonders zwei Sätze auf, die Aurelia ständig wiederholte: »Ich mache alles *falsch*, nichts kann ich richtig machen!«, und: »Ich weiß nicht, wie Ted das aushält.«

Sylvias Bedürfnis, das Bild »eines ringsherum gesellschaftlich akzeptierten, hilfsbereiten« Menschen aufrechtzuerhalten, ging nicht so weit, sich mit einer »kleinen australischen Friseuse« abzugeben, bei der Mrs. Plath mit ihren Klagen ein mitfühlendes Ohr fand – was zweifellos damit zusammenhing, daß Aurelia alles so offen erzählte. Außerdem war Molly eine Außenstehende, die nur vage eine Vorstellung davon hatte, was Mr. und Mrs. Hughes jeden Tag in Bills Arbeitszimmer taten. Schüchtern, naiv, altjüngferlich, mit rot »getönten« Haaren, die ihre Mausigkeit nur noch hervorhoben, gab sie unumwunden zu, »eine Höllenangst vor dieser Mrs. Hughes« zu haben; sie hätte sehr gestaunt, wenn man ihr gesagt hätte (was außer Ted damals niemand wußte), daß diese Mrs. Hughes vermutlich sehr viel mehr Angst hatte als sie.

Natürlich nicht vor Molly, aber vor vielen anderen Dingen [...] Insbesondere vor Teds Haltung Menschen gegenüber: sein völlig selbstverständliches Wohlwollen und seine Verfügbarkeit – zweifellos die Quelle seiner Kinderbücher und Schulsendungen. Wie konnte Sylvia, die sich von allem ausgeschlossen fühlte, wenn sie Ted nicht ganz allein für sich hatte, anders reagieren, als das abzulehnen? Sie ging sogar soweit, in ihren gereinigten Briefen nach Hause festzustellen: »Ted ist zu seinen Verwandten und Freunden einfach zu nett.« Und in einem der beiden verlorengegangenen Tagebücher stand irgendwo der unvergeßliche *cri du cœur*, den ich einmal zitiert hörte: »Wir öffnen die Tür zusammen. Sie gehen über mich hinweg, als sei ich eine Fußmatte, und geradewegs in sein Herz.«

Offenbar kam ihr nie der Gedanke, das könne an ihr liegen, zum Beispiel an ihrer Art, den Mollys und Ziegen dieser Welt die Tür zu öffnen oder sie ihnen vor der Nase zuzuschlagen [...] E. M. Forster sagte einmal: »Man muß nur die Zusammenhänge herstellen.« Aber das schien Sylvia nicht zu können. Aus ihrer Sicht irrte sie sich nie. Also irrten sich die anderen. Sie glich einem Wagen ohne Rückwärtsgang und mit Bremsen, die immer mehr versagten: eine katastrophale Kombination und die Quelle für fehlende Rücksicht, Mangel an Gewissen, Unklugheit und natürlich Eifersucht.

Diese Kombination bestand von Anfang an. Die Stimmung, die sie wegen *The Changeling* geschaffen hatte, und das Theater um den Ostermarsch – was dazu führte, daß ich mich zurückzog – waren eindeutig genug gewesen [...] Wenn »sie« geradewegs in Teds Herz gehen konnten, dann waren jeder Mann, jede Frau, jedes Kind eine potentielle Gefahr – ein Hinweis darauf: Der eigentliche *casus belli* war, daß Ted ein Erlebnis – wie harmlos auch immer – mit einem anderen Menschen als ihr teilen *könnte*. Das galt für Vertraulichkeiten und Erinnerungen (Verwandte und alte Freunde waren dafür am meisten prädestiniert), und dahinter, gerade außer Sichtweite, lag Hieronymus-Bosch-ville mit dem Garten (namenloser) Freuden.

Ironisch und typisch Strindberg war auch, daß das Problem geteilter Erfahrung das unsinnigste aller Geister und Schreckgespenster war, die Sylvia heimsuchten. Niemand konnte eine Beziehung zu Ted haben, die sich auch nur im entferntesten mit dem vergleichen ließ, was zwischen ihnen beiden stattfand. Ihre Arbeitssymbiose war eine echte »Ehe ehrlicher Geister«, eine Einigkeit, die Ted, abgesehen von seinem Schreiben, mehr als alles schätzte.

Ted stellte das immer und immer wieder unter Beweis – nicht nur durch seine Geduld bei dem »täglichen Krieg zwischen Sylvias sich bekämpfenden Ichs«, sondern auch durch seine Toleranz, wenn sie sich den Menschen gegenüber, die er mochte, schlecht benahm. Er achtete ihr Talent, freute sich darüber und schätzte es. Er stellte sich stets schützend vor sie als Künstlerin, als seine Frau und Mutter seines Kindes. Solange ich sie als Paar kannte, war er einfach »zu nett« zu Sylvia. Es wäre für beide vielleicht besser gewesen, wenn er weniger beständig loyal und sanft gewesen wäre.

Sylvia hätte keine Sekunde an ihren gemeinsamen Zielen zweifeln müssen, mit denen er sich ganz und gar bis ins Innerste identifizierte; sie waren ein »unverrückbares Zeichen«. Sylvia setzte das aufs Spiel, indem sie einen kampfbereiten Verteidigungswall um etwas errichtete, was nicht verteidigt werden mußte; und das war das beste Beispiel ihrer selbstzerstörerischen Unklugheit. Was sie und Ted miteinander teilten, war die Möglichkeit, ihre Arbeit gemeinsam zu tun, und das machte sie für Außenstehende unangreifbar. Ihr Geheimnis war ihr persönlicher Mythos. Nur einer von ihnen konnte ihn entweihen. Alle Midasschen Heerscharen, die sie umlauerten, waren nichts als Hirngespinste. Das Heilige Land war sicher wie ein Haus. Mit einer Ausnahme, und das war Verrat durch das »Falsche im Innern« – und bis es geschah, hätte jeder geschworen, daß es undenkbar sei.

Anfang 1961 freute sich Sylvia zwar, wieder schwanger zu sein, aber ihr Blinddarm machte ihr Kummer. Das und die Angst vor der Operation im Krankenhaus rief eine ihrer regelmäßigen Schreibblockaden hervor oder trug zumindest dazu bei. Als therapeutische Ablenkung nahm sie deshalb eine »sehr angenehme« redaktionelle Arbeit an. Ted bemühte sich inzwischen um eine neue Verdienstquelle, um die Ausgaben für ein zweites Kind zu finanzieren. In der ersten

Februarwoche führte ein Gespräch in der BBC zu einem Vertrag über regelmäßige Schulfunksendungen. Das bedeutete, die beiden waren finanzieller Sorgen enthoben.

Im Oktober 1962 (mehr als achtzehn Monate später) schrieb uns Ted, er habe sich von Sylvia getrennt. Es überraschte uns nicht. Wir fanden es erstaunlich, daß er es so lange ausgehalten hatte. Er berichtete keine Einzelheiten, außer, daß er mal hier, mal da bei Freunden in London wohne. Bill dachte sofort daran, daß Ted keinen Platz hatte, um ungestört zu arbeiten. Vor meiner Rückkehr nach New York mußte ich nach London und mich um die Hinterlassenschaft meiner Mutter kümmern, die vor kurzem gestorben war. Das bedeutete, Ted konnte ein Zimmer ihrer Wohnung am Montagu Square haben, bis ich die Wohnung los war. Bei meiner Ankunft in London rief ich deshalb sofort bei seiner Mutter an und erkundigte mich nach Teds Telefonnummer. Er zog noch am selben Abend ein und blieb auch noch, als ich im November abreiste, bis die letzten Möbel kurz vor Weihnachten versteigert wurden.

Ich hatte ihm in der Vergangenheit bewußt seine loyalen Entschuldigungen und Verschleierungen vergeben und ihm nicht widersprochen, aber an diesem ersten Abend stellte ich ihm eine Frage – teils als Zeichen für eine neue, unzensierte Lage der Dinge, teils, um sie auf die Probe zu stellen. Ich fragte ihn, was während des Zusammenlebens mit Sylvia das Schwerste gewesen war. Er antwortete mit dem Bericht über den Anfang der inzwischen sehr erfolgreichen Rundfunksendungen.

Die Leiterin der Schulfunkabteilung, Moira Doolan, eine nicht mehr ganz junge Dame, hatte angerufen, um einen Termin zu vereinbaren. Sylvia war am Telefon und hatte aus Timbre und Klang der Stimme auf gemeinsame Erlebnisse geschlossen, die über das Geschäftliche hinausgingen. Ted kam eine halbe Stunde zu spät zum Mittagessen – er hatte den Auftrag bekommen, um den er sich bemühte – und mußte nun feststellen, daß sie alles, woran er gerade arbeitete, zerrissen hatte – Manuskripte, Skizzen, alles. Und aus purer Bosheit hatte sie ihm überflüssigerweise auch noch seine Shakespeare-Gesamtausgabe zerfleddert. Nur der Rücken und der Einband hatten ihrer Zerstörungswut standgehalten. Die Seiten waren mehr oder weniger nur noch Schnipsel. Ted konnte nur noch ein paar Arbeiten mit Klebeband wieder zusammensetzen.

Es ist mühsam und anstrengend, eine große Menge Papier in kleine Stücke zu zerreißen. Sylvia hatte also genug Zeig gehabt, darüber nachzudenken, daß ihre Rache, die Entweihung dessen, was ihnen beiden am meisten bedeutete, poetische Gerechtigkeit herausforderte. Aber sie gab ihren Fehler nicht zu, sondern machte Ted schwere Vorwürfe, weil sie seinetwegen zu spät zu ihrer Halbtagsarbeit kam. Soweit ich weiß, gelang es ihr zum ersten Mal nicht, einen anderen für das verantwortlich zu machen, was sie getan hatte, und deshalb sehe ich, sei es nun falsch oder richtig, in dieser Episode eine Art Wendepunkt, ganz gleich, ob es einem von beiden damals schon bewußt war oder nicht.

Wie die Wahrheit auch aussehen mag, die Ehe hätte überlebt, wenn Sylvia auch nur die geringste Anstrengung gemacht hätte, aus Erfahrung zu lernen. Zweifelsohne hatte Ted die Hoffnung nicht aufgegeben – vergeblich, wie sich herausstellte –, daß Sylvia durch einen Umzug in ein eigenes Haus auf dem Land, durch ein zweites Kind und ideale Arbeitsbedingungen eine Art ruhige Gelassenheit finden würde – zumindest soweit, um ihre gefährliche Neigung zu unterdrücken, ihn weiter von sich wegzutreiben, indem sie den ehelichen *cordon sanitaire* wie besessen immer enger zog.

Die Nemesis kam in einem wahrlich Strindbergschen *deus ex machina*. Am Wochenende nach ihrer Rache hatte Sylvia eine Fehlgeburt (das Kind sollte im August zur Welt kommen), und »der gesegnetste Mensch auf dieser Welt« war noch lange Zeit danach beschäftigt, Sylvia zu pflegen. Ihre sofortigen Gedächtnisschwäche löschte natürlich auch das aus, was sie getan hatte. In den Briefen an die Mutter erwähnt sie den Vorfall mit keinem Wort. Aber wenn das Bedürfnis dazu sich eingestellt hätte, wäre es Sylvia gelungen, den *Todestanz* in das *Lächeln einer Sommernacht* »umzugestalten« oder den Programmwechsel zu »befehlen«.

Es bedürfte einer eigenen Untersuchung, wie *Briefe nach Hause* zu einer Heiligen Schrift gemacht wurden, welche Rolle sie beim Entstehen der Goldgrube Plath spielten und – so gesehen – wie und weshalb sie überhaupt veröffentlicht wurden. Mir scheint, der Vorgang der Homogenisierung der Briefe hatte seinen Ursprung in Sylvias ständigem Bedürfnis, Selbstzweifel abzuwehren. Was eindeutig als jungmädchenhaftes Posieren vor einer hingerissenen Magischen Mutter an der Wang begann, wurde offenbar zu einem zwanghaften *modus operandi*, um die Wirklichkeit in Schach zu halten. Ungefähr siebenhundert Infusionen des erwünschten Bildes (durchschnittlich eine pro Woche in einem Zeitraum von zwölf Jahren) scheint eine unglaubliche Menge Bestätigung, mit der jemand überschüttet wurde, der abgesehen von den Briefen üblicherweise so kurz abgefertigt wurde wie Mrs. Plath. Damit erhebt sich die Frage, ob Sylvia diese unerbittlich erfreulichen Ergüsse nicht unendlich viel mehr brauchte – oder vielmehr eines ihrer Ichs. In diesem Fall das Horatio-Alger-Ich, das von Emily Post* geprägt ist, das Ich, das von zahllosen »Teufeln«, die durch die Tagebücher geistern – wo Sylvia wenigstens offen sein und zugeben konnte, daß sie »Höllenkind« ist – unablässig überfallen und verleumdet wird.

Abgesehen von einem bilderstürmerischen Drang, das Wenige zu tun, was ich tun kann, um ein Bild zurechtzurücken, das aus politischen, kommerziellen und möglicherweise chauvinistischen Absichten bewußt verfälscht wurde, beschäftigt

* Emily Post, *Etikette* (nordam. Anstandsbuch, dt. 1923)

mich die Plath-Goldgrube nur aus einem Grund: Es ist der Glaube, daß die Schlimmste-beider-Welten-Mischung aus rasender Selbsterhöhung und kleinbürgerlichen Ansprüchen das ergiebigste und seltsamste Element, das Magma war, aus der ihr späteres dichterisches Werk ohne Rücksicht auf den Preis für Sylvia und für die anderen, die ihn heute immer noch zahlen, herausgezaubert wurde. Als das Ich unter der Oberfläche (wie Proust das bezeichnet) sich schließlich erkennen und damit umgehen konnte.

Offenbar ist man bislang stillschweigend der Frage ausgewichen, wie die widersprüchlichen Triebe und Prioritäten von Medea und Emily Post sich auf Sylvias oberflächliches Gesellschafts-Ich und alle, die ihr nahestanden, ausgewirkt haben. Natürlich gibt es nicht so viele, die die Wahrheit kennen; unter denen, die sie kennen, muß es einen oder zwei geben, die es sich nicht leisten können, der feministischen Apartheid in den Rücken zu fallen oder einen Boykott der Lib Lobby zu riskieren. Außerdem war niemand, den ich kenne, bereit, ein Wort zu sagen, solange Sylvias Kinder noch nicht erwachsen waren, mit dem Ergebnis, daß ihre Hagiographen einen Vorsprung von mehr als zwei Jahrzehnten hatten, in denen sie ihre Apotheose inszenieren konnten, die praktisch unwidersprochen lawinenartig wachsen und immer höher steigen konnte.

Ich kann mir denken, daß ein objektiver Bericht aus erster Hand über die Auswirkungen des Konflikts zwischen Sylvias B-Film-Glückseligkeit und ihrem unversöhnlichen klassischen Tragödienzorn eine sichere Methode ist, die Anschuldigungen heraufzubeschwören, man sei tendenziös und übertreibe; vielleicht führen sie sogar zu dem Vorwurf, man sei einfach gehässig. In Wirklichkeit habe ich bei allem, was ich über sie zu sagen habe, ebensowenig bittere Gefühle wie bei meiner Beschreibung von Robert Lowell in seinen schlimmsten, ballongesichtigen manischen Zuständen, die in Ian Hamiltons Biographie erschienen ist. Lowell war eine nicht zu bändigende irrationale Katze unter unglücklichen rationalen Tauben und beschwor surreale tragikomische Situationen herauf, die er beherrschte und denen wir alle entfliehen wollten. Er hatte nicht wenig mit Sylvia gemein. Das Strickmuster ihrer öffentlichen Szenen ähnelte sich verblüffend; er benutzte Worte wie ein Maschinengewehr und sie Schweigen wie Nervengas. In gewisser Hinsicht war ihre Methode enervierender, besonders wenn man sich mit ihr unter einem Dach befand wie wir damals, als sie und Ted nach Lacan kamen.

Es war in mehrfacher Hinsicht ein sehr aufschlußreicher Besuch; später sah man, daß ihr Verhalten in dieser Zeit mehr oder weniger ein Mikrokosmos der negativen Aspekte ihrer Ehe war, die Ted innerhalb weiterer zwölf Monate aus dem Haus treiben sollten.

Ihr Besuch ist im Rückblick noch enthüllender, denn über ihn berichtete sie doppelt (d.h. unter und an der Oberfläche): einmal in dem Gedicht *Stars Over the Dordogne* und in einem Brief an Aurelia vom 6. Juli 1961; beide sind lehrbuchhafte Beispiele für Sylvias Fähigkeit, einerseits zu destillieren und andererseits zu verschleiern. Oder, um es mit ihren eigenen Worten zu sagen: »Der Blutstrom ist ein Gedicht« im Vergleich zu: »Zucker ist eine notwendige Flüssigkeit.«

Über einen Besuch in Frankreich hatten wir schon in Boston geredet und sie schon damals eingeladen. In ihrem ersten Sommer in London war es ihnen wegen Frieda unmöglich zu kommen. Aber für uns alle vier stand fest, daß sie uns besuchen würden, wenn sie es einrichten konnten. In der ersten Juliwoche 1961 erschienen sie schließlich in ihrem schikken neuen Wagen (finanziert vom Dritten Programm).

Beide brauchten Ruhe und Luftveränderung. Schon in London hatte Sylvia – wieder im dritten Monat schwanger – kategorisch erklärt, sie wolle keine Ausflüge, keine Besichtigungen, nicht einmal einen Spaziergang und vor allen Dingen im Haushalt keinen Finger rühren. Sie sehnte sich nach absolutem *fa niente*, vielen unbekannten Gerichten und danach, den ganzen Tag in der Sonne zu liegen, um tiefbraun zu werden – kurz gesagt, soweit es mich betraf, waren das die besten Voraussetzungen für ideale Gäste. Ted wollte unbedingt die *causse* kennenlernen: die große, leere Kalksteinebene (an deren Rand sich das Dörfchen Lacan befindet), die von unterirdischen Flüssen ausgehöhlt und von uralten Schafpfaden und Trockensteinmauern kreuz und quer durchzogen ist. Er wußte über diese dürre Landschaft bereits einiges von Bill, der über sie schrieb: »Das Geheimnis wird nicht kleiner durch unsere Anwesenheit, in seiner Mitte […]«. Ted hoffte, ein Wildschwein oder vielleicht sogar einen Adler zu sehen und die Baumkröten in den Wacholderbäumen und in den Trüffeleichen, die Teiche aus Tau, Ruinen, Höhlen, Menhire und Dolmen, die Bill ihm seit *The Hawk in the Rain* schon immer hatte zeigen wollen. Wie es aussah, war nur gutes Wetter vonnöten, um sicherzustellen, daß die beiden ihren Urlaub genießen konnten. Tatsächlich schien die ganze Zeit über die Sonne.

Sylvias Brief aus Lacan mit den kosmetischen Schnitten und vieldeutigen Akzenten ist greifbar *du côté de chez Post*. »Wenn Sie einen Hund Hervey nennen, werde ich ihn lieben«, sagte Dr. Johnson. Wenn man das ehemalige bescheidene Haus eines Kleinbauern als »Bauernhof« bezeichnet und andeutet, daß der Hof eigene Milch, Butter und Eier produziert, kann man annehmen, daß der Besitzer dieses begehrenswerten Anwesens ein angenehmes Leben führt. In einer solchen, nach oben orientierten Umgebung behauptete Sylvia, sich ihre Sonnenbräune zu holen, und »Ted sei bereits so ausgeruht«, daß es ihrem Herz wohltat, und daß eine dienstbereite Verkörperung der Freundlichkeit endlos am heißen Herd wirkte und gastronomische Leckerbissen für die Hausgäste zauberte. Das war der Himmel von Trianon-Sunnybrook […] In Lacan de Loubressac ging es nicht nur rauher, sondern auch sehr viel unhöflicher zu.

Der unschuldige Katalysator, die Spanische Fliege in der Tinktur war – ausgerechnet! – unsere Freundin, die inzwischen verstorbene Margot Pitt-Rivers (der Bill *The Saint of the Uplands* und seine Übersetzung von *El Poema del Cid* gewidmet hat). Margot drohte zwar während des Spanischen Bürgerkriegs zweimal ein Erschießungskommando, aber sie hatte Angst, allein zu schlafen, wenn ihr Mann Julian und die Köchin gleichzeitig abwesend waren. Bei diesen seltenen Gelegenheiten fuhren entweder Bill, ich oder wir beide nach Fons zu ihrem Schloß und leisteten ihr ein paar Tage Gesellschaft, oder sie kam zu uns – manchmal geschah das sehr überraschend. So geschah es, daß sie sich zum falschen Zeitpunkt am falschen Ort aufhielt. Wir wären nie auf die Idee gekommen, daß man etwas gegen einen so bescheidenen Menschen haben könnte. Wäre sie ein ebenso charmanter Mann gewesen, hätte es vermutlich keine Probleme gegeben, aber so wurde ihr die ganze Ächtung-der-Unpersonen zuteil, als Sylvia feststellte, daß Margot nicht nur zu einer Tasse Tee gekommen war.

Zunächst faszinierte Margot diese himmelschreiende Unhöflichkeit. Sie war mit einem Anthropologen durchgebrannt, und das hatte sie zu einer begeisterten Forscherin gemacht; als ehemalige Frau des spanischen Botschafters in London war es ihr zur zweiten diplomatischen Natur geworden, mit kniffligen Situationen fertig zu werden. Aber natürlich beunruhigte es sie, daß sie die Lage für uns schwierig machte; wir fühlten uns ihr gegenüber schuldig und simsalabim, da hatten wir es: Wir saßen hilflos in der Klemme [...]

Die Catch-22-Situation* war perfekt, denn es gab in Lacan keine Möglichkeit zum Rückzug, einfach, weil man nirgendwohin hätte gehen können. Also die besten Zutaten für eine Farce: eine spanische Herzogin, eine irrationale Dichterin, zwei rationale Barden und eine alternde Soubrette saßen in der tiefen französischen Provinz fest. Das ist hundertprozen-

* Anspielung auf den Roman von Joseph Heller: *Catch – 22*

tig Feydeau, bevor man das Motiv »gemeinsames Erlebnis« einbringen kann. Es war, als werde der vertraute ungenießbare Strindburger à la française in einer Sauce Piquant serviert.

Als das erste Abendessen zu Ende war, hatte Sylvia erfolgreich Bills und Teds Pläne zunichte gemacht, am nächsten Tag die Umgebung zu erkunden. Sie hatte offenbar beschlossen zu zeichnen und dazu brauchte sie Ted – vermutlich als Vorsichtsmaßnahme, um zu verhindern, daß Margot an dem geplanten Ausflug teilnahm. Das und die Ächtungs-Oppositionshaltung ließ praktisch jedes weitere Gespräch ersterben; deshalb schlug Bill vor, Musik zu hören – für Sylvia das Stichwort, ins Bett zu gehen. Trotz der nachdrücklichen Aufforderung, mitzukommen, erklärte Ted, er wolle die Musik hören und blieb. Eine halbe Stunde später, mitten in »Ich weiß, daß mein Erlöser lebet«, polterte es fortissimo auf der Treppe, und Sylvia trat mit einem Regenmantel über dem Nachthemd auf. Sie blieb anklagend stehen, und zwar lange genug, um sicher zu sein, daß wir hinsahen und nicht zuhörten; dann machte sie auf dem Absatz kehrt, rauschte stumm zur Haustür und verschwand dramatisch in der Nacht. Natürlich vertrieb das Ted wirkungsvoll von seinem Platz; er mußte ihr nachrennen, um zu verhindern, daß sie sich in der rauhen französischen Wildnis das Genick brach. Etwa eine Stunde später kamen sie zurück und verschwanden ohne einen Blick und ohne ein Wort in ihrem Zimmer. Sylvia war erst seit wenigen Stunden im Haus, doch die Botschaft war deutlich: Es ging nicht nur darum, wann sie das Haus zum Zeichnen verließ, Ted mußte »mit«.

Den nächsten Tag überstanden wir einigermaßen. Solange es noch kühl war, nahm ich Sylvia mit in den Obstgarten eines Nachbarn, um Birnen zu pflücken (was sie später verewigte). Dann setzte ich sie auf der Terrasse in einen Liegestuhl, wo sie etwa eine Stunde schlief, was Ted und Bill die Möglichkeit gab, verstohlen einen kurzen Spaziergang zu machen. Margot lief ihr nicht über den Weg, bis beim Mittagessen bekanntgegeben wurde, daß ich sie am nächsten Morgen als erstes nach Hause fahren würde. Wir rechneten damit, daß nach ihrer Abreise der Frieden wiederhergestellt sei. Danach, so hofften wir, gab es keinen vorhersehbaren Grund für weitere Schwierigkeiten, solange wir auf der Hut waren.

Etwa auf halbem Weg nach Fons löste sich ein Vorderrad unseres alten Ford-Kombi, und Margot und ich landeten kopfüber im Straßengraben – wir hatten Glück, mit dem Leben davongekommen zu sein. Nach einiger Zeit nahm uns jemand mit nach Fons, und ich benachrichtigte Bill, der von Ted gefahren werden mußte, um mich zu retten. Als wir drei schließlich wieder in Lacan eintrafen, war der Groll überall spürbar, und Sylvia war außerstande, mit Ted, Bill oder mit mir zu sprechen.

Hätte man geahnt, was man später wußte, hätte man das mühelos mit ihrem Darby-und-Joan-Syndrom und der *Liaisons Dangereuses*-Phobie in Einklang gebracht, die nach flüchtigem akustischem Kontakt Mrs. Doolan in ein lüsternes Mädchen verwandelt hatte. Man wäre sogar auf die Knie gefallen, hätte ein Dankgebet gesprochen, weil in unserer Abwesenheit kein Racheakt stattgefunden hatte.

Je länger man darüber nachdenkt, desto mehr fragt man sich, ob Sylvia wirklich je allein sein wollte – außer wenn sie arbeitete. Implizierten Abstraktionen wie Frieden, Ruhe und Ungestörtheit vielleicht »mit Ted arbeiten«? Oder bedeutete es, daß sie von etwas in Anspruch genommen wurde und sich aus einem erklärbaren Grund irgendwo befand?

Nichts konnte weniger erklärlich gewesen sein, als daß Ted in das Schloß einer französischen Zauberin entführt wurde. War es ein Komplott gewesen? Weshalb hatten die beiden nicht wenigstens vorgeschlagen, Sylvia solle mitkommen? Vielleicht kamen ihr alle möglichen alarmierenden Gründe dafür in den Sinn, daß sie ausgeschlossen wurde – nur nicht der wahre: Niemand hätte die Kühnheit besessen, sie nach

Fons mitzunehmen, nach allem, was sie in Lacan getan hatte. Aber wie konnte sie mit ihrer sofortigen Vergeßlichkeit und dem absoluten Unvermögen, sich zu sehen, wie andere sie sahen, *nicht* das Gefühl gehabt haben, man habe ihr übel mitgespielt?

Es bleibt ein Geheimnis, wie es ihr gelang, das ganze Mittagessen zu verdrücken, daß ich für sie, Ted und Bill zurückgelassen hatte. Ebenso unerklärlich ist, daß dieses pantagruelische Mahl in keiner Weise den Appetit verringerte, mit dem sie sich schweigend über das Abendessen hermachte – sie ließ sich die köstlichen »glühenden Kohlen«, die Margot beigesteuert hatte, mehr als gut schmecken.

Als ich zusah, wie Sylvia grimmig die *foie gras* aus Fons verdrückte, als seien es »Tante Dots Frikadellen«, gab es wenig Zweifel daran, daß unter ihrer Fuchtel eine wenn nicht schreckliche, so doch qualvolle Zeit vor uns lag. Da Rückzug logistisch nicht durchführbar war, gab es keine Alternative: Man mußte auf Entspannung hinarbeiten.

Bill und Ted begannen unter den Brombeeren, dem Geißblatt, dem Holunder und Efeu, die im Obstgarten wucherten, große Rodungsaktionen in Hörweite der Terrasse. In ihrem »von Geranien gesäumten« Solarium auf einer Höhe mit den Wipfeln der alten Saint-Antoine-Pflaumenbäume wurde Sylvia von den Geräuschen der Hippe, Sichel, Säge und Sense in den Schlaf gewiegt, die von unten heraufdrangen. Aus Dankbarkeit darüber, mit »viel Dienen beschwert zu sein« – wie die getadelte Martha von Bethanien –, steuerte ich ebenfalls beruhigende Geräusche bei: Ich klapperte in der kleinen, durch einen Vorhang abgetrennten Küche herum und bereitete Versöhnungsgelage vor, von denen jedes Bill und mich mehrere Tage ernährt hätte.

Sylvias unheilvolles Schweigen wurde schließlich durch die Ankündigung unterbrochen, sie wolle beim Melken einer Kuh zusehen. Unverzüglich wurde ein Staatsbesuch mit Ted im Gefolge in der Scheune nebenan organisiert. Solange der

Ford nicht repariert war, mußte ich zum Einkaufen gefahren werden. Offen konnte sie nichts dagegen einwenden, denn so kam nun einmal die Verpflegung ins Haus. Aber sie tat das nächstbeste: Sie begleitete uns und verlangte, durch die Geschäfte geführt zu werden – darunter auch das Geschäft von Freunden, die schöne, teure Modellkleider herstellten. Sie probierte in aller Ruhe die ganze Kollektion an und war unzufrieden, denn ihr paßte nichts, weil sie schwanger war. Die Besitzerin erklärte sich bereit, das Modell abzuändern, das ihr am besten gefiel. Ted kaufte es ihr. Anschließend war sie schlechter Laune, weil sie »warten« mußte, während ich Lebensmittel einkaufte. Und so ging es weiter [...]

Ich weiß noch, daß ich in der Schule zwangsweise mit Evelyn Underhills *Immanence* gefüttert wurde. Es begann mit den Worten: »Ich bin in den kleinen Dingen, sagt der HERR.« Die Art, in der Sylvia den guten Willen anderer verschliß, zeigte sich »in den kleinen Dingen«; die meisten sind aus dieser Distanz so unbedeutend, daß es kaum lohnt, sich daran zu erinnern. Aber aneinandergereiht – wenn sie sich nicht sogar überschnitten – verursachten sie diese verzweifelte Frustration, die einen unbesonnen machte. Man hatte zwar Gäste gehabt, die sich gewaltige *Faux pas* zuschulden kommen ließen, die weit drastischer waren als alles, was sie sich einfallen ließ: Eintreffen mit unmöglichen, uneingeladenen Anhängseln, das Verlieren der Hausschlüssel und (der absolute Alptraum) das Verstopfen der Toilettenrohre. Diese Leute mochten noch so viel Chaos verursachen, aber sie waren dankbar und wohlmeinend. Das war Sylvia nicht. Dazu kam noch ihre selbstherrliche Art, mit der sie das ganze heiße Wasser verbrauchte, mehrmals an den Kühlschrank ging (und zum Frühstück aß, was man als Mittagessen gedacht hatte, etc.) und die Möbel in ihrem Zimmer umräumte, die uns schließlich völlig zermürbte und entnervte.

Als wir entdeckten, daß sie gern Karten spielte und immer sehr daran interessiert war, ein unbekanntes Spiel zu lernen, kam das groteske Element dieses Besuchs am deutlichsten zum Vorschein. Wir machten sie mit unserem Lieblingsspiel *Ascenseur* bekannt, das ihr sofort gefiel und das sie mit Begeisterung und Geschicklichkeit spielte. Gewinnen entsprach offenbar dem Wunschbild, also mußten wir jeden Abend spielen, was uns nur recht war. Die Kombination von Essen, bis sie beinahe platzte, und den anschließenden Siegen, bis sie die *Maitresse du Jeu* war, verwandelte Sylvia völlig. Am ersten Abend, der zu schön war, um wahr zu sein, sah es tatsächlich so aus, als habe sich der in der Luft liegende Groll in Glasnost verwandelt. Aber am nächsten Morgen war das »Eisauge« (Tagebücher) wieder auf der Suche nach »den Schwachen«, den »Falschen« und den »seelisch Kranken«. In anderen Worten: Sylvia befand sich wieder auf dem Kriegspfad; die unerbittliche, unausgesprochene, allgegenwärtige Feindseligkeit, die man erlebt haben muß, um es zu glauben, war wieder an der Tagesordnung.

Dieses willkürliche Hin und Her zwischen einem Tag- und einem Nachtregime war das Absurdeste von allem. Ted mußte schließlich eingestehen, daß Rückzug die einzige Lösung für uns alle bedeutete. Es ging nicht anders, er mußte ihren Aufenthalt abbrechen und Sylvia wegbringen. Damals fragte ich ihn, wieso er nie energisch wurde. Er erwiderte, das verschlimmere alles nur, und »man könne ihr auf diese Weise nicht helfen«. Ich glaubte, er wolle mich nur mit den üblichen Entschuldigungen abspeisen, weil ich damals noch nicht erkannte, daß er mir die Wahrheit sagte. Wie kann man jemanden warnen oder sogar von etwas abbringen, der unfähig ist zu akzeptieren, daß er vielleicht unrecht haben könnte. Es war natürlich nicht der Augenblick, ihn zu bitten, mir zu erklären, was er damit meine. Und dieser Augenblick kam auch nicht, solange sie zusammen waren – für weitere zwölf Monate.

In ihrer *Maitresse du Jeu*-Stimmung verließ Sylvia den Ort eines weiteren Pyrrhussieges, der sie dem Punkt nur noch näherbrachte, an dem sie den Krieg verlor: sonnengebräunt, lächelnd, »erneuert« und triumphierend winkend, als sie davonfuhren. Das übliche Maß Strindbergscher Schuld hing noch eine Weile in der Luft – diesmal in Form von Verlegenheit über das Ausmaß unserer Erleichterung. Wenn Sylvia nicht schlief, aß, sich sonnte oder Karten spielte, war ihr Aufenthalt in Lacan mehr oder weniger eine einzige lange Szene gewesen – eine Art makabrer Marathonlauf für alle Beteiligten.

Das Bild, das durch Sylvias *Stars Over the Dordogne* entsteht, läßt kaum einen Zweifel daran, daß man praktisch nichts hätte tun können, um zu verhindern, daß ihr Besuch ein Fiasko wurde. Und zwar ganz einfach deshalb, weil das, was Lacan bot, nie wirklich ihre Gnade gefunden hätte. Ihr krankhaftes Mißtrauen gegen das Unerklärliche ist im Gedicht das Thema einer tiefsinnigen Betrachtung, die ebenso ergreifend und so hinreißend ist wie ein *Nocturne* von Chopin. Der Nachthimmel in Lacan, von dem es sommerliche Sternschnuppen regnete, ist ein einzigartiges Erlebnis einer *embarras de richesse*, das Bill und ich gehofft hatten, mit den beiden zu teilen. Sylvia konnte davor nur zurückschrecken: »Es ist hier zu viel Ruhe; und diese Sterne / meinen es zu gut mit mir.« Wir rissen uns zwar immer noch die Beine aus, um sie gnädig zu stimmen, doch wir waren nicht mehr die Freunde, über die zuckersüß geschrieben wurde. Wir waren jetzt blutige Feinde.

Wir sahen Sylvia beide nicht mehr. Als wir im Herbst nach London zurückkamen, waren Ted und Sylvia nach Devon übergesiedelt. Anfang 1962 vermieteten wir St. George's Terrace, bis wir ein oder zwei Jahre später beschlossen, das Haus zu verkaufen. Von da an lebten wir beide meist entweder in New York oder in Frankreich – abgesehen von den sechs Wochen, die ich in London verbrachte, um die Wohnung meiner Mutter aufzulösen und ihre Hinterlassenschaft zu regeln. Ted schrieb ziemlich regelmäßig und berichtete uns, daß sie

Court Green gefunden hatten, vom Wegzug aus London, von der Geburt von Nicholas und natürlich vom Ende der Ehe – ungeachtet der ländlichen Idylle.

Kurz bevor sie London verließen, schrieb Sylvia ihrer Mutter: »Nie habe ich Ted so glücklich gesehen. Beide empfinden wir eine herrliche, tiefatmende Freude angesichts des friedlichen, zurückgezogenen Lebens, das vor uns liegt.« »Zurückgezogen« ist das Schlüsselwort und »vor uns liegt« ist die Wunschbildsprache für »einschließen«. Das Darby-and-Joan-Syndrom trat in sein letztes Stadium – von dem ich natürlich nichts aus erster Hand wußte.

Als ich im Oktober in die Wohnung meiner Mutter kam und Ted einzog, wie Bill vorgeschlagen hatte, begann Sylvia, mich mit Telefonanrufen zu bombardieren, sobald er ihr gesagt hatte, wo er sich aufhielt. Ich muß nicht betonen, daß sie mir schrecklich leid tat, wie einem jeder leid tun mußte, der »eine Perle weggeworfen hatte« und eine *Do-it-yourself-Show* in Demontage abzog. Ich hatte mir vorgestellt, Sylvia sei von Reue gequält, aber ich hätte sie inzwischen besser kennen müssen.

Während all unserer Gespräche war sie ausschließlich damit beschäftigt, das (zweckdienliche) Wunschbild als märtyrerhafte vorbildliche Ehefrau-und-Mutter zu projizieren; und Ted in jeder Hinsicht als den einzig Verantwortlichen für die schwere Prüfung hinzustellen, die sie jetzt durchmachen mußte. Ihre Anrufe nahmen die Form von Monologen an; sie begannen mit strategisch geplanten Variationen eines Unschuldslamms über das Thema des allgegenwärtigen Ungeheuers. Darauf folgte ein ständig auf den neuesten Stand gebrachter Katalog von Katastrophen, der sich manchmal im Lauf eines einzigen Tages änderte. Nachdem sie zum Beispiel morgens verkündet hatte, ihr Daumen müsse wegen Wundbrand amputiert werden, war abends, als sie mich wieder in den Fängen hatte, nicht mehr die Rede davon; dafür hatte Frieda »einen starken Rückfall« in ihrer Entwicklung. Am nächsten Tag war dann etwas ebenso Katastrophales über sie hereingebrochen. Aber offenbar dauerte keine Katastrophe lange genug, um Sylvia auf den Reitunterricht verzichten zu lassen.

Die ad hoc-Vergeßlichkeit in Zusammenhang mit allem, was sie oder ein anderer erst vor wenigen Stunden gesagt oder getan haben mochte, war nichts Neues; die pure Kraft ihrer Beredsamkeit machte jede rationale Diskussion unmöglich. Damals bekam ich eine Ahnung davon, was Ted und Aurelia durchgemacht haben mußten. Sylvia wollte eigentlich nichts *diskutieren*. Sie hatte offenbar die Idee – und wenn sie ihren unaufrichtigen Kartenköniginnen-Akt etwas gemäßigt hätte, wäre sie gar nicht so schlecht gewesen –, mich zu quälen, damit ich Ted quälen sollte. Da ich eine unfruchtbare Frau war, lag es auf der Hand, daß ich eine gute Vermittlerin war.

Frauen in ihrer Kategorie »unfruchtbar« waren Kandidatinnen für den untersten Höllenkreis – und zwar nicht nur auf Grund dessen, was wir nicht tun konnten oder nicht tun wollten, sondern auf Grund dessen, was wir sehr wahrscheinlich im Schilde führten. Sexuell aktiv und nicht gebärwillig lief moralisch auf ernstgemeinte Hartnäckigkeit hinaus. Unfruchtbare Frauen waren für sie die Verkörperung der Verantwortungslosigkeit. Als solche waren wir die Gegenpole zu den Erdmüttern, deren pralle Leiber (im Gegensatz zu den »klapperdürren« der unfruchtbaren Frauen) sie gegen Versuchungen immun machten und sie auf der rechten Bahn und in Sicherheit hielten.

Diese Etikettierung und Typisierung von Menschen enthob Sylvia der Notwendigkeit, sich Gedanken darüber zu machen, wie sie lebten. Das wiederum verstärkte ihren Glauben an die eigene Rechtschaffenheit, rationalisierte ihre Mißachtung von Ursache und Wirkung und sorgte praktisch dafür, daß jeder Versuch, Menschen zu manipulieren, sich in einen Eigentreffer verwandelte. Und wenn das geschah, war sie sehr empört. Deutete man in einer solchen Situation an, daß der

Fehlschlag mit ihr zu tun haben könnte, forderte man heraus, zusammen mit den »Schwachen«, »den Falschen« und den »seelisch Kranken« in die Gruppe der Sündenböcke eingereiht zu werden.

Ich befand mich ohnehin in dieser Kategorie, weil Ted am Montagu Square wohnte. Wer A sagt, muß auch B sagen, und trotz Teds kategorischem »So kann man ihr nicht helfen« in Lacan drohte ich Sylvia schließlich, aufzulegen, wenn sie nicht zuhörte, nachdem ich mir ungefähr eine Woche lang ihre Tiraden angehört hatte. Dann trat ich endgültig mit einem völlig nutzlosen Argument ins Fettnäpfchen, indem ich sagte, man könne beinahe jeden zum Ehebrecher und Lügner machen, wenn man ihm lange genug unterstelle, er sei es. Ganz gleich, wie sehr man jemanden liebe, würde man entweder alles tun, um diesen Vorwürfen zu entgehen, oder sich trösten, um nicht verrückt zu werden und um des lieben Friedens willen zu lügen. Ich erinnerte sie daran, daß der KGB – mit Restriktionen, Zensur, Verhören und Überwachen – jeden zum Flüchtling machen könne. Wenn sie Ted zurückhaben wolle, müsse sie zuerst aufhören, auf ihm herumzuhakken. Und wenn sie ihn nicht zurückhaben wolle, verschwende sie ihre und meine Zeit, wenn sie mir gegenüber auf ihm herumhacke. Soweit kam ich, dann legte sie auf. Danach ließ ich nur noch die Haushälterin Anrufe entgegennehmen; die bekam dann ein oder zwei erstaunliche Dinge über Ted zu hören, ehe Sylvia sich mit anderen Leuten beschäftigte.

Ich kam nach New York zurück und stellte fest, daß sie versucht hatte, einen zweifachen Coup zu landen – eine Doppelbestrafung, das Opfer war Bill – zweifellos das ungeeignetste Werkzeug, das sich jemand, der halbwegs bei Verstand war, aussuchen konnte – außer natürlich Sylvia. Da sie sich nicht so sah, wie andere sie sahen, konnte sie sich auch nicht vorstellen, was sie gesehen hatten. Sie schrieb ihm einen recht langen Brief, in dem sie andeutete, Ted und ich lebten zusammen. Und da sie (Sylvia und Bill) schon *immer* verwandte

Seelen gewesen seien, wollte sie ihm jetzt ein Gedicht widmen, was sie schon immer gerne habe tun wollen usw. usw.

Bills eisig-höfliche Abfuhr, in der er die Ehre ablehnte, hätte dazu geführt, daß die meisten Frauen ihren Lockruf sofort beschämt hätten verstummen lassen. Statt dessen kam ein noch längerer und noch geschmackloserer Antrag, den er natürlich ganz einfach ignorierte. Die Vermutung, daß nicht nur reine Gehässigkeit sie zu ihrem Antrag verleitete – sie war nicht die erste und würde nicht die letzte sein, wie Leporello Donna Elvira erklärt –, ist vielleicht der einzige Aspekt, den man verstehen und mit dem man sympathisieren kann. Aber daß Sylvia auf den Dreh mit der Zwillingsseele als wirkungsvollem Annäherungsversuch gekommen war (ausgerechnet bei Bill), erklärt anschaulich, warum es ihr zumindest zu Lebzeiten, trotz all ihrer rachsüchtigen Neigungen, nie wirklich gelungen ist, einem anderen als sich selbst zu schaden.

Angesichts von Platzpatronen, Bumerangs und feuchten Knallfröschen aus eigener impulsiver Produktion mußte Sylvia alles, was sie nicht vertuschen konnte, rechtfertigen, denn sie war grundsätzlich unfähig zu wissen, wann sie aufhören und wie sie Eigenverluste verhüten konnte. Da Bill auf ihre zweite Avance nicht reagierte, folgte, um das letzte Wort zu behalten, ein deutlicher Hieb. Aber wir befanden uns auf der falschen Seite des Atlantiks, und sie konnte wenig dazu tun, daß sie auf diese Entfernung das letzte Wort hatte – außer zu verkünden, wie schrecklich wir seien, vielmehr wie schrecklich *ich* sei. Die Hölle kannte vielleicht keine Wut, aber Sylvia schreckte – wie Donna Elvira – nicht davor zurück, die Sache an die große Glocke zu hängen.

Es dauerte ungefähr fünfundzwanzig Jahre, ehe diese zweite Denunziation ans Tageslicht kam – in einem Brief vom 26. Dezember 1962 an Daniel und Helga Huws. Er ist es wert, zitiert zu werden, denn er gibt ein Beispiel für den Briefe-nach-Hause-Vorgang, der, umgekehrt angewandt, ein Ventil für den Zorn war und der Treibstoff der Gedichte. An der

Oberfläche wurde er offenbar immer unkontrollierbarer und zerstörerischer:

»*Sie* (Assia Wevill war außer mir und Ted ebenfalls Zielscheibe in diesem Brief) gehört zu der Gruppe dieser unfruchtbaren Frauen, zu der auch Dido Merwin gehört. Ich bin froh, daß ich mit ihnen nichts mehr zu tun habe. Vermutlich bin ich nicht so wie sie. Ich hatte ein schreckliches Erlebnis, als ich Dido Merwin von London aus anrief [und eine Wohnung suchte] [...] sie ist Friedas Patentante [...] und die einzige, von der ich glaubte, sie könnte mir einen Rat in Hinblick auf Ärzte und eine Wohnung geben. Sie wußte, daß ich sie als Patin ansprach, aber da sie so glücklich darüber war, daß Ted endlich in ihrer Wohnung lebt, weigerte sie sich, mit mir zu sprechen, obwohl sie zu Hause war. Ted und ich sind übereingekommen, die Merwins als Friedas Paten abzuschreiben, und wir überlegen, ob Ihr statt dessen ihre Paten sein wollt. Für mich ist das eine sehr ernste Angelegenheit & es bricht mir um Friedas willen beinahe das Herz, wenn ich an die Kälte und Scheinheiligkeit denke, die hinter Mrs. Merwins Ablehnung lag, mit mir am Telefon zu sprechen, obwohl sie wußte, daß es mich bekümmerte, weil die Babys ins Krankenhaus sollten. Aber sie hat noch nie Kinder gemocht & in ihrem Leben nur an sich gedacht. Seit der Trennung stelle ich fest, daß ich von vielen solcher Leute befreit bin, die nur deshalb um Teds Gunst werben, weil er berühmt ist; natürlich hat es mich zutiefst verletzt, daß er sich mehr oder weniger ihnen überläßt.«*

* Mehrere Dinge in diesem Auszug aus dem Brief an die Huws sind frei erfunden: 1. Aus der Kategorie »unfruchtbare Frauen« ist eine »Gruppe« geworden. Assia Wevill und ich kannten uns nicht. Wir lernten uns erst Anfang November kennen, und soweit ich weiß, hatten wir keine gemeinsamen Freunde. 2. Hätte Sylvia während ihres Aufenthalts in London angerufen, hätte die Haushälterin ganz sicher die Sache mit der Patentante erwähnt, die frei erfunden ist. 3. Weshalb sollte ich

[Fortsetzung der Anmerkung auf Seite 572]

Die Wahrheit war immer relativ, um nicht mehr sagen. Und bei Sylvia, der geborenen Dichterin, zeigen die abenteuerlichen Widersprüche noch mehr als die chaotische Unwirklichkeit dieser hochpotenzierten Entstellungen, wie nahe sie inzwischen am Abgrund war. Man fragt sich, ob der Brief an Aurelia vom selben Datum später am Tag geschrieben wurde, als Halt, ehe sie »für ein Weihnachtsessen zu Frankforts hinüberging«. Sehr gut möglich.

Was ich über sie geschrieben habe, wird man zweifellos als üble Nachrede auslegen, um nicht zu sagen, als Respektlosigkeit gegenüber der Toten – ein unvermeidlicher Preis des Versuchs, wahrheitsgemäß zu berichten, was ich erlebt habe. Und das ist dadurch nicht weniger tragisch, daß es manchmal Anlaß zu komischen Situationen gab. Keiner von uns hatte eine Ahnung davon, daß sie in solchen Schwierigkeiten steckte, abgesehen von Ted natürlich, der sie als Opfer kannte, während wir nur die Aggressorin erlebt hatten.

Vielleicht sähe alles anders aus, wenn das heute geschehen wäre. Aber vor fünfundzwanzig Jahren dachte man nicht unbedingt an Psychosen, nur weil jemand »schwierig« war – oder welchen Euphemismus man gebrauchte. Ironischerweise gelang die Tarnung durch Sylvias sorgsam projiziertes Bild der rundherum tüchtigen Frau. Denn sie war intelligent, beredt, unverhohlen, ehrgeizig, energisch, tüchtig, organi-

[Fortsetzung der Anmerkung von Seite 571]

»der einzige Mensch sein«, der ihr einen Kinderarzt »empfehlen« konnte, obwohl Sylvia nur ihr Kindermädchen (Susan O'Neill-Roe) fragen mußte, eine Krankenschwester an einer Londoner Kinderklinik, oder den Arzt in der Praxis von Dr. Horder, der ihren Daumen behandelte. 4. Ted »ging mit ihr auf Wohnungssuche«. Sie brauchte ihn nur zu bitten, daß er sich bei mir erkundigte, ob ich etwas von einer freien Wohnung wisse – das war nicht der Fall, denn ich lebte nicht mehr in London. 5. Es war Ted gegenüber nie die Rede davon – und es gab erst recht keine »Übereinkunft« mit Ted, »die Merwins als Friedas Paten abzuschreiben«. 6. »Die Babys« hatten im Herbst 1962 weder eine schlimmere Krankheit als eine Erkältung, noch waren sie im Krankenhaus. Wäre auch nur im entferntesten davon die Rede gewesen, hätte ich es von Ted erfahren.

siert und beneidenswert erfinderisch in praktischen Dingen, dazu mit einem guten Appetit gesegnet und (wie sie selbst sagte) mit einer »sportlichen Konstitution, die ich besitze und bewundere«. Dadurch schien sie sehr viel stärker zu sein, als sie in Wirklichkeit war. Ted förderte diesen Eindruck, und durch seine Bemühungen, sie um jeden Preis auf den Beinen zu halten, wirkte er manchmal wie ein Pantoffelheld. Deshalb überrascht es nicht, daß wir, am Rande des Spielfelds, nichts von der wahren Situation ahnten.

Trotzdem fasziniert und verwirrt mich schon immer eine Frage. Vorausgesetzt, daß wir nichts wußten: Was trieb uns dazu, so zu handeln, *als ob* wir es wüßten? Weshalb nahmen wir völlig untypisch und trotz unserer grundverschiedenen und in hohem Maß kompromißlosen Persönlichkeiten Sylvias Verhalten hin, als seien wir die bezahlen Dienstboten einer lästigen und anspruchsvollen Kranken, die nie »Bitte« und »Danke« sagte, von »Entschuldigung« ganz zu schweigen? Mein eigener halbironischer Mädchen-für-alles-Akt begann auf der Grundlage allgemeiner guter Absichten und verwandelte sich in eine recht freudlose Beziehung, wie ich sie nie mit einem anderen Menschen gehabt habe, und sie kann nicht völlig mit unserer Zuneigung und Achtung für Ted erklärt werden oder (soweit es mich betraf) mit guten Manieren.

Vielleicht ist es eine empirische Erklärung, daß Sylvias Fall auf die eine oder andere Weise aus uns allen Fälle machte. Beunruhigte uns unbewußt ein echter, unterschwelliger SOS-Ruf? Oder wurden wir – Ted am stärksten – in einem größeren oder geringeren Ausmaß von der eingewurzelten instinktiven Geschicklichkeit eines Menschen manipuliert, der sich getrieben fühlte, seinen Willen durchzusetzen? Wer weiß? Ich bestimmt nicht. Aber das ist kein Grund, nicht zu sagen, wie es damals wirkte. Jedes Zeugnis aus erster Hand über Sylvias Wirkung auf Menschen muß etwas von der beschädigten Psyche enthüllen, die sie nicht nur zur schlimmsten, sondern auch zur einzigen Feindin ihrer selbst machte: ein Gefäß des Zorns, »zur Zerstörung geeignet«.

De mortuis nil nisi bonum [...] Man fordert unwillige Reaktionen heraus, wenn man das kalte Tageslicht eigener Erfahrungen dort anwendet, wo nur der rosige Schein spekulativer Theorien und Berechnungen erlaubt ist. Die Profanierung eines mühsam hergestellten Wunschbildes könnte als bösartige Vergeltung interpretiert werden. Aber es bestand absolut kein Grund zur Vergeltung.

Erstens war Sylvias Bosheit pathologisch und zählt deshalb nicht – nicht mehr als die Reflexe eines bedrohten Tiers, über das ein unsterblicher Banause einmal gesagt hat: »*cet animal est très méchant: Quand on l'attaque, il se defend!*« (»Dies ist eine sehr böse Kreatur – wenn man sie angreift, verteidigt sie sich!«)

Nun ja, jede Neigung, Sylvia in der Art zu beurteilen, in der ihre Hagiographen sie beurteilt haben, schwand infolge einer Situation, die eintrat, kurz bevor ich begann, über Sylvia zu schreiben. Die Diagnose Krebs mit wenig Hoffnung auf Heilung brachte mich in eine Lage, die Dr. Johnson zusammenfaßte, als er sagte: »Verlassen Sie sich darauf, Sir, wenn ein Mann weiß, daß er in zwei Wochen gehängt wird, bewirkt das eine wunderbare Konzentration seines Bewußtseins.«

Eine andere wunderbare Konzentrationshilfe ist eine Gnadenfrist – und sei sie auch noch so kurz. In meinem Fall hat sie mir Gelegenheit gegeben, darüber nachzudenken, wogegen Sylvia zu kämpfen hatte und was unter anderen Umständen vielleicht nicht möglich gewesen wäre. Je länger man über sie nachdenkt, desto mehr kommt man zu Forsters täuschend schlichtem »Man muß nur die Zusammenhänge herstellen« zurück. Und dazu war ihr Umgangs-Ich offenbar nie in der Lage, während das Ich unter der Oberfläche zu Anerkennung und Unsterblichkeit aufstieg – dabei Affinitäten, Analogien, Assonanzen ahnte und hervorhob und mit großer Virtuosität der Definition und zunehmender Meisterschaft miteinander verband, verschmolz, vereinigte, verglich, differenzierte und beleuchtete. Es wirkte, als sei sie in Differentialrechnung sehr bewandert, könne aber nicht zwei und zwei addieren, um ihr Leben zu retten oder ihrem Schatten zu entfliehen.

Es trug zu einem Zustand der Hilflosigkeit bei, daß Sylvia den Unterschied zwischen moralischem und materiellem Geben und Nehmen in ihrer Ehe übersah und bei Zweifel und Unglück keine andere Möglichkeit fand als Zornesausbrüche von Stärke neun und manisch gespielte Tapferkeit, und – am traurigsten, solange ich sie kannte – daß sie Hilfe (abgesehen von Linderungsmitteln) als Drohung empfand, vor der man sich hüten und gegen die man sich wehren mußte: Diese Hilflosigkeit brachte Sylvia ständig in Gefahr, und so wurde unvermeidlich, was – früher oder später – geschehen mußte.

Ich widme diese Erinnerung Dr. Peter Blake
am Royal Marsden Hospital London und allen,
die ihm geholfen haben, mir zu helfen.

Richard Murphy

Eine Erinnerung an Sylvia Plath und Ted Hughes bei einem Besuch an der Westküste Irlands 1962

Ich begegnete Ted und Sylvia zum ersten Mal am Montag, dem 17. Juli 1961, im Mermaid Theatre in London. Wir beteiligten uns an einem Festival unter dem Motto »Poetry at the Mermaid«, das von der Poetry Book Society unter Leitung von John Wain veranstaltet wurde. Arthur Guinness Son & Company hatte zwölf Dichter aufgefordert, Gedichte von fünfzig bis zweihundert Zeilen über ein Thema eigener Wahl zu schreiben. Acht der zwölf hatte man eingeladen, an diesem Abend ihre Gedichte zu lesen. Am Vormittag fand eine Probe statt; Ted hatte zusammen mit Clifford Dyment und Geoffrey Hill um 13.00 Uhr gelesen, und anschließend traf ich mich mit ihm und Sylvia zum Essen.

Wir unterhielten uns mehr über das Leben auf dem Land, über das Angeln und das Meer als über Dichtung. Ted sprach sehr viel weniger als Sylvia; aber in seiner Schweigsamkeit machte er einen starken Eindruck auf mich. Sie interessierten sich beide offenbar für meine Bemühungen, meinen Lebensunterhalt an der irischen Westküste mit einem Boot zu verdienen. Ich hatte einen alten Galway-Huker, die »Ave Maria«, instandgesetzt und fuhr im Sommer mit Touristen zum Segeln und Angeln. Cleggan war ein winziges, abgelegenes, armes Dorf; die meisten Fischer waren 1927 ertrunken, und der Ort hatte sich nie wieder recht erholt. 1961 kaufte ich das Cottage des Schmieds und lebte dort mit einem Jungen, der mir half, den Huker zu segeln.

Am 31. Oktober 1961 begegnete ich Sylvia in der Goldsmith's Hall in London wieder, als sie dort einen Guinness-Preis entgegennahm. Sie saß neben mir, ehe sie zum Podium ging. Wir kannten beide die meisten Leute nur dem Namen nach.

Irgendwann im Frühjahr 1962, nachdem mein Manuskript *Sailing to an Island* von Charles Monteith und T.S. Eliot zur Veröffentlichung bei Faber angenommen worden war, reichte ich mein Gedicht *The Cleggan Disaster* für den Guinness-Preis beim Cheltenham Festival ein. Die Juroren dieses Jahres waren George Hartley, Sylvia Plath und John Press; mein Pseudonym für das Gedicht war »Fisherman«. In dem Gedicht überlebt ein Fischer nur deshalb, weil er den Kampf nicht aufgibt und sich an seine Netze klammert. Noch bevor der Leiter des Festivals die Preisträger offiziell bekanntgab, erhielt ich von Sylvia am 21. Juni (1962) einen Brief. Sie teilte mir mit, daß ich besonders wegen des lyrischen Epilogs den Preis gewonnen hatte. Inzwischen besaß ich zwei Segelboote: Bei gutem Wetter fuhr ich mit Touristen aufs Meer, und ich vermietete mein Cottage »The Old Forge« an Familien, die ein Boot gechartert hatten. Ich reagierte auf ihren Brief mit dem Telegramm: »Hoffe, ihr könnt nach dem 8. September kommen, bei mir wohnen und segeln.«

Sie trafen am 12. September, einem Mittwoch, ein. Sie waren mit der Bahn nach Galway gefahren und die 57 Meilen nach Cleggan mit dem Wagen. Sie wollten eine Woche als meine Gäste bleiben. Ich gab ihnen ein Zimmer mit Doppelbett aus einheimischer Ulme, das ein Schiffsbauer gezimmert hatte. Am nächsten Tag machten wir einen Ausflug mit der »Ave Maria«. Wir segelten nach Inishbofin, eine Strecke von sechs Meilen über offenes Meer; dort ist die Strömung stark und der Wellengang hoch. Sylvia lag bäuchlings auf dem Vorderdeck; sie beugte sich über den Bug wie eine siegreiche Galionsfigur und atmete ekstatisch die Seeluft ein.

Am Freitag, den 14. September, fuhr ich mit ihnen zum Yeats' Tower in Ballylee und zum Lady Gregory's Coole Park. Ich hatte nur einen winzigen Lieferwagen mit sieben PS, mit dem wir die Fische verkauften, die wir fingen. Sylvia saß vorne neben mir und sprach über Scheidung und Ehe, während Ted sich hinten (wo kein Platz für Sitze war) mit dem fünfzehnjährigen Seamus über Wilddiebe, Gewehre und Angeln unterhielt. Wir besuchten zuerst den Park, und ich zeigte ihnen die Blutbuche. Sylvia drängte Ted, über den spitzen

Eisenzaun zu klettern, der den Baum schützte, und seine Initialen neben die von Yeats in die Rinde zu ritzen. Sie fand, er verdiene diese Gesellschaft mehr als einige der irischen Schriftsteller, die ihre inzwischen beinahe unleserlichen Zeichen hinterlassen hatten. Aber der Zaun hinderte ihn daran.

Der Turm war eine Ruine, wie Yeats in dem Gedicht vorausgesagt hatte, das in Ballylee in einen Stein gemeißelt ist. Die Leute aus der Umgebung hatten alles gestohlen, was nicht niet- und nagelfest war, und die Touristenbehörde interessierte sich noch nicht für eine Restaurierung. Die Straße war nicht asphaltiert. Dohlen flatterten aufgeregt davon, als wir die Wendeltreppe hinaufstiegen. Sylvia warf von oben Münzen in den Bach. Dann entdeckten sie einen großen Apfelbaum, den Yeats gepflanzt haben mußte und der voll leuchtendroter Äpfel hing. Ted und Sylvia wollten unbedingt, daß wir die Äpfel stahlen. Ich protestierte, aber Ted sagte, daraus könne man genug Apfelmus für den ganzen Winter machen. Sie brachten Seamus dazu, auf den Baum zu klettern und ihn zu schütteln, während sie zwischen den Brennesseln zentnerweise Äpfel auflasen. Ich wollte sie nicht in den Wagen laden, aber Ted wischte meine Einwände energisch beiseite, als seien es keine Kochäpfel, sondern:

Die Silberäpfel mir vom Mond.
Die goldenen mir vom Sonnenrand.

Von Ballylee fuhren wir nach Milford, zu meinem Geburtshaus. Dort zeigte ich ihnen die Stiche von Rangun, die Sylvia in ihrem Gedicht *The Courage of Shutting Up* erwähnt. Milford war ein Herrenhaus aus dem frühen achtzehnten Jahrhundert und stand einsam und zerfallen am Ende einer dreiviertel Meile langen Lindenallee; es gehört einer meiner Cousinen. Meine Tante führte Ted und Sylvia in den Salon. Seamus schickte sie mit den Worten: »Hier geht es zur Küche, Seamus. Dort fühlst du dich bestimmt wohler«, durch einen dunklen Flur.

Bisher hatte Sylvia den ganzen Urlaub arrangiert und Ted schien damit einverstanden zu sein. Diesen Eindruck bestätigten ihre Briefe. Wenn ich mit Ted sprach, antwortete Sylvia vor ihm; ihn schien das nicht zu ärgern. Ich habe nie erlebt, daß sie sich stritten oder unfreundlich miteinander sprachen. Sylvia erzählte mir von ihren vor kurzem aufgetretenen ehelichen Schwierigkeiten und erklärte in diesem Zusammenhang, Teds Lügen seien für sie besonders unerträglich. Ted hat sich mir gegenüber weder damals noch später über irgendwelche Schwächen Sylvias geäußert. Er erzählte mir, daß sie sich nach sechs oder sieben wundervoll kreativen Jahren in einer destruktiven Phase befänden und daß er der Ansicht sei, sie sollten sich einige Zeit trennen. Er wollte für sechs Monate nach Spanien fahren. Assias Name fiel nicht, aber ihre Rolle wurde angedeutet.

Als Gegenzug zu Teds Plan, so erzählte mir Sylvia, wollte sie eine Aufhebung der ehelichen Gemeinschaft, keine Scheidung. Es sei ihr unvorstellbar, daß Ted oder sie mit einem anderen wirklich verheiratet sein könnten; ihre Ehe sei in jeder Hinsicht so vollkommen gewesen, daß sich das ihrer Ansicht nach durch nichts zerstören lasse. Sie erwähnte Selbstmord niemals als eine Möglichkeit, an die sie dachte. Ich widersprach ihr und sagte, die Aufhebung sei eine grausame Alternative zur Scheidung; aber ich riet ihr auch dringend, sich nicht wegen einer möglicherweise vorübergehenden Affäre von Ted scheiden zu lassen. Ich erzählte ihr von meiner Ehe und Scheidung; meine Frau hatte mit Selbstmord gedroht. Ihr Bruder hatte sich tatsächlich umgebracht, uns seine beiden Kinder zurückgelassen und ein schreckliches Schuldgefühl, nicht genug getan zu haben.

Offenbar konnte ich Sylvia helfen, indem ich ihr half, ein Haus zu finden, das sie für die Dauer von Teds Aufenthalt in Spanien mieten konnte. Sie erklärte, sie schreibe wieder einen Roman, eine Brotarbeit; als Brotarbeit hatte sie auch *Die Glasglocke* bezeichnet. Sie schien sich auf den ersten Blick in Connemara verliebt zu haben. Auf dem Höhepunkt ihrer Begeisterung bot sie sogar an, mein Cottage zu mieten, und ich könnte dort wohnen bleiben. Der Vorschlag alarmierte mich. Ich zeigte den beiden zwei oder drei Häuser in der Umgebung und machte Sylvia mit Kitty Marriot bekannt. Mit ihr schloß sie sofort einen Mietvertrag, der am 1. November beginnen sollte. Sylvia schwärmte von Mrs. Marriot und machte mit erstaunlicher Entschlossenheit Pläne. Ich glaube, wir sahen uns die Häuser am Samstag, den 15. September, an, und sie traf auch an diesem Tag ihre Entscheidung.

Meine Befürchtungen wuchsen beim Abendessen in meinem Cottage – Mary Coyne, die Mutter von Seamus, hatte ein Festessen gekocht. (Sylvia hat ihr am 15. Dezember 1962 einen Brief geschrieben.) Mrs. Coynes Mann war kurz nach der Geburt des dritten Kindes an Krebs gestorben; sie hatte die Kinder durch Stricken, Gartenarbeiten und die Bewirtschaftung von etwa zwei Hektar karger Felder ernährt. Ihr kleines, strohgedecktes Cottage, in dem ich viele Stunden verbrachte, war das älteste und gastlichste im Dorf. Mein Leben in Cleggan, einschließlich der beiden Segelboote, hing völlig von ihr und ihren beiden Söhnen ab. Sie hatten mir im Dorf ein Zuhause gegeben, und durch die Boote konnte ich ihnen und mir im Sommer Arbeit verschaffen. Mrs. Coyne half mir großzügigerweise, Gäste, wie Ted und Sylvia, zu bewirten. Aber es gab Grenzen, die von einer klaren Dorfmoral bestimmt wurden, und dazu gehörte zum Beispiel, daß ich keine verheiratete Frau einladen konnte, bei mir im Cottage zu wohnen. Sylvia wußte das nicht, bis es zu spät war.

Zum Essen an diesem Abend kam auch Thomas Kinsella aus Dublin, der das Wochenende mit uns verbringen wollte. Er arbeitete beim Finanzamt. Zu meiner Erleichterung vertrugen sich alle sehr gut. Aber während des Essens rieb Sylvia in Gegenwart von Ted und Tom, die es allerdings nicht bemerkten, ihr Bein unter dem Tisch provozierend an meinem. Innerlich zuckte ich zurück. Meine Ehe war in die Brüche gegangen, nachdem 1957 ein Schriftsteller, der für ein Wochenende bei uns zu Gast war, meine Frau verführt hatte. Ich wollte Sylvias Ehe nicht zerstören oder heimlich eine Affäre mit ihr haben oder dazu benutzt werden, Ted eifersüchtig zu machen. Und ich wollte auch Mary Coyne nicht schockieren.

Nach dem Essen kam das Gespräch – möglicherweise angeregt durch Yeats – auf das Quija-Brett. Sylvia und Ted waren bereit, es uns vorzuführen. Buchstaben wurden ausgeschnitten, ein geeignetes Weinglas wurde gewählt, und es begann eine Seance, an der ich nicht teilnahm. Sylvia hörte bald auf und ging zu Bett. Aber Ted und Tom spielten bis spät in die Nacht. Am nächsten Morgen fand ich ein paar Blätter mit Gedichten in Kinsellas Handschrift, allerdings ganz in Teds Art, über ein mystisches Thema. Ted erschien als erster, und als ich meine Überraschung darüber äußerte, was die Geister gedichtet hatten, gestand er, etwas nachgeholfen zu haben.

An diesem Sonntag (16. September) verließ ich morgens das Haus, weil ich in Zusammenhang mit den Booten etwas erledigen mußte. Bei meiner Rückkehr war nur noch Sylvia da. Sie erklärte, Ted sei nach County Clare gefahren und wolle dort bei dem Maler Barry Cooke bleiben, in der Hoffnung, Forellen oder Lachs angeln zu können. Ich hatte eigentlich damit gerechnet, daß beide bis zum folgenden Mittwoch bleiben würden. Sylvia sagte, sie habe eine Rückfahrkarte von Galway nach Dublin, und sie werde Ted dort am Mittwoch auf dem Bahnhof treffen.

Ich fand die plötzliche Abreise sehr merkwürdig. Aber das verstohlene Signal unter dem Tisch am Abend zuvor weckte in mir den Verdacht, sie habe Ted möglicherweise dazu ermuntert, obwohl sie sich beklagte, er habe sie schon öfter so allein gelassen. Ich befürchtete, sie habe es so eingerichtet, daß sie nach Teds und Toms Abfahrt mit mir allein war. Deshalb schlug ich vor, sie solle die Gelegenheit nutzen und am nächsten Tag mit Tom im Wagen nach Dublin fahren. Ich versuchte, ihr zu erklären, welche Probleme ich möglicherweise im Dorf bekommen würde, wenn sie allein bei mir wohnte.

Aber anstatt sich vernünftig damit abzufinden, geriet sie in Wut. All ihre Wärme und Begeisterung, die Erregung, die alles verklärt hatte, was sie sah, verwandelte sich in erstickende Feindseligkeit. Sie sprach kaum noch ein Wort und hielt eine unnatürliche beklemmende Distanz. Sie schüttete Mrs. Coyne ihr Herz aus und legte ein paar Keime des späteren Mythos ihres Martyriums. Sie bedankte sich zwar bei mir und verabschiedete sich unter dem Zwang der Konvention, aber ich blieb mit dem Gefühl zurück, daß ich mich trotz meiner Bemühungen, ihnen einen angenehmen Aufenthalt zu bieten. schäbig verhalten hatte.

Sylvia schrieb mir am 21. September aus Devon. Ich beantwortete ihren Brief nicht, denn ich wußte nicht, was ich hätte sagen sollen. Ich hatte sie gebeten, mein Haus zu verlassen, um möglichen Problemen in Cleggan aus dem Weg zu gehen; aus diesem Grund nahm sie mit einer absurden Entschuldigung, mit der sie sich über mich lustig machte, ihre Einladung zurück, sie in North Tawton zu besuchen. Ich hatte das Gefühl, wenn ich »die Barriere überwinden [würde], vor der mein Verständnis stand, als [sie] ging«, wozu sie mich im letzten Absatz ihres Briefes aufforderte, könnte uns das beide in große Schwierigkeiten bringen. Außerdem verwirrte sie mich mit der Feststellung: »Ich habe nicht den Wunsch und werde ihn nie haben, Dich oder einen anderen zu sehen oder zu sprechen.« Nach allem, was sie über ihren Besuch geschrieben hatte, konnte ich das kaum glauben. Sie hatte sich Mrs. Marriot als einen Menschen ausgesucht, den sie brauchte, ohne eine richtige Vorstellung von Mrs. Marriot zu haben – die ihr später mit der Forderung nach drei Monatsmieten einen Schock versetzte, als Sylvia den Mietvertrag kündigte.

Einerseits beschwor mich Sylvia, freundlich zu ihr zu sein;

andererseits warf sie mir sehr unfreundlich Heuchelei vor und erklärte: »Du wirst uns nicht zu sehen bekommen.« Ich hätte die langen Gespräche gern fortgesetzt, mit der ihr Besuch in Connemara begonnen hatte. Sie und Ted hatten mir geraten, in *The Battle of Aughrim* dramatische Monologe und nicht nur erzählende Prosa zu schreiben. Ich empfand ihre Gesellschaft eher inspirierend als bedrohlich. Aber ich wollte nicht aufgefressen werden oder so sehr für das Leben eines anderen Menschen verantwortlich sein wie während meiner Ehe. Vielleicht spürte Sylvia, daß ich die Fähigkeit besaß, jemanden am Leben zu erhalten und daß ich ihr das vorenthielt.

Mir war nicht entgangen, daß sie Spaß machte, als sie davon sprach, sie wolle für den *New Yorker* Gedichte über Connemara schreiben. Aber die Stelle in ihrem Brief, in der sie versuchte, mir zu versichern, sie habe seit über einem Jahr kein Gedicht mehr geschrieben und werde nur Prosa schreiben, klang unehrlich. Mir gefiel die implizierte Anschuldigung nicht, ich wolle mein »literarisches Territorium« verteidigen, und auch, daß sie in solchen Begriffen dachte, gefiel mir nicht. Hatte ich sie nicht eingeladen? Inzwischen ist bekannt, daß in diesem Jahr ein oder zwei ihrer besten Gedichte entstanden sind.

Also grübelte ich über eine Antwort nach, die ich nie schrieb. Dann kam noch ein Brief (vom 7. Oktober 1962), in dem sie sich freundlich zu einer Rezension äußerte, die ich mit Hinweisen auf Yeats' Tower in *The Observer* geschrieben hatte. Sie erwähnte auch: »Ich lasse mich scheiden, und Du hast recht: Es ist befreiend.« Ich hatte ihr zur Scheidung anstelle einer legalen Trennung geraten, denn sie gab beiden Partnern die Möglichkeit, wieder zu heiraten; aber ich kann mich nicht daran erinnern, die Scheidung an sich als etwas Befreiendes hingestellt zu haben. Für mich war sie schmerzlich gewesen. Ich hielt es für das beste, sie als Antwort auf diesen Brief zu besuchen, sobald sie in Mrs. Marriots Haus wohnte, das eineinhalb Meilen von Cleggan entfernt lag. Aber sie änderte plötzlich ihre Pläne und ging statt dessen nach London.

Ende Januar (1963) fuhr ich aus Anlaß des Erscheinens von *Sailing to an Island* bei Faber nach London. Dort begegnete ich Sylvia zum letzten Mal bei des Beckers in Islington, zu denen mich Douglas Cleverdon mitnahm. Er hatte *The Cleggan Disaster* produziert und *The Battle of Aughrim* für das Dritte Programm in Auftrag gegeben. Die Cleverdons hatten mir erzählt, Sylvia stehe unter großen Spannungen. Ihr Gesicht glühte, und sie wirkte wie in Ekstase. Sie erklärte, sie sei jetzt glücklich und freue sich sehr, eine Wohnung in einem Haus mit einer Gedenktafel zu haben, in dem Yeats einmal gelebt hatte. Sie halte das für sehr viel besser, als nach Irland zu kommen. Mir schien sie nicht das geringste nachzutragen, und in Hinblick auf medizinische Versorgung für sie und die Kinder hielt ich es für eine kluge Entscheidung.

Bei diesem Besuch in London hatte mich Leonie Cohen aufgefordert, an einer Sendung der BBC in der Reihe »Writers on Themselves« teilzunehmen. Ted und Sylvia waren in dieser Reihe bereits einmal zu Wort gekommen, und Sylvia hatte *Ocean 1212–W* gelesen. Um meinen Beitrag zu schreiben, fuhr ich nach Cleggan zurück und blieb ungefähr vierzehn Tage dort. Bei meiner Rückkehr nach London am 14. Februar erfuhr ich von Sylvias Tod. Ted bat mich, ihn in ihrer Wohnung zu treffen, wo ich seine Tante Hilda kennenlernte, die sich um die Kinder kümmerte. Anschließend fuhr Ted nach Heptonstall zur Beerdigung. Mich quälte lange Zeit ein schreckliches Schuldgefühl, weil ich ihr nicht die Zuflucht gewährt hatte, die sie in Connemara suchte. Gleichzeitig entsetzte mich das bittere Leid, das sie durch ihren Selbstmord so grausam Ted, den beiden Familien und ihren Freunden zugefügt hatte.

Kandy, Sri Lanka
10. Februar 1988

Briefe von Sylvia Plath an Richard Murphy*

* Abdruck mit Genehmigung der Nachlaßverwaltung von Sylvia Plath.

Court Green
North Tawton
Devonshire, England
Samstag: 21. Juli [1962]

Lieber Richard,
ich weiß nicht, wie schnell das offizielle Räderwerk arbeitet, aber ich konnte mir die Freude nicht nehmen lassen, Dir auf der Stelle mitzuteilen, das *Years Later*, der Epilog von *The Cleggan Disaster*, den ersten Preis im Cheltenham-Wettbewerb gewonnen hat. Ich nehme an, Du hast es bereits erfahren, oder du wirst es bald von Mr. Wilkinson erfahren, dem Leiter des Festivals. Der Epilog, weil wir glauben, er erreicht vielleicht *größere Höhen als der vorausgegangene Teil*.

Ich möchte Dir eine Frage stellen. Besteht die Möglichkeit, daß Ted und ich entweder in der letzten Augustwoche oder ersten Septemberwoche nach Bofin kommen könnten? Ich weiß nicht, wie lange Du das Boot segelst oder was Deine Bedingungen sind, aber zumindest ich brauche unbedingt ein Boot und das Meer und *keine schreienden Babys*. Wir versuchen, eine Familie zu finden, die hierherkommt und Frieda (zwei Jahre) und Nicholas (sechs Monate) versorgt. Bis Montag müßte ich wissen, ob und wann genau wir kommen können. Wenn die Familie nicht kann, werde ich einfach jemanden für die Zeit einstellen müssen. Wenn Du mich sofort wissen lassen könntest, ob ein Zusammentreffen mit Dir und Deinem herrlichen Boot eine Woche Ende August oder Anfang September (die erste Woche) möglich ist, wäre das nett.

Außerdem wäre es wirklich schön, Dich wiederzusehen. In meiner frühen Kindheit standen das Meer und Boote im Mittelpunkt. Deshalb sind Deine Gedichte für mich von besonderem Interesse. Und ich glaube, im Augenblick wärst Du genau der Richtige für einen Besuch. Gibt es vielleicht einen freundlichen Menschen auf der Insel, bei dem wir essen &

schlafen könnten & ist es möglich, den Wagen mitzunehmen, oder muß man ihn auf dem Festland lassen? Ich hoffe, daß wir in Irland auch Jack & Maire Sweeney treffen können, die wir sehr mögen. Vielleicht werde ich auch Dublin sehen. Ich bin noch nie dort gewesen.

Bitte sag mir, daß ich Dir nicht schrecklich lästig bin. Und bitte sag, daß wir auf Dein Boot dürfen. Neben vielen anderen Dingen habe ich mir schon immer einen Freund mit einem Boot gewünscht. Ted läßt Dich herzlich grüßen und hofft, daß Du uns aufnimmst.

Nochmals meine Glückwünsche und alles,
alles Gute
Sylvia Plath

N.S. Eric White hat erwähnt, daß Faber & Eliot Deine Gedichte angenommen haben.
Ich freue mich so, denn es ist wirklich verdient.

Court Green
North Tawton
Devon
Freitag: 17. August [1962]

Lieber Richard,
Dein letztes Telegramm traf gestern ein, als wir einen Tag in London waren. Wir haben kein Telefon, deshalb schreibe ich. Wie es jetzt aussieht, bin ich ziemlich sicher, daß wir Devon am Montag, den 10. September, verlassen können. Ich weiß nicht, wie lange wir zu Dir brauchen, aber wir könnten ungefähr eine Woche bei Dir bleiben. Hast du Schwimmwesten?

Ich möchte nicht, daß Du wieder ein preisgekröntes Gedicht über unsere Augäpfel schreibst, die im Meer tanzen!

Könntest Du uns kurz mitteilen, wie wir von der Stelle, an der das Schiff in Irland anlegt, am besten in Dein Dorf gelangen? Wir kommen ohne Wagen und nehmen die Bahn oder den Bus oder einen Maulesel oder was immer am schnellsten ist. Laß uns auch wissen, wie wir auf Deine Insel kommen. Ich habe mich noch nie so sehr auf etwas gefreut. Ich bin das schreckliche Britische Meer leid mit all den Bonbonpapierchen und Touristen, mit rosa Plastikbällen, die im seichten Wasser schaukeln, und die Wohnwagen, die wie bunte Särge auf einem Haufen zusammenstehen.

Liebe Grüße
Sylvia

Court Green
North Tawton
Devonshire, England
8. September [1962]

Lieber Richard,
vielen Dank für Deinen lieben Brief. Wir haben ein Kindermädchen für die Kleinen und können leichten Herzens hier weg. Wir wollen mit dem Zug am Dienstagabend in Holyhead sein, in der Nacht nach Dublin übersetzen, Jack Sweeney guten Tag sagen und am Mittwoch gegen Abend mit der Bahn in Galway ankommen. Ich werde anrufen, sobald wir da sind. Wir wohnen gerne in Deinem Cottage. Ich weiß nicht, wann ich mich schon einmal so sehr auf etwas gefreut habe.

Viele liebe Grüße
Sylvia

Court Green
North Tawton
Devonshire, England
21. September [1962]

Lieber Richard,
ich lege meine unbenutzte Rückfahrkarte von Galway nach Dublin bei, sie ist drei Monate gültig, und hoffe, daß Du, Seamus oder Owen vielleicht Verwendung dafür hat. Ich kann Dir nicht genug für Deine Gastfreundschaft & das wunderbare Essen von Mrs. Coyne danken. Die Boote & das Meer waren wie eine lange Kur für mich.

Darf ich zwei Dinge sagen? Meine Gesundheit und die Gesundheit meiner Kinder hängen davon ab, daß ich England verlasse und nach Irland gehe. Es widerstrebt mir sehr zu glauben, daß Du die Hilfe, die Du mir mit der einen Hand angeboten hast, mit der anderen wieder nehmen möchtest. Ich brauche eine Frau wie Kitty Marriot wirklich sehr, & wenn mir mein dreißigstes Lebensjahr etwas gebracht hat, dann das Verständnis dafür, weshalb ich lebe, und ein Gefühl der Stärke und Unabhängigkeit, mit dem ich mich dem stelle, dem ich mich stellen muß. Es mag schwer zu glauben sein, aber ich habe nicht den Wunsch, Dich oder jemanden zu sehen oder zu sprechen und werde ihn nicht haben; ich habe bereits einen Winter in einem Leuchtturm verbracht, und ein solches Leben ist Balsam für meine Seele. Ich erwarte nicht, daß Du dies oder etwas anderes verstehst. Wie könntest Du auch, da Du mich nicht kennst. Ich möchte nicht glauben, daß Du es unehrlich gemeint hast, als Du mir die Cottages gezeigt hast, aber das fällt schwer. Bitte laß mich etwas Besseres von Dir denken.

Zweitens ist mir mit Erschrecken klargeworden, daß Du nicht begriffen hast, daß wir im Spaß davon sprachen, daß ich für den *New Yorker* Gedichte über Connemara schreibe. Ich würde das nicht tun, selbst wenn ich es könnte; aber Du weißt sehr gut, daß ich seit einem Jahr kein Gedicht mehr geschrieben habe, denn wenn ich Prosa schreibe, kann ich keine Gedichte schreiben. Es kann also keine Rede davon sein, daß ich in Dein literarisches Territorium eindringe; mein Roman spielt in Devon, und ich hoffe, ihn in Glasthule zu beenden.

Ich bedaure sehr, meine Einladung zurücknehmen zu müssen, uns in Court Green zu besuchen, denn es hätte mir große Freude gemacht, Dir das Haus zu zeigen --- ich glaube, Du hast ein besonderes Gefühl für Land, und das hier ist sehr schön & ich stelle mir vor, mir liegt es so am Herzen wie Dir Deine Huker --- ich bin stolz darauf und darauf, was ich daraus gemacht habe und noch hoffe, daraus zu machen; und ich möchte, daß es anerkannt und nicht gehaßt wird. Aber Ted wird nicht hiersein, und damit hatte ich nicht gerechnet, als ich Dich einlud. Wenn er nicht hier ist, kann mich niemand besuchen. Das Dorf ist klein, und die Leute passen ebenso auf wie bei Dir. Unten am Weg lebt eine kleine verkrüppelte Bucklige mit einem hohen schwarzen Stiefel; sie beobachtet Tag & Nacht, wer kommt & geht. Das ist wirklich sehr komisch. Denn die arme Frau bekommt nichts zu sehen. Also, ich habe großes Verständnis für Deine Befürchtungen. Ich werde versuchen, im Dezember ein Kindermädchen mitzubringen, & dann bekomme ich vielleicht jemand, der bei mir wohnt & mir mit den Kindern hilft & Du wirst keinen von uns zu sehen bekommen. Menschen stören mich nur mit meinen Babys & meiner Arbeit & als Kindermädchen-Nonne habe ich beidem mein Leben verschrieben. Bitte sei so freundlich und großmütig und sage, daß Du mir nichts Schlechtes wünschst oder mir versperren wirst, was ich klar und ruhig als den einzig offenen Weg sehe. Ich würde mich freuen, wenn Dein Verständnis die Barriere überwinden könnte, vor der ich stand, als ich Dich verließ.

Deine
Sylvia

Court Green
North Tawton
Devonshire, England
Sonntag: 7. Oktober [1962]

Lieber Richard,
Deine Besprechung war schön, und es tat gut, sie inmitten von allem anderen zu sehen, und sie ist so lang. Ted sagt allerdings, es waren Dohlen. Was mich angeht, so ist jeder schwarze Vogel eine Krähe. Deine Schilderung des Ortes war wie leuchtende Farbe, und ich habe Heimweh danach bekommen; der erste reine, saubere Ort, an dem ich seit langem gewesen bin.

Bitte laß mich wissen, ob Du meinen Brief erhalten hast und ob die Fahrkarte von Nutzen war. Ich werde in Begleitung von Teds Tante nach Moyard kommen & hoffe, ein irisches Mädchen zu finden, das bei mir wohnt und mich zurückbegleitet, wenn ich das Glück der Iren habe. Ich werde es mit einer guten Katholikin versuchen, und vielleicht kann sie mich bekehren. Ich vermute nur, ich bin bereits verdammt. Vergeben sie geschiedenen Frauen nie? Ich lasse mich scheiden, und Du hast recht: Es ist befreiend. Ich schreibe zum ersten Mal seit Jahren mit meinem wahren, lange unterdrückten Ich. Ich stehe morgens um vier Uhr auf, wenn ich aufwache, ist es noch dunkel, & ich schreibe, bis die Kleinen aufwachen. Es ist, als schreibe man in einem Eisenbahntunnel oder in Gottes Eingeweiden. Bitte mach mich froh und sag, daß Du mir Moyard nicht mißgönnst. Es wird mir gutgehen, & ich werde unentwegt behütet sein, & nur die Kühe werden mich zu Gesicht bekommen. Der Gedanke, daß Du zähneknirschend in Cleggan sitzt, würde mich schrecklich schmerzen.

Und berichte mir von Cheltenham.

Grüße
Sylvia.

Fitzroy Road
London N.W. 1
15. Dezember, 1962

Liebe Mrs. Coyne,
ich mußte für den Winter nach London ziehen, um das Auge meines kleinen Sohnes von einem Spezialisten untersuchen und operieren zu lassen.* Ich wäre Ihnen also sehr dankbar, wenn Sie mir meinen Pullover & den Trainingsanzug meines Töchterchens an die oben genannte Londoner Adresse schikken, falls Sie nicht beides bereits nach Court Green geschickt haben. Wenn es so ist, wird man sie mir nachschicken.

Bitte berichten Sie Mr. Murphy, daß ich im Yeats-Haus in London wohne – mit der blauen Gedenktafel und allem. Es wird ihn amüsieren, da Yeats ein berühmter irischer Dichter war, & ich bin sehr glücklich darüber, in seinem Haus zu wohnen, es ist eine echte Inspiration für mein Schreiben.

Die besten Wünsche zum Weihnachtsfest,
Ihre
Sylvia Hughes

* Das war eine Erfindung.

Anhang

Werke von Sylvia Plath

A WINTER SHIP

Englische Ausgabe:

– Edinburgh: The Tragara Press 1960.
Einzelveröffentlichung des Gedichts.

THE COLOSSUS

Englische Ausgaben:

– London, Melbourne, Toronto: William Heinemann Ltd. 1960.
– London: Faber and Faber Limited 1967.
Enthalten die folgenden Gedichte: *The Manor Garden / Two Views of a Cadaver Room / Night Shift / Sow / The Eye-Mote / Hardcastle Crags / Faun / Departure / The Colossus / Lorelei / Point Shirley / The Bull of Bendylaw / All the Dead Dears / Aftermath / The Thin People / Suicide Off Egg Rock / Mushrooms / I Want, I Want / Watercolor of Grantchester Meadows / The Ghost's Leavetaking / Metaphors / Black Rook in Rainy Weather / A Winter Ship / Full Fathom Five / Maudlin / Blue Moles / Strumpet Song / Ouija / Man in Black / Snakecharmer / The Hermit at Outermost House / The Disquieting Muses / Medallion / Two Sisters of Persephone / The Companionable Ills / Moonrise / Spinster / Frog Autumn / Mussel Hunter at Rock Harbor / The Beekeeper's Daughter / The Times Are Tidy / The Burnt-Out Spa / Sculptor / Poem for a Birthday (Who / Dark House / Maenad / The Beast / Flute Notes from a Reedy Pond / Witch Burning / The Stones).*

Amerikanische Ausgaben:

– New York: Alfred A. Knopf 1962.
– New York: Vintage Books 1968.
In die amerikanischen Ausgaben wurden die folgenden Gedichte nicht aufgenommen: *Metaphors / Black Rook in Rainy Weather /*

Maudlin / Ouija / Two Sisters of Persephone / Poem for a Birthday (Who / Dark House / Maenad / The Beast / Witch Burning).

Bisher keine deutsche Übersetzung.

THREE WOMEN

Englische Ausgabe:

– London: Turret Books 1968.
Monolog für drei Stimmen mit einer Einführung von Douglas Cleverdon.

Amerikanische Ausgabe:

In Amerika erschien ein Raubdruck der englischen Ausgabe, vermutlich 1970 oder 1975 in Oakland hergestellt.

Bisher keine deutsche Übersetzung.

THE BELL JAR

Englische Ausgaben:

– London, Melbourne, Toronto: William Heinemann Ltd. 1963.
by Victoria Lucas [pseud.]
– London: Faber and Faber Limited 1966.
by Sylvia Plath

Amerikanische Ausgaben:

– New York, Evanston, San Francisco, London: Harper & Row, Publishers 1971.
– Toronto, New York, London: Bantam Books 1972.
Beide Ausgaben enthalten biographische Angaben von Lois Ames und Zeichnungen von Sylvia Plath.

Deutsche Ausgabe:

Die Glasglocke. Aus dem Englischen von Christian Grote. Frankfurt am Main: Suhrkamp 1968 (= Bibliothek Suhrkamp 208).

ARIEL

Englische Ausgabe:

– London: Faber and Faber Limited 1965.
Enthält die folgenden Gedichte: *Morning Song / The Couriers / Sheep in Fog / The Applicant / Lady Lazarus / Tulips / Cut / Elm / The Night Dances / Poppies in October / Berck-Plage / Ariel / Death & Co. / Nick and the Candlestick / Gulliver / Getting There / Medusa / The Moon and the Yew Tree / A Birthday Present / Letter in November / The Rival [I] / Daddy / You're / Fever 103° / The Bee Meeting / The Arrival of the Bee Box / Stings / Wintering / The Hanging Man / Little Fugue / Years / The Munich Mannequins / Totem / Paralytic / Balloons / Poppies in July / Kindness / Contusion / Edge / Words.*

Amerikanische Ausgabe:

– New York: Harper & Row, Publishers 1966.
Enthält alle Gedichte der englischen Ausgabe und zusätzlich: *Lesbos / Mary's Song / The Swarm.*

Deutsche Ausgabe:

Ariel. Gedichte. Englisch und deutsch. Deutsch von Erich Fried. Frankfurt am Main: Suhrkamp 1974 (= Bibliothek Suhrkamp 380).
Enthält die folgenden Gedichte (mit der englischen Ausgabe identisch): *Morgenlied / Die Kuriere / Schaf im Nebel / Der Bewerber / Madame Lazarus / Tulpen / Geschnitten / Ulme / Die Nachttänze / Mohnblumen im Oktober / Berck-Plage / Ariel / Tod & Co. / Nick und der Kerzenleuchter / Gulliver / Hinkommen / Medusa / Der Mond und der Eibenbaum / Ein Geburtstagsgeschenk / Brief im November / Der Rivale / Papi / Du bist / 39,5° Fieber / Das Bienentreffen / Die Ankunft der Bienenkiste / Stiche /*

Überwintern / Der Erhängte / Kleine Fuge / Jahre / Die Münchner Mannequins / Totem / Paralytik / Ballons / Mohnblumen im Juli / Milde / Quetschung / Rand / Worte.

UNCOLLECTED POEMS

Nur englische Ausgabe:

– London: Turret Books 1965.
Enthält die folgenden Gedichte: *Blackberrying / Wuthering Heights / A Life / Crossing the Water / Private Ground / An Appearance / Half Moon (= Thalidomide) / Finisterre / Insomniac / I am Vertical / Candles / Parliament Hill Fields.*

WREATH FOR A BRIDAL

Nur englische Ausgabe:

– Frensham, Farnham, Surrey: The Sceptre Press 1970.
Einzelausgabe des Gedichts.

THE SURGEON AT 2 A.M.

Nur amerikanische Ausgabe:

– Portland, Oregon, U.S.A.: 1971.
Enthält die folgenden Gedichte: *Amnesiac / Stopped Dead / On Deck / Eavesdropper / Face Lift / A Life / The Surgeon at 2 a.m.* Mit einem Vorwort von Matthew Kangas.

CRYSTAL GAZER

Nur englische Ausgabe:

– London: Rainbow Press 1971.
Enthält die folgenden Gedichte: *Ballade Banale / Alicante Lullaby / Leaving Early / Notes on Zarathustra's Prologue / Mad Girl's Love Song / On the Plethora of Dyads / The Dream of the Hearse-Driver (= The Dream) / Go Get the Goodly Squab / The Beggars / Circus in Three Rings / The Goring / Admonitions / Recantation / Crystal Gazer / Stopped Dead / Mirror / Face Lift / Zoo Keepers's Wife / Heavy Women / Last Words / Fable of the Rhododendron Stealers / Lament / Yadwigha, on a Red Couch, among Lilies: A Sestina for the Douanier.*

FIESTA MELONS

Nur englische Ausgabe:

– Exeter: The Rougemont Press 1971.
Enthält die folgenden Gedichte: *Green Rock, Winthrop Bay / Two Lovers and a Beachcomber by the Real Sea / Battle-Scene from the Comic Opera Fantasy ›The Seafarer‹ / Complaint of the Crazed Queen (= The Queen's Complaint) / Dream of the Hearse Driver (= The Dream) / Southern Sunrise / Fiesta Melons / The Surgeon at 2 a.m. / November Graveyard / Yadwigha, on a Red Couch, among Lilies: A Sestina for the Douanier.* Mit vierzehn Zeichnungen von Sylvia Plath.

CROSSING THE WATER

Englische Ausgabe:

– London: Faber and Faber Limited 1971.
Enthält die folgenden Gedichte: *Wuthering Heights / Pheasant / Crossing the Water / Finisterre / Face Lift / Parliament Hill Fields / Insomniac / An Appearance / Blackberrying / I Am Vertical / The Babysitters / In Plaster / Leaving Early / Stillborn / Private Ground / Heavy Women / Wid-*

ow / Magi / Candles / Event / Love Letter / Small Hours (= Barren Woman) / Sleep in the Mojave Desert / The Surgeon at 2 a.m. / Two Campers in Cloud Country / Mirror / A Life / On Deck / Apprehensions / Zoo Keeper's Wife / Whitsun / The Tour / Last Words / Among the Narcissi.

Amerikanische Ausgabe:

– New York, Evanston, San Francisco, London: Harper & Row, Publishers 1971.
In die amerikanische Ausgabe wurden folgende Gedichte *nicht* aufgenommen: *Pheasant / An Appearance / Event / Apprehensions / The Tour / Among the Narcissi;* dafür aus der englischen Ausgabe von *The Colossus*: *Black Rook in Rainy Weather / Metaphors / Maudlin / Ouija / Two Sisters of Persephone / Poem for a Birthday (Who / Dark House / Maenad / The Beast / Witch Burning).*

Bisher keine deutsche Übersetzung.

LYONESSE

Nur englische Ausgabe:

– London, Rainbow Press 1971.
Enthält die folgenden Gedichte: *A Winter's Tale / Mayflower / Epitaph for Fire and Flower / Old Ladies' Home / Wreath for a Bridal / Metamorphoses of the Moon / Owl / Child / Electra on Azalea Path / In Midas' Country / Tinker Jack and the Tidy Wives / Two Campers in Cloud Country / The Rabbit Catcher / The Detective / On the Difficulty of Conjuring up a Dryad / The Snowman on the Moor / Widow / The Other Two / Gigolo / Brasilia / Lyonesse.*

MILLION DOLLAR MONTH

Nur englische Ausgabe:

– Haslemere, Surrey: Haslemere Printing Company 1971.
Ein einzelnes Gedicht, nicht enthalten in *Collected Poems*.

WINTER TREES

Englische Ausgabe:

– London: Faber and Faber Limited 1971.
Enthält die folgenden Gedichte: *Winter Trees / Child / Brasilia / Gigolo / Childless Woman / Purdah / The Courage of Shutting-Up / The Other / Stopped Dead / The Rabbit Catcher / Mystic / By Candlelight / Lyonesse / Thalidomide / For a Fatherless Son / Lesbos* / The Swarm* / Mary's Song* / Three Women.*

Amerikanische Ausgabe:

– New York, Evanston, San Francisco, London: Harper & Row, Publishers 1972.
Enthält die Gedichte der englischen Ausgabe außer: *Lesbos / The Swarm / Mary's Song*. Zusätzlich wurden aufgenommen: *Apprehensions / An Appearance / Among the Narcissi / Event / Pheasant / The Tour* (alle aus der englischen Ausgabe von *Crossing the Water*) */ The Detective / Amnesiac / Eavesdropper.*

Bisher keine deutsche Übersetzung.

CHILD

Nur englische Ausgabe:

– Exeter: The Rougemont Press 1971.
Einzelausgabe des Gedichts.

* Aus der amerikanischen Ausgabe von *Ariel*.

PURSUIT

Nur englische Ausgabe:

– London: The Rainbow Press 1973.
Enthält die folgenden Gedichte: *Dark Wood, Dark Water / Resolve / Temple of Time / The Shrike / Faun / The Lady and the Earthenware Head / Pursuit / Doomsday / Words Heard, by Accident, Over the Phone / Stings / Spider / The Fearful / The Rival / A Secret / Burning the Letters.*

LETTERS HOME. CORRESPONDENCE 1950-1963 SELECTED AND EDITED WITH COMMENTARY BY AURELIA SCHOBER PLATH

Amerikanische Ausgabe:

– New York, Evanston, San Francisco, London: Harper & Row, Publishers 1975.

Englische Ausgabe:

– London: Faber and Faber Limited 1976.
Inhalt mit der amerikanischen Ausgabe identisch.

Deutsche Ausgaben (leicht gekürzt):

Briefe nach Hause. 1950-1963. Ausgewählt und herausgegeben von Aurelia Schober Plath. Aus dem Englischen von Iris Wagner. München, Wien: Carl Hanser Verlag 1975. Frankfurt/Main, Berlin, Wien: Ullstein 1981 (= Ullstein Taschenbuch 30125). Mit einem Nachwort von Gabriele Wohmann.

THE BED BOOK

Englische Ausgabe:

– London: Faber and Faber Limited, 1976.
Ein einzelnes Gedicht, nicht enthalten in *Collected Poems*.
Illustrated by Quentin Bell.

Amerikanische Ausgabe:

– New York, Hagerstown, San Francisco, London: Harper & Row, Publishers 1976.
Mit der englischen Ausgabe identisch.
Pictures by Emily Arnold McCully.

Deutsche Ausgabe:

Das Bett-Buch. Ins Deutsche gebracht von Eva Demski. Zweisprachige Ausgabe. Mit Bildern von Rotraut Susanne Berner. Frankfurt am Main: Frankfurter Verlagsanstalt 1989.

JOHNNY PANIC AND THE BIBLE OF DREAMS

Englische Ausgaben:

– London: Faber and Faber Limited 1977.
Inhalt: *Johnny Panic and the Bible of Dreams / America! America! / The Day Mr Prescott Died / The Wishing Box / A Comparison / The Fifteen-Dollar Eagle / The Daughters of Blossom Street / ›Context‹ / The Fifty-Ninth Bear / Mothers / Ocean 1212-W / Snow Blitz / Initiation / Sunday at the Mintons / Superman and Paula Brown's New Snowsuit / In the Mountains / All the Dead Dears* [Erzählung] / *Day of Success / Excerpts from Notebooks: Cambridge Notes; Widow Mangada; Rose and Percy B; Charlie Pollard and the Beekeepers.*

– London: Faber and Faber Limited 1979.
Zusätzlich wurden aufgenommen: *A Day in June / The Green Rock / Among the Bumblebees / Tongues of Stone / That Widow Mangada / Stone Boy with Dolphin / Above the Oxbow / The Shadow / Sweetie Pie and the Gutter Men.*

Amerikanische Ausgabe:

– New York, Hagerstown, San Francisco, London: Harper & Row, Publishers 1979.
In der amerikanischen Ausgabe fehlen: *A Day in June / The Green Rock*. Zusätzlich aufgenommen wurde: *The Smiths: George, Marjorie (50), Claire (16) (Notebooks)*.

Deutsche Ausgaben:

Die Bibel der Träume. Erzählungen. Prosa aus den Tagebüchern. Aus dem Amerikanischen von Julia Bachstein und Sabine Techel. Frankfurt am Main: Frankfurter Verlagsanstalt 1987.
Inhalt: *Der Tag, an dem Mr. Prescott starb / Das Wunschkästchen / Johnny Panic und die Bibel der Träume / Der Fünfzehn-Dollar-Adler / Die Töchter der Blossom Street / Der neunundfünfzigste Bär / Mütter / Ocean 1212-W / Schneeangriff / Ein Vergleich / ›Context‹ / America! America! / Cambridge Notizen (Februar 1956) / Witwe Mangada (Sommer 1956) / Rose und Percy B. (1961/1962) / Charlie Pollard und die Bienenzüchter (Juni 1962)*.

Zungen aus Stein. Erzählungen. Aus dem Amerikanischen von Julia Bachstein und Susanne Levin. Frankfurt am Main: Frankfurter Verlagsanstalt 1989.
Inhalt: *Ein Tag im Juni / Der grüne Felsen / Unter den Hummeln / Einführung / Sonntag bei den Mintons / In den Bergen / Zungen aus Stein / Superman und Paula Browns neuer Schneeanzug / Diese Witwe Mangada / All die toten Lieben / Steinknabe mit Delphin / Über dem Oxbow / Der Schatten / Sweetie Pie und die Dachrinnen-Männer / Tag des Erfolgs / Die Smiths: George, Marjorie (50), Claire (16)*.
Die beiden Bände enthalten alle Texte der zweiten englischen Ausgabe und den nur in Amerika erschienenen Text *The Smiths: George, Marjorie (50), Claire (16)*.

TWO POEMS

Nur englische Ausgabe:

– Knotting, Bedfordshire: The Sceptre Press 1980.
Die Ausgabe enthält die beiden Gedichte *Incommunicado* und *Firesong*.

TWO UNCOLLECTED POEMS

Nur englische Ausgabe:

– London: Anvil Press Poetry 1980.
Die Ausgabe enthält die beiden Gedichte *Dialogue Between Ghost and Priest* und *Child's Park Stones*.

A DAY IN JUNE

Nur englische Ausgabe:

– Ely: Embers Handpress 1981.
Einzelausgabe der Erzählung, enthalten in der zweiten englischen Ausgabe von *Johnny Panic and the Bible of Dreams*.

DIALOGUE OVER A OUIJA BOARD

Nur englische Ausgabe:

– London: Rainbow Press 1981.
Einzelausgabe des Dialogs.

COLLECTED POEMS

Englische Ausgabe:

– London: Faber and Faber Limited 1981.
Außer *Million Dollar Month* und *The Bed Book* sind alle zuvor veröffentlichten Gedichte aufgenommen worden, zusätzlich die folgenden Gedichte: *Above the Oxbow / Aerialist / April Aubade / April 18 / Aquatic Nocturne / Bitter Strawberries / Black Pine Tree in Orange Light / Bluebeard / Bucolics / Channel Crossing / Cinderella / Conversations among the Ruins / Danse macabre / The Dead / The Death of Myth-Making / Denouement / Dialogue En Route / Dirge for a Joker / The Dispossessed / Doom of Exiles / Dream with Clam-Diggers / Ella Mason and Her Eleven Cats / Epitaph in Three Parts / The Everlasting Monday / Family Reunion / Female Author / From fabrication springs the spiral stair / The Glutton / Goatsucker / Gold mouths cry / The Great Carbuncle / Jilted / The Jailer / Landowners / A Lesson in Vengeance / Letter to a Purist / Love Is a Parallax / Magnolia Shoals / Memoirs of a Spinach-Picker / Midsummer Mobile / Miss Drake Proceeds to Supper / Monologue at 3 a.m. / Moonsong at Morning / Morning in the Hospital Solarium / Natural History / The Net-Menders / Never try to trick me with a kiss / New Year on Dartmoor / Notes to an Neophyte / Ode for Ted / On the Decline of Oracles / On Looking into the Eyes of an Demon Lover / Perseus: The Triumph of Wit Over Suffering / Poems, Potatoes / Polly's Tree / The Princess and the Goblins / Prologue to Spring / Prospect / Queen Mary's Rose Garden / The Ravaged Face / Rhyme / The Sleepers / Soliloquy of the Solipsist / Song for a Revolutionary Love / Song for a Summer's Day / Sonnet: To Eva / Sonnet to Satan / Sonnet: To Time / A Sorcerer Bids Farewell to Seem / Stars Over the Dordogne / Street Song / Tale of a Tub / Terminal / To a Jilted Lover / To Eva Descending the Stair / Touch-and-Go / The Trial of Man / Trio of Love Songs / Two Views of Withens / Vanity Fair / Virgin in a Tree / Waking in Winter / Whiteness I Remember / Winter Landscape, with Rocks / Words for a Nursery / Yaddo: The Grand Manor.*

Amerikanische Ausgabe:

– New York, Cambridge, Philadelphia, San Francisco, London, Mexico City, Sao Paulo, Sydney: Harper & Row, Publishers 1981.
Mit der englischen Ausgabe identisch.

Deutsche Ausgaben:

Bisher sind nur die in der englischen Ausgabe von *Ariel* veröffentlichten Gedichte übertragen worden.

THE JOURNALS OF SYLVIA PLATH

Nur amerikanische Ausgaben:

– New York: The Dial Press 1982.
– New York: Ballantine Books 1983.

THE GREEN ROCK

Nur englische Ausgabe:

– Ely: Embers Handpress 1982.
Einzelausgabe der in der zweiten englischen Ausgabe von *Johnny Panic and the Bible of Dreams* veröffentlichten Erzählung.

SELECTED POEMS

Nur englische Ausgabe:

– London: Faber and Faber Limited 1985.
Enthält die folgenden Gedichte: *Miss Drake Proceeds to Supper / Spinster / Maudlin / Resolve / Night Shift / Full Fathom Five / Suicide off Egg Rock / The Hermit at Outermost House / Medallion / The Manor Garden / The Stones / The Burnt-Out Spa / You're / Face Lift / Morning Song / Tulips / Insomniac / Wuthering Heights / Finisterre / The Moon and the Yew Tree / Mirror / The Babysitters / Little Fugue / An Appearance / Crossing the Water / Among the Narcissi / Elm / Poppies in July / A Birthday Present / The Bee Meeting / Daddy / Lesbos / Cut / By Candlelight / Ariel / Poppies in October / Nick and the Candlestick / Letter in November / Death & Co. / Mary's Song / Winter Trees / Sheep in Fog / The Munich Mannequins / Words / Edge.* Alle Gedichte wurden bereits in anderen Ausgaben veröffentlicht.

Die deutschen Editionen der Tagebücher, sämtlicher Gedichte sowie weiterer Prosabücher sind in der Frankfurter Verlagsanstalt in Vorbereitung. Die Gedichtbücher werden als zweisprachige Ausgaben erscheinen.

Nachweis der Zitate

Die bibliographischen Angaben der Bücher von Sylvia Plath sind im Anhang ab S. 601 nachzulesen. Die deutsche Ausgabe der *Briefe nach Hause* ist gegenüber der amerikanischen Ausgabe lückenhaft. Im Nachweis werden die in der deutschen Ausgabe fehlenden Briefe unter *Letters Home* angeführt. Die Zitate folgen, soweit übersetzt, den deutschen Ausgaben; in einigen begründeten Fällen wurde der publizierte Text korrigiert.

Frontispiz: »Du gabst Liebe…«: Anna Achmatowa, in: *Im Spiegelland.* Ausgewählte Gedichte, . S. 18. Herausgegeben von Efim Etkind. Übersetzt von Irmgard Wille. München 1982

VORBEMERKUNG DER AUTORIN

S. 9 »In dem feurigen Blicke«: F. M. Dostojewski, *Die Teufel.* Deutsch von Hermann Röhl, Frankfurt am Main 1986

S. 9 »Oh, wie werde…«: *Journals,* S. 223

VORWORT

S. 11 »Sterben/Ist eine Kunst«: Madame Lazarus, in: *Ariel,* S. 19

S. 13 »Der Blutstrom«: Milde, in: *Ariel,* S. 169

S. 13 »scharfer Geist«: A. Alvarez, *Der grausame Gott.* Eine Studie über den Selbstmord. Aus dem Englischen von Maria Dessauer. Hamburg 1974, Frankfurt am Main 1980, S. 46

S. 14 »zum großen Teil«: W. S. Merwin an Olwyn Hughes, 1987

S. 17 »Ein Baby«: Ocean 1212-W, in: *Die Bibel der Träume,* S. 136

S. 18 »schrieb ihre Mutter«: Aurelia Plath an Judith Kroll, 1. Dezember 1978, *Smith College*

S. 19 »Das letzte«: Carolyn Kizer, *The Nearness of You: Poems.* Port Townsend, Washington 1986, S. 65

S. 19 »Die Welt ist blutheiß«: Totem, in: *Ariel,* S. 155

DAS MÄDCHEN, DAS GOTT SEIN WOLLTE
1932-1949

S. 23 »Sobald meine Kinder«: *Briefe nach Hause*, S. 32
S. 23 »Geht meine Mutter«: unveröffentlicht, *Lilly Library*
S. 25 »Heute brachte ich«: *Briefe nach Hause*, S. 36
S. 25 »kaum zu fassen«: *Briefe nach Hause*, S. 35
S. 25 »Ich dachte, daß ich unverletzbar sei«: *Briefe nach Hause*, S. 34
S. 26 »Ich war überglücklich«: *Briefe nach Hause*, S. 36
S. 26 »Wie schwach«: *Briefe nach Hause*, S. 26
S. 26 »Der Studienberater«: America! America!, in: *Die Bibel der Träume*, S. 169
S. 27 »eben einfach zu seltsam«: America! America!, in: *Die Bibel der Träume*, S. 169
S. 28 »Null«, »Hohles Nichts«: Diese Worte tauchen immer wieder in Sylvias *Journals* auf
S. 31 »lebenslanges Abenteuer«: *Briefe nach Hause*, S. 11
S. 32 »ein gesundes«: *Briefe nach Hause*, S. 16
S. 32 »einen Sohn«: *Briefe nach Hause*, S. 16
S. 33 (Fußnote): *Briefe nach Hause*, S. 19
S. 35 »Das tut mir in den Ohren weh«: unveröffentlicht, *Lilly Library*
S. 36 »Oben – unten«: *Briefe nach Hause*, S. 20
S. 36 *»Die Abenteuer von Mixie Blackshort«: Briefe nach Hause*, S. 21
S. 36 »neue Art Glück«: Ocean 1212-W, in: *Die Bibel der Träume*, S. 136
S. 38 »Wie konnte ein so«: *Briefe nach Hause*, S. 25
S. 39 »Ich werde nie wieder«: *Briefe nach Hause*, S. 26
S. 39 »Ich verspreche«: *Briefe nach Hause*, S. 27
S. 41 »brodelnden Stadt am Meer«: America! America!, in: *Die Bibel der Träume*, S. 169
S. 41 »schön, unerreichbar«: Ocean 1212-W, in: *Die Bibel der Träume*, S. 136
S. 42 »das komplizierte Schuldsystem«: aus den unveröffentlichten Tagebüchern, *Smith College*
S. 43 »blasse Haut«: Superman und Paula Browns neuer Schneeanzug, in: *Zungen aus Stein*, S. 87
S. 43 »Als ich zu krabbeln«: Ocean 1212-W, in: *Die Bibel der Träume*, S. 136

S. 44 »Zeichen der Auserwählten«: Ocean 1212-W, in: *Die Bibel der Träume*, S. 136
S. 44 »nicht für immer«: Ocean 1212-W, in: *Die Bibel der Träume*, S. 136
S. 46 »Die High-School-Jahre«: *Briefe nach Hause*, S. 40
S. 47 »Jeder Tag ist so kostbar«: *Briefe nach Hause*, S. 42
S. 47 »nie, nie, nie«: *Briefe nach Hause*, S. 43
S. 47 »Ich glaube, ich möchte«: *Briefe nach Hause*, S. 43

EINE STUDENTIN AM SMITH COLLEGE 1950-1952

S. 49 »Heute morgen hatten wir«: *Letters Home*, S. 46
S. 49 »Mein Gott«: *Journals*, S. 17
S. 53 »unsinnige, tierische Reinheit«: *Journals*, S. 12
S. 53 »Ich stand von Verlangen überflutet«: *Journals*, S. 6
S. 54 »Siehst du mich«: *Briefe nach Hause*, S. 42
S. 55 »viel subtiler«: Eddie Cohen an S. P., *Lilly Library*
S. 55 »Ich bin sarkastisch«: S. P. an Eddie Cohen, *Lilly Library*
S. 56 »es sehr leicht gehabt«: Eddie Cohen an S. P., *Lilly Library*
S. 56 »Ich kann nicht«: *Journals*, S. 18
S. 57 »Aber nachdem«: *Journals*, S. 26
S. 58 »Nach dem Abendessen«: *Briefe nach Hause*, S. 48
S. 59 »Ich glaube, jetzt«: *Journals*, S. 17
S. 60 »Heute abend wollte ich«: *Journals*, S. 12
S. 61 »meinem Geschlecht«: *Smith College Handbook, 1986-1987*
S. 61 »Gouverneur Stevenson«: Nancy Hunter Steiner, *A Closer Look at Ariel*, New York 1973, S. 80
S. 62 »Nie war ich«: *Briefe nach Hause*, S. 48
S. 64 »Seziere deine Sätze«: aus den unveröffentlichten Tagebüchern, *Smith College*
S. 67 »Ich lag ausgestreckt«: *Journals*, S. 27
S. 68 »Male Dir aus«: *Briefe nach Hause*, S. 74
S. 68 »Ich stand da«: *Briefe nach Hause*, S. 75
S. 69 »Ich liebe nicht«: *Journals*, S. 34
S. 70 »Stell Dir bloß vor«: *Briefe nach Hause*, S. 87
S. 71 »Mein erster Gedanke«: *Briefe nach Hause*, S. 88

S. 71 »wirklich erfahrene«: *Briefe nach Hause*, S. 89
S. 72 »magnetischen Strudel«: *Journals*, S. 51
S. 72 »Arbeiten, leben«: *Journals*, S. 51
S. 72 »Es ist, als hebe man«: *Journals*, S. 51
S. 73 »Schuppen«: *Journals*, S. 54
S. 73 »alte Kiste«: *Journals*, S. 55
S. 73 »Am Ende«: *Die Glasglocke*, S. 78
S. 74 »Ich konnte nicht« und »Also drücke ich«: aus den unveröffentlichten Tagebüchern, *Smith College*

DIE STADT DER ERSATZTEILE
1952-1955

S. 77 »Die Lager sind voller Herzen«: The Stones, in: *Collected Poems*, S. 136. Übersetzt von Friederike Roth
S. 79 »freundlichen, strengen«: aus einem unveröffentlichten Brief, *Lilly Library*
S. 80 »wie an Gott«: S. P. an Dick Norton, *Lilly Library*
S. 81 »Mein Gott«: *Journals*, S. 59
S. 82 »Rat mal«: *Briefe nach Hause*, S. 105
S. 83 (Fußnote): Nancy Hunter Steiner, *A Closer Look at Ariel*, a.a.O., S. 75
S. 83 »Ich fuhr«: *Die Glasglocke*, S. 97
S. 85 »Bruch Bruch Bruch«: *Briefe nach Hause*, S. 108
S. 85 »Alles in allem«: *Briefe nach Hause*, S. 108
S. 85 »den behaarten«: *Briefe nach Hause*, S. 110
S. 85 »leicht bestürzt«: Gordon Lameyer, *Who was Sylvia*. Unveröffentlicht, *Lilly Library*
S. 86 »Gordon ist unglaublich«: S. P. an Aurelia Plath, *Lilly Library*
S. 86 »Leib und Seele«: *Briefe nach Hause*, S. 109
S. 86 »unbezwungener Annapurna«: *Briefe nach Hause*, S. 116
S. 87 »Wichtigsten Mann«: Gordon Lameyer, *Sylvia at Smith*, in: E. Butscher, *Sylvia Plath: The Woman and the Work*, New York 1977, London 1979
S. 87 »Dick ist kaum«: S. P. an Aurelia Plath, *Lilly Library*
S. 87 »stößt mich körperlich ab«: aus den unveröffentlichten Tagebüchern, *Smith College*

S. 88 »große Unrast«: Dick Norton an S. P., *Lilly Library*
S. 88 »nett, unmoralisch«: S. P. an Eddie Cohen, *Lilly Library*
S. 89 »luxuriösen, vollklimatisierten Büros«: S. P. an Aurelia Plath, *Lilly Library*
S. 89 »Am Donnerstagabend«: S. P. an Aurelia Plath, *Lilly Library*
S. 90 »wertvoll«: S. P. an Aurelia Plath, *Lilly Library*
S. 90 »Ich habe hier«: *Briefe nach Hause*, S. 123
S. 91 »reichen, skrupellosen«: *Briefe nach Hause*, S. 124
S. 91 »mißgestaltete Männer«: *Briefe nach Hause*, S. 124
S. 91 »höflichen Verhaltens«: Dieser Ausspruch findet sich in der unzuverlässigen (lt. Anne Stevenson) Biographie von Edward Butscher: *Sylvia Plath: Method and Madness*, New York 1976, S. 104
S. 91 »furchtbare Sachen«: *Die Glasglocke*, S. 35
S. 92 »Wir sind die Sternengucker«: *Mademoiselle*, August 1953
S. 93 »Ich muß klare«: *Journals*, S. 84
S. 93 »daß sie sich«: *Briefe nach Hause*, S. 125
S. 94 »diese sinnlosen Schnörkel«: S. P. an Eddie Cohen, *Lilly Library*
S. 94 »Ich wollte nur mal sehen«: *Briefe nach Hause*, S. 126
S. 95 »Bald schon«: *Briefe nach Hause*, S. 133
S. 96 »God on la mer«: Gordon Lameyer, *Who was Sylvia*. Unveröffentlicht, *Lilly Library*
S. 97 »Spinnweben«: *Die Glasglocke*, S. 165
S. 97 »Mache einen langen Spaziergang«: *Briefe nach Hause*, S. 128
S. 98 »Oh, nein«: *Briefe nach Hause*, S. 128
S. 98 »Gehört uns das Haus noch«: Gordon Lameyer, *Who was Sylvia*. Unveröffentlicht, *Lilly Library*
S. 99 »Sie sind bei weitem«: Elizabeth Drew an S. P., *Lilly Library*
S. 99 »Wir sind sehr stolz«: Evelyn Page an S. P., *Lilly Library*
S. 101 (Fußnote) »Ich brachte Sylvia«: Aurelia Plath an Judith Kroll, 1. Dezember 1978, *Smith College*
S. 103 »siamesische Zwillinge«: Nancy Hunter Steiner, *A Closer Look at Ariel*, a.a.O., S. 55
S. 104 »unter einem Sternenmeer«: aus den unveröffentlichten Tagebüchern, *Lilly Library*
S. 104 »Ich bin Gott«: Richard Sassoon an S. P., *Lilly Library*
S. 104 »wie ein Absinthsäufer«: S. P. an Aurelia Plath, *Smith College*
S. 106 »Das ist Kunst«: Richard Sassoon an S. P., *Smith College*

S. 106 »Hast du eigentlich«: Eddie Cohen an S. P., *Lilly Library*

S. 106 »wenn die Realität«: Eddie Cohen an S. P., *Lilly Library*

S. 108 »das blonde Gift«: Nancy Hunter Steiner, *A Closer Look at Ariel*, a.a.O., S. 71

S. 108 »Die Ausschließlichkeit«: Nancy Hunter Steiner, *A Closer Look at Ariel*, a.a.O., S. 54

S. 109 »furchtbar«: Nancy Hunter Steiner, *A Closer Look at Ariel*, a.a.O., S. 73

S. 110 »eine dritte Person«: Nancy Hunter Steiner, *A Closer Look at Ariel*, a.a.O., S. 63

S. 111 (Fußnote) »mit Nachdruck«: *Briefe nach Hause*, S. 156

S. 112 »ein sehr strenger Mann«: *Letters Home*, S. 149

S. 112 »gutaussehend«: aus den unveröffentlichten Tagebüchern, *Lilly Library*

S. 113 »ihre Kleider verkaufen«: *Briefe nach Hause*, S. 166

S. 113 »Der Tod«: *Briefe nach Hause*, S. 140

S. 114 »für immer, wie wir sagen«: Gordon Lameyer an S. P., *Lilly Library*

S. 114 »komischen, kleinen«: Gordon Lameyer an S. P., *Lilly Library*

S. 114 »Ich mache Mädchen«: Richard Sassoon an S. P., *Lilly Library*

S. 114 »eine Unterbrechung«: *Letters Home*, S. 165

S. 115 »Sagen Sie meiner Mutter«: *Briefe nach Hause*, S. 178

S. 116 »$30 Dylan Thomas«: *Briefe nach Hause*, S. 179

S. 117 »Mein Kelch«: *Briefe nach Hause*, S. 179

VERFOLGUNG
1955-1956

S. 119 »Vom Kopf«: *Journals*, S. 96

S. 119 »Ein Panther«: Verfolgung, in: *Briefe nach Hause*, S. 229

S. 121 »Ich bin ziemlich«: Gordon Lameyer, *Who was Sylvia*. Unveröffentlicht, *Lilly Library*

S. 121 »ein oder zwei«: Richard Sassoon an S. P. *Lilly Library*

S. 122 »Mutters Bild«: S. P. an Warren Plath, *Lilly Library*

S. 122 »schamloser Untreue«: S. P. an Richard Sassoon, *Lilly Library*

S. 122 »Ich kann nichts anderes«: Richard Sassoon an S. P., *Lilly Library*

S. 124 »tiefbraun«: Peter Davison, *Half Remembered. A Personal History*, New York 1973, London 1974, S. 170
S. 125 »ein sehr konservativer und konventioneller«: S. P. an Warren Plath, *Lilly Library*
S. 125 »wunderbaren«: S. P. an Aurelia Plath, *Lilly Library*
S. 125 »netten, vielseitigen«: S. P. an Aurelia Plath, *Lilly Library*
S. 126 »den zauberhaftesten«: *Briefe nach Hause*, S. 185
S. 126 »Ich habe nur«: *Briefe nach Hause*, S. 184
S. 127 »nach und nach Wege«: *Briefe nach Hause*, S. 190
S. 127 »ein prachtvoller«: *Briefe nach Hause*, S. 190
S. 127 »In einem der Gänge«: Dorothea Krook, *Recollections of Sylvia Plath*, in: E. Butscher, *Sylvia Plath: The Woman and the Work*, a.a.O., S. 49
S. 128 »wirklich malerischen«: Jane Baltzell Kopp, *Gone, Very Gone Youth. Sylvia Plath at Cambridge, 1955-1957*, in: E. Butscher, *Sylvia Plath: The Woman and the Work*, a.a.O., S. 63
S. 129 »wußte ich«: *Journals*, S. 102
S. 129 »hellhäutigen«: *Briefe nach Hause*, S. 192
S. 129 »großen, ziemlich hübschen«: *Briefe nach Hause*, S. 192
S. 130 »Gestern ist«: *Briefe nach Hause*, S. 202
S. 132 »Karikaturen«: S. P. an Olive Higgins Prouty, *Lilly Library*
S. 132 »Mein Favorit«: S. P. an Olive Higgins Prouty, *Lilly Library*
S. 132 »Am Anfang«: *Journals*, S. 92
S. 133 »dubiosen«: Jane Baltzell Kopp, *Gone, Very Gone Youth*, a.a.O., S. 63
S. 133 »ungeachtet der Tatsache«: Jane Baltzell Kopp, *Gone, Very Gone Youth*, a.a.O., S. 63
S. 133 (Fußnote) »zwei sehr lebenslustigen«: S. P. an Aurelia Plath, *Lilly Library*
S. 134 »mit John«: S. P. an Aurelia Plath, *Lilly Library*
S. 134 »geschminkten Huren«: S. P. an Aurelia Plath, *Lilly Library*
S. 134 »Im Zug«: *Journals*, S. 94
S. 134 »Der Zug schleppt«: Hinkommen, in: *Ariel*, S. 79
S. 135 »Rote Erde«: *Journals*, S. 95
S. 135 »beinahe der schönste«: *Briefe nach Hause*, S. 208
S. 136 »Meine Neujahrsstimmung«: *Briefe nach Hause*, S. 209
S. 136 »totgeborene Kinder«: aus den unveröffentlichten Tagebüchern, *Lilly Library*

S. 137 »qualvollen Schmerzen«: aus den unveröffentlichten Tagebüchern, *Lilly Library*
S. 137 »Inzwischen liegst du«: *Journals*, S. 98
S. 137 »Wird Richard«: *Journals*, S. 102
S. 138 »Wie du vermutlich«: *Briefe nach Hause*, S. 214
S. 138 »Wen immer«: *Journals*, S. 97 und: Cambridge Notizen, in: *Die Bibel der Träume*, S. 179
S. 138 »Diesem Lächeln«: *Journals*, S. 97 und: Cambridge Notizen, a.a.O.
S. 138 »alle Kanten«: *Journals*, S. 99 und: Cambridge Notizen, a.a.O.
S. 139 »nur, um ihn«: *Journals*, S. 99 und: Cambridge Notizen, a.a.O.
S. 139 »so viel leichter«: *Journals*, S. 100 und: Cambridge Notizen, a.a.O.
S. 139 »Da ist aber auch«: *Journals*, S. 100 und: Cambridge Notizen, a.a.O.
S. 139 »Ich bekämpfe«: *Journals*, S. 100 und: Cambridge Notizen, a.a.O.
S. 140 »Ein Leben geht«: *Journals*, S. 101 und: Cambridge Notizen, a.a.O.
S. 140 »der mir heiße Brühe«: *Briefe nach Hause*, S. 219
S. 140 »Eine lausige«: *Journals*, S. 107 und Cambridge Notizen, a.a.O.
S. 141 (Fußnote) »Dann lud mich«: *Journals*, S. 108, und Cambridge Notizen, a.a.O.
S. 141 »gereinigt«: *Journals*, S. 107 und: Cambridge Notizen, a.a.O.
S. 142 »Die braunen Haare«: Lucas Myers, *Oh, Jugend…* (Alle Zitate von Lucas Myers finden sich, wenn nicht anders vermerkt, in seinem Beitrag ab S. 509 in diesem Buch.)
S. 144 »Ich sehne mich«: *Journals*, S. 109 und: Cambridge Notizen, a.a.O.
S. 144 »häßlichen, zahnlückigen«: *Journals*, S. 110
S. 144 »energisch«: Daniel Huws an Anne Stevenson, Februar 1986
S. 145 »herumgequatscht«: *Journals*, S. 111
S. 145 »Dann geschah«: *Journals*, S. 111, und in den unveröffentlichten Tagebüchern, *Smith College*
S. 147 »Und in mir schrie es«: *Journals*, S. 112
S. 147 »Ich will Ihnen sagen«: Luke Myers an Anne Stevenson, 1987
S. 149 »Ted und Sylvia teilten«: Lucas Myers, *Oh, Jugend*, a.a.O.

S. 149 »Irgendwie lösen«: *Journals*, S. 113
S. 150 »Ich möchte Dir«: *Briefe nach Hause*, S. 222
S. 151 »Heute nachmittag«: *Journals*, S. 117
S. 151 »Ich habe eine Neigung«: *Journals*, S. 122
S. 152 »gut gebaut«: *Briefe nach Hause*, S. 234
S. 153 »6. März«: *Journals*, S. 127, und in den unveröffentlichten Tagebüchern, *Smith College*
S. 154 »Eine riesige Freude«: *Journals*, S. 130
S. 155 »unter Höllenqualen«: *Journals*, S. 132
S. 155 »süßen, aber leider«: *Briefe nach Hause*, S. 235
S. 155 »emotionale, unverantwortliche«: aus den unveröffentlichten Tagebüchern, *Smith College*
S. 155 (Fußnote) »meinem absurden«: aus den unveröffentlichten Tagebüchern, *Smith College*
S. 155 »Schreie drangen«: *Briefe nach Hause*, S. 235
S. 156 »Steak tartar«: *Journals*, S. 134
S. 157 »Ich war bereit«: *Journals*, S. 135
S. 157 »ein gut aussehender Mann«: aus den unveröffentlichten Tagebüchern, *Smith College*
S. 158 »sich zunehmend«: *Journals*, S. 136
S. 158 »Er kann«: *Journals*, S. 137
S. 158 »Trink nicht zuviel«: *Journals*, S. 137
S. 159 »kleinen, dunklen«: *Journals*, S. 140
S. 159 »Orangensaft«: *Journals*, S. 141
S. 159 »wie Bruder«: aus den unveröffentlichten Tagebüchern, *Smith College*
S. 159 »Kann ich eine Woche«: *Journals*, S. 139
S. 159 »in einem gefährlichen«: *Journals*, S. 142
S. 159 »Wenn Du nicht«: Ted Hughes an S. P., *Lilly Library*

FEUER UND BLUME
1956-1959

S. 161 »Liebe Sylvia«: Olive Higgins Prouty an S. P., *Smith College*
S. 163 »Ich flog von Rom«: *Journals*, S. 214
S. 163 »die Tür unserer Freundschaft«: Nathaniel LaMar an Anne Stevenson, 1987

S. 163 (Fußnote) »mit leidenschaftlich«: Nathaniel LaMar an Anne Stevenson, 1987
S. 163 »der stärkste Mann«: *Briefe nach Hause*, S. 239
S. 163 »Richard war«: *Briefe nach Hause*, S. 238
S. 164 »Auch ich habe«: *Journals*, S. 143
S. 164 »grausam verbracht«: *Journals*, S. 144
S. 164 »Es war nicht«: Richard Sassoon an S. P., *Lilly Library*
S. 165 »Es geht um diesen Mann«: *Briefe nach Hause*, S. 239
S. 165 »In unserem Kreis«: Lucas Myers, *Oh, Jugend*, a.a.O.
S. 166 »Du kannst beruhigt sein«: *Briefe nach Hause*, S. 250
S. 167 »beide machen«: *Letters home*, S. 252
S. 167 »Plato und Mrs. Krook«: Dorothea Krook, *Recollections of Sylvia Plath*, a.a.O., S. 60
S. 168 »wenn wir heiraten«: *Letters Home*, S. 252
S. 168 »um ihn reißen«: *Briefe nach Hause*, S. 261
S. 168 »Ted und Sylvia«: Lucas Myers, *Oh, Jugend*, a.a.O.
S. 171 »Wenn Ted und ich«: *Briefe nach Hause*, S. 267
S. 171 »Warum zwei Hochzeiten?«: *Briefe nach Hause*, S. 266
S. 173 »glücklich, glücklicher«: Lucas Myers, *Oh, Jugend*, a.a.O.
S. 173 »für unsere Selbstachtung«: *Briefe nach Hause*, S. 269
S. 174 »Goyas Leichengrinsen«: Ted Hughes, You Hated Spain, in: *Poetry Book Society*, Winter Supplement, December 1984, und *Ploughshares*, 1984
S. 174 »Ich hatte mir vorgestellt«: *Briefe nach Hause*, S. 273
S. 174 »Schon rostet im Staub«: The Goring, in: *Collected Poems*, S. 47. Übersetzt von Friederike Roth
S. 175 »das schmutzige Bad«: *Journals*, S. 144
S. 175 »als habe sie«: Olwyn Hughes in einem Gespräch mit Anne Stevenson
S. 175 »Allein«: *Journals*, S. 146
S. 177 »Wir wachen«: *Briefe nach Hause*, S. 275
S. 179 »eine herrliche, wilde grüne Landschaft«: *Briefe nach Hause*, S. 278
S. 179 »liebe, einfache Yorkshire-Leute«: *Briefe nach Hause*, S. 278
S. 179 »gelungen und schön«: *Briefe nach Hause*, S. 279
S. 180 »krank, krank, krank«: S. P. an Peter Davison
S. 181 »hektischen, heftigen«: *Briefe nach Hause*, S. 288
S. 182 »schauerlichen gelben«: *Briefe nach Hause*, S. 295

S. 182 »dem leidenschaftlichen Zorn«: Dorothea Krook, *Recollections of Sylvia Plath*, a.a.O., S. 55
S. 182 »die liebenswürdigste«: Jane Baltzell Kopp, *Gone, Very Gone Youth*, a.a.O., S. 75
S. 182 »viktorianischen Jungfern«: *Briefe nach Hause*, S. 267
S. 183 »benommen und krank«: *Briefe nach Hause*, S. 296
S. 183 »kraß materialistischen«: *Briefe nach Hause*, S. 293
S. 183 »Eine Insel«: *Briefe nach Hause*, S. 296
S. 184 »Ihre Kleidung«: Olwyn Hughes in einem Gespräch mit Anne Stevenson
S. 184 »etwas finsteren«: Olwyn Hughes an Anne Stevenson
S. 185 »Vermutlich teilte ich«: Olwyn Hughes an Anne Stevenson
S. 185 »Sie wählte«: Olwyn Hughes an Anne Stevenson
S. 185 »Danny Weissbort sagt«: Danny Weissbort an Olwyn Hughes, 1987
S. 186 »Am Wochenende«: *Briefe nach Hause*, S. 299
S. 188 »nur Idioten«: Spinster, in: *Collected Poems*, S. 49. Übersetzt von Friederike Roth
S. 188 »Was würde geschehen«: Dorothea Krook, *Recollections of Sylvia Plath*, a.a.O., S. 55
S. 189 »das farbigste«: *Letters Home*, S. 287
S. 190 »Sylvia sprach darüber«: Olwyn Hughes in einem Gespräch mit Anne Stevenson, 1987
S. 190 »Wir verbringen«: *Briefe nach Hause*, S. 300
S. 192 »Der Bronzeknabe«: *Briefe nach Hause*, S. 80
S. 192 »Ich fand«: *Journals*, S. 117
S. 192 »Zerstöre Dein Bild«: *Journals*, S. 117
S. 193 »Das wird es«: *Briefe nach Hause*, S. 306
S. 193 (Fußnote) »Als sie«: *Briefe nach Hause*, S. 307, Fußnote
S. 194 »blutbraunes Abbild«: Die Dame und der Lehmkopf, in: *Briefe nach Hause*, S. 303
S. 195 »der Himmel«: *Briefe nach Hause*, S. 301
S. 195 »Ich lebe«: *Letters Home*, S. 308
S. 195 »animierend und fair«: *Briefe nach Hause*, S. 326
S. 196 »ziemlich niedergeschlagen«: S. P. an Lucas Myers
S. 196 »genieße ihre Arbeit«: *Letters Home*, S. 308
S. 196 »Um mir«: *Briefe nach Hause*, S. 324
S. 197 »Literatur datieren«: *Briefe nach Hause*, S. 325

S. 197 »kleiner, unklarer«: *Briefe nach Hause*, S. 325
S. 197 (Fußnote) »Rannte«: *Journals*, S. 128
S. 198 »Ich habe«: *Briefe nach Hause*, S. 326

BEUNRUHIGENDE MUSEN
1957-1958

S. 199 »Mutter, Mutter«: Die beunruhigenden Musen/The Disquieting Muses, in: *Collected Poems*, S. 74. Übersetzt von Friederike Roth
S. 199 »Stand ich nicht«: *Journals*, S. 188
S. 199 »Ich bin selbst«: *Journals*, S. 195
S. 201 »John und Nance«: Olwyn Hughes an Anne Stevenson
S. 202 »Ich nehme an«: Ted Hughes an Olwyn Hughes
S. 203 »dicker, schwitzender«: S. P. an Lynne Lawner, 1. Juli 1957
S. 203 »unglaublich sauber«: S. P. an Lynne Lawner, 1. Juli 1957
S. 205 (Fußnote) »eine saloppe leichte«: *Journals*, S. 172
S. 205 »zwei schwarze«: *Journals*, S. 171
S. 205 »Ich werde schreiben«: *Journals*, S. 165
S. 205 »allen glänzenden«: *Journals*, S. 171
S. 205 »nicht für das Leben«: *Journals*, S. 165
S. 206 »mit Strand«: *Journals*, S. 173
S. 206 »jede Geschichte«: *Journals*, S. 173
S. 206 »das unheimliche«: *Journals*, S. 174
S. 207 »Das Krabbengesicht«: Mussel Hunter at Rock Harbor, in: *Collected Poems*, S. 95. Übersetzt von Friederike Roth
S. 208 »Gestern abend«: *Journals*, S. 175
S. 208 »Ich kann«: *Journals*, S. 176
S. 211 (Fußnote) »In Briefen«: Ted Hughes an Olwyn Hughes, 1957
S. 211 »Natürlich kann ich«: *Briefe nach Hause*, S. 336
S. 212 »Mein Ideal«: *Briefe nach Hause*, S. 338
S. 212 »Er sprach wenig«: Dido Merwin, *Ein Gefäß des Zorns* (Alle Zitate von Dido Merwin finden sich, wenn nicht anders vermerkt, in ihren Erinnerungen ab S. 535 in diesem Buch.)
S. 213 »gesetzt«: Ted Hughes an Olwyn Hughes, 1957
S. 213 »In den hochliegenden«: *Journals*, S. 191
S. 213 »Für Ted«: Dido Merwin, *Ein Gefäß des Zorns*, a.a.O.

S. 214 »Jedesmal, wenn«: *Briefe nach Hause*, S. 339
S. 214 »Obwohl es ungeheuer«: *Briefe nach Hause*, S. 342
S. 215 »sehr gute Beziehung«: *Letters Home*, S. 334
S. 215 »Die Luft«: *Journals*, S. 179
S. 216 »Und wie üblich«: *Journals*, S. 183
S. 216 »bläulich«: *Journals*, S. 183
S. 216 »Ein Anruf«: *Journals*, S. 183
S. 218 »Kiesel in Perlen«: *Journals*, S. 184
S. 218 »Stolpere«: *Journals*, S. 184
S. 220 »Kernkapitel«: *Journals*, S. 185
S. 220 »Ein Mädchen«: *Journals*, S. 185
S. 220 »grün und giftig«: *Journals*, S. 185
S. 220 (Fußnote) »Kliniken und verrückte«: *Journals*, S. 187
S. 221 »künstlich … gelockten«: *Journals*, S. 208
S. 221 »blonde, behexende«: *Journals*, S. 193
S. 221 (Fußnote) »Sylvias Bemerkungen«: Paul Roche an Frances McCullough nach der Veröffentlichung der *Journals*
S. 222 »bleich«: *Journals*, S. 194
S. 222 »Wie ich«: *Journals*, S. 305
S. 223 »richtige Titel«: *Journals*, S. 193
S. 223 »Ich habe«: *Briefe nach Hause*, S. 345
S. 223 »Donnerstag«: *Journals*, S. 210
S. 224 »Ich sehnte mich«: *Journals*, S. 210
S. 224 »die einmalige Macht«: *Journals*, S. 211
S. 224 »1. Im Innern«: *Journals*, S. 211
S. 225 »Das ganze Gedicht«: The Living Poet, BBC, 8. Juli 1961
S. 225 »Die mit Stopfeiköpfen«: Die beunruhigenden Musen, in: *Collected Poems*, S. 74. Übersetzt von Friederike Roth
S. 226 »Mißachtung«: Richard Wilbur, zitiert von Aurelia Plath, in: *Letter Written in the Actuality of Spring*. Enthalten in: Paul Alexander, *Ariel Ascending*, New York 1985, S. 214
S. 226 »Kindheit ihrer Mutter«: Aurelia Plath, *Letter Written in the Actuality of Spring*, a.a.O., S. 215
S. 226 »Als die Mädchen«: Die beunruhigenden Musen, in: *Collected Poems*, S. 74. Übersetzt von Friederike Roth
S. 227 »Sie sitzt«: Ted Hughes an Olwyn Hughes, 1958 (undatiert)
S. 227 »das alte Bedürfnis«: *Journals*, S. 278
S. 227 »Ich«: *Journals*, S. 281

S. 228 »Vermessen«: *Journals*, S. 211
S. 229 »Ist Ted«: *Letters Home*, S. 339
S. 229 »klein, rundlich«: *Journals*, S. 217
S. 230 »in ihrem«: *Journals*, S. 218
S. 230 »Tuberkulose«: *Journals*, S. 218
S. 230 »Ein anderer Titel«: *Journals*, S. 223
S. 231 »wie Hughes schrieb«: Anmerkungen zu den *Collected Poems*, S. 287
S. 231 »Und alt ist es«: *Journals*, S. 223. Übersetzt von Eva Ludwig
S. 231 »Alter, du tauchst«: Full Fathom Five, in: *Collected Poems*, S. 92. Übersetzt von Friederike Roth
S. 232 »ein transparenter Deckel«: *Journals*, S. 227
S. 232 »Das Gesicht«: *Journals*, S. 227
S. 233 »Voll abergläubischer«: *Journals*, S. 222
S. 233 »wegen irgend etwas«: *Journals*, S. 230
S. 233 »Ted ahnte nicht«: Ted Hughes an Anne Stevenson
S. 233 »Ausgerüstet«: *Journals*, S. 230
S. 233 »Über die Freuden«: *Journals*, S. 231
S. 234 »mit großen Schritten«: *Journals*, S. 232
S. 234 »intuitiven Visionen«: *Journals*, S. 232
S. 236 »Die Atmosphäre«: *Journals*, S. 235
S. 236 »In gewissen Momenten«: *Journals*, S. 279

ELEKTRA AUF DEM AZALEENPFAD
1958–1959

S. 237 »Ich habe in mir«: Electra on Azalea Path, in: *Collected Poems*, S. 116. Übersetzt von Friederike Roth
S. 239 »Als ich die Treppen«: *Letters Home*, S. 340
S. 239 »Im großen«: *Briefe nach Hause*, S. 350
S. 240 »einem merkwürdig«: *Journals*, S. 251
S. 240 »Es ist, als werde«: *Journals*, S. 240
S. 240 »Ich saß«: *Journals*, S. 242
S. 242 »Du siehst«: *Briefe nach Hause*, S. 355
S. 242 »verschwenderischen Duft«: *Journals*, S. 236
S. 243 »Die Gewalt«: *Journals*, S. 237

S. 243 »Sylvia hatte«: Ted Hughes, *Sylvia Plath and Her Journals*, in: Paul Alexander, *Ariel Ascending*, a.a.O., S. 152
S. 244 »Selbst wenn unser«: *Journals*, S. 245
S. 244 »Neben anderen«: *Journals*, S. 245
S. 245 »Das tue ich«: *Journals*, S. 251
S. 245 »Es röten sich«: Moonrise, in: *Collected Poems*, S. 98. Übersetzt von Friederike Roth
S. 246 »giftigen Streit«: *Journals*, S. 256
S. 246 »Der Zorn«: *Journals*, S. 256
S. 247 »sehr klein«: Ted Hughes an Olwyn Hughes, 1958
S. 247 »Sie war manchmal«: Lucas Myers, *Oh, Jugend*, a.a.O.
S. 249 »in rauhen«: aus den unveröffentlichten Tagebüchern, *Smith College*
S. 249 »Wie merkwürdig«: *Journals*, S. 261
S. 250 »rotzig«: *Journals*, S. 261
S. 250 »Die Panik«: *Journals*, S. 259
S. 250 »irgend etwas – nur«: *Journals*, S. 262
S. 250 »Ich werde«: *Journals*, S. 262
S. 250 »tückischen Kreis«: *Journals*, S. 261
S. 251 »Ich brachte«: *Journals*, S. 262
S. 251 »Telefonate«: *Journals*, S. 263
S. 252 »Andere waren der Ansicht«: *Journals*, S. 263
S. 252 »Ich habe meinen eigenen Traum«: Johnny Panic und die Bibel der Träume, in: *Die Bibel der Träume*, Frankfurt am Main 1987, S. 32
S. 253 »einer Berufung«: Johnny Panic und die Bibel der Träume, a.a.O.
S. 253 »verrückt«: *Journals*, S. 276
S. 254 »Sie legen mich«: Johnny Panic und die Bibel der Träume, a.a.O.
S. 254 »In dem Augenblick«: Johnny Panic und die Bibel der Träume, a.a.O.
S. 256 »Geld für ihre Zeit«: *Journals*, S. 266
S. 256 »wie ein Schluck«: *Journals*, S. 266
S. 257 »Hexen«: All the Dead Dears, in: *Collected Poems*, S. 70
S. 257 »ein religiöser Akt«: *Journals*, S. 272
S. 257 »Mutter«: *Journals*, S. 271
S. 257 »Schreiben«: *Journals*, S. 271

S. 258 »was ich nicht«: *Journals*, S. 272
S. 258 »so viele Frauen«: *Journals*, S. 267
S. 258 »das ganze Leben«: *Journals*, S. 267
S. 258 »mit Tränen«: *Journals*, S. 267
S. 259 »Ihre Tochter«: *Journals*, S. 268
S. 259 »Hauptfragen«: *Journals*, S. 273
S. 260 »einen charmanten«: *Journals*, S. 275
S. 260 (Fußnote) »zwei bittere«: *Journals*, S. 278
S. 261 »Las heute morgen«: *Journals*, S. 280
S. 261 »War gestern«: *Journals*, S. 284
S. 261 »eine Art Erleichterung«: *Journals*, S. 284
S. 261 »reine Seele«: *Journals*, S. 285
S. 262 »griechisches Drama«: *Journals*, S. 286
S. 263 »große, starke«: *Journals*, S. 286
S. 263 »die dunklen, grausamen«: *Journals*, S. 287
S. 263 »primitiv«: *Journals*, S. 288
S. 263 »Ich hätte«: *Journals*, S. 288
S. 263 »In letzter Zeit«: *Journals*, S. 288
S. 264 »Ein Gang«: *Journals*, S. 289
S. 264 »Ich habe das Gefühl«: *Journals*, S. 289
S. 265 »Ich gab«: *Journals*, S. 298
S. 265 »Selbstmörder«: Anne Sexton, *The Barfly Ougth to Sing*, in: Paul Alexander, *Ariel Ascending*, a.a.O., S. 178
S. 266 »Kritik der Rhetorik«: *Journals*, S. 300
S. 267 »nur darum«: Anne Sexton, *The Barfly Ought to Sing*, a.a.O., S. 181
S. 267 »Ted findet«: *Journals*, S. 298
S. 268 »Drei durch Wege«: *Journals*, S. 299
S. 268 »Ich hatte neuerdings«: *Die Glasglocke*, S. 161
S. 269 »mein ungezwungener«: *Journals*, S. 301
S. 270 »Am Tag, ich«: Electra on Azalea Path, in: *Collected Poems*, S. 116. Übersetzt von Friederike Roth
S. 270 »Krücke«: Electra on Azalea Path, a.a.O.
S. 270 »Herr der Bienen«: The Beekeepers Daughter, in: *Collected Poems*, S. 118. Übersetzt von Friederike Roth
S. 271 »Was kann ich tun«: *Journals*, S. 294
S. 271 »Welche innere Entscheidung«: *Journals*, S. 297
S. 271 »Was hilft es«: *Journals*, S. 300

S. 272 »Und eine Geschichte«: aus den unveröffentlichten Tagebüchern, 13. Juni 1959, *Smith College*
S. 272 »Am Montag«: Peter Davison an Anne Stevenson, 1987
S. 273 »Ted arbeitete«: *Journals*, S. 285
S. 273 »Robert Lowell«: *Journals*, S. 294
S. 273 »ein rein deskriptives«: *Journals*, S. 296
S. 273 »verspielt«: *Journals*, S. 292
S. 273 »großer Kopf«: *Journals*, S. 276
S. 274 »freudige Nachrichten«: *Journals*, S. 301
S. 274 »Für die nächsten Jahre«: Ted Hughes an Olwyn Hughes, 1959
S. 274 »40 unangreifbaren«: *Journals*, S. 302
S. 274 »Gestern habe ich«: *Journals*, S. 303
S. 275 »Meist sind Betten«: *Das Bett-Buch*. Übers. von Eva Demski, Frankfurt am Main 1989
S. 275/76 »Meine Hauptschwäche«: *Journals*, S. 306
S. 276 »grün vor Neid«: *Journals*, S. 304
S. 276 »Aber da ist«: *Journals*, S. 302
S. 276 »feindseligen Schweigen«: *Journals*, S. 302
S. 276 »Wohin mit dem Zorn«: *Journals*, S. 305
S. 277 »Ich spüre«: *Journals*, S. 307
S. 277 »unfruchtbar«: *Journals*, S. 311
S. 277 »Wie kann ich Ted«: *Journals*, S. 312

GEDICHT FÜR EINEN GEBURTSTAG
1959

S. 279 »Ich werde«: *Journals*, S. 327
S. 279 »Die IDEEN«: *Journals*, S. 333
S. 281 »eine Wolke«: Two Campers in Cloud Country, in: *Collected Poems*, S. 144. Übersetzt von Hans J. Schütz
S. 283 »ein zähes, künstliches«: *Journals*, S. 314
S. 284 »... Trocken«: Sleep in the Mojave Desert, in: *Collected Poems*, S. 143. Übersetzt von Friederike Roth
S. 285 »Hoch und sonnig«: May Swenson an Peter Davison, 1987
S. 285 »Luft, klar genug«: *Journals*, S. 313
S. 286 »Roman über eine«: *Journals*, S. 323
S. 287 »hervorragende«: *Journals*, S. 321

S. 287 »Grace Schulman erzählt«: Grace Schulman, *Sylvia Plath at Yaddo*, in: Paul Alexander, *Ariel Ascending*, a.a.O., S. 165
S. 288 »nie zufriedenen Göttern«: *Journals*, S. 314
S. 290 »Kalbsbries«: *Journals*, S. 314
S. 290 »mit einer starken«: *Journals*, S. 315
S. 290 »Statue eines Hirschs«: *Journals*, S. 316
S. 290 »Kampfrede«: *Journals*, S. 319
S. 290 »Monolog«: *Journals*, S. 319
S. 291 »Das Kind träumte«: *Journals*, S. 319
S. 291 »Silbenübung«: *Journals*, S. 320
S. 291 »Liegt es daran«: *Journals*, S. 320
S. 291 »3. Oktober«: *Journals*, S. 319
S. 292 »Schreiben«: *Journals*, S. 327
S. 292 »anklagenden«: *Journals*, S. 314
S. 292 »kommerzielles«: *Journals*, S. 325
S. 292 »eifersüchtiges«: *Journals*, S. 324
S. 292 »Selbstbewußtsein«: *Journals*, S. 328
S. 292 »um ihrer selbst«: *Journals*, S. 328
S. 292 »weil der Gedanke«: *Journals*, S. 322
S. 292 »reinen Faszination«: aus den unveröffentlichten Tagebüchern, *Smith College*
S. 292 »ich mich«: *Journals*, S. 326
S. 292 »paar psychologische«: *Journals*, S. 326
S. 293 »Spuren passiver«: *Journals*, S. 327
S. 293 »unbeschwert«: *Journals*, S. 333
S. 293 »so selten«: *Journals*, S. 322
S. 293 »Ich könnte Kinder«: *Journals*, S. 312
S. 293 »Kinder könnten«: *Journals*, S. 324
S. 293 »ein Vehikel«: *Journals*, S. 317
S. 293 »ausgesetzt«: *Journals*, S. 321
S. 294 »das alte«: *Journals*, S. 323
S. 294 »Nie werde ich dich«: The Colossus, in: *Collected Poems*, S. 129. Übersetzt von Friederike Roth
S. 295 »Die reinen Farben«: *Journals*, S. 324
S. 295 »Ehrgeizige Keime«: *Journals*, S. 324
S. 295 »ein klinisch«: *Journals*, S. 325
S. 295 »Das Gewächshaus«: *Journals*, S. 325
S. 295 »mit Ingrimm«: *Journals*, S. 325

S. 296 »einen fünf Monate«: *Journals*, S. 325
S. 296 »Der Blütenmonat«: Who, aus: Poem for a Birthday, in: *Collected Poems*, S. 131. Übersetzt von Friederike Roth
S. 297 »Angst war mein Vater«: Theodore Roethke, The Lost Son, in: *The Collected Poems of Theodore Roethke*, New York 1966, S. 56
S. 301 »Ich überlegte«: *Die Glasglocke*, S. 234
S. 302 »eine schreckliche«: *Journals*, S. 326
S. 302 »ein oder zwei«: *Journals*, S. 327
S. 302 »neben ihm«: *Journals*, S. 328
S. 302 »Ich werde ein Kind«: *Journals*, S. 329
S. 302 »Meine alte«: *Journals*, S. 329
S. 302 »Sie konnte nicht«: May Swenson an Peter Davison, 1987
S. 303 »schlechte, unmögliche«: aus den unveröffentlichten Tagebüchern, *Smith College*
S. 303 »Wenn ich«: *Journals*, S. 356
S. 303 »Jetzt hieß es«: *Briefe nach Hause*, S. 365

ARIEL IM BAUM
1959-1960

S. 305 »Eine Frau«: A Life, in: *Collected Poems*, S. 149. Übersetzt von Friederike Roth
S. 305 »Wie soll ich«: Candles, in: *Collected Poems*, S. 148. Übersetzt von Friederike Roth
S. 307 »Litanei«: Zitat aus dem Vorwort der *Journals*, S. IX
S. 308 »Ted und Sylvia«: Olwyn Hughes an Anne Stevenson, 1987
S. 309 »Ich hatte«: Olwyn Hughes an Anne Stevenson, 1987
S. 310 »Muß Dr. B.«: *Journals*, S. 294
S. 310 »bei denen«: Olwyn Hughes an Anne Stevenson, 1987
S. 311 »Ich verstehe mich«: *Briefe nach Hause*, S. 369
S. 311 »Ich wollte *sie*«: Olwyn Hughes an Anne Stevenson, 1987
S. 312 »kalten, trostlosen«: *Briefe nach Hause*, S. 369
S. 312 »Der Vermieter«: Daniel Huws an Anne Stevenson, Februar 1986
S. 313 »aber im Laufe«: Helga Huws an Linda Wagner-Martin, 16. Februar 1986; Kopie von H. H. an Anne Stevenson

S. 314 »ein witziger«: Olwyn Hughes an Anne Stevenson, 1987
S. 315 »unglaublich groß«: *Briefe nach Hause*, S. 371
S. 315 »Nachdem sie«: Helga Huws an Linda Wagner-Martin, 16. Februar 1986; Kopie von H. H. an Anne Stevenson
S. 316 »Heimweh«: *Briefe nach Hause*, S. 373
S. 317 »Ich hatte nicht«: S. P. an Lynne Lawner, 18. Februar 1960
S. 317 »alles in London«: S. P. an Lynne Lawner, 18. Februar 1960
S. 317 »einer Galaxis der Talente«: Dido Merwin, *Ein Gefäß des Zorns*, a.a.O.
S. 318 »zusammen mit dem Baby«: S. P. an Aurelia Plath, *Lilly Library*
S. 319 »todschick«: *Briefe nach Hause*, S. 376
S. 320 »Sie wirkte«: James Michie, Gespräch mit Peter Davison
S. 320 »Heinemann bringt«: *Briefe nach Hause*, S. 376
S. 320 »Sylvia war gelöst«: Michael Horowitz in einem Brief an Anne Stevenson
S. 321 »in Ruhe: *Briefe nach Hause*, S. 378
S. 321 »Die Wohnung«: Lucas Myers, *Oh, Jugend*, a.a.O.
S. 322 »Ich bin jetzt«: *Letters Home*, S. 368
S. 322 »daß Ted eifrig«: Olwyn Hughes an Anne Stevenson, 1987
S. 323 »Hätte Sylvia gesagt«: Olwyn Hughes an Anne Stevenson, 1987
S. 323 »Olwyn hatte«: aus einem Brief von Janet Crosbie-Hill an *New Review*, Juni 1976
S. 324 »Was ich gerade«: Olwyn Hughes an Anne Stevenson, 1987
S. 324 »Wie amüsant«: *Letters Home*, S. 369
S. 325 »Entweder«: Olwyn Hughes an Anne Stevenson, 1987
S. 326 »Am Mittwochabend«: *Letters Home*, S. 369
S. 326 »Es tut mir leid«: Olwyn Hughes an Lucas Myers, 8. März 1961
S. 327 »Soweit ich weiß«: Lucas Myers an Olwyn Hughes, 12. März 1961
S. 327 »Einige Wochen«: Dido Merwin, *Ein Gefäß des Zorns*, a.a.O.
S. 328 »Einer der besten«: Ted Hughes an Anne Stevenson, September 1986
S. 328 »eine Ausländerin«: *Briefe nach Hause*, S. 381
S. 329 »Da das Baby«: *Briefe nach Hause*, S. 381
S. 329 »fähige, kleine«: *Briefe nach Hause*, S. 384
S. 329 »ein Wunderkind«: *Briefe nach Hause*, S. 384

S. 330 »Das ganze Erlebnis«: S. P. an Lynne Lawner, 30. September 1960
S. 331 »Teds Leute«: *Briefe nach Hause*, S. 387
S. 331 »ein ungeheuer«: *Briefe nach Hause*, S. 389
S. 332 »Am letzten Tag«: Dido Merwin, *Ein Gefäß des Zorns*, a.a.O.
S. 334 »Ihre öffentlichen«: Dido Merwin, *Ein Gefäß des Zorns*, a.a.O.
S. 335 »Peter ist schlimmer«: *Briefe nach Hause*, S. 392
S. 336 »wir lange genug«: Peter Davison an Anne Stevenson, 1987
S. 337 »Die Eliots«: *Briefe nach Hause*, S. 393
S. 338 »jene einzigartige«: *Briefe nach Hause*, S. 395
S. 338 »Berge von Post«: *Letters Home*, S. 384
S. 338 »mehrere Projekte«: *Letters Home*, S. 384
S. 338 »einem herrlichen«: *Briefe nach Hause*, S. 396
S. 338 »ein großer, kräftiger«: A. Alvarez, *Der grausame Gott*, a.a.O.
S. 339 »ich befinde mich«: *Briefe nach Hause*, S. 398
S. 340 »An meinen Haarwurzeln«: Der Erhängte, in: *Ariel*, S. 141
S. 341 »Solche Gedichte«: Stillborn, in: *Collected Poems*, S. 142. Übersetzt von Friederike Roth
S. 341 »Fitzroy Road 41«: *Briefe nach Hause*, S. 400
S. 342 »Zimmer für Gäste«: *Briefe nach Hause*, S. 400
S. 342 »Bonbonpapier«: *Briefe nach Hause*, S. 405
S. 343 »ich bin entzückt«: *Briefe nach Hause*, S. 411
S. 343 »die letzten Romantiker«: Candles, in: *Collected Poems*, S. 148. Übersetzt von Friederike Roth
S. 344 »langweiligen«: Magi, in: *Collected Poems*, S. 148. Übersetzt von Friederike Roth
S. 344 (Fußnote) »sich und uns«: Joyce Carol Oates, *The Death Throes of Romanticism*, in Paul Alexander, *Ariel Ascending*, a.a.O., S. 32
S. 345 »einem stark korrigierten«: Ted Hughes, Anmerkungen in *Collected Poems*, S. 290
S. 345 »Ich kann«: Waking in Winter, in: *Collected Poems*, S. 151. Übersetzt von Hans J. Schütz
S. 345 »Obwohl ihr«: Ted Hughes, *Sylvia Plath and Her Journals*, in: Paul Alexander, *Ariel Ascending*, a.a.O., S. 153

WARNUNGEN
1960-1961

S. 347 »Nie wieder«: In Plaster, in: *Collected Poems*, S. 158. Übersetzt von Friederike Roth
S. 349 »Was Ted«: *Briefe nach Hause*, S. 411
S. 349 »Wir werden beide«: *Briefe nach Hause*, S. 413
S. 349 »Da ich weder«: *Briefe nach Hause*, S. 413
S. 350 »sehr aufregend«: *Letters Home*, S. 399
S. 350 »gute, rührige«: *Briefe nach Hause*, S. 415
S. 350 »sofort noch«: *Briefe nach Hause*, S. 414
S. 350 »Alle möglichen«: *Briefe nach Hause*, S. 416
S. 350 »sehr zur«: *Briefe nach Hause*, S. 417
S. 351 »Darin liegt«: A. Alvarez, *The Poet and the Poetess*, Observer, 18. Dezember 1960
S. 351 »phantastische Leonor Fini«: S. P. an Olwyn Hughes, November/Dezember 1960 (undatiert)
S. 352 »Du bist wirklich«: Olwyn Hughes an Anne Stevenson, 1987
S. 353 »typisch extreme Worte«: S. P. an Aurelia Plath, *Lilly Library*
S. 354 »Habe mit«: *Briefe nach Hause*, S. 421
S. 354 »Ich habe mir«: *Briefe nach Hause*, S. 423
S. 355 »hereinbrechenden Eifersucht«: *Journals*, S. 294
S. 355 »*Tag des Erfolgs*«: Das Manuskript der Erzählung liegt, beschriftet mit der Londoner Adresse, aber ohne Datum, im *Smith College*
S. 356 »Schnipsel«: Dido Merwin, *Ein Gefäß des Zorns*, a.a.O.
S. 356 »die bewußte, berechnete«: Dido Merwin an Anne Stevenson, 1987
S. 356 »daß Schreiben«: *Journals*, S. 272
S. 357 »Der alte Unrat«: Parliament Hill Fields, in: *Collected Poems*, S. 153. Übersetzt von Friederike Roth
S. 357 »Ich bin«: Morning Song, in: *Collected Poems*, S. 157. Übersetzt von Hans J. Schütz
S. 357 »Statt dessen«: Barren Woman, in: *Collected Poems*, S. 157. Übersetzt von Friederike Roth
S. 358 »Als Sylvia«: Dido Merwin, *Ein Gefäß des Zorns*, a.a.O.
S. 358 »Als meine«: Face Lift, in: *Collected Poems*, S. 155. Übersetzt von Friederike Roth

S. 358 »Sieh doch«: Zoo Keeper's Wife, in: *Collected Poems*, S. 154. Übersetzt von Friederike Roth
S. 359 »den schwarzen«: *Journals*, S. 334
S. 359 »eine religiöse«: *Journals*, S. 333
S. 359 »jeder hat«: *Journals*, S. 333
S. 359 »Die ganze Nacht«: *Journals*, S. 334
S. 360 »Heute ist der Tag«: *Journals*, S. 335
S. 361 »Ted kam«: *Journals*, S. 336
S. 361 »Hundert-Dollar-Optionsvertrag«: *Journals*, S. 336
S. 361 »bereit für«: *Journals*, S. 336
S. 361 »Bienenstich«: *Journals*, S. 336
S. 361 »Ich spüre«: *Journals*, S. 337
S. 361 »Fesseln«: *Journals*, S. 337
S. 361 »ein alter Soldat«: *Journals*, S. 338
S. 362 »heute nacht habe ich«: *Journals*, S. 338
S. 362 »Wirklich«: *Briefe nach Hause*, S. 429
S. 362 »Der Ärmste«: *Briefe nach Hause*, S. 430
S. 362 »neuen, harten«: *Journals*, S. 341
S. 363 »Ich wollte keine Blumen«: Tulpen, in: *Ariel*, S. 27
S. 364 »Ich mag all die«: *Journals*, S. 340
S. 364 »einen Gips«: *Journals*, S. 342
S. 365 »Sie könnte ohne«: In Plaster, in: *Collected Poems*, S. 159. Übersetzt von Friederike Roth
S. 366 »wie eine Dame«: *Briefe nach Hause*, S. 431
S. 366 »Ich muß sagen«: *Briefe nach Hause*, S. 432
S. 366 »wie ein Teufel«: *Briefe nach Hause*, S. 435
S. 366 »prestigereicher«: *Briefe nach Hause*, S. 433
S. 367 »GUTE NACHRICHTEN«: *Briefe nach Hause*, S. 436
S. 367 »Es ist«: *Briefe nach Hause*, S. 437
S. 368 »schicke südländische«: laut Suzette Macedo
S. 369 »kleinen australischen«: *Briefe nach Hause*, S. 438
S. 369 »Zwei Dinge«: Dido Merwin, *Ein Gefäß des Zorns*, a.a.O.
S. 369 »Dido Merwins Bericht«: *Ein Gefäß des Zorns*, a.a.O.
S. 373 »Das Bauernhaus«: *Briefe nach Hause*, S. 439
S. 375 »einem Gefühl«: Aurelia an Warren Plath, *Lilly Library*
S. 376 »eiskalter«: *Briefe nach Hause*, S. 444
S. 376 »weshalb schreibe ich«: *Journals*, S. 273

DAS STIGMA DER SELBSTSUCHT
1961-1962

S. 377 »Ulme/Eifersucht«: aus einem Manuskript, *Smith College*
S. 377 »Wenn sich Träume«: Peter Davison an Anne Stevenson, Juni 1987
S. 380 »Es ist [...] sehr, sehr«: S. P. an Helga Huws, 30. Oktober 1961
S. 380 »schönen runden«: *Briefe nach Hause*, S. 448
S. 380 »für immer optimistisch«: *Briefe nach Hause*, S. 458
S. 381 »pfirsichfarbene Gladiolen«: *Briefe nach Hause*, S. 449
S. 381 »sehr kommerziell«: *Briefe nach Hause*, S. 450
S. 381 »selig und glücklich«: Suzette Macedo an Anne Stevenson, 1987
S. 381 »direkt nach dem Frühstück«: *Briefe nach Hause*, S. 451
S. 382 »eine kräftige«: S. P. an Helga Huws, 30. Oktober 1961
S. 382 »ein nettes, munteres«: S. P. an Helga Huws, 30. Oktober 1961
S. 382 »die große eindrucksvolle«: S. P. an Helga Huws, 30. Oktober 1961
S. 382 »merkwürdige Mißbildungen«: S. P. an Olwyn Hughes, Oktober 1961
S. 383 »kein Verstauen«: S. P. an Olwyn Hughes, Oktober 1961
S. 383 »märchenhaften«: *Briefe nach Hause*, S. 457
S. 383 »ausrangiertes Zeug«: *Briefe nach Hause*, S. 460
S. 384 »zur frischen«: *Briefe nach Hause*, S. 458
S. 384 »verzehre mich«: S. P. an Ruth Fainlight, 5. November 1961
S. 385 »Eine wilde«: *Briefe nach Hause*, S. 455
S. 385 »*Mütter*«: Erstpublikation in *McCalls*, Oktober 1972; in: *Die Bibel der Träume*, S. 120
S. 386 »wunderbaren Hebammen-Schwester«: *Briefe nach Hause*, S. 450
S. 386 »eine kleine, rundliche«: *Journals*, S. 354
S. 386 »Stütze«: *Journals*, S. 354
S. 386 »Schwester D.«: *Journals*, S. 354
S. 387 »mach Dir«: *Briefe nach Hause*, S. 460
S. 388 »Aber der Winter«: S. P. an Olwyn Hughes, November/Dezember 1961
S. 388 »entsetzlichen Ehe«: *Briefe nach Hause*, S. 461

S. 388 »Für mich«: Context, in: *Die Bibel der Träume*, S. 167
S. 389 »und dies Gedicht«: Blackberrying, in: *Collected Poems*, S. 168. Übersetzt von Friederike Roth
S. 389 »die nächtlichen«: Context, in: *Die Bibel der Träume*, S. 167
S. 390 »Ein Wurzelgeflecht«: The Surgeon at 2 a.m., in: *Collected Poems*, S. 170. Übersetzt von Friederike Roth
S. 391 »einem erstaunlichen«: Ein Vergleich, in: *Die Bibel der Träume*, S. 163
S. 391 »es deprimierte mich«: Ted Hughes, *Notes on the Chronical Order of Sylvia Plath's Poems*, in: Charles Newman, *The Art of Sylvia Plath*, London 1970, Bloomington 1970
S. 391 »kuhähnlichen«: *Briefe nach Hause*, S. 466
S. 392 »wie das Innere«: *Briefe nach Hause*, S. 464
S. 392 »Ich möchte«: *Briefe nach Hause*, S. 464
S. 392 »faul, kitschig«: *Briefe nach Hause*, S. 463
S. 392 »üppigen, kleinen«: *Briefe nach Hause*, S. 464
S. 392 »nie habe ich«: *Briefe nach Hause*, S. 464
S. 392 »schoß dieser große«: *Briefe nach Hause*, S. 468
S. 393 »Schöne, klare«: *Briefe nach Hause*, S. 468
S. 393 »Ein richtiger Hughes«: S.P. an Helga Huws, März/April 1962
S. 393 »Heiliger«: *Briefe nach Hause*, S. 470
S. 393 »ein fester Stamm«: *Briefe nach Hause*, S. 463
S. 394 »einer unterhaltsamen«: *Briefe nach Hause*, S. 475
S. 394 »Ich konnte nicht«: *Journals*, S. 347
S. 394 »krätzige«: *Journals*, S. 350
S. 395 »Nächstesmal«: Die Smiths, in: *Zungen aus Stein*, S. 237
S. 395 »großen, eindrucksvollen«: *Journals*, S. 344
S. 395 »dieser Überfall«: *Journals*, S. 346
S. 395 »Dies ist meine«: *Journals*, S. 346
S. 396 »langsam wie die Welt«: Three Women, in: *Collected Poems*, S. 176. Übersetzt von Friederike Roth
S. 396 »ovulare Triumph«: Peter Redgrove/Penelope Shuttle, *Die weise Wunde Menstruation*, Frankfurt am Main 1985
S. 399 »mit Frieda«: *Briefe nach Hause*, S. 477
S. 399 »das fällt mir«: *Briefe nach Hause*, S. 477
S. 399 »Märzmigräne«: *Briefe nach Hause*, S. 477
S. 399 »Und jetzt peinigen«: S.P. an Helga Huws, März/April 1962

S. 400 »etwas an der Lunge«: Rose und Percy B., in: *Die Bibel der Träume*, S. 214

S. 400 »Furchtbare Schläge«: Rose und Percy B., in: *Die Bibel der Träume*, S. 214

S. 401 »Nach *Three Women*«: Ted Hughes, *Sylvia Plath and Her Journals*, in: Paul Alexander, *Ariel Ascending*, a.a.O., S. 161

S. 402 »Die schwarzen Taxusfinger«: Kleine Fuge, in: *Ariel*, S. 143

S. 404 »Das Lächeln«: An Appearance, in: *Collected Poems*, S. 187. Übersetzt von Friederike Roth

S. 404 »zufrieden«: erste Fassung von »Ulme«, *Smith College*. Übersetzt von Hans J. Schütz

S. 405 »Man kann das«: Ted Hughes im Vorwort der *Journals*

S. 406 »Ich habe das Grauen«: Ulme, in: *Ariel*, S. 39

S. 406 »weil mir von«: Rose und Percy B., in: *Die Bibel der Träume*, S. 214

S. 407 »eine Bekannte«: *Briefe nach Hause*, S. 479

S. 407 »Offenbar hielten«: *Briefe nach Hause*, S. 481 und *Lilly Library*

S. 407 »Den Fehler«: S. P. an Aurelia Plath, *Lilly Library*

S. 408 »unmöglich«: S. P. an Aurelia Plath, *Lilly Library*

S. 408 »Nicola ›Smith‹«: Nicola »Smith« an Anne Stevenson, 1987

S. 408 »standen auf der anderen«: Die Smiths, in: *Zungen aus Stein*, S. 237

S. 409 »Wir gehen beide«: Olwyn Hughes an Anne Stevenson, 1987

S. 409 »Großartige Gäste«: *Briefe nach Hause*, S. 482

S. 409 »Es war himmlisch«: S. P. an Ruth Fainlight, undatiert

S. 410 »große, unglaublich lebendige«: Elizabeth Sigmund, *Sylvia in Devon*, in: Edward Butscher, *Sylvia Plath: The Woman and the Work*, a.a.O., S. 100

S. 410 »Wir saßen«: Elizabeth Sigmund, *Sylvia in Devon*, in: Edward Butscher, *Sylvia Plath: The Woman and the Work*, a.a.O., S. 100

S. 412 »herzlich und angenehm«: David Wevill an Anne Stevenson, 1989

S. 412 »tapfer, erfinderisch«: David Wevill an Anne Stevenson, 1989

S. 413 »Assia schlug vor«: Suzette Macedo und Olwyn Hughes an Anne Stevenson

S. 413 »momentane Hingezogensein«: Suzette Macedo an Anne Stevenson

S. 414 »Wenn Apfelblüte«: Event, in: *Collected Poems*, S. 194. Übersetzt von Friederike Roth
S. 414 »Ich möchte«: *Journals*, S. 80
S. 415 »Es gab nur«: The Rabbit Catcher, in: *Collected Poems*, S. 193. Übersetzt von Friederike Roth
S. 415 »Ein Grab«: Event, in: *Collected Poems*, S. 194. Übersetzt von Friederike Roth
S. 416 »Herrlich beruhigend«: *Briefe nach Hause*, S. 484
S. 417 »Zuerst ein Rot«: Apprehensions, in: *Collected Poems*, S. 195. Übersetzt von Friederike Roth
S. 417 »Sylvia ist«: Edith Hughes an Aurelia Plath, 5. Juni 1962, *Lilly Library*
S. 417 »Jetzt wäre es«: *Briefe nach Hause*, S. 486
S. 418 »*ihr* Eigentum«: A. Alvarez, *Der grausame Gott*, a.a.O., S. 23
S. 418 »anwesend waren«: *Briefe nach Hause*, S. 485
S. 418 »Wir trugen«: *Briefe nach Hause*, S. 486
S. 419 »Willkommen Mutter«: *Smith College*
S. 420 »nahm mit Assia«: Ted Hughes an Anne Stevenson
S. 420 »Percy lag«: Rose und Percy B., in: *Die Bibel der Träume*, S. 214
S. 421 »Als ich hinunterging«: Rose und Percy B., in: *Die Bibel der Träume*, S. 214
S. 421 »hohen, spinnenrädrigen«: Rose und Percy B., in: *Die Bibel der Träume*, S. 214
S. 422 »Warum ist es«: Berck-Plage, in: *Ariel*, S. 49
S. 423 (Fußnote) »In den *Briefen*«: *Briefe nach Hause*, S. 27
S. 424 »Ich habe alles«: *Briefe nach Hause*, S. 487
S. 424 »zwischen den gelben Salat«: Burning the Letters, in: *Collected Poems*, S. 205. Übersetzt von Friederike Roth
S. 425 »Elizabeth Compton hörte«: Elizabeth Sigmund, *Sylvia in Devon*, in: Edward Butscher, *Sylvia Plath: The Woman and the Work*, a.a.O., S. 100
S. 426 »Warren erklärte sie«: Aurelia an Warren Plath, 17. Juli 1962
S. 426 »hatte damals nicht«: Aufzeichnungen von Daniel Huws, Februar 1986; Kopie an Anne Stevenson
S. 426 »Ihr typisch«: Helga Huws an Linda Wagner-Martin, 16. Februar 1986; Kopie des Briefs von H. H. an Anne Stevenson
S. 426 »Nick war«: *Briefe nach Hause*, S. 487
S. 427 »phantastisch neurotischen«: *Briefe nach Hause*, S. 488

S. 427 »brachte sie«: *Briefe nach Hause*, S. 488
S. 428 »Brinnin vermerkt«: private Information über Peter Davison
S. 428 »auf einem Boot«: S. P. an Richard Murphy, vgl. S. 591
S. 429 »Wir segelten«: Richard Murphy, *Oh, Jugend*, a.a.O.
S. 434 »knappen Notiz von Ted«: S. P. an Ruth Fainlight, 8. Oktober 1962
S. 435 »hier würde ich«: *Briefe nach Hause*, S. 493
S. 435 »qualvollen«: *Briefe nach Hause*, S. 493
S. 436 »Ted hinausgeworfen«: Bericht von Jillian Becker und Suzette Macedo; ebenfalls Clarissa Roche an Olwyn Hughes, 1987
S. 437 »Darf ich«: S. P. an Richard Murphy, vgl. S. 594
S. 439 »Ich habe nicht«: *Briefe nach Hause*, S. 496

HINKOMMEN
1962 - 1963

S. 441 »Erzähl mir nicht«: *Briefe nach Hause*, S. 507
S. 441 »Worte, trocken«: Worte, in: *Ariel*, S. 175
S. 443 »Jeden Morgen«: *Briefe nach Hause*, S. 497
S. 443 »Ich lebe«: S. P. an Ruth Fainlight, 22. Oktober 1962
S. 444 »schwarzen Schuh«: Papi, in: *Ariel*, S. 107
S. 444 »Ist das die Erwählte«: Ein Geburtstagsgeschenk, in: *Ariel*, S. 93
S. 444 »Ich/habe ein Selbst«: Stiche, in: *Ariel*, S. 131
S. 445 »Lullend und stillend«: Mohnblumen im Juli, in: *Ariel*, S. 167
S. 446 »Wenn ich jetzt«: *Briefe nach Hause*, S. 496
S. 447 »in fünfundzwanzig Jahren«: Der Bewerber, in: *Ariel*, S. 15
S. 447 »Papi, ich muß dich töten«: Papi, in: *Ariel*, S. 107
S. 448 »In *Papi*...«: Helen McNeill, *Sylvia Plath*, in: Helen Vendler, *Voices and Visions: The Poet in America*, New York 1987, S. 486
S. 449 »Es ist vorüber«: *Briefe nach Hause*, S. 497
S. 450 »Bemuschelte Nabelschnur«: Medusa, in: *Ariel*, S. 85
S. 452 »Ich bin eine geniale«: *Briefe nach Hause*, S. 501
S. 452 »Bitte gleich«: *Briefe nach Hause*, S. 503
S. 453 »*Halb* so viel«: *Briefe nach Hause*, S. 504
S. 453 »ihre Morgengedichte«: Elizabeth Sigmund, *Sylvia in Devon*,

in: Edward Butscher, *Sylvia Plath: The Woman and the Work*, a.a.O., S. 105
S. 454 »Psychologisch gesehen«: S. P. an Ruth Fainlight, 18. Oktober 1962
S. 454 »alte aufgeblasene«: *Briefe nach Hause*, S. 504
S. 454 »hübschesten, süßesten«: *Briefe nach Hause*, S. 508
S. 454 »Erdnüsse kauenden«: Madame Lazarus, in: *Ariel*, S. 19
S. 455 »Ich bin eine Laterne«: 39,5° Fieber, in: *Ariel*, S. 115
S. 455 »Ich habe es wieder«: Madame Lazarus, in: *Ariel*, S. 19
S. 456 »Die Löwin«: Purdah, in: *Collected Poems*, S. 242. Übersetzt von Friederike Roth
S. 457 »Ich bin das Mädchen«: Das Bienentreffen, in: *Ariel*, S. 121
S. 457 »schwere Beleidigung«: A. Alvarez, *Der grausame Gott*, a.a.O., S. 26
S. 457 »Ich halte dich«: By Candlelight, in: *Collected Poems*, S. 236. Übersetzt von Friederike Roth
S. 458 »Lieber, Lieber«: Nick und der Kerzenleuchter, in: *Ariel*, S. 71
S. 458 »Und du willst«: The Tour, in: *Collected Poems*, S. 237. Übersetzt von Friederike Roth
S. 458 »die Frau im Rettungswagen«: Mohnblumen im Oktober, in: *Ariel*, S. 47
S. 459 »Mohrenaug-Brombeeren«: Ariel, in: *Ariel*, S. 63
S. 461 »Auch diesmal wohnte«: Alle Einzelheiten dieser Besuche berichtete Suzette Macedo in einem Gespräch mit Anne Stevenson
S. 462 »Ted, der nach dem Besuch«: Dido Merwin, *Ein Gefäß des Zorns*, a.a.O.
S. 464 »Ted unterstützt«: *Briefe nach Hause*, S. 513
S. 464 »*die* Straße, *das* Haus«: *Briefe nach Hause*, S. 513
S. 464 »sie habe Yeats«: *Briefe nach Hause*, S. 517
S. 464 »Ich erschrak«: S. P. an Ruth Fainlight, 20. November 1962
S. 466 »ich steige«: Hinkommen, in: *Ariel*, S. 79
S. 466 »O Gott«: Jahre, in: *Ariel*, S. 149
S. 467 »Du hast mir«: Clarissa Roche, *Sylvia Plath: Vignettes from England*, in: Edward Butscher, *Sylvia Plath: The Woman and the Work*, a.a.O., S. 81
S. 467 »sobald ich«: *Briefe nach Hause*, S. 516
S. 468 »*Professor* A. S. Plath«: *Briefe nach Hause*, S. 518

S. 468 »Bin ich erst«: *Briefe nach Hause*, S. 519

S. 469 »ein klarer, frischer«: *Briefe nach Hause*, S. 525

S. 469 »kletterten die Gas-Jungen«: *Briefe nach Hause*, S. 525

S. 470 »Ted Hughes, der mehrmals«: Ted Hughes an Peter Davison, März 1989

S. 472 »schwarze Torerohose«: *Briefe nach Hause*, S. 528

S. 473 »Sie schien verändert«: A. Alvarez, *Der grausame Gott*, a.a.O., S. 38

S. 473 »Am Weihnachtsabend«: *Briefe nach Hause*, S. 529

S. 475 »Sie gehört«: S. P. an Daniel und Helga Huws, 26. Dezember 1962

S. 476 »Bis daß der Tod«: Aufzeichnungen von Daniel Huws, Februar 1986; Kopie an Anne Stevenson. Zwei Gedichte von Daniel Huws über Sylvia – *Oh Mountain* und *The Voice of a Child* – erschienen 1972 in seiner Gedichtsammlung *Noth*

S. 477 »Sie müsse nach Armut«: Suzette Macedo und Jillian Becker in einem Gespräch mit Anne Stevenson

S. 477 »Das Sonnenlicht auf dem Garten«: Louis MacNeice, *The Sunlight in the Garden*, in: *The Earth Compels*, London 1938. Übersetzt von Julia Bachstein

S. 478 »Sie wirkte wie«: Richard Murphy, *Oh, Jugend*, a.a.O.

S. 479 »Ich hatte mich sehr«: Judith Jones an S. P., 16. Januar 1963, *Smith College*

S. 479 »hört die Geschichte«: Elizabeth Lawrence an S. P., *Smith College*

S. 480 »gut in Form«: Ted Hughes, *Sylvia Plath and Her Journals*, in: Paul Alexander, *Ariel Ascending*, a.a.O., S. 163

S. 481 »boshaft und auch«: Clarissa Roche, *Sylvia Plath: Vignettes from England*, in: Edward Butscher, *Sylvia Plath: The Woman and the Work*, a.a.O., S. 93

S. 481 »glühende Verzweiflung«: Doris Lessing in einem Gespräch mit Olwyn Hughes

S. 482 »Mein deutsches au-pair«: *Briefe nach Hause*, S. 537

S. 483 »Er hat ein Herz«: Mary's Song, in: *Collected Poems*, S. 257. Übersetzt von Friederike Roth

S. 483 »mit Leibern aus Stahl«: Brasilia, in: *Collected Poems*, S. 258. Übersetzt von Manfred Ohl und Hans Sartorius

S. 484 »Der Leib«: Childless Woman, in: *Collected Poems*, S. 259. Übersetzt von Friederike Roth

S. 484 »die fernen«: Schaf im Nebel, in: *Ariel*, S. 13
S. 484 »Nackt und kahl«: Die Münchner Mannequins, in: *Ariel*, S. 151
S. 484 »Tod mit seinen«: Totem, in: *Ariel*, S. 155
S. 485 »ich/glänze«: Gigolo, in: *Collected Poems*, S. 267. Übersetzt von Friederike Roth
S. 485 »Ich lächle«: Paralytic, in: *Collected Poems*, S. 266. Übersetzt von Friederike Roth
S. 486 »Ich erinnere«: Mystic, in: *Collected Poems*, S. 268. Übersetzt von Friederike Roth
S. 487 »Wie Joyce Carol Oates«: Joyce Carol Oates, *The Death Throes of Romanticism*, in: Edward Butscher, *Sylvia Plath: The Woman and the Work*, a.a.O.
S. 487 »Der Blutstrom«: Milde, in: *Ariel*, S. 169
S. 488 »Der Saft«: Worte, in: *Ariel*, S. 175
S. 488 »*Quetschung*«: in: *Ariel*, S. 171
S. 489 »Am Montag, 4. Februar«: Alle Einzelheiten dieses Berichtes sind Jillian Becker zu verdanken
S. 496 »Das Gas«: A. Alvarez, *Der grausame Gott*, a.a.O., S. 44
S. 497 »Sie hatte seit«: Dr. John Horder an Linda Wagner-Martin; er stellte Anne Stevenson seinen Bericht zur Verfügung.
S. 498 »Allzu deutlich«: Bericht von Dr. John Horder
S. 499 »die auf erschreckende Weise«: Elizabeth Hardwick, *Verführung und Betrug*. Frauen und Literatur, Frankfurt am Main 1986, S. 126
S. 499 »Die Frau ist vollendet«: Rand, in: *Ariel*, S. 173

NACHWORT

S. 501 »Die Tragödie«: Joyce Carol Oates, *The Death Throes of Romanticism*, a.a.O., S. 26
S. 501 »Der Dichter«: Joseph Brodsky, *Der Dichter und die Prosa*, in: Joseph Brodsky, *Flucht aus Byzanz*, München 1988, S. 146
S. 503 »Taschen von Wünschen«: Totem, in: *Ariel*, S. 155
S. 506 »Sylvia benutzte«: Aurelia Plath an Judith Kroll, 1. Dezember 1978, *Smith College*
S. 507 »Ihr Verlust«: *The Observer*, 17. Februar 1963
S. 508 »Sylvia Plath mag«: Olwyn Hughes an Anne Stevenson, 1987

S. 184 »Studentinnen«: [illegible] im Nebel. In: *Ariel*, S. [illegible]
S. 184 »Beda und Ulrike. Die Münchner Maskenquelle«. In: *Ariel*, S. [illegible]
S. 284 »Tod mir [illegible]«. In: *Ariel*, S. [illegible]
S. 285 »Sternengänze« [illegible]: *Collected Poems*, S. 205. Übersetzt von Friederike Roth

S. 286 »Ich erinnere [illegible]«. In: *Collected Poems*, S. 276. Übersetzt von [illegible]

S. 187 »Der Blutsturz«. [illegible]. In: *Ariel*, S. [illegible]
S. 188 »Der Stich«. [illegible]. In: *Ariel*, S. 47
S. 188 »[illegible]«. In: *Ariel*, S. [illegible]

S. 300 »Das Ende«: A. Alvarez, *Der grausame Gott*, a. a. O., S. 44

S. 309 »[illegible]«: Elizabeth Hardwick, *Sylvia Plath*, in: *Seduction and Betrayal: Frauen und Literatur*, Frankfurt am Main 1986, S. 140
S. 309 »[illegible]«. In: *Ariel*, S. [illegible]

S. 30[illegible] »[illegible]«. In: *Ariel*, S. 36
S. 306 »Sylvia [illegible]«: Aurelia Plath an Judith Kroll, [illegible] December 1976, *Sylvia Plath*
S. 307 »[illegible]«: *The Observer*, 17. Februar 1991

Personenregister

(In das Register wurden auch die Personen aufgenommen, die im Text indirekt erwähnt wurden.)